東洋古典國譯叢書 6

懸 吐 完 譯

書經集傳 上

◉ 成 百 曉 譯註

傳統文化研究會

譯註者 略歷

忠南 禮山 出生
家庭에서 父親 月山公으로부터 漢文 修學
月谷 黃璟淵, 瑞巖 金熙鎭 先生 師事
民族文化推進會 國譯研修院 修了
高麗大學校 教育大學院 漢文教育科 修了
한국고전번역원 부설 고전번역교육원 名譽漢學教授(現)
傳統文化研究會 副會長(現) 해동경사연구소 소장(現)
古典國譯賞 受賞

論文 및 譯書

〈艮齋의 性理說小考〉〈燕岩의 學問思想研究〉
四書集註 ≪詩經集傳≫ ≪書經集傳≫ ≪周易傳義≫
≪古文眞寶≫ ≪牛溪集≫ 등 數十種 國譯
≪宣祖實錄≫ ≪宋子大全≫ ≪茶山集≫ ≪退溪集≫ 등 共譯

東洋古典國譯叢書 刊行辭

어느 서구의 동양학자는 '儒敎 르네상스'라는 觀點을 취하면서 "나는 유교는 舊社會의 원리 그 자체이므로 死滅하였다고 생각하고 있다. 復活은 있을 수 없다고 생각한다. 그러나 그 精神만은 살아 있는데 그것은 죽은 유교의 靈安室에 보존되고 있다. 이 영안실이란, 이미지를 포함하고 있는 미디어인 '漢字의 體系'라고 생각한다."라고 말하고 있다.

서구사회의 개인주의 사상이 지금 인간을 산산히 조각내어 사회를 崩壞에로까지 몰아넣고 있다고 하는 危機意識을 강하게 품고 있고, 따라서 유교의 정신을 共同體主義나 儀禮主義(禮)라는 反個人主義의 觀點에서 파악하려 하고 있는 것으로 알려지고 있는 이 학자는 또한 이렇게도 말한다. "유교가 결정적으로 死滅하여 버렸기 때문에 近代化와 모순되지 않으면서 새로운 思惟樣式 속에 그 精神을 再投資할 수 있다. 유럽에서도 기독교가 쇠약해졌지만 福音主義의 정신이 남아 있는 것과 같다."라고 하고 있다.

'영안실에서 뽑아낸 에스프리의 재투자'라는 생각에 문제점이 없는 것도 아니다. 儒敎는 과연 죽었는가? 儒敎資本主義다 儒敎社會主義 또는 심지어 儒敎共產主義다라는 造語가 과연 죽은 뒤의 정신의 再投資 속에서 생긴 말인가. 아니면 완전히 사멸하지 않았기 때문에 이 같은 말들이 생겨날 수 있도록 영향력을 행사한 것인가? 유교가 근대화와 모순되지 않기 위해서는 일단 결정적 死滅의 경로를 통하여야만 한다는 한 길〔一途〕 밖에 없는 것인가? 유교사상의 새로운 體系構成을 통해 死滅없이, 산 채로 정신의 재투자는 불가능한 것인가? 산 채로의 투자는, 그러나 民主는 무슨 민주인가. 오로지 동양적 專制만이 倫理秩序 維持의 유일한 길이 아니냐고 하면서 시대착오적 착각에서 헤어나지 못하는 保守의 잔당들이 꼬리표처럼 붙어다녀 영영 이것을 털어낼 수가 없기 때문에 불가능하다는 것인가? 무가치한 瓦礫은 버리고 珠玉만을 걸러 취해 새롭게 再構成할 수는 없는 것인가?

그러나 어느 길을 택하든 '儒敎 르네상스'의 觀點을 취하고 있는 학자의 수는 늘고 있고, 유교를 비롯한 동양의 전통문화에 대한 새로운 관심도는 날로 높아져 가고 있다.

그런데 현대에 살아 숨쉬고 있는 것으로 생각하든 영안실 안에서 잠자고 있는 것으로 생각하든 漢字의 文字體系로 이루어진 東洋古典은 그것의 讀解를 專業으로 하는 전문학자를 제외한 모든 사람에게는 國譯書 없이는 접근하기가 쉽지 않다. 또한 우리 전통문화의 究明에 있어서는, 그것이 韓國經濟史가 되든 法制史가 되든, 혹은 精神史·知性史·音樂史·繪畫史·服飾史·交通史·戰爭史 등등이 되든, 그 모든 연구를 위한 一次資料가 漢文으로 되어 있는데다, 유교의 고전인 四書·五經을 모두 마땅히 알고 있으려니 하는 暗默의 前提 아래 그 成句를 출전을 밝히지 않은 채 인용해 쓰고 있는 例가 허다하여, 四書·五經을 중심으로 한 동양고전은 그 어느 분야의 전공자를 막론하고 필독의 것이 되지 않을 수 없다. 誤譯 없는 동양고전 국역서의 출현을 기다리는 마음은 이에 더욱 절실하다 하겠다.

번역에 있어서는 현대어로의 완전한 번역이 國譯의 최종 목표가 됨은 말할 것도 없으나 誤譯없는 逐字譯의 실력이 없이는 불가능하다. 멀리 新羅 때의 薛聰이나 麗末鮮初의 權陽村에 의한 經書의 口訣을 거쳐 조선조 세종대왕의 한글 창제 이후의 국역서(諺解本)의 蓄積은 참으로 완전한 번역을 위한 귀중한 참고자료가 아닐 수 없다. 先儒들의 훌륭한 先行業績의 토대 위에 비로소 최상의 현대어 번역은 가능해진다.

우리 전통문화연구회에서는 정성들인 번역서의 출간을 기다리는 輿望에 부응하기 위해 誤譯없는 번역에 力點을 두어 斯界의 실력자로 번역진을 구성, 공부하는 사람들의 머리맡에 사전처럼 두고 볼 수 있는 번역서의 간행을 기획하여, 이제 그 東洋古典國譯叢書로 四書集註와 詩經集傳·小學集註·古文眞寶·通鑑節要 등에 이어 書經集傳을 譯刊하기에 이르렀다.

오랜 역사 위에 축적된 先儒들의 先行業績과 현대어 사이에 튼튼한 架橋가 구축되리라 스스로 자부하여 본다. 江湖諸賢의 鞭撻이 있기를 바란다.

1998年 2月 日

社團法人 傳統文化硏究會

會長 李啓晃

이 책에 대하여

本書는 《書經》 58篇과 이에 대한 蔡沈의 《集傳》에 懸吐하고 譯註한 것이다. 《書經》은 일명 尙書라고도 한다. 尙은 上과 통하는바 尙書란 上古時代의 글이란 뜻이며, 또 二帝·三王의 훌륭한 말씀과 善政의 내용이 담겨 있어 높일 만한 글이란 뜻이라고도 한다. 그만큼 《書經》은 中國 古典 중 가장 오래된 經典이라 할 것이다. 오랫동안 《詩經》과 함께 병칭되었으며, 여기에 《易經》을 포함하여 三經이라 불리워 왔음은 周知의 사실이다. 蔡沈은 《集傳》의 序에서 “二帝·三王이 천하를 다스린 大經大法이 모두 이 책에 기재되어 있다.” 하였다.

《書經》은 虞·夏·殷(商)·周의 네 王朝에 걸쳐 典·謨·訓·誥·誓·命의 여섯 가지 文體로 이루어졌다. 이것을 四書·六體라 하며, 여기에 征·貢·歌·範을 더하여 十例라 하기도 한다. 시대를 살펴보면 인류 역사상 최고의 聖君으로 알려져 있는 堯·舜 時代로부터 春秋時代 魯·秦 등의 列國에 이르기까지 다양하게 수록되어 있다. 물론 그 내용은 당시의 史官이 기록한 것이다. 司馬遷은 일찍이 “孔子가 詩·書를 刪定했다.” 하였다. 즉 지금에 전하는 것보다 훨씬 많은 書가 있었는데 孔子가 불필요한 篇을 삭제했다는 것이다. 司馬遷의 주장이 얼마나 신빙성이 있는지는 확실치 않으나 孔子는 평소 詩·書와 執禮를 자주 말씀하였고 《書經》의 내용이 《論語》 등에 자주 보이며 특히 《論語》의 〈堯曰篇〉은 거의 대부분이 《書經》을 축약해 놓았다는 사실에서 《書經》이 孔門의 중요한 교과서였음은 쉽게 알 수 있다. 또한 孔子의 學統을 이어받은 孟子 역시 《書經》을 가장 많이 인용하였다.

《書經》은 이처럼 역대 帝王들의 政治思想이 가장 잘 나타난 글로 알려져 있는 반면 今古文의 眞僞 여부가 큰 논란의 대상이 되어 왔다. 今文은 漢나라 때 일반적으로 쓰이던 隷書體로 쓴 것을 이르며, 古文은 秦나라 이전의 옛 字體인 蝌蚪文字로 기록된 것을 이른다. 秦始皇은 愚民政策의 일환으로 일반인들은 經傳을 藏書하지 못하게 하고 焚書를 단행하였다. 물론 皇室의 書庫에야 각종 典籍이 보관되어 있었겠지만 都城인 咸陽의 宮殿이 項羽에 의해 불타는 바람에 함께 잿더미가 되고 말았던 것이다. 그후 漢文帝 때에 민간에 남아 있는 經傳을 수집하면서 秦의 博士로 있던 濟南의 伏生이 29篇을 口傳하여 今文으로 기록하니, 이것이

歐陽生과 夏侯勝 등이 전한 '今文尙書'이다. 금문 29篇은 堯典(舜典 포함)·皐陶謨(益稷 포함)·禹貢·甘誓·湯誓·盤庚·高宗肜日·西伯戡黎·微子·大(泰)誓·牧誓·洪範·金縢·大誥·康誥·酒誥·梓材·召誥·雒(洛)誥·多士·無逸·君奭·多方·立政·顧命(康王之誥 포함)·呂刑·文侯之命·費誓·秦誓가 그것이다. 이중에 大誓는 僞作으로 밝혀져 결국 28편인 셈이다.(물론 여기에도 異說이 분분하다.)

그후 武帝 때에 魯恭王이 孔子의 舊家를 헐다가 壁中에서 蝌蚪文字로 기록된 尙書를 얻으니, 이것이 소위 '古文尙書'로 孔安國이 전하였다. 그러나 이 古文尙書는 당시 사용하지 않는 字體여서 그만 없어지고 말았으며, 현재 전하는 것은 東晉 초기 梅賾과 姚方興이 다시 얻었다는 本이다. (《集傳》의 각편 小序에 '今文古文皆有'와 '今文無, 古文有'가 바로 이것을 나타낸 것이다.)

이 古文尙書는 唐나라 때 孔穎達이 臺本으로 삼아 《正義》를 지으면서 세상에 널리 유행되었다. 그러나 今文에는 없고 古文에만 있는 大禹謨·五子之歌·胤征·仲虺之誥·湯誥·伊訓·太甲上·太甲中·太甲下·咸有一德·說命上·說命中·說命下·泰誓上·泰誓中·泰誓下·武成·旅獒·微子之命·蔡仲之命·周官·君陳·畢命·君牙·冏命의 25篇은 僞作이라는 說이 있었으며, 宋代의 朱子와 吳棫 등도 今文과 古文의 文體가 너무 다름을 지적하여 위작이 아닌가 의심하였다. 그러다가 淸代의 考證學이 발달하면서 閻若璩의 《尙書古文疏證》, 惠棟의 《古文尙書考》 등이 나오면서 위작임이 사실화하기에 이르렀다. 현재 중국에서는 古文 부분은 아예 《書經》에서 제외하는 실정이다.

하지만 古文尙書의 가치는 僞作 여부와 관계없이 여전히 중요하다고 생각한다. 왜냐하면 古代의 政治思想이 잘 나타나 있기 때문이다. 특히 古文尙書에는 좋은 名言과 政治 理論이 많이 수록되어 있다. 文體만을 가지고 眞僞 여부를 따지는 것도 문제가 없지 않다. 古代의 글은 원래가 붓으로 기록하기보다는 口傳한 경우가 더 많은 것으로 알려져 있다. 《孟子》에 인용된 글도 今文과 차이가 없지 않으며 今文의 〈堯典〉과 〈皐陶謨〉 등도 입으로 외워 전해져 오다가 周代 이후 비로소 현재와 같은 문장으로 정리되었을 것이란 견해가 지배적이다. 古文尙書를 위작으로 단정한 閻若璩나 惠棟 등도 梅賾이 위작할 때에 《論語》나 《孟子》·《左傳》·《國語》 등 각종 자료들을 참고하여 지은 것으로 보았다. 그 말은 역설적으로 古文尙書가 비록 원래의 글은 아니라 하더라도 전혀 터무니없는 杜撰이 아님을 증명한 것이라 하겠다. 또한 隋·唐 이후 수많은 學者와 政治家들이 이 古文尙書를 무수히 인용하였고 모든 政治理論이 이 古文尙書의 내용을 근간으로 하였음을 간과할 수 없다는 점이다.

古文尙書가 위작이라 하여 보지 않을 경우 後世의 각종 文獻에 인용된 내용과 여기에 근간을 두고 있는 政治思想을 어떻게 파악할 수 있겠는가. 그리고 소위 僞古文尙書가 나온 시기가 이미 천 7백년 전이란 사실이다. 지금 우리는 2백여 년의 짧은 역사에 불과한 미국의 링컨이나 워싱턴, 루즈벨트 등의 정치사상을 金科玉條처럼 신봉하고 있는 실정이다. 최소한 천 7백년 전에 梅賾이 이와 같은 文學과 思想을 간직한 인물이라면 그의 위작을 문제삼기 전에 그의 뛰어난 政治哲學과 學問을 높이 평가하지 않으면 안될 것이다.

《書經》은 상고시대의 글인만큼 난해하기로도 유명하다. 唐의 韓愈는 '周誥殷盤 詰屈聱牙'라 하여 商書의 〈盤庚〉과 周書의 〈大誥〉·〈康誥〉 등이 난삽함을 말하였거니와 특히 周書는 대부분이 일반 文體와 크게 달라 해독하기 어렵다. 이 때문에 해석도 이설이 많으며 句讀 자체가 불분명한 곳이 한두 군데가 아니다. 본 《集傳》의 저자인 蔡沈은 朱子의 門人으로 당시 대학자인 王安石·蘇軾·林之奇·呂祖謙 등의 註書를 두루 참고하였으며, 일부는 朱子가 직접 수정을 가하였다. 그후 《集傳》이 永樂大全에 들어가면서 널리 유행되었다. 우리나라에서는 永樂大全本을 수용하여 諺解 등 모든 해석이 이 《集傳》을 대본으로 하였음은 두말할 나위가 없겠다. 이후 東國 儒賢에 의하여 만들어진 것도 상당수가 있는바, 本書에 참고한 退溪 李滉의 《三經釋義》와 沙溪 金長生의 《經書辨疑》, 星湖 李瀷의 《疾書》가 대표적이라 할 것이다.

다시 강조하거니와 《書經》은 東洋 諸國의 政治文化에 엄청난 영향을 끼친 중요한 經典이다. 우리나라도 예외일 수 없다. 특히 朝鮮朝의 모든 政治思想은 이《書經》에서 나왔다고 말해도 지나치지 않을 것이다. 이 때문에 朝鮮王朝實錄이나 先賢들의 上疏文을 정확히 읽으려면 먼저 이 《書經》을 읽지 않으면 안되는 것이다.

中國은 淸代 이후 考證學이 발달하여 文獻學的으로 괄목할 발전을 한 것이 사실이다. 그러나 實證主義에 치우친 나머지 위작의 論難으로 古典을 輕視하고 不信하는 풍조가 유행하여 數千年 간직해온 文化와 思想을 부정하고 팽개친 결과 부정부패와 아편중독으로 鉅大한 淸朝가 힘없이 무너지고 日本 등 신흥 강대국들에게 온갖 수모를 당하였으며, 급기야는 唯物論을 받아들여 社會主義體制國家를 수립, 소위 文化革命으로 귀중한 文化遺産을 훼손하는 愚를 범하고 말았다. 지금에도 中國은 뿌리없는 思想과 理念이 판을 치고 있다.

우리의 현실 역시 별로 다를 바가 없다고 생각한다. 우리의 것은 무조건 진부하고 봉건적인 것으로 매도하는 사고가 팽배해 있기 때문이다. 물론 西歐의 民主主義가 가장 발전된 政治體制임은 두말할 여지가 없다. 하지만 우리는 이 西歐의 民主主義 體制를 받아들인 지 어언 半世紀가 지났건만 정치 상황은 아직도 후진성을 면치 못하고 있다. 이는 理念이나 制度에 문제가 있어서가 아니요 爲政者들의 기본 자세가 결여된 때문이라고 스스로 진단한다. 뿌리가 없는 꽃은 제대로 필 수가 없는 것이다. 政治에도 뿌리가 있어야 한다. 우리의 文化를 뿌리로 삼고 西歐의 제도를 정착화시킬 때에 비로소 民主主義의 아름다운 꽃이 피리라. 爲政者들이 西歐의 思想에만 몰입할 것이 아니라, 우리 政治史의 뿌리라 할 수 있는 本書를 다시 硏究하고 좋은 점을 폭넓게 수용하여 오늘의 危機를 克復하고 政治先進化를 이룩하였으면 하는 마음 간절할 뿐이다.

本人은 일찍이 17세 때에 先親으로부터 《書集傳》을 배웠으며, 1977년 民族文化推進會 國譯硏修院에서 雨田 辛鎬烈先生으로부터 《書經》 講義를 들은 적이 있다. 雨田先生은 淸代의 學說까지 두루 수용하여 《集傳》과 다른 해석을 하시는 경우가 많았으나 이것을 정리하여 集大成하지 못한 것이 못내 아쉬울 뿐이다. 그후 本人은 몇 차례 《書經》을 강의하면서 本書의 刊行에 뜻을 두게 되었다. 그리하여 약 7년전 四書集註가 마무리되면서 本書의 譯註에 착수하였으나 수많은 異說들을 어떻게 수용할 것인가 하는 문제와 실력이 부족한 탓으로 두려운 마음이 앞서 작업을 중단하고 말았다. 그러나 三經을 完譯하라는 同學들의 끈질긴 요구에 못이겨 다시 本書를 작업한 지 3년 여에 이제 비로소 결실을 보게 되었다. 그러나 참고서적을 두루 섭렵하지 못하고 우선 《集傳》에 충실히 한다는 목표 아래 《蔡傳旁通》과 《三經釋義》·《經書辨疑》 등을 참고하였을 뿐이다. 실로 羞愧스러운 마음 금할 길 없으며 先後輩 諸賢의 아낌없는 叱正을 기다려 後日을 기약하는 바이다.

끝으로 本書가 나오기까지 原稿整理에서 校正에 이르기까지 전작업을 도맡아준 朴勝珠硏究委員에게 심심한 謝意를 표하며 讀者層이 빈약한 우리나라 현실을 고려하지 않고 오로지 傳統文化의 繼承과 發展을 위해 東洋古典 譯刊에 心血을 傾注하는 傳統文化硏究會에 거듭 감사해 마지않는다.

西曆 1998년 歲在戊寅 孟春에 後學 成百曉는 洌上의 觀一軒에서 쓰다.

凡 例

1. 本書는 東洋古典國譯叢書의 한 책이다.
2. 本書는 內閣本(諺解本 포함)을 國譯臺本으로 하고, 陳師凱의 《蔡傳旁通》·林之奇의 《尙書全解》·蘇軾의 《蘇長公書傳》·呂祖謙의 《東萊書說》과 日本의 漢文大系本 및 우리나라의 經學資料集成(書經)을 參考하여 上下 2冊으로 飜譯하였다.
3. 原文 理解의 도움을 위하여 懸吐하였다.
   本文의 吐는 官本 諺解의 吐를 위주로 하고 다만 必要에 따라 調整하였다.
   集傳의 吐는 譯註者가 懸吐하였다.
4. 飜譯은 原義에 充實하게 하여 原典講讀에 도움이 되도록 하였다.
5. 譯註는 重要한 出典이나 難解한 文脈과 妥當性이 있다고 여겨지는 異說 및 誤脫字를 對象으로 하였고, 原文의 難解字는 字義를 下段에 실었다.
6. 本文의 誤字, 假借字 등은 다음 符號를 使用하였다.
   誤字의 例 : 天秩有禮하시니 自我五禮하사 (有)〔五〕를 庸哉하소서 ((誤字)(正字))
   假借字의 例 : 克明俊(峻)德
7. 原文中 本文과 集傳은 活字의 大小로 區分하고 飜譯文도 이에 따랐다.
   各篇別로 일련번호를 붙여 구분하였다.
8. 本書의 理解를 돕고자 上卷 끝에 書傳圖(內閣本)를 附錄하였다.
9. 書經 小序를 書傳圖 뒤에 실었으며 이외에도 逸書 등이 있어 '尙書百篇'으로 전해오는바, 今古文의 수록 상태를 파악하기 위하여 異同表를 附錄하여 참고하게 하였다.
10. 本書의 使用 符號는 다음과 같다.

〈 〉: 補充譯 및 篇名	( ): 間註 및 參考事項
《 》: 書名	〔 〕: 參考原語 및 漢字
, : 原文에서는 同格羅列	

目 次

〈上卷〉

附錄

〈下卷〉

書經集傳 序

慶元己未冬에 先生文公이 令沈으로 作書集傳케하시고 明年에 先生歿하시고 又十年에 始克成編하니 總若干萬言이라 嗚呼라 書豈易言哉아 二帝三王治天下之大經大法이 皆載此書하니 而淺見薄識이 豈足以盡發蘊奧리오 且生於數千載之下하여 而欲講明於數千載之前하니 亦已難矣라

慶元(南宋 寧宗의 연호) 己未年(1199) 겨울에 선생 朱文公이 나로 하여금 書集傳을 짓게 하시고 이듬해에 선생이 별세하였으며, 다시 10년 만에 비로소 책이 이루어졌으니, 모두 약간 萬字이다.

아! 書經을 어찌 쉽게 말할 수 있겠는가. 二帝·三王이 천하를 다스린 大經大法이 모두 이 책에 실려 있으니, 식견이 얕은 자가 어찌 깊은 뜻을 다 발명할 수 있겠는가. 더구나 수천년 뒤에 태어나서 수천년 전의 것을 講明하려 하니, 또한 이미 어려운 것이다.

然二帝三王之治는 本於道하고 二帝三王之道는 本於心하니 得其心이면 則道與治를 固可得而言矣라 何者오 精一執中은 堯舜禹相授之心法也요 建中建極은 商湯周武相傳之心法也니 曰德, 曰仁, 曰敬, 曰誠이 言雖殊나 而理則一이니 無非所以明此心之妙也라 至於言天則嚴其心之所自出이요 言民則謹其心之所由施니 禮樂敎化는 心之發也요 典章文物은 心之著也요 家齊國治而天下平은 心之推也니 心之德이 其盛矣乎인저 二帝, 三王은 存此心者也요 夏桀, 商受는 亡此心者也요 太甲, 成王은 困而存此心者也니 存則治하고 亡則亂하나니 治亂之分이 顧其心之存不存如何耳라 後世人主 有志於二帝三王之治인댄 不可不求其道요 有志於二帝三王之道인댄 不可不求其心이니 求心之要는 舍是書면 何以哉리오

그러나 二帝·三王의 정치는 道에 근본하였고 二帝·三王의 도는 마음에 근본하였으니, 그 마음을 알면 道와 政治를 진실로 말할 수 있을 것이다. 어째서인가? 精一執中은 堯·舜·禹가 서로 전수한 心法이요, 中을 세우고 極을 세움은 商나라 湯王과 周나라 武王이 서로 전수한 心法이다. 德과 仁과 敬과 誠이 글자는 비록 다르나 이치는 하나이니, 모두 이 마음의 묘함을 밝힌 것이다. 하늘을 말함에 이르러는 마음

의 所自出을 엄하게 하였고, 백성을 말함에 이르러는 마음이 말미암아 베풀어짐을 삼가하였으니, 禮樂과 敎化는 이 마음에서 나온 것이요, 典章과 文物은 이 마음이 드러난 것이요, 집안이 가지런해지고 나라가 다스려져서 천하가 평안해짐은 이 마음이 미루어 확대된 것이니, 마음의 德이 盛大하다 할 것이다.

二帝와 三王은 이 마음을 보존한 자이고, 夏나라 桀王과 商나라 受王은 이 마음을 잃은 자이고, 太甲과 成王은 애써서 이 마음을 보존한 자이니, 보존하면 다스려지고 잃으면 혼란하니, 다스려짐과 혼란함의 구분은 마음을 보존하느냐 보존하지 못하느냐의 여하에 달려있을 뿐이다. 후대의 군주가 二帝·三王의 정치에 뜻을 두려 한다면 그 道를 찾지 않을 수 없고, 二帝·三王의 道에 뜻을 두려 한다면 그 마음을 찾지 않을 수 없을 것이니, 마음을 찾는 요점은 이 책을 버린다면 무엇으로 하겠는가.

沈이 自受讀以來로 沈潛其義하고 參考衆說하여 融會貫通일새 迺敢折衷호되 微辭奧旨는 多述舊聞이요 二典禹謨는 先生이 蓋嘗是正하사 手澤尙新하니 嗚呼惜哉라 集傳은 本先生所命이라 故凡引用師說을 不復識(지)別하노라 四代之書를 分爲六卷하니 文以時異나 治以道同이라 聖人之心見於書가 猶化工之妙著於物하니 非精深이면 不能識也라 是傳也 於堯舜禹湯文武周公之心에 雖未必能造其微어니와 於堯舜禹湯文武周公之書에 因是訓詁면 亦可得其指意之大略矣리라

嘉定己巳三月旣望에 武夷蔡沈은 序하노라

나는 이 책을 배워 읽은 이래로 그 뜻에 침잠하고 여러 학설들을 참고하여 融會貫通하고서야 이에 감히 절충하되 隱微한 말과 깊은 뜻은 옛날에 들은 것을 기술함이 많고, 二典과 大禹謨는 선생이 일찍이 시정하시어 손때가 아직도 새로우니, 아! 애석하다.

集傳은 본래 선생이 명하신 것이므로 인용한 모든 師說을 다시 별도로 標識하여 구별하지 않았다. 虞·夏·殷·周 四代의 글을 나누어 6卷으로 만들었으니, 글은 때에 따라 다르나 정치는 道가 같다. 聖人의 마음이 책에 나타남은 化工(하늘의 조화)의 묘함이 물건에 드러나는 것과 같으니, 精深한 자가 아니면 알 수 없다.

이 集傳은 堯·舜·禹·湯·文·武·周公의 마음에 있어서는 비록 그 은미한 경지에 나아가지 못하였으나 堯·舜·禹·湯·文·武·周公의 글에 있어서는 이 訓詁를 따른다면 또한 그 뜻의 대략을 찾을 수 있을 것이다.

嘉定 己巳年(1209) 3월 旣望에 武夷 蔡沈은 쓰다.

書經集傳 卷一

虞書

虞는 舜氏이니 因以爲有天下之號也니 書凡五篇이라 堯典은 雖紀唐堯之事나 然本虞史所作이라 故曰虞書요 其舜典以下는 夏史所作이니 當曰夏書라 春秋傳에도 亦多引爲夏書하니 此云虞書는 或以爲孔子所定也라

虞는 舜의 氏이니, 인하여 천하를 소유한 칭호로 삼았으니, 虞書는 모두 5편이다. 〈堯典〉은 비록 唐堯의 일을 기록하였으나 본래 虞나라 史官이 지은 것이므로 虞書라 하고, 〈舜典〉 이하는 夏나라 사관이 지은 것이니 마땅히 夏書라 하여야 할 것이다. 《春秋傳》에도 夏書라고 인용한 경우가 많으니, 여기에서 虞書라 한 것은 혹 孔子께서 정한 것이라 한다.

堯典

堯는 唐帝名이라 說文曰 典은 從冊在丌上하니 尊閣之也라하니라 此篇은 以簡冊載堯之事라 故로 名曰堯典이요 後世에 以其所載之事可爲常法이라 故로 又訓爲常也라 今文古文皆有하니라

堯는 唐나라 황제의 이름이다. 《說文》에 이르기를 “典은 책이 책상 위에 있음을 따랐으니, 높여서 보관함이다.” 하였다. 이 편은 簡冊에 堯의 일을 기재하였기 때문에 堯典이라 이름하였고, 후세에 여기에 기재된 일이 떳떳한 법이 될 만하다 하여 또 떳떳하다고 訓(풀이)하였다. 今文(今文尙書)과 古文(古文尙書)에 모두 있다.

虞 : 나라 우　紀 : 기록할 기　丌 : 책상 기　閣 : 보관할 각

1. 曰若稽古帝堯한대 曰放勳이시니 欽明文思安安하시며 允恭克讓하사 光被四表하시며 格于上下하시니라

옛 帝堯를 상고하건대 放勳(공이 큼)이시니, 공경하고 밝고 문채롭고 생각함이 편안하고 편안하시며 진실로 공손하고 능히 겸양하시어 광채가 四表에 입혀지시며 上下에 이르셨다.

曰은 粤, 越通이라 古文作粤하니 曰若者는 發語辭니 周書越若來三月이 亦此例也라 稽는 考也라 史臣이 將敍堯事라 故로 先言考古之帝堯者컨대 其德이 如下文所云也라 曰者는 猶言其說如此也라 放은 至也니 猶孟子言放乎四海是也라 勳은 功也니 言堯之功이 大而無所不至也라 欽은 恭敬也요 明은 通明也니 敬體而明用也라 文은 文章也요 思는 意思也니 文著見而思深遠也라 安安은 無所勉强也니 言其德性之美 皆出於自然이요 而非勉强이니 所謂性之者[1]也라 允은 信이요 克은 能也라 常人은 德非性有하여 物欲害之라 故로 有强爲恭而不實하고 欲爲讓而不能者로되 惟堯性之라 是以로 信恭而能讓也라 光은 顯이요 被는 及이요 表는 外요 格은 至요 上은 天이요 下는 地也라 言其德之盛如此라 故로 其所及之遠이 如此也라 蓋放勳者는 總言堯之德業也요 欽明文思安安은 本其德性而言也요 允恭克讓은 以其行實而言也요 至於被四表, 格上下하여는 則放勳之所極也라 孔子曰 惟天爲大어시늘 惟堯則(칙)之라하시니 故로 書敍帝王之德이 莫盛於堯요 而其贊堯之德이 莫備於此라 且又首以欽之一字爲言하니 此書中開卷第一義也라 讀者深味而有得焉이면 則一經之全體 不外是矣리니 其可忽哉아

曰은 粤, 越과 통한다. 古文에는 粤로 되어 있는바, 曰若은 발어사이니, 〈周書〉의 '越若來三月'도 이러한 例이다. 稽는 상고함이다. 史臣이 장차 堯의 일을 서술하려 하였으므로 먼저 말하기를 "옛 帝堯를 상고하건대 그 德이 下文에 말한 바와 같다."고 한 것이다. 曰은 그 말이 이와 같다고 말한 것과 같다. 放은 이름이니, 《孟子》에 "四海에 이른다."고 말씀한 것이 이것

稽 : 상고할 계 放 : 이를 방 允 : 진실할 윤 格 : 이를 격 粤 : 어조사 월

이다. 勳은 공이니, 帝堯의 공이 커서 이르지 않은 바가 없음을 말한 것이다. 欽은 공경함이요 明은 通明함이니, 敬이 體이고 明이 用이다. 文은 文章이요 思는 意思이니, 문장이 드러나고 생각이 심원한 것이다. 安安은 힘써서 억지로 하는 바가 없는 것이니, 德性의 아름다움이 다 自然에서 나오고 힘써서 억지로 함이 아님을 말한 것이니, 이른바 '性대로 한 자'라는 것이다. 允은 진실로요, 克은 능함이다. 常人은 德이 性대로 소유한 것이 아니어서 物慾이 해치므로 억지로 공손하여 성실하지 못하고 겸양하고자 하여도 능하지 못한 자가 있다. 오직 帝堯만은 性대로 하였다. 이 때문에 진실로 공손하고 능히 겸양한 것이다. 光은 드러남이요, 被는 미침이요, 表는 밖이요, 格은 이름이요, 上은 하늘이요, 下는 땅이니, 그 德의 성대함이 이와 같으므로 그 미친 바의 먼 것이 이와 같음을 말한 것이다. 放勳은 帝堯의 덕을 총괄하여 말한 것이요, 欽明文思安安은 그 덕성에 근본하여 말한 것이요, 允恭克讓은 그 행실을 가지고 말한 것이요, 四表에 입혀지고 上下에 이름에 이르러서는 放勳의 지극함이다. 孔子가 말씀하기를 "하늘이 위대하신대 堯가 이를 본받았다." 하였으니, 그러므로 《書經》에서 제왕의 덕을 서술한 것이 堯보다 더 성한 이가 없고 堯의 덕을 찬미함이 이보다 더 구비된 것이 없다. 또 첫번에 한 欽字를 말씀하였으니, 이는 책 가운데에 권을 시작하는 첫번째 뜻이다. 읽는 자가 깊이 음미하여 터득하는 것이 있으면 《書經》 전체가 여기에서 벗어나지 않을 것이니, 소홀히 할 수 있겠는가.

譯註 1. 所謂性之者 : 性之는 本性 그대로 행함을 이른다. 《孟子》 〈盡心上〉에 "堯舜性之也 湯武身之也"라고 보이는바, 性之는 본성대로 함을 이르고, 身之는 性을 잃었다가 다시 되찾는 것을 이른다.

2. 克明俊(峻)德하사 以親九族하신대 九族이 旣睦이어늘 平章百姓하신대 百姓이 昭明하며 協和萬邦하신대 黎民이 於(오)變時雍하니라

능히 큰 德을 밝혀 九族을 친하게 하시니 九族이 이미 화목하거늘 백성을 고루 밝히시니 백성이 덕을 밝히며 萬邦을 합하여 고르게 하

俊 : 클 준 睦 : 화목할 목 黎 : 검을 려, 무리 려 於 : 감탄할 오 雍 : 화할 옹

시니 黎民들이 아! 변하여 이에 和하였다.

明은 明之也요 俊은 大也니 堯之大德은 上文所稱이 是也라 九族은 高祖至玄孫之親이니 擧近以該遠하니 五服異姓之親[1]도 亦在其中也라 睦은 親而和也라 平은 均이요 章은 明也라 百姓은 畿內民庶也라 昭明은 皆能自明其德也라 萬邦은 天下諸侯之國也라 黎는 黑也니 民首皆黑이라 故曰黎民이라 於는 歎美辭라 變은 變惡爲善也라 時는 是요 雍은 和也라 此는 言堯推其德하여 自身而家而國而天下하니 所謂放勳者也라

明은 밝힘이요, 俊은 큼이니, 堯의 큰 덕은 윗글에 말한 것이 이것이다. 九族은 高祖로부터 玄孫까지의 親族이다. 가까운 것을 들어 먼 것을 다하였으니, 五服의 姓이 다른 친척도 이 가운데에 들어있다. 睦은 친하고 화함이다. 平은 고름이요, 章은 밝음이다. 백성은 畿內의 백성들이다. 昭明은 다스스로 그 덕을 밝히는 것이다. 萬邦은 천하의 제후국이다. 黎는 검음이니, 백성들의 머리가 다 검으므로 黎民이라 한 것이다. 於는 감탄하는 말이다. 變은 惡을 변하여 善을 하는 것이다. 時는 이것이요, 雍은 화함이다. 이는 堯가 그 덕을 미루어 자신으로부터 집에 이르고 나라에 이르고 천하에 이름을 말하였으니, 이른바 放勳(공이 큼)이라는 것이다.

譯註 1. 五服異姓之親 : 五服은 다섯 가지 상복으로, 三年服·期年服·大功九月·小功 五月·緦麻 三月을 가리키며, 異姓의 친척은 母黨·妻黨을 가리킨다.

3. 乃命羲和하사 欽若昊天하여 曆象日月星辰하여 敬授人時하시다

이에 羲氏·和氏에게 명하여 昊天을 공경히 따라서 해와 달과 星辰을 曆象(책력으로 기록하고 觀象하는 기구로 관찰함)하여 人時(백성의 농사철)를 공경히 주게 하셨다.

該 : 다 해, 겸할 해 羲 : 복희 희 若 : 순할 약 曆 : 책력 력

乃者는 繼事之辭라 羲氏, 和氏는 主曆象授時之官이라 若은 順也라 昊는 廣大之意라 曆은 所以紀數之書요 象은 所以觀天之器니 如下篇璣衡之屬이 是也라 日은 陽精이니 一日而繞地一周하고 月은 陰精이니 一月而與日一會라 星은 二十八宿(수)[1]衆星爲經과 金木水火土五星爲緯가 皆是也라 辰은 以日月所會로 分周天之度하여 爲十二次[2]也라 人時는 謂耕穫之候니 凡民事早晩之所關也니 其說이 詳見(현)下文하니라

乃는 일을 계속하는 말이다. 羲氏와 和氏는 曆象으로 농사철을 알려주는 것을 맡은 관원이다. 若은 순함이다. 昊는 광대하다는 뜻이다. 曆은 數를 기록하는 책이요 象은 하늘을 관찰하는 기구이니, 下篇의 璿璣玉衡 따위와 같은 것이 이것이다. 日은 陽의 精이니 하루에 땅을 한 바퀴를 돌고 月은 陰의 精이니 한 달에 한 번 해와 만난다. 星은 經星인 二十八宿와 여러 별 및 緯星인 金·木·水·火·土 五星이 모두 이것이다. 辰은 해와 달이 만나는 곳으로 周天의 度數를 나누어 12次를 만든 것이다. 人時는 밭갈고 수확하는 기후를 이르는바, 모든 民事(농사)의 이르고 늦음이 관계되는 것이니, 그 해설이 下文에 자세히 보인다.

譯註 1. 二十八宿 : 스물 여덟 개의 별자리로, 角·亢·氐·房·心·尾·箕의 일곱 별은 東方에 있고 모양이 龍과 같다 하여 蒼龍(靑龍)七宿라 하며, 斗·牛·女·虛·危·室·壁의 일곱 별은 北方에 있고 그 모양이 거북과 뱀과 같다 하여 玄武七宿라 하며, 奎·婁·胃·昴·畢·觜·參의 일곱 별은 西方에 있고 범의 모양과 같다 하여 白虎七宿라 하며, 井·鬼·柳·星·張·翼·軫의 일곱 별은 南方에 있고 그 모양이 새와 같다 하여 朱鳥(朱雀)七宿라 한다. 또한 각 방위의 일곱 별을 서로 연결하여 子·丑·寅·卯 등의 12方位(辰)에 배치하는바, 東方의 角·亢·氐 세 별을 壽星이라 하는데 방위로는 辰이 되고, 房·心·尾 세 별을 大火라 하는데 방위로는 卯가 되고, 箕를 析木이라 하는데 방위로는 寅이 되며, 北方의 斗·牛·女 세 별을 星紀라 하는데 방위로는 丑이 되고, 虛·危 두 별을 玄枵라 하는데 방위로는 子가 되고, 室·壁 두 별을 娵訾라 하는데 방위로는 亥가

璣 : 작은구슬 기　繞 : 감을 요, 두를 요　宿 : 별 수　緯 : 씨줄 위

되며, 西方의 奎·婁·胃 세 별을 降婁라 하는데 방위로는 戌이 되고, 昴·畢 두 별을 大梁이라 하는데 방위로는 酉가 되고, 觜·參 두 별을 實沈이라 하는데 방위로는 申이 되며, 南方의 井·鬼 두 별을 鶉首라 하는데 방위로는 未가 되고, 柳·星·張 세 별을 鶉火라 하는데 방위로는 午가 되고, 翼·軫 두 별을 鶉尾라 하는데 방위로는 巳가 되는바, 별과 별 사이에는 완전히 한계가 그어지지 않고 항상 앞부분과 뒷부분이 서로 맞물리게 된다.

2. 十二次 : 次는 머무는 곳으로, 12차는 곧 해와 달이 서로 교차하는 12방위를 가리키는바, 정월에는 亥(娵訾)에서 만나고, 2월에는 戌(降婁)에서 만나고, 3월에는 酉(大梁)에서 만나고, 4월에는 申(實沈)에서 만나고, 5월에는 未(鶉首)에서 만나고, 6월에는 午(鶉火)에서 만나고, 7월에는 巳(鶉尾)에서 만나고, 8월에는 辰(壽星)에서 만나고, 9월에는 卯(大火)에서 만나고, 10월에는 寅(析木)에서 만나고, 11월에는 丑(星紀)에서 만나고, 12월에는 子(玄枵)에서 만난다.

4. 分命羲仲하사 宅嵎夷하시니 曰暘谷이니 寅賓出日하여 平秩東作이니 日中이요 星鳥라 以殷仲春이면 厥民은 析이요 鳥獸는 孳尾니라

羲仲에게 나누어 명하여 嵎夷에 머물게 하시니, 暘谷이라 하는 바, 나오는 해를 공경히 맞이하여 東作(봄에 시작하는 일)을 平秩(고르게 차례함)하니, 해는 중간이고 별은 鳥宿이다. 알맞은 仲春이 되게 하면 백성들은 흩어져 살고 鳥獸는 새끼를 낳고 교미한다.

此下四節은 言曆既成而分職以頒布하고 且考驗之하니 恐其推步之或差也라 或曰 上文所命은 蓋羲伯和伯이요 此乃分命其仲叔이라하니 未詳是否也라 宅은 居也라 嵎夷는 卽禹貢嵎夷既略者也라 曰暘谷者는 取日出之義니 羲仲所居官次之名이니 蓋官在國都나 而測候之所는 則在於嵎夷東表之地也라 寅은 敬也요 賓은 禮接之如賓客也니 亦帝嚳曆日月而迎

嵎 : 해돋는곳 우 暘 : 햇볕날 양 寅 : 공경 인 殷 : 가운데 은 孳 : 새끼칠 자

送之意라 出日은 方出之日이니 蓋以春分之旦으로 朝方出之日[1)]하여 而識(지)其初出之景(影)也라 平은 均이요 秩은 序라 作은 起也니 東作은 春月은 歲功方興하니 所當作起之事也라 蓋以曆之節氣早晩으로 均次其先後之宜하여 以授有司也라 日中者는 春分之刻이 於夏永冬短에 爲適中也하여 晝夜皆五十刻이니 擧晝以見夜라 故曰日이라 星鳥는 南方朱鳥七宿니 唐一行이 推以鶉火爲春分昏之中星[2)]也라 殷은 中也니 春分은 陽之中也라 析은 分散也라 先時冬寒하여 民聚於隩러니 至是則以民之散處而驗其氣之溫也라 乳化曰孳요 交接曰尾니 以物之生育而驗其氣之和也라

이 아래 4節은 책력이 이미 이루어짐에 직책을 나누어 반포하고 또 이를 상고하고 시험함을 말하였으니, 그 推步(천체의 운행을 관측함)가 혹 착오가 있을까 염려해서이다. 혹자는 말하기를 "윗글에서 명한 것은 羲伯과 和伯에게 한 것이고, 여기서는 仲과 叔에게 나누어 명한 것이다." 하니, 그 말이 옳은 지는 자세하지 않다.

宅은 거함이다. 嵎夷는 〈禹貢〉에 "이미 嵎夷가 經略되었다."는 것이다. 暘谷이라 한 것은 해가 나오는 뜻을 취한 것이니, 羲仲이 거하는 官次(관사)의 이름이니, 관원은 國都에 있으나 測候하는 곳은 嵎夷인 東表(동쪽 밖)의 땅에 있는 것이다. 寅은 공경함이요, 賓은 禮로 접대하기를 빈객처럼 하는 것이니, 또한 帝嚳이 해와 달을 책력에 기록하여 맞이하고 전송한 뜻이다. 出日은 막 솟아나오는 해이니, 春分의 아침에 막 나오는 해를 보고서 처음 나오는 그림자를 기록한 것이다. 平은 고름이요, 秩은 차례이다. 作은 일어남이니, 東作은 봄철에는 歲功이 한창 일어나니, 마땅히 시작해야 할 일이다. 책력의 節氣가 이르고 늦음으로써 그 先後의 마땅함을 고르게 차례하여 有司에게 준 것이다. 日中은 春分의 시각이 여름에는 해가 길고 겨울에는 해가 짧은데 비해 알맞아서 晝夜가 모두 50刻이니, 낮을 들어 밤을 나타냈기 때문에 日이라고 한 것이다. 星鳥는 남방의 朱鳥(朱雀) 7宿이니, 唐나라의 釋一行은 추리하기를 鶉火를 춘분날 해가 질 무렵의 中星이라 하였다. 殷은 알맞음이니, 춘분은 陽의 中이다. 析은 나누어 흩어짐이다. 앞서는 겨울에 추워서 백성들이 아랫목에 모여 있었는데, 이에 이르면 백성들이 흩어져 삶을 가지고 기후가 온화함을 징험하는 것이다. 乳化(새끼를

嚳 : 임금이름 곡 鶉 : 메추리 순 隩 : 아랫목 오(욱)

침)를 孳라 하고 交接함을 尾라 하니, 물건의 生育을 가지고 기후가 화합을 징험하는 것이다.

譯註 1. 朝方出之日 : 朝는 아침에 뵙는 것으로 아침에 제사함을 이르는바, 뒤의 '秋分之暮 夕方納之日'의 夕 역시 저녁에 제사하는 것이다.

2. 唐一行 … 春分昏之中星 : 一行은 唐나라의 승려로 俗名은 張遂이며, 中星은 二十八宿 중 초저녁에 남쪽에 나타나는 별을 가리킨다. 12개월마다 각각 中星이 정해져 있는데, 春分에는 鶉火인 柳·星·張 세 별이고, 夏至에는 大火인 心星, 秋分에는 虛星, 冬至에는 昴星이다.

5. 申命羲叔하사 宅南交하시니 〔曰明都니〕 平秩南訛하여 敬致니 日永이요 星火라 以正仲夏면 厥民은 因이요 鳥獸는 希(稀)革이니라

거듭 羲叔에게 명하여 南交에 머물게 하시니, 明都라 하는 바, 南訛(여름에 변화하는 일)를 平秩하여 공경히 맞이하니, 해는 길고 별은 大火이다. 바른 仲夏가 되게 하면 백성들은 그대로 흩어져 살고 鳥獸는 털이 듬성해져 가죽이 바뀐다.

申은 重也라 南交는 南方交趾之地라 陳氏曰 南交下에 當有曰明都三字라 訛는 化也니 謂夏月은 時物長盛하니 所當變化之事也라 史記索隱에 作南爲하니 謂所當爲之事也라 敬致는 周禮所謂冬夏致日이니 蓋以夏至之日中으로 祠日而識其景(影)이니 如所謂日至之景尺有五寸을 謂之地中[1]者也라 永은 長也니 日永은 晝六十刻也라 星火는 東方蒼龍七宿라 火는 謂大火니 夏至昏之中星也라 正者는 夏至는 陽之極이니 午爲正陽位也라 因은 析而又析이니 以氣愈熱하여 而民愈散處也라 希革은 鳥獸毛希而革易也라

申 : 거듭 신 訛 : 움직일 와 希 : 드물 희 趾 : 발꿈치 지 祠 : 제사 사

申은 거듭함이다. 南交는 남방 交趾의 땅이다. 陳氏가 이르기를 "南交의 아래에 마땅히 '曰明都' 세 글자가 있어야 한다." 하였다. 訛는 변화함이니, 여름철에는 時物이 장성하니, 마땅히 변화하는 바의 일을 이른다. 《史記》의 索隱에는 '南爲'로 되어 있으니, 마땅히 해야 할 바의 일을 이른다. 敬致는 《周禮》에 이른바 '겨울과 여름에 날을 맞이한다.'는 것이다. 이는 夏至의 日中(정오)에 해에 제사하고 그림자를 기록하는 것이니, 이른바 '日至의 그림자가 1척 5촌인 것을 地中이라고 한다.'는 것과 같다. 永은 긴 것이니, 日永은 낮이 60刻이다. 星火는 동방의 蒼龍 7宿이다. 火는 大火(心星)를 이르니, 하짓날 해가 질 무렵의 中星이다. 正은 夏至는 陽의 극이니, 午方은 正陽의 자리가 된다. 因은 흩어지고 또 흩어짐이니, 기후가 더욱 더워져서 백성들이 더욱 흩어져 사는 것이다. 希革은 鳥獸의 털이 듬성해져 가죽이 바뀌는 것이다.

譯註 1. 日至之景 … 謂之地中 : 日至는 日南至의 줄임말로 夏至를 가리키며 地中은 가장 中央인 지역으로 洛陽을 이른다. 옛날 8尺의 表와 1尺 5寸의 土圭를 세워놓고 夏至에 햇볕의 그림자를 맞추어 보아 그림자가 1尺 5寸이 되는 곳을 표준 지역으로 정하였는바, 아래 〈召誥〉의 譯註에 자세히 보인다.

6. 分命和仲하사 宅西하시니 曰昧谷이니 寅餞納日하여 平秩西成이니 宵中이요 星虛라 以殷仲秋면 厥民은 夷요 鳥獸는 毛毨이니라

和仲에게 나누어 명하여 서쪽에 머물게 하시니, 昧谷이라 하는 바, 들어가는 해를 공경히 전송하여 西成(가을에 수확하는 일)을 平秩하니, 밤은 중간이고 별은 虛宿이다. 알맞은 仲秋가 되게 하면 백성들은 평화롭고 鳥獸는 털갈이를 하여 윤택해진다.

西는 謂西極之地也라 曰昧谷者는 以日所入而名也라 餞은 禮送行者之

兪 : 더할 유　餞 : 전송할 전　宵 : 밤 소　毨 : 털갈 선

名이라 納日은 方納之日也니 蓋以秋分之莫(暮)로 夕方納之日하여 而識其景也라 西成은 秋月은 物成之時니 所當成就之事也라 宵는 夜也니 宵中者는 秋分夜之刻이 於夏冬爲適中也하여 晝夜亦各五十刻이니 擧夜以見日이라 故로 曰宵라 星虛는 北方玄武七宿之虛星이니 秋分昏之中星也라 亦曰殷者는 秋分은 陰之中也라 夷는 平也니 暑退而人氣平也라 毛毨은 鳥獸毛落更生하여 潤澤鮮好也라

西는 西極(서쪽 끝)의 땅을 이른다. 昧谷은 해가 들어가는 것으로 이름한 것이다. 餞은 길을 떠나는 자를 禮로 전송하는 명칭이다. 納日은 막 들어가는 해이니, 秋分의 저녁에 막 들어가는 해를 보고서 그 그림자를 기록하는 것이다. 西成은 가을철은 만물이 이루어지는 때이니, 마땅히 성취해야 할 바의 일이다. 宵는 밤이니, 宵中은 추분 밤의 시각이 여름과 겨울에 비해 알맞아서 晝夜가 각각 50刻이니, 밤을 들어 낮을 나타냈기 때문에 宵라고 한 것이다. 星虛는 북방의 玄武 7宿의 虛星이니, 추분날 해가 질 무렵의 中星이다. 또한 殷이라 말한 것은 추분은 陰의 中이기 때문이다. 夷는 평함이니, 더위가 물러가서 사람의 기운이 평안한 것이다. 毛毨은 鳥獸가 털이 빠지고 다시 나서 윤택하여 선명하고 아름다운 것이다.

7. 申命和叔하사 宅朔方하시니 曰幽都니 平在朔易이니 日短이요 星昴라 以正仲冬이면 厥民은 隩요 鳥獸는 氄毛니라

거듭 和叔에게 명하여 朔方에 머물게 하시니, 幽都라 하는 바, 朔易(다시 소생함)을 고르게 살피니, 해는 짧고 별은 昴宿이다. 바른 仲冬이 되게 하면 백성들은 아랫목에 있고 鳥獸는 가는 털이 난다.

朔方은 北荒之地니 謂之朔者는 朔之爲言은 蘇也니 萬物至此면 死而復蘇하니 猶月之晦而有朔也라 日行至是면 則淪於地中하여 萬象幽暗이라 故로 曰幽都라 在는 察也라 朔易은 冬月은 歲事已畢하여 除舊更新하니 所當改易之事也라 日短은 晝四十刻也라 星昴는 西方白虎七宿之昴宿니

鮮 : 고울 선 在 : 살필 재 昴 : 별이름 묘 氄 : 솜털 용 蘇 : 소생할 소

冬至昏之中星也라 亦曰正者는 冬至는 陰之極이니 子爲正陰之位也라 隩는 室之內也니 氣寒而民聚於內也라 氄毛는 鳥獸生耎毳細毛以自溫也라 蓋旣命羲和하여 造曆制器하고 而又分方與時하여 使各驗其實하여 以審夫推步之差하니 聖人之敬天勤民이 其謹如是라 是以로 術不違天而政不失時也라 又按此冬至엔 日在虛하고 昏中昴어늘 今冬至엔 日在斗하고 昏中壁하여 中星不同者는 蓋天有三百六十五度四分度之一하고 歲有三百六十五日四分日之一이로되 天度는 四分之一而有餘하고 歲日은 四分之一而不足이라 故로 天度常平運而舒하고 日道常內轉而縮하여 天漸差而西하고 歲漸差而東하니 此歲差之由니 唐一行所謂歲差者是也라 古曆은 簡易하여 未立差法하고 但隨時占候修改하여 以與天合이러니 至東晉虞喜하여 始以天爲天하고 以歲爲歲하여 乃立差以追其變하니 約以五十年退一度라 何承天이 以爲太過라하여 乃倍其年이나 而又反不及이러니 至隋劉焯하여 取二家中數七十五年하니 爲近之라 然亦未爲精密也니 因附著于此하노라

朔方은 북쪽의 황폐한 땅이니, 朔이라 이른 것은 朔이란 말은 소생한다는 뜻이니, 만물이 이에 이르면 죽었다가 다시 소생하니, 달이 그믐이 되었다가 초하루가 있는 것과 같다. 해의 운행이 이에 이르면 地中에 빠져서 萬象이 어둡기 때문에 幽都라 한 것이다. 在는 살핌이다. 朔易은 겨울철은 한 해의 농사일이 이미 끝나 옛 것을 버리고 새 것으로 바꾸니, 마땅히 改易해야 할 바의 일이다. 日短은 낮이 40刻이다. 星昴는 서방의 白虎 7宿의 昴宿이니, 동짓날 해가 질 무렵의 中星이다. 또한 正이라고 말한 것은 冬至는 陰의 극이니, 子方은 正陰의 자리가 된다. 隩는 집의 안이니, 기후가 추워져서 백성들이 집안에 모인 것이다. 氄毛는 鳥獸가 연한 털과 가는 털이 나서 스스로 따뜻하게 하는 것이다.

이미 羲氏와 和氏에게 명하여 책력을 만들고 기구를 제작하게 하고 또 방소와 시기를 나누어서 각기 그 실제를 징험하여 推步의 오차를 살피게 하였으니, 聖人이 하늘을 공경하고 백성의 일에 수고로움이 그 삼감이 이와 같았다. 이 때문에 관측하는 방법이 하늘에 위배되지 않고 정사가 때를 잃지 않는 것이다.

耎 : 연할 연　毳 : 솜털 취　壁 : 벽 벽　舒 : 펼 서　縮 : 줄어들 축　焯 : 밝을 작

또 살펴보건대 여기의 동지에는 해가 虛宿에 있고 해질 무렵의 中星이 昴星인데 지금 동지에는 해가 斗宿에 있고 해질 무렵의 中星이 壁宿에 있어서 中星이 똑같지 않은 것은 하늘(天體)은 365度와 4분의 1度이며, 1년은 365日과 4분의 1日인데, 하늘의 度數는 4분의 1度에 남음이 있고 1년의 日數는 4분의 1日에 부족하다. 그러므로 하늘의 도수는 항상 고르게 운행하여 펴지고, 해의 길은 항상 안으로 돌아 위축된다. 그리하여 하늘은 점점 차이가 나서 서쪽으로 가고 해는 점점 차이가 나서 동쪽으로 간다. 이것이 歲差가 생기게 되는 이유이니, 唐나라 一行의 이른바 '歲差'란 것이 바로 이것이다. 옛날의 책력은 簡易하여 차이가 나는 법을 세우지 않고 다만 때에 따라 기후를 점쳐서 개정하여 하늘의 도수와 합하게 하였는데, 東晉의 虞喜에 이르러 비로소 天을 天이라 하고 歲를 歲라 하여 차이가 나는 법을 세워서 그 변함을 추적하여 고치니, 대략 50년에 1度를 물렸다. 何承天은 이것이 너무 과하다 하여 그 年數를 곱절로 하였으나 또 도리어 미치지 못하였는데, 隋나라의 劉焯에 이르러 두 사람의 중간수인 75년을 취하였으니, 근사하다. 그러나 또한 정밀하지는 못하니, 인하여 여기에 붙이는 바이다.

8. 帝曰 咨汝羲暨和아 朞는 三百有六旬有六日이니 以閏月이라사 定四時成歲하여 允釐百工하여 庶績이 咸熙하리라

帝堯가 말씀하였다. "아! 너희 羲氏와 和氏야. 朞는 366日이니, 윤달을 사용하여야 四時를 정하여 해를 이루어 진실로 百工(백관)을 다스려서 모든 공적이 다 넓혀질 것이다."

咨는 嗟也니 嗟嘆而告之也라 暨는 及也라 朞는 猶周也라 允은 信이요 釐는 治요 工은 官이요 庶는 衆이요 績은 功이요 咸은 皆요 熙는 廣也라 天體至圓하니 周圍三百六十五度四分度之一이라 繞地左旋호되 常一日一周而過一度하나니 日麗天而少遲라 故로 日行이 一日亦繞地一周로되 而在天에 爲不及一度라 積三百六十五日九百四十分日之二百三十五而與天會하니 是一歲日行之數也라 月은 麗天而尤遲하여 一日에 常不及天十三度十九

咨 : 탄식할 자 暨 : 및 기 釐 : 다스릴 리 熙 : 넓을 희 麗 : 걸릴 리

分度之七이라 積二十九日九百四十分日之四百九十九而與日會하니 十二會면 得全日三百四十八이요 餘分之積이 又五千九百八十八이니 如日法九百四十하여 而一得六이면 不盡이 三百四十八이니 通計得日이 三百五十四九百四十分日之三百四十八이니 是一歲月行之數也라 歲有十二月하고 月有三十日하니 三百六十者는 一歲之常數也라 故로 日與天會而多五日九百四十分日之二百三十五者는 爲氣盈이요 月與日會而少五日九百四十分日之五百九十二者는 爲朔虛니 合氣盈朔虛而閏生焉이라 故로 一歲閏率(율)은 則十日九百四十分日之八百二十七이니 三歲一閏이면 則三十二日九百四十分日之六百單一이요 五歲再閏이면 則五十四日九百四十分日之三百七十五요 十有九歲七閏이면 則氣朔分齊하니 是爲一章也라 故로 三年而不置閏이면 則春之一月이 入于夏而時漸不定矣요 子之一月이 入于丑而歲漸不成矣라 積之之久하여 至於三失閏이면 則春皆入夏하여 而時全不定矣요 十二失閏이면 子皆入丑하여 歲全不成矣라 其名實乖戾하고 寒暑反易하여 農桑庶務 皆失其時라 故로 必以此餘日로 置閏月於其間然後에 四時不差而歲功得成하나니 以此로 信治百官而衆功皆廣也라

咨는 감탄함이니, 감탄하고 고하는 것이다. 暨는 및이다. 朞는 周年과 같다. 允은 진실로요, 釐는 다스림이요, 工은 官이요, 庶는 여럿이요, 績은 공이요, 咸은 모두요, 熙는 넓음이다. 天體는 지극히 둥그니, 주위가 365度와 4분의 1도이다. 천체는 땅을 왼쪽으로 한 바퀴 돌되 항상 하루에 한 바퀴를 돌고 1도를 지나치게 되니, 해는 하늘에 걸려 있는데 이보다 다소 늦다. 그러므로 해의 운행은 하루에 또한 땅을 한 바퀴 돌되 하늘에 있어 1도를 미치지 못하게 된다. 365일과 940분의 235일을 쌓아 하늘과 만나니, 이는 1년동안 해가 운행하는 수이다. 달은 하늘에 걸려 있는데 더욱 느려서 하루에 항상 하늘보다 13도와 19분의 7도를 미치지 못한다. 29일과 940분의 499일을 쌓아 해와 만나니, 열두 번 만나면 온전한 날을 얻은 것이 348일이요 여분을 모은 것이 940분의 5988이니, 날짜의 법에 940과 같이 하여 1일을 여섯 번 얻으면 나누어지지 않고 남는 수가 348이니, 얻은 날을 통틀어 계산하면 354일과 940분의 348일이 되니, 이는 1년동안 달이 운행하는

乖 : 어그러질 괴　戾 : 어그러질 려　桑 : 뽕나무 상

수이다. 해에는 12개월이 있고 달에는 30일이 있으니, 360은 1년의 떳떳한 수이다. 그러므로 해가 하늘과 만날 적에는 5일과 940분의 235일이 더 많은데 이것을 氣盈이라 하고, 달이 해와 만날 적에는 5일과 940분의 592일이 적은데 이것을 朔虛라 하니, 기영과 삭허를 합쳐서 윤달이 생긴다. 그러므로 1년에 윤달의 비율은 10일과 940분의 827일이 되니, 3년에 한번 윤달을 두면 32일과 940분의 601일이 되고, 5년에 두번 윤달을 두면 54일과 940분의 75일이 되며, 19년에 일곱번 윤달을 두면 氣盈과 朔虛가 分限이 똑고르게 되니, 이를 1章이라 한다. 그러므로 3년에 윤달을 두지 않으면 봄의 한 달이 여름으로 들어가서 철이 점점 정해지지 못하고 子月(11월)의 한 달이 丑月(12월)로 들어가서 해가 점점 이루어지지 못한다. 이렇게 쌓인 것이 오래되어 세번 윤달을 잃게 되면 봄이 다 여름으로 들어가서 철이 전혀 정해지지 못하고, 열두번 윤달을 잃으면 子月이 모두 丑月로 들어가서 해가 전혀 이루어지지 못한다. 이렇게 되면 그 명칭과 실제가 괴리되고 추위와 더위가 뒤집어져서 農桑의 모든 일이 다 때를 잃게 된다. 그러므로 반드시 남는 날을 가지고 윤달을 그 사이에 둔 뒤에야 四時가 어그러지지 않고 歲功이 이루어지니, 이로써 진실로 백관을 다스려서 모든 공적이 다 넓혀지게 되는 것이다.

9. 帝曰 疇咨若時하여 登庸고 放齊曰 胤子朱啓明하니이다 帝曰 吁라 嚚訟이어니 可乎아

帝堯가 말씀하기를 "누가 때를 순히 할 사람을 두루 물어서 등용할 수 있는가?" 하니, 放齊가 말하기를 "맏아들인 丹朱가 啓明합니다." 하였다. 帝堯가 말씀하기를 "아! 너의 말이 옳지 않다. 어리석고 다투니, 可하겠는가." 하였다.

此下至鯀績用弗成은 皆爲禪舜張本也라 疇는 誰요 咨는 訪問也라 若은 順이요 庸은 用也라 堯言 誰爲我訪問能順時爲治之人하여 而登用之乎아 하시니라 放齊는 臣名이라 胤은 嗣也니 胤子朱는 堯之嗣子丹朱也라 啓는

疇 : 누구 주 胤 : 맏 윤 吁 : 탄식할 우 嚚 : 어리석을 은 鯀 : 이름 곤

開也니 言其性開明하여 可登用也라 吁者는 歎其不然之辭라 嚚은 謂口不道忠信之言이요 訟은 爭辯也라 朱蓋以其開明之才로 用之於不善이라 故로 嚚訟하니 禹所謂傲虐이 是也라 此見堯之至公至明하여 深知其子之惡하여 而不以一人病天下也라 或曰 胤은 國이요 子는 爵이니 堯時諸侯也라 夏書에 有胤侯하고 周書에 有胤之舞衣라하니 今亦未見其必不然일새 姑存於此云이라

이 아래로부터 '鯀의 績用(공적)이 이루어지지 못하였다'는 데에 이르기까지는 다 舜에게 선위하는 張本이 된다. 疇는 누구요 咨는 방문함이다. 若은 순함이요 庸은 등용함이다. 帝堯가 말씀하기를 "누가 나를 위하여 때를 순히 따라 다스릴 수 있는 사람을 두루 물어서 등용할 수 있는가?"라고 한 것이다. 放齊는 신하의 이름이다. 胤은 맏아들이니, 胤子 朱는 帝堯의 맏아들인 丹朱이다. 啓는 열림이니, 그 성품이 開明하여 등용할 만함을 말한 것이다. 吁는 그렇지 못함을 탄식하는 말이다. 嚚은 입으로 忠信의 말을 말하지 않음을 이르고 訟은 爭辯하는 것이다. 丹朱가 開明한 재주를 不善한 데에 썼기 때문에 어리석고 다툰 것이니, 禹王의 이른바 '오만하고 사납다'는 것이 이것이다. 이는 帝堯가 지극히 공정하고 지극히 밝아서 그 자식의 악함을 깊이 알아 한 사람으로 천하를 해롭게 하지 않음을 볼 수 있다. 혹자는 말하기를 "胤은 나라이고 子는 작위이니, 帝堯 때의 제후이다. 〈夏書〉에 胤侯가 있고 〈周書〉에 胤國의 춤추는 옷이 있었다." 하니, 지금 또한 반드시 그렇지 않음을 발견할 수 없으므로 우선 여기에 두는 바이다.

10. 帝曰 疇咨若予采오 驩兜曰 都라 共工이 方鳩僝功하나니이다 帝曰 吁라 靜言庸違하고 象恭滔天하니라

帝堯가 말씀하기를 "누가 나의 일을 순히 할 수 있는가?" 하니, 驩兜가 말하기를 "아! 훌륭합니다. 共工이 바야흐로 모아서 공적을 나타냅니다." 하였다. 帝堯가 말씀하기를 "아! 너의 말이 옳지 않다. 고요할 때에는 말을 잘하나 등용하면 위배되고 외모만 공손하다." 하였다.

采 : 일 채 驩 : 기쁠 환 兜 : 투구 도(두) 鳩 : 모을 구 僝 : 볼 잔

采는 事也라 都는 歎美之辭也라 驩兜는 臣名이요 共工은 官名이니 蓋古之世官族也라 方은 且요 鳩는 聚요 僝은 見也니 言共工方且鳩聚而見其功也라 靜言庸違者는 靜則能言이나 用則違背也라 象恭은 貌恭而心不然也라 滔天二字는 未詳이라 與下文相似하니 疑有舛誤라 上章은 言順時하고 此言順事하니 職任大小를 可見이라

采는 일이다. 都는 탄미하는 말이다. 驩兜는 신하의 이름이요 共工은 관명이니, 아마도 옛부터 대대로 벼슬해오는 집안인 듯하다. 方은 장차요 鳩는 모음이요 僝은 보임이니, 共工이 바야흐로 모아서 그 공적을 나타냄을 말한 것이다. 靜言庸違는 고요할 때에는 말을 잘하나 등용하면 위배되는 것이다. 象恭은 외모는 공손하나 마음은 그렇지 않은 것이다. 滔天 두 글자는 미상이다. 下文과 서로 비슷하니, 의심컨대 잘못이 있는 듯하다. 上章에서는 때를 순히 함을 말하였고 여기서는 일을 순히 함을 말하였으니, 職任의 크고 작음을 볼 수 있다.

11. 帝曰 咨四岳아 湯湯(상상)洪水方割하여 蕩蕩懷山襄陵하여 浩浩滔天일새 下民其咨하나니 有能이어든 俾乂호리라 僉曰 於(오)라 鯀哉니이다 帝曰 吁라 咈哉라 方命하며 圮族하나니라 岳曰 异哉나 試可오 乃已니이다 帝曰 往欽哉하라하시니 九載에 績用이 弗成하니라

帝堯가 말씀하기를 "아! 四岳아. 넘실대는 홍수가 바야흐로 폐해를 끼쳐서 蕩蕩하게 산을 에워싸고 언덕을 넘어 질펀하게 하늘까지 번지기에 下民들이 한탄하고 있으니, 능히 다스릴 만한 자가 있으면 다스리게 하리라." 하니, 여럿이 말하기를 "아! 鯀입니다." 하였다. 帝堯가 말씀하기를 "아! 너의 말이 옳지 않다. 명령을 거역하며 族類들을 敗

滔：물흐를 도　舛：어그러질 천　湯：물세차게흐를 상　襄：오를 양
俾：하여금 비　乂：다스릴 예　咈：어길 불　圮：무너질 비　异：그만둘 이

亡시킨다." 하니, 四岳이 말하기를 "그만두더라도 可한가를 시험해보고 이에 그만두어야 합니다." 하였다. 帝堯가 "가서 공경히 임무를 수행하라." 하였는데, 9년이 되도록 공적이 이루어지지 못하였다.

四岳은 官名이니 一人而總四岳諸侯之事也라 湯湯은 水盛貌라 洪은 大也라 孟子曰 水逆行을 謂之洚水니 洚水者는 洪水也라하시니 蓋水涌出而未洩이라 故로 汎濫而逆流也라 割은 害也라 蕩蕩은 廣貌라 懷는 包其四面也요 襄은 駕出其上也라 大阜曰陵이라 浩浩는 大貌요 滔는 漫也니 極言其大하여 勢若漫天也라 俾는 使요 乂는 治也니 言有能任此責者면 使之治水也라 僉은 衆共之辭니 四岳與其所領諸侯之在朝者 同辭而對也라 於는 歎美辭요 鯀은 崇伯名이니 歎其美而薦之也라 咈者는 甚不然之之辭라 方命者는 逆命而不行也라 王氏曰 圓則行하고 方則止하나니 方命은 猶今言廢閣詔令也니 蓋鯀之爲人이 悻戾自用하여 不從上令也라 圮는 敗요 族은 類也니 言與衆不和하여 傷人害物하니 鯀之不可用者以此也라 楚辭에 言鯀婞直이라하니 是其方命圮族之證也라 岳曰은 四岳之獨言也라 异는 義未詳하니 疑是已廢而復强擧之之意라 試可乃已者는 蓋廷臣이 未有能於鯀者하니 不若姑試用之하여 取其可以治水而已라 言無預他事하니 不必求其備也라 堯於是遣之하여 往治水而戒以欽哉하시니 蓋任大事면 不可以不敬이니 聖人之戒 辭約而意盡也라 載는 年也니 九載三考하여 功用不成이라 故黜之하니라

四岳은 관명이니, 한 사람으로서 사악에 있는 제후의 일을 총괄한 것이다. 湯湯은 물이 성한 모양이다. 洪은 큼이다. 孟子가 말씀하기를 "물이 역행함을 洚水라 이르니, 洚水는 洪水이다."라고 하셨으니, 물이 용솟음쳐서 빠져 나가지 못하므로 범람하여 역류한 것이다. 割은 해침이다. 蕩蕩은 넓은 모양이다. 懷는 사면을 에워싸는 것이요, 襄은 높이 그 위로 나오는 것이다. 큰 언덕을 陵이라 한다. 浩浩는 큰 모양이요 滔는 번짐이니, 커서 형세가 하늘에 번지는 것과 같음을 극언한 것이다. 俾는 하여금이요 乂는 다스림이니, 능히 이 책임을 맡을 자가 있으면 그로 하여금 물을 다스리게

洚：물넘을 홍, 물역류할 강　洩：뺄 설　漫：흐를 만　悻：고집스러울 행

하려 함을 말한 것이다. 僉은 여럿이 함께 하는 말이니, 사악과 그가 거느리고 있는 바의 제후로서 조정에 있는 자들이 함께 말하여 대답한 것이다. 於는 탄미하는 말이요 鯀은 崇伯의 이름이니, 그 아름다움을 감탄하고 천거한 것이다. 咈은 매우 옳지 않게 여기는 말이다. 方命은 명을 거역하고 행하지 않는 것이다. 王氏가 말하기를 "둥글면 굴러가고 모나면 멈추니, 方命은 지금의 詔令을 廢閣(폐기)한다는 말과 같다." 하였다. 鯀의 사람됨이 고집세고 어그러져 자기 주장을 써서 윗사람의 명령을 따르지 않은 것이다. 圮는 패함(무너짐)이요 族은 족류이니, 여러 사람들과 불화하여 남을 상하게 하고 물건을 해침을 말한 것이니, 鯀을 등용할 수 없음은 이 때문이었다. 《楚辭》에 "鯀이 婞直했다."고 말하였으니, 이것이 명령을 거역하고 족류를 무너뜨린 증거이다. 岳曰은 四岳이 홀로 말한 것이다. 异는 뜻이 미상이니, 의심컨대 이미 폐하였다가 다시 억지로 그를 천거한 뜻인 듯하다. 試可乃已는 조정의 신하들이 鯀보다 능한 자가 없으니, 우선 시험삼아 등용해서 물을 다스리는 것만을 취하는 것만 못한 것이다. 이는 다른 일에 간여됨이 없으니, 굳이 완비되기를 구할 필요가 없음을 말한 것이다. 帝堯가 이에 그를 보내어 가서 물을 다스리게 하면서 공경하라고 경계하였으니, 큰 일을 맡으면 공경하지 않을 수 없으니, 聖人의 경계는 말이 간략하면서도 뜻이 극진하다. 載는 해이니, 9년동안 세번 상고하여 공용이 이루어지지 못하였으므로 축출한 것이다.

12. 帝曰 咨四岳아 朕이 在位七十載니 汝能庸命하나니 巽朕位인저 岳曰 否德이라 忝帝位하리이다 曰 明明하며 揚側陋하라 師錫帝曰 有鰥이 在下하니 曰虞舜이니이다 帝曰 兪라 予聞호니 如何오 岳曰 瞽子니 父頑하며 母嚚하며 象傲어늘 克諧以孝하여 烝烝乂하여 不格姦하니이다 帝曰 我其試哉인저 女于時하여 觀厥刑于二女호리라하시고 釐降二女于嬀汭하사 嬪于虞하시고 帝曰 欽哉하라하시다

巽：사양할 손　忝：욕될 첨　錫：줄 석　鰥：홀아비 환　諧：화할 해
烝：나아갈 증　嬀：물이름 규　汭：물가 예　嬪：부인 빈

帝堯가 말씀하기를 “아! 四岳아. 朕이 재위한 지가 70년인데, 네가 나의 명령을 잘 따르니, 짐의 지위를 선양하겠다.” 하였다. 四岳이 말하기를 “저는 덕이 없어 帝位를 욕되게 할 것입니다.” 하니, 帝堯가 말씀하기를 “현달한 자를 밝히며 미천한 자를 천거하라.” 하였다. 여럿이 帝堯에게 말씀드리기를 “홀아비가 아래에 있으니, 虞舜이라 합니다.” 하였다. 帝堯가 말씀하기를 “아! 너의 말이 옳다. 나도 들었으니, 어떠한가?” 하니, 사악이 말하기를 “소경의 아들이니, 아버지는 완악하고 어머니는 어리석으며 象은 오만한데도 능히 孝로 화하게 하여 점점 다스려서 간악한 데에 이르지 않게 하였습니다.” 하였다. 帝堯가 말씀하기를 “내가 시험해보겠다. 이에게 딸을 시집보내어 그 법을 두 딸에게서 관찰하겠다.” 하시고, 두 딸을 치장하여 嬀水의 북쪽에 下嫁하여 虞舜의 아내가 되게 하시고는 帝堯는 딸들에게 “공경하라.”고 당부하셨다.

朕은 古人自稱之通號라 吳氏曰 巽, 遜은 古通用이라 言汝四岳이 能用我之命하니 而可遜以此位乎인저하니 蓋丹朱旣不肖하고 群臣이 又多不稱이라 故로 欲擧以授人而先之四岳也라 否는 不通이라 忝은 辱也라 明明은 上明은 謂明顯之요 下明은 謂已在顯位者라 揚은 擧也요 側陋는 微賤之人也니 言惟德是擧하여 不拘貴賤也라 師는 衆이요 錫은 與也니 四岳群臣諸侯同辭以對也라 鰥은 無妻之名이라 虞는 氏요 舜은 名也라 兪는 應許之辭라 予聞者는 我亦嘗聞是人也요 如何者는 復問其德之詳也라 岳曰은 四岳獨對也라 瞽는 無目之名이니 言舜乃瞽者之子也니 舜父號瞽叟라 心不則(칙)德義之經이 爲頑이라 母는 舜後母也요 象은 舜異母弟名이라 傲는 驕慢也라 諧는 和요 烝은 進也라 言舜不幸遭此로되 而能和以孝하여 使之進進以善自治하여 而不至於大爲姦惡也라 女는 以女與人也라 時는 是요 刑은 法也라 二女는 堯二女娥皇, 女英也라 此는 堯言其將試舜之意也니 莊子所謂二女事之以觀其內가 是也라 蓋夫婦之間 隱微之際는 正始之道니 所繫尤重이라 故로 觀人者於此爲尤切也라 釐는 理요 降은 下也라

叟 : 늙은이 수　娥 : 계집 아

嬀는 水名이니 在今河中府河東縣하니 出歷山入河라 爾雅曰 水北曰汭니 亦小水入大水之名이니 蓋兩水合流之內也라 故從水從內하니 蓋舜所居之地라 嬪은 婦也요 虞는 舜氏也니 史言堯治裝下嫁二女于嬀水之北하여 使爲舜婦于虞氏之家也라 欽哉는 堯戒二女之辭니 即禮所謂往之女(汝)家必敬必戒者라 況以天子之女로 嫁於匹夫하니 尤不可不深戒之也라

朕은 옛사람들이 自稱하는 통칭이었다. 吳氏가 말하기를 "巽과 遜은 옛날에는 통용되었다." 하였다. 말하기를 "너 사악이 나의 명을 잘 따르니, 이 지위를 선양하겠다." 하였으니, 이는 아들인 丹朱가 이미 불초하고 群臣들이 또 지위에 걸맞지 않은 자가 많으므로 천하를 들어 남에게 주고자 하면서 사악에게 먼저 한 것이다. 否는 不과 통한다. 忝은 욕됨이다. 明明은 위의 明字는 밝게 드러내는 것이고, 아래의 明字는 이미 현달한 지위에 있는 자를 이른다. 揚은 천거함이요 側陋는 미천한 사람이니, 오직 덕이 있는 사람을 들어 써서 귀천에 구애하지 않음을 말한 것이다. 師는 무리요 錫은 줌이니, 四岳과 群臣과 諸侯들이 함께 말하여 대답한 것이다. 鰥은 아내가 없는 자의 칭호이다. 虞는 氏요 舜은 이름이다. 僉는 응대하고 허락하는 말이다. 予聞은 나 또한 일찍이 이 사람에 대해서 들었다는 것이고, 如何는 다시 德의 상세한 내용을 물은 것이다. 岳曰은 사악이 홀로 대답한 것이다. 瞽는 눈이 없는 자의 칭호이니, 舜이 바로 소경의 아들임을 말한 것이니, 舜의 아버지의 호가 瞽瞍이다. 마음이 떳떳한 德義를 본받지 않음을 頑이라 한다. 母는 舜의 後母이고 象은 舜의 異腹 동생의 이름이다. 傲는 교만함이다. 諧는 화함이요 烝은 나아감이다. 舜이 불행히도 이러한 일을 만났으나 능히 효로써 화합하여 나아가고 나아가 善으로 스스로 다스려서 크게 간악함에 이르지 않게 하였음을 말한 것이다. 女는 딸을 남에게 주는 것이다. 時는 이것이요 刑은 법이다. 二女는 帝堯의 두 딸인 娥皇과 女英이다. 이는 帝堯가 장차 舜을 시험해보고서 등용하겠다는 뜻을 말한 것이니, 《莊子》에 이른바 '두 딸로 舜을 섬기게 하여 그 안을 관찰했다.'는 것이 이것이다. 夫婦 사이의 은미한 즈음은 시작을 바로잡는 道이니, 관계되는 바가 더욱 중요하다. 그러므로 사람을 관찰하는 자가 여기에서 관찰하면 더욱 간절한 것이다. 釐는 다스림이요 降은 下嫁이다. 嬀는 물 이름이니, 지금의 河中府 河東縣에 있으니, 歷山에서 나와 黃河로 들어간다. 《爾雅》에 이르기를 "물의 북쪽을 汭라 한다." 하였으니, 또한 작은 물이 큰 물로 들어가는

이름이니, 두 물이 합류하는 안일 것이다. 그러므로 水를 따르고 內를 따랐으니, 舜이 거주하던 곳의 땅이다. 嬪은 부인이요 虞는 舜의 氏이니, 史官이 "帝堯가 두 딸을 치장하여 嬀水의 북쪽에 下嫁해서 그로 하여금 虞氏의 집에서 舜의 아내가 되게 하였다."고 말한 것이다. 欽哉는 帝堯가 두 딸을 경계한 말씀이니, 《禮記》에 이른바 '네 집에 가서 반드시 공경하고 반드시 경계하라.'는 것이다. 하물며 천자의 딸을 匹夫에게 시집보내니, 더더욱 깊이 경계하지 않을 수 없는 것이다.

舜典

今文古文皆有로되 今文은 合于堯典하고 而無篇首二十八字하니라

○ 唐孔氏曰 東晉梅賾이 上孔傳에 闕舜典하여 自乃命以位以上[下]二十八字는 世所不傳이라 多用王范之註補之하고 而皆以愼徽五典以下로 爲舜典之初러니 至齊蕭鸞建武四年하여 姚方興이 於大航頭[1]에 得孔氏傳古文舜典하여 乃上之라가 事未施行하여 而方興이 以罪致戮이러니 至隋開皇初하여 購求遺典하여 始得之하니라 今按古文孔傳尙書컨대 有曰若稽古以下二十八字라 伏生은 以舜典合於堯典하여 只以愼徽五典以上으로 接帝曰欽哉之下하여 而無此二十八字하고 梅賾은 旣失孔傳舜典이라 故亦不知有此二十八字요 而愼徽五典以下는 則固具於伏生之書라 故傳者用王范之註以補之러니 至姚方興하여 乃得古文孔傳舜典하니 於是에 始知有此二十八字라 或者는 由此하여 乃謂古文舜典一篇이 皆盡亡失이러니 至是에 方全得之라하여 遂疑其僞하니 蓋過論也라

금문과 고문에 다 있으나 금문은 〈堯典〉에 합쳐져 있고 편 머리의 28字가 없다.

○ 唐나라 孔氏(孔穎達)가 말하였다.

"東晉의 梅賾이 孔傳(孔安國의 書傳)을 올렸을 때에 〈舜典〉이 없었다. 그리하여 '乃命以位' 이상 28字가 세상에 전해지지 않았다. 그리하여

賾 : 깊을 색 徽 : 아름다울 휘 鸞 : 봉황새 란 姚 : 성 요 航 : 배 항

대부분 王氏(王肅)와 范氏(范甯)의 註를 가지고 孔傳에 없는 부분을 보충하고, 모두 '愼徽五典' 이하를 〈舜典〉의 처음으로 삼았었는데, 齊나라 蕭鸞(明帝)의 建武 4년에 이르러 姚方興이 大航의 머리(앞)에서 孔氏가 傳註한 古文 〈舜典〉을 얻어 올렸다가 일이 미처 시행되기 전에 요방흥이 죄를 받아 죽임을 당하였다. 그러다가 隋나라 開皇 초기에 이르러 遺典을 구입하여 비로소 이것을 얻게 되었다."

이제 고문의 孔傳 尙書를 살펴보면 '曰若稽古' 이하 28字가 있다. 伏生은 〈舜典〉을 〈堯典〉에 합쳐서 다만 '愼徽五典' 이상을 '帝曰欽哉'의 아래에 접속하여 이 28자가 없고, 매색은 이미 孔傳의 〈舜典〉을 잃었으므로 또한 이 28자가 있음을 알지 못하였으며, '愼徽五典' 이하는 진실로 伏生의 책에 갖추어져 있었다. 그러므로 傳註하는 자가 王氏와 范氏의 註를 사용하여 보충하였는데, 요방흥에 이르러 비로소 고문의 孔傳 〈舜典〉을 얻게 되자, 이에 비로소 이 28자가 있음을 알게 되었다. 혹자는 이로 말미암아 마침내 고문 〈舜典〉 한 편은 모두 다 망실되었었는데 이때에 이르러 비로소 완전히 얻었다 하여 마침내 僞作이라고 의심하니, 이는 지나친 의론이다.

譯註 1. 大航頭 : 大航의 머리(앞)부분으로, 大航은 당시 수도인 建康의 朱雀門 밖에 있던 배다리를 가리킨다.

1. 曰若稽古帝舜한대 曰重華協于帝하시니 濬哲文明하시며 溫恭允塞하사 玄德이 升聞하신대 乃命以位하시다

옛 帝舜을 상고하건대 重華(거듭 빛남)가 帝堯에게 합하시니, 깊고 명철하고 문채나고 밝으시며 온화하고 공손하고 성실하고 독실하시어 그윽한 德이 올라가 알려지시니, 帝堯가 마침내 職位를 명하셨다.

華는 光華也라 協은 合也라 帝는 謂堯也라 濬은 深이요 哲은 智也라 溫은 和粹也라 塞은 實也라 玄은 幽潛也라 升은 上也라 言堯旣有光華어시늘 而舜又有光華하여 可合於堯라 因言其目하면 則深沈而有智하고 文理而光明

濬 : 깊을 준 塞 : 진실할 색

하고 和粹而恭敬하고 誠信而篤實하사 有此四者幽潛之德이 上聞於堯하신대 堯乃命之以職位也라

華는 光華이다. 協은 합함이다. 帝는 堯를 이른다. 濬은 깊음이요 哲은 지혜로움이다. 溫은 화하고 순수함이다. 塞은 독실함이다. 玄은 幽潛(그윽하고 잠겨있음)이다. 升은 올라감이다. 堯가 이미 광화가 있었는데 舜이 또 광화가 있어서 堯에게 합함을 말한 것이다. 인하여 그 조목을 말하면 深沈하면서도 지혜가 있고 文理가 있으면서도 광명하며, 화하고 순수하면서도 공경하고 誠信하면서도 독실하여, 이 네 가지 幽潛한 덕이 있어 올라가 堯에게 알려지셨으므로 堯가 마침내 職位를 명령한 것이다.

2. 愼徽五典하신대 五典이 克從하며 納于百揆하신대 百揆時敍하며 賓于四門하신대 四門이 穆穆하며 納于大麓하신대 烈風雷雨에 弗迷하시다

五典을 삼가 아름답게 하라 하시니 五典이 능히 순하게 되었으며, 百揆에 앉히시니 百揆가 때로 펴졌으며, 四門에서 손님을 맞이하게 하시니 四門이 화목하며, 큰 산기슭에 들어가게 하시니 烈風(맹렬한 바람)과 雷雨(천둥 번개가 치고 비가 옴)에 혼미하지 않으셨다.

徽는 美也라 五典은 五常也니 父子有親, 君臣有義, 夫婦有別, 長幼有序, 朋友有信이 是也라 從은 順也니 左氏所謂無違敎也니 此蓋使爲司徒之官也라 揆는 度(탁)也니 百揆者는 揆度庶政之官으로 惟唐虞有之하니 猶周之冢宰也라 時敍는 以時而敍니 左氏所謂無廢事也라 四門은 四方之門이니 古者에 以賓禮로 親邦國하여 諸侯各以方至而使主焉이라 故曰賓이라 穆穆은 和之至也니 左氏所謂無凶人也니 此는 蓋又兼四岳之官也라 麓은 山足也라 烈은 迅이요 迷는 錯也라 史記曰 堯使舜入山林川澤하신대 暴風雷雨에 舜行不迷라하니라 蘇氏曰 洪水爲害어늘 堯使舜入山林하여 相視原隰이러니 雷雨大至하여 衆懼失常호되 而舜不迷하시니 其度量이 有絶

揆 : 헤아릴 규 穆 : 화목 목 麓 : 산기슭 록 冢 : 클 총 錯 : 어그러질 착

人者요 而天地鬼神이 亦或有以相之歟아 愚謂遇烈風雷雨非常之變호되 而不震懼失常은 非固聰明誠智確乎不亂者면 不能也라 易에 震驚百里[1]호되 不喪匕鬯이라하니 意爲近之라

徽는 아름다움이다. 五典은 五常이니, 父子有親, 君臣有義, 夫婦有別, 長幼有序, 朋友有信이 이것이다. 從은 순함이니, 左氏의 이른바 '가르침을 어김이 없다.'는 것이다. 이는 아마도 舜으로 하여금 司徒의 관원이 되게 한 것이다. 揆는 헤아림이니, 百揆는 여러 정사를 헤아리는 관원으로 오직 唐·虞 때에 있었으니 周代의 冢宰와 같은 것이다. 時敍는 때로 펴짐이니, 左氏의 이른바 '일을 폐함이 없다.'는 것이다. 四門은 사방의 문이니, 옛날에 손님의 禮로 邦國(제후국)을 친히 하여 제후가 각기 방위에 따라 이르면 이를 주관하게 하였다. 그러므로 賓이라 한 것이다. 穆穆은 화합이 지극한 것이니, 左氏의 이른바 '흉한 사람이 없다.'는 것이니, 이는 또 四岳의 벼슬을 겸한 것이다. 麓은 산기슭이다. 烈은 빠름이요 迷는 착란함이다. 《史記》에 이르기를 "堯가 舜으로 하여금 山林과 川澤에 들어가게 하셨는데 폭풍과 雷雨 속에 舜이 가면서도 혼미하지 않았다." 하였다. 蘇氏가 말하기를 "홍수가 폐해를 입히므로 堯가 舜으로 하여금 산림에 들어가서 평원과 습지를 살펴보게 하였는데, 뇌우가 크게 이르러 딴 사람들은 두려워하여 떳떳한 법도를 잃었으나 舜은 혼미하지 않으셨으니, 그 도량이 남보다 뛰어남이 있고 천지 귀신이 또한 혹 도움이 있었는가 보다." 하였다. 내가 생각컨대 열풍과 뇌우의 비상한 변고를 만났으나 두려워하여 떳떳한 법도를 잃지 않는 것은 진실로 총명하고 성실하고 지혜로워 확고히 혼란하지 않은 자가 아니면 능하지 못하다. 《周易》에 "우레가 백 리를 놀라게 하여도 수저와 鬱鬯酒(울창주)를 잃지 않았다." 하였으니, 뜻이 이와 가깝다.

譯註 1. 震驚百里 : 이 내용은 《周易》 震卦 卦辭에 보인다.

3. 帝曰 格하라 汝舜아 詢事考言한대 乃言이 底可績이 三載니 汝陟帝位하라 舜이 讓于德하사 弗嗣하시다

隰 : 습지 습　匕 : 수저 비　鬯 : 술이름 창　詢 : 물을 순　底 : 이를 지
陟 : 오를 척

帝堯가 말씀하기를 "이리 오라! 舜아. 일을 도모하고 말을 상고하건대 너의 말이 공적을 이룰 수 있음을 본 것이 3년이니, 네가 제위에 오르라." 하였다. 舜은 덕이 있는 사람에게 사양하고 잇지 않으셨다.

格은 來요 詢은 謀요 乃는 汝요 底는 致요 陟은 升也라 堯言詢舜所行之事하고 而考其言컨대 則見汝之言이 致可有功이 於今三年矣니 汝宜升帝位也라 讓于德은 讓于有德之人也라 或曰 謙遜하여 自以其德이 不足爲嗣也라

格은 옴이요 詢은 도모함이요 乃는 너요 底는 이룸이요 陟은 오름이다. 堯가 말씀하기를 "舜이 행한 일을 도모하고 말을 상고해 보건대 너의 말이 공적을 이룰 수 있음을 본 것이 지금 3년이 되었으니, 네가 마땅히 제위에 오르라." 한 것이다. 讓于德은 덕이 있는 사람에게 사양한 것이다. 혹자는 "겸손하여 스스로 그 덕이 뒤를 이을 수 없다고 한 것이다." 라고 한다.

4. 正月上日에 受終于文祖하시다

正月 초하루에 終을 文祖께 받으셨다.

上日은 朔日也라 葉氏曰 上旬之日이라하고 曾氏曰 如上戊, 上辛, 上丁之類라하니 未詳孰是라 受終者는 堯於是終帝位之事하여 而舜受之也라 文祖者는 堯始祖之廟니 未詳所指爲何人也라

上日은 초하루이다. 葉氏는 "上旬의 날이다." 하고 曾氏는 "上戊, 上辛, 上丁 따위와 같은 것이다." 하니, 어느 것이 옳은지 미상이다. 受終은 堯가 이에 帝位의 일을 마쳐서 舜이 받은 것이다. 文祖는 堯의 始祖의 사당이니, 어떤 사람을 가리키는 지는 자세하지 않다.

5. 在璿璣玉衡하사 以齊七政하시다

璿 : 구슬 선　璣 : 작은구슬 기

璿璣와 玉衡으로 살펴 七政을 고르게 하셨다.

在는 察也라 美珠를 謂之璿이요 璣는 機也니 以璿飾璣는 所以象天體之轉運也라 衡은 橫也니 謂衡簫也라 以玉爲管하여 橫而設之하니 所以窺璣而齊七政之運行이니 猶今之渾天儀也라 七政은 日月五星也니 七者運行於天에 有遲有速하고 有順有逆하니 猶人君之有政事也라 此는 言舜初攝位하여 整理庶務하시되 首察璣衡하여 以齊七政하시니 蓋曆象授時는 所當先也라

○ 按渾天儀者는 天文志云 言天體者三家니 一曰周髀요 二曰宣夜요 三曰渾天이라 宣夜는 絶無師說하니 不知其狀如何라 周髀之術은 以爲天似覆盆이라 蓋以斗極爲中하니 中高而四邊下어든 日月이 傍行遶之하니 日近而見之 爲晝요 日遠而不見이 爲夜라하니 蔡邕以爲考驗天象에 多所違失이라하니라 渾天說曰 天之形狀이 似鳥卵하니 地居其中하고 天包地外하여 猶卵之裹黃하고 圓如彈丸이라 故로 曰渾天이라하니 言其形體渾渾然也라 其術은 以爲天半覆地上하고 半在地下하니 其天이 居地上見者一百八十二度半强이요 地下亦然이라 北極은 出地上三十六度요 南極은 入地下亦三十六度而嵩高正當天之中이라 極南五十五度當嵩高之上하고 又其南十二度爲夏至之日道요 又其南二十四度爲春秋分之日度요 又其南二十四度爲冬至之日道니 南下去地三十一度而已면 是夏至日이니 北去極六十七度요 春秋分은 去極九十一度요 冬至는 去極一百一十五度니 此其大率也라 其南北極이 持其兩端이면 其天與日月星宿가 斜而廻轉하니 此必古有其法이언마는 遭秦而滅이러니 至漢武帝時하여 落下閎이 始經營之하고 鮮于妄人이 又量度(탁)之하고 至宣帝時하여 耿壽昌이 始鑄銅而爲之象하고 宋錢樂이 又鑄銅作渾天儀하니 衡長八尺이요 孔徑一寸이요 璣徑八尺이요 圓周二丈五尺强이라 轉而望之하여 以知日月星辰之所在하니 卽璿璣玉衡之遺法也라 歷代以來로 其法漸密이라 本朝因之하여 爲儀三重하니 其在外者는 曰六合儀니 平置黑單環하여 上刻十二辰八干[1]四隅在地之位하

簫：퉁소 소　窺：엿볼 규　髀：넓적다리뼈 비(폐)　遶：두를 요
邕：화할 옹　閎：클 굉　耿：밝을 경

여 以準地面而定四方하고 側立黑雙環하여 背刻去極度數하고 以中分天脊하여 直跨地平하여 使其半入地下而結於其子午하여 以爲天經하고 斜倚赤單環하여 背刻赤道度數하고 以平分天腹하여 橫繞天經하여 亦使半出地上하고 半入地下而結於其卯酉하여 以爲天緯하여 三環表裏가 相結不動하니 其天經之環은 則南北二極이 皆爲圓軸이라 虛中而內向하여 以挈三辰四遊之環하나니 以其上下四方을 於是可考라 故로 曰六合이라 次其內曰三辰儀니 側立黑雙環하고 亦刻去極度數하여 外貫天經之軸하고 內挈黃赤二道하니 其赤道則爲赤單環이니 外依天緯하되 亦刻宿度而結於黑雙環之卯酉하고 其黃道則爲黃單環이니 亦刻宿度而又斜倚於赤道之腹하여 以交結於卯酉而半入其內하여 以爲春分後之日軌하고 半出其外하여 以爲秋分後之日軌하고 又爲白單環하여 以承其交하여 使不傾墊하고 下設機輪하여 以水激之하여 使其日夜隨天하여 東西運轉하여 以象天行하니 以其日月星辰을 於是可考라 故로 曰三辰이라 其最在內者曰四遊儀니 亦爲黑雙環을 如三辰儀之制하여 以貫天經之軸하고 其環之內는 則兩面當中하여 各施直距하여 外指兩軸而當其要(腰)中之內面하고 又爲小竅하여 以受玉衡要中之小軸하여 使衡旣得隨環東西運轉하고 又可隨處南北低昻하여 以待占候者之仰窺焉하니 以其東西南北이 無不周徧이라 故로 曰四遊니 此其法之大略也라 沈括曰 舊法에 規環一面은 刻周天度하고 一面은 加銀丁하니 蓋以夜候天晦에 不可目察이면 則以手切之也라하니 古人以璿飾璣도 疑亦爲此라 今大(太)史局秘書省에 銅儀가 制極精緻하니 亦以銅丁爲之라 曆家之說에 又以北斗魁四星爲璣하고 杓三星爲衡하니 今詳經文簡質하니 不應北斗二字를 乃用寓名이라 恐未必然이나 姑存其說하여 以廣異聞하노라

在는 살핌이다. 아름다운 구슬을 璿이라 하고 璣는 틀이니, 구슬로 틀을 꾸밈은 天體의 轉運을 형상한 것이다. 衡은 가로이니, 가로로 된 대통을 이른다. 옥으로 대통을 만들어 가로로 설치하였으니, 璣를 살펴서 七政의 운행을 똑고르게 하는 것이니, 지금의 渾天儀와 같다. 七政은 日月과 五星이니, 일곱 가지가 하늘에 운행함에 느린 것도 있고 빠른 것도 있으며 순한

跨：걸터앉을 과　挈：끌 설　墊：빠질 점　竅：구멍 관　昻：높을 앙
緻：빽빽할 치　杓：자루 표

것도 있고 거스르는 것도 있어 마치 군주에게 정사가 있는 것과 같다. 이는 舜이 처음으로 섭위하여 여러 사무를 정리하되 첫번째로 선기와 옥형으로 살펴 七政을 똑고르게 하였음을 말한 것이니, 曆象을 하여 농사철을 알려줌은 마땅히 먼저 해야 할 일이다.

○ 살펴보건대 혼천의는 〈天文志〉에 "천체를 말한 것이 三家이니, 첫번째는 周髀이고 두번째는 宣夜이고 세번째는 渾天이다. 선야는 스승으로 전해오는 학설이 전혀 없으니, 그 내용이 어떠한 지 알 수 없다. 주비의 방법은 하늘이 엎어놓은 동이와 같다고 하였다. 그리하여 斗極(北斗星과 北極星)을 중앙으로 삼으니, 중앙은 높고 사방 가장자리는 낮은데 해와 달이 옆으로 운행하여 돌아가는바, 해가 가까워서 보이면 낮이고 해가 멀어서 보이지 않으면 밤이다." 하였는데, 蔡邕은 "天象을 상고하고 징험함에 위배되고 맞지 않는 것이 많다." 하였다.

渾天說에는 이르기를 "하늘의 형상은 새알과 같으니, 땅은 가운데에 있고 하늘은 땅 밖을 싸고 있어서 알이 노른자를 싸고 있는 것과 같고 둥글기는 탄환과 같다. 그러므로 혼천의라 한다." 하였으니, 그 형체가 渾渾함을 말한 것이다. 그 방법은 하늘이 반은 지상을 덮고 반은 지하에 있으니, 하늘이 지상에 있어 보이는 것이 182도와 반이 넘고, 지하도 그러하다. 北極은 지상으로 나온 것이 36도이고 南極은 지하로 들어간 것이 또한 36도인데 높은 곳이 바로 하늘의 중앙에 해당한다. 極南의 55도가 가장 높은 곳에 해당하고 또 그 남쪽 12도는 하지의 日道(해가 다니는 길)가 되고 또 그 남쪽 24도는 춘분과 추분의 日道가 되며, 또 그 남쪽 24도는 동지의 日道가 되니, 남쪽 아래로 땅과 31도가 떨어져 있을 뿐이면 이는 하짓날이니, 북쪽으로 북극과의 거리가 67도이고 춘분과 추분은 북극과의 거리가 91도이며 동지는 북극과의 거리가 115도이니, 이것이 그 대체이다. 남극과 북극이 두 끝을 잡고 있으면 하늘과 해와 달과 별이 비껴 회전하니, 이는 반드시 옛날에 이에 대한 법식이 있었을 것이나 秦나라를 만나 불타 없어졌다. 그러다가 漢나라 武帝 때에 이르러 落下閎이 처음으로 경영하고 鮮于妄人이 또 이것을 헤아렸으며, 宣帝 때에 이르러 耿壽昌이 비로소 구리로 주조하여 象을 만들고 宋나라의 錢樂이 또 구리로 주조하여 혼천의를 만드니, 가로의 길이가 8尺이고 구멍의 지름이 1寸이며 틀은 지름이 8尺이고 둘레는 2丈 5尺이 넘는다. 이것을 회전시키면서 바라보아 해와 달과 별의 소재를 알았으니, 곧 선기옥형의 遺法이다. 역대 이래로 이에 대한 법식이 점점 치밀해졌는데, 本朝(宋나라)에서는 이를 따라 三重의 儀를 만들었으니, 밖에 있는 것을 六合儀라 하는바, 흑색 單環(한 개의 고리)을 평평히 놓고 그 위에 十二辰과 八干을 네 귀퉁이 땅이 있는 위치에 새겨서 지면을 기준으로 하여 사방을 정하였다. 그리고 흑색 雙環(쌍고리)을 비스듬히 세운 다음 등에 북극과의 거리의 度數를 새기고 하늘의 등마루를 반으로 나누어 곧바로 지평선을 넘어 반은 지하로 들어가서 子午線에 묶어 天經으로 삼고, 적색 單環을 비스듬히 기울게 한 다음 등에 赤道의 度數를 새기고 하늘의 배를 반으로 나누어 天經을 橫으로 돌아서 또한 반은 지상으로 나오고 반은 지하로 들어가게 하여 卯酉에 묶어서 天緯로 삼아 세 고리의 겉과 속이 서로 연결되어 움직이지 않게 하였으니, 天經의 고리는 南極과 北極 두 극이 모두 둥근 축이 된다. 그리하여 가운데를 비우고 안을 향하여 三辰儀와 四遊儀의 고리에 매니, 상하와 사방을 이것으로 상고할 수 있으므로 六合이라 하였다.

다음으로 그 안에 있는 것을 三辰儀라 하니, 흑색 쌍환을 비스듬히 세운 다음 북극과의 거리 도수를 새기고 밖으로는 天經의 축을 꿰뚫고 안으로는 黃道와 赤道에 매단다. 적도는 적색 단환으로 만들었는바, 밖으로는 天緯에 의지하되 또한 28수의 도수를 새겨 흑색 쌍환의 卯酉에 묶고, 황도는 황색 단환으로 만들었는바, 또한 28수의 도수를 새기고 또 적도의 배에 비스듬히 기대게 하여 묘유에 묶어서 반은 안으로 들어가 춘분 뒤의 日軌(해의 궤도)를 삼고 반은 밖으로 나와 추분 뒤의 일궤를 삼으며, 또 백색의 단환을 만들어 교차한 부분을 이어서 기울거나 빠지지 않게 하고 아래에는 틀에 바퀴를 설치하여 물로 격동시켜서 밤낮으로 天體를 따라 동서로 회전하게 하여 하늘의 운행을 상징하니, 해와 달과 별을 이것으로 상고할 수 있으므로 三辰이라 하였다.

그리고 가장 내면에 있는 것을 四遊儀라 하니, 또한 흑색 쌍환을 만들기를 삼진의의 제도처럼 하여 天經의 축에 꿰고 고리의 안은 양면이 중앙을 당하게 하여 각각 곧은 발을 설치하여 밖으로 두 축을 가리키면서 허리 가운데의 내면에 당하게 하고, 또 작은 구멍을 내어 玉衡의 허리 가운데의 작은 축을 받게 하여 옥형이 이미 고리를 따라 동서로 회전하게 하고 또 곳에 따라 남북으로 올라갔다 내려갔다 하게 하여 占候하는 자가 우러러 엿보도록 만드니, 동서남북으로 두루하지 않음이 없으므로 四遊라 이름하였는바, 이것이 그 방법의 대략이다.

沈括은 이르기를 "옛날 법에 規環(둥근 고리)의 일면에는 周天의 도수를 새기고 일면에는 銀丁(은으로 찍어놓은 점)을 가하였으니, 밤에 하늘을 관측함에 어두워서 눈으로 살필 수 없으면 손으로 만져보는 것이다." 하였는바, 옛사람이 구슬로 틀을 꾸민 것도 의심컨대 또한 이 때문인 듯하다. 지금 太史局과 秘書省에 銅儀가 보관되어 있는데, 제도가 매우 정밀한바 또한 銅丁으로 만들었다. 曆家의 말에 "또 북두의 魁 네 별을 璣라 하고 자루모양의 세 별을 衡"이라 하는데 이제 經文을 살펴보면 매우 간략하고 질박하니, 北斗의 두 글자(璣와 衡을 가리킴)를 써서 이름을 붙일 리가 없다. 이는 반드시 옳지는 않은 듯하나 우선 그 말을 두어서 딴 들음을 넓히는 바이다.

譯註 1. 十二辰八干 : 十二辰은 子·丑·寅·卯 등의 12방위를 가리키며, 八干은 甲乙(東), 丙丁(南), 庚辛(西), 壬癸(北)를 가리킨다. 원래 十干 중 戊己는 中央 土이므로 四方에 들어가지 않기 때문에 뺀 것이다.

6. 肆類于上帝하시며 禋于六宗하시며 望于山川하시며 徧于群神하시다

드디어 上帝에게 類祭祀를 지내시며 六宗에게 禋祭祀를 지내시며 산천에 望祭祀를 지내시며 여러 神에게 두루 제사하셨다.

肆는 遂也라 類, 禋, 望은 皆祭名이라 周禮에 肆師類造于上帝라하니 註云郊祀者는 祭昊天之常祭니 非常祀而祭告于天이면 其禮依郊祀爲之라 故曰類니 如泰誓武王伐商과 王制言天子將出에 皆云類于上帝가 是也라 禋은 精意以享之謂라 宗은 尊也니 所尊祭者其祀有六이라 祭法曰 埋少牢於泰昭는 祭時也요 相近(禳祈)於坎壇은 祭寒暑也요 王宮은 祭日也요 夜明은 祭月也요 幽宗[1]은 祭星也요 雩宗은 祭水旱也라하니라 山川은 名山大川五嶽四瀆[2]之屬이니 望而祭之라 故曰望이라 徧은 周徧也라 群神은

肆 : 드디어 사　禋 : 제사 인　徧 : 두루 변(편)　雩 : 기우제 우
瀆 : 물 독　墳 : 무덤 분

謂丘陵墳衍古昔聖賢之類라 言受終觀象之後에 卽祭祀上下神祇하여 以攝位告也라

肆는 드디어이다. 類·禋·望은 모두 제사 이름이다. 《周禮》에 "드디어 여럿이 上帝에게 類造(類祭의 禮로 제사함)했다." 하였는데, 註에 이르기를 "郊祀는 昊天을 제사하는 떳떳한 제사이니, 떳떳한 제사가 아니면서 하늘에 제사하여 고유하게 되면 그 禮가 郊祀의 禮를 따라서 하기 때문에 〈郊祀와 절차가 같다고 해서〉 類라 한 것이니, 〈泰誓〉에 武王이 商나라를 정벌할 때와 〈王制〉에 천자가 장차 나갈 때에 다 '상제에게 類제사를 지냈다'고 말한 것이 이것이다." 하였다. 禋은 뜻을 깨끗이 하여 제향하는 것을 이른다. 宗은 높임이니, 높여 제사하는 것이 그 제사가 여섯 가지가 있다. 〈祭法〉에 이르기를 "少牢를 泰昭에 묻음은 四時를 제사함이요, 坎壇에 기도함은 寒暑에 제사함이요, 王宮에 기도함은 해에 제사함이요, 夜明에 기도함은 달에 제사함이요, 幽宗에 기도함은 별에 제사함이요, 雩宗에 기도함은 水旱에 제사함이다." 하였다. 山川은 名山大川으로 五嶽과 四瀆 따위이니, 바라보고 제사하기 때문에 望이라 한 것이다. 徧은 두루함이다. 群神은 구릉과 墳衍(물가와 평지) 및 옛날 聖賢과 같은 무리를 이른다. 終을 받고 觀象한 뒤에 곧 上下의 神祇에게 제사하여 攝位함을 고유함을 말한 것이다.

譯註 1. 幽宗 : 幽는 어둠이며, 宗은 禜(영)이 되어야 하는바 壇의 경계를 이르는데, 별은 날이 어두워져야 나타나기 때문에 붙여진 이름이라 한다.

2. 五嶽四瀆 : 五嶽은 다섯 개의 名山으로 東嶽인 泰山, 南嶽인 衡山, 西嶽인 華山, 北嶽인 恒山, 中嶽인 嵩山이며, 四瀆은 네 개의 大川으로 동쪽은 揚子江, 서쪽은 黃河, 남쪽은 淮水, 북쪽은 濟水이다.

7. 輯五瑞하시니 旣月이어늘 乃日覲四岳群牧하시고 班(頒)瑞于群后하시다

다섯 가지 瑞玉을 거두시니 한 달이 다 되었는데, 날마다 四岳과

瑞 : 서옥 서 旣 : 다할 기 覲 : 볼 근 班 : 나눌 반

群牧을 만나보시고 서옥을 여러 제후들에게 나누어 돌려주셨다.

輯은 斂이라 瑞는 信也니 公執桓圭하고 侯執信圭하고 伯執躬圭하고 子執穀璧하고 男執蒲璧하여 五等諸侯執之하여 以合符於天子하여 而驗其信否也라 周禮에 天子執冒하여 以朝諸侯라하니 鄭氏註云 名玉以冒는 以德覆(부)冒天下也라 諸侯始受命이면 天子錫以圭하나니 圭頭斜銳하고 其冒下斜刻하되 小大長短廣狹如之라가 諸侯來朝어든 天子以刻處로 冒其圭頭하여 有不同者면 則辨其僞也라 既는 盡이요 覲은 見이라 四岳은 四方之諸侯요 群牧은 九州之牧伯也라 程子曰 輯五瑞는 徵五等之諸侯也라 此已上은 皆正月事니 至盡此月이면 則四方之諸侯有至者矣하니 遠近不同하여 來有先後라 故로 日日見之하여 不如他朝會之同期於一日이니 蓋欲以少接之면 則得盡其詢察禮意也라 班은 頒同이라 群后는 即侯牧也라 既見之後에 審知非僞면 則又頒還其瑞하여 以與天下正始也라

輯은 거둠이다. 瑞는 信物이니, 公은 桓圭, 侯는 信圭, 伯은 躬圭, 子는 穀璧, 男은 蒲璧을 잡아서 5등의 제후가 이것을 잡아 天子에게 符節을 합하여 진실 여부를 징험하는 것이다. 《周禮》에 "천자가 冒를 잡고서 제후에게 조회를 받는다." 하였는데, 鄭氏의 註에 이르기를 "玉을 冒라고 이름한 것은 德이 온천하를 덮기 때문이다." 하였다. 제후가 처음 명을 받으면 천자가 圭를 하사하는데, 圭의 머리는 비스듬하고 뾰족하며 冒의 아래에는 비스듬히 새기되 大小와 長短과 廣狹을 똑같이 하였다가 제후가 조회오면 천자가 새긴 곳을 圭의 머리에 덮어 씌워 같지 않은 것이 있으면 거짓임을 분변한다. 既는 다함이요 覲은 봄이다. 四岳은 사방의 제후이고 群牧은 九州의 牧伯이다. 程子가 말씀하기를 "다섯 가지 서옥을 거둠은 5등의 제후를 부른 것이다. 이 이상은 모두 正月의 일이니, 이 달이 다하게 되면 사방의 제후 중에 오는 자가 있는바, 遠近이 똑같지 않아 옴에 선후가 있으므로 날마다 만나보아서 딴 조회에 한 날을 똑같이 기약하는 것과 같지 않다. 조금씩 접견하고자 해서이니, 이렇게 하면 물어보고 살핌과 禮意를 다할 수 있다." 하였다. 班은 頒과 같다. 群后는 곧 侯와 牧이다. 이미 만나본 뒤

蒲 : 부들 포　冒 : 뚜껑 모

에 거짓이 아님을 살펴 알았으면 또 그 서옥을 나누어 돌려주어서 천하와 더불어 시작을 바루는 것이다.

8. 歲二月에 東巡守하사 至于岱宗하사 柴하시며 望秩于山川하시고 肆覲東后하시니 【五玉과 三帛과 二生과 一死贄러라】 協時月하사 正日하시며 同律度量衡하시며 修五禮하시며 (五玉三帛二生一死贄) 如五器하시고 卒乃復하시다 五月에 南巡守하사 至于南岳하사 如岱禮하시며 八月에 西巡守하사 至于西岳하사 如初하시며 十有一月에 朔巡守하사 至于北岳하사 如西禮하시고 歸格于藝祖하사 用特하시다

巡守하는 해의 2월에 동쪽 지방을 巡守하여 岱宗(泰山)에 이르러 柴제사를 지내시며 산천을 바라보고 차례를 정하여 제사하고 마침내 동쪽 제후들을 만나보시니, 다섯 가지 瑞玉과 세 가지 폐백과 두 가지 生物과 한 가지 죽은 예물이었다. 四時와 달을 맞추어 날짜를 바로잡으며 律·度·量·衡을 통일시키며 다섯 가지 禮를 닦으며 다섯 가지 기물〔瑞玉〕을 똑같게 하시고 마치면 다시 巡守하셨다. 5월에 남쪽 지방을 순수하여 南岳(衡山)에 이르러 岱宗의 禮와 똑같이 하시며, 8월에 서쪽 지방을 순수하여 西岳(華山)에 이르러 처음과 똑같이 하시며, 11월에 북쪽 지방을 순수하여 北岳(恒山)에 이르러 서쪽의 예와 똑같이 하시고, 돌아와 藝祖의 사당에 이르러 한 마리의 소를 써서 제사하셨다.

孟子曰 天子適諸侯曰巡守니 巡守者는 巡所守也라하시니라 歲二月은 當巡守之年二月也라 岱宗은 泰山也라 柴는 燔柴以祀天也요 望은 望秩以祀山川也라 秩者는 其牲幣祝號之次第니 如五岳은 視三公하고 四瀆은 視諸侯하고 其餘는 視伯子男者也라 東后는 東方之諸侯也라 時는 謂四時요

岱：산이름 대 柴：나무 시 贄：폐백 지 特：소 특 燔：태울 번

月은 謂月之大小요 日은 謂日之甲乙이니 其法이 略見上篇하니 諸侯之國에 其有不齊者면 則協而正之也라 律은 謂十二律이니 黃鍾, 大(太)簇, 姑洗, 蕤賓, 夷則(칙), 無射(역), 大呂, 夾鍾, 仲呂, 林鍾, 南呂, 應鍾也라 六爲律이요 六爲呂하여 凡十二管이니 皆徑三分有奇요 空圍九分이니 而黃鍾之長은 九寸이요 大呂以下는 律呂相間하여 以次而短하여 至應鍾而極焉하니 以之制樂而節聲音이면 則長者聲下하고 短者聲高하니 下者則重濁而舒遲하고 上者則輕淸而剽疾이요 以之審度而度(탁)長短이면 則九十分黃鍾之長하여 一爲一分이니 而十分爲寸하고 十寸爲尺하고 十尺爲丈하고 十丈爲引이요 以之審量而量多少면 則黃鍾之管에 其容子穀秬黍中者一千二百하여 以爲龠이니 而十龠爲合하고 十合爲升하고 十升爲斗하고 十斗爲斛이요 以之平衡而權輕重이면 則黃鍾之龠의 所容千二百黍는 其重十二銖니 兩龠則二十四銖爲兩하고 十六兩爲斤하고 三十斤爲鈞하고 四鈞爲石이니 此黃鍾所以爲萬事根本이니 諸侯之國에 其有不一者면 則審而同之也라 時月之差는 由積日而成하니 其法則先粗而後精하고 度量衡은 受法於律하니 其法則先本而後末이라 故로 言正日이 在協時月之後하고 同律이 在度量衡之先하니 立言之敍 蓋如此也라 五禮는 吉, 凶, 軍, 賓, 嘉也니 修之는 所以同天下之風俗이라 五玉은 五等諸侯所執者니 卽五瑞也요 三帛은 諸侯世子는 執纁하고 公之孤는 執玄하고 附庸之君은 執黃이라 二生은 卿은 執羔하고 大夫는 執雁이며 一死는 士는 執雉니 五玉, 三帛, 二生, 一死는 所以爲贄而見者라 此九字는 當在肆覲東后之下, 協時月正日之上이니 誤脫在此하니 言東后之覲에 皆執此贄也라 如五器는 劉侍講曰 如는 同也요 五器는 卽五禮之器也니 周禮六器六贄는 卽舜之遺法也라 卒乃復者는 擧祀禮, 覲諸侯, 一正朔, 同制度, 修五禮, 如五器하여 數事皆畢이면 則不復東行하고 而遂西向하여 且轉而南行也라 故曰卒乃復이라 南岳은 衡山이요 西岳은 華山이요 北岳은 恒山이니 二月東, 五月南, 八月西, 十一月北은 各以其時[1]也라 格은 至也니 言至于其廟而祭告也라 藝祖는 疑卽文祖라 或曰 文祖는 藝祖之所自出이라하니 未有所考也라 特

簇 : 발 족(주)　蕤 : 많을 유　剽 : 빠를 표　秬 : 검은기장 거　龠 : 홉 약
斛 : 휘 곡　纁 : 붉을 훈　禰 : 아버지사당 녜

은 特牲也니 謂一牛也라 古者에 君將出이면 必告于祖禰하고 歸면 又至其廟而告之하니 孝子不忍死其親하여 出告反面之義也라 王制曰 歸格于祖禰라하니 鄭註曰 祖下及禰에 皆一牛라하고 程子는 以爲但言藝祖는 擧尊爾니 實皆告也라 但止就祖廟하여 共用一牛하여 不如時祭各設主於其廟也라하시니 二說이 未知孰是일새 今兩存之하노라

孟子가 말씀하기를 "天子가 諸侯國에 가는 것을 巡守라 하니, 순수는 지키는 곳을 순행하는 것이다." 하였다. 歲二月은 순수하는 해를 당한 2월이다. 岱宗은 泰山이다. 柴는 나무를 불태워 하늘에 제사함이요 望은 바라보고 차례를 정하여 산천에 제사하는 것이다. 秩은 희생과 폐백과 祝號의 차례이니, 예컨대 五岳은 三公에 비하고 四瀆은 諸侯에 비하고 그 나머지는 伯·子·男에 비하는 것과 같다. 東后는 동방의 제후이다. 時는 四時이고 月은 달의 크고 작음이며 日은 날의 甲乙(日辰)을 이르니, 그 법이 대략 上篇에 보이니, 제후국에 똑같지 않은 것이 있으면 맞추어 바로잡는 것이다. 律은 12율이니 黃鍾, 太簇, 姑洗, 蕤賓, 夷則, 無射, 大呂, 夾鍾, 仲呂, 林鍾, 南呂, 應鍾이다. 이 중에 여섯은 律이고 여섯은 呂여서 모두 12개의 管이니, 모두 지름이 3푼하고 남음이 있으며 구멍의 둘레는 9푼이니, 黃鍾의 길이는 9촌이고 大呂 이하는 律呂가 서로 사이하여 차례로 짧아져서 應鍾에 이르러 가장 짧다. 이것을 가지고 악기를 만들어 음성을 조절하면 긴 것은 소리가 낮고 짧은 것은 소리가 높아지니, 낮은 것은 무겁고 탁하여 느리고 높은 것은 가볍고 맑아 빠르다. 그리고 이것을 가지고 度를 살펴 長短을 헤아리면 황종의 길이를 90분하여 1분이 1푼이 되니, 10푼이 1寸이고 10촌이 1尺이고 10척이 1丈이고 10장이 1引이다. 이것을 가지고 量을 살펴 多少를 헤아리면 황종의 관에 곡식 중에 중간 크기인 검은기장 1천 2백 개가 들어가는바, 이것을 龠이라 하니, 10약이 1合이고 10홉이 1升이고 10승이 1斗이고 10두가 1斛이다. 이것을 가지고 衡을 고르게 하여 輕重을 저울질하면 황종의 龠에 들어가는 1천 2백 개의 기장은 그 무게가 12銖인바, 2龠이면 24銖이니 이것이 1兩이고 16냥이 1斤이고 30근이 1鈞이고 4균이 1石이니, 이는 황종이 만사의 근본이 되는 것인바, 제후국에 통일되지 않은 것이 있으면 살펴서 통일하는 것이다. 四時와 달의 차이는 날짜가 누적됨으로 말미암아 이루어지니 그 법은 거친 것을 먼저하고 정한 것을 뒤에 하며, 度·量·衡은 律(黃鍾管)에서 법을 받으니 그 법은 本을 먼저하고 末을 뒤

에 한다. 그러므로 날짜를 바로잡음이 사시와 달을 맞추는 뒤에 있고, 율을 통일함이 도·량·형의 앞에 있는 것이니, 글을 쓰는 차례가 이와 같은 것이다.

五禮는 吉·凶·軍·賓·嘉의 다섯 가지 禮이니, 닦는다는 것은 천하의 풍속을 통일하는 것이다. 五玉은 다섯 등급의 제후가 잡는 것이니, 곧 다섯 가지 瑞玉이며, 三帛은 제후의 世子는 붉은 비단을 잡고 公의 孤는 검은 비단을 잡고 附庸의 군주는 누런 비단을 잡는 것이다. 二生은 卿은 염소를 잡고 大夫는 기러기를 잡는 것이며 一死는 士는 꿩을 잡는 것이니, 五玉과 三帛, 二生과 一死는 예물을 잡고서 만나보는 것이다. 이 아홉 글자는 마땅히 '肆覲東后'의 아래와 協時月正日'의 위에 있어야 하니, 誤脫되어 여기에 있는 것이니, 동쪽 제후를 만나볼 적에 모두 이 예물을 잡음을 말한 것이다. 如五器는 劉侍講이 말하기를 "如는 같게 함이요 五器는 곧 五禮의 기물이니, 《周禮》의 六器와 六贄는 곧 舜의 遺法이다." 하였다. 卒乃復은 제사의 예를 거행하고 제후를 만나보고 正朔을 통일하고 제도를 통일하고 五禮를 닦고 五器를 똑같게 하여 여러 일이 다 끝났으면 다시 동쪽으로 가지 않고 마침내 서쪽으로 향하였다가 다시 바꾸어 남쪽으로 가는 것이다. 그러므로 卒乃復이라고 말한 것이다. 南岳은 衡山이고 西岳은 華山이고 北岳은 恒山이니, 2월에는 동쪽, 5월에는 남쪽, 8월에는 서쪽, 11월에는 북쪽에 가는 것은 각기 그 철을 따른 것이다. 格은 이름이니, 그 사당에 이르러 제사하여 고유함을 말한 것이다. 藝祖는 의심컨대 곧 文祖인 듯하다. 혹자는 말하기를 "예조는 문조가 말미암아 나온 것이다."라고 하는데, 상고한 바가 없다. 特은 特牲이니, 한 마리의 소를 이른다. 옛날에 군주가 장차 나갈 때에는 반드시 祖考의 사당과 아버지의 사당에 고유하고, 돌아와서는 또 그 사당에 이르러 고유하였으니, 효자는 차마 그 어버이를 죽었다고 여기지 못하여, 나가면 고하고 돌아오면 얼굴을 뵙는 뜻이다. 〈王制〉에 "돌아와 祖禰에 이르렀다." 하였는데, 鄭註에 이르기를 "할아버지 이하로 아버지 사당에 이르기까지 모두 한 마리 소를 쓴다." 하였고, 程子는 "단지 藝祖만을 말한 것은 높은 분을 든 것이니, 실제로는 모두 고유하는 것이다. 다만 祖廟에 나아가 함께 한 마리의 소를 써서 時祭에 각기 그 사당에 신주를 설치하는 것과는 같지 않다." 하였으니, 두 해설이 어느 것이 옳은지 알 수 없으므로 이제 두 가지를 모두 두는 바이다.

譯註 1. 二月東 … 各以其時：春分이 있는 2월은 東方 木에 해당하고, 夏至가 있는 5월은 南方 火에 해당하고, 秋分이 있는 8월은 西方 金에 해당하고, 冬至가 있는 11월은 北方 水에 해당하므로 말한 것이다.

9. 五載에 一巡守어시든 群后는 四朝하나니 敷奏以言하시며 明試以功하시며 車服以庸하시다

5년에 한번 순수하시면 여러 제후는 네 곳에서 조회하니, 펴서 아뢰기를 말로써 하게 하며 밝게 시험하기를 공으로써 하며 수레와 의복으로 공을 표창하셨다.

五載之內에 天子巡守者一이요 諸侯來朝者四니 蓋巡守之明年엔 則東方諸侯來朝于天子之國하고 又明年엔 則南方之諸侯來朝하고 又明年엔 則西方之諸侯來朝하고 又明年엔 則北方之諸侯來朝하며 又明年엔 則天子復巡守하니 是則天子諸侯雖有尊卑나 而一往一來하여 禮無不答이라 是以로 上下交通하여 而遠近洽和也라 敷는 陳이요 奏는 進也라 周禮曰 民功曰庸[1)]이라하니라 程子曰 敷奏以言者는 使各陳其爲治之說하여 言之善者는 則從而明考其功하여 有功則賜車服以旌異之하고 其言不善이면 則亦有以告飭之也라 林氏曰 天子巡守엔 則有協時月日以下等事요 諸侯來朝엔 則有敷奏以言以下等事니라

5년 안에 천자가 巡守하는 것이 한번이고 제후가 來朝하는 것이 네 번이니, 순수한 다음 해에는 東方의 제후가 천자국에 내조하고 또 그 다음 해에는 南方의 제후가 내조하고 또 그 다음 해에는 西方의 제후가 내조하고 또 그 다음 해에는 北方의 제후가 내조하며 또 그 다음 해에는 천자가 다시 순수하니, 이는 천자와 제후가 비록 尊卑의 구분이 있으나 한번 가고 한번 와서 禮에 답하지 않음이 없는 것이다. 이러므로 上下가 서로 통하여 遠近이 흡족하고 화합하는 것이다. 敷는 폄이요 奏는 아룀이다. 《周禮》에 "백성의 공을 庸이라 한다." 하였다.

洽：화할 흡 旌：표할 정 飭：삼갈 칙

程子가 말씀하였다. "敷奏以言이란 각기 다스리는 바를 아뢰게 하여, 말이 善하면 따르고 그 공을 밝게 상고하여 공이 있으면 수레와 의복을 하사하여 표창하고 특별히 우대하며, 그 말이 善하지 못하면 또한 고하고 경계함이 있는 것이다."

林氏가 말하였다. "천자가 순수할 적에는 協時月日 이하 등의 일이 있고, 제후가 내조할 적에는 敷奏以言 이하 등의 일이 있는 것이다."

譯註 1. 民功曰庸 : 《周禮》 〈夏官 司勳〉에 "王功曰勳 國功曰功 民功曰庸 事功曰勞"라고 보이는바, 王業을 도와 이룬 것을 勳, 국가를 보전한 것을 功, 백성을 가르치거나 하여 공이 있는 것을 庸, 국가를 위해 수고로운 일을 한 것을 勞라 한다.

10. 肇十有二州하시고 封十有二山하시며 濬川하시다

12州를 처음으로 만들고 12州의 山을 封表하며 내를 깊이 파셨다.

肇는 始也라 十二州는 冀, 兗, 靑, 徐, 荊, 揚, 豫, 梁, 雍, 幽, 幷, 營也라 中古之地는 但爲九州하니 曰冀兗靑徐荊揚豫梁雍이니 禹治水作貢에도 亦因其舊러니 及舜卽位하여 以冀靑地廣이라하여 始分冀東恒山之地[1]하여 爲幷州하고 其東北醫無閭之地를 爲幽州하며 又分靑之東北遼東等處하여 爲營州하여 而冀州는 止有河內之地하니 今河東一路是也라 封은 表也니 封十二山者는 每州에 封表一山하여 以爲一州之鎭이니 如職方氏言 揚州其山鎭曰會稽之類라 濬川은 濬導十二州之川也라 然이나 舜旣分十有二州로되 而至商時에 又但言九圍, 九有하고 周禮職方氏에 亦止列爲九州하여 有揚荊豫靑兗雍幽冀幷하고 而無徐梁營也하니 則是爲十二州는 蓋不甚久하니 不知其自何時復合爲九也라 吳氏曰 此一節은 在禹治水之後니 其次序不當在四罪之先이라 蓋史官이 泛記舜所行之大事요 初不計先後之敍也라

肇는 처음이다. 12州는 冀·兗·靑·徐·荊·揚·豫·梁·雍·幽·幷·營이다.

肇 : 비로소 조 濬 : 깊을 준 冀 : 바랄 기 兗 : 땅이름 연

中古(禹가 治水하던 시기)의 땅은 다만 9州였으니, 冀·兗·靑·徐·荊·揚·豫·梁·雍이다. 禹가 홍수를 다스리고 貢을 만들 때에도 옛것을 그대로 따랐었는데, 舜이 즉위하자 冀州와 靑州의 땅이 넓다 하여 비로소 冀州의 동쪽인 恒山의 땅을 나누어 幷州를 만들고, 그 동북쪽인 醫無閭의 땅을 幽州로 만들었으며, 또 靑州의 동북쪽인 遼東 등지를 나누어 營州를 만들어서 冀州는 단지 河內의 땅을 소유하였으니, 지금의 河東路 한 곳이 이것이다. 封은 표함이니, 12山을 封表한다는 것은 州마다 한 山을 봉표하여 한 州의 鎭山으로 삼은 것이니, 예를 들면 《周禮》 〈職方氏〉에 "揚州의 진산은 會稽山이다."라고 말한 것과 같은 따위이다. 濬川은 12주의 냇물을 깊이 파서 인도하는 것이다. 그러나 舜이 이미 12주를 나누었으나 商나라 때에 이르러 단지 九圍, 九有라고 말하였고, 《周禮》의 〈職方氏〉에도 단지 9州를 나열하여 揚·荊·豫·靑·兗·雍·幽·冀·幷만 있고 徐·梁·營은 없으니, 그렇다면 이 12주를 만든 것이 그다지 오래가지 않은 것이니, 언제 다시 합하여 아홉이 되었는 지는 알 수 없다.

吳氏가 말하였다. "이 한 節은 禹가 홍수를 다스린 뒤에 있는 것이니, 그 차례가 四凶을 죄준 일의 앞에 있을 수가 없다. 이는 史官이 舜이 행한 큰 일을 범연히 기록한 것이요, 애당초 선후의 차례를 따지지 않은 것이다."

譯註 1. 始分冀東恒山之地 : 《蔡傳旁通》에 "冀東은 마땅히 冀西가 되어야 한다." 하였다.

11. 象以典刑하사되 流宥五刑하시며 鞭作官刑하시고 扑作敎刑하사되 金作贖刑하시며 眚災는 肆赦하시고 怙終은 賊刑하사되 欽哉欽哉하사 惟刑之恤哉하시다

떳떳한 형벌로 보여주되 流刑으로 五刑을 용서해주시며, 채찍은 官府의 형벌로 만들고 회초리는 學校의 형벌로 만들되 황금으로 속죄하는 형벌을 만드시며, 과오와 불행으로 지은 죄는 풀어 놓아주고 믿고 끝까지 再犯하는 자는 죽이는 형벌을 하시되 공경하고 공경하여 형벌

宥 : 용서할 유　扑 : 종아리칠 복　眚 : 모르고지은죄 생　怙 : 믿을 호

을 신중히 하셨다.

象은 如天之垂象以示人이요 而典者는 常也라 示人以常刑은 所謂墨, 劓, 剕, 宮, 大辟五刑之正也니 所以待夫元惡大憝殺人傷人穿窬淫放 凡罪之不可宥者也요 流宥五刑者는 流는 遣之使遠去니 如下文流放竄殛之類也라 宥는 寬也니 所以待夫罪之稍輕이니 雖入於五刑이나 而情可矜, 法可疑와 與夫親貴勳勞而不可加以刑者는 則以此而寬之也라 鞭作官刑者는 木末垂革이니 官府之刑也요 扑作敎刑者는 夏楚二物이니 學校之刑也니 皆以待夫罪之輕者라 金作贖刑者는 金은 黃金[1]이요 贖은 贖其罪也니 蓋罪之極輕하여 雖入於鞭扑之刑이나 而情法猶有可議者也라 此五句者는 從重入輕하여 各有條理하니 法之正也라 肆는 縱也라 眚災肆赦者는 眚은 謂過誤요 災는 謂不幸이니 若人이 有如此而入於刑이면 則又不待流宥金贖而直赦之也라 賊은 殺也라 怙終賊刑者는 怙는 謂有恃요 終은 謂再犯이니 若人有如此而入於刑이면 則雖當宥當贖이라도 亦不許其宥하고 不聽其贖하여 而必刑之也라 此二句者는 或由重而卽輕하고 或由輕而卽重하니 蓋用法之權衡이니 所謂法外意也라 聖人立法制刑之本末을 此七言者에 大略盡之矣라 雖其輕重取舍陽舒陰慘之不同이나 然欽哉欽哉惟刑之恤之意는 則未始不行乎其間也라 蓋其輕重毫釐之間에 各有攸當者하니 乃天討不易之定理요 而欽恤之意가 行乎其間하니 則可以見聖人好生之本心也라 據此經文하면 則五刑은 有流宥而無金贖하고 周禮秋官에 亦無其文이러니 至呂刑하여 乃有五等之罰하니 疑穆王始制之니 非法之正也라 蓋當刑而贖이면 則失之輕이요 疑赦而贖이면 則失之重이며 且使富者幸免하고 貧者受刑은 又非所以爲平也라

象은 하늘이 象을 드리워 사람에게 보여주는 것과 같은 것이며 典은 떳떳함이다. 사람들에게 떳떳한 형벌을 보여준다는 것은 이른바 墨·劓·剕·宮·大辟 등 다섯 가지 형벌의 바른 것이니, 元惡大憝로서 사람을 죽이거나 사람을 傷害하며 담을 뚫고 담을 넘어가 도둑질한 자와 음란하고 방탕하여

劓：코벨 의 剕：발벨 비 辟：죽일 벽 憝：원망할 대 穿：뚫을 천
窬：넘을 유 竄：귀양갈 찬 殛：귀양갈 극

무릇 용서할 수 없는 죄를 지은 자들을 대하는 것이요, 流宥五刑은 流는 보내어 멀리 떠나가게 하는 것이니, 아랫글의 流·放·竄·殛과 같은 따위이다. 宥는 관대하게 처벌하는 것으로 죄가 다소 가벼운 자를 대하는 것이니, 비록 五刑에 해당되나 정상이 애처롭고 법에 의심스러운 자와 친척(王族)과 귀한 자와 공로가 있어 형벌을 가할 수 없는 자에게는 이로써 관대하게 처벌하는 것이다. 鞭作官刑은 나무 끝에 가죽을 늘어뜨린 것이니 官府의 형벌이며, 扑作教刑은 扑은 夏, 楚(모두 싸리나무임) 두 물건으로 學校의 형벌이니, 이는 모두 죄가 가벼운 자를 대하는 것이다. 金作贖刑은 金은 황금이고 贖은 그 죄를 속죄함이니, 죄가 지극히 가벼워서 비록 鞭扑의 형벌에 해당하나 정상과 법에 오히려 의논할 만함이 있는 자이다. 이 다섯 句는 무거운 것으로부터 가벼운 것으로 들어가 각기 조리가 있으니, 법의 바른 것이다. 肆는 풀어 놓아줌이다. 眚災肆赦는 眚은 과오를 이르고 災는 불행을 이르니, 만약 사람이 이와 같아서 형벌에 들어감이 있으면 또 流刑으로 관대하게 처벌하거나 황금으로 속죄하기를 기다리지 않고 그대로 사면하는 것이다. 賊은 죽임이다. 怙終賊刑은 怙는 믿음이 있는 것이요 終은 다시 犯하는 것이니, 만약 사람이 이와 같이 하여 형벌에 들어감이 있으면 비록 관대한 처벌에 해당하고 속죄에 해당하더라도 또한 관대하게 처벌함을 허락하지 않고 속죄함을 허락하지 않고 반드시 형벌하는 것이다. 이 두 句는 혹 무거운 것으로부터 가벼운 것에 나아가고 가벼운 것으로부터 무거운 것에 나아가니, 이는 법을 쓰는 權衡이니, 이른바 법 밖의 뜻이라는 것이다. 聖人이 법을 세우고 형벌을 제정한 本末을 이 일곱 말씀에서 대략 다하였다. 비록 輕重과 取捨와 陽으로 펴주고 陰으로 참혹하게 함이 똑같지 않으나 공경하고 공경하여 형벌을 신중히 하는 뜻은 일찍이 그 사이에 행해지지 않음이 없는 것이다. 가볍고 무거움이 털끝 만한 사이에 각각 해당하는 바가 있으니, 이는 바로 天討의 바꿀 수 없는 정해진 이치이며, 공경하고 신중히 하는 뜻이 그 사이에 행해지니, 여기에서 聖人이 살려주기를 좋아하는 본심을 볼 수 있다.

이 經文에 의거하면 五刑은 流宥만 있고 金贖이 없으며, 《周禮》의 〈秋官〉에도 이러한 글이 없었는데 〈呂刑〉에 이르러 5등의 벌금이 있으니, 穆王이 처음 제정한 듯하니, 법의 바른 것이 아니다. 마땅히 형벌하여야 할 때에 속죄해주면 너무 가벼운 데에 잘못되고, 의심스러워 용서하여야 할 때에 贖錢을 내게 하면 너무 무거운 데에 잘못되며, 또 부유한 자는 요행으로 면하고 가난한 자는 형벌을 받는 것은 또 공평한 것이 아니다.

譯註 1. 金黃金 : 여기에서의 黃金은 銅을 가리키며 漢代 이후 진짜 黃金을 사용하였다.

12. 流共工于幽洲하시며 放驩兜于崇山하시며 竄三苗于三危하시며 殛鯀于羽山하사 四罪[1]하신대 而天下咸服하니라

共工을 幽洲에 유배하고 驩兜를 崇山에 留置하고 三苗를 三危에 몰아내고 鯀을 羽山에 가두어 네 사람을 죄주시니, 천하가 다 복종하였다.

譯註 1. 四罪 : 네 곳에 유배함을 이르며 또는 네 가지 형벌로 보기도 한다.

流는 遣之遠去하여 如水之流也요 放은 置之於此하여 不得他適也요 竄은 則驅逐禁錮之요 殛은 則拘囚困苦之니 隨其罪之輕重而異法也라 共工, 驩兜, 鯀은 事見上篇하니라 三苗는 國名이니 在江南荊揚之間하니 恃險爲亂者也라 幽洲는 北裔之地니 水中可居曰洲라 崇山은 南裔之山이니 在今澧州하니라 三危는 西裔之地니 卽雍之所謂三危旣宅者요 羽山은 東裔之山이니 卽徐之蒙羽其藝者라 服者는 天下皆服其用刑之當罪也라 程子曰 舜之誅四凶에 怒在四凶하니 舜何與焉이시리오 蓋因是人有可怒之事而怒之하시니 聖人之心은 本無怒也라 聖人은 以天下之怒爲怒라 故로 天下咸服之라 春秋傳所記四凶之名은 與此不同이라 說者以窮奇爲共工하고 渾敦爲驩兜하고 饕餮爲三苗하고 檮杌爲鯀이라하니 不知其果然否也로라

流는 보내어 멀리 가게 해서 물이 흘러가는 것과 같이 하는 것이요, 放은 이 곳에 가두어 딴 곳에 가지 못하게 하는 것이요, 竄은 驅逐하고 禁錮함이요, 殛은 가두어서 곤궁하게 하는 것이니, 그 죄의 경중에 따라 법을 달리한 것이다. 共工·驩兜·鯀은 일이 上篇에 보인다. 三苗는 나라 이름이니, 江南의 荊州와 揚州 사이에 있었으니, 지형의 험함을 믿고 난을 일으킨

洲 : 모래섬 주　裔 : 변방 예　澧 : 물이름 예　饕 : 탐할 도　餮 : 탐할 철
檮 : 짐승이름 도　杌 : 짐승이름 올

자이다. 幽洲는 北裔(북쪽 변방)의 땅이니, 물 가운데 거처할 만한 곳을 洲라 한다. 崇山은 南裔의 산이니, 지금의 澧州에 있었다. 三危는 西裔의 땅이니, 곧 雍州의 이른바 '삼위가 이미 집을 짓고 살 수 있다'는 것이고, 羽山은 東裔의 山이니, 곧 '徐州의 蒙山과 羽山이 곡식을 심을 수 있다'는 것이다. 服은 천하가 다 형벌을 씀이 죄에 합당함에 복종한 것이다.

程子가 말씀하였다. "舜이 四凶을 처벌함에 노여움이 사흉에게 있었으니, 舜이 어찌 관여하셨겠는가. 이 사람들에게 노여워할 만한 일이 있음으로 인하여 노여워하신 것이니, 聖人의 마음은 본래 노여워함이 없다. 聖人은 천하의 노여움으로 노여움을 삼기 때문에 천하가 다 복종하는 것이다."

《春秋傳》에 기록한 바 사흉의 이름이 여기와 같지 않은데, 해설하는 자는 窮奇를 共工이라 하고 渾敦을 驩兜라 하고 饕餮을 三苗라 하고 檮杌을 鯀이라 하니, 그 말이 과연 옳은 지는 알 수 없다.

13. 二十有八載에 帝乃殂落커시늘 百姓은 如喪考妣를 三載하고 四海는 遏密八音하니라

攝位한 지 28년만에 帝堯가 마침내 殂落(승하)하시니, 백성들은 考妣의 喪을 당한 듯이 3年服을 입었고 사해에서는 八音의 악기를 그쳐 조용히 하였다.

殂落은 死也니 死者는 魂氣歸于天이라 故曰殂요 體魄歸于地라 故曰落이라 喪은 爲之服也라 遏은 絶이요 密은 靜也라 八音은 金, 石, 絲, 竹, 匏, 土, 革, 木也라 言堯聖德廣大하여 恩澤隆厚라 故로 四海之民思慕之深이 至於如此也라 儀禮에 圻內之民은 爲天子齊衰三月하고 圻外之民은 無服이어늘 今應服三月者 如喪考妣하고 應無服者遏密八音이라 堯十六卽位하여 在位七十載요 又試舜三載요 老不聽政二十八載에 乃崩하시니 在位通計百單一年이라

殂落은 죽음이니, 죽은 자는 魂氣가 하늘로 돌아가기 때문에 殂라 하고,

殂 : 죽을 조 妣 : 죽은어머니 비 遏 : 막을 알 匏 : 박 포 圻 : 지경 기

體魄이 땅으로 돌아가기 때문에 落이라 한 것이다. 喪은 위하여 服을 입는 것이다. 遏은 끊음이요 密은 조용히 하는 것이다. 八音은 金·石·絲·竹·匏·土·革·木을 素材로 한 樂器이다. 堯는 聖德이 광대하여 은택이 높고 후하였으므로 사해의 백성들이 사모함의 깊음이 이와 같음에 이름을 말한 것이다. 《儀禮》에 "圻內의 백성은 천자를 위하여 齊衰 3月服을 입고 圻外의 백성은 服이 없다." 하였는데, 이제 마땅히 3월복을 입어야 할 자가 考妣의 상을 당한 듯이 하고, 마땅히 복이 없어야 할 자가 8음의 악기를 그쳐 조용히 한 것이다. 堯가 16세에 즉위하여 재위한 지가 70년이고 또 舜을 시험하여 등용한 것이 3년이고 늙어서 정사를 다스리지 않은 지 28년 만에 崩하셨으니, 재위한 것이 통틀어 101년이다.

14. 月正元日에 舜이 格于文祖하시다

正月 元日에 舜이 文祖의 사당에 나아가셨다.

月正은 正月也요 元日은 朔日也라 漢孔氏曰 舜服堯喪하여 三年畢에 將卽政이라 故로 復至文祖廟告하시니라 蘇氏曰 受終은 告攝이요 此는 告卽位也라 然이나 春秋國君이 皆以遭喪之明年正月로 卽位於廟而改元이어늘 孔氏云 喪畢之明年이라하니 不知何所據也라

月正은 正月이고 元日은 초하루이다. 漢나라 孔氏가 말하였다. "舜이 堯의 상을 입어 3년을 마치자 장차 정사에 나아가려 하였으므로 다시 文祖의 사당에 이르러 고유한 것이다." 蘇氏가 말하였다. "위의 受終은 攝政을 고유한 것이요, 여기서는 즉위함을 고유한 것이다. 그러나 《春秋》에 國君이 모두 상을 당한 다음해 정월에 사당에서 즉위하고 改元하였는데, 孔氏는 상을 마친 다음해라 하였으니, 무엇을 근거한 것인지 알 수 없다."

15. 詢于四岳하사 闢四門하시며 明四目하시며 達四聰하시다

四岳에게 물어 사방의 문을 열어놓고 사방의 눈을 밝히고 사방의

遭：만날 조 詢：물을 순 闢：열 벽

귀를 통하게 하셨다.

詢은 謀요 闢은 開也라 舜이 旣告廟卽位하고 乃謀治于四岳之官하사 開四方之門하여 以來天下之賢俊하고 廣四方之視聽하여 以決天下之壅蔽하시니라

詢은 도모함이요 闢은 여는 것이다. 舜이 이미 사당에 고유한 다음 즉위하고 마침내 四岳의 관원들에게 정사를 도모하여, 사방의 문을 열어 천하의 賢俊을 오게 하고, 사방의 보고 들음을 넓혀 천하의 막히고 가려진 것을 터놓은 것이다.

16. 咨十有二牧하사 曰 食哉惟時니 柔遠能邇하며 惇德允元하고 而難任(壬)人이면 蠻夷도 率服하리라

12牧에게 물으시어 말씀하였다. "곡식은 때(농사철)를 잘 맞추어야 하니, 멀리 있는 자를 회유하고 가까이 있는 자를 길들이며 덕이 있는 자를 후대하고 어진 자를 믿으며 간사한 자를 막으면, 蠻夷도 거느리고 와서 복종할 것이다."

牧은 養民之官이니 十二牧은 十二州之牧也라 王政은 以食爲首요 農事는 以時爲先이니 舜言足食之道 惟在於不違農時也라 柔者는 寬而撫之也요 能者는 擾而習之也니 遠近之勢如此하니 先其略而後其詳也라 惇은 厚요 允은 信也라 德은 有德之人也요 元은 仁厚之人也라 難은 拒絶也라 任은 古文作壬하니 包藏凶惡之人也라 言當厚有德, 信仁人하고 而拒奸惡也라 凡此五者를 處之各得其宜면 則不特中國順治라 雖蠻夷之國이라도 亦相率而服從矣리라

牧은 백성을 기르는 관원이니, 12牧은 12州의 牧이다. 王政은 양식을 첫번째로 삼고 농사는 때를 제일로 삼으니, 舜이 양식을 풍족히 하는 방도가 오직 농사철을 어기지 않음에 있음을 말씀한 것이다. 柔는 너그럽게 하여

壅：막을 옹　牧：기를 목　邇：가까울 이　惇：도타울 돈　擾：길들일 요

어루만짐이요, 能은 길들여 익숙하게 함이니, 원근의 형세가 이와 같으니, 간략함을 먼저하고 자세함을 뒤에 한 것이다. 惇은 후대함이요 允은 믿음이다. 德은 덕이 있는 사람이요 元은 어질고 후한 사람이다. 難은 거절함이다. 任은 古文에 壬으로 되어 있으니, 흉악함을 마음속에 감추고 있는 사람이다. 마땅히 덕이 있는 자를 후대하고 仁한 사람을 믿으며 간악한 자를 거절하여야 함을 말한 것이다. 무릇 이 다섯 가지를 대처함에 각기 마땅함을 얻으면 단지 中國만 순히 다스려질 뿐만 아니라, 비록 蠻夷의 나라라도 또한 서로 거느리고 와서 복종할 것이다.

17. 舜曰 咨四岳아 有能奮庸하여 熙帝之載어든 使宅百揆하여 亮采惠疇호리라 僉曰 伯禹作司空하니이다 帝曰 兪라 咨禹아 汝平水土하니 惟時懋哉인저 禹拜稽首하여 讓于稷契(설)과 暨皐陶한대 帝曰 兪라 汝往哉하라

舜이 말씀하기를 "아! 四岳아. 功庸을 일으켜 帝堯의 일을 넓힐 자가 있으면 百揆에 거하게 해서 여러 일을 밝혀 무리들을 순히 다스리게 하겠다." 하니, 여럿이 말하기를 "伯禹가 현재 司空이 되어 있습니다." 하였다. 帝舜이 말씀하기를 "너의 말이 옳다. 아! 禹야. 네가 水土를 평하게 다스렸으니, 이것을 힘쓸진저." 하였다. 禹가 절하고 머리를 조아려 稷과 契 및 皐陶에게 사양하니, 帝舜이 말씀하기를 "아! 너의 말이 옳다. 네가 가서 임무를 수행하라." 하였다.

奮은 起요 熙는 廣이요 載는 事요 亮은 明이요 惠는 順이요 疇는 類也라 一說에 亮은 相也라 舜言有能奮起事功하여 以廣帝堯之事者면 使居百揆之位하여 以明亮庶事하여 而順成庶類也라 僉은 衆也니 四岳所領四方諸侯(有)在朝者也라 禹는 姒姓이니 崇伯鯀之子也라 平水土者는 司空之職이라 時는 是요 懋는 勉也니 指百揆之事以勉之也라 蓋四岳及諸侯言 伯禹見作司空하여 可宅百揆라하니 帝然其擧而咨禹하여 使仍作司空而兼行百

載 : 일 재 疇 : 누구 주 懋 : 힘쓸 무 暨 : 및 기 姒 : 성 사

揆之事하니 錄其舊績而勉其新功也라 以司空兼百揆는 如周以六卿兼三公이요 後世以他官平章事知政事도 亦此類也라 稽首는 首至地라 稷은 田正官이라 稷은 名棄요 姓姬氏니 封於邰하고 契은 臣名으로 姓子氏니 封於商하니 稷, 契은 皆帝嚳之子라 暨는 及也라 皐陶는 亦臣名이라 兪者는 然其擧也요 汝往哉者는 不聽其讓也라 此章은 稱舜曰하고 此下에 方稱帝曰者는 以見堯老舜攝하여 堯在時에 舜未嘗稱帝요 此後에 舜方眞卽帝位而稱帝也라

奮은 일으킴이요 熙는 넓힘이요, 載는 일이요 亮은 밝힘이요 惠는 순함이요 疇는 무리이다. 一說에 "亮은 도움이다."라고 한다. 舜이 말씀하기를 "事功을 일으켜 帝堯의 일을 넓힐 자가 있으면 百揆의 지위에 거하게 해서 여러 일을 밝혀 여러 무리들을 순히 이루게 하겠다." 한 것이다. 僉은 무리이니, 사악이 거느리고 있는 사방의 제후로서 조정에 있는 자이다. 禹는 姒姓이니, 崇伯인 鯀의 아들이다. 水土를 평하게 다스리는 것은 司空의 직책이다. 時는 이것이고 懋는 힘씀이니, 백규의 일을 가리켜 권면한 것이다. 사악과 제후가 말하기를 "伯禹가 현재 司空이 되어 百揆에 거할 만하다." 하니, 帝舜이 그 천거를 옳게 여기고 禹를 불러서 그대로 사공이 되어 백규의 일을 겸행하게 하였으니, 옛 공적을 기록하고 새로운 공을 권면한 것이다. 사공으로서 백규를 겸직한 것은 周나라 때에 六卿이 三公을 겸직한 것과 같으며, 후세에 딴 관직으로 平章事와 參知政事를 겸한 것도 이러한 따위이다. 稽首는 머리가 땅에 이름이다. 稷은 田正의 벼슬이다. 稷은 이름이 棄이고 성이 姬氏이니 邰나라에 봉해졌고, 契은 신하의 이름으로 성이 子氏이니 商나라에 봉해졌으니, 稷과 契은 모두 帝嚳의 아들이다. 暨는 및이다. 皐陶 또한 신하 이름이다. 兪는 그 천거를 옳게 여김이요, '네가 가라'고 한 것은 사양함을 들어주지 않은 것이다. 이 章에서는 '舜曰'이라 칭하고, 이 아래에서 비로소 '帝曰'이라고 칭한 것은 堯가 늙어 舜이 섭정하여 堯가 생존해 있을 때에는 舜이 일찍이 帝를 칭하지 않았고, 이 뒤에야 舜이 비로소 참으로 帝位에 나아가 帝를 칭하였음을 나타낸 것이다.

18. 帝曰 棄아 黎民이 阻飢일새 汝后稷이니 播時百穀하라

邰 : 나라이름 태 阻 : 막을 조 播 : 뿌릴 파

帝舜이 말씀하였다. "棄야! 여민들이 곤궁하고 굶주리므로 너를 后稷으로 삼으니, 이 백곡을 파종하도록 하라."

阻는 厄이라 后는 君也니 有爵土之稱이라 播는 布也라 穀非一種이라 故曰百穀이라 此는 因禹之讓而申命之하여 使仍舊職하여 以終其事也라

阻는 곤액이다. 后는 군주이니, 작위와 토지가 있는 이의 칭호이다. 播는 폄(뿌림)이다. 곡식이 한 종류가 아니므로 백곡이라 하였다. 이는 禹가 사양함으로 인하여 거듭 명해서 옛 직책을 그대로 이어 일을 마치게 한 것이다.

19. 帝曰 契아 百姓이 不親하며 五品이 不遜일새 汝作司徒니 敬敷五教호되 在寬하라

帝舜이 말씀하였다. "契아! 백성이 친목하지 않고 五品이 순하지 않으므로 너를 司徒로 삼으니, 공경히 다섯 가지 가르침을 펴되 너그러움에 있게 하라."

親은 相親睦也라 五品은 父子君臣夫婦長幼朋友五者之名位等級也라 遜은 順也라 司徒는 掌教之官이라 敷는 布也라 五教는 父子有親, 君臣有義, 夫婦有別, 長幼有序, 朋友有信이니 以五者當然之理로 而爲教令也라 敬은 敬其事也니 聖賢之於事에 雖無所不敬이나 而此又事之大者라 故로 特以敬言之라 寬은 裕以待之也라 蓋五者之理는 出於人心之本然하여 非有强而後能者로되 自其拘於氣質之偏하고 溺於物欲之蔽하여 始有昧於其理하여 而不相親愛하고 不相遜順者라 於是에 因禹之讓하여 又申命契하여 仍爲司徒하여 使之敬以敷教하고 而又寬裕以待之하여 使之優柔浸漬하여 以漸而入하니 則其天性之眞이 自然呈露하여 不能自已하여 而無無恥之患矣리라 孟子所引堯言勞來匡直輔翼[1]하여 使自得之하고 又從而振德之도 亦此意也라

厄 : 곤할 액　仍 : 인할 잉　遜 : 순할 손　徒 : 무리 도　裕 : 너그러울 유
漬 : 담글 지　匡 : 바를 광

親은 서로 친목함이다. 五品은 父子·君臣·夫婦·長幼·朋友 다섯 가지의 명위와 등급이다. 遜은 순함이다. 司徒는 교육을 관장하는 관원이다. 敷는 폄이다. 五敎는 父子有親·君臣有義·夫婦有別·長幼有序·朋友有信이니, 다섯 가지의 당연한 도리로써 敎令을 삼은 것이다. 敬은 그 일을 공경함이니, 聖賢이 일에 있어 비록 공경하지 않는 바가 없으나 이는 또 일 중의 큰 것이므로 특별히 공경하라고 말씀한 것이다. 寬은 너그럽게 대함이다. 다섯 가지의 도리는 人心의 本然에서 나와 억지로 한 뒤에 능한 것이 아니나 자연히 氣質의 편벽됨에 구애되고 物慾의 가리움에 빠져서 비로소 그 도리에 어둠이 있어 서로 친애하지 않고 서로 遜順하지 않은 자가 있는 것이다. 이에 禹가 사양함으로 인하여 또 거듭 契에게 명하시어 그대로 司徒가 되게 하여 공경히 가르침을 펴고 또 寬裕하게 대하게 해서 백성들로 하여금 優柔하고 무젖어서 점점 들어가게 하였으니, 천성의 참됨이 저절로 드러나서 스스로 그만둘 수 없어 부끄러움이 없는 근심이 없을 것이다. 孟子가 인용한바, "堯가 '위로하고 오게 하며 바로잡아 주고 곧게 해주며 보익하여 스스로 본성을 얻게 하고 또 따라서 진작하고 은혜를 베풀어주라.'고 말씀하였다." 한 것도 이러한 뜻이다.

譯註 1. 孟子所引堯言勞來匡直輔翼：《孟子》〈滕文公上〉의 '勞之來之匡之直之輔之翼之'를 축약한 것이며 뒤이어 '使自得之 又從而振德之'라 하였는데, 朱子는 "堯가 말씀하기를 '수고로운 자를 위로하고 먼 곳에서 온 자를 위로하며 不正한 자를 바로잡아주고 굽은 자를 펴주며 도와서 세워주고 날개가 되어 행하게 해서 스스로 그 본성을 얻게 하고 또 따라서 提撕하고 警覺시켜 은혜를 加해 주어서 放逸하고 怠惰하여 혹시라도 본성을 잃지 않게 하라.' 했다.〔堯言 勞者勞之 來者來之 邪者正之 枉者直之 輔以立之 翼以行之 使自得其性 又從而提撕警覺以加惠焉 不使其放逸怠惰而或失之〕" 하였다.

20. 帝曰 皐陶아 蠻夷猾夏하며 寇賊姦宄일새 汝作士니 五刑에 有服호되 五服을 三就하며 五流에 有宅호되 五宅에 三

猾：어지러울 활　寇：도적 구　宄：바깥도적 궤

居니 惟明이라사 克允하리라

帝舜이 말씀하였다. "皐陶야! 蠻夷가 中夏를 어지럽히며 약탈하고 죽이며 밖을 어지럽히고 안을 어지럽히므로 너를 士로 삼으니, 五刑에 服罪하게 하되 五刑의 服罪를 세 곳에 나아가게 하며 다섯 가지 流刑에 머무는 곳이 있게 하되 다섯 가지 머무는 곳에 세 등급으로 거처하게 할 것이니, 밝게 살펴야 백성들이 믿을 것이다."

猾은 亂이요 夏는 明而大也라 曾氏曰 中國은 文明之地라 故曰華夏니 四時之夏도 疑亦取此義也라 劫人曰寇요 殺人曰賊이요 在外曰姦이요 在內曰宄라 士는 理官也라 服은 服其罪也니 呂刑所謂上服下服[1]이 是也라 三就는 孔氏以爲 大罪於原野하고 大夫於朝하고 士於市라하니 不知何據라 竊恐惟大辟은 棄之於市하고 宮辟則下蠶室하며 餘刑도 亦就屛處하니 蓋非死刑이면 不欲使風中其瘡하여 誤而至死니 聖人之仁也라 五流는 五等象刑之當宥者也라 五宅三居者는 流雖有五나 而宅之는 但爲三等之居하니 如列爵惟五에 分土惟三[2]也라 孔氏以爲 大罪는 居於四裔하고 次則九州之外하고 次則千里之外라하니 雖亦未見其所據나 然大槪當略近之라 此亦因禹之讓而申命之하고 又戒以必當致其明察이라야 乃能使刑當其罪하여 而人無不信服也라

猾은 어지럽힘이요 夏는 밝고 큼이다. 曾氏가 말하기를 "中國은 문명한 땅이므로 華夏라 하였으니, 사시의 여름도 또한 이 뜻을 취한 듯하다." 하였다. 사람을 겁박함을 寇라 하고 사람을 죽임을 賊이라 하며, 밖에 있는 것을 姦이라 하고 안에 있는 것을 宄라 한다. 士는 죄를 다스리는 관리이다. 服은 그 죄를 받음이니, 〈呂刑〉에 이른바 '上服, 下服'이 이것이다. 三就는 孔氏가 이르기를 "큰 죄인은 들에서 하고 大夫는 조정에서 하고 士는 시장에서 한다." 하였는데, 무엇을 근거한 것인지 알 수 없다. 생각컨대 大辟(死刑)은 시장에 버리고 宮辟(宮刑)은 蠶室에 내려보내며 나머지 형벌도 또한 屛處(한가한 곳)에 나아가게 한 듯하니, 사형이 아니면 상처에 바람을 쐬어 잘못

蠶 : 누에 잠　屛 : 물리칠 병　瘡 : 상처 창

하여 죽음에 이르지 않게 하고자 한 것이니, 聖人의 인자함이다. 五流는 다섯 등급의 象刑 중에 마땅히 관대하게 처벌해야 할 자이다. 五宅과 三居는 流刑이 비록 다섯 가지가 있으나 머무는 곳은 단지 세 등급의 거처를 만드는 것이니, 관작을 반열함은 다섯 가지이나 땅을 나누어 줌은 세 가지인 것과 같다. 孔氏는 이르기를 "큰 죄는 四裔(사방 변방)에 거처하고, 다음은 九州 밖에 하고 다음은 천리 밖에 한다." 하였는데, 비록 근거한 바를 볼 수 없으나 대개는 대략 비슷할 듯하다. 이 또한 禹가 사양함으로 인하여 거듭 명하고, 또 반드시 밝게 살핌을 지극히 하여야 형벌이 그 죄에 마땅하여 사람들이 믿고 복종하지 않는 이가 없음을 경계한 것이다.

譯註 1. 上服下服 : 아래 〈呂刑〉의 '上刑適輕下服 下刑適重上服'을 가리킨 것으로, 범한 죄가 높은 형벌에 해당하더라도 初犯이나 모르고 지은 경우에는 刑量을 낮게 적용하며, 죄가 낮은 형벌에 해당하더라도 고의범이거나 再犯·三犯일 경우에는 刑量을 높게 적용함을 이른다.

2. 列爵惟五 分土惟三 : 爵位는 公·侯·伯·子·男의 다섯 등급이 있으나 封地에 있어서는 公과 侯는 100리이고 伯은 70리이고 子와 男은 50리의 세 등급으로 나뉘는바, 아래 〈武成〉에 보인다.

21. 帝曰 疇若予工고 僉曰 垂哉니이다 帝曰 兪라 咨垂아 汝共工이어다 垂拜稽首하여 讓于殳斨과 曁伯與한대 帝曰 兪라 往哉汝諧하라

帝舜이 말씀하기를 "누가 나의 百工의 일을 순히 다스리겠는가?" 하자, 여럿이 말하기를 "垂입니다." 하였다. 帝舜이 말씀하기를 "아! 너의 말이 옳다. 垂야! 네가 共工이 될지어다." 하니, 垂가 절하고 머리를 조아려 殳와 斨 및 伯與에게 사양하였는데, 帝舜이 말씀하기를 "아! 너의 말이 옳다. 가서 네 직책을 화하게 수행하라." 하였다.

殳 : 창 수 斨 : 도끼 장

若은 順其理而治之也라 曲禮六工에 有土工, 金工, 石工, 木工, 獸工, 草工하고 周禮에 有攻木之工, 攻金之工, 攻皮之工, 設色之工, 摶埴之工하니 皆是也라 帝問誰能順治予百工之事者라 垂는 臣名이니 有巧思라 莊子曰 攦工倕之指라하니 卽此也라 殳, 斨, 伯與는 三臣名也라 殳는 以積竹爲兵하여 建兵車者요 斨은 方銎斧也라 古者에 多以其所能爲名하니 殳, 斨은 豈能爲二器者歟아 往哉汝諧者는 往哉하여 汝和其職也라

若은 그 이치를 순히 하여 다스림이다. 〈曲禮〉의 六工에 土工·金工·石工·木工·獸工·草工이 있고, 《周禮》에 나무를 다스리는 공인과 쇠를 다스리는 공인과 가죽을 다스리는 공인과 색깔을 칠하는 공인과 진흙을 두들겨 만드는 공인이 있으니, 모두 이들이다. 帝舜이 묻기를 "누가 나의 百工의 일을 순히 다스리겠는가?" 한 것이다. 垂는 신하의 이름이니, 공교한 생각이 있었다. 莊子가 "공인인 倕의 손가락을 꺾어놓아야 한다."는 것이 바로 이것이다. 殳·斨·伯與는 세 신하의 이름이다. 殳는 대나무를 모아 병기를 만들어서 兵車에 꽂는 것이고 斨은 구멍이 네모진 도끼이다. 옛날에는 능한 것으로 이름을 삼은 경우가 많았으니, 殳와 斨은 아마도 이 두 기구를 잘 만든 자인가 보다. 往哉汝諧는 가서 네가 직책을 화하게 수행하라는 것이다.

22. 帝曰 疇若予上下草木鳥獸오 僉曰 益哉니이다 帝曰 兪라 咨益아 汝作朕虞하라 益이 拜稽首하여 讓于朱虎熊羆한대 帝曰 兪라 往哉汝諧하라

帝舜이 말씀하기를 "누가 나의 山澤의 草木과 鳥獸를 순히 다스리겠는가?" 하니, 여럿이 말하기를 "益입니다." 하였다. 帝舜이 말씀하기를 "너의 말이 옳다. 아! 益아! 네가 나의 虞가 되어라." 하였다. 益이 절하고 머리를 조아리며 朱·虎·熊·羆에게 사양하니, 帝舜이 말씀하기를 "아! 너의 말이 옳다. 가서 네 직책을 화하게 수행하라."

摶 : 두드릴 단 埴 : 진흙 식 攦 : 꺾을 려 倕 : 이름 수 銎 : 도끼구멍 공
斧 : 도끼 부 熊 : 곰 웅 羆 : 큰곰 비

하였다.

上下는 山林澤藪也라 虞는 掌山澤之官이니 周禮에 分爲虞衡하여 屬於夏官[1]하니라 朱, 虎, 熊, 羆는 四臣之名也라 高辛氏之子에 有曰仲虎, 仲熊하니 意以獸爲名者는 亦以其能服是獸而得名歟아 史記曰 朱虎熊羆 爲伯益之佐라하니 前殳斨伯與 當亦爲垂之佐也라

上下는 山林과 澤藪(늪의 수풀)이다. 虞는 산택을 관장하는 관원이니, 《周禮》에 나누어 虞人과 衡人을 만들어서 夏官에 소속시켰다. 朱·虎·熊·羆는 네 신하의 이름이다. 高辛氏의 아들에 仲虎, 仲熊이 있었으니, 생각컨대 짐승으로 이름을 삼은 것은 또한 이 짐승들을 잘 복종시켰기 때문에 이름을 얻은 것인가 보다. 《史記》에 "朱·虎·熊·羆가 伯益의 보좌가 되었다." 하였으니, 앞의 殳·斨·伯與도 마땅히 垂의 보좌가 되었을 것이다.

譯註 1. 周禮 … 屬於夏官 : 《周禮》에는 〈夏官〉이 아니라 〈地官〉에 소속되어 있음을 밝혀둔다.

23. 帝曰 咨四岳아 有能典朕의 三禮아 僉曰 伯夷니이다 帝曰 兪라 咨伯아 汝作秩宗이니 夙夜에 惟寅하여 直哉라사 惟淸하리라 伯이 拜稽首하여 讓于夔龍한대 帝曰 兪라 往欽哉하라

帝舜이 말씀하기를 "아! 四岳아. 나의 三禮를 맡을 자가 있는가?" 하니, 여럿이 말하기를 "伯夷입니다." 하였다. 帝舜이 말씀하기를 "너의 말이 옳다. 아! 伯아! 너를 秩宗으로 삼으니, 밤낮으로 공경하여 곧게 하여야 깨끗할 것이다." 하였다. 伯이 절하고 머리를 조아리며 夔와 龍에게 사양하니, 帝舜이 말씀하기를 "아! 너의 말이 옳다. 가서 공경히 임무를 수행하라." 하였다.

寅 : 공경할 인 夔 : 공경할 기

典은 主也라 三禮[1]는 祀天神, 享人鬼, 祭地祇(기)之禮也라 伯夷는 臣名이니 姜姓이라 秩은 序也요 宗은 祖廟也니 秩宗은 主敍次百神之官이어늘 而專以秩宗名之者는 蓋以宗廟爲主也라 周禮에 亦謂之宗伯하고 而都家[2]에 皆有宗人之官하여 以掌祭祀之事하니 亦此意也라 夙은 早요 寅은 敬畏也라 直者는 心無私曲之謂니 人能敬以直內하여 不使少有私曲이면 則其心潔淸하여 而無物欲之汚하여 可以交於神明矣라 夔, 龍은 二臣名이라

典은 주관함이다. 三禮는 天神에게 제사하고 人鬼에게 제향하고 地祇에게 제사하는 예이다. 伯夷는 신하의 이름이니, 姓이 姜이다. 秩은 차례이고 宗은 선조의 사당이니, 秩宗은 百神을 차례로 제사함을 주관하는 관직인데 오로지 秩宗이라고 이름한 것은 아마도 종묘를 위주로 한 듯하다. 《周禮》에도 宗伯이라 이르고 都와 家에도 다 宗人의 관직이 있어 제사의 일을 관장하였으니, 또한 이러한 뜻이다. 夙은 일찍이요 寅은 공경하고 두려워함이다. 直은 마음에 私曲함이 없음을 이르니, 사람이 공경하여 안을 곧게 해서 조금이라도 私曲한 마음이 있지 않게 하면 그 마음이 깨끗하고 맑아 물욕의 더러움이 없어서 神明을 사귈 수 있다. 夔와 龍은 두 신하의 이름이다.

譯註 1. 三禮 : 天神은 昊天의 上帝와 日·月·星辰, 司中·司命·風師·雨師를 이르고, 人鬼는 先王의 宗廟를 이르며, 地祇는 社稷과 五嶽, 山林川澤의 神을 이른다.
2. 都家 : 都宗人·家宗人을 이르는바, 都는 王의 子弟의 封地와 公卿의 食邑이며 家는 大夫의 采地(작은 食邑)를 이른다.

24. 帝曰 夔아 命汝하여 典樂하노니 敎胄子호되 直而溫하며 寬而栗하며 剛而無虐하며 簡而無傲케호리니 詩는 言志요 歌는 永言이요 聲은 依永이요 律은 和聲하나니 八音이 克諧하여 無相奪倫이라사 神人以和하리라 (夔曰 於予擊石拊石百獸率舞)

帝舜이 말씀하기를 "夔야! 너를 명하여 典樂을 삼으니, 胄子를 가

祇 : 땅귀신 기 胄 : 맏아들 주 栗 : 두려울 률 奪 : 빼앗을 탈

르치되 곧으면서도 온화하며 너그러우면서도 엄하며 강하되 사나움이 없으며 간략하되 오만함이 없게 할 것이다. 詩는 뜻을 말한 것이요 歌는 말을 길게 읊는 것이요 聲은 길게 읊음에 의지한 것이요 律은 읊는 소리를 조화시키는 것이니, 8음의 악기가 잘 어울려 서로 차례를 빼앗음이 없어야 神과 사람이 화합할 것이다." 하였다.

胄는 長也니 自天子至卿大夫之適子也라 栗은 莊敬也라 上二無字는 與毋同이라 凡人直者는 必不足於溫이라 故欲其溫이요 寬者는 必不足於栗이라 故欲其栗이니 所以慮其偏而輔翼之也라 剛者는 必至於虐이라 故欲其無虐이요 簡者는 必至於傲라 故欲其無傲니 所以防其過而戒禁之也라 敎胄子者는 欲其如此요 而其所以敎之之具는 則又專在於樂하니 如周禮大司樂이 掌成均之法하여 以敎國子弟요 而孔子亦曰 興於詩, 成於樂이라하시니 蓋所以蕩滌邪穢하고 斟酌飽滿하며 動盪血脈하고 流通精神[1)]하여 養其中和之德而救其氣質之偏者也라 心之所之를 謂之志라 心有所之면 必形於言이라 故曰詩言志요 旣形於言이면 則必有長短之節이라 故曰歌永言이요 旣有長短이면 則必有高下淸濁之殊라 故曰聲依永이니 聲者는 宮商角徵(치)羽也라 大抵歌聲이 長而濁者爲宮이요 以漸而淸且短이면 則爲商, 爲角, 爲徵, 爲羽하니 所謂聲依永也라 旣有長短淸濁이면 則又必以十二律和之라야 乃能成文而不亂하니 假令黃鍾爲宮이면 則大簇爲商, 姑洗爲角, 林鍾爲徵, 南呂爲羽하니 蓋以三分損益하여 隔八相生[2)]而得之하니 餘律皆然하니 卽禮運所謂五聲, 六律, 十二管이 還相爲宮이니 所謂律和聲也라 人聲旣和어든 乃以其聲으로 被之八音而爲樂이면 則無不諧協하여 而不相侵亂失其倫次하여 可以奏之朝廷하고 薦之郊廟하여 而神人以和矣라 聖人作樂하여 以養情性, 育人材하고 事神祇, 和上下하여 其體用功效廣大深切이 乃如此어늘 今皆不復見矣니 可勝嘆哉아 夔曰以下는 蘇氏曰 舜方命九官에 濟濟相讓이어늘 無緣夔於此獨言其功하니 此益稷之文이니 簡編脫誤하여 復見於此라하니라

蕩 : 방탕할 탕 滌 : 씻을 척 斟 : 술따를 짐 酌 : 술따를 작 盪 : 움직일 탕

胄는 맏이이니, 천자로부터 경대부에 이르기까지의 適子이다. 栗은 莊敬함이다. 위의 두 無字는 毋와 같다. 무릇 사람이 곧은 자는 반드시 온화함에 부족하므로 온화하고자 하고, 너그러운 자는 반드시 엄숙함에 부족하므로 엄숙하고자 한 것이니, 이는 한쪽으로 편벽될까 염려하여 보익하는 것이다. 강한 자는 반드시 사나움에 이르므로 사나움이 없고자 하고, 간략한 자는 반드시 오만함에 이르므로 오만함이 없고자 한 것이니, 이는 지나침을 막아서 경계하고 금지시키는 것이다. 胄子를 가르치는 자는 이와 같고자 하되 이들을 가르치는 도구는 또 오로지 음악에 있으니, 《周禮》에 大司樂이 成均의 법을 관장하여 국가의 자제들을 가르치고, 孔子 또한 "詩에서 흥기하고 樂에서 이룬다."고 하였으니, 이는 사악함과 더러움을 깨끗이 씻어내고 飽滿함을 斟酌하며 血脈을 움직이게 하고 정신을 유통시켜 中和의 덕을 길러서 기질의 편벽됨을 구원하는 것이다. 마음이 가는 바를 志라 한다. 마음이 가는 바가 있으면 반드시 말에 나타나므로 詩는 뜻을 말한 것이라 하였고, 이미 말에 나타나면 반드시 長短의 節(리듬)이 있으므로 歌는 말을 길게 읊는 것이라 하였으며, 이미 장단이 있으면 반드시 高下와 淸濁의 구분이 있으므로 聲은 길게 읊음에 의지한 것이라 하였으니, 聲은 宮·商·角·徵·羽이다. 대저 노래 소리가 길고 탁한 것은 宮이 되고, 점점 맑고 짧아지면 商이 되고 角이 되고 徵가 되고 羽가 되니, 이른바 聲은 길게 읊음에 의지한다는 것이다. 이미 장단과 청탁이 있으면 또 반드시 12율로 고르게 하여야 이에 문채를 이루어 어지럽지 않으니, 가령 黃鍾이 宮이 되었으면 大簇는 商이 되고 姑洗은 角이 되고 林鍾은 徵가 되고 南呂는 羽가 된다. 三分 損益하여 여덟을 띄우고 相生하여 얻어지니, 나머지 律도 다 그러하다. 이는 곧 〈禮運〉에 이른바 '五聲과 六律과 十二管이 차례로 서로 宮이 된다.'는 것이니, 이른바 '율은 소리를 화하게 한다.'는 것이다. 사람의 소리가 이미 화하였거든 이에 그 소리를 8음에 입혀서 음악을 만들면 고르지 않음이 없어 서로 침노하고 혼란하여 그 차례를 잃지 않아서 이것을 조정에 연주하고 郊祭와 사당에 올려서 神과 사람이 화하게 된다. 聖人이 음악을 만들어서 性情을 기르고 인재를 기르며 神祇를 섬기고 上下를 고르게 하여 그 體用과 功效의 광대하고 深切함이 이와 같았는데, 이제 모두 다시 볼 수 없으니, 이루 탄식할 수 있겠는가. '夔曰' 이하는 蘇氏가 말하기를 "舜이 이제 막 아홉 관원을 명함에 濟濟하게 서로 겸양하였는데 夔가 홀로 여기에서 자기의 공을 말할 이유가 없다. 이는 〈益稷〉의 글이니, 簡編이 脫

誤하여 여기에 중복되어 나온 것이다." 하였다.

譯註 1. 蕩滌邪穢 … 流通精神 : 《史記》 〈樂書〉에 보이는바, 음악의 소리가 和平하여 사람의 사악함과 더러움을 씻어내고 節奏(리듬)가 알맞아 사람의 飽滿함을 조절하며, 舞蹈가 알맞아 血脈을 움직이고 精神을 유통시킴을 말한 것이다.

2. 三分損益 隔八相生 : 三分損益은 三分損一과 三分益一의 줄임말로 3분의 1을 빼거나 더하는 것이며, 隔八相生은 律管의 상생하는 순서로 여덟 칸을 띄워 상생하는 것으로 黃鍾이 林鍾을 낳고 林鍾이 太簇를 낳음을 이른다. 律管은 十二律의 대통이며 十二律은 12개월에 맞추어 만든 音律인데 11월의 黃鍾, 12월의 大呂, 정월(1월)의 太簇, 2월의 夾鍾, 3월의 姑洗, 4월의 仲呂, 5월의 蕤賓, 6월의 林鍾, 7월의 夷則, 8월의 南呂, 9월의 無射, 10월의 應鍾으로 되어 있다. 3분의 1을 더하거나 뺀다는 것은 예를 들면 黃鍾管은 길이가 9寸이고 둘레가 9푼이어서 그 수가 9×9=81이다. 黃鍾으로부터 여덟번째 자리는 林鍾인바, 황종관의 길이가 9寸이므로 3분의 1을 뺀 6寸이 임종관의 길이이고 그 수는 9×6=54이며, 임종으로부터 여덟번째 자리는 太簇인바, 임종관의 길이가 6寸이므로 3분의 1을 더한 8寸이 태주관의 길이이고 그 수는 9×8=72이다. 十二律 중 11월의 黃鍾부터 4월의 仲呂까지는 아래로 낳는데 삼분손일이 이에 해당하고, 5월의 蕤賓으로부터 10월의 應鍾까지는 위로 낳는데 삼분익일이 이에 해당하는바, 이에 대한 내용은 뒤에 부록한 六律六呂圖에 보이며 자세한 내용은 《律呂新書》 등을 참조하기 바란다.

25. 帝曰 龍아 朕은 堲讒說이 殄行이라 震驚朕師하여 命汝하여 作納言하노니 夙夜에 出納朕命호되 惟允하라

帝舜이 말씀하였다. "龍아! 짐은 讒言이 善行을 끊어 짐의 무리들을 진동하고 놀라게 함을 미워하여, 너를 명하여 納言을 삼노니, 밤낮으로 짐의 명령을 출납하되 진실하게 하라."

堲 : 미워할 즉(즐) 讒 : 참소할 참 殄 : 끊을 진 允 : 믿을 윤

堲은 疾이라 殄은 絶也니 殄行者는 謂傷絶善人之事也라 師는 衆也니 謂其言之不正하여 而能變亂黑白하여 以駭衆聽也라 納言은 官名이라 命令政教를 必使審之하여 旣允而後出이면 則讒說不得行하여 而矯僞無所託矣요 敷奏復逆을 必使審之하여 旣允而後入이면 則邪僻無自進하여 而功緖有所稽矣리라 周之內史와 漢之尙書와 魏晉以來所謂中書門下者 皆此職也니라

堲은 미워함이다. 殄은 끊음이니, 殄行은 善人의 일을 해치고 끊음을 이른다. 師는 무리이니, 그 말이 바르지 못하여 흑백을 變亂시켜서 여러 사람의 들음을 놀라게 함을 이른다. 納言은 관명이다. 명령과 정교를 반드시 살펴서 이미 진실한 뒤에 나오게 하면 讒說이 행해지지 못하여 거짓이 의탁할 곳이 없고, 펴서 아뢰고 復逆(상주)함을 반드시 살펴서 이미 진실한 뒤에 들이게 하면 사벽함이 말미암아 나올 수가 없어 공의 실마리가 상고할 바가 있을 것이다. 周나라의 內史와 漢나라의 尙書와 魏·晉 이래의 이른바 中書門下라는 것이 모두 이 직책이다.

26. 帝曰 咨汝二十有二人아 欽哉하여 惟時로 亮天功하라

帝舜이 말씀하였다. "아! 너희 22人아. 공경하여 때로 하늘의 일을 도우라."

二十二人은 四岳, 九官, 十二牧也라 周官에 言內有百揆四岳하고 外有州牧侯伯이라하니 蓋百揆者는 所以統庶官이요 而四岳者는 所以統十二牧也라 旣分命之하고 又總告之하여 使之各敬其職하여 以相天事也라 曾氏曰 舜命九官에 新命者六人이니 命伯禹, 命伯夷는 咨四岳而命者也요 命垂, 命益은 泛咨而命者也요 命夔, 命龍은 因人之讓하여 不咨而命者也라 夫知道而後可宅百揆요 知禮而後可典三禮니 知道, 知禮는 非人人所能也라 故必咨於四岳이요 若予工, 若上下草木鳥獸는 則非此之比라 故泛

矯 : 속일 교　亮 : 밝을 량　泛 : 범연할 범

咨而已라 禮樂命令은 其體雖不若百揆之大나 然其事理精微하여 亦非百工庶物之可比라 伯夷旣以四岳之擧로 而當秩宗之任이면 則其所讓之人이 必其中於典樂納言之選을 可知라 故不咨而命之也요 若稷契皐陶之不咨者는 申命其舊職而已라 又按 此以平水土, 若百工으로 各爲一官이어늘 而周制는 同領於司空하며 此는 以士一官으로 兼兵刑之事어늘 而周禮는 分爲夏秋兩官하니 蓋帝王之法이 隨時制宜하니 所謂損益可知者如此니라

22人은 四岳과 9官(아홉 관원)과 12州의 牧이다. 〈周官〉에 "안에는 百揆와 四岳이 있고 밖에는 州牧과 侯伯이 있다." 하였으니, 백규는 여러 관직을 통솔하는 것이요, 사악은 12목을 통솔하는 것이다. 이미 나누어 명하고 또 총괄하여 말씀해서 각기 그 직책을 공경하여 하늘의 일을 돕게 한 것이다.

曾氏가 말하기를 "舜이 9관을 명함에 새로 명한 자가 여섯 사람이니, 伯禹를 명하고 伯夷를 명한 것은 사악에게 물어서 명한 것이고, 垂를 명하고 益을 명한 것은 범범히 물어서 명한 것이고, 夔를 명하고 龍을 명한 것은 타인이 사양함으로 인하여 묻지 않고 명한 것이다." 하였다. 道를 안 뒤에 百揆의 자리에 처할 수 있고 禮를 안 뒤에 三禮를 맡을 수 있으니, 道를 알고 禮를 앎은 사람마다 능한 것이 아니므로 반드시 사악에게 물은 것이고, 나의 百工을 순히 다스리고 山澤의 초목과 鳥獸를 순히 다스림은 이에 비할 바가 아니므로 범범히 물었을 뿐이다. 禮樂과 명령은 그 體가 비록 백규처럼 크지는 않으나 사리가 정미하여 또한 百工과 庶物에 비할 바가 아니다. 伯夷가 이미 四岳의 천거로 秩宗의 임무에 합당하다면 그가 사양한 바의 사람이 반드시 典樂과 納言의 선임에 알맞음을 알 수 있다. 그러므로 묻지 않고 명한 것이요, 稷·契·皐陶를 묻지 않은 것으로 말하면 옛 직책을 거듭 명했을 뿐이다.

또 살펴보건대 여기서는 水土를 평하게 다스리고 百工을 순히 다스림을 각기 한 관직으로 삼았는데, 周나라 제도는 똑같이 司空에게 통솔되었으며, 여기서는 士 한 관직으로 兵·刑의 일을 겸하였는데 《周禮》는 나누어 夏官과 秋官 둘로 만들었으니, 제왕의 법은 때에 따라 마땅하게 만드니, 이른바 '손익함을 알 수 있다.'는 것이 이와 같다.

27. 三載에 考績하시고 三考에 黜陟幽明하신대 庶績이 咸熙

하더니 分北(背)三苗하시다

3년에 한번씩 공적을 상고하고 세 번 상고한 다음 어두운 자와 밝은 자를 내치고 올려주시니 여러 공적이 다 넓혀졌는데, 三苗를 나누어 등져 가게 하시다.

考는 核實也라 三考는 九載也니 九載則人之賢否와 事之得失을 可見이라 於是에 陟其明而黜其幽하여 賞罰明信이면 人人이 力於事功하니 此所以庶績咸熙也라 北은 猶背也니 其善者留하고 其不善者竄徙之하여 使分背而去也라 此는 言舜命二十二人之後에 立此考績黜陟之法하여 以時擧行하고 而卒言其效如此也라 按三苗見於經者는 如典, 謨, 益稷, 禹貢, 呂刑에 詳矣라 蓋其負固不服하여 乍臣乍叛일새 舜攝位而竄逐之하시고 禹治水之時에 三危已宅이로되 而舊都猶頑不卽工이요 禹攝位之後에 帝命徂征이로되 而猶逆命이라가 及禹班師而後來格하니 於是에 乃得考其善惡而分北之也라 呂刑之言遏絶은 則通其本末而言이니 不可以先後論也니라

考는 진실을 상고하는 것이다. 三考는 9년이니, 9년이면 사람의 賢否와 일의 得失을 볼 수 있다. 이에 밝은 이를 올려주고 어둔 이를 내쳐서 상벌을 분명하고 미덥게 하면 사람마다 事功에 힘쓰게 되니, 이 때문에 여러 공적이 다 넓혀진 것이다. 北은 背와 같으니, 善한 자는 머물게 하고, 善하지 않은 자는 쫓아내고 옮겨서 나누어 등져 가게 한 것이다. 이는 舜이 22人을 명한 뒤에 이 공적을 상고하여 내치고 올리는 법을 세워서 때로 거행함을 말하고, 끝내 그 효험이 이와 같았다고 말한 것이다. 상고해 보건대 三苗가 경전에 보이는 것은 典과 謨와 〈益稷〉 〈禹貢〉과 〈呂刑〉에 자세히 나와 있다. 그들은 지형의 험고함을 믿고 복종하지 않아서 별안간 신하가 되었다가 별안간 배반하였으므로 舜이 攝位하여 쫓아내셨고, 禹가 홍수를 다스릴 때에 三危가 이미 집을 짓고 살 수 있었으나 옛 도읍은 아직도 완악하여 해야 할 일에 나아가지 않았다. 禹가 섭위한 뒤에 帝舜이 명하여 가서 정벌하게 하였으나 아직도 명령을 거역하다가 禹가 班師(회군)한 뒤

績 : 공 적　黜 : 내칠 출　陟 : 오를 척　核 : 조사할 핵　乍 : 잠깐 사　徂 : 갈 조

에 이르러 와서 굴복하였으니, 이에 그 善惡을 상고하여 나누어 등져 보낸 것이다. 〈呂刑〉에 遏絶이라고 말한 것은 그 본말을 통틀어 말한 것이니, 선후를 가지고 논할 수 없다.

28. 舜生三十이라 徵庸하시고 三十이라 在位하사 五十載에 陟方乃死하시니라

舜이 태어난 지 30년에 부름을 받아 등용되시고 30년에 帝位에 올라 50년만에 승하하시어 이에 죽으셨다.

徵은 召也라 陟方은 猶言升遐也라 韓子曰 竹書紀年에 帝王之沒을 皆曰陟이라하니 陟은 昇也니 謂昇天也라 書曰 殷禮陟配天이라하니 言以道終하여 其德協天也라 故로 書紀舜之沒에 云陟하고 其下에 言方乃死者는 所以釋陟爲死也라 地之勢東南下하니 如言舜巡守而死면 宜言下方이요 不得言陟方也라하니 按此得之나 但不當以陟爲句絶耳라 方은 猶雲徂乎方[1]之方이니 陟方乃死는 猶言徂落而死也라 舜生三十年에 堯方召用하여 歷試三年하고 居攝二十八年하니 通三十年에 乃卽帝位하시고 又五十年而崩하시니 蓋於篇末에 總敍其始終也라 史記에 言舜巡守라가 崩于蒼梧之野라하고 孟子言舜卒於鳴條라하시니 未知孰是라 今零陵九疑에 有舜塚云이라

徵은 부름이다. 陟方은 升(昇)遐라는 말과 같다. 韓子(韓愈)는 말하기를 "《竹書紀年》에 제왕의 죽음을 모두 陟이라 하였으니, 陟은 오름이니, 하늘에 오름을 이른다. 《書經》에 '성대한 禮로 올라가 하늘에 짝하였다.' 하였으니, 道로써 세상을 마쳐 그 德이 하늘에 합함을 말한 것이다. 그러므로 《書經》에 舜의 죽음을 기록할 적에 '陟'이라 하고 그 아래에 '方乃死'라고 말하였으니, 이는 陟을 죽음으로 해석한 것이다. 지형은 동남쪽이 낮으니, 만일 舜이 순수하다가 죽었다고 말한다면 마땅히 下方이라 할 것이요 陟方이라 할 수 없다." 하였다. 내가 살펴보건대 이 말이 맞으나 다만 陟을 구절로 삼는 것은 마땅하지 않다. 方은 '구름이 사방으로 간다'는 方과 같으

徵 : 부를 징 升 : 오를 승 遐 : 멀 하

니, 陟方乃死는 徂落하여 죽었다는 말과 같다. 舜이 태어난 지 30세에 堯가 비로소 불러 등용하여 3년동안 시험하였고 섭위한 것이 28년이니, 통틀어 30년에 비로소 제위에 올랐고 또 50년에 崩하셨으니, 篇의 끝에 그 시종을 다 서술한 것이다. 《史記》에는 "舜이 순수하다가 蒼梧의 들에서 崩했다." 하였고, 孟子는 "舜이 鳴條에서 별세하였다." 하였으니, 누가 옳은지 알 수 없다. 지금 零陵의 九疑山에 舜의 무덤이 있다.

譯註 1. 雲徂乎方 : 方은 四方으로 《揚子法言》에 '雲徂乎方 雨流乎淵'이라고 보인다.

書經集傳 卷二

大禹謨

謨는 謀也라 林氏曰 虞史旣述二典호되 其所載有未備者라 於是에 又敍其君臣之間嘉言善政하여 以爲大禹皐陶謨益稷三篇하니 所以備二典之未備者라 今文無, 古文有하니라

謨는 계책(훌륭한 계책이나 말씀)이다. 林氏가 말하였다. "虞나라 史官이 이미 〈堯典〉과 〈舜典〉을 기술하였으나 기재한 것이 미비된 바가 있었다. 이에 다시 君臣間의 아름다운 말씀과 善政을 기술하여 〈大禹謨〉, 〈皐陶謨〉, 〈益稷〉 세 篇을 만들었으니, 〈堯典〉과 〈舜典〉에 미비된 것을 갖춘 것이다." 今文에는 없고 古文에는 있다.

1. 曰若稽古大禹한대 曰 文命을 敷于四海하시고 祗承于帝하시다

옛 大禹를 상고하건대 文命(文敎)을 四海에 펴시고 공경히 帝舜을 받드셨다.

命은 敎요 祗는 敬也라 帝는 謂舜也라 文命敷于四海者는 卽禹貢所謂東漸西被朔南曁하여 聲敎訖于四海者是也라 史臣言 禹旣已布其文敎於四海矣라 於是에 陳其謨하여 以敬承于舜하시니 如下文所云也라 文命은 史記以爲禹名이라하니 蘇氏曰 以文命爲禹名이면 則敷于四海者 爲何事耶아하니라

謨 : 꾀 모　朔 : 북방 삭　曁 : 미칠 기　訖 : 이를 흘

命은 가르침이요 祗는 공경함이다. 帝는 帝舜을 이른다. 文命을 四海에 폈다는 것은 곧 〈禹貢〉에 이른바 '동쪽에 무젖고 서쪽에 입혀지며 북쪽과 남쪽에 미쳐서 聲敎가 四海에 이르렀다'는 것이 이것이다. 史臣이 말하기를 "禹가 이미 그 文敎를 사해에 펴셨다. 이에 그 계책을 진술하여 공경히 帝舜을 받들었다." 하였으니, 下文에 말한 바와 같다. 文命은 《史記》에는 "禹의 이름이다." 하였는데, 蘇氏는 말하기를 "文命을 禹의 이름이라고 한다면 四海에 폈다는 것은 무슨 일인가?" 하였다.

2. 曰 后克艱厥后하며 臣克艱厥臣이라사 政乃乂하여 黎民이 敏德하리이다

禹가 말씀하였다. "임금이 임금됨을 어렵게 여기며 신하가 신하됨을 어렵게 여겨야 정사가 비로소 다스려져서 黎民이 德에 속히 교화될 것입니다"

曰以下는 卽禹祗承于帝之言也라 艱은 難也니 孔子曰 爲君難, 爲臣不易라하시니 卽此意也라 乃者는 難辭也라 敏은 速也라 禹言君而不敢易其爲君之道하고 臣而不敢易其爲臣之職하여 夙夜祗懼하여 各務盡其所當爲者면 則其政事 乃能修治而無邪慝하여 下民이 自然觀感하여 速化於善而有不容已者矣라하시니라

'曰'이하는 바로 禹가 帝舜을 공경히 받든 말씀이다. 艱은 어렵게 여김이니, 孔子가 말씀하기를 "군주노릇 하기가 어렵고 신하노릇 하기가 쉽지 않다." 하셨으니, 바로 이 뜻이다. 乃는 어렵게 여기는 말이다. 敏은 빠름이다. 禹가 말씀하기를 "군주로서 군주된 도리를 쉽게 여기지 않고 신하로서 신하된 직책을 쉽게 여기지 아니하여, 밤낮으로 공경하고 두려워해서 각각 마땅히 해야 할 것을 힘써 다하면 정사가 이에 닦여지고 다스려져서 사악함이 없어 下民들이 자연히 보고 감동하여 善에 속히 교화되어 그만둘 수 없을 것이다." 하였다.

艱 : 어려울 간　乂 : 다스릴 예　慝 : 간사할 특

3. 帝曰 兪라 允若茲하면 嘉言이 罔攸伏하며 野無遺賢하여 萬邦이 咸寧하리니 稽于衆하여 舍(捨)己從人하며 不虐無告하며 不廢困窮은 惟帝사 時克이러시니라

帝舜이 말씀하였다. "아! 너의 말이 옳다. 진실로 이와 같다면 아름다운 말이 숨겨지는 바가 없으며 들에는 버려진 賢者가 없어서 萬邦이 다 편안할 것이니, 여러사람에게 상고하여 자기를 버리고 남을 따르며 하소연할 곳 없는 자들을 학대하지 않으며 곤궁한 자들을 폐하지 않음은 오직 帝堯만이 이에 능하셨다."

嘉는 善이요 攸는 所也라 舜이 然禹之言하사 以爲信能如此면 則必有以廣延衆論하고 悉致群賢하여 而天下之民이 咸被其澤하여 無不得其所矣라 然非忘私順理, 愛民好士之至면 無以及此어늘 而惟堯能之하시니 非常人所及也라 蓋爲謙辭以對하여 而不敢自謂其必能이니 舜之克艱을 於此에 亦可見矣라 程子曰 舍己從人이 最爲難事라 己者는 我之所有니 雖痛舍之라도 猶懼守己者固而從人者輕也니라

嘉는 善이요 攸는 所(바)이다. 帝舜이 禹의 말씀을 옳게 여기시어 "진실로 이와 같다면 반드시 衆論을 널리 맞이하고 群賢들을 다 招致하여 천하의 백성들이 모두 그 은택을 입어 살 곳을 얻지 못하는 자가 없을 것이다. 그러나 私를 잊고 이치를 따르며 백성을 사랑하고 선비를 좋아하기를 지극히 하는 자가 아니면 이에 미칠 수 없는데 오직 帝堯만이 이에 능하셨으니, 보통사람이 미칠 수 있는 바가 아니다." 라고 한 것이다. 이는 겸사로써 대답하여 감히 스스로 반드시 능하다고 여기지 않은 것이니, 帝舜이 어렵게 여겼음을 여기에서도 볼 수 있다.

程子가 말씀하였다. "자기를 버리고 남을 따르는 것이 가장 어려운 일이다. 己는 내가 가지고 있는 것이니, 비록 통렬히 버리더라도 오히려 자기를 지킴은 견고하고 남을 따름은 가벼울까 두려운 것이다."

罔 : 없을 망 攸 : 바 유 舍 : 버릴 사 虐 : 사나울 학 延 : 맞이할 연

4. 益曰 都라 帝德이 廣運하사 乃聖乃神하시며 乃武乃文하신대 皇天이 眷命하사 奄有四海하사 爲天下君하시니이다

益이 말하였다. "아! 훌륭하십니다. 帝堯의 德이 광대하고 운행되시어 聖스럽고 신묘하시며 武가 있고 文이 있으시니, 皇天이 돌아보고 명하시어 四海를 다 소유하시어 천하의 군주로 삼으셨습니다."

廣者는 大而無外요 運者는 行之不息이니 大而能運이면 則變化不測이라 故로 自其大而化之而言이면 則謂之聖이요 自其聖而不可知而言이면 則謂之神이요 自其威之可畏而言이면 則謂之武요 自其英華發外而言이면 則謂之文이라 眷은 顧요 奄은 盡也라 堯之初起 不見於經하고 傳稱其自唐侯特起爲帝라하니 觀益之言컨댄 理或然也라 或曰 舜之所謂帝者는 堯也요 群臣之言帝者는 舜也니 如帝德罔愆, 帝其念哉之類 皆謂舜也라 蓋益因舜尊堯하여 而遂美舜之德하여 以勸之하니 言不特堯能如此라 帝亦當然也라하니라 今按此說所引比類 固爲甚明이나 但益之語 接連上句惟帝時克之下하니 未應遽舍堯而譽舜이요 又徒極口以稱其美하여 而不見其有勸勉規戒之意하니 恐唐虞之際에 未遽有此諛佞之風也라 依舊說贊堯爲是하노라

廣은 커서 밖이 없는 것이요 運은 운행하여 그치지 않는 것이니, 크고 운행되면 변화를 헤아릴 수 없다. 그러므로 大人이면서 저절로 화합을 가지고 말하면 聖이라 이르고, 聖스러워서 알 수 없음을 가지고 말하면 神이라 이르며, 위엄이 두려울 만함을 가지고 말하면 武라 이르고, 英華가 밖에 드러남을 가지고 말하면 文이라 이른다. 眷은 돌아봄이요 奄은 다함이다. 堯가 처음 일어난 것이 經書에 보이지 않고 傳에 "唐侯로부터 특별히 일어나 帝가 되었다."고 칭하였으니, 益의 말을 보건대 이치에 혹 그럴 듯하다. 혹자는 말하기를 "舜이 말씀한 帝는 帝堯이고 群臣들이 말한 帝는 帝舜이

眷 : 돌아볼 권 奄 : 다할 엄 愆 : 허물 건 遽 : 급할 거 諛 : 아첨할 유 佞 : 아첨할 녕

니, '帝의 德이 지나침이 없다.'는 것과 '帝는 생각하라.'는 따위는 모두 帝舜을 이른 것이다. 이는 益이 帝舜이 帝堯를 높임으로 인하여 마침내 帝舜의 德을 찬미해서 권면한 것이니, 다만 帝堯가 이와 같을 뿐만 아니라 帝舜 또한 마땅히 그러하여야 한다고 말한 것이다." 한다. 이제 살펴보건대 이 말에 인용한 比類가 진실로 매우 분명하나 단 益의 말이 윗구의 '惟帝時克'의 아래에 연접되어 있으니, 마땅히 대번에 帝堯를 버리고 帝舜을 칭찬할 리가 없으며, 또 단지 극구 아름다움만을 칭찬하여 勸勉하고 規戒하는 뜻이 있음을 볼 수 없으니, 唐虞의 즈음에 갑자기 이렇게 아첨하는 風習이 있지는 않을 듯하다. 그리하여 舊說을 따라 帝堯를 찬미한 것을 옳음으로 삼는다.

5. 禹曰 惠迪하면 吉이요 從逆하면 凶이니(하논지) 猶影響하니이다

禹가 말씀하였다. "道(喜)를 순히 하면 吉하고 逆(惡)을 따르면 凶하니, 이는 그림자와 메아리 같습니다."

惠는 順이요 迪은 道也요 逆은 反道者也니 惠迪, 從逆은 猶言順善從惡也라 禹言天道可畏하여 吉凶之應於善惡이 猶影響之出於形聲也하니 以見不可不艱者하여 以此而終上文之意하시니라

惠는 순함이요 迪은 道요 逆은 道를 위배함이니, 惠迪, 從逆은 善을 순히 하고 惡을 따른다는 말과 같다. 禹가 말씀하기를 "天道가 두려울 만하여 吉凶이 善惡에 응함이 그림자와 메아리가 형체와 소리에서 나오는 것과 같다." 하였으니, 어렵게 여기지 않을 수 없음을 나타내어 이로써 上文의 뜻을 마치신 것이다.

6. 益曰 吁라 戒哉하소서 儆戒無虞하사 罔失法度하시며 罔遊于逸하시며 罔淫于樂하시며 任賢勿貳하시며 去邪勿疑하소서 疑謀를 勿成이라사 百志惟熙하리이다 罔違道하여 以干百姓之

迪 : 나아갈 적, 길 적 響 : 소리 향 儆 : 경계할 경 虞 : 헤아릴 우

譽하시며 罔咈百姓하여 以從己之欲하소서 無怠無荒하면 四夷도 來王하리이다

益이 말하였다. "아! 경계하소서. 헤아림이 없을 때에 경계하시어 법도를 잃지 마시고 편안함에 놀지 마시고 즐거움에 지나치지 마시며, 어진 자에게 맡기되 두 마음을 품지 마시고 사악한 자를 제거하되 의심하지 마소서. 의심스러운 계책을 이루지 마셔야 백 가지 생각이 넓어질 것입니다. 道를 어기면서 백성들의 칭찬을 구하지 마시며 백성들을 거스르면서 자신이 바라는 것을 따르지 마소서. 게을리하지 않고 황폐하지 않으면 사방의 오랑캐들도 와서 王으로 받들 것입니다."

先吁後戒는 欲使聽者精審也라 儆은 與警同이라 虞는 度(탁)이요 罔은 勿也라 法度는 法則制度也라 淫은 過也라 當四方無可虞度之時하면 法度易至廢弛라 故戒其失墜요 逸樂은 易至縱恣라 故戒其遊淫하니 言此三者는 所當謹畏也라 任賢에 以小人間之를 謂之貳요 去邪에 不能果斷을 謂之疑라 謀는 圖爲也니 有所圖爲에 揆之於理而未安者는 則不復成就之也라 百志는 猶易所謂百慮[1]也라 咈은 逆也라 九州之外 世一見曰王[2]이라 帝於是八者에 朝夕戒懼하여 無怠於心하고 無荒於事하면 則治道益隆하여 四夷之遠이 莫不歸往하리니 中土之民服從을 可知라 今按益言八者 亦有次第하니 蓋人君이 能守法度하여 不縱逸樂이면 則心正身修하고 義理昭著하여 而於人之賢否에 孰爲可任이요 孰爲可去며 事之是非에 孰爲可疑요 孰爲不可疑를 皆有以審其幾微하여 絶其蔽惑이라 故로 方寸之間이 光輝明白하여 而於天下之事에 孰爲道義之正而不可違요 孰爲民心之公而不可咈을 皆有以處之不失其理하여 而毫髮私意 不入於其間하리니 此其儆戒之深旨니 所以推廣大禹克艱惠迪之謨也라 苟無其本하여 而是非取舍를 決於一己之私하고 乃欲斷而行之하여 無所疑惑이면 則其爲害 反有不可勝言者矣리니 可不戒哉아

咈 : 어길 불 縱 : 방종할 종 恣 : 방자할 사 揆 : 헤아릴 규

먼저 吁라 하고 뒤에 경계한 것은 듣는 자로 하여금 정밀하게 살피게 하려고 한 것이다. 儆은 警과 같다. 虞는 헤아림이요 罔은 勿이다. 法度는 법칙과 제도이다. 淫은 지나침이다. 사방이 헤아릴 만한 것이 없을 때를 당하면 법도가 廢弛함에 이르기 쉬우므로 그 실추함을 경계한 것이며, 편안함과 즐거움은 방종에 이르기 쉬우므로 그 놀고 지나침을 경계한 것이니, 이 세 가지는 마땅히 삼가고 두려워해야 함을 말한 것이다. 賢者에게 맡길 적에 小人으로 이간질함을 貳라 하고, 사악한 자를 제거할 적에 과단성있게 하지 못함을 疑라 한다. 謀는 도모하여 함이니, 도모하여 하는 바가 있을 적에 이치에 헤아려 온당하지 못한 것은 다시 성취하지 않는 것이다. 百志는 《周易》에 이른바 '백 가지 생각'이라는 것과 같다. 咈은 거스름이다. 九州의 밖에서 한 代에 한 번 와서 뵘을 王이라 한다. 帝가 이 여덟 가지를 조석으로 경계하고 두려워하여 마음에 게을리함이 없고 일에 황폐함이 없으면 治道가 더욱 융성해져서 멀리 있는 사방의 오랑캐들도 돌아오지 않음이 없을 것이니, 中土의 백성들이 복종함을 알 수 있다.

이제 살펴보건대, 益이 말한 여덟 가지는 또한 차례가 있으니, 人君이 법도를 지켜서 편안함과 즐거움에 방종하지 않으면 마음이 바루어지고 몸이 닦여지며 의리가 밝게 드러나서, 사람의 어질고 어질지 못함에 대해서 누가 맡길 만한 사람이고 누가 제거할 만한 사람이며, 일의 옳고 그름에 대해서 무엇이 의심스러울 만한 일이고 무엇이 의심하지 않을 만한 일인가를 모두 그 기미를 살핌이 있어서 가리움과 의혹을 끊게 된다. 그러므로 方寸(마음)의 사이가 빛나고 명백하여 천하의 일에 무엇이 道義에 바른 것이어서 어길 수 없으며 무엇이 民心의 공정한 것이어서 거스를 수 없는가를 모두 처리함에 그 이치를 잃지 않아서 털끝만한 私意도 그 사이에 들어가지 않을 것이니, 이는 징계하는 깊은 뜻이니, 大禹의 "어렵게 여기고 道를 순히 하라."는 가르침을 미루어 넓힌 것이다. 만일 근본이 없어 是非와 取捨를 일개인의 사사로움에 따라 결단하고, 마침내 단행하고자 해서 의혹하는 바가 없으면 그 해로움이 도리어 이루 다 말할 수 없을 것이니, 경계하지 않을 수 있겠는가.

譯註 1. 百慮:《周易》〈繫辭下〉에 "天下同歸而殊塗 一致而百慮"라고 보인다.

2. 九州之外 世一見曰王:九州의 밖에 있는 나라를 藩國이라 하는바, 이들 나라에서는 군주가 새로 즉위하면 天子國에 와서 한번 天子

를 알현하므로 말한 것이다.

7. 禹曰 於(오)라 帝아 念哉하소서 德惟善政이요 政在養民하니 水火金木土穀이 惟修하며 正德, 利用, 厚生이 惟和하여 九功이 惟敍하여 九敍를 惟歌어든 戒之用休하시며 董之用威하시며 勸之以九歌하사 俾勿壞하소서

禹가 말씀하였다. "아! 황제여 생각하소서. 德은 政事를 善하게 하고 정사는 백성을 기름에 있으니, 水·火·金·木·土와 곡식이 잘 닦여지며, 正德(덕을 바룸)과 利用 (쓰음을 이롭게 함)과 厚生(삶을 좋게 함)이 화하여, 아홉 가지 功이 펴져서 아홉 가지 펴진 것을 노래로 읊거든 경계하고 깨우쳐서 아름답게 여기며 독책하여 두렵게 하며 권면하되 九歌로 하시어 무너지지 않게 하소서."

益言儆戒之道하니 禹歎而美之하사 謂帝當深念益之所言也라 且德은 非徒善而已라 惟當有以善其政이요 政은 非徒法而已라 在乎有以養其民이니 下文에 六府, 三事는 卽養民之政也라 水火金木土穀惟修者는 水克火, 火克金, 金克木, 木克土而生五穀하여 或相制以洩其過하고 或相助以補其不足하여 而六者無不修矣라 正德者는 父慈, 子孝, 兄友, 弟恭, 夫義, 婦聽이니 所以正民之德也요 利用者는 工作什器, 商通貨財之類니 所以利民之用也요 厚生者는 衣帛食肉, 不飢不寒之類니 所以厚民之生也라 六者旣修하여 民生始遂어든 不可以逸居而無敎라 故로 爲之惇典敷敎하여 以正其德하며 通功易事하여 以利其用하며 制節謹度하여 以厚其生하여 使皆當其理而無所乖면 則無不和矣라 九功은 合六與三也라 敍者는 言九者各順其理하여 而不汨陳以亂其常也요 歌者는 以九功之敍而詠之歌也라 言九者旣已修和하여 各由其理면 民享其利하여 莫不歌詠而樂其生也라 然始勤終怠者는 人情之常이니 恐安養旣久하여 怠心必生이면 則已成之功

董: 감독할 동 俾: 하여금 비 洩: 샐 설 惇: 도타울 돈 汨: 어지러울 골

을 不能保其久而不廢라 故로 當有以激勵之하니 如下文所云也라 董은 督也요 威는 古文作畏하니 其勤於是者는 則戒喩而休美之하고 其怠於是者는 則督責而懲戒之라 然又以事之出於勉强者는 不能久라 故로 復卽其前日歌詠之言하여 協之律呂하고 播之聲音하여 用之鄕人하고 用之邦國하여 以勸相之하여 使其歡欣鼓舞하여 趨事赴功하여 不能自已하여 而前日之成功이 得以久存而不壞하니 此周禮所謂九德之歌, 九韶之舞[1]요 而太史公所謂佚能思初하고 安能惟始하여 沐浴膏澤而歌詠勤苦者也라 葛氏曰 洪範五行은 水火木金土而已요 穀은 本在木行之數러니 禹以其爲民食之急이라 故로 別而附之也하시니라

益이 경계하는 도리를 말하니, 禹가 감탄하고 찬미하여 "帝는 마땅히 益이 말한 바를 깊이 생각하시라."고 말씀한 것이다. 또 德은 단지 善하기만 할 뿐만 아니라 마땅히 그 정사를 선하게 할 수 있어야 하고, 政事는 단지 법일 뿐만 아니라 그 백성을 기를 수 있어야 하니, 下文의 六府와 三事는 곧 백성을 기르는 정사이다. 水·火·金·木·土·穀이 닦여졌다는 것은 水는 火를 이기고 火는 金을 이기고 金은 木을 이기고 木은 土를 이겨 五穀을 낳아서 혹 서로 제재하여 지나친 것을 배설하고 혹 서로 도와 부족한 것을 보조하여 여섯 가지가 닦여지지 않음이 없는 것이다. 正德은 어버이는 사랑하고 자식은 효도하며 형은 우애하고 아우는 공경하며 남편은 의롭고 아내는 순종함이니 백성의 덕을 바로잡는 것이며, 利用은 工人은 什器를 만들고 商人은 재화를 소통하는 따위이니 백성들의 씀을 이롭게 하는 것이며, 厚生은 비단옷을 입고 고기를 먹으며 굶주리지 않고 춥지 않게 하는 따위이니 백성들의 삶을 후하게 하는 것이다. 여섯 가지가 이미 닦여져서 民生이 비로소 이루어지면 편안히 거처하기만 하고 가르침이 없을 수 없다. 그러므로 위하여 五典을 돈독히 하고 五敎를 펴서 그 德을 바르게 하며, 힘을 통하고 일을 바꾸어 그 씀을 이롭게 하며 예절에 맞게 하고 법도를 삼가 삶을 후하게 하여, 모두 도리에 합당하여 어그러지는 바가 없게 하면 화하지 않음이 없는 것이다. 九功은 六府(水·火·金·木·土·穀)와 三事(正德·利用·厚生)를 합한 것이다. 敍는 아홉 가지가 각기 그 이치에 순하여 어지럽게 베풀어져서 그 떳떳함을 어지럽히지 않는 것이며, 歌는 九

趨 : 달려갈 추　赴 : 달려갈 부　韶 : 풍류이름 소　佚 : 편안할 일

功이 펴진 것을 가지고 노래로 읊는 것이다. 아홉 가지가 이미 닦여지고 화하여 각각 그 이치를 따르면 백성들이 그 이로움을 누려서 노래로 읊어 그 삶을 즐거워하지 않는 이가 없다. 그러나 처음에는 부지런하나 끝에는 게을러지는 것이 人之常情이니, 편안히 길러진 지가 이미 오래되어 게으른 마음이 반드시 생겨나면 이미 이룬 功을 오래도록 보존하고 폐해지지 않게 하지 못할까 두렵다. 그러므로 마땅히 격려함이 있는 것이니, 下文에 말한 바와 같은 것이다. 董은 독책함이요 威는 古文에 畏로 되어 있다. 이것을 부지런히 하는 자는 경계하고 깨우쳐서 아름답게 여기고, 이것을 게을리하는 자는 독책하여 징계한다. 그러나 또 일이 억지로 힘씀에서 나온 것은 오래갈 수 없으므로 다시 전일에 노래로 읊었던 말을 가지고 律呂에 맞추고 聲音에 전파하여 鄕人들에게 사용하고 邦國에 사용하여 권면하고 도와 즐거워하고 기뻐하며 고무되어 事功에 달려가서 스스로 그치지 않게 하여 전날의 성공이 오래도록 보존되고 무너지지 않게 하는 것이니, 이는 《周禮》에 이른바 '九德의 노래와 九韶의 춤'이라는 것이요, 太史公의 이른바 '편안하면서도 시초를 생각하여 膏澤에 목욕하면서도 勤苦함을 노래로 읊는다.'는 것이다.

葛氏가 말하였다. "〈洪範〉의 五行은 水·火·木·金·土일 뿐이요 穀은 본래 木行의 數에 있었는데, 禹는 백성의 양식을 급한 것이라 여겼으므로 별도로 떼내어 여기에 붙인 것이다."

譯註 1. 九德之歌 九韶之舞 : 九德의 노래는 九功의 德을 읊은 노래이며, 韶는 舜의 음악 이름으로 九韶는 곧 大韶인데 韶를 높여서 大字를 붙인 것이다.

8. 帝曰 兪라 地平天成하여 六府三事允治하여 萬世永賴時乃功이니라

帝舜이 말씀하였다. "아! 너의 말이 옳다. 땅이 다스려짐에 하늘이 이루어져서 六府와 三事가 진실로 다스려져 萬世가 永遠히 힘입음은 이 너의 功이다."

水土治曰平이니 言水土旣平하여 而萬物得以成遂也라 六府는 卽水火金

木土穀也니 六者는 財用之所自出이라 故曰府요 三事는 正德, 利用, 厚生也니 三者는 人事之所當爲라 故曰事라 舜이 因禹言養民之政하여 而推其功以美之也시니라

水土가 다스려짐을 平이라 하니, 水土가 이미 다스려져서 만물이 이루어지게 됨을 말한 것이다. 六府는 곧 水·火·金·木·土·穀이니, 여섯 가지는 財用이 말미암아 나오는 것이므로 府라 하였고, 三事는 正德·利用·厚生이니, 세 가지는 사람의 일중에 마땅히 해야 하는 것이므로 事라 하였다. 帝舜이 禹가 백성을 기르는 정사를 말씀함으로 인하여 그 功을 미루어 찬미하신 것이다.

9. 帝曰 格하라 汝禹아 朕이 宅帝位 三十有三載니 耄期하여 倦于勤하노니 汝惟不怠하여 總朕師하라

帝舜이 말씀하였다. "이리 오라. 너 禹야! 짐이 제위에 있은 지가 33년이니 늙어서 부지런히 해야 할 정사에 게으르니, 너는 태만히 하지 말아서 짐의 무리를 거느리라."

九十曰耄요 百年曰期니 舜至是에 年已九十三矣라 總은 率也라 舜自言旣老하여 血氣已衰라 故로 倦於勤勞之事하니 汝當勉力不怠하여 而總率我衆也라하시니 蓋命之攝位之事라 堯命舜曰 陟帝位어시늘 舜命禹曰 總朕師者는 蓋堯欲使舜眞宅帝位러시니 舜讓弗嗣하고 後惟居攝하시니 亦若是而已니라

90세를 耄라 하고 100세를 期라 하니, 帝舜이 이 때에 나이가 이미 93세였다. 總은 거느림이다. 帝舜이 스스로 말씀하기를 "내가 이미 늙어서 혈기가 쇠하였으므로 근로해야 할 일에 게으르니, 너는 마땅히 힘쓰고 게을리 하지 말아서 나의 무리를 거느리라." 하신 것이니, 攝位하는 일을 명하신 것이다. 堯는 舜에게 명하시기를 "帝位에 오르라." 하셨는데, 舜은 禹에게 명하시기를 "짐의 무리를 거느리라." 하신 것은 堯는 참으로 舜으로 하여

宅 : 머물 택 耄 : 늙을 모

금 제위에 거하게 하고자 하셨는데 舜이 사양하여 잇지 않고 뒤에 다만 攝位에 거하였으니, 또한 이와 같을 뿐이다.

10. 禹曰 朕德이 罔克이라 民不依어니와 皐陶는 邁種德이라 德乃降하여 黎民이 懷之하나니 帝念哉하소서 念茲在茲하며 釋茲在茲하며 名言茲在茲하며 允出茲在茲니 惟帝念功하소서

禹가 말씀하였다. "저의 德은 임무를 감당하지 못하여 백성들이 依歸하지 않거니와 皐陶는 힘써 행하여 덕을 펴서 덕이 마침내 아래로 백성들에게 내려져 黎民들이 그리워하니, 황제께서는 생각하소서. 이를 생각하여도 이에 있으며 이를 버려도 이에 있으며 이를 이름하여 말함도 이에 있으며 진실로 마음에서 나옴도 이에 있으니, 황제께서는 그의 공을 생각하소서."

邁는 勇往力行之意라 種은 布요 降은 下也라 禹自言 其德이 不能勝任하여 民不依歸어니와 惟皐陶는 勇往力行하여 以布其德하여 德下及於民하여 而民懷服之하니 帝當思念之而不忘也라 茲는 指皐陶也라 禹遂言 念之而不忘도 固在於皐陶요 舍之而他求도 亦惟在於皐陶요 名言於口도 固在於皐陶요 誠發於心도 亦惟在於皐陶也라 蓋反覆思之에 而卒無有易於皐陶者하니 惟帝深念其功하여 而使之攝位也라

邁는 용감하게 가고 힘써 행하는 뜻이다. 種은 폄이요 降은 내림이다. 禹가 스스로 말씀하기를 "그 덕이 임무를 감당하지 못하여 백성들이 의귀하지 않거니와 오직 皐陶는 용맹하게 가고 힘써 행하여 德을 펴서 덕이 아래로 백성에게 미쳐 백성들이 그리워하고 복종하니, 황제께서는 마땅히 이를 思念하고 잊지 마소서."라고 한 것이다. 茲는 皐陶를 가리킨다. 禹가 마침내 말씀하기를 "생각하여 잊지 않음도 진실로 고요에게 있고, 버리고 달리 구해도 오직 고요에게 있고, 입에서 이름하여 말함도 진실로 고요에게 있고, 진실로 마음에서 발함도 오직 고요에게 있습니다. 반복하여 생각해도

邁 : 갈 매　黎 : 검을 려　釋 : 놓을 석

끝내 고요와 바꿀 만한 자가 있지 않으니, 황제께서는 그의 공을 깊이 생각하여 攝位하게 하소서."라고 한 것이다.

11. 帝曰 皐陶아 惟茲臣庶 罔或干予正(政)은 汝作士라 明于五刑하여 以弼五敎하여 期于予治니 刑期于無刑하여 民協于中이 時乃功이니 懋哉어다

帝舜이 말씀하였다. "고요야! 이 신하와 백성들이 혹시라도 나의 정사를 범하는 자가 없는 것은 네가 士師가 되어서 五刑을 밝혀 五品의 가르침을 도와 나를 다스려짐에 이르도록 기약하였기 때문이다. 형벌을 쓰되 형벌이 없는 경지에 이를 것을 기약하여 백성들이 中道에 맞는 것이 이 너의 공이니, 힘쓸지어다."

干은 犯이요 正은 政이요 弼은 輔也라 聖人之治는 以德爲化民之本하고 而刑은 特以輔其所不及而已라 期者는 先事取必之謂라 舜言 惟此臣庶 無或有干犯我之政者는 以爾爲士師之官하여 能明五刑하여 以輔五品之敎하여 而期我以至於治니 其始엔 雖不免於用刑이나 而實所以期至於無刑之地라 故로 民亦皆能協於中道하여 而初無有過不及之差하니 則刑果無所施矣니 凡此皆汝之功也라 懋는 勉也니 蓋不聽禹之讓하시고 而稱皐陶之美하여 以勸勉之也시니라

干은 범함이요 正은 정사요 弼은 도움이다. 聖人의 다스림은 德으로써 백성을 교화하는 근본을 삼고 刑罰은 단지 미치지 못하는 바를 도울 뿐이다. 期는 일에 앞서 기필함을 취함을 이른다. 帝舜이 말씀하기를 "이 신하와 백성들이 혹시라도 나의 정사를 범하는 자가 없는 것은 네가 士師의 관원이 되어서 五刑을 밝혀 五品의 가르침을 도와 나를 다스려짐에 이르도록 기약하였기 때문이니, 처음에는 비록 형벌을 씀을 면치 못하나 실로 형벌이 없는 경지에 이를 것을 기약하였다. 그러므로 백성들이 또한 모두 中道에 맞아서 애당초 過·不及의 잘못이 없으니, 이렇다면 과연 형벌을 시행할

弼 : 도울 필　懋 : 힘쓸 무

곳이 없을 것이니, 무릇 이는 모두 너의 공이다."라고 한 것이다. 懋는 힘씀이니, 禹의 사양함을 들어주지 않고 고요의 아름다움을 칭찬하여 권면한 것이다.

12. 皐陶曰 帝德이 罔愆하사 臨下以簡하시고 御衆以寬하시며 罰弗及嗣하시고 賞延于世하시며 宥過無大하시고 刑故無小하시며 罪疑는 惟輕하시고 功疑는 惟重하시며 與其殺不辜론 寧失不經이라하사 好生之德이 洽于民心이라 茲用不犯于有司니이다

皐陶가 말하였다. "황제의 덕이 잘못됨이 없으시어 아랫사람에게 임하되 간략함으로써 하고 무리들을 어거하되 너그러움으로써 하시며, 罰은 자식에게 미치지 않고 賞은 자손 대대로 미치게 하시며, 과오로 지은 죄는 용서하되 큼이 없고 고의로 지은 죄는 형벌하되 작음이 없으시며, 죄가 의심스러운 것은 가볍게 형벌하시고 공이 의심스러운 것은 중하게 상주시며, 不辜(무죄)한 사람을 죽이기 보다는 차라리 떳떳한 법대로 하지 않은 실수를 범하겠다 하시어 살려주기를 좋아하는 德이 민심에 흡족하십니다. 이 때문에 백성들이 有司를 범하지 않는 것입니다."

愆은 過也라 簡者는 不煩之謂라 上煩密이면 則下無所容이요 御者急促이면 則衆擾亂이라 嗣, 世는 皆謂子孫이라 然嗣親而世疎也라 延은 遠及也라 父子罪不相及하고 而賞則遠延于世하니 其善善長而惡惡短이 如此라 過者는 不識而誤犯也요 故者는 知之而故犯也라 過誤所犯은 雖大나 必宥하고 不忌故犯은 雖小나 必刑하니 卽上篇所謂眚災肆赦, 怙終賊刑者也라 罪已定矣로되 而於法之中에 有疑其可重可輕者면 則從輕以罰之하고 功已定矣로되 而於法之中에 有疑其可輕可重者면 則從重以賞之라 辜는 罪요 經은 常也라 謂法可以殺, 可以無殺에 殺之면 則恐陷於非辜요 不殺之

辜 : 허물 고　促 : 빠를 촉　眚 : 모르고지은죄 생　怙 : 믿을 호

면 恐失於輕縱이니 二者는 皆非聖人至公至平之意로되 而殺不辜者는 尤聖人之所不忍也라 故로 與其殺之而害彼之生으론 寧姑全之而自受失刑之責하니 此其仁愛忠厚之至니 皆所謂好生之德也라 蓋聖人之法은 有盡이로되 而心則無窮이라 故로 其用刑行賞에 或有所疑면 則常屈法以申恩하여 而不使執法之意로 有以勝其好生之德하니 此其本心이 所以無所壅遏하여 而得行於常法之外라 及其流衍洋溢하고 漸涵浸漬하여 有以入于民心이면 則天下之人이 無不愛慕感悅하여 興起於善하여 而自不犯于有司也라 皐陶以舜美其功故로 言此以歸功於其上하니 蓋不敢當其褒美之意而自謂己功也라

愆은 허물이다. 簡은 번거롭지 않음을 이른다. 윗사람이 번거롭고 치밀하면 아랫사람들이 용납될 곳이 없고, 어거하는 자가 급박하면 무리들이 요란하게 된다. 嗣와 世는 모두 자손을 이른다. 그러나 嗣는 친하고 世는 소원하다. 延은 멀리 미침이다. 父子間에 죄는 서로 미치지 않고 상은 멀리 후세에 뻗치니, 선을 좋게 여김은 길고 악을 미워함은 짧음이 이와 같은 것이다. 過는 알지 못하여 잘못 범한 것이며, 故는 알면서 고의로 범한 것이다. 과오로 범한 것은 비록 죄가 크더라도 반드시 용서해주며, 꺼리지 아니하여 고의로 범한 것은 비록 죄가 작더라도 반드시 형벌하니, 이는 곧 上篇에 이른바 '과오와 불행은 풀어 놓아주고, 믿고 끝까지 재범하는 자는 죽이는 형벌을 가한다.'는 것이다. 죄가 이미 결정되었으나 법 가운데에 무겁게 할 것인지 가볍게 할 것인지 의심스러운 것이 있으면 가벼운 쪽을 따라 처벌하고, 공이 이미 결정되었으나 법 가운데에 무겁게 할 것인지 가볍게 할 것인지 의심스러운 것이 있으면 무거운 쪽을 따라 상을 준다. 辜는 죄이고 經은 떳떳한 법이다. 법에 죽일 수도 있고 죽이지 않을 수도 있을 때에 죽이면 죄없는 자를 죽임에 빠질까 두렵고, 죽이지 않으면 가벼이 풀어줌에 잘못될까 두려우니, 두 가지는 모두 聖人의 지극히 공평한 뜻이 아니나 죄없는 자를 죽임은 더욱이 聖人이 차마 못하는 바이다. 그러므로 죽여서 저의 생명을 해치기 보다는 차라리 우선 목숨을 보전해 주어 스스로 형벌을 잘못 행한 책임을 받는 것이다. 이는 仁愛하고 忠厚함이 지극한 것이니, 모두 이른바 '살려주기를 좋아하는 德'이라는 것이다. 聖人의 法은

壅 : 막을 옹　遏 : 막을 알　涵 : 담글 함　漬 : 담글 지　褒 : 칭찬할 포

다함이 있으나 마음은 무궁하다. 그러므로 형벌을 쓰고 상을 시행함에 혹 의심스러운 바가 있으면 항상 법을 굽히고 은혜를 펴서 법을 집행하는 뜻으로 하여금 살려주기를 좋아하는 덕을 이기지 않게 하니, 이는 그 本心이 막히는 바가 없어 떳떳한 법의 밖에 행해질 수 있는 것이다. 이것이 흘러넘치고 점점 젖어듦에 미쳐서 민심에 들어감이 있으면 천하 사람들이 愛慕하고 感悅하지 않음이 없어서 善을 흥기하여 저절로 有司를 범하지 않게 된다. 皐陶는 帝舜이 자기의 공을 찬미하였으므로 이것을 말하여 그 윗사람에게 공을 돌렸으니, 감히 찬미하는 공을 감당하여 스스로 자기의 공이라고 여기지 않은 것이다.

13. 帝曰 俾予로 從欲以治하여 四方이 風動하니(혼지) 惟乃之休니라

帝舜이 말씀하였다. "나로 하여금 바라는대로 다스려져서 四方이 風動하게 하니, 이는 바로 너의 아름다운 공이다."

民不犯法而上不用刑者는 舜之所欲也라 汝能使我로 如所願欲以治하여 教化四達이 如風鼓動하여 莫不靡然하니 是乃汝之美也라 舜又申言하사 以重歎美之하시니라

백성들이 법을 범하지 않아서 윗사람이 형벌을 쓰지 않는 것이 舜이 바라는 바이다. 네가 능히 나로 하여금 바라는대로 다스려져서 교화가 사방에 도달함이 바람이 고동시키는 것과 같아 쏠리지 않음이 없으니, 이것은 바로 너의 아름다움이다. 帝舜이 또 거듭 말씀하여 거듭 탄미한 것이다.

14. 帝曰 來하라 禹아 洚水儆予어늘 成允成功하니(혼지) 惟汝賢이며 克勤于邦하며 克儉于家하여 不自滿假하니(혼지) 惟汝賢이니라 汝惟不矜하나 天下莫與汝로 爭能하며 汝惟不伐

休 : 아름다울 휴 靡 : 쓰러질 미 洚 : 물넘을 홍, 물거슬러흐를 강

하나 天下莫與汝로 爭功하나니 予懋乃德하며 嘉乃丕績하노니 天之曆數 在汝躬이라 汝終陟元后하리라

帝舜이 말씀하였다. "이리 오라. 禹야! 홍수가 나를 경계하였는데 믿음을 이루고 공을 이룸은 너의 어짐이며, 나라 일에 부지런하고 집안에 검소하여 자만하고 큰 체하지 않음은 너의 어짐이다. 네가 자랑하지 않으나 천하에 너와 더불어 능함을 다툴 자가 없으며, 네가 과시하지 않으나 천하에 너와 더불어 공을 다툴 자가 없으니, 내 너의 덕을 성대하게 여기며 너의 아름다운 공적을 가상하게 여기노라. 하늘의 曆數가 너의 몸에 있으니, 네가 마침내 元后의 자리에 오를 것이다.

洚水는 洪水也니 古文作降하니라 孟子曰 水逆行을 謂之洚水라하시니 蓋山崩水渾하여 下流淤塞이라 故로 其逝者輒復反流而泛濫決溢하여 洚洞無涯也라 其災所起는 雖在堯時나 然舜旣攝位에 害猶未息이라 故로 舜以爲天警懼於己요 不敢以爲非己之責而自寬也라 允은 信也라 禹奏言而能踐其言하고 試功而能有其功하니 所謂成允成功也라 禹能如此면 則旣賢於人矣어늘 而又能勤於王事하고 儉於私養하니 此又禹之賢也라 有此二美로되 而又能不矜其能하고 不伐其功이라 然其功能之實은 則自有不可掩者라 故로 舜於此에 復申命之하여 必使攝位也라 懋, 楙는 古通用하니 楙는 盛大之意라 丕는 大요 績은 功也라 懋乃德者는 禹有是德而我以爲盛大요 嘉乃丕績者는 禹有是功而我以爲嘉美也라 曆數者는 帝王相繼之次第니 猶歲時氣節之先後라 汝有盛德大功이라 故로 知曆數當歸於汝하니 汝終當升此大君之位하리니 不可辭也라 是時에 舜方命禹以居攝이요 未卽天位라 故로 以終陟言也시니라

洚水는 洪水이니, 古文에는 降으로 되어 있다. 孟子가 말씀하기를 "물이

懋：성대할 무 丕：클 비 渾：섞일 혼 淤：진흙 어 決：터질 결
溢：넘칠 일 涯：물가 애

역행하는 것을 洚水라 한다.” 하였으니, 산이 무너지고 물이 뒤섞여서 하류가 막히므로 흘러가던 것이 곧 다시 反流(역류)하여 범람하고 터져 넘쳐서 洚洞하여 끝이 없는 것이다. 水災가 일어난 것은 비록 帝堯의 때에 있었으나 舜이 攝位한 뒤에도 害가 아직 그치지 않았다. 그러므로 舜이 하늘이 자기를 경계하고 두렵게 한 것이라 여기고, 감히 자신의 책임이 아니라 하여 스스로 근심을 풀지 못한 것이다. 允은 믿음이다. 禹가 말씀을 아룀에 그 말을 실천하고 功을 시험함에 공이 있었으니, 이른바 ‘믿음을 이루고 공을 이루었다.’는 것이다. 禹가 능히 이렇게 하였으면 이미 일반인보다 어진데도 또 王事(國事)에는 부지런하고 사사로이 봉양함에는 검소하게 하였으니, 이는 또 禹의 어짐이다. 이 두 가지 아름다움이 있었으나 또 그 능함을 자랑하지 않고 그 공을 과시하지 않았다. 그러나 그 공과 재능의 실상은 스스로 가릴 수가 없었다. 그러므로 舜이 이에 다시 거듭 명하여 반드시 攝位하게 한 것이다. 懋와 楙는 옛날에 통용되었으니, 楙는 성대하다는 뜻이다. 丕는 큼이요 績은 공이다. 懋乃德은 禹가 이 덕이 있음에 내가 성대하게 여기는 것이요, 嘉乃丕績은 禹가 이 공이 있음에 내가 아름답게 여기는 것이다. 曆數는 제왕이 서로 계승하는 차례이니, 歲時와 節氣의 先後와 같다. 네가 성대한 덕과 큰 공이 있으므로 역수가 마땅히 너에게 돌아갈 줄을 아니, 너는 마침내 이 大君의 지위에 오를 것이니, 사양하지 말라고 한 것이다. 이때에 帝舜이 막 禹에게 攝位에 거하기를 명하였고 天位에 나아가게 하지는 않았다. 그러므로 마침내 오를 것이라고 말씀한 것이다.

15. 人心은 惟危하고 道心은 惟微하니 惟精惟一하야사 允執厥中하리라

人心은 위태롭고 道心은 은미하니, 精하게 하고 한결같이 하여야 진실로 그 中道를 잡을 것이다.

心者는 人之知覺이니 主於中而應於外者也라 指其發於形氣者而言이면 則謂之人心이요 指其發於義理者而言이면 則謂之道心이니 人心은 易私而難公이라 故危요 道心은 難明而易昧라 故微라 惟能精以察之하여 而不雜形氣之私하고 一以守之하여 而純乎義理之正하여 道心이 常爲之主하고 而

人心이 聽命焉이면 則危者安하고 微者著하여 動靜云爲 自無過不及之差하여 而信能執其中矣리라 堯之告舜엔 但曰 允執其中이어늘 今舜命禹엔 又推其所以而詳言之하시니 蓋古之聖人이 將以天下與人에 未嘗不以其治之之法으로 幷而傳之하시니 其見(현)於經者如此라 後之人君이 其可不深思而敬守之哉아

心은 사람의 지각이니, 心中에 주장하여 밖에 응하는 것이다. 形氣에서 나온 것을 가리켜 말하면 人心이라 이르고, 義理에서 나온 것을 가리켜 말하면 道心이라 이르니, 人心은 사사롭기는 쉽고 공정하기는 어려우므로 위태롭다 한 것이요 道心은 밝히기는 어렵고 어두워지기는 쉬우므로 은미하다 한 것이다. 오직 精하게 살펴서 形氣의 사사로움에 섞이지 않게 하고, 한결같이 지켜서 의리의 바름을 순수하게 하여, 道心이 항상 주체가 되고 人心이 명령을 따르면 위태로운 것(인심)이 편안해지고 은미한 것(도심)이 드러나서 動靜과 云爲(말하고 행함)가 저절로 過·不及의 잘못이 없어서 진실로 그 中道를 잡게 될 것이다. 堯가 舜에게 고할 적엔 다만 '允執其中'이라고 말씀하였는데, 이제 舜이 禹에게 명할 적엔 또 그 所以를 미루어 자세히 말씀하였으니, 옛날 聖人이 장차 천하를 남에게 주려 할 적에는 일찍이 천하를 다스리는 법을 함께 전수해 주지 않은 적이 없었으니, 經傳에 나타난 것이 이와 같다. 후세의 인군이 깊이 생각하여 공경히 지키지 않을 수 있겠는가.

16. 無稽之言을 勿聽하며 弗詢之謀를 勿庸하라

상고함이 없는 말을 듣지 말며, 묻지 않은 계책을 쓰지 말라.

無稽者는 不考於古요 弗詢者는 不咨於衆이니 言之無據와 謀之自專은 是皆一人之私心이요 必非天下之公論이니 皆妨政害治之大者也라 言은 謂泛言이니 勿聽이 可矣요 謀는 謂計事라 故로 又戒其勿用也라 上文에 旣言存心出治之本하고 此又告之以聽言處事之要하니 內外相資而治道備矣라

詢 : 물을 순 庸 : 쓸 용

無稽는 옛것에 상고함이 없는 것이요, 弗詢은 남들에게 묻지 않은 것이니, 근거없는 말과 스스로 獨斷한 계책은 모두 한 사람의 私心이요 반드시 천하의 公論이 아니니, 모두 정치를 해침이 크다. 言은 범연히 말함을 이르니 듣지 않는 것이 가하고, 謀는 일을 계획함을 이르기 때문에 또 쓰지 말라고 경계한 것이다. 上文에서는 이미 마음을 보존하여 다스림을 내는 근본을 말하였고, 여기서는 또 말을 듣고 일을 처리하는 요점을 고하였으니, 內外가 서로 의뢰하여 治道가 구비되었다.

17. 可愛는 非君이며 可畏는 非民가 衆非元后면 何戴며 后非衆이면 罔與守邦하리니 欽哉하여 愼乃有位하여 敬脩其可願하라 四海困窮하면 天祿이 永終하리라 惟口는 出好하며 興戎하나니 朕言은 不再하리라

사랑할 만한 것은 군주가 아니며 두려워할 만한 것은 민중이 아니겠는가. 민중은 元后가 아니면 누구를 떠받들며 원후는 민중이 아니면 더불어 나라를 지킬 수 없을 것이니, 공경하여 네가 소유한 지위를 삼가서 백성들이 원할 만한 것을 공경히 닦아라. 四海가 곤궁하면 天祿이 영영 끊어질 것이다. 입은 우호를 내기도 하고 전쟁을 일으키기도 하니, 짐은 다시 딴 말을 하지 않겠다."

可愛非君乎아 可畏非民乎아 衆非君이면 則何所奉戴며 君非民이면 則誰與守邦이리오 欽哉는 言不可不敬也라 可願은 猶孟子所謂可欲[1]이니 凡可願欲者 皆善也라 人君이 當謹其所居之位하여 敬脩其所可願欲者니 苟有一毫之不善이 生於心하여 害於政이면 則民不得其所者多矣라 四海之民이 至於困窮이면 則君之天祿이 一絶而不復續하리니 豈不深可畏哉아 此又極言安危存亡之戒하여 以深警之하시니 雖知其功德之盛하여 必不至此나 然猶欲其戰戰兢兢하여 無敢逸豫하여 而謹之於毫釐之間케하시니 此其所以爲聖人之心也라 好는 善也요 戎은 兵也라 言發於口면 則有二者

戴 : 떠받들 대　戎 : 전쟁 융　兢 : 조심할 긍　豫 : 기쁠 예

之分하니 利害之幾 可畏如此라 吾之命汝 蓋已審矣니 豈復更有他說이리오 蓋欲禹受命而不復辭避也시니라

사랑할 만한 것은 군주가 아니겠는가. 두려워할 만한 것은 민중이 아니겠는가. 민중은 군주가 아니면 누구를 떠받들며, 군주는 민중이 아니면 누구와 더불어 나라를 지키겠는가. 欽哉는 공경하지 않으면 안됨을 말한 것이다. 可願은 孟子의 이른바 '可欲'과 같으니, 무릇 원하고 바랄 만한 것은 모두 善이다. 군주는 마땅히 거한 바의 지위를 삼가하여 백성들이 원하고 바랄 만한 것을 공경히 닦아야 하니, 만약 한 털끝 만한 不善이 마음에 생겨나서 정사를 해침이 있으면 백성들이 살 곳을 얻지 못하는 자가 많을 것이다. 그리하여 사해의 백성들이 곤궁함에 이르면 군주의 天祿이 한번 끊겨서 다시는 이어지지 못할 것이니, 어찌 깊이 두려워할 만하지 않겠는가. 이는 또 安危와 存亡의 경계를 극언하여 깊이 경계한 것이니, 비록 그 공덕이 성대하여 반드시 이에 이르지 않을 줄을 아나 오히려 전전긍긍하여 감히 안일하고 즐거워하지 말아 털끝만한 사이에서 삼가게 하고자 하신 것이니, 이것이 聖人의 마음이 되는 이유이다. 好는 좋음이요 戎은 兵(兵亂)이다. 말이 입에서 나오면 두 가지의 구분이 있으니, 利害의 기미가 두려워할 만함이 이와 같다. 내가 너에게 명한 것이 이미 자세하니, 어찌 다시 딴 말을 하겠는가. 이는 禹가 명령을 받아서 다시는 사양하고 회피하지 못하게 하려고 하신 것이다.

譯註 1. 孟子所謂可欲 : 可欲은 可憎과 반대되는 말로 《孟子》 〈盡心下〉에 "可欲之謂善 有諸己之謂信"이라고 보인다.

18. 禹曰 枚卜功臣하사 惟吉之從하소서 帝曰 禹아 官占은 惟先蔽志오사 昆命于元龜하나니 朕志先定이어늘 詢謀僉同하며 鬼神이 其依하여 龜筮協從하니 卜不習吉이니라 禹拜稽首하여 固辭한대 帝曰 毋하라 惟汝사 諧니라

禹가 말씀하기를 "功臣들을 낱낱이 점치시어 오직 길한 사람을 따

枚 : 낱 매　蔽 : 결단할 폐　昆 : 뒤 곤　筮 : 점칠 서　習 : 거듭할 습

르소서." 하니, 帝舜이 말씀하기를 "禹야! 官占은 먼저 자기의 뜻을 결정하고 나서 큰 거북에게 명한다. 짐의 뜻이 먼저 결정되었는데 사람들에게 물어 상의함에 모두 같으며 鬼神이 따라 순하여 거북점과 시초점이 화합하여 따랐으니, 점괘는 거듭 길하지 않은 법이다." 하였다. 禹가 절하고 머리를 조아리며 굳이 사양하자, 帝舜이 말씀하기를 "그러지 말라. 오직 너만이 이에 합당하다." 하였다.

枚卜은 歷卜之也라 帝之所言人事已盡하여 禹不容復辭일새 但請歷卜有功之臣하여 而從其吉하여 冀自有以當之者하여 而己得遂其辭也라 官占은 掌占卜之官也라 蔽는 斷이요 昆은 後요 龜는 卜이요 筮는 蓍요 習은 重也라 帝言 官占之法은 先斷其志之所向然後에 令之於龜하나니 今我志旣先定이어늘 而衆謀皆同하고 鬼神依順하여 而龜筮已協從矣니 又何用更枚卜乎아 況占卜之法은 不待重吉也라 固辭는 再辭也라 毋者는 禁止之辭라 言惟汝可以諧此元后之位也라

枚卜은 일일이 점치는 것이다. 帝舜이 말씀한 것은 人事가 이미 극진하여 禹가 다시 사양할 수 없으므로 다만 공이 있는 신하들을 일일이 점쳐서 길한 사람을 따를 것을 청하여, 스스로 이에 해당하는 자가 있어 자기가 사양함을 이룰 수 있기를 바란 것이다. 官占은 占卜을 관장한 관원이다. 蔽는 결단함이요 昆은 뒤요 龜는 거북점이요 筮는 시초점이요 習은 거듭함이다. 帝舜이 말씀하기를 "官占하는 법은 먼저 자기 뜻이 향하는 바를 결단한 뒤에 거북에게 명령한다. 이제 내 뜻이 먼저 결정되었는데 사람들의 계책이 모두 같고 귀신이 따라 순하여 거북점과 시초점이 이미 화합하여 따랐으니, 또 어찌 다시 일일이 점칠 것이 있겠는가. 하물며 占卜하는 법은 거듭 길함을 기다리지 않는다."라고 한 것이다. 固辭는 두 번 사양하는 것이다. 毋는 금지하는 말이다. 오직 너만이 이 元后의 지위에 합당하다고 말씀한 것이다.

19. 正月朔旦에 受命于神宗하사 率百官하사되 若帝之初하시다

掌 : 맡을 장 蓍 : 시초점 시

正月 초하루 아침에 神宗에게 명을 받아 百官을 통솔하시되 帝舜이 처음했던 것과 같이 하였다.

神宗은 堯廟也라 蘇氏曰 堯之所從受天下者曰文祖요 舜之所從受天下者曰神宗이니 受天下於人이면 必告於其人之所從受者라하니라 禮曰 有虞氏禘黃帝而郊嚳하고 祖顓頊而宗堯라하니 則神宗爲堯 明矣니라 正月朔旦에 禹受攝帝之命于神宗之廟하사 總率百官하시되 其禮一如帝舜受終之初等事也라

神宗은 堯의 사당이다. 蘇氏가 말하기를 "堯가 천하를 말미암아 받은 곳을 文祖라 하고, 舜이 천하를 말미암아 받은 곳을 神宗이라 하니, 천하를 남에게서 받게 되면 반드시 그 사람이 말미암아 받은 곳에 告由한다." 하였다. 《禮記》에 이르기를 "有虞氏는 黃帝에게 禘제사를 지내고 帝嚳에게 郊제사를 지내며 顓頊을 祖로 삼고 堯를 宗으로 삼았다." 하였으니, 神宗이 堯임이 분명하다. 정월 초하루 아침에 禹가 神宗의 사당에서 帝의 일을 代攝하는 명을 받아 백관을 통솔하시되 그 禮를 한결같이 帝舜이 처음 終을 받았을 때의 일과 같이 한 것이다.

20. 帝曰 咨禹아 惟時有苗弗率하나니 汝徂征하라 禹乃會群后하여 誓于師曰 濟濟有衆아 咸聽朕命하라 蠢茲有苗 昏迷不恭하여 侮慢自賢하며 反道敗德하여 君子在野하고 小人在位한대 民棄不保하며 天降之咎하실새 肆予以爾衆士로 奉辭伐罪하노니 爾尙一乃心力이라사 其克有勳하리라

帝舜이 말씀하기를 "아! 禹야. 이 有苗가 따르지 않으니, 네가 가서 정벌하라." 하니, 禹가 마침내 여러 제후들을 모아놓고 군사들에게 다음과 같이 맹세하였다. "濟濟한 군사들아. 다 나의 명령을 들어라. 무지한 이 有苗가 어둡고 미혹하며 不敬하여 남을 업신여기고 스스로

禘 : 제사이름 체　顓 : 어리석을 전　頊 : 클 욱　蠢 : 무지할 준　肆 : 그러므로 사

어진체 하며, 도를 위배하고 덕을 파괴하여 군자가 초야에 있고 소인이 지위에 있으니, 백성들이 有苗의 군주를 버리고 보호하지 않으며 하늘이 재앙을 내리신다. 이러므로 내가 너희 여러 군사들을 거느리고 황제의 말씀을 받들어 죄를 지은 자들을 정벌하노니, 너희들은 부디 마음과 힘을 한결같이 하여야 능히 공을 세울 수 있을 것이다."

徂는 往也라 舜咨嗟言今天下에 惟是有苗之君이 不循敎命하니 汝往征之하라하시니라 征은 正也니 往正其罪也라 會는 徵會也라 誓는 戒也니 軍旅曰誓라 有會有誓는 自唐虞時已然하니 禮言商作誓, 周作會는 非也라 禹會諸侯之師하여 而戒誓以征討之意라 濟濟는 和整衆盛之貌라 蠢은 動也니 蠢蠢然無知之貌라 昏은 闇이요 迷는 惑也라 不恭은 不敬也라 言苗民이 昏迷不敬하여 侮慢於人하여 妄自尊大하며 反戾正道하고 敗壞常德하여 用舍顚倒하니 民怨天怒라 故로 我以爾衆士로 奉帝之辭하여 伐苗之罪하니 爾衆士는 庶幾同心同力이라사 乃能有功이라하니 此上은 禹誓衆之辭也라 林氏曰 堯老而舜攝者 二十有八年이요 舜老而禹攝者 十有七年이니 其居攝也에 代總萬機之政이로되 而堯舜之爲天子는 蓋自若也라 故로 國有大事면 猶稟命焉이라 禹征有苗는 蓋在夫居攝之後어늘 而稟命於舜하여 禹不敢專也하시니 以征有苗로 推之면 則知舜之誅四凶도 亦必稟堯之命이 無疑니라

徂는 감이다. 帝舜이 탄식하고 말씀하기를 "지금 천하에 오직 이 有苗의 군주만이 敎命을 따르지 않으니, 네가 가서 정벌하라." 하셨다. 征은 바로잡음이니, 가서 그 죄를 바로잡는 것이다. 會는 불러 모음이다. 誓는 경계함이니, 군대에서 하는 것을 誓라 한다. 會가 있고 誓가 있음은 唐虞 때로부터 이미 그러하였으니, 《禮記》 〈檀弓 下〉에 "商나라는 誓를 하고 周나라는 會를 하였다."고 말한 것은 잘못이다. 禹가 제후의 군사들을 모아놓고 征討하는 뜻으로써 경계하고 맹세한 것이다. 濟濟는 和整하고 많은 모양이다. 蠢은 움직임이니, 蠢蠢然하여 무지한 모양이다. 昏은 어둠이요 迷는 미혹됨이다. 不恭은 不敬함이다. "有苗의 백성들이 혼미하고 不敬해서 사람을

闇 : 어둘 암　顚 : 엎어질 전　倒 : 쓰러질 도　稟 : 여쭐 품

업신여기고 거만하여 망령되이 스스로 높은 체하고 큰 체하며 正道를 위배하고 常德을 파괴하여 등용하고 버림이 전도되니, 백성들이 원망하고 하늘이 노여워하였다. 그러므로 내가 너희 여러 군사들을 거느리고 황제의 말씀을 받들어 有苗의 죄를 정벌하는 것이니, 너희 여러 군사들은 행여 마음을 함께 하고 힘을 함께 하여야 공이 있을 것이다."라고 말하였으니, 이상은 禹가 군사들에게 맹세한 말씀이다.

林氏가 말하였다. "堯가 늙어 舜이 섭정한 것이 28년이고 舜이 늙어 禹가 섭정한 것이 17년이니, 攝位에 거함에 萬機의 정사를 대신하여 총괄하였으나 堯와 舜이 천자인 것은 그대로였다. 그러므로 국가에 大事가 있으면 오히려 堯와 舜에게 명령을 稟한 것이다. 禹가 有苗를 정벌한 것은 섭위에 거한 뒤인데도 舜에게 명령을 품하여 禹가 감히 자기 마음대로 하지 못하였으니, 有苗를 정벌한 일로 미루어 보면 舜이 四凶을 주벌할 때에도 반드시 堯에게 명령을 품했음이 의심할 나위가 없다."

21. 三旬을 苗民이 逆命이어늘 益이 贊于禹曰 惟德은 動天이라 無遠弗屆하나니 滿招損하고 謙受益이 時乃天道니이다 帝初于歷山에 往于田하사 日號泣于旻天과 于父母하사 負罪引慝하사 祗載見(현)瞽瞍하사되 夔夔齊(재)慄하신대 瞽亦允若하니 至諴은 感神이온 矧茲有苗릿가(따녀) 禹拜昌言曰 兪라 班師振旅어늘 帝乃誕敷文德하사 舞干羽于兩階러니 七旬에 有苗格하니라

30일을 有苗의 백성들이 명을 거역하자, 益이 禹를 도와 이르기를 "德은 하늘을 감동시켜 멀어도 이르지 않음이 없으니, 가득하면 덞을 부르고 겸손하면 더함을 받는 것이 이것이 바로 天道입니다. 帝舜이 처음 歷山에서 밭에 가시어 날마다 하늘과 부모에게 울부짖으시어 죄를 떠맡고 악을 자신에게 돌리시어 공경히 일하여 瞽瞍를 뵙되 夔夔

屆 : 이를 계　旻 : 하늘 민　慝 : 간사할 특　瞍 : 봉사 수　夔 : 공경할 기

慄 : 두려울 률　諴 : 정성 함　矧 : 하물며 신

하여 공경하고 두려워하시니, 고수 또한 믿고 따랐습니다. 지극한 정성은 神明을 감동시키니, 하물며 이 有苗이겠습니까." 하였다. 禹가 昌言(善言)에 절하며 "아! 너의 말이 옳다." 하시고는 班師(회군)하고 군대를 거두자, 帝舜이 마침내 文德을 크게 펴시어 방패와 깃일산으로 두 뜰에서 춤을 추셨는데, 70일 만에 有苗가 와서 항복하였다.

三旬은 三十日也니 以師臨之閱月에도 苗頑하여 猶不聽服也라 贊은 佐요 屆는 至也라 是時에 益이 蓋從禹出征이러니 以苗負固恃强하여 未可威服이라 故贊佐於禹하여 以爲惟德이 可以動天이니 其感通之妙 無遠不至라하니 蓋欲禹還兵而增脩其德也라 滿損謙益은 卽易所謂天道虧盈而益謙者[1]라 帝는 舜也라 歷山은 在河中府河東縣하니라 仁覆閔下를 謂之旻이라 日은 非一日也라 言舜耕歷山往于田之時에 以不獲順於父母之故로 而日號呼于旻天, 于其父母하시니 蓋怨慕之深也라 負罪는 自負其罪하여 不敢以爲父母之罪요 引慝은 自引其慝하여 不敢以爲父母之慝也라 祗는 敬이요 載는 事也요 瞍는 長老之稱[2]이니 言舜敬其子職之事하여 以見瞽瞍也라 齊는 莊敬也요 慄은 戰慄也요 夔夔는 莊敬戰慄之容也니 舜之敬畏小心而盡於事親者如此라 允은 信이요 若은 順也라 言舜以誠孝感格하여 雖瞽瞍頑愚나 亦且信順之하니 卽孟子所謂底(지)豫也라 誠感物曰諴이라 益이 又推極至誠之道하여 以爲神明도 亦且感格이온 而況於苗民乎아하니라 昌言은 盛德之言이라 拜는 所以敬其言也라 班은 還이요 振은 整也니 謂整旅以歸也라 或謂 出曰班師요 入曰振旅니 謂班師於有苗之國하여 而振旅於京師也라 誕은 大也라 文德은 文命德敎也라 干은 楯이요 羽는 翳也니 皆舞者所執也라 兩階는 賓主之階也라 七旬은 七十日也라 格은 至也니 言班師七旬에 而有苗來格也라 舜之文德이 非自禹班師而始敷요 苗之來格이 非以舞干羽而後至로되 史臣以禹班師而歸하여 弛其威武하고 專尙德敎하여 干羽之舞가 雍容不迫이러니 有苗之至 適當其時라 故로 作史者 因卽其實하여 以形容有虞之德하니 數千載之下에도 猶可以是而想其一時氣象也니라

閱 : 지날 열 虧 : 이지러질 휴 楯 : 방패 순 翳 : 깃일산 예

三旬은 30일이니, 군대로 임한 지 한 달이 넘도록 苗가 완악하여 아직도 따라 복종하지 않은 것이다. 贊은 도움이요 屆는 이름이다. 이때에 益이 아마도 禹를 따라 출정하였는데, 苗가 지형의 險固함을 의지하고 강함을 믿어 위엄으로 복종시킬 수 없었다. 그러므로 益이 禹를 도와 이르기를 "德은 하늘을 감동시킬 수 있으니, 그 感通의 묘함이 멀다고 하여 이르지 않음이 없다."고 하였으니, 禹가 회군하고 더욱 그 德을 닦고자 한 것이다. 滿損謙益은 곧 《周易》에 이른바 "天道는 가득한 것을 이지러지게 하고 겸손한 것을 더해준다."는 것이다. 帝는 帝舜이다. 歷山은 河中府 河東縣에 있다. 仁이 온세상을 덮어 주어 아랫사람들을 불쌍하게 여김을 旻이라 이른다. 日은 하루가 아니다. 舜이 歷山에서 농사짓느라 밭에 가실 때에 부모에게 순함을 얻지 못하였기 때문에 날마다 旻天과 父母에게 울면서 부르짖었으니, 이는 원망하고 사모함이 깊은 것이다. 負罪는 스스로 그 죄를 떠맡아서 감히 부모의 죄라고 여기지 않는 것이며, 引慝은 스스로 惡을 끌어대어 감히 부모의 惡이라고 여기지 않는 것이다. 祗는 공경함이요 載는 일이요 瞍는 장로의 칭호이니, 舜이 자식된 직분의 일을 공경히 하여 瞽瞍를 뵘을 말한 것이다. 齊는 엄숙히 공경함이요 慄은 두려워함이요 夔夔는 엄숙히 공경하고 두려워하는 모양이니, 帝舜이 공경하고 두려워하며 小心하여 부모를 섬김에 극진함이 이와 같았다. 允은 믿음이요 若은 순함이다. 舜이 정성과 효도로써 感格(감동)시켜 瞽瞍가 비록 완악하고 어리석었으나 또한 믿고 순히 따랐음을 말하였으니, 곧 《孟子》에 이른바 '기뻐함에 이르렀다.'는 것이다. 정성이 물건을 감동시킴을 諴이라 한다. 益은 또 至誠의 道를 미루어 지극히 하여 이르기를 "神明도 감격하는데 하물며 有苗의 백성들에 있어서이겠는가."라고 한 것이다. 昌言은 盛德의 말이다. 拜는 그 말을 공경하는 것이다. 班은 돌아옴이요 振은 정돈함이니, 군대를 정돈하여 돌아옴을 이른다. 혹자는 이르기를 "출병하는 것을 班師라 하고 들어오는 것을 振旅라 하니, 有苗의 나라에 출병하였다가 京師에 군대를 거두어 들어온 것이다." 한다. 誕은 큼이다. 文德은 文明과 德教이다. 干은 방패요 羽는 일산이니, 모두 춤추는 자가 잡는 것이다. 兩階는 손님과 주인의 뜰이다. 七旬은 70일이다. 格은 이름이니, 회군한 지 70일 만에 有苗가 와서 이름을 말한 것이다. 舜의 文德이 禹가 회군함으로부터 비로소 펴진 것도 아니요 有苗가 와서 이름이 干羽로 춤을 춘 뒤에 이른 것도 아니나 史官이 禹가 회군하여 돌아와서 위엄과 무력을 풀고 오로지 德教를 숭상하여 干羽의 춤이 和樂하여 급

박하지 않았는데 有苗의 이름이 마침 이때에 당하였다. 그러므로 史冊을 짓는 자가 인하여 그 실제를 가지고 有虞의 德을 형용하였으니, 수천 년의 뒤에도 오히려 이로써 한때의 氣象을 상상할 수 있다.

譯註 1. 易所謂天道虧盈而益謙者 : 《周易》 謙卦 彖傳에 보인다.
2. 瞍長老之稱 : 瞍 역시 장님으로 사물을 보지 못하는 것인데, 여기서는 《史記》의 瞽叟를 인용하여 풀이한 것으로 보인다. 瞽瞍에 대해서는 참으로 눈이 멀었다는 說과 눈이 있어도 훌륭한 아들을 보지 못했기 때문에 붙여진 이름이라는 說이 있다.

皐陶謨

今文古文皆有하니라

今文과 古文에 모두 있다.

1. 曰若稽古皐陶한대 曰 允迪厥德하면 謨明하며 弼諧하리이다 禹曰 兪라 如何오 皐陶曰 都라 愼厥身修하며 思永하며 惇敍九族하며 庶明이 勵翼하면 邇可遠이 在玆하니이다 禹拜昌言曰 兪라

옛 皐陶의 말을 상고하건대, 고요가 말하기를 "진실로 그 德을 실행하면 도모하는 것이 밝아지며 보필하는 자가 화할 것입니다." 하였다. 禹가 말씀하기를 "너의 말이 옳다. 어떠한 것인가?" 하자, 고요가 말하기를 "아! 훌륭합니다. 몸을 닦음을 삼가며 생각을 영원하게 하며 九族을 돈독하게 펴며 여러 현명한 이가 힘써 도우면 가까운 데로부터 먼 데에 미루어 나감이 여기에 달려 있습니다." 하니, 禹가 昌言

迪 : 행할 적 敍 : 펼 서 邇 : 가까울 이

에 절하며 "너의 말이 옳다." 하였다.

稽古之下에 卽記皐陶之言者는 謂考古皐陶之言컨대 如此也라 皐陶言爲君而信蹈其德이면 則臣之所謀者無不明하고 所弼者無不諧也라 俞如何者는 禹然其言而復問其詳也요 都者는 皐陶美其問也라 愼者는 言不可不致其謹也라 身修則無言行之失이요 思永則非淺近之謀며 厚敍九族이면 則親親恩篤而家齊矣요 庶明勵翼이면 則群哲勉輔而國治矣라 邇는 近이요 茲는 此也니 言近而可推之遠者 在此道也니 蓋身修家齊國治而天下平矣라 皐陶此言은 所以推廣允迪謨明之義라 故로 禹復俞而然之也시니라
○ 又按典謨에 皆稱稽古로되 而下文所記則異하니 典은 主記事라 故로 堯舜은 皆載其實이요 謨는 主記言이라 故로 禹皐陶則載其謨라 后克艱厥后, 臣克艱厥臣은 禹之謨也요 允迪厥德, 謨明弼諧는 皐陶之謨也라 然禹謨之上에 增文命敷于四海祗承于帝者는 禹受舜天下하여 非盡皐陶比例니 立言輕重을 於此可見이니라

稽古의 아래에 皐陶의 말을 기록한 것은 옛 고요의 말을 상고하면 이와 같음을 말한 것이다. 고요가 말하기를 "군주가 되어 진실로 그 덕을 실행하면 신하들이 도모하는 것이 밝지 않음이 없고 보필하는 자가 화하지 않음이 없다."고 한 것이다. 俞如何는 禹가 그 말을 옳게 여기고 다시 그 상세한 것을 물은 것이다. 都는 고요가 그 물음을 찬미한 것이다. 愼은 그 삼감을 지극히 하지 않을 수 없음을 말한 것이다. 몸이 닦여지면 言行의 잘못이 없고 생각이 영원하면 천근한 계책이 아니며, 九族을 돈독하게 펴면 친척을 친히 하여 은혜가 돈독해서 집이 가지런해지고 여러 현명한 자가 힘써 도우면 여러 명철한 자가 힘써 보필하여 나라가 다스려진다. 邇는 가까움이요 茲는 이것이니, 가까운 데로부터 먼 데에 미루어 나감이 이 道에 있음을 말한 것이니, 몸이 닦여지고 집이 가지런해지고 나라가 다스려져서 천하가 平하게 된다. 고요의 이 말은 '진실로 그 덕을 실행하면 도모하는 것이 밝아진다.'는 뜻을 미루어 넓힌 것이다. 그러므로 禹가 다시 俞라 하여 그 말을 옳게 여긴 것이다.

蹈 : 밟을 도　淺 : 얕을 천

○ 또 상고해보건대 典과 謨에 모두 稽古를 칭하였으나 아래에 기록한 글은 다르니, 典은 일을 기록함을 위주로 하기 때문에 〈堯典〉과 〈舜典〉은 모두 사실을 기재하였고, 謨는 말을 기록함을 위주로 하기 때문에 〈大禹謨〉와 〈皐陶謨〉는 말을 기재하였다. '임금이 임금됨을 어렵게 여기고 신하가 신하됨을 어렵게 여겨야 한다.'는 것은 禹의 말씀이고, '진실로 덕을 실행하면 도모하는 것이 밝아지며 보필하는 이가 화하다.'는 것은 고요의 말이다. 그러나 〈大禹謨〉의 위에 '文明을 사해에 펴고 공경히 帝舜을 받들었다' 고 더 보탠 것은 禹는 帝舜에게 천하를 받아 다 皐陶가 견줄 수 있는 例가 아니니, 글을 쓰는 輕重을 여기에서 볼 수 있다.

2. 皐陶曰 都라 在知人하며 在安民하니이다 禹曰 吁라 咸若時는(홀든) 惟帝도 其難之러시니 知人則哲이라 能官人하며 安民則惠라 黎民이 懷之하리니 能哲而惠면 何憂乎驩兜며 何遷乎有苗며 何畏乎巧言令色孔壬이리오

고요가 말하기를 "아! 훌륭합니다. 사람을 앎에 있으며 백성을 편안히 함에 있습니다." 하니, 禹가 다음과 같이 말씀하였다. "아! 너의 말이 옳으나 다 이와 같이 함은 帝堯도 어렵게 여기셨으니, 사람을 알면 명철하여 훌륭한 사람을 벼슬시키며 백성을 편안히 하면 은혜로워 모든 백성들이 그리워할 것이니, 군주가 명철하고 은혜로우면 어찌 驩兜를 걱정하며 어찌 有苗를 귀양보내며 어찌 말을 좋게 하고 얼굴빛을 잘하되 크게 간악한 마음을 품은 자를 두려워하겠는가."

皐陶因禹之兪하여 而復推廣其未盡之旨라 歎美其言하여 謂在於知人, 在於安民二者而已니 知人은 智之事요 安民은 仁之事也라 禹曰吁者는 歎而未深然之辭也라 時는 是也요 帝는 謂堯也라 言旣在知人이요 又在安民이니 二者兼擧는 雖帝堯라도 亦難能之라 哲은 智之明也요 惠는 仁之愛也니 能哲而惠는 猶言能知人而安民也라 遷은 竄이라 巧는 好요 令은 善이요

驩 : 기쁠 환 兜 : 투구 두(도) 竄 : 귀양갈 찬

孔은 大也니 好其言하고 善其色호되 而大包藏凶惡之人也라 言能哲而惠면 則智仁兩盡하여 雖黨惡如驩兜者라도 不足憂요 昏迷如有苗者라도 不足遷이요 與夫好言善色大包藏姦惡者라도 不足畏하여 是三者擧不足害吾之治라하니 極言仁智功用이 如此其大也라 或曰 巧言令色孔壬은 共工也라 禹言三凶而不及鯀者는 爲親者諱[1]也라하니라

○ 楊氏曰 知人安民은 此皐陶一篇之體要也라 九德而下는 知人之事也요 天敍有典而下는 安民之道也니 非知人而能安民者는 未之有也니라

고요가 禹가 兪라고 말씀한 것을 인하여 다시 미진한 뜻을 미루어 넓힌 것이다. 고요가 그 말씀을 탄미하여 사람을 알고 백성을 편안히 하는 두 가지 일에 있을 뿐이라고 말하였으니, 사람을 앎은 智의 일이고 백성을 편안히 함은 仁의 일이다. 禹가 吁라고 말씀한 것은 탄미하되 깊이 옳게 여기지는 않는 말씀이다. 時는 이것이요 帝는 帝堯를 이른다. 이미 사람을 알고 또 백성을 편안히 함에 있으니, 이 두 가지를 겸하여 거행함은 비록 帝堯라도 능하기 어려움을 말씀한 것이다. 哲은 지혜가 밝은 것이요 惠는 仁의 사랑이니, 명철하고 은혜롭다는 것은 사람을 알고 백성을 편안히 한다는 말과 같다. 遷은 쫓아서 귀양보냄이다. 巧는 좋게 함이요 令은 잘함이요 孔은 큼이니, 말을 좋게 하고 얼굴빛을 잘하되 크게 간악한 마음을 품은 사람이다. 능히 명철하고 은혜로우면 智와 仁 두 가지가 모두 극진하여 비록 惡을 편당함이 驩兜와 같은 자라도 족히 근심할 것이 없고, 혼미함이 有苗와 같은 자라도 굳이 귀양보낼 것이 없고, 말을 좋게 하고 얼굴빛을 잘하되 크게 간악한 마음을 품은 자라도 두려워할 것이 없어서 이 세 가지가 다 나의 다스림을 해칠 수 없다고 한 것이니, 仁·智의 功用이 이와 같이 큼을 극언한 것이다. 혹자는 말하기를 "말을 좋게 하고 얼굴빛을 잘하되 크게 간악한 마음을 품은 자란 共工이다. 禹가 三凶을 말하고 鯀을 언급하지 않은 것은 어버이를 위하여 숨긴 것이다."라고 한다.

○ 楊氏가 말하였다. "사람을 알고 백성을 편안히 함은 〈皐陶謨〉 한 편의 要諦이다. '九德' 이하는 사람을 아는 일이요 '天敍有典' 이하는 백성을 편안히 하는 도이니, 사람을 알지 못하고서 백성을 편안히 하는 자는 있지 않다."

孔 : 매우 공　壬 : 간사할 임　諱 : 숨길 휘

譯註 1. 爲親者諱：諱는 단점을 숨겨주고 말하지 않는 것으로 《春秋公羊傳》〈閔公元年條〉에 "《춘추》는 높은 분을 위하여 숨겨주고 어버이를 위하여 숨겨주고 어진이를 위하여 숨겨준다.〔爲尊者諱 爲親者諱 爲賢者諱〕" 하였다.

3. 皐陶曰 都라 亦行有九德하니 亦言其人의 有德인대 乃言曰載采采니이다 禹曰 何오 皐陶曰 寬而栗하며 柔而立하며 愿而恭하며 亂而敬하며 擾而毅하며 直而溫하며 簡而廉하며 剛而塞하며 彊而義니 彰厥有常이 吉哉니이다

고요가 말하기를 "아! 훌륭합니다. 행실을 총괄하여 말할진댄 아홉 가지 德이 있으니, 그 사람이 소유한 덕을 총괄하여 말할진댄 아무 일과 아무 일을 행했다고 말하는 것입니다." 하였다. 禹가 "무엇인가?" 하고 묻자, 고요가 다음과 같이 말하였다. "너그러우면서도 장엄하며 유순하면서도 꼿꼿하며 삼가면서도 공손하며 다스리면서도 공경하며 익숙하면서도 굳세며 곧으면서도 온화하며 간략하면서도 모나며 굳세면서도 독실하며 강하면서도 義를 좋아하는 것이니, 몸에 드러나고 시종 떳떳함이 있는 것이 吉(善)한 사람입니다."

亦은 總也니 亦行有九德者는 總言德之見於行者其凡有九也요 亦言其人有德者는 總言其人之有德也라 載는 行이요 采는 事也니 總言其人有德인댄 必言其行某事某事라야 爲可信驗也라 禹曰何者는 問其九德之目也라 寬而栗者는 寬弘而莊栗也요 柔而立者는 柔順而植立也요 愿而恭者는 謹愿而恭恪也라 亂은 治也니 亂而敬者는 有治才而敬畏也요 擾는 馴也니 擾而毅者는 馴擾而果毅也라 直而溫者는 徑直而溫和也요 簡而廉者는 簡易而廉隅也요 剛而塞者는 剛健而篤實也요 彊而義者는 彊勇而好義也라 而는 轉語辭也니 正言而反應[1]者는 所以明其德之不偏이니 皆指其成德之自然이요 非以彼濟此之謂也라 彰은 著也라 成德이 著之於身하고 而

采：일 채　愿：삼갈 원　彰：드러낼 창　恪：삼갈 각　馴：길들일 순

又始終有常은 其吉士矣哉인저

亦은 총괄함이니, '亦行有九德'은 덕이 행실에 나타남을 총괄하여 말하면 모두 아홉 가지가 있다는 것이며, '亦言其人有德'은 그 사람이 소유한 덕을 총괄하여 말하는 것이다. 載는 행함이요 采는 일이니, 그 사람이 소유한 덕을 총괄하여 말할진댄 반드시 아무 일과 아무 일을 행했다고 말하여야 믿고 징험할 수 있는 것이다. 禹가 何라고 말씀한 것은 九德의 조목을 물은 것이다. 寬而栗은 관대하면서도 장엄함이요, 柔而立은 유순하면서도 꼿꼿함이요, 愿而恭은 삼가면서도 공손함이다. 亂은 다스림이니 亂而敬은 다스리는 재주가 있으면서도 경외함이요, 擾는 길들임이니 擾而毅는 길들여 익숙하면서도 굳센 것이다. 直而溫은 곧으면서도 온화함이요, 簡而廉은 간략하면서도 모가 남이요, 剛而塞은 강건하면서도 독실함이요, 彊而義는 용맹하면서도 義를 좋아함이다. 而는 말을 전환하는 말이니, 바로 말하고 뒤집어 응하는 것은 德이 편벽되지 않음을 밝힌 것이니, 모두 이룬 德이 저절로 그러함을 가리킨 것이요, 저것으로써 이것을 구제함을 말한 것이 아니다. 彰은 드러남이다. 이룬 德이 몸에 드러나고 또 시종 떳떳함이 있는 것은 길한 선비일 것이다.

譯註 1. 正言而反應 : 正言은 바로 말하는 것으로 '寬而栗'을 예로 든다면 '너그러움〔寬〕'은 바로 말한 것이고 '… 그러면서도 장엄함〔而栗〕'은 반대로 응한 것이다.

4. 日宣三德인댄(하린) 夙夜에 浚明有家하며 日嚴祗敬六德인댄 亮采有邦하리니 翕受敷施하면 九德이 咸事하여 俊乂在官하여 百僚師師하며 百工이 惟時로 撫于五辰(신)하여 庶績이 其凝하리이다

날마다 세 가지 덕을 밝힐진댄 밤낮으로 소유한 집을 다스려 밝힐 것이며, 날마다 두려워하여 여섯 가지 덕을 공경할진댄 소유한 나라의 일을 밝힐 것이니, 모아서 받고 펴서 베풀면 아홉 가지 德을 가진

隅 : 모날 우　浚 : 다스릴 준　亮 : 밝을 량　翕 : 모을 흡　凝 : 이룰 응

사람들이 다 일하여 俊乂가 관직에 있어서 百僚가 서로 스승으로 삼으며 百工이 때에 따라 五辰(四時)을 순히 하여 모든 공적이 이루어질 것입니다.

宣은 明也라 三德, 六德者는 九德之中에 有其三, 有其六也라 浚은 治也라 亮亦明也라 有家는 大夫也요 有邦은 諸侯也라 浚明, 亮采는 皆言家邦政事明治之義로되 氣象則有大小之不同하니 三德而爲大夫와 六德而爲諸侯는 以德之多寡와 職之大小로 槪言之也라 夫九德에 有其三이면 必日宣而充廣之하여 而使之益以著요 九德에 有其六이면 尤必日嚴而祗敬之하여 而使之益以謹也라 翕은 合也라 德之多寡 雖不同이나 人君이 惟能合而受之하고 布而用之니 如此면 則九德之人이 咸事其事하여 大而千人之俊과 小而百人之乂가 皆在官使하여 以天下之才로 任天下之治하리니 唐虞之朝에 下無遺才而上無廢事者는 良以此也라 師師는 相師法也니 言百僚皆相師法하여 而百工이 皆及時以趨事也라 百僚, 百工은 皆謂百官이니 言其人之相師면 則曰百僚요 言其人之趨事면 則曰百工이니 其實은 一也라 撫는 順也요 五辰은 四時也라 木火金水는 旺於四時하고 而土則寄旺於四季[1]也니 禮運曰 播五行於四時者 是也라 凝은 成也니 言百工趨時하여 而衆功皆成也라

宣은 밝힘이다. 三德과 六德은 九德 가운데에서 세 가지를 소유하고 여섯 가지를 소유한 것이다. 浚은 다스림이다. 亮 또한 밝음이다. 有家는 大夫이고 有邦은 諸侯이다. 浚明과 亮采는 모두 집안과 나라의 정사가 밝게 다스려지는 義를 말한 것인데 氣象은 크고 작은 차이가 있으니, 세 가지 德이 있어서 대부가 되고 여섯 가지 德이 있어서 제후가 됨은 德의 많고 적음과 職責의 크고 작음으로써 대략 말한 것이다. 아홉 가지 덕 중에 세 가지를 소유하였으면 날로 밝혀서 채우고 넓혀 더욱 드러나게 해야 하고, 아홉 가지 덕 중에 여섯 가지를 소유하였으면 더욱 반드시 날로 두려워하여 공경해서 더욱 삼가야 할 것이다. 翕은 합함이다. 德의 많고 적음이 비록 똑같지 않으나 인군이 오직 모아서 받아들이고 펴서 써야 하니, 이와 같으면 九德을 갖춘 사람이 모두 그 일에 종사하여 크게는 千人의 俊과 작게는 百人의 乂가 다 官使에 있어서 천하의 인재로 천하의 다스림을 맡게

할 것이니, 唐(堯)·虞(舜)의 조정에 아래에는 버려진 인재가 없고 위에는 폐해진 일이 없음은 진실로 이 때문이었다. 師師는 서로 스승삼고 법받는 것이니, 百僚가 모두 서로 스승삼고 법받아서 百工이 다 때에 미쳐 일에 달려가는 것이다. 百僚와 百工은 다 百官을 이르니, 사람이 서로 스승삼는 것으로 말하면 백료라 하고, 사람이 일에 달려감으로 말하면 백공이라 하니, 실제는 하나이다. 撫는 순함이요 五辰은 四時이다. 木·火·金·水는 四時에 왕성하고 土는 四季에 붙여 왕성하니, 〈禮運〉에 "五行을 四時에 편다."고 한 것이 이것이다. 凝은 이룸이니, 백공이 때에 따라 모든 공이 다 이루어짐을 말한 것이다.

譯註 1. 木火金水 … 土則寄旺於四季 : 1년 3백 60일중 立春後 72일간은 木氣가 왕성하고 立夏後 72일간은 火氣가 왕성하고 立秋後 72일간은 金氣가 왕성하고 立冬後 72일간은 水氣가 왕성하며, 季春인 3월 중순 이후부터 立夏 前까지의 18일간과 季夏인 6월 중순 이후부터 立秋 前까지의 18일간과 季秋인 9월 중순 이후부터 立冬 前까지의 18일간과 季冬인 12월 중순 이후부터 立春 前까지의 18일간은 土氣가 四時에 붙어 왕성한 것으로 보기 때문에 말한 것이다.

5. 無教逸欲有邦하사 兢兢業業하소서 一日二日에 萬幾니이다 無曠庶官하소서 天工을 人其代之하나니이다

안일과 욕심으로 有邦(諸侯)을 가르치지 마시어 삼가고 두려워하소서. 하루 이틀 사이에도 기미가 만 가지나 됩니다. 모든 관직을 폐하지 마소서. 하늘의 일을 사람이 대신한 것입니다.

無는 與毋通하니 禁止之辭라 教는 非必教令이니 謂上行而下效也라 言天子當以勤儉率諸侯요 不可以逸欲導之也라 兢兢은 戒謹也요 業業은 危懼也라 幾는 微也니 易曰 惟幾也故로 能成天下之務라하니 蓋禍患之幾가 藏於細微하여 而非常人之所豫見이요 及其著也하여는 則雖智者라도 不能

業 : 두려울 업 曠 : 빌 광, 폐할 광

善其後라 故로 聖人이 於幾則兢業以圖之하니 所謂圖難於其易하고 爲大於其細者 此也라 一日二日者는 言其日之至淺이요 萬幾者는 言其幾事之至多也니 蓋一日二日之間에 事幾之來 且至萬焉이니 是可一日而縱欲乎아 曠은 廢也니 言不可用非才하여 而使庶官曠廢厥職也라 天工은 天之工也라 人君이 代天理物하니 庶官所治 無非天事라 苟一職之或曠이면 則天工廢矣니 可不深戒哉아

無는 毋와 통하니, 금지하는 말이다. 教는 반드시 教令만이 아니니, 위에서 행함에 아래가 본받음을 이른다. 천자는 마땅히 勤儉으로 제후를 거느릴 것이요, 안일과 욕심으로 인도해서는 안됨을 말한 것이다. 兢兢은 경계하고 삼감이요, 業業은 위태롭게 여기고 두려워함이다. 機는 기미이니, 《周易》에 "기미를 알기 때문에 천하의 일을 이룬다." 하였으니, 禍患의 기미가 세미한 데에 감춰져 있어서 보통사람들이 미리 볼 수 있는 것이 아니며, 드러남에 미쳐서는 비록 지혜로운 자라도 그 뒤를 잘할 수 없다. 그러므로 聖人이 기미에 삼가고 두려워하여 도모하는 것이니, 이른바 '어려움은 쉬울 때에 도모하고 큰 것은 작을 때에 다스린다.'는 것이 이것이다. 一日二日은 날짜가 지극히 짧음을 말한 것이고, 萬機는 기미의 일이 지극히 많음을 말한 것이니, 하루 이틀 사이에도 事幾의 옴이 장차 만 가지에 이르니, 하루라도 욕심대로 방종할 수 있겠는가. 曠은 폐함이니, 인재가 아닌 사람을 등용하여 여러 관원으로 하여금 그 직책을 폐하게 해서는 안됨을 말한 것이다. 天工은 하늘의 일이다. 인군은 하늘을 대신하여 물건을 다스리니, 여러 관원들이 다스리는 바가 하늘의 일 아님이 없다. 만일 한 직책이라도 혹 폐해진다면 하늘의 일이 폐해지는 것이니, 깊이 경계하지 않겠는가.

6. 天敍有典하시니 勅我五典하사 五를 惇哉하시며 天秩有禮하시니 自我五禮하사 (有)〔五〕를 庸哉하소서 同寅協恭하사 和衷哉하소서 天命有德이어시든 五服으로 五章哉하시며 天討有罪어시든 五刑으로 五用哉하사 政事를 懋哉懋哉하소서

勅 : 삼갈 칙 寅 : 공경할 인 衷 : 가운데 충

하늘이 차례로 펴서 법을 두시니 우리 五典을 바로잡아 다섯 가지를 후하게 하시며, 하늘이 차례하여 禮를 두시니 우리 五禮로부터 하여 다섯 가지를 떳떳하게 하소서. 君臣이 공경함을 함께 하고 공손함을 합하여 衷을 和하게 하소서. 하늘이 덕이 있는 이에게 명하시거든 다섯 가지 복식으로 다섯 가지 등급을 표창하시며, 하늘이 죄가 있는 이를 토벌하시거든 다섯 가지 형벌로 다섯 가지 등급을 써서 징계하시어 정사를 힘쓰고 힘쓰소서.

敍者는 君臣父子兄弟夫婦朋友之倫敍也요 秩者는 尊卑貴賤等級隆殺(쇄)之品秩也라 勅은 正이요 惇은 厚요 庸은 常也라 有庸은 馬本에 作五庸하니라 衷은 降衷之衷[1]이니 卽所謂典禮也라 典禮雖天所敍秩이나 然正之하여 使敍倫而益厚하고 用之하여 使品秩而有常은 則在我而已라 故로 君臣이 當同其寅畏하고 協其恭敬하여 誠一無間하고 融會流通하여 而民彝物則이 各得其正이니 所謂和衷也라 章은 顯也라 五服은 五等之服이니 自九章以至一章[2]이 是也라 言天命有德之人이면 則五等之服으로 以彰顯之하고 天討有罪之人이면 則五等之刑으로 以懲戒之라 蓋爵賞刑罰은 乃人君之政事니 君主之하고 臣用之하여 當勉勉而不可怠者也라
○ 楊氏曰 典禮는 自天子出이라 故言勅我, 自我요 若夫爵人於朝는 與衆共之하고 刑人於市는 與衆棄之하여 天子不得而私焉이니 此其立言之異也니라

敍는 군신, 부자, 형제, 부부, 붕우의 倫敍이고 秩은 존비와 귀천에 대한 등급의 높고 낮은 品秩이다. 勅은 바로잡음이요 惇은 후함이요 庸은 떳떳함이다. 有庸은 馬氏本에 五庸으로 되어 있다. 衷은 降衷의 衷이니, 곧 이른바 典과 禮이다. 典과 禮는 비록 하늘이 펴고 차례한 것이나 이것을 바로잡아 차례로 펴서 더욱 후하게 하고 이것을 써서 질서있게 차례하여 떳떳하게 함은 나에게 달려 있을 뿐이다. 그러므로 君臣이 마땅히 경외함을 함께 하고 공경함을 합하여, 정성스럽고 한결같이 하여 간격이 없고 융회하고 유통하여 백성의 떳떳한 성품과 사물의 법칙(도리)이 각각 그 바름을

隆 : 높을 륭 殺 : 줄일 쇄 彝 : 떳떳할 이

얻어야 하니, 이른바 '衷을 화하게 한다.'는 것이다. 章은 드러냄이다. 五服은 다섯 등급의 服色이니, 9章부터 1章까지가 이것이다. 하늘이 德이 있는 사람을 명하면 다섯 등급의 복색으로 표창하고, 하늘이 죄가 있는 사람을 토벌하면 다섯 등급의 형벌로 징계함을 말한 것이다. 관작으로 상주고 형벌로 징계함은 바로 인군의 정사이니, 군주가 이를 주관하고 신하가 이를 써서 마땅히 힘쓰고 힘써 태만히 하지 말아야 한다.

○ 楊氏가 말하였다. "典과 禮는 天子로부터 나오기 때문에 勅我, 自我라 말하였고, 조정에서 사람을 벼슬시키는 것은 여러 사람들과 함께 하고 시장에서 사람을 형벌하는 것은 여러 사람들과 함께 버려서 천자가 사사로이 할 수 없으니, 이는 글을 씀이 다른 것이다."

譯註 1. 降衷之衷 : 아래 〈湯誥〉에 '有皇上帝 降衷于下民'이라고 보인다.

2. 自九章以至一章 : 章은 그림이나 자수를 놓은 것을 이른다. 九章은 龍·山·華蟲·火·宗彛의 다섯 가지를 윗옷에 그리고 藻·粉米·黼·黻을 아래 치마에 수놓은 것으로 아래 〈益稷〉에 자세히 보이는바, 이것을 袞冕九章이라 하여 公이 입는다. 다음은 侯·伯의 鷩冕七章으로 龍과 山을 뺀 것이며, 다음은 子·男의 毳冕五章으로 華蟲과 火를 더 뺀 것이며, 다음은 孤의 希冕三章으로 윗옷에 粉米를 수놓고 치마에 黼·黻을 수놓은 것이며, 다음은 大夫의 玄冕一章으로 치마에 黻을 수놓은 것이다. 면류관 역시 복식에 따라 袞冕은 12개의 술에 2백 88개의 玉貫子를 달고 鷩冕은 9개의 술에 2백 16개의 玉貫子를 달고 毳冕은 7개의 술에 1백 68개의 옥관자를, 希冕은 5개의 술에 1백 20개의 옥관자를, 玄冕은 3개의 술에 72개의 옥관자를 다는 것으로 되어 있다.

7. 天聰明이 自我民聰明하며 天明畏 自我民明威라 達于上下하니 敬哉어다 有土아

하늘의 듣고 봄이 우리 백성(인간)의 듣고 봄으로부터 하며, 하늘이 선한 자를 밝혀(드러내) 주고 악한 자를 두렵게 함이 우리 백성의

鷩 : 붉은꿩 별 毳 : 솜털 취 黼 : 보불 보 黻 : 보불 불

밝혀 주고 두렵게 함으로부터 합니다. 그리하여 上下에 통달하니, 공경할지어다! 땅을 소유한 군주들이여."

威는 古文作畏하니 二字通用이라 明者는 顯其善이요 畏者는 威其惡이라 天之聰明이 非有視聽也요 因民之視聽하여 以爲聰明하며 天之明畏 非有好惡(오)也요 因民之好惡하여 以爲明畏라 上下는 上天下民也라 敬은 心無所慢也라 有土는 有民社也라 言天人一理라 通達無間하니 民心所存은 卽天理之所在요 而吾心之敬은 是又合天民而一之者也라 有天下者 可不知所以敬之哉아

威는 古文에 畏로 되어 있으니, 두 字가 통용된다. 明은 선한 자를 드러냄이요 畏는 악한 자에게 위엄을 보이는 것이다. 하늘이 귀밝게 듣고 눈밝게 봄은 보고 들음이 있는 것이 아니요 백성들의 보고 들음을 따라 귀밝게 듣고 눈밝게 보는 것이며, 하늘이 밝혀 주고 두렵게 함은 사사로이 좋아하고 미워함이 있는 것이 아니요 백성들의 좋아하고 미워함을 따라 밝혀 주고 두렵게 하는 것이다. 上下는 위의 하늘과 아래의 백성이다. 敬은 마음에 태만한 바가 없는 것이다. 有土는 人民과 社稷을 소유한 것이다. 하늘과 사람은 한 이치이므로 통달하여 간격이 없으니 民心이 있는 곳은 곧 天理가 있는 곳이며, 내 마음의 敬은 또 하늘과 백성을 합하여 하나로 만드는 것이다. 천하를 소유한 자가 공경할 바를 알지 않을 수 있겠는가.

8. 皐陶曰 朕言惠하여 可底(지)行이리이다 禹曰 兪라 乃言이 底可績이로다 皐陶曰 予未有知어니와 思(曰)〔日〕贊贊襄哉하노이다

고요가 말하기를 "저의 말이 이치에 순하여 실행함에 이를 수 있을 것입니다." 하니, 禹가 말씀하기를 "아! 너의 말이 옳다. 너의 말이 실행함에 이르면 공이 있을 것이다." 하였다. 고요가 말하기를 "저는 아는 바가 없거니와 날로 돕고 도와 다스림을 이룰 것을 생각합니

底 : 이를 지 贊 : 도울 찬 襄 : 이룰 양

다." 하였다.

思曰之曰은 當作日이라 襄은 成也라 皐陶謂 我所言이 順於理하여 可致之於行이라하니 禹然其言하사 以爲致之於行하면 信可有功이라하시니라 皐陶謙辭하여 我未有所知라하니 言不敢計功也요 惟思日贊助於帝하여 以成其治而已라

'思曰'의 曰은 마땅히 日이 되어야 한다. 襄은 이룸이다. 고요가 말하기를 "제가 말한 것이 이치에 순하여 행함에 이를 수 있습니다." 하니, 禹가 그 말을 옳게 여겨 "실행함에 이르면 진실로 공이 있을 것이다."라고 하였다. 고요는 겸사하여 "저는 아는 바가 없습니다." 하였으니, 감히 공을 따질 수 없고 오직 날로 황제를 돕고 도와 그 다스림을 이룰 것을 생각할 뿐임을 말한 것이다.

益稷

今文古文皆有로되 但今文은 合於皐陶謨하니 帝曰來禹汝亦昌言은 正與上篇末文勢接續이라 古者에 簡冊을 以竹爲之하여 而所編之簡을 不可以多라 故釐而二之니 非有意於其間也라 以下文禹稱益稷二人佐其成功으로 因以名篇하니라

今文과 古文에 모두 있으나 다만 今文은 〈皐陶謨〉와 합쳐져 있으니, "帝舜이 말씀하기를 '이리 오라. 禹야! 너도 昌言을 하라.' 하였다."라고 한 것은 바로 上篇 끝의 文勢와 접속된다. 옛날에는 簡冊을 대나무로 만들어서 엮는 죽간을 많게 할 수 없었으므로 나누어 둘로 만든 것이니, 그 사이에 뜻이 있는 것은 아니다. 下文에 禹가 益과 稷 두 사람이 성공을 도움을 말씀하였기 때문에 이로 인하여 篇名으로 삼은 것이다.

簡 : 대쪽 간　釐 : 다스릴 리

1. 帝曰 來하라 禹아 汝亦昌言하라 禹拜曰 都라 帝아 予何言하리잇고 予思日孜孜하노이다 皐陶曰 吁라 如何오 禹曰 洪水滔天하여 浩浩懷山襄陵하여 下民昏墊이어늘 予乘四載하여 隨山刊木하고 曁益으로 奏庶鮮食하며 予決九川하여 距四海하며 濬畎澮하여 距川하고 曁稷으로 播하여 奏庶艱食鮮食하고 懋遷有無하여 化居하니 烝民이 乃粒하여 萬邦이 作乂하니이다 皐陶曰 兪라 師汝의 昌言하노라

帝舜이 말씀하기를 "이리 오라. 禹야! 너도 昌言을 하라." 하시니, 禹가 절하고 말씀하기를 "아! 훌륭합니다. 皇帝시여. 제가 무슨 말씀을 올리겠습니까. 저는 날로 부지런히 부지런히 힘쓸 것을 생각합니다." 하였다. 고요가 "아! 옳지 않다. 어떻게 했는가?" 하고 묻자, 禹는 다음과 같이 말씀하였다. "홍수가 하늘에 넘쳐 끝없이 넓고 넓어 산을 싸고 언덕까지 올라가 下民들이 혼란하고 빠졌는데, 내가 네 가지 탈 것을 타고서 산을 따라 나무를 제거하고 益과 함께 여러 鮮食(날고기)을 올렸으며, 내가 九川(九州의 냇물)을 터놓아 四海에 이르게 하고 畎과 澮를 깊이 파서 내에 이르게 하였으며, 稷과 더불어 파종하여 모든 艱食과 鮮食을 올리며, 힘써 있는 것을 없는 곳에 交易하여 쌓아둔 것을 변화하게 하니, 여러 백성들이 이에 곡식을 먹어서 萬邦이 다스려졌다." 고요가 말하기를 "아! 너의 말이 옳다. 너의 昌言을 법으로 삼겠다." 하였다.

孜孜者는 勉力不怠之謂라 帝以皐陶旣陳知人安民之謨일새 因呼禹하여 使陳其言케하시니 禹拜而歎美하여 謂皐陶之謨至矣니 我更何所言이리오 惟思日勉勉하여 以務事功而已라하시니라 觀此則上篇禹皐陶答問者는 蓋相與言於帝舜之前也라 如何者는 皐陶問其孜孜者何如也라 禹言 往者에 洪水泛溢하여 上漫于天하여 浩浩盛大하여 包山上陵하여 下民昏瞀墊溺하여

孜 : 부지런할 자 墊 : 빠질 점 畎 : 밭도랑 견 澮 : 도랑 회 烝 : 무리 증

困於水災 如此之甚也라 四載는 水乘舟, 陸乘車, 泥乘輴, 山乘樏也라 輴은 史記에 作橇하고 漢書에 作毳하니 以板爲之하여 其狀如箕하니 擿行泥上이라 樏는 史記에 作橋하고 漢書에 作梮하니 以鐵爲之하여 其形似錐하니 長半寸을 施之履下하여 以上山하여 不蹉跌也라 蓋禹治水之時에 乘此四載하여 以跋履山川하고 踐行險阻者라 隨는 循이요 刊은 除也라 左傳云 井堙木刊이라하니 刊은 除木之義也라 蓋水涌不洩하여 泛濫瀰漫하여 地之平者 無非水也요 其可見者山耳라 故로 必循山伐木하여 通蔽障하고 開道路而後에 水工可興也라 奏는 進也요 血食曰鮮이니 水土未平하여 民未粒食일새 與益으로 進衆鳥獸魚鼈之肉於民하여 使食以充飽也라 九川은 九州之川也라 距는 至요 濬은 深也라 周禮에 一畝之間에 廣尺深尺曰畎이요 一同之間에 廣二尋深二仞曰澮라 畎澮之間에 有遂, 有溝, 有洫하니 皆通田間水道하여 以小注大하니 言畎澮而不及遂溝洫者는 擧小大하여 以包其餘也라 先決九川之水하여 使各通于海하고 次濬畎澮之水하여 使各通于川也라 播는 布也니 謂布種五穀也라 艱은 難也니 水平播種之初에 民尙艱食也라 懋는 勉也니 懋勉其民하여 徙有於無하여 交易變化其所居積之貨也라 烝은 衆也라 米食曰粒이라 蓋水患悉平하여 民得播種之利하고 而山林川澤之貨를 又有無相通하여 以濟匱乏하니 然後庶民粒食하여 萬邦이 興起治功也라 禹因孜孜之義하여 述其治水本末先後之詳하시니 而警戒之意 實存於其間이라 蓋欲君臣上下 相與勉力不怠하여 以保其治於無窮而已라 師는 法也니 皐陶以其言爲可師法也라

孜孜는 힘써서 게을리 하지 않음을 이른다. 帝舜은 고요가 이미 사람을 알고 백성을 편안히 하는 방법을 말하였으므로 인하여 禹를 불러서 그 말을 진술하게 하시니, 禹가 절하고 탄미하여 이르기를 "고요의 말이 지극하니, 제가 어찌 다시 말하겠습니까. 오직 날로 힘쓰고 힘써서 事功을 힘쓸 것을 생각할 뿐입니다." 하였다. 이것을 보면 上篇에 禹와 고요가 답하고 물은 것은 아마도 帝舜의 앞에서 서로 함께 말한 것인 듯하다. 如何는 고

瞀：어리석을 무　輴：진흙썰매 순　樏：썰매 류　橇：진흙썰매 교
擿：던질 적　梮：썰매 국　錐：송곳 추　蹉：넘어질 차　跌：넘어질 질
堙：막을 인　瀰：가득할 미　鼈：자라 별　仞：길 인　洫：도랑 혁

요가 부지런히 힘쓴 것이 어떠한 것인가 하고 물은 것이다. 禹가 말씀하기를 "지난번에 홍수가 범람하여 위로 하늘에 넘쳐서 끝없이 넓고 넓어 성대하여 산을 싸고 언덕까지 올라가 하민들이 혼란하고 빠져서 水災에 곤궁함이 이와 같이 심하였다."고 하였다.

네 가지 탈 것이란 물에서는 배를 타고 육지에서는 수레를 타고 진흙에서는 썰매를 타고 산에서는 나막신을 타는 것이다. 輴은 《史記》에는 橇로 되어 있고 《漢書》에는 毳로 되어 있으니, 판자로 만들어서 그 모양이 키와 같으니, 들어서 진흙 위를 다닐 수 있게 한 것이다. 樏는 《史記》에는 橋로 되어 있고 《漢書》에는 梮으로 되어 있으니, 쇠로 만들어서 그 모양이 송곳과 같은바, 길이가 반치쯤 되는 것을 신발 아래에 설치하여 산에 올라가서 넘어지지 않게 하는 것이다. 禹가 홍수를 다스릴 때에 이 네 가지 탈 것을 타고서 山川을 다니고 험한 곳을 돌아다녔다.

隨는 따름이요 刊은 제거함이다. 《左傳》에 "우물을 메우고 나무를 제거한다.〔井堙木刊〕" 하였으니, 刊은 나무를 제거하는 뜻이다. 물이 용솟음치고 빠지지 않아 범람하고 넘쳐서 평평한 땅은 물 아닌 곳이 없었고, 볼 수 있는 것은 산 뿐이었다. 그러므로 반드시 산을 따라 나무를 베어서 가리고 막힌 곳을 통하게 하며 도로를 개통한 뒤에야 홍수를 다스리는 일을 일으킬 수 있었다. 奏는 올림이요, 血食을 鮮이라 하니, 水土가 다스려지지 못하여 백성들이 곡식을 먹을 수 없으므로 益과 함께 여러 새와 짐승, 물고기와 자라의 고기를 백성들에게 올려서 먹고 배를 채워 배부르게 한 것이다. 九川은 九州의 내이다. 距는 이름이요 濬은 깊음이다. 《周禮》에 "1畝의 사이에 넓이가 1尺이고 깊이가 1尺인 것을 畎이라 하며, 1同의 사이에 넓이가 2尋이고 깊이가 2仞인 것을 澮라 한다." 하였다. 畎과 澮의 사이에 遂가 있고 溝가 있고 洫이 있으니, 이는 모두 밭 사이의 水路를 통하게 하여 작은 것을 큰 것에 注入시키니, 견과 회를 말하고 수·구·혁을 말하지 않은 것은 작은 것과 큰 것을 들어서 그 나머지를 포함한 것이다. 먼저 九川의 물을 터놓아 각각 바다에 통하게 하고, 다음에 견과 회의 물을 깊이 파서 각각 내에 통하게 한 것이다. 播는 폄이니, 오곡을 布種(播種)함을 이른다. 艱은 어려움이니, 홍수가 다스려져 파종하는 초기에는 백성들이 아직도 어렵게 농사지어 먹은 것이다. 懋는 힘씀이니, 힘써 백성들을 권면하여 있는 것을 없는 곳에 옮겨 居積(쌓아 놓음)한 재화를 교역하여 변화하게 한 것이다. 烝은 무리이다. 쌀을 먹는 것을 粒이라 한다. 홍수의 폐해가 모두 다스려져서 백성들이 播種하는 이익을 얻고 山林과 川澤의 재화를 또 있는 것과 없는 것을 서로 통하여 궁핍함을 구제하게 하니, 그런 뒤에야 庶民들이 곡식을 먹어 萬邦이 다스려지는 공을 일으킨 것이다. 禹가 부지런히 힘쓴다는 뜻을 인하여 홍수를 다스린 本末과 先後의 상세한 내용을 말씀하였으니, 경계하는 뜻이 실로 이 사이에 들어있다. 이는 군신과 상하가 서로 힘쓰고 게을리하지 아니하여 다스림을 무궁함에 보존할 뿐이다. 師는 法이니, 고요가 그 말을 法으로 삼을 만하다고 말한 것이다.

2. 禹曰 都라 帝아 愼乃在位하소서 帝曰 兪라 禹曰 安汝止하사 惟幾惟康하며 其弼直하면 惟動에 丕應徯志하리니 以昭受上帝어든 天其申命用休하시리이다

禹가 말씀하기를 "아! 훌륭합니다. 황제시여. 지위에 있음을 삼가소서." 하니, 帝舜이 "아! 너의 말이 옳다." 하였다. 이에 禹가 다음과 같이 말씀하였다. "당신의 마음이 그치는 바에 편안히 하여 기미를 생각하고 편안히 할 것을 생각하시며 보필하는 신하가 정직하면 동함에 크게 응하여 뜻을 기다릴 것이니, 上帝께 밝게 받으시면 하늘이 거듭 명하여 아름답게 할 것입니다."

禹既歎美하시고 又特稱帝하여 以告之하시니 所以起其聽也라 愼乃在位者는 謹其在天子之位也라 天位惟艱하니 一念不謹이면 或以貽四海之憂하고 一日不謹이면 或以致千百年之患이라 帝深然之하시고 而禹又推其所以謹在位之意하시니 如下文所云也라 止者는 心之所止也라 人心之靈하여 事事物物에 莫不各有至善之所而不可遷者로되 人惟私欲之念이 動搖其中하여 始有昧於理而不得其所止者하니 安之云者는 順適乎道心之正하여 而不陷於人欲之危하고 動靜云爲가 各得其當하여 而無有止而不得其止者라 惟幾는 所以審其事之發이요 惟康은 所以省其事之安이니 卽下文庶事康哉之義라 至於左右輔弼之臣하여도 又皆盡其繩愆糾謬之職하여 內外交修

徯 : 기다릴 혜　貽 : 끼칠 이　繩 : 바로잡을 승　糾 : 다스릴 규　謬 : 어그러질 류

하여 無有不至하니 若是則是惟無作이언정 作則天下無不丕應하여 固有先意而徯我者라 以是로 昭受于天이면 天豈不重命而用休美乎아

禹가 이미 탄미하고 또 특별히 帝를 칭하여 고하였으니, 그 들음을 흥기시킨 것이다. 愼乃在位는 天子의 지위에 있음을 삼가는 것이다. 天子의 지위가 어려우니, 한 생각이라도 삼가지 않으면 혹 사해에 근심을 끼칠 수 있고, 하루라도 삼가지 않으면 혹 천백년의 근심을 부를 수 있다. 帝舜이 이 말씀을 깊이 옳게 여기고, 禹가 또 帝位에 있음을 삼가라는 뜻을 미루었으니, 下文에 말한 바와 같다. 止는 마음이 그치는 바이다. 사람의 마음이 영특하여 事事物物마다 모두 각기 至善한 곳이 있어 옮길 수 없는데 사람은 私欲의 생각이 그 마음을 동요시켜서 비로소 이치에 어두워져 그칠 곳을 얻지 못함이 있으니, 편안히 한다는 것은 道心의 바름에 순히 나아가고 人慾의 위태로움에 빠지지 아니하여 動靜과 云爲가 각기 마땅함을 얻어 그칠 때에 그칠 곳을 얻지 못함이 없는 것이다. 惟幾는 일의 발함을 살피는 것이요 惟康은 일의 편안함을 살피는 것이니, 바로 下文에 여러 일이 편안하다는 뜻이다. 좌우에서 보필하는 신하에 이르러도 모두 허물을 다스리고 잘못을 바로잡는 직책을 다하여 내외가 서로 닦여져서 지극하지 않음이 없으니, 이와 같으면 단지 동작함이 없을지언정 동작을 하면 천하가 크게 응하지 않음이 없어, 진실로 나의 뜻에 앞서서 나를 기다리는 자가 있을 것이다. 이로써 밝게 하늘에게 받으면 하늘이 어찌 거듭 명하여 아름답게 여기지 않겠는가.

3. 帝曰 吁라 臣哉隣哉며 隣哉臣哉니라 禹曰 兪라

帝舜이 말씀하기를 "아! 신하가 이웃이며 이웃이 신하이다." 하니, 禹가 "아! 옳습니다." 하였다.

隣은 左右輔弼也라 臣은 以人言이요 隣은 以職言이라 帝深感上文弼直之語라 故曰吁라 臣哉隣哉며 隣哉臣哉라하사 反復歎詠하여 以見弼直之義如此其重而不可忽하시니 禹卽兪而然之也라

隣은 좌우에서 보필함이다. 臣은 사람으로 말하였고 隣은 직책으로 말하

였다. 帝舜이 上文의 "보필하는 이가 정직하다."는 말에 깊이 감동하였다. 그러므로 말씀하기를 "아! 신하가 이웃이며 이웃이 신하이다."라고 하시어 반복하여 감탄하고 읊어서 보필하는 이가 정직한 뜻이 이와 같이 중하여 소홀히 할 수 없음을 나타내시니, 禹가 즉시 兪라 하여 옳게 여긴 것이다.

4. 帝曰 臣은 作朕股肱耳目이니 予欲左右(佐佑)有民이어든 汝翼하며 予欲宣力四方이어든 汝爲하며 予欲觀古人之象하여 日, 月, 星辰, 山, 龍, 華蟲을 作會(繪)하며 宗彝, 藻, 火, 粉米, 黼, 黻을 絺繡하여 以五采로 彰施于五色하여 作服이어든 汝明하며 予欲聞六律五聲八音하여 在治忽하여 以出納五言이어든 汝聽하라

帝舜이 다음과 같이 말씀하였다. "신하는 짐의 股肱(팔다리)과 耳目이 되어야 하니, 내가 백성들을 左右(도움)하려고 하거든 네가 도와주며, 내가 사방에 힘을 펴려 하거든 네가 해주며, 내가 옛사람의 象을 관찰하여 해와 달과 星辰과 山과 龍과 華蟲을 그림으로 그리며, 宗彝와 마름과 불과 粉米와 黼와 黻을 수놓아 五采로써 五色의 비단에 드러내어 베풀어서 옷을 만들려 하거든 네가 밝혀주며, 내가 六律·八音·五聲을 듣고서 다스려짐과 다스려지지 않음을 살펴 五言으로 출납하려 하거든 네가 자세히 살펴서 들어보아라."

此는 言臣所以爲隣之義也라 君은 元首也니 君資臣以爲助는 猶元首須股肱耳目以爲用也니 下文翼, 爲, 明, 聽은 卽作股肱耳目之義라 左右者는 輔翼也니 猶孟子所謂輔之翼之하여 使自得之也라 宣力者는 宣布其力也라 言我欲左右有民이면 則資汝以爲助하고 欲宣力四方이면 則資汝以有爲也라 象은 像也니 日月以下物象이 是也라 易曰 黃帝堯舜이 垂衣裳而天下治하시니 蓋取諸乾坤이라하니 則上衣下裳之制는 創自黃帝而成於

絺 : 꿰맬 치 股 : 다리 고 肱 : 팔 굉

堯舜也라 日月星辰은 取其照臨也요 山은 取其鎭也요 龍은 取其變也요 華蟲은 雉니 取其文也라 會는 繪也라 宗彝는 虎蜼[1]니 取其孝也요 藻는 水草니 取其潔也요 火는 取其明也요 粉米는 白米니 取其養也요 黼는 若斧形하니 取其斷也요 黻은 爲兩己相背하니 取其辨也라 絺는 鄭氏讀爲黹하니 紩也니 紩以爲繡也라 日也, 月也, 星辰也, 山也, 龍也, 華蟲也六者는 繪之於衣하고 宗彝也, 藻也, 火也, 粉米也, 黼也, 黻也六者는 繡之於裳하니 所謂十二章也라 衣之六章은 其序自上而下하고 裳之六章은 其序自下而上이라 采者는 靑黃赤白黑也라 色者는 言施之於繒帛也라 繪於衣, 繡於裳은 皆雜施五采하여 以爲五色也라 汝明者는 汝當明其小大尊卑之差等也라 又按周制에 以日月星辰으로 畫於旂하며 冕服九章은 登龍於山하고 登火於宗彝하여 以龍山華蟲火宗彝五者로 繪於衣하고 以藻粉黼黻四者로 繡於裳하며 袞冕九章은 以龍爲首하고 鷩冕七章은 以華蟲爲首하고 毳冕五章은 以虎蜼爲首하니 蓋亦增損有虞之制而爲之耳라 六律[2]은 陽律也니 不言六呂者는 陽統陰也라 有律而後有聲하고 有聲而後八音得以依據라 故로 六律, 五聲, 八音이라하니 言之敍如此也라 在는 察也라 忽은 治之反也라 聲音之道 與政通이라 故로 審音以知樂하고 審樂以知政하여 而治之得失을 可知也라 五言者는 詩歌之協於五聲者也라 自上達下를 謂之出이요 自下達上을 謂之納이라 汝聽者는 言汝當審樂하여 而察政治之得失者也라

이는 신하가 이웃이 되는 뜻을 말한 것이다. 군주는 元首이니, 군주가 신하에게 의뢰하여 도움으로 삼음은 마치 元首(머리)가 股肱과 耳目을 필요로 하여 사용하는 것과 같으니, 下文의 翼·爲·明·聽은 곧 고굉과 이목이 되라는 뜻이다. 左右는 輔翼함이니, 《孟子》에 이른바 '돕고 도와서 스스로 본성을 얻게 하라.'는 것과 같은 것이다. 宣力은 그 힘을 폄이다. 내가 백성들을 도우려고 하면 너에게 의뢰하여 도움으로 삼고 사방에 힘을 펴고자 하면 너에게 의뢰하여 함이 있다는 것이다.

象은 像이니, 해와 달 이하의 物象이 이것이다. 《周易》에 "黃帝와 堯·舜

蜼 : 원숭이 유　黹 : 바느질 치　紩 : 꿰맬 질　繒 : 비단 증　旂 : 깃발 기
鷩 : 붉은꿩 별

이 衣裳을 드리움에 천하가 다스려졌으니, 이는 乾坤에서 취했다." 하였으니, 上衣下裳의 제도는 黃帝로부터 비롯되었으나 堯·舜 때에 이루어진 것이다. 해와 달과 성신은 비추어 임함을 취한 것이요, 산은 鎭靜함을 취한 것이요, 용은 변화함을 취한 것이요, 華蟲은 꿩이니 그 문채를 취한 것이다. 會는 그림이다. 宗彝는 虎蜼이니 孝를 취한 것이요, 藻는 수초이니 깨끗함을 취한 것이요, 불은 밝음을 취한 것이요, 粉米는 백미이니 사람을 기름을 취한 것이요, 黼는 도끼 모양과 같으니 결단함을 취한 것이요, 黻은 두 己字가 서로 등지고 있는 것이니 분변함을 취한 것이다. 絺는 鄭氏는 黹로 읽으니, 바느질함이니 바느질하여 수를 놓는 것이다. 해, 달, 성신, 산, 용, 화충의 여섯 가지는 윗옷에 그리고 종이, 마름, 불, 분미, 보, 불의 여섯 가지는 치마에 수놓으니, 이른바 12章이라는 것이다. 윗옷의 여섯 가지 무늬는 그 순서가 위에서 아래로 내려오고, 치마의 여섯 가지 무늬는 그 순서가 아래에서 위로 올라간다. 采는 청색, 황색, 적색, 백색, 흑색이다. 色은 비단에 채색을 함을 이른다. 윗옷에 그리고 치마에 수놓음은 모두 오채를 섞어 채색하여 오색을 만드는 것이다. 汝明은 네가 마땅히 大小와 尊卑의 차등을 밝히라는 것이다. 또 周나라 제도를 살펴보면 해와 달과 성신은 旂에 그리며, 冕服의 9章은 용을 산에 올리고 불을 宗彝에 올려 용과 산과 화충과 불과 宗彝의 다섯 가지를 윗옷에 그리고, 마름과 분미와 보와 불 네 가지는 치마에 수놓으며, 袞冕의 9章은 용을 첫번째로 삼고, 鷩冕의 7章은 화충을 첫번째로 삼고, 毳冕의 5章은 호유를 첫번째로 삼았으니, 이 또한 有虞의 제도를 가감하여 만든 것이다.

六律은 陽律이니, 六呂를 말하지 않은 것은 陽이 陰을 통솔하기 때문이다. 律이 있은 뒤에 聲이 있고, 聲이 있은 뒤에 八音이 의거할 수 있다. 그러므로 六律·五聲·八音이라 하였으니, 말의 순서가 이와 같은 것이다. 在는 살핌이다. 忽은 다스림의 반대이다. 聲音의 道는 정사와 통한다. 그러므로 음을 살펴 음악을 알고 음악을 살펴 정사를 알아서 정치의 得失을 알 수 있는 것이다. 五言은 詩歌를 五聲에 맞춘 것이다. 위로부터 아래에 이름을 出이라 하고, 아래로부터 위에 이름을 納이라 한다. 汝聽은 네가 마땅히 음악을 살펴 정치의 득실을 살피라는 말이다.

譯註 1. 宗彝虎蜼 : 宗彝는 宗廟의 酒器이며 虎蜼는 호랑이와 원숭이로 이것을 祭器에 그린 것인데, 沙溪 金長生은 "호랑이는 진실로 효도함을 취한 것이나 원숭이는 효도함을 취한 증거를 볼 수 없다." 하였다.

2. 六律 : 音律을 12개 월에 맞추어 11월의 黃鍾, 12월의 大呂, 정월(1월)의 太簇, 2월의 夾鍾, 3월의 姑洗, 4월의 仲呂, 5월의 蕤賓, 6월의 林鍾, 7월의 夷則, 8월의 南呂, 9월의 無射, 10월의 應鍾으로 나누는데, 이중 1·3·5·7·9·11의 홀수달에 해당하는 黃鍾·太簇·姑洗·蕤賓·夷則·無射을 陽律이라 하여 六律이라 하고, 그 나머지 2·4·6·8·10·12의 짝수달에 해당하는 것을 陰呂라 하여 六呂라 하며, 이것을 통틀어 十二律이라 한다. 그러나 때로는 六律이 六呂를 포함하여 十二律을 가리키는 말로도 쓰인다.

5. 予違를 汝弼이니 汝無面從하고 退有後言하여 欽四隣하라

내가 도리에 위배됨을 네가 보필할 것이니, 너는 대면해서는 따르고 물러가서는 뒷말을 하지 말아서 네 四隣의 직책을 공경하라.

違는 戾也라 言我有違戾於道어든 爾當弼正其失이니 爾無面諛以爲是하고 而背毁以爲非하여 不可不敬爾隣之職也라 申結上文弼直隣哉之義하여 而深責之禹者如此하시니라

違는 어그러짐이다. 내가 도리에 위배됨이 있거든 네가 마땅히 그 잘못을 보필하여 바로잡을 것이니, 너는 대면해서는 아첨하여 옳다고 하고 등을 돌리고는 헐뜯어 그르다 하지 말아서 너의 이웃이 된 직책을 공경하지 않으면 안된다고 한 것이다. 上文에 보필하는 이가 정직하고 신하가 이웃이라는 뜻을 거듭 맺어서 깊이 禹에게 바람이 이와 같았다.

6. 庶頑讒說이 若不在時어든 侯以明之하며 撻以記之하며 書用識(지)哉하여 欲竝生哉니 工以納言으로 時而颺之하여 格則承之庸之하고 否則威之니라

여러 완악하고 讒說하는 자들이 만약 이 충직함에 있지 않거든 활

戾 : 어길 려　讒 : 참소할 참　侯 : 과녁 후　撻 : 종아리칠 달　颺 : 날릴 양

의 명중률로써 밝히며 종아리를 쳐서 기억하게 하며 글로 써서 기록하여 함께 살게 하고자 할 것이니, 樂工이 바친 말을 가지고 때로 드날려 잘못을 고치면 천거하여 등용하고, 그렇지 않으면 형벌하여 위엄을 보여야 한다.”

此는 因上文而慮庶頑讒說之不忠不直也라 讒說은 即舜所堲者라 時는 是也니 在是는 指忠直爲言이라 侯는 射侯也라 明者는 欲明其果頑愚讒說與否也라 蓋射는 所以觀德이니 頑愚讒說之人이 其心不正이면 則形乎四體하고 布乎動靜하여 其容體必不能比於禮하고 其節奏必不能比於樂하여 其中이 必不能多하리니 審如是면 則其爲頑愚讒說也必矣라 周禮에 王大射면 則供虎侯, 熊侯, 豹侯하고 諸侯는 供熊侯, 豹侯하고 卿大夫는 供麋侯호되 皆設其鵠하고 又梓人爲侯에 廣與崇方하고 三分其廣而鵠居一焉하니 應古制亦不相遠也라 撻은 扑也니 即扑作敎刑者니 蓋懲之하여 使記而不忘也라 識는 誌也니 錄其過惡하여 以識于冊이니 如周制鄕黨之官이 以時로 書民之孝悌睦婣有學者也라 聖人이 不忍以頑愚讒說而遽棄之하여 用此三者之敎하여 啓其憤하고 發其悱하여 使之遷善改過하여 欲其竝生於天地之間也라 工은 掌樂之官也라 格은 有恥且格[1]之格이니 謂改過也라 承은 薦也라 聖人이 於庶頑讒說之人에 旣有以啓發其憤悱遷善之心하고 而又命掌樂之官하여 以其所納之言으로 時而颺之하여 以觀其改過與否하여 如其改也어든 則進之用之하고 如其不改然後에 刑以威之하니 以見聖人之敎 無所不極其至하여 必不得已焉而後威之니 其不忍輕於棄人也如此라 此는 即龍之所典이어늘 而此命伯禹는 總之也일새라

이는 上文을 인하여 여러 완악하고 참설하는 자들이 不忠하고 不直함을 염려한 것이다. 讒說은 바로 舜이 미워한 것이다. 時는 이것이니, 이에 있다는 것은 忠直을 가리켜 말한 것이다. 侯는 활을 쏘는 과녁이다. 明은 과연 완악하고 어리석고 참설하는 자인가의 여부를 밝히고자 한 것이다. 활쏘기는 德을 관찰하는 것이니, 頑愚하고 참설하는 사람이 그 마음이 바르지 못하면 四肢에 드러나고 動靜에 베풀어져서 그 容體가 반드시 禮에 맞

堲 : 미워할 즉(즐)　麋 : 고라니 미　鵠 : 과녁 곡　婣 : 화목할 인　悱 : 성낼 비

지 못하고 節奏(리듬)가 반드시 음악에 맞지 못하여 과녁을 맞춤이 반드시 많지 못할 것이니, 참으로 이와 같다면 완우한 참설임이 분명하다.

《周禮》에 "王이 大射를 하게 되면 虎侯·熊侯·豹侯를 제공하고, 諸侯는 웅후·표후를 제공하고, 卿大夫는 麋侯를 제공하되 모두 鵠(정곡)을 설치하며, 또 梓人이 과녁을 만들 적에 너비는 높이와 같게 하고 너비를 3등분하여 鵠이 3분의 1을 차지한다." 하였으니, 응당 옛 제도도 서로 멀지 않을 것이다. 撻은 종아리를 치는 것이니, 곧 '회초리는 학교의 형벌로 만든다.'는 것이니, 징계하여 기억해서 잊지 않게 하는 것이다. 識는 기록함이니, 과실과 악행을 기록하여 책에 기록하는 것이니, 周나라 제도에 鄕黨의 관원이 때로 백성의 효도하고 공경하며 同姓間에 화목하고 異姓間에 화목하며 학문이 있는 자를 글로 쓰는 것과 같은 것이다. 聖人은 차마 頑愚한 참설이라 하여 대번에 버리지 아니하여, 이 세 가지의 가르침을 써서 분발함을 열어주고 노력함을 발하게 하여 그로 하여금 개과천선해서 天地의 사이에 함께 살게 하고자 한 것이다. 工은 음악을 관장하는 관원이다. 格은 '부끄러워하고 또 바르게 된다.'는 格과 같으니, 허물을 고침을 이른다. 承은 천거함이다. 聖人이 여러 완우한 참설하는 사람에 대하여, 이미 憤悱하여 개과천선하려는 마음을 啓發하게 함이 있고, 또 음악을 관장한 관원에게 명하여 그가 바친 말을 때로 드날려 허물을 고쳤는가의 여부를 관찰한다. 그리하여 만일 허물을 고쳤으면 천거하여 등용하고, 만일 허물을 고치지 않은 뒤에야 형벌하여 위엄을 보이는 것이다. 이는 聖人의 가르침이 그 지극함을 다하지 않는 바가 없어서 반드시 부득이한 뒤에 위엄을 보임을 나타낸 것이니, 차마 사람을 가볍게 버리지 않음이 이와 같다. 이는 곧 龍이 맡은 것인데 여기에서 伯禹에게 명한 것은 백우가 총괄하기 때문이다.

譯註 1. 有恥且格 :《論語》〈爲政〉에 "道之以德 齊之以禮 有恥且格"이라고 보인다.

7. 禹曰 兪哉나 帝光天之下하사 至于海隅蒼生하시면 萬邦黎獻이 共惟帝臣하리니 惟帝時擧니이다 敷納以言하시며 明庶

黎 : 검을 려 獻 : 어질 헌

以功하시며 **車服以庸**하시면 **誰敢不讓**하며 **敢不敬應**하리잇고 **帝不時**하시면 **敷同**하여 **日奏罔功**하리이다

禹가 말씀하기를 "아! 황제의 말씀이 옳기는 하오나 황제의 덕이 천하에 빛나 바다 모퉁이의 蒼生에게까지 이르게 하신다면 萬邦의 여러 백성 중에 어진 자가 함께 황제의 신하가 되려는 생각을 할 것이니, 황제께서는 이에 들어 쓸 뿐입니다. 아랫사람들이 펴서 아뢰거든 받아들이되 말로써 하시며 여러 사람을 밝히되 공으로써 하시며 수레와 의복으로 공을 표창하시면 누가 감히 사양하지 않으며 감히 공경히 응하지 않겠습니까. 황제께서 이렇게 하지 않으시면 敷同(부화뇌동)하여 날로 공이 없음에 나아갈 것입니다.

兪哉者는 蘇氏曰 與春秋傳公曰諾哉意同하니 口然而心不然之辭也라 隅는 角也라 蒼生者는 蒼蒼然而生이니 視遠之義也라 獻은 賢也니 黎獻者는 黎民之賢者也라 共은 同이요 時는 是也라 敷納者는 下陳而上納也요 明庶者는 明其衆庶也라 禹雖兪帝之言이나 而有未盡然之意하여 謂庶頑讒說에 加之以威가 不若明之以德하여 使帝德光輝하여 達於天下하여 海隅蒼生之地 莫不昭灼이니 德之遠著如此면 則萬邦黎民之賢이 孰不感慕興起리오 而皆有帝臣之願하리니 惟帝時擧而用之爾라 敷納以言하여 而觀其蘊하고 明庶以功하여 而考其成하고 旌能命德하여 以厚其報니 如此면 則誰敢不讓於善하고 敢不精白一心하여 敬應其上하여 而庶頑讒說을 豈足慮乎리오 帝不如是면 則今任用之臣이 遠近敷同하여 率爲誕慢하여 日進於無功矣리니 豈特庶頑讒說이 爲可慮哉리오

兪哉는 蘇氏가 말하기를 "《春秋傳》에 '公이 말하기를 諾哉라고 하였다.'는 것과 뜻이 같으니, 입으로는 옳다고 하나 마음속으로는 옳게 여기지 않는 말이다." 하였다. 隅는 모퉁이이다. 蒼生은 蒼蒼然히 낳음이니, 먼 곳을 보는 뜻이다. 獻은 어짐이니, 黎獻은 黎民 중에 어진 자이다. 共은 함께이고 時는 이것이다, 敷納은 아랫사람이 펴서 말함에 윗사람이 받아들이는

灼 : 밝을 작 蘊 : 쌓을 온

것이며, 明庶는 여러 사람들을 밝히는 것이다. 禹는 비록 帝舜의 말씀을 옳다고 하였으나 다 옳게 여기지는 않는 뜻이 있어 이르기를 "여러 완우한 참설에 위엄을 가하는 것이 德을 밝혀 황제의 덕으로 하여금 빛나서 천하에 이르러 바다 모퉁이의 蒼生의 땅까지 밝지 않음이 없게 하는 것만 못하니, 德이 멀리 드러남이 이와 같으면 萬邦의 黎民 중에 현자가 누가 사모하고 흥기하지 않겠습니까. 그리하여 모두 황제의 신하가 되려는 소원이 있을 것이니, 황제께서는 이에 들어 쓸 뿐입니다. 펴서 아뢰거든 받아들이되 말로써 하여 그 쌓임을 관찰하고, 여러 사람들을 밝히되 공으로써 하여 그 이룸을 상고하며, 유능한 이를 표창하고 덕있는 이에게 관작을 명하여 보답을 후하게 할 것이니, 이와 같이 하면 누가 감히 선한 자에게 사양하지 않으며 감히 한 마음을 精白(순수하고 깨끗함)하게 하여 공경히 윗사람에게 응하지 아니하여 여러 완우한 참설을 어찌 족히 염려할 것이 있겠습니까. 황제께서 이와 같이 하지 않으시면 이제 임용한 신하들이 먼 자와 가까운 자가 부화뇌동하여 서로 이끌어 허탄하고 태만히 하여 날로 공이 없음에 나아갈 것이니, 어찌 다만 여러 완악한 참설이 우려할 만할 뿐이겠습니까." 하였다.

8. 無若丹朱傲하소서 惟慢遊를 是好하며 傲虐을 是作하며 罔晝夜頟頟하며 罔水行舟하며 朋淫于家하여 用殄厥世하니이다 予創若時하여 娶于塗山하여 辛壬癸甲이며 啓呱呱而泣이어늘 予弗子하고 惟荒度(탁)土功하여 弼成五服하되 至于五千하고 州十有二師하며 外薄四海히 咸建五長호니 各迪有功이어늘 苗頑하여 弗卽工하나니 帝其念哉하소서 帝曰 迪朕德은 時乃功惟敍니 皐陶方祗厥敍하여 方施象刑호되 惟明하나니라

丹朱처럼 오만하게 하지 마소서. 태만하게 노는 것을 좋아하며 오만함과 포악함을 행하며 밤낮없이 쉬지 않고 계속하며 물이 없는 데서 배를 끌고 다니며 소인과 붕당하여 집안에서 음란하여 그 代를 끊

頟 : 힘쓸 액 創 : 징계할 창 塗 : 진흙 도 呱 : 울 고 薄 : 이를 박

어버렸습니다. 저는 이와 같음을 징계하여 塗山氏에게 장가들고서 겨우 辛·壬·癸·甲의 4일을 지냈으며, 啓가 呱呱히 울었으나 저는 자식으로 여겨 사랑하지 못하고 土功을 크게 헤아려 五服의 제도를 도와 이루되 5천 리에 이르게 하고 州마다 12師를 두었으며 밖으로 사해에 이르기까지 모두 五長을 세우니, 각각 나아가 功이 있게 되었습니다. 그러나 三苗는 완악하여 工(功)에 나아가지 않사오니, 황제께서는 이를 생각하소서." 하였다. 帝舜이 말씀하기를 "짐의 덕을 순하게 행함은 너의 공이 펴졌기 때문이니, 고요가 바야흐로 펴진 것을 공경히 이어 象刑을 베풀되 분명히 한다." 하였다.

漢志에 堯處子朱於丹淵하여 爲諸侯라하니 丹은 朱之國名也라 頟頟은 不休息之狀이라 罔水行舟는 如奡盪舟[1]之類라 朋淫者는 朋比小人而淫亂于家也라 殄은 絶也요 世者는 世堯之天下也니 丹朱不肖하여 堯以天下與舜而不與朱라 故曰殄世라 程子曰 夫聖莫聖於舜이어늘 而禹之戒舜에 至曰無若丹朱 好慢遊, 作傲虐이라하시니 且舜之不爲慢遊傲虐은 雖愚者라도 亦當知之어늘 豈以禹而不知乎아 蓋處崇高之位면 所以儆戒者當如是也라 創은 懲也니 禹自言懲丹朱之惡하여 而不敢以慢遊也라 塗山은 國名이니 在今壽春縣東北하니 禹娶塗山氏之女也라 辛壬癸甲은 四日也니 禹娶塗山하여 甫及四日에 卽往治水也라 啓는 禹之子라 呱呱는 泣聲이라 荒은 大也니 言娶妻生子 皆有所不暇顧念이요 惟以大相度平治水土之功爲急也라 孟子言禹八年於外에 三過其門而不入[2]이 是也라 五服은 甸, 侯, 綏, 要, 荒也니 言非特平治水土라 又因地域之遠近하여 以輔成五服之制也라 疆理宇內는 乃人君之事니 非人臣之所當專者라 故曰弼成也라 五千者는 每服五百里니 五服之地는 東西南北이 相距五千里也라 十二師者는 每州立十二諸侯하여 以爲之師하여 使之相牧하여 以糾群后也라 薄은 迫也라 九州之外 迫於四海히 每方에 各建五人하여 以爲之長하여 而統率之也니 聖人經理之制 其詳內略外者 如此라 卽은 就也라 謂十二師, 五長이 內而侯牧과 外而蕃夷가 皆蹈行有功이어늘 惟三苗頑慢不率하여 不

奡 : 이름 오　盪 : 물배질할 탕　甫 : 겨우 보　甸 : 다스릴 전

肯就工하니 帝當憂念之也라 帝言四海之內가 蹈行我之德教者는 是汝功惟敍之故니 其頑而弗率者는 則皐陶方敬承汝之功敍하여 方施象刑호되 惟明矣라 曰明者는 言其刑罰當罪하여 可以畏服乎人也라 上文禹之意는 欲舜弛其鞭扑之威하고 益廣其文教之及이어늘 而帝以禹之功敍 旣已如此로되 而猶有頑不卽工如苗民者하니 是豈刑法之所可廢哉리오하시니라 或者는 乃謂苗之凶頑은 六師征之로되 猶且逆命하니 豈皐陶象刑之所能致리오하니 是未知聖人兵刑之敍와 與帝舜治苗之本末也라 帝之此言은 乃在禹未攝位之前이요 非徂征後事라 蓋威以象刑호되 而苗猶不服然後에 命禹征之하시고 征之不服이어늘 以益之諫而又增脩德教하시고 及其來格然後에 分背之하시니 舜之此言은 雖在三謨之末이나 而實則禹未攝位之前也니라

《漢書》〈律曆志〉에 "帝堯가 아들 朱를 丹淵에 처하게 하여 제후를 삼았다." 하였으니, 丹은 朱의 나라 이름이다. 額額은 쉬지 않는 모양이다. 罔水行舟는 奡가 배를 육지로 끌고 다닌 것과 같은 따위이다. 朋淫은 소인들과 붕당하여 집에서 음란한 것이다. 殄은 끊음이요 世는 帝堯의 천하를 대대로 잇는 것이니, 丹朱가 불초하여 帝堯가 천하를 舜에게 주고 朱에게 주지 않았으므로 대를 끊었다고 한 것이다.

程子가 말씀하였다. "聖스러움은 舜보다 더 성스러운 분이 없는데, 禹가 舜을 경계할 적에 '丹朱처럼 태만하게 노는 것을 좋아하지 말고 오만함과 포악함을 행하지 말라.' 하였으니, 舜이 慢遊와 傲虐을 하지 않음은 비록 어리석은 자라도 마땅히 알 터인데 어찌 禹로서 이것을 몰랐겠는가. 숭고한 지위에 처하면 경계함이 마땅히 이와 같아야 할 것이다."

創은 징계함이니, 禹가 스스로 말씀하기를 "단주의 악행을 징계하여 감히 慢遊하지 않았다."고 한 것이다. 塗山은 나라 이름이니, 지금의 壽春縣 동북쪽에 있었으니, 禹가 塗山氏의 딸에게 장가든 것이다. 辛壬癸甲은 4일이니, 禹가 도산씨에게 장가들어 겨우 4일 만에 즉시 가서 홍수를 다스린 것이다. 啓는 禹의 아들이다. 呱呱는 우는 소리이다. 荒은 큼이니, 아내를 취하고 자식을 낳은 것은 모두 돌아보고 생각할 겨를이 없었고, 오직 水土를 平治하는 공을 크게 헤아림을 급선무로 삼았다는 것이다. 孟子가 말씀하기를 "禹가 8년 동안 밖에 있으면서 세 번이나 자기집 문 앞을 지나면서

鞭 : 채찍 편 扑 : 종아리칠 복 徂 : 갈 조

도 들어가지 않았다."는 것이 이것이다. 五服은 甸服·侯服·綏服·要服·荒服이니, 단지 수토를 平治할 뿐만 아니라, 또 지역의 원근에 따라 오복의 제도를 도와 이루게 함을 말한 것이다. 宇內를 구획하고 다스림은 바로 군주의 일이니, 신하가 독단할 수 있는 것이 아니다. 그러므로 도와서 이루게 하였다고 말한 것이다.

5천은 服마다 5백 리이니, 五服의 땅은 동·서·남·북의 거리가 5천 리인 것이다. 12師는 每州에 12명의 제후를 세워 師(우두머리)를 삼아서 이들로 하여금 서로 살펴 제후들을 바로잡게 한 것이다. 薄은 이름이다. 九州의 밖으로부터 四海에 이르기까지 每方에 각기 5명을 세워 長으로 삼아 통솔하게 한 것이니, 聖人이 經理한 제도가 안을 상세히 하고 밖을 소략히 함이 이와 같다. 卽은 나아감이다. 12師와 5長이 안으로는 侯牧과 밖으로는 蕃夷가 다 공을 실천하여 행하였는데, 오직 三苗는 완악하고 거만하여 따르지 않아서 공에 나아가기를 즐기지 않으니, 황제는 마땅히 걱정하고 생각하라는 것이다. 帝舜이 말씀하기를 "사해의 안이 나의 德敎를 따라 행하는 것은 너의 공이 펴졌기 때문이니, 완악하여 따르지 않는 자들은 고요가 바야흐로 너의 공이 펴진 것을 공경히 이어 象刑을 베풀되 분명히 한다." 하였다. 明은 형벌이 죄에 합당하여 사람들을 두렵게 하고 복종시킬 수 있음을 말한 것이다. 上文에 禹의 뜻은 舜으로 하여금 鞭扑의 위엄을 풀고 文敎의 미침을 더욱 넓히고자 한 것인데, 帝舜은 "禹의 공이 펴짐이 이미 이와 같은데도 苗民처럼 오히려 완악하여 공에 나아가지 않는 자가 있으니, 어찌 형법을 폐할 수 있겠는가."라고 한 것이다.

혹자는 마침내 말하기를 "苗의 흉하고 완악함은 六師(六軍)로 정벌하였는데도 오히려 명을 거역하였으니, 어찌 고요의 象刑으로 이룰 수 있는 것이겠는가."라고 하니, 이는 聖人이 兵과 刑을 쓰는 순서와 帝舜이 苗를 다스린 본말을 알지 못한 것이다. 帝舜의 이 말씀은 바로 禹가 攝位하기 전에 있었고, 가서 정벌한 뒤의 일이 아니니, 이는 象刑으로 위엄을 보여도 苗가 오히려 복종하지 않은 뒤에야 禹에게 명하여 정벌하게 하시고, 정벌하여도 복종하지 않자 益의 諫言에 따라 또 德敎를 더 닦으셨으며, 와서 복종함에 이른 뒤에야 나누어 보내신 것이니, 舜의 이 말씀은 비록 三謨의 끝에 있으나 실제로는 禹가 아직 攝位하기 이전이었다.

譯註 1. 奡盪舟 : 盪舟는 힘이 세어 육지에서 배를 끌고 다니는 것으로, 《論

語》〈憲問〉에 "羿善射 奡盪舟 俱不得其死"라고 보인다.
2. 禹八年於外 三過其門而不入 :《孟子》〈滕文公上〉에 보인다.

9. 夔曰 戛擊鳴球하며 搏拊琴瑟하여 以詠호니 祖考來格하시며 虞賓이 在位하여 群后로 德讓하나다 下管鼗鼓하고 合止柷敔하며 笙鏞以間호니 鳥獸蹌蹌하며 簫韶九成에 鳳凰이 來儀하나다

夔가 말하였다. "鳴球를 戛擊(침)하며 거문고와 비파를 搏拊(어루만짐)하며 노래를 읊으니, 祖考가 와서 이르시며 虞賓이 자리에 있으면서 여러 제후들과 德으로 사양합니다. 堂下에는 관악기와 鼗鼓를 진열하고, 음악을 합하고 멈추되 柷과 敔로 하며 笙과 鏞(큰북)을 번갈아 울리니, 새와 짐승이 너울너울 춤을 추며 簫韶를 아홉 번 연주하자 봉황이 와서 춤을 춥니다."

戛擊은 考擊也라 鳴球는 玉磬名也라 搏은 至요 拊는 循也라 樂之始作에 升歌於堂上하나니 則堂上之樂에 惟取其聲之輕淸者하여 與人聲相比라 故曰以詠이니 蓋戛擊鳴球하고 搏拊琴瑟하여 以合詠歌之聲也라 格은 神之格思[1]之格이라 虞賓은 丹朱也라 堯之後爲賓於虞하니 猶微子作賓於周也라 丹朱在位하여 與助祭群后로 以德相讓하니 則人無不和를 可知矣라 下는 堂下之樂也라 管은 猶周禮所謂陰竹之管, 孤竹之管, 孫竹之管[2]也라 鼗鼓는 如鼓而小하니 有柄하여 持而搖之면 則旁耳自擊이라 柷敔는 郭璞云 柷은 如漆桶하니 方二尺四寸이요 深一尺八寸이며 中有椎柄하니 連底撞之하여 令左右擊이라 敔는 狀如伏虎하니 背上에 有二十七鉏鋙刻하여 以籈擽之하나니 籈長一尺이니 以木爲之라 始作也에 擊柷以合之하고 及其將終也에 則擽敔以止之하니 蓋節樂之器也라 笙은 以匏爲之하니 列管於匏

戛 : 칠 알　搏 : 칠 박　拊 : 칠 부　鼗 : 법고 도　柷 : 악기이름 축
敔 : 악기이름 어　蹌 : 춤출 창　磬 : 경쇠 경　撞 : 칠 당　鉏 : 어긋날 서
鋙 : 어긋날 어　籈 : 그칠풍류채 진　擽 : 칠 략

中하고 又施簨於管端이라 鏞은 大鐘也라 葉氏曰 鐘이 與笙相應者曰笙鐘이요 與歌相應者曰頌鐘이니 頌은 或謂之鏞하니 詩賁鼓維鏞이 是也라 大射禮에 樂人이 宿縣(懸)于阼階東호되 笙磬西面이요 其南은 笙鐘이며 西階之西엔 頌磬東面이요 其南은 頌鐘이라하니 頌鐘은 卽鏞鐘也라 上言以詠하고 此言以間은 相對而言이니 蓋與詠歌迭奏也라 鄕飮酒禮云 歌鹿鳴하고 笙南陔하며 間歌魚麗하고 笙由庚이라하니 或其遺制也라 蹌蹌은 行動之貌라 言樂音이 不獨感神人이라 至於鳥獸無知하여도 亦且相率而舞蹌蹌然也라 簫는 古文作箾하니 舞者所執之物이라 說文云 樂名箾韶라 季札觀周樂할새 見舞韶箾者라하니 則箾韶는 蓋舜樂之總名也라 今文作簫라 故로 先儒誤以簫管釋之하니라 九成者는 樂之九成也라 功以九敍라 故로 樂以九成이니 九成은 猶周禮所謂九變也라 孔子曰 樂者는 象成者也라 故曰成이라하시니라 鳳凰은 羽族之靈者니 其雄爲鳳이요 其雌爲凰이라 來儀者는 來舞而有容儀也라 戛擊鳴球하고 搏拊琴瑟以詠은 堂上之樂也요 下管鼗鼓하고 合止柷敔하며 笙鏞以間은 堂下之樂也라 唐孔氏曰 樂之作也에 依上下而遞奏하고 間合而後曲成이라하니라 祖考는 尊神이라 故言於堂上之樂하고 鳥獸는 微物이라 故言於堂下之樂하며 九成致鳳은 尊異靈瑞라 故別言之하니 非堂上之樂은 獨致神格하고 堂下之樂은 偏能舞獸也라 或曰 笙之形은 如鳥翼하고 鏞之簴는 爲獸形이라 故於笙鏞以間에 言鳥獸蹌蹌이라 風俗通曰 舜作簫笙하여 以象鳳이라하니 蓋因其形聲之似하여 以狀其聲樂之和니 豈眞有鳥獸鳳凰而蹌蹌來儀者乎아 曰 是未知聲樂感通之妙也라 瓠巴鼓瑟에 而游魚出聽하고 伯牙鼓琴에 而六馬仰秣[3]하니 聲之致祥召物이 見於傳者多矣라 況舜之德이 致和於上하고 夔之樂이 召和於下하니 其格神人, 舞獸鳳을 豈足疑哉리오 今按季札이 觀周樂할새 見舞韶箾者하고 曰 德至矣盡矣라 如天之無不覆(부)하고 如地之無不載하니 雖甚盛德이나 蔑以加矣라하니 夫韶樂之奏에 幽而感神이면 則祖考來格하고 明而感人이면 則群后德讓하고 微而感物이면 則鳳儀獸舞하니 原其所以能感召如此者하면 皆由舜之德이 如天地之無不覆燾也라 其樂之傳이 歷千餘載로되 孔子

笙：젓대 생　陔：변방 해　箾：퉁소 소　遞：번갈아 체　簴：종틀 거
秣：말먹이 말

聞之於齊하시고 尙且三月不知肉味하사 曰不圖爲樂之至於斯라하시니 則當時感召를 從可知矣라 又按此章에 夔言作樂之效는 其文이 自爲一段이니 不與上下文勢相屬이라 蓋舜之在位五十餘年에 其與禹皐陶夔益으로 相與答問者多矣라 史官이 取其尤彰明者하여 以詔後世하니 則是其所言者自有先後어늘 史官이 集而記之하니 非其一日之言也라 諸儒之說은 自皐陶謨로 至此篇末에 皆謂文勢相屬이라 故其說이 牽合不通하니 今皆不取하노라

戞擊은 치는 것이다. 鳴球는 玉磬의 이름이다. 搏은 이름(살며시 댐)이요 拊는 어루만짐이다. 음악을 처음 시작할 때에 堂上에 올라가 노래하니, 당상의 음악 중에 오직 소리가 가볍고 맑은 것을 취하여 사람의 목소리와 서로 합하게 하므로 '以詠'이라 하였으니, 명구를 치고 거문고와 비파를 어루만져서 詠歌의 소리에 합하게 한 것이다. 格은 '神之格思'의 格이다. 虞賓은 丹朱이다. 堯의 후손이 虞나라에 손님이 된 것이니, 微子가 周나라에 손님이 된 것과 같다. 단주가 자리에 있으면서 제사를 돕는 여러 제후들과 德으로 서로 사양하였으니, 사람들이 화하지 않음이 없음을 알 수 있다. 下는 堂下의 악기이다. 管은 《周禮》에 이른바 '陰竹의 管, 孤竹의 管, 孫竹의 管'과 같은 것이다. 鼗鼓는 북과 같은데 작으니, 자루가 있어 잡고서 흔들면 양곁의 귀가 스스로 두드리게 된다. 柷과 敔는 郭璞이 이르기를 "柷은 漆桶과 같으니, 方이 2척 4촌이고 깊이가 1척 8촌이며 가운데에 나무 자루가 있으니, 밑을 연하여 두드려서 좌우로 하여금 치게 한다." 하였다. 敔는 모양이 엎드려 있는 범과 같은데 등 위에 27개의 들쑥날쑥한 홈이 새겨져 있어 籈(풍류채)으로 긁는다. 籈의 길이는 1척이니, 나무로 만든다. 음악을 시작할 때에는 柷을 쳐서 합하고, 음악이 장차 끝날 때에는 敔를 긁어서 그치니, 이는 음악을 절제하는 기구이다. 笙은 박으로 만드니, 管을 박 가운데에 늘어놓고 또 簧을 관 끝에 설치한다.

鏞은 큰 종이다. 葉氏는 말하기를 "鐘이 笙과 서로 응하는 것을 笙鐘이라 하고, 노래와 서로 응하는 것을 頌鐘이라 한다. 頌은 혹 鏞이라 하니, 《詩經》에 '賁鼓維鏞'이라 한 것이 이것이다." 하였다. 〈大射禮〉에 "樂工이 미리 동쪽 섬돌의 동쪽에 악기를 매달되 笙磬은 서향을 하고 그 남쪽에는 笙鐘을 진열하며, 서쪽 뜰의 서쪽에는 頌磬은 동향을 하고 그 남쪽에는 頌鐘을 진열한다." 하였으니, 頌鐘은 곧 鏞鐘이다. 위에서는 '以詠'이라 하고

여기서는 '以間'이라 한 것은 상대하여 말한 것이니, 詠歌와 함께 번갈아 연주한 것이다. 〈鄕飮酒禮〉에 "〈鹿鳴〉을 노래하고 〈南陔〉를 笙으로 연주하며, 번갈아 〈魚麗〉를 노래하고 〈由庚〉을 생으로 연주한다." 하였으니, 혹 예로부터 전해오는 제도인 듯하다. 蹌蹌은 춤추는 모양이다. 음악은 단지 神과 사람을 감동시킬 뿐만 아니라, 무지한 鳥獸에 이르러서도 또한 서로 거느리고 춤추기를 蹌蹌然히 함을 말한 것이다.

簫는 古文에는 箾로 되어 있으니, 춤추는 자가 잡는 물건이다. 《說文》에 "음악의 이름을 箾韶라 한다. 季札이 음악을 관찰할 적에 '箾韶로 춤추는 자를 보았다.' 했다." 하였으니, 箾韶는 아마도 帝舜의 음악의 총칭인 듯하다. 今文에는 簫로 되어 있기 때문에 先儒들이 簫管(퉁소)으로 잘못 해석하였다. 九成은 음악이 아홉번 끝난 것이다. 功이 아홉번 펴졌기 때문에 음악을 九成이라 하였으니, 구성은 《周禮》의 이른바 '九變(아홉번 변함)'과 같다. 孔子가 말씀하기를 "樂은 이룸을 형상한 것이다. 그러므로 成이라 한다." 하였다. 봉황은 羽族의 영물이니, 수놈을 鳳이라 하고 암놈을 凰이라 한다. 來儀는 와서 춤을 추되 容儀가 있게 한 것이다.

鳴球를 치고 거문고와 비파를 어루만지며 노래를 읊음은 당상의 음악이고, 당하에 관악기와 조고를 진열하고 음악을 합하고 멈추되 柷과 敔로 하며 笙과 鏞을 번갈아 울림은 당하의 음악이다. 唐나라 孔氏가 말하기를 "음악을 시작할 때에는 당상과 당하에 따라 교대로 연주하고, 번갈아 합한 뒤에 곡조가 이루어진다." 하였다. 祖考는 높은 神이므로 당상의 음악에 말하였고 鳥獸는 미물이므로 당하의 음악에 말하였으며, 箾韶를 아홉 번 연주하자 봉황이 이름은 신령스러움과 상서로움을 높이고 특이하게 하였기 때문에 따로 말한 것이니, 당상의 음악은 단지 神이 이름만을 이루고 당하의 음악은 단지 짐승을 춤추게만 하는 것은 아니다.

혹자는 말하기를 "笙의 모양은 새의 날개와 같고 鏞의 틀은 짐승의 모양이다. 그러므로 '笙과 鏞을 번갈아 울리니, 새와 짐승이 너울너울 춤을 춘다.'고 말한 것이다. 《風俗通》에 '舜이 簫笙을 만들어 鳳을 형상했다.' 하였으니, 그 모습과 소리가 비슷함으로 인하여 聲樂이 화함을 형상한 것이니, 어찌 참으로 조수와 봉황이 너울너울 와서 춤을 출 리가 있겠는가."라고 한다. 그러나 이는 聲樂이 감통하는 묘를 알지 못한 것이다. 瓠巴가 비파를 연주하자 물속에 놀던 고기가 나와서 들었고, 伯牙가 거문고를 연주하자 여섯 필의 말이 먹이를 먹다가 머리를 들었으니, 소리가 상서를 이루고 물건을 부름이 經傳에 나타난 것이 많다. 더구나 舜의 德이 위에서 和함을 이루고 夔의 음악이 아래에서 和함을 부르니, 神과 사람을 감동시키고 짐승과 봉황을 춤추게 한 것을 어찌 의심하겠는가. 이제 살펴보건대 季札이 周나라의 음악을 관찰할 적에 韶箾로 춤추는 자를 보고 말하기를 "덕이 지극하고 극진하다. 마치 하늘이 덮어주지 않음이 없고 땅이 실어주지 않음이 없는 것과 같으니, 비록 심히 성대한 덕이라도 이보다 더할 수는 없다." 하였으니, 韶樂을 연주함에 幽(귀신 세계)로 神을 감동시키면 祖考가 와서 이르고, 明(인간 세계)으로 사람을 감동시키면 여러 제후들이 덕으로 사양하며, 미물로 짐승들을 감동시키면 봉황이 容儀에 맞게 춤을 추고 짐승들이 춤을 추었으니, 감동시켜 부름이 이와 같은 이유를 근원해 보면 모두 帝舜의 德이 천지가 덮어주고 실어주지 않음이 없는 것과 같기 때문이다. 음악이 전해진 지가 천여 년이 넘었는데도 孔子께서 이것을 齊나라에서 들으시고는 오히려 〈배우는〉 3개월 동안 고기맛을 모르시며 말씀하기를 "음악을 만든 것이 이러한 경지에 이를 줄은 생각하지 못했다." 하였으니, 당시에 감동시키고 부른 것을 따라서 알 수 있다. 또 살펴보건대 이 章에 夔가 음악을 연주하는 효험을 말한 것은 그 글이 따로 한 단락이 되어야 하니, 上下의 文勢와 서로 연결되지 않는다. 舜이 재위한 지 50여년에 禹와 皐陶, 夔와 益과 더불어 서로 문답한 것이 많은데, 史官이 그 중에 특히 밝게 드러난 것을 취하여 후세를 가르쳤으니, 이 말한 바가 자연 先後의 차이가 있는데 사관이 이것을 모아 기록하였으니, 이는 하루에 말한 것이 아니다. 諸儒들의 말은 〈皐陶謨〉로부터 이 편의 끝에 이르기까지 모두 문세가 서로 연결된다고 생각하였다. 그러므로 그 말이 억지로 끌어다 맞춰서 통하지 못하니, 이제 모두 취하지 않는다.

譯註 1. 神之格思 : 思는 助詞로 神이 이르는 것인바, 《詩經》 〈大雅 抑〉에 "神之格思 不可度思"라고 보인다.

2. 陰竹之管 … 孫竹之管 : 陰竹은 山의 북쪽에서 자란 대나무이고, 孤竹은 특별히 우뚝하게 자란 대나무이고, 孫竹은 가지와 뿌리가 생기지 않은 대나무라 한다.

3. 瓠巴鼓瑟 … 六馬仰秣 : 瓠巴와 伯牙는 옛날 거문고와 비파를 잘 탄 사람으로 이 내용은 《荀子》 〈勸學〉에 보인다.

10. 夔曰 於(오)予擊石拊石에 百獸率舞하며 庶尹이 允諧하나다

夔가 말하였다. "아! 제가 石磬을 치고 석경을 어루만지자, 온갖 짐승들이 모두 따라서 춤을 추며 庶尹이 진실로 화합합니다."

重擊曰擊이요 輕擊曰拊라 石은 磬也니 有大磬, 有編磬, 有歌磬하니 磬有小大라 故로 擊有輕重이라 八音에 獨言石者는 蓋石音屬角하여 最難諧和라 記曰 磬以立辨이라하니 夫樂은 以合爲主어늘 而石聲獨立辨者는 以其難和也라 石聲旣和면 則金絲竹匏土革木之聲이 無不和者矣라 詩曰 旣和且平하여 依我磬聲이라하니 則知言石者는 總樂之和而言之也라 或曰 玉振之也者는 終條理之事라 故로 擧磬以終焉이라하니라 上言鳥獸하고 此言百獸者는 考工記曰 天下大獸五니 脂者膏者臝者羽者鱗者[1]라하니 羽鱗을 總可謂之獸也라 百獸舞면 則物無不和를 可知矣라 尹은 正也니 庶尹者는 衆百官府之長也라 允諧者는 信皆和諧也니 庶尹諧면 則人無不和를 可知矣라

무겁게 치는 것을 擊이라 하고, 가볍게 치는 것을 拊라 한다. 石은 石磬이니, 大磬·編磬·歌磬이 있으니, 석경에 크고 작음이 있기 때문에 침에 輕重의 차이가 있는 것이다. 八音 중에 오직 石磬을 말한 것은 석경의 소리는 角에 속하여 가장 조화시키기 어렵기 때문이다. 《禮記》에 "경쇠로써 분별을 세운다." 하였으니, 음악은 합함을 위주로 하는데, 석경의 소리만이 유독 분별을 세움은 조화시키기 어렵기 때문이다. 석경의 소리가 이미 조화로우면 金·絲·竹·匏·土·革·木의 악기 소리가 화하지 않음이 없을 것이다. 《詩經》에 "이미 화하고 또 평하여 우리의 석경 소리에 따른다." 하였으니, 石을 말한 것은 음악의 화함을 총괄하여 말한 것임을 알 수 있다. 혹자는 말하기를 "玉(석경)으로 거두는 것은 조리를 끝내는 일이기 때문에 石磬을 들어 마친 것이다."라고 한다. 위에서는 鳥獸를 말하고 여기서는 百獸를 말한 것은 〈考工記〉에 "천하에 큰 짐승이 다섯 가지이니, 脂인 것과 膏인 것과 臝인 것과 깃인 것과 비늘인 것이 있다." 하였으니, 깃과 비늘이

匏：박 포　脂：기름 지　臝：벗을 라　鱗：비늘 린

있는 것을 모두 獸라고 이를 수 있다. 백수가 춤을 추었다면 화하지 않은 물건이 없음을 알 수 있다. 尹은 正(장관)이니, 庶尹은 여러 官府의 長이다. 允諧는 진실로 모두 화합함이니, 서윤이 화합하면 사람들이 화합하지 않음이 없음을 알 수 있다.

譯註 1. 脂者 … 鱗者 : 뿔이 있는 소와 양을 脂, 뿔이 없는 돼지 등을 膏라 하고, 털이 짧은 범이나 표범을 蠃라 하고, 깃이 있는 새 따위를 羽라 하고, 비늘이 있는 물고기 따위를 鱗이라 한다.

11. 帝庸作歌曰 勅天之命인댄 惟時惟幾라하시고 乃歌曰 股肱喜哉면 元首起哉하여 百工熙哉하리라 皐陶拜手稽首하여 颺言曰 念哉하사 率作興事하사되 愼乃憲하사 欽哉하시며 屢省乃成하사 欽哉하소서 乃賡載歌曰 元首明哉하시면 股肱良哉하여 庶事康哉하리이다 又歌曰 元首叢脞哉하시면 股肱惰哉하여 萬事墮哉하리이다 帝拜曰 兪라 往欽哉하라

帝舜이 노래를 지어 말씀하기를 "하늘의 명을 삼갈진댄 때마다 삼가고 기미마다 삼가야 한다." 하고, 마침내 노래하기를 "股肱이 기뻐하여 일하면 元首의 다스림이 興起되어 百工이 기뻐할 것이다." 하였다. 고요가 손을 모아 절하고 머리를 조아리며 큰소리로 말하기를 "유념하시어 신하들을 거느리고 일을 일으키시되 법도를 삼가 공경하시며, 일이 이루어지는가를 자주 살펴 공경하소서." 하고는, 마침내 노래를 이어 이루기를 "원수가 현명하시면 고굉이 어질어서 모든 일이 편안할 것입니다." 하였다. 고요가 다시 노래하기를 "원수가 叢脞(좀스럽고 자질구레함)하시면 고굉이 태만해져서 만사가 폐해질 것입니다." 하였다. 帝舜이 절하며 "아! 너의 말이 옳다. 가서 공경히 임무를 수행하라." 하였다.

颺 : 날릴 양 屢 : 여러 루 賡 : 이을 갱 叢 : 모을 총, 떨기 총 脞 : 잘 좌

庸은 用也라 歌는 詩歌也라 勅은 戒勅也요 幾는 事之微也니 惟時者는 無時而不戒勅也요 惟幾者는 無事而不戒勅也라 蓋天命無常하여 理亂安危가 相爲倚伏하니 今雖治定功成하고 禮備樂和나 然頃刻謹畏之不存이면 則怠荒之所自起요 毫髮幾微之不察이면 則禍患之所自生이니 不可不戒也라 此는 舜將欲作歌에 而先述其所以歌之意也라 股肱은 臣也요 元首는 君也라 人臣이 樂於趨事赴功이면 則人君之治 爲之興起하여 而百官之功이 皆廣也라 拜手稽首者는 首至手하고 又至地也라 大言而疾曰颺이라 率은 總率也라 皐陶言 人君이 當總率群臣하여 以起事功이요 又必謹其所守之法度라하니 蓋樂於興事者는 易至於紛更이라 故로 深戒之也라 屢는 數(삭)也니 興事而數考其成이면 則有課功覈實之效하여 而無誕慢欺蔽之失이라 兩言欽哉者는 興事考成二者는 皆所當深敬而不可忽者也니 此는 皐陶將欲賡歌에 而先述其所以歌之意也라 賡은 續이요 載는 成也니 續帝歌以成其義也라 皐陶言 君明則臣良하여 而衆事皆安이라하니 所以勸之也라 叢脞는 煩碎也요 惰는 懈怠也요 墮는 傾圮也라 言君行臣職하여 煩瑣細碎면 則臣下懈怠하여 不肯任事하여 而萬事廢壞니 所以戒之也라 舜作歌而責難於臣하고 皐陶賡歌而責難於君하여 君臣之相責難者如此하니 有虞之治 玆所以爲不可及也歟인저 帝拜者는 重其禮也라 重其禮하고 然其言하고 而曰 汝等이 往治其職호되 不可以不敬也라하시니라 林氏曰 舜與皐陶之賡歌는 三百篇之權輿[1]也니 學詩者當自此始니라

庸은 씀이다. 歌는 詩歌이다. 勅은 戒勅(경계하고 삼감)함이요 幾는 일의 기미이니, 惟時는 때마다 계칙하지 않음이 없는 것이요, 惟幾는 일마다 계칙하지 않음이 없는 것이다. 天命이 무상하여 다스려지고 혼란함과 편안하고 위태로움이 서로 따르고 숨어 있으니, 지금 비록 다스림이 안정되고 공이 이루어지며 禮가 갖추어지고 樂이 和하나 잠시라도 삼가고 두려워하는 마음을 두지 않으면 怠荒(게으름)이 이로 말미암아 일어나게 되고 털끝만치라도 기미를 살피지 않으면 禍患이 이로 말미암아 일어나니 경계하지 않을 수 없는 것이다. 이는 帝舜이 장차 노래를 짓고자 하면서 노래하려는 바의 뜻을 먼저 말씀한 것이다. 股肱은 신하이고 元首는 군주이다. 신하가

倚 : 의지할 의　覈 : 조사할 핵　碎 : 부서질 쇄　圮 : 무너질 비

事功에 달려가기를 좋아하면 군주의 다스림이 이 때문에 흥기되어 百官의 공이 모두 넓혀지는 것이다. 拜手稽首는 머리가 손에 이르고 또 땅에 이르는 것이다. 크게 말하고 빨리 함을 颺이라 한다. 率은 통솔함이다. 고요가 말하기를 "임금은 마땅히 群臣을 통솔하여 事功을 일으킬 것이요, 또 반드시 지켜야 할 바의 법도를 삼가야 한다." 하였으니, 사공을 일으키기를 좋아하는 자는 紛紛히 변경함에 이르기 쉬우므로 깊이 경계한 것이다. 屢는 자주이니, 事功을 일으키되 자주 일이 이루어지는가를 살피면 공적을 考課하고 실제를 조사하는 효험이 있어서 허탄하고 태만하며 속이고 가리우는 잘못이 없게 된다. 두번 '欽哉'를 말한 것은 사공을 일으키고 성공을 상고하는 두 가지는 모두 마땅히 깊이 경계하여 소홀히 해서는 안되기 때문이니, 이는 고요가 장차 노래를 잇고자 하면서 노래하려는 바의 뜻을 먼저 말한 것이다.

賡은 계속함이요 載는 이룸이니, 帝舜의 노래를 이어서 그 뜻을 이루는 것이다. 고요가 말하기를 "군주가 현명하면 신하가 어질어서 모든 일이 다 편안할 것이다." 하였으니, 이는 권면한 것이다. 叢脞는 번거롭고 자잘한 것이요 惰는 怠惰요 墮는 기울고 무너짐이다. 〈고요가〉 말하기를 "군주가 신하의 직책을 행하여 번쇄하고 자잘하면 신하가 게을러져서 일을 맡기를 즐기지 않아 만사가 폐지되고 무너질 것이다." 하였으니, 이는 경계한 것이다. 帝舜은 노래를 지으면서 신하에게 어려운 일로 책하고 고요는 노래를 이으면서 군주에게 어려운 일로 책하여, 군신간에 서로 어려운 일로 책함이 이와 같았으니, 有虞의 정치가 이 때문에 미칠 수 없는 것일 것이다. 帝舜이 절한 것은 그 禮를 중히 한 것이다. 그 禮를 중히 하고 그 말을 옳게 여기고 말씀하기를 "너희들은 가서 직책을 다스리되 공경하지 않으면 안된다."라고 한 것이다.

林氏가 말하였다. "舜과 고요의 賡歌는 《詩經》 3백 편의 權輿(시초)이니, 《詩經》을 배우는 자들은 마땅히 이로부터 시작하여야 할 것이다."

譯註 1. 三百篇之權輿 : 三百篇은 《詩經》이 모두 3백 11편이므로 말한 것이며, 權은 저울대이고 輿는 수레의 깔판으로, 저울을 만드는 자는 먼저 저울대를 만들고 수레를 만드는 자는 수레의 깔판을 먼저 만들기 때문에 일의 발단이나 시작을 가리키는 말로 쓰인다.

書經集傳 卷三

夏 書

夏는 禹有天下之號也니 書凡四篇이라 禹貢은 作於虞時로되 而繫之夏書者는 禹之王이 以是功也일새니라

夏는 禹가 天下를 소유한 칭호이니, 夏書는 모두 4篇이다. 〈禹貢〉은 虞나라 때에 지어졌는데 夏書에 단 것은 禹가 王이 된 것이 이 功 때문이어서이다.

禹貢

上之所取를 謂之賦요 下之所供을 謂之貢이라 是篇은 有貢有賦로되 而獨以貢名篇者는 孟子曰 夏后氏는 五十而貢하니 貢者는 較數歲之中하여 以爲常이라하시니 則貢又夏后氏田賦之總名이라 今文古文皆有하니라

위에서 취하는 것을 賦라 하고 아래에서 바치는 것을 貢이라 한다. 이 篇은 貢이 있고 賦가 있는데, 유독 貢이라고 篇을 이름한 것은 孟子가 말씀하기를 "夏后氏는 50畝에 貢法을 썼으니, 貢이란 몇 년의 중간치를 비교하여 일정함을 삼는 것이다." 하였으니, 貢은 또 夏后氏 田賦의 총칭인 것이다. 今文과 古文에 모두 있다.

1. 禹敷土하시고 隨山刊木하사 奠高山大川하시다

繫 : 맬 계　敷 : 펼 부　刊 : 깎을 간　奠 : 정할 전

禹는 토지를 분별하고 山을 따라 나무를 제거하여 高山과 大川을 정해 놓으셨다.

敷는 分也니 分別土地하여 以爲九州也라 奠은 定也니 定高山大川하여 以別州境也니 若兗之濟河, 青之海岱, 揚之淮海, 雍之黑水西河, 荊之荊衡, 徐之海岱淮, 豫之荊河, 梁之華陽黑水가 是也라 方洪水橫流하여 不辨區域일새 禹分九州之地하여 隨山之勢하여 相其便宜하여 斬木通道以治之하시고 又定其山之高者와 與其川之大者하여 以爲之紀綱하시니 此三者는 禹治水之要라 故作書者首述之하니라
○ 曾氏曰 禹別九州는 非用其私智요 天文地理에 區域各定이라 故星土之法은 則有九野[1)]하고 而在地者는 必有高山大川이 爲之限隔하여 風氣爲之不通하니 民生其間에 亦各異俗이라 故禹因高山大川之所限者하여 別爲九州하고 又定其山之高峻과 水之深大者하여 爲其州之鎭하고 秩其祭而使其國主之也시니라

敷는 분별이니, 土地를 분별하여 九州를 만든 것이다. 奠은 정함이니, 高山·大川을 정하여 州의 경계를 구별한 것이니, 예를 들면 兗州의 濟水와 黃河, 青州의 바다와 岱山, 揚州의 淮水와 바다, 雍州의 黑水와 西河, 荊州의 荊山과 衡山, 徐州의 바다와 岱山과 淮水, 豫州의 荊山과 黃河, 梁州의 華陽과 黑水 같은 것이 이것이다. 洪水가 멋대로 흘러 구역을 분별할 수 없으므로 禹가 九州의 지역을 분별하여 산의 형세에 따라 편의를 보아서 나무를 베고 길을 통하게 하여 다스렸으며, 또 그 지역에 있는 山중에 높은 것과 川중에 큰 것을 정하여 紀綱을 삼으셨으니, 이 세 가지는 禹가 洪水를 다스린 大要이다. 그러므로 글을 지은 자가 먼저 서술한 것이다.
○ 曾氏가 말하였다. "禹가 九州를 분별한 것은 사사로운 지혜를 쓴 것이 아니요, 天文과 地理에 區域이 각기 정해져 있다. 그러므로 星土의 법에는 九野가 있고, 땅에 있는 것은 반드시 高山과 大川이 있어 限隔이 되어서 風氣가 이 때문에 통하지 않으니, 백성들이 그 사이에 살아 또한 각기 풍속이 다르다. 그러므로 禹가 高山과 大川의 한계를 따라 구별하여 九州를

兗 : 땅이름 연　岱 : 뫼 대　相 : 볼 상

만들고, 또 산이 높은 것과 물이 깊고 큰 것을 정하여 그 州의 鎭으로 삼고 그 祭祀를 차례로 정하여 그 나라로 하여금 주관하게 하신 것이다.

譯註 1. 星土之法則有九野 : 星土는 하늘의 별이 땅의 일정 지역을 맡고 있는 것이며 九野는 九州의 들(땅)인바, 옛날 사람들은 하늘의 二十八宿가 각기 땅의 일정 지역을 맡고 있는 것으로 보아 天上의 어떤 별자리에 이변이 보이면 여기에 해당하는 分野에 재변이 일어난다고 생각하였다. 그리하여 斗·牛·女 세 별의 星紀는 吳·越지방에 해당시키고 虛·危 두 별의 玄枵는 齊지방에 해당시켰는바, 《周禮》〈春官 保章氏〉에 "星土의 法으로 九州의 땅의 경계를 구분하였다.〔以星土辨九州之地所封〕"고 보인다.

2. 冀州라

冀州이다.

冀州는 帝都之地라 三面距河하니 兗河之西요 雍河之東이요 豫河之北이니 周禮職方에 河內曰冀州 是也라 八州에 皆言疆界로되 而冀不言者는 以餘州所至로 可見일새라 鼂氏曰 亦所以尊京師니 示王者無外之意니라

冀州는 帝都(京師)의 땅이다. 三面이 黃河에 접해 있으니, 兗河의 서쪽이요 雍河의 동쪽이요 豫河의 북쪽이니, 《周禮》〈職方〉에 "河內를 冀州라 한다."한 것이 이것이다. 8州는 다 疆界(境界)를 말하였으나 冀州는 말하지 않은 것은 나머지 州의 이른 바로 볼 수 있기 때문이다.

鼂氏가 말하였다. "이는 또한 京師를 높인 것이니, 王者는 밖이 없다는 뜻을 보인 것이다."

3. 旣載壺口하사

이미 壺口山을 시작하여 다스리시어

冀 : 바랄 기 距 : 이를 거 鼂 : 성 조 載 : 비로소 재 壺 : 병 호

經始治之를 謂之載라 壺口는 山名이니 漢地志에 在河東郡北屈縣東南이라하니 今隰州吉鄉縣也라
○ 今按既載云者는 冀州는 帝都之地니 禹受命治水所始에 在所當先이라 經始壺口等處하여 以殺(쇄)河勢라 故로 曰既載라 然이나 禹治水施功之序는 則皆自下流始라 故로 次兗次靑次徐次揚次荊次豫次梁次雍이니 兗最下라 故로 所先이요 雍最高라 故로 獨後라 禹言予決九川하며 距四海하며 濬畎澮하여 距川이라하시니 卽其用工之本末이라 先決九川之水하여 以距海면 則水之大者有所歸요 又濬畎澮하여 以距川이면 則水之小者有所泄이니 皆自下流로 以疏殺其勢라 讀禹貢之書하고 求禹功之序인댄 當於此詳之니라

시작하여 다스림을 載라 한다. 壺口는 산 이름이니, 《漢書》〈地理志〉에 "河東郡 北屈縣 東南에 있다."고 하였으니, 지금의 隰州 吉鄉縣이다.
○ 이제 살펴보건대, 既載라고 말한 것은 冀州는 帝都의 땅이니, 禹가 명을 받아 洪水를 다스리기 시작함에 마땅히 먼저하여야 하는 것이다. 壺口 等地를 經始하여 黃河의 勢를 줄였으므로 既載라고 말한 것이다. 그러나 禹가 洪水를 다스려 功을 베푼 순서는 모두 下流로부터 시작하였다. 그러므로 다음은 兗州, 靑州, 徐州, 揚州, 荊州, 豫州, 梁州, 雍州의 순서였으니, 兗州가 가장 지역이 낮으므로 먼저 하였고, 雍州가 가장 지역이 높으므로 홀로 뒤에 하였다. 禹가 말씀하기를 "내 九川을 터서 四海에 이르게 하고, 畎과 澮를 깊이 파서 내에 이르게 했다." 하였으니, 이것이 바로 功力을 쓴 本末이다. 먼저 九川의 물을 터놓아 바다에 이르게 했다면 물의 큰 것이 돌아갈 곳이 있을 것이요, 또 畎과 澮를 깊이 파서 내에 이르게 했다면 물의 작은 것이 빠질 곳이 있을 것이니, 이는 모두 下流로부터 물의 형세를 소통하여 줄인 것이다. 〈禹貢〉의 글을 읽고 禹王이 功을 베푼 순서를 찾으려면 마땅히 여기에서 자세히 살펴야 한다.

4. 治梁及岐하시며

梁山과 岐山을 다스리시며,

隰 : 진펄 습　殺 : 줄일 쇄　濬 : 깊을 준　澮 : 도랑 회

梁岐는 皆冀州山이라 梁山은 呂梁山也니 在今石州離石縣東北하니라 爾雅云 梁山은 晉望이라하니 卽冀州呂梁也라 呂不韋曰 龍門未闢하고 呂梁未鑿에 河出孟門之上이라하고 又春秋에 梁山崩이라하여늘 左氏穀梁이 皆以爲晉山이라하니 則亦指呂梁矣라 酈道元[1]謂 呂梁之石이 崇竦하여 河流激盪하여 震動天地라하니 此는 禹旣事壺口하고 乃卽治梁也라 岐山은 在今汾州介休縣하니 狐岐之山으로 勝水所出이니 東北流하여 注于汾이라 酈道元云 後魏於胡岐에 置六壁하고 防離石諸胡하여 因爲大鎭이라하니 今六壁城은 在勝水之側하니 實古河逕之險阨이라 二山은 河水所經이니 治之는 所以開河道也라 先儒以爲雍州梁岐者는 非是라

梁과 岐는 모두 冀州의 산이다. 梁山은 呂梁山이니, 지금의 石州 離石縣 동북쪽에 있다. 《爾雅》에 이르기를 "梁山은 晉의 望山이다." 하였으니, 바로 冀州의 呂梁山이다. 呂不韋가 말하기를 "龍門을 뚫지 않고 呂梁山을 파기 전에는 黃河가 孟門의 위로 나왔다." 하였으며, 또 《春秋》에 "梁山이 무너졌다." 하였는데, 左氏와 穀梁은 모두 晉나라 산이라 하였으니, 그렇다면 이 또한 呂梁山을 가리킨 것이다. 酈道元은 이르기를 "呂梁山의 돌이 우뚝 솟아 黃河의 흐름이 격동하고 부딪쳐서 天地를 진동한다." 하였으니, 이는 禹가 이미 壺口山에서 일을 시작하고 곧바로 梁山을 다스린 것이다. 岐山은 지금의 汾州 介休縣에 있었으니, 狐岐山으로 勝水가 나오는 곳이니 동북쪽으로 흘러 汾水로 주입한다. 酈道元은 이르기를 "後魏가 胡岐山에 六壁을 설치하여 離石에 있는 여러 胡를 막았다. 그리하여 인하여 큰 鎭이 되었다." 하였으니, 지금 六壁城은 勝水의 곁에 있는 바, 실로 옛날 黃河 길의 험한 곳이다. 두 산은 河水가 경유하는 곳이니, 이것을 다스림은 黃河의 길을 열어 놓은 것이다. 先儒가 雍州의 梁山과 岐山이라고 한 것은 옳지 않다.

譯註 1. 酈道元：南北朝 때 後魏 사람으로 字가 善長인데 《水經》의 注를 달아 유명하다. 《水經》은 中國에 있는 여러 江이나 河川 등의 발원지와 경유지 등을 기록한 책인데, 漢나라 때 桑欽이 지었다 하나

鑿：팔 착 酈：땅 력 竦：높을 송 盪：일렁일 탕 汾：물이름 분

一說에는 晉나라 때 郭璞이 지었다고도 한다.

5. 既修太原하사 至于岳陽하시며

이미 太原을 닦아서 岳陽(太岳山 남쪽)에 이르게 하며,

修는 因鯀之功而修之也라 廣平曰原이니 今河東路太原府也라 岳은 太岳也라 周職方에 冀州其山鎭曰霍山이라하고 地志에 謂 霍太山은 卽太岳이니 在河東郡彘縣東이라하니 今晉州霍邑也라 山南曰陽이니 卽今岳陽縣地也니 堯之所都라 揚子雲冀州箴曰 岳陽是都라하니 是也라 蓋汾水는 出於太原하여 經於太岳하여 東入于河[1]하니 此則導汾水也라

修는 鯀의 공을 인하여 닦은 것이다. 넓고 평평한 곳을 原이라 하니, 지금의 河東路 太原府이다. 岳은 太岳이다. 《周禮》〈職方〉에 "冀州는 山鎭이 霍山이다." 하였고, 〈地理志〉에 "霍太山은 곧 太岳이니 河東郡 彘縣의 동쪽에 있다." 하였으니, 지금의 晉州 霍邑이다. 산의 남쪽을 陽이라 하니 곧 지금의 岳陽縣 지역이니, 帝堯가 도읍한 곳이다. 揚子雲의 冀州箴에 "岳陽이 도읍이다." 하였으니, 이것이다. 汾水는 太原에서 나와 太岳을 경유하여 동쪽으로 黃河에 들어가니, 이는 汾水를 인도한 것이다.

譯註 1. 東入于河 : 《蔡傳旁通》에 "마땅히 西南으로 들어가야 한다.〔當云西南入河〕" 하였다.

6. 覃懷에 底績하사 至于衡(횡)漳하시다

覃懷에서 功績을 이루어 衡漳에 이르게 하였다.

覃懷는 地名이니 地志에 河內郡에 有懷縣이라하니 今懷州也라 曾氏曰 覃懷는 平地也니 當在孟津之東, 太行之西하니 淶水出乎其西[1]하고 淇水出乎其東이라 方洪水懷山襄陵之時하여 而平地致功爲難이라 故로 曰底績이

霍 : 빠를 곽 彘 : 돼지 체 覃 : 깊을 담 漳 : 물이름 장 淶 : 물이름 래

라 衡漳은 水名이니 衡은 古橫字라 地志에 漳水二니 一은 出上黨沾縣大黽谷이라하니 今平定軍樂平縣少山也니 名爲淸漳이요 一은 出上黨長子縣鹿谷山이라하니 今潞州長子縣發鳩山也니 名爲濁漳이라 酈道元은 謂之衡水라하고 又謂之橫水라하니 東至鄴하여 合淸漳하고 東北至阜城하여 入北河라 鄴은 今潞州涉縣也요 阜城은 今定遠軍東光縣也라

○ 又按桑欽云 二漳異源而下流相合하여 同歸于海라하고 唐人亦言漳水能獨達于海하니 請以爲瀆이라하여 而不云入河者는 蓋禹之導河에 自洚(강)水大陸으로 至碣石入于海하여 本隨西山下東北去라 周定王五年에 河徙砱礫하니 則漸遷而東이로되 漢初에 漳猶入河러니 其後에 河徙日東하여 而取漳水益遠이라 至欽時하여 河自大伾而下가 已非故道하여 而漳自入海矣라 故로 欽與唐人所言者如此하니라

覃懷는 地名이니, 〈地志〉에 "河內郡에 懷縣이 있다." 하였으니, 지금의 懷州이다. 曾氏는 말하기를 "覃懷는 평지이니, 마땅히 孟津의 동쪽, 太行의 서쪽에 있을 것이니, 淶水가 그 서쪽에서 나오고, 淇水가 그 동쪽에서 나온다." 하였다. 洪水가 산을 싸고 언덕을 오를 때를 당하여 평지에서는 功을 이루기가 어렵기 때문에 底績이라 한 것이다. 衡漳은 水名이니, 衡은 橫의 古字이다. 〈地志〉에 漳水가 둘이니, 하나는 "上黨郡 沾縣 大黽谷에서 나온다." 하였으니 지금의 平定軍 樂平縣 少山으로 이름을 淸漳이라 하고, 하나는 "上黨郡 長子縣 鹿谷山에서 나온다." 하였으니 지금의 潞州 長子縣 發鳩山으로 이름을 濁漳이라 한다. 酈道元은 "이 물을 衡水라 하고 또 橫水라 이르니, 동쪽으로 鄴에 이르러 淸漳과 合流하고, 동북으로 阜城에 이르러 北河에 들어간다." 하였다. 鄴은 지금의 潞州 涉縣이고, 阜城은 지금의 定遠軍 東光縣이다.

○ 또 살펴보건대, 桑欽이 이르기를 "두 漳水가 근원은 다르나 下流가 서로 합하여 바다로 들어간다." 하였고, 唐나라 사람도 말하기를 "漳水가 홀로 바다에 도달하니, 瀆으로 삼을 것을 청합니다." 하여 黃河로 들어간다고 말하지 않았으니, 이는 禹가 黃河를 인도함에 洚水와 大陸으로부터 碣石에 이르러 바다에 들어가게 해서 본래 西山의 아래를 따라 동북쪽으로 흘러갔

沾 : 젖을 첨　黽 : 힘쓸 민　潞 : 땅이름 로　鄴 : 땅 업　砱 : 돌구멍 령

었다. 周나라 定王 5년에 黃河가 硆礫으로 옮겨가니, 점점 옮겨가서 동쪽으로 갔으나 漢나라 초기에도 漳水는 그대로 黃河로 들어갔는데, 그 후 黃河가 옮겨져 날로 동쪽으로 가서 漳水를 취합이 더욱 멀어졌다. 桑欽 때에 이르러서는 黃河가 大伾로부터 이하는 이미 옛 길이 아니어서 漳水는 따로 바다로 들어갔다. 그러므로 桑欽과 唐나라 사람이 말한 것이 이와 같은 것이다.

譯註 1. 涞水出乎其西 : 《蔡傳旁通》에 "涞는 마땅히 濟가 되어야 한다." 하였다.

7. 厥土는 惟白壤이요

토질은 白色이고 덩어리가 없는 壤土(고운 흙)이며

漢孔氏曰 無塊曰壤이라하고 顔氏曰 柔土曰壤이라 夏氏曰 周官大司徒辨十有二壤之物하여 而知其種하여 以敎稼穡樹藝하고 以土均之法으로 辨五物九等하여 制天下之地征[1]이라하니 則夫敎民樹藝와 與因地制貢은 固不可不先於辨土也라 然이나 辨土之宜有二하니 白은 以辨其色이요 壤은 以辨其性也라 蓋草人糞壤之法[2]에 騂剛用牛하고 赤緹用羊하고 墳壤用麋하고 渴澤用鹿하니 糞治田疇에 各因色性하여 而辨其所當用也라 曾氏曰 冀州之土 豈皆白壤이리오마는 云然者는 土會之法이 從其多者論也니라

漢나라 孔氏는 "흙덩이가 없는 것을 壤이라 한다." 하였고, 顔氏는 "부드러운 흙을 壤이라 한다." 하였다. 夏氏는 말하기를 "《周官》에 大司徒가 12토양의 물건을 분별하여 여기에 심을 종자를 알아서 稼穡과 樹藝를 가르치고, 土均의 法으로 五物과 九等을 분별하여 天下의 地征(땅에 대한 세금)을 제정한다." 하였으니, 백성들에게 樹藝를 가르침과 땅에 따라 貢物을 제정함은 진실로 토지를 구분함을 먼저하지 않을 수 없다. 그러나 토지의 마땅함을 분별하는 방법은 두 가지가 있으니, 白은 색깔을 분별한 것이요, 壤은 그 성질을 분별한 것이다. 草人이 토양에 따라 씨앗을 담그는 법에 붉

礫 : 자갈 력　塊 : 흙덩이 괴　騂 : 붉을 성　緹 : 붉을 제　麋 : 고라니 미

고 단단한 땅에는 소뼈를 쓰고, 붉은 토질에는 양의 뼈를 쓰고, 墳壤에는 고라니 뼈를 쓰고, 마른 늪지대에는 사슴 뼈를 쓰니, 농토에 따라 씨앗을 담그고 다스림에 각각 색깔과 성질에 따라 마땅히 사용해야 할 것을 분별하는 것이다.

曾氏는 말하였다. "冀州의 땅이 어찌 다 白壤이겠는가마는 이렇게 말한 것은 土會의 法(土質에 따라 貢稅를 내는 법)은 그 많은 것을 따라 논하기 때문이다."

譯註 1. 辨十有二壤之物 … 制天下之地征 : 十有二壤은 星土法에 따라 12방위의 分野에 해당하는 토양을 이르며, 土均의 法은 토양에 따라 貢賦를 징수하여 天下의 政事를 고르게 하는 것이다. 五物은 토양의 다섯 가지 종류로 山林·川澤·丘陵·墳衍(물가나 낮고 평평한 지역)·原隰을 이르며, 九等은 토양의 아홉 가지 성질로 騂剛·赤緹 등을 이른다.

2. 糞壤之法 : 토양에 따라 가축이나 짐승의 뼈를 고아 그 물에 곡식의 씨앗을 담갔다가 파종함을 이른다.

8. 厥賦는 惟上에 上이니 錯하며 厥田은 惟中에 中이니라

賦는 上에 上이니 섞어서 上에 中을 내기도 하며, 田은 中에 中이다.

賦는 田所出穀米兵車之類[1]라 錯은 雜也니 賦第一等而錯出第二等也라 田第五等也니 賦高於田四等者는 地廣而人稠也라 林氏曰 冀州先賦後田者는 冀는 王畿之地니 天子所自治라 併與場圃園田漆林之類而征之니 如周官載師所載賦非盡出於田也라 故로 以賦屬于厥土之下요 餘州는 皆田之賦也라 故로 先田而後賦하니라 又按 九州九等之賦는 皆每州歲入總數를 以九州多寡相較하여 而爲九等이요 非以是等田而責其出是等賦也라 冀獨不言貢篚者는 冀는 天子封內之地라 無所事於貢篚也일새니라

賦는 田에 따라 내는 바의 米穀과 兵車의 따위이다. 錯은 섞임이니, 賦는

錯 : 섞을 착　稠 : 빽빽할 조　篚 : 광주리 비

第1等이나 섞어서 第2等을 내는 것이다. 田은 第5等이니, 賦가 田보다 4등급이 높은 것은 땅이 넓고 사람이 조밀하기 때문이다.

林氏가 말하였다. "冀州는 賦를 먼저하고 田을 뒤에 한 것은 冀州는 王畿의 땅이니, 天子가 직접 다스리는 곳이라서 場圃와 園田, 漆林 따위를 아울러서 세금을 내게 하니, 《周官》의 〈載師〉에 기재되어 있는 바, '賦가 모두 田에서만 나오는 것은 아니다.'라는 것과 같다. 그러므로 賦를 厥土의 아래에 속하게 하였고, 나머지 州는 모두 田에서 나오는 賦이므로 田을 먼저하고 賦를 뒤에 한 것이다."

또 살펴보건대, 九州에 9等의 賦는 다 州마다 歲入의 총수를 九州의 많고 적음을 가지고 서로 비교하여 9等을 만든 것이요, 이러한 등급의 田이라 하여 이러한 등급의 賦를 내도록 한 것은 아니다. 冀州에 유독 貢(貢物)·篚(폐백)를 말하지 않은 것은 冀州는 天子의 封內의 땅이라서 貢·篚에 일삼을 것이 없기 때문이다.

譯註 1. 田所出穀米兵車之類 : 兵車는 戰車로 兵車 1乘에는 甲士 3명, 步卒 72명, 취사병 25명, 軍馬 4필이 소속되어 있었는바, 田賦에 따라 兵車를 장만하였다. 그리하여 地方 千里인 天子國에는 兵車 萬乘을 보유할 수 있었다.

9. 恒衛既從하며 大陸既作하니라

恒水와 衛水가 이미 물길을 따르며, 大陸이 이미 농사를 짓게 되었다.

恒衛는 二水名이라 恒水는 地志에 出常山郡上曲陽縣恒山北谷이라하니 在今定州曲陽縣西北恒山也니 東入滱水라 薛氏曰 東流合滱水하여 至瀛州高陽縣하여 入易水라하고 鼂氏曰 今之恒水는 西南流하여 至眞定府行唐縣하여 東流入于滋水하고 又南流入于衡水라하니 非古逕矣라 衛水는 地志에 出常山郡靈壽縣東北이라하니 卽今眞定府靈壽縣也니 東入滹沱河라 薛氏曰 東北合滹沱河하여 過信安軍하여 入易水라 從은 從其道也라 大陸은 孫炎曰 鉅鹿北廣阿澤이니 河所經也라하고 程氏曰 鉅鹿은 去古河絶遠하

滱 : 물이름 구 瀛 : 큰바다 영 逕 : 길 경 滹 : 물이름 호 沱 : 물이름 타

니 河未嘗逕邢以行하니 鉅鹿之廣阿는 非是라하니라 按爾雅컨대 高平曰陸이라하니 大陸云者는 四無山阜하여 曠然平地라 蓋禹河自澶相以北으로 皆行西山之麓이라 故로 班馬王橫이 皆謂載之高地하니 則古河之在貝冀以及枯洚之南히 率皆穿西山踵趾以行이라가 及其已過信洚之北[1]하여는 則西山勢斷하여 曠然四平일새 蓋以此地로 謂之大陸하니 乃與下文北至大陸者合이라 故로 隋改趙之昭慶하여 以爲大陸縣하고 唐又割鹿城하여 置陸渾縣[2]하니 皆疑鉅鹿之大陸이 不與河應하여 而亦求之向北之地하니 杜佑李吉甫以爲邢趙深三州爲大陸者得之라 作者는 言可耕治니 水患旣息에 而平地之廣衍者 亦可耕治也라 恒衛는 水小而地遠하고 大陸은 地平而近河라 故로 其成功於田賦之後라

恒과 衛는 두 물의 이름이다. 恒水는 〈地志〉에 "常山郡 上曲陽縣 恒山 北谷에서 나온다." 하였으니 지금의 定州 曲陽縣 서북쪽 恒山이니, 동쪽으로 滱水로 들어간다. 薛氏는 말하기를 "동쪽으로 흘러 滱水와 合流하여 瀛州 高陽縣에 이르러 易水로 들어간다." 하였고, 鼂氏는 말하기를 "지금의 恒水는 서남쪽으로 흘러 眞定府 行唐縣에 이르러 동쪽으로 흘러 滋水에 들어가며, 또 남쪽으로 흘러 衡水에 들어간다." 하였으니, 이는 옛 길이 아니다. 衛水는 〈地志〉에 "常山郡 靈壽縣 동북쪽에서 나온다." 하였으니, 곧 지금의 眞定府 靈壽縣이니 동쪽으로 滹沱河로 들어간다. 薛氏는 말하기를 "동북쪽으로 滹沱河와 합류하여 信安軍을 지나 易水로 들어간다." 하였다. 從은 그 길을 따름이다.

大陸은 孫炎은 이르기를 "鉅鹿의 북쪽 廣阿의 늪이니, 黃河가 지나는 곳이다." 하였고, 程氏는 말하기를 "鉅鹿은 古河(옛날 黃河)와 거리가 매우 머니, 黃河가 일찍이 邢州를 경유하여 흘러간 적이 없으니, 鉅鹿의 廣阿는 옳지 않다." 하였다. 《爾雅》를 살펴보면 "높고 평평한 곳을 陸이라 한다." 하였으니, 大陸이란 사방에 산과 언덕이 없어서 넓은 평지이다. 禹王 때에 黃河는 澶州와 相州 이북으로부터 다 西山(太行山)의 기슭으로 흘러갔기 때문에 班固와 司馬遷, 王橫이 모두 높은 지역에 있다고 기재하였으니, 貝州와 冀州로부터 枯洚의 남쪽에 이르기까지에 있는 古河는 대체로 모두 西山의 踵趾(기슭)를 뚫고 흘러가다가 信洚의 북쪽을 지남에 미쳐서는 西山

邢 : 땅이름 형　澶 : 물결고요할 전　洚 : 물이름 강　衍 : 넓을 연

의 세가 끊겨서 사방이 드넓은 평지이므로 이 땅을 大陸이라 일렀으니, 바로 下文에 "북쪽으로 大陸에 이른다."는 것과 합치된다. 그러므로 隋나라는 趙州의 昭慶을 고쳐서 大陸縣이라 하였고, 唐나라는 또 鹿城을 떼어서 陸渾縣을 설치하였는바, 모두 鉅鹿의 大陸은 黃河와 응하지 않을 것이라고 의심하여 또한 북쪽지역에서 찾으니, 杜佑와 李吉甫가 "邢州, 趙州, 深州 세 고을이 大陸이다." 한 것이 맞는다. 作은 밭갈아 다스릴 만함을 말한 것이니, 水害가 이미 그침에 평지의 넓은 곳을 또한 밭갈아 다스릴 만한 것이다. 恒水와 衛水는 물이 적으나 지역이 멀고, 大陸은 땅이 평평하고 黃河와 가깝기 때문에 田賦의 뒤에 功을 이룬 것이다.

譯註 1. 已過信洚之北 : 《蔡傳旁通》에 "信字 아래에 都古 두 글자가 빠졌다." 하여 信都의 古洚으로 보았으나 沙溪 金長生은 "冀州의 信都縣에 洚水라는 물이 있으므로 信洚이라 했다." 하였다.

2. 置陸渾縣 : 《蔡傳旁通》에 "陸渾은 陸澤을 잘못 쓴 것이다." 하였다.

10. 島夷는 皮服이로다

島夷가 皮服을 입고 와서 貢物을 바쳤다.

海曲曰島니 海島之夷가 以皮服來貢也라

바다의 굽이를 島라 하니, 海島의 오랑캐가 皮服을 입고 와서 貢物을 바친 것이다.

11. 夾右碣石하여 入于河하나니라

오른쪽으로 碣石을 끼고서 黃河로 들어간다.

碣石은 地志에 在北平郡驪城縣西南河口之地라하니 今平州之南也라 冀州는 北方貢賦之來에 自北海入河하여 南向西轉而碣石在其右轉屈之間

夾 : 낄 협 碣 : 돌 갈 驪 : 검은말 리(려)

이라 故로 曰夾右也라 程氏曰 冀爲帝都하여 東西南三面距河하니 他州貢賦가 皆以達河爲至라 故로 此三方을 亦不必書요 而其北境則漢遼東西右北平漁陽上谷之地니 其水如遼濡滹易이 皆中高하여 不與河通이라 故로 必自北海然後에 能達河也라 又按 酈道元言驪城枕海에 有石如甬道數十里요 當山頂에 有大石하여 如柱形하니 韋昭以爲碣石이라 其山이 昔在河口海濱이라 故로 以誌其入貢河道러니 歷世旣久에 爲水所漸淪하여 入于海하니 已去岸五百餘里矣라 戰國策에 以碣石在常山郡九門縣者는 恐名偶同이요 而鄭氏以爲九門無此山也라하니라

碣石은 〈地志〉에 "北平郡 驪城縣 서남쪽 河口의 땅에 있다." 하였으니, 지금의 平州의 남쪽이다. 冀州는 北方에서 貢賦를 수송해 올 때에, 북해로부터 黃河로 들어와서 南向하여 서쪽으로 돌 때 碣石이 오른쪽으로 도는 사이에 있으므로 "오른쪽으로 낀다."고 한 것이다.

程氏가 말하였다. "冀州는 帝都가 되어 東·西·南 三面이 黃河와 접해 있으니, 다른 州의 貢賦는 모두 黃河에 도달함을 이른다고 하였다. 그러므로 이 세 방위는 또한 굳이 쓸 것이 없고, 북쪽 경계는 漢나라의 遼東郡·遼西郡·右北平·漁陽·上谷지역이니, 그 물에 遼河·濡水·滹沱河·易水와 같은 것은 다 중간지역이 높아서 黃河와 통하지 못한다. 그러므로 반드시 北海로부터 온 뒤에야 黃河에 도달할 수 있는 것이다."

또 살펴보건대, 酈道元이 말하기를 "驪城의 바닷가에 돌이 甬道와 같은 것이 수십 리가 있으며, 산마루에 큰 돌이 있는데 기둥의 모양과 같으니, 韋昭가 이것을 碣石이라 하였다. 이 산이 옛날에는 河口의 바닷가에 있었기 때문에 貢物을 들여오는 黃河의 길을 기록한 것인데, 세월이 이미 오래되어 물에 침몰되어서 바닷물 속에 잠겼으니, 이미 江岸과 거리가 5백여 리나 된다." 하였다. 《戰國策》에 "碣石이 常山郡 九門縣에 있다."고 한 것은 이름이 우연히 같은 것인 듯하며, 鄭氏는 "九門縣에는 이 山이 없다." 하였다.

12. 濟河에 惟兗州라

甬：골목길 용　濱：물가 빈　淪：빠질 륜

濟水와 黃河에 兗州가 있다.

兗州之域은 東南據濟하고 西北距河하니라 濟河는 見導水[1]라 蘇氏曰 河濟之間은 相去不遠이라 兗州之境은 東南跨濟하니 非止於濟也라 愚謂 河昔北流하여 兗州之境이 北盡碣石河右之地러니 後에 碣石之地는 淪入於海하고 河益徙而南하여 濟河之間이 始相去不遠하니 蘇氏之說이 未必然也라

○ 林氏曰 濟는 古文作泲하니 說文註云 此兗州之濟也라 其從水從齊者는 說文註云 出常山房子縣贊皇山이라하니 則此二字音同義異하니 當以古文爲正이니라

兗州 지역은 동남쪽은 濟水를 점거하고 서북쪽은 黃河에 이른다. 濟水와 黃河는 導水(물을 인도함)에 보인다. 蘇氏가 말하기를 "黃河와 濟水의 사이는 거리가 멀지 않다. 兗州의 지경은 동남쪽으로 濟水를 점거하고 있으니, 濟水에만 그치지 않는다." 하였다. 내가 생각하건대, 黃河가 옛날에는 북쪽으로 흘러 兗州 지역이 북쪽으로 碣石과 河西 지역까지 다 차지하였는데, 뒤에 碣石 지역은 바다속에 잠기고 黃河는 더욱 남쪽으로 옮겨 가서 濟水와 黃河의 사이가 비로소 거리가 멀지 않게 된 것이니, 蘇氏의 말이 반드시 옳지는 않을 듯하다.

○ 林氏가 말하였다. "濟는 古文에 泲로 되어 있으니, 《說文》의 註에 '이는 兗州의 濟水이다.' 하였다. 水를 따르고 齊를 따른 것은 《說文》의 註에 '常山의 房子縣 贊皇山에서 나온다.' 하였으니, 이 두 글자는 音은 같으나 뜻이 다르니 마땅히 古文을 바른 것으로 삼아야 할 것이다."

譯註 1. 導水 : 導山과 대칭되는 말로, 導水는 뒤의 導弱水·導黑水 등을 이르며 導山은 뒤의 導岍·導嶓冢 등을 이른다.

13. 九河旣道하며

九河가 이미 물길을 따르며,

跨 : 걸터앉을 과 泲 : 물이름 제

九河는 爾雅에 一曰徒駭요 二曰太史요 三曰馬頰이요 四曰覆鬴요 五曰胡蘇요 六曰簡潔[1]이요 七曰鉤盤이요 八曰鬲津이요 其一則河之經流也어늘 先儒는 不知河之經流하고 遂分簡潔爲二하니라 旣道者는 旣順其道也라

○ 按 徒駭河는 地志云 滹沱河라하고 寰宇記云 在滄州淸池南이라하고 許商云 在平城이라하니라 馬頰河는 元和志에 在德州安德平原南東이라하고 寰宇記云 在棣州滴河北이라하고 輿地記云 卽篤馬河也라하니라 覆鬴河는 通典云 在德州安德이라 胡蘇河는 寰宇記云 在滄之饒安, 無棣, 臨津三縣이라하고 許商云 在東光이라하니라 簡潔河는 輿地記云 在臨津이라 鉤盤河는 寰宇記云 在樂陵東南하니 從德州平昌來라하고 輿地記云 在樂陵이라하니라 鬲津河는 寰宇記云 在樂陵東하니 西北流入饒安이라하고 許商云 在鬲縣이라하고 輿地記云 在無棣라하니라 太史河는 不知所在라 自漢以來로 講求九河者甚詳이나 漢世近古로되 止得其三이러니 唐人이 集累世積傳之語하여 遂得其六하고 歐陽忞輿地記에 又得其一[2]이라 或新河而載以舊名하고 或一地而互爲兩說하니 要之컨대 皆似是而非하여 無所依據요 至其顯然謬誤者하여는 則班固以滹沱爲徒駭하니 而不知滹沱不與古河相涉이요 樂史[3]는 馬頰을 乃以漢篤馬河當之라 鄭氏는 求之不得일새 又以爲九河는 齊桓이 塞其八流以自廣이라하니 夫曲防은 齊之所禁이니 塞河는 宜非桓公之所爲也라 河水可塞이어니와 而河道를 果能盡平乎아 皆無稽考之言也라 惟程氏以爲九河之地는 已淪於海라하고 引碣石爲九河之證하여 以謂今滄州之地는 北與平州接境하여 相去五百餘里하니 禹之九河 當在其地라 後爲海水淪沒故로 其迹不存이라 方九河未沒於海之時엔 從今海岸하여 東北更五百里平地니 河播爲九는 在此五百里中이라 又上文言夾右碣石이라하니 則九河入海之處에 有碣石在其西北岸이라 九河는 水道變遷하여 難於推考로되 而碣石은 通趾頂皆石이니 不應仆沒이어늘 今兗冀之地에 旣無此石이요 而平州正南에 有山而名碣石者 尙在海中하니 去岸五百餘里요 卓立可見이니 則是古河自今以爲海處로 向北斜行하여 始分爲九니 其河

頰 : 볼 협　鬴 : 가마솥 부(釜同)　鬲 : 오지병 격　寰 : 경기고을 환
棣 : 아가위 체　忞 : 강할 민　趾 : 발꿈치 지　仆 : 쓰러질 부　苞 : 쌀 포

道已淪入於海가 明矣라 漢王橫이 言昔天常連雨하고 東北風하여 海水溢西南하여 出浸數百里라하니 九河之地 已爲海水所漸이라 酈道元이 亦謂九河碣石이 苞淪於海라하니라 後世儒者는 知求九河於平地하고 而不知求碣石有無以爲之證이라 故로 前後異說이 竟無歸宿이라 蓋非九河之地而强鑿求之하니 宜其支離而不能得也니라

九河는 《爾雅》에 첫째는 徒駭, 둘째는 太史, 셋째는 馬頰, 넷째는 覆鬴, 다섯째는 胡蘇, 여섯째는 簡潔, 일곱째는 鉤盤, 여덟째는 鬲津이며, 그 하나는 黃河의 經流(큰 물줄기)이다. 그런데 先儒는 黃河의 經流를 알지 못하고는 마침내 簡과 潔을 나누어 둘이라 하였다. 旣道라 한 것은 그 길을 순히 따르는 것이다.
○ 살펴보건대, 徒駭河는 〈地志〉에 "滹沱河이다." 하였고, 《寰宇記》에는 "滄州의 淸池 남쪽에 있다." 하였으며, 許商은 "平城에 있다." 하였다. 馬頰河는 《元和志》에 "德州의 安德, 平原 남동쪽에 있다." 하였고, 《寰宇記》에는 "棣州의 滴河 북쪽에 있다." 하였으며, 《輿地記》에는 "곧 篤馬河이다." 하였다. 覆鬴河는 《通典》에 "德州의 安德에 있다." 하였다. 胡蘇河는 《寰宇記》에 "滄州의 饒安, 無棣, 臨津 세 縣에 있다." 하였고, 許商은 "東光에 있다." 하였다. 簡潔河는 《輿地記》에 "臨津에 있다." 하였다. 鉤盤河는 《寰宇記》에 "樂陵의 동남쪽에 있으니, 德州의 平昌으로부터 온다." 하였고, 《輿地記》에는 "樂陵에 있다." 하였다. 鬲津河는 《寰宇記》에 "樂陵의 동쪽에 있으니, 서북쪽으로 흘러 饒安으로 들어간다." 하였고, 許商은 "鬲縣에 있다." 하였으며, 《輿地記》에는 "無棣에 있다." 하였다. 太史河는 所在를 알지 못한다.

漢代로부터 이후로 九河를 연구한 것이 매우 상세하나 漢代는 옛날과 가까웠는데도 다만 셋을 찾아냈을 뿐이였는데, 唐나라 사람이 累代에 걸쳐 전해오는 말을 모아서 마침내 여섯을 찾아냈으며, 歐陽忞의 《輿地記》에 또 그 하나를 찾아내었다. 그런데 혹은 새로운 河水인데 옛 이름으로 기록하고, 혹은 한 지역인데 서로 두 말을 하니, 요컨대 모두 옳은 듯하나 옳지 못하여 근거한 바가 없으며, 드러난 오류로 말하면 班固는 滹沱河를 徒駭라 하였으니, 滹沱河는 古河와 상관이 없음을 알지 못한 것이고, 樂史는 馬頰을 漢나라의 篤馬河에 해당시켰다. 鄭氏는 찾아도 찾을 수 없자, 또 이르기를 "九河는 齊나라 桓公이 여덟 곳의 흐르는 물을 막아 스스로 땅을 넓

힌 것이다." 하였는데, 제방을 굽게 쌓는 것은 齊나라가 금한 것이니, 黃河를 막는 것은 마땅히 桓公이 하지 않았을 것이다. 河水는 막을 수 있으나 黃河의 물길을 다 평평히 할 수 있겠는가. 이는 모두 근거가 없는 말이다. 오직 程氏는 "九河지역이 이미 바다속에 잠겼다." 하고는 碣石이 九河가 된 증거를 인용하여, "지금 滄州 지역은 북쪽으로 平州와 접경하여 서로의 거리가 5백여 리이니, 禹의 九河가 마땅히 이 지역에 있었을 것이다. 뒤에 바닷물 속에 잠겼으므로 그 자취가 남아있지 않다." 하였다.

九河가 바다에 침몰되지 않았을 때에는 지금의 해안으로부터 동북쪽으로 다시 5백 리가 평지이니, 河가 나뉘어 아홉이 된 것은 이 5백 리 가운데에 있을 것이다. 또 上文에 "오른쪽으로 碣石을 낀다."고 말하였으니, 九河가 바다로 들어가는 곳에 碣石이 그 서북쪽 벼랑에 있었을 것이다. 九河는 물길이 변천하여 미루어 상고하기가 어려우나 碣石은 산기슭과 정상을 통틀어 모두 돌이니 쓰러지거나 침몰되지 않았을 텐데, 지금 兗州, 冀州 지역에 이미 이러한 돌이 없으며, 平州의 정남쪽에 산이 있는데 碣石이라고 부르는 것이 아직도 바닷속에 있으니, 滄州의 江岸과 5백여 리의 거리이며, 드높이 솟아 볼 수 있다. 그렇다면 古河가 지금 바다가 된 곳으로부터 북쪽으로 향하여 옆으로 흘러가서 비로소 나뉘어 아홉이 된 것이니, 黃河의 물길이 이미 바다로 빠져 들어간 것이 분명하다. 漢나라의 王橫은 "옛날에 하늘에서 항상 비가 내리고 東北風이 불어 바닷물이 서남쪽으로 넘쳐서 수백 리를 침몰시켰다." 하였으니, 九河 지역이 이미 바닷물 속에 잠긴 것이다. 酈道元은 또한 이르기를 "九河와 碣石이 바다에 둘러싸여 침몰되었다." 하였다. 후세의 儒者들은 九河를 평지에서 찾을 줄만 알고, 碣石의 있고 없음을 찾아서 증거로 삼을 줄은 알지 못하였다. 그러므로 前後의 異說이 끝내 歸宿함이 없었다. 九河의 땅이 아닌 곳에서 억지로 穿鑿하여 찾았으니, 당연히 支離하여 얻을 수 없는 것이다.

譯註 1. 六曰簡潔 : 《爾雅》에 簡과 潔 두 가지로 되어 있는 바, 뒤의 先儒란 바로 이러한 것을 가리킨 것이다.

2. 止得其三 … 又得其一 : 셋이란 위에서 許商이 말한 平城의 滹沱, 東光의 胡蘇, 鬲縣의 鬲津이며, 여섯이란 여기에 馬頰·覆鬴·鉤盤을 더한 것이며, 또 하나란 簡潔을 가리킨 것이다. 歐陽忞은 宋나라 徽宗 때 사람으로 《輿地記》를 지었다.

3. 樂史：字가 子正이며 臨川 사람으로 北宋 초기에 《寰宇記》를 지었다.

14. 雷夏既澤하며

雷夏에 이미 물이 모이며,

澤者는 水之鍾也라 雷夏는 地志에 在濟陰郡城陽縣[1]西北이라하니 今濮州雷澤縣西北也라 山海經云 澤中有雷神하니 龍身而人頰이니 鼓其腹則雷라하니 然則本夏澤也어늘 因其神하여 名之曰雷夏也라 洪水橫流而入于澤에 澤不能受하니 則亦泛濫奔潰라 故로 水治而後에 雷夏爲澤이라

澤은 물이 모인 것이다. 雷夏는 〈地志〉에 "濟陰郡 城陽縣 서북쪽에 있다." 하였으니, 지금의 濮州 雷澤縣 서북쪽이다. 《山海經》에 "못 가운데 雷神이 있는데 용의 몸에 사람의 얼굴이니, 그 배를 두드리면 우레가 울린다." 하였으니, 그렇다면 본래 夏澤이었는데, 이 神을 인하여 雷夏라 이름한 것이다. 洪水가 멋대로 흘러 못으로 들어감에 못이 받아들이지 못하였으니, 또한 범람하여 물이 치달려 파괴하였다. 그러므로 물이 다스려진 이후에 雷夏가 못이 된 것이다.

譯註 1. 城陽縣：《蔡傳旁通》에 "〈地理志〉에는 成陽으로 되어 있고 《寰宇記》에는 郕陽으로 되어 있는 바, 城陽은 誤記이다." 하였다.

15. 灉沮會同이로다

灉水와 沮水가 모여 함께 흐른다.

灉沮는 二水名이라 灉水는 曾氏曰 爾雅에 水自河出爲灉이라하고 許愼云 河灉水는 在宋이라하고 又曰 汳水는 受陳留浚儀陰溝하여 至蒙爲灉水하여 東入于泗라하고 水經에 汳水出陰溝하여 東至蒙爲狙獾이라하니 則灉水卽汳

濮：물이름 복　泛：넘칠 범　潰：무너질 궤　灉：물이름 옹　沮：물이름 저
汳：물이름 판　狙：원숭이 저　獾：오소리 환

水也라 灉之下流는 入于睢水하니라 沮水는 地志에 睢水出沛國芒縣이라하니 睢水其沮水歟아 鼂氏曰 爾雅云 自河出爲灉이요 濟出爲濋라하니 求之於韻컨대 沮有楚音하니 二水는 河濟之別也라하니 二說이 未詳孰是라 會者는 水之合也요 同者는 合而一也라

灉과 沮는 두 물의 이름이다. 灉水는 曾氏는 말하기를 "《爾雅》에 '물이 河水로부터 나온 것을 灉이라 한다.' 하였고, 許愼은 '河水의 灉水는 宋에 있다.' 하였으며, 또 '汳水는 陳留郡 浚儀縣의 陰溝를 받아 蒙에 이르러 灉水가 되어서 동쪽으로 泗水에 들어간다.' 하였고, 《水經》에 '汳水는 陰溝에서 나와 동쪽으로 蒙에 이르러 狙獾이 된다.' 하였으니, 灉水가 곧 汳水이다. 灉水의 下流는 睢水로 들어간다. 沮水는 〈地志〉에 '睢水는 沛國의 芒縣에서 나온다.' 하였으니, 睢水가 그 沮水인가 보다." 하였다. 鼂氏는 말하기를 "《爾雅》에 '河水에서 나온 것을 灉이라 하고, 濟水에서 나온 것을 濋라 한다.' 하였으니, 韻에서 찾아보면 沮에는 楚의 音이 있으니, 두 물은 河水와 濟水의 구별이다." 하였다. 두 말이 누가 옳은지 상세하지 않다. 會는 물이 합하는 것이요, 同은 합하여 하나로 흐르는 것이다.

16. 桑土旣蠶하니 是降丘宅土로다

뽕나무가 잘 자라는 곳에 이미 누에를 칠 수 있으니, 이에 언덕에서 내려와 평지에 산다.

桑土는 宜桑之土라 旣蠶者는 可以蠶桑也라 蠶性惡(오)濕이라 故로 水退而後可蠶이라 然九州皆賴其利로되 而獨於兗言之者는 兗地宜桑하니 後世之濮上桑間에 猶可驗也라 地高曰丘라 兗地多在卑下하여 水害尤甚하여 民皆依丘陵以居러니 至是에 始得下居平地也라

桑土는 뽕나무가 잘 자라는 토지이다. 旣蠶은 뽕나무로 누에를 칠 수 있는 것이다. 누에의 성질은 습기를 싫어하므로 홍수가 물러간 뒤에 누에를 칠 수 있다. 그러나 九州가 모두 그 이로움을 힘입었는데 유독 兗州에서

睢 : 물이름 수　沛 : 땅이름 패　濋 : 큰물넘쳐흐를 초　濕 : 젖을 습

이를 말한 것은 兗州 지역은 뽕나무가 잘 자라니, 후세에 濮水가의 桑間에서도 오히려 이것을 징험할 수 있다. 땅이 높은 것을 丘라 한다. 兗州 지역은 대부분 卑下한 곳에 있어서 水害가 특히 심하여 백성들이 모두 구릉에 의지해 살았는데, 이때에 이르러 비로소 내려와 평지에 거주한 것이다.

17. 厥土는 黑墳이니 厥草는 惟繇(요)요 厥木은 惟條로다

토질은 검고 墳起하니, 풀은 무성하고 나무는 자란다.

墳은 土脈墳起也니 如左氏所謂祭之地에 地墳이 是也라 繇는 茂라 條는 長也라
○ 林氏曰 九州之勢는 西北多山하고 東南多水하니 多山則草木爲宜는 不待書也라 兗徐揚三州는 最居東南下流하니 其地卑濕沮洳하여 洪水爲患하여 草木不得其生이러니 至是에 或繇或條或夭或喬而或漸苞라 故로 於三州에 特言之하여 以見水土平하여 草木亦得遂其性也라

墳은 土脈이 墳起함이니, 左氏가 이른바 '술을 땅에 붓자 땅이 부풀어 올랐다.'는 것이 이것이다. 繇는 무성함이다. 條는 자람이다.
○ 林氏가 말하였다. "九州의 형세는 서북쪽은 산이 많고 동남쪽은 물이 많으니, 산이 많으면 초목이 잘 자람은 굳이 쓸 것이 없다. 兗州·徐州·揚州 세 州는 가장 동남쪽의 하류에 위치해 있으니, 이들 지역은 卑濕하고 沮洳하여 洪水에 해를 당하여 초목이 제대로 생장하지 못하였는데, 이에 이르러 繇하기도 하고 條하기도 하며, 夭하기도 하고 喬하기도 하며, 혹은 점점 자라고 총생하였다. 그러므로 이 세 州에 대해 특별히 말하여 水土가 다스려져서 초목 또한 그 본성을 이룰 수 있음을 나타낸 것이다."

18. 厥田은 惟中에 下요 厥賦는 貞이로소니 作十有三載라사 乃同이로다

田은 中에 下이고, 賦는 貞이니, 13년을 다스려야 다른 州와 똑같게

墳 : 흙일어날 분　繇 : 무성할 요　沮 : 축축할 저　洳 : 축축할 여

된다.

田은 第六等이요 賦는 第九等이라 貞은 正也니 兗賦最薄하니 言君天下者는 以薄賦爲正也라 作十有三載乃同者는 兗當河下流之衝하여 水激而湍悍하고 地平而土疎하여 被害尤劇하니 今水患雖平이나 而卑濕沮洳는 未必盡去하여 土曠人稀하여 生理鮮少하니 必作治十有三載然後에 賦法同於他州라 此는 爲田賦而言이라 故로 其文屬於厥賦之下라 先儒는 以爲禹治水所歷之年이라하고 且謂此州治水 最在後畢하여 州爲第九成功이라하여 因以上文厥賦貞者로 謂賦亦第九하여 與州正爲相當이라하니 殊無意義하니 其說非是라

田은 第6等이고 賦는 第9等이다. 貞은 바름이니, 兗州는 賦稅가 가장 박하니 天下에 君主 노릇하는 자는 賦稅를 박하게 함을 正道로 삼음을 말한 것이다. 13년을 다스려야 다른 州와 똑같게 된다는 것은 兗州는 黃河 하류의 충돌하는 곳에 해당하여, 물이 격류하고 여울이 사나우며, 지역이 평평하고 흙이 부슬부슬하여 피해가 더욱 심하니, 이제 수해가 비록 다스려졌으나 卑濕하고 沮洳함이 반드시 다 제거되지는 못해서 땅이 넓고 사람이 희소하여 生理가 적으니, 반드시 13년을 다스린 뒤에야 賦稅하는 법을 다른 州와 똑같이 할 수 있는 것이다. 이는 田賦를 위하여 말하였으므로 그 글을 厥賦의 아래에 소속시킨 것이다. 先儒는 禹가 洪水를 다스리는 데에 걸린 햇수라 하고, 또 이 州가 洪水를 다스림이 가장 뒤에 끝나서 州가 아홉번째로 성공했다 하여 上文에 '厥賦貞'이란 것을 '賦 또한 第9等이어서 州와 바로 서로 맞는다.' 하였는바, 이는 자못 意義가 없으니, 그 말이 옳지 않다.

19. 厥貢은 漆絲요 厥篚는 織文이로다

貢物은 옻과 生絲이고 광주리에 담아서 바치는 폐백은 무늬 있는 직물이다.

湍：여울 단 悍：사나울 한 漆：옻 칠 篚：광주리 비

貢者는 下獻其土所有於上也라 兗地는 宜漆宜桑이라 故로 貢漆絲也라 篚는 竹器니 筐屬也라 古者에 幣帛之屬을 則盛之以筐篚而貢焉하니 經曰 篚厥玄黃이 是也라 織文者는 織而有文이니 錦綺之屬也니 以非一色이라 故로 以織文總之라 林氏曰 有貢又有篚者는 所貢之物을 入於篚[1]也라

貢은 아랫사람이 그 지역에서 나는 것을 윗사람에게 바치는 것이다. 兗州 지역은 옻나무와 뽕나무가 잘 자라므로 옻과 생사를 바친 것이다. 篚는 대나무로 만든 그릇이니, 광주리 등속이다. 옛날에 폐백 등속을 광주리에 담아서 바쳤으니, 經文에 "篚厥玄黃〔검고 누런 비단을 광주리에 담았다〕"이 이것이다. 織文은 직물에 무늬가 있는 것이니, 錦·綺 등속이니, 한 가지 색깔이 아니므로 織文이라고 총괄한 것이다. 林氏가 말하였다. "貢이 있고 또 篚가 있는 것은 바치는 바의 물건을 광주리에 넣은 것이다."

譯註 1. 所貢之物入於篚 : 沙溪 金長生은 "옻은 광주리에 담을 수 있는 물건이 아니니, 여기에서 말한 所貢之物은 옻과 生絲가 아니고, 織物을 가리킨 듯하다." 하였다.

20. 浮于濟漯하여 達于河하나니라

濟水와 漯水에 띄워 黃河에 도달한다.

舟行水曰浮라 漯者는 河之枝流也라 兗之貢賦를 浮濟浮漯하여 以達於河也라 帝都冀州는 三面距河하니 達河則達帝都矣라 又按地志曰 漯水는 出東郡東武陽하여 至千乘入海라하고 程氏는 以爲此乃漢河니 與漯殊異라 然亦不能明言漯河所在하니 未詳其地也라

배가 물에 떠가는 것을 浮라 한다. 漯은 黃河의 枝流이다. 兗州의 貢賦를 濟水와 漯水에 띄워 黃河에 도달한 것이다. 帝都인 冀州는 三面이 黃河와 접해 있으니, 黃河에 도달하면 帝都에 도달한 것이다. 또 살펴보건대, 〈地

筐 : 광주리 광　綺 : 비단 기　浮 : 뜰 부　漯 : 물이름 탑

志〉에 "漯水는 東郡의 東武陽縣에서 나와 千乘縣에 이르러 바다로 들어간다." 하였고, 程氏는 "이것은 바로 漢河이니, 漯水와는 절대로 다르다." 하였다. 그러나 또한 漯河의 소재를 분명히 말하지 못했으니, 그 지역이 상세하지 않다.

21. 海岱에 惟青州라

바다와 岱山에 青州가 있다.

青州之域은 東北至海하고 西南距岱라 岱는 泰山也니 在今襲慶府奉符縣西北三十里라

青州 지역은 동북쪽으로 바다에 이르고, 서남쪽으로 岱山에 이른다. 岱는 泰山이니, 지금의 襲慶府 奉符縣 서북쪽 30리 지점에 있다.

22. 嵎夷既略하니

嵎夷가 이미 經略되니,

嵎夷는 薛氏曰 今登州之地라 略은 經略하여 爲之封畛也니 卽堯典之嵎夷라

嵎夷는 薛氏가 "지금의 登州 지역이다." 하였다. 略은 經略하여 封畛(두둑)을 만듦이니, 바로 〈堯典〉의 嵎夷이다.

23. 濰淄其道하도다

濰水와 淄水가 옛 물길을 따른다.

濰淄는 二水名이라 濰水는 地志云 出瑯琊郡箕縣이라하니 今密州莒縣東

嵎 : 해돋는곳 우 濰 : 물이름 유 淄 : 물이름 치 瑯 : 땅이름 랑

北濰山也요 北至(都昌)〔昌都〕하여 入海라하니 今濰州昌邑也라 淄水는 地志云 出泰山郡萊蕪縣原山이라하니 今淄州淄川縣東南七十里原山也요 東至博昌縣하여 入濟[1]라하니 今靑州壽光縣也라 其道者는 水循其道也라 上文言旣道者는 禹爲之道也요 此言其道者는 泛濫旣去에 水得其故道也라 林氏曰 河濟下流를 兗受之하고 淮下流를 徐受之하고 江漢下流를 揚受之라 靑雖近海나 然不當衆流之衝하여 但濰淄二水 順其故道면 則其功畢矣니 比之他州하면 用力最省者也라

濰와 淄는 두 물의 이름이다. 濰水는 〈地志〉에 "琅琊郡 箕縣에서 나온다." 하였으니, 지금의 密州 莒縣 동북쪽에 있는 濰山이며, "북쪽으로 昌都에 이르러 바다로 들어간다." 하였으니, 지금의 濰州 昌邑이다. 淄水는 〈地志〉에 "泰山郡 萊蕪縣 原山에서 나온다." 하였으니, 지금의 淄州 淄川縣 동남쪽 70리 지점에 있는 原山이며, "동쪽으로 博昌縣에 이르러 濟水에 들어간다." 하였으니, 지금의 靑州 壽光縣이다. 其道는 물이 그 길을 따라 흐르는 것이다. 上文에서 '旣道'라고 말한 것은 禹가 물길을 만든 것이요, 여기에서 '其道'라고 말한 것은 범람함이 제거되자 물이 그 옛길을 찾은 것이다.

林氏가 말하였다. "河水와 濟水의 하류를 兗州에서 받고, 淮水의 하류를 徐州에서 받고, 江水와 漢水의 하류를 揚州에서 받는다. 靑州는 비록 바다와 가까우나 여러 물에 충돌을 당하지 않아 다만 濰水와 淄水 두 물이 옛길을 순히 따르면 그 功이 끝나니, 다른 州에 비하면 힘을 씀이 가장 적게 든 것이다."

譯註 1. 入濟 : 〈地志〉에는 濟가 泲로 되어 있다.

24. 厥土는 白墳이니 海濱은 廣斥이로다

토질은 희고 墳起하니, 바닷가는 넓고 갯벌이다.

濱은 涯也니 海涯之地 廣漠而斥鹵라 許愼曰 東方謂之斥이요 西方謂之鹵니 斥鹵는 鹹地可煮爲鹽者也라

琊 : 땅이름 야　莒 : 감자 거　斥 : 갯벌 척　涯 : 물가 애　鹵 : 염밭 로

濱은 가이니, 바닷가의 땅이 廣漠하고 斥鹵한 것이다. 許愼이 말하기를 "〈갯벌을〉 東方에서는 斥이라 이르고 西方에서는 鹵라 하니, 斥鹵는 짠 땅으로 소금을 구울 수 있는 곳이다." 하였다.

25. 厥田은 惟上에 下요 厥賦는 中에 上이로다

田은 上에 下이고, 賦는 中에 上이다.

田은 第三이요 賦는 第四也라

田은 第3等이고, 賦는 第4等이다.

26. 厥貢은 鹽絺요 海物은 惟錯이로다 岱畎에 絲枲와 鉛松과 怪石이로다 萊夷作牧하니 厥篚는 檿絲로다

貢物은 소금과 갈포요, 해물은 섞어 바친다. 岱山의 골짜기에서 나오는 生絲와 모시, 납과 소나무와 괴이한 돌이다. 萊州의 오랑캐가 방목을 하니, 광주리에 담아서 바치는 폐백은 산뽕나무에서 나오는 생사이다.

鹽은 斥地所出이라 絺는 細葛也라 錯은 雜也니 海物非一種이라 故로 曰錯이라 林氏曰 旣總謂之海物이면 則固非一物矣라 此與揚州齒革羽毛惟木으로 文勢正同하니 錯은 蓋別爲一物이니 如錫貢磬錯[1]之錯이라하니 理或然也라 畎은 谷也니 岱山之谷也라 枲는 麻也라 怪石은 怪異之石也라 林氏曰 怪石之貢은 誠爲可疑하니 意其必須以爲器用之飾하여 而有不可闕者요 非特貢其怪異之石하여 以爲玩好也라 萊夷는 顏師古曰 萊山之夷니 齊有萊侯萊人하니 卽今萊州之地라 作牧者는 言可牧放이니 夷人以畜牧爲生也라 檿은 山桑也니 山桑之絲는 其韌이 中琴瑟之絃이라 蘇氏曰 惟

絺 : 가는갈포 치 畎 : 골짝 견 枲 : 모시 시 鉛 : 납 연 檿 : 산뽕나무 엄
錯 : 숫돌 착 韌 : 질길 인

東萊爲有此絲하니 以之爲繒이면 其堅韌異常하니 萊人謂之山繭이라

鹽은 斥地(갯벌)에서 나오는 것이다. 絺는 가는 갈포이다. 錯은 섞임이니, 해물이 한 종류가 아니므로 錯이라고 말한 것이다. 林氏는 말하기를 "이미 총괄하여 해물이라고 일렀으면 진실로 한 물건이 아닌 것이다. 이는 揚州의 '齒革羽毛惟木'과 文勢가 서로 같으니, 錯은 별도로 한 물건이 되니, '錫貢磬錯'의 錯〔숫돌〕과 같다." 하였으니, 이치가 혹 그럴 듯하다. 畎은 골짜기이니, 岱山의 골짜기이다. 枲는 삼이다. 怪石은 괴이한 돌이다. 林氏는 말하기를 "怪石을 바치는 것은 진실로 의심스러워할 만하니, 짐작컨대 반드시 器用의 꾸밈을 하는데 필요하여 없어서는 안되는 것이요, 단지 怪異한 돌을 바쳐서 玩好로 삼는 것은 아닐 것이다." 하였다. 萊夷는 顔師古가 "萊山의 오랑캐이니, 齊나라에 萊侯와 萊人이 있었으니, 바로 지금의 萊州 지역이다." 하였다. 作牧은 방목할 수 있음을 말함이니, 오랑캐들은 목축을 생업으로 삼는다. 檿은 산뽕나무이니, 산뽕나무의 生絲는 그 질김이 거문고와 비파 줄에 합당하다. 蘇氏가 말하였다. "오직 東萊만이 이 生絲가 있으니, 이것으로 비단을 만들면 견고하고 질겨서 보통 것과 다른 바, 萊人들은 이것을 山繭이라 한다."

譯註 1. 錫貢磬錯 : 磬錯은 경쇠를 연마하는 숫돌로 이 내용은 아래 豫州의 貢物條에 보인다.

27. 浮于汶하여 達于濟하나니라

汶水에 띄워 濟水에 도달한다.

汶水는 出泰山郡萊蕪縣原山하니 今襲慶府萊蕪縣也요 西南入濟하니 在今鄆州中都縣也라 蓋淄水는 出萊蕪原山之陰하여 東北而入海하고 汶水는 出萊蕪原山之陽하여 西南而入濟라 不言達河者는 因於兗也라

汶水는 泰山郡 萊蕪縣 原山에서 나오니 지금의 襲慶府 萊蕪縣이며, 서남쪽으로 濟水에 들어가니 지금의 鄆州 中都縣에 있다. 淄水는 萊蕪縣의 原

繒 : 깁 증　鄆 : 땅이름 운

山 북쪽에서 나와 동북쪽으로 바다로 들어가고, 汶水는 萊蕪縣의 原山 남쪽에서 나와 서남쪽으로 濟水로 들어간다. 黃河에 도달함을 말하지 않은 것은 兗州를 따랐기 때문이다.

28. 海岱及淮에 惟徐州라

바다와 岱山과 淮水에 徐州가 있다.

徐州之域은 東至海하고 南至淮하고 北至岱而西不言濟者는 岱之陽濟東은 爲徐요 岱之北濟東은 爲青하니 言濟면 不足以辨이라 故로 略之也라 爾雅에 濟東曰徐州者는 商無青하여 幷青於徐也요 周禮에 正東曰青州者는 周無徐하여 幷徐於青也라 林氏曰 一州之境은 必有四至어늘 七州皆止二至는 蓋以隣州互見이요 至此州하여 獨載其三邊者는 止言海岱則嫌於青이요 止言淮海則嫌於揚이라 故로 必曰海岱及淮而後에 徐州之疆境이 始別也라

徐州 지역은 동쪽으로는 바다에 이르고 남쪽으로는 淮水에 이르고 북쪽으로는 岱山에 이르는데, 서쪽으로 濟水를 말하지 않은 것은 岱山의 남쪽과 濟水의 동쪽은 徐州이고, 岱山의 북쪽과 濟水의 동쪽은 青州가 되니, 濟水를 말하면 구별할 수 없으므로 생략한 것이다. 《爾雅》에 濟水의 동쪽을 徐州라고 한 것은 商나라는 青州가 없어서 青州를 徐州에 겸병하였기 때문이며, 《周禮》에서 正東을 青州라고 한 것은 周나라는 徐州가 없어서 徐州를 青州에 겸병했기 때문이다.

林氏가 말하였다. "한 州의 지경은 반드시 네 면의 이름〔至〕이 있는데 일곱 州에 모두 다만 두 면의 이름만을 말한 것은 이웃 고을로 서로 나타나기 때문이며, 이 州에 이르러 유독 三面을 기재한 것은 다만 바다와 岱山을 말하면 青州인가 혐의하고, 다만 淮水와 바다를 말하면 揚州인가 혐의한다. 그러므로 반드시 바다와 岱山 및 淮水를 말한 뒤에야 徐州의 경계가 비로소 구별되는 것이다."

29. 淮沂其乂하니

淮水와 沂水가 다스려지니,

淮沂는 二水名이라 淮는 見導水하니라 曾氏曰 淮之源은 出于豫之境하여 至揚徐之間하여 始大하니 其泛濫爲患이 尤在於徐라 故로 淮之治를 於徐에 言之也라 沂水는 地志云 出泰山郡蓋縣艾山이라하니 今沂州沂水縣也니 南至于下邳하여 西南而入于泗라 曾氏曰 徐州에 水以沂名者非一이니 酈道元謂 水出尼丘山西北하여 徑魯之雩門을 亦謂之沂水라하고 水出太公武陽之冠石山을 亦謂之沂水라하나 而沂水之大는 則出於泰山也라 又按 徐之水는 有泗, 有汶, 有汴, 有漷이로되 而獨以淮沂言者는 周職方氏에 靑州其川淮泗요 其浸沂沭이라하니 周無徐州하여 兼之於靑하니 周之靑은 卽禹之徐라 則徐之川이 莫大於淮하니 淮乂면 則自泗而下凡爲川者를 可知矣요 徐之浸이 莫大於沂하니 沂乂면 則自沭而下凡爲浸者를 可知矣라

淮와 沂는 두 물의 이름이다. 淮는 導水에 보인다. 曾氏는 말하기를 "淮水의 근원은 豫州의 경내에서 나와 揚州와 徐州 사이에 이르러 비로소 커지니, 범람하여 폐해가 됨이 특히 徐州에 있었다. 그러므로 淮水의 다스림을 徐州에서 말한 것이다." 하였다. 沂水는 〈地志〉에 "泰山郡 蓋縣 艾山에서 나온다." 하였으니, 지금의 沂州 沂水縣이니, 남쪽으로 下邳에 이르러 서남쪽으로 泗水로 들어간다. 曾氏는 말하기를 "徐州에 물을 沂라고 이름한 것이 한둘이 아니니, 酈道元은 이르기를 '물이 尼丘山 서북쪽에서 나와 魯나라의 雩門을 경유하는 것을 또한 沂水라 한다.' 하였고, '물이 太公 武陽의 冠石山에서 나온 것을 또한 沂水라 한다.' 하였으나 沂水의 큰 것은 泰山에서 나온다." 하였다.

또 살펴보건대, 徐州의 물은 泗水·汶水·汴水·漷水가 있는데, 유독 淮水와 沂水를 말한 것은 《周禮》 〈職方氏〉에 "靑州의 내는 淮水와 泗水이고, 못은 沂水와 沭水이다." 하였는데, 周나라는 徐州가 없어 靑州에 겸병하였으니, 周나라의 靑州는 곧 禹의 徐州이다. 그렇다면 徐州의 내는 淮水보다 큰 것이 없으니 淮水가 다스려졌으면 泗水로부터 이하의 모든 냇물을 알

沂：물이름 기 乂：다스릴 예 邳：클 비 雩：기우제 우 汴：물이름 변
漷：물이름 곽 沭：물이름 술

수 있으며, 徐州의 못은 沂水보다 더 큰 것이 없으니 沂水가 다스려졌으면 洓水로부터 이하의 모든 못을 알 수 있다.

30. 蒙羽其藝하도다

蒙山과 羽山이 곡식을 심을 수 있다.

蒙羽는 二山名이라 蒙山은 地志에 在泰山郡蒙陰縣西南이라하니 今沂州費縣也요 羽山은 地志에 在東海郡祝其縣南이라하니 今海州朐山縣也라 藝者는 言可種藝也라

蒙과 羽는 두 山의 이름이다. 蒙山은 〈地志〉에 "泰山郡 蒙陰縣 서남쪽에 있다." 하였으니, 지금의 沂州 費縣이며, 羽山은 〈地志〉에 "東海郡 祝其縣 남쪽에 있다." 하였으니, 지금의 海州 朐山縣이다. 藝는 곡식을 심을 수 있음을 말한다.

31. 大野既豬(瀦)하니

大野澤이 이미 물이 모여 흐르니,

大野는 澤名이니 地志에 在山陽郡鉅野縣北이라하니 今濟州鉅野縣也니 鉅는 卽大也라 水蓄而復流者를 謂之豬라 按水經컨대 濟水至乘氏縣하여 分爲二하여 南爲菏하고 北爲濟라 酈道元謂 一水는 東南流하고 一水는 東北流하여 入鉅野澤이라하니 則大野는 爲濟之所絶하니 其所聚也大矣라 何承天曰 鉅野廣大하여 南導洙泗하고 北連淸濟라하니 徐之有濟를 於是乎見이라 又鄆州中都西南에 亦有大野陂하니 或皆大野之地也라

大野는 못의 이름이니, 〈地志〉에 "山陽郡 鉅野縣 북쪽에 있다." 하였으니, 지금의 濟州 鉅野縣이니, 鉅는 곧 큼이다. 물이 모여 다시 흐름을 豬라 이른다. 《水經》을 살펴보면, 濟水가 乘氏縣에 이르러 둘로 나뉘어서 남쪽은

豬 : 방죽 저 鉅 : 클 거 菏 : 물이름 가 陂 : 방죽 피

菏水가 되고 북쪽은 濟水가 된다. 酈道元은 이르기를 "한 물은 동남쪽으로 흐르고 한 물을 동북쪽으로 흘러 鉅野澤으로 들어간다." 하였으니, 大野는 濟水가 끊기는 곳이 되니, 물이 모인 것이 크다. 何承天은 말하기를 "鉅野가 광대하여 남쪽으로는 洙水와 泗水를 인도하고 북쪽으로는 淸濟와 연결한다." 하였으니, 徐州에 濟水가 있음을 이에 볼 수 있다. 또 鄆州의 中都 서남쪽에 또한 大野陂가 있으니, 혹은 이 모두 大野 지역인 듯하다.

32. 東原이 底(지)平하도다

東原이 다스려짐에 이르렀다.

東原은 漢之東平國이니 今之鄆州也라 鼂氏曰 東平은 自古多水患하여 數(삭)徙其城이라 咸平中에 又徙城於東南하니 則其下濕을 可知라 底平者는 水患已去하여 而底於平也라 後人이 以其地之平이라 故로 謂之東平이라 又按 東原은 在徐之西北이어늘 而謂之東者는 以在濟東故也라 東平國은 在景帝에 亦謂濟東國云하니 益知大野東原이 所以志濟也라

東原은 漢나라의 東平國이니, 지금의 鄆州이다. 鼂氏는 말하기를 "東平은 예로부터 水害가 많아서 여러번 城을 옮겼다. 咸平年間에 또다시 동남쪽으로 城을 옮겼으니, 이 지역이 낮고 습함을 알 수 있다." 하였다. 底平은 수해가 이미 제거되어 다스려짐에 이른 것이다. 後人들은 이 지역이 평평하다 하여 東平이라고 일렀다. 또 살펴보건대, 東原은 徐州의 서북쪽에 있는데 東이라고 말한 것은 濟水의 동쪽에 있기 때문이다. 東平國은 漢나라 景帝 때에 또한 濟東國이라 하였으니, 大野와 東原이 濟水를 표시한 것임을 더욱 알 수 있다.

33. 厥土는 赤埴墳이니 草木은 漸包(苞)로다

토질은 붉고 차지고 墳起하니, 초목이 점점 자라 총생하였다.

底 : 이를 지　埴 : 진흙 식　包 : 우거질 포

土黏曰埴이라 埴은 膩也니 黏泥如脂之膩也라 周有搏埴之工하고 老氏言埏埴以爲器라하니 惟土性黏膩細密이라 故로 可搏可埏也라 漸은 進長也니 如易所謂木漸이니 言其日進於茂而不已也라 包는 叢生也니 如詩之所謂如竹包矣니 言其叢生而稹也라

흙이 차짐을 埴이라 한다. 埴은 매끄러운 것이니, 차진 것이 기름의 매끄러움과 같은 것이다. 周나라에는 진흙을 쳐서 만드는 工人이 있었고, 老氏는 "진흙을 빚어서 그릇을 만든다."고 말하였으니, 土性이 차지고 매끄러우며 세밀하므로 치고 빚어서 그릇을 만들 수 있는 것이다. 漸은 점점 자람이니, 《周易》에 이른바 '木漸'이란 것과 같으니, 날로 무성함에 나아가 그치지 않음을 이른다. 包는 叢生함이니, 《詩經》에 이른바 '대나무가 총생한다.'는 것과 같으니, 총생하여 빽빽해짐을 말한 것이다.

34. 厥田은 惟上에 中이요 厥賦는 中에 中이로다

田은 上에 中이고, 賦는 中에 中이다.

田은 第二等이요 賦는 第五等也라

田은 第2等이고 賦는 第5等이다.

35. 厥貢은 惟土五色과 羽畎에 夏翟과 嶧陽에 孤桐과 泗濱에 浮磬이로다 淮夷는 蠙珠暨魚로소니 厥篚는 玄纖縞로다

貢物은 오색의 흙과 羽山 골짝의 여름철 꿩과 嶧山 남쪽의 우뚝이 자라는 오동나무와 泗水의 물가에 떠있는 경쇠이다. 淮水의 오랑캐들은 조개와 구슬과 어물을 바치니, 광주리에 담아서 바치는 폐백은 검은 비단과 纖과 縞이다.

黏 : 차질 점 膩 : 미끄러울 이 摶 : 칠 단 埏 : 질그릇만들 선
稹 : 빽빽할 진 嶧 : 산이름 역 蠙 : 진주조개 빈 纖 : 깁 섬 縞 : 깁 호

徐州之土雖赤이나 而五色之土亦間有之라 故로 制以爲貢이라 周書作雒[1] 曰 諸侯受命于周라야 乃建大社于國中하니 其壝[2]는 東靑土요 南赤土요 西白土요 北驪土요 中央釁以黃土[3]라 將建諸侯에 鑿取其方面之土[4]하여 苞以黃土하고 苴以白茅하여 以爲土封이라 故로 曰受削土于周室이라하니 此貢土五色도 意亦爲是用也라 羽畎은 羽山之谷也라 夏翟은 雉具五色하니 其羽中旌旄者也라 染人之職에 秋染夏라하니 鄭氏曰 染夏者는 染五色也라 林氏曰 古之車服器用에 以雉爲飾者多하니 不但旌旄也라 曾氏曰 山雉具五色이 出于羽山之畎이라하니 則其名山以羽者는 以此歟아 嶧은 山名이라 地志云 東海郡下邳縣西에 有葛嶧山하고 古文에 以爲嶧山이라하니 下邳는 今淮陽軍下邳縣也라 陽者는 山南也라 孤桐은 特生之桐이니 其材中琴瑟이라 詩曰 梧桐生矣여 于彼朝陽이라하니 蓋草木之生은 以向日爲貴也라 泗는 水名이니 出魯國卞縣桃墟西北陪尾山이라 源有泉四하니 四泉俱導하여 因以爲名이라 西南過彭城하고 又東南過下邳하여 入淮하니 卞縣은 今襲慶府泗水縣也라 濱은 水旁也라 浮磬은 石露水濱하여 若浮於水然이라 或曰 非也라 泗濱은 非必水中이요 泗水之旁近浮者니 石浮生土中하여 不根著(착)者也라 今下邳에 有石磬山하니 或以爲古取磬之地라 曾氏曰 不謂之石者는 成磬而後貢也라 淮夷는 淮之夷也라 蠙은 蚌之別名也라 暨는 及也라 珠爲服飾하고 魚用祭祀라 今濠泗楚皆貢淮白魚하니 亦古之遺制歟인저 夏翟之出于羽畎하고 孤桐之生於嶧陽하고 浮磬之出於泗濱하고 珠魚之出於淮夷하여 各有所產之地하니 非他處所有라 故로 詳其地而使貢也라 玄은 赤黑色幣也니 武成曰 篚厥玄黃이라하니라 纖縞는 皆繒也니 禮曰 及期而大祥[5]하니 素縞麻衣하고 中月而禫하니 禫而纖이라하고 記曰 有虞氏縞衣而養老라하니 則知纖縞皆繒之名也라 曾氏曰 玄은 赤而有黑色이니 以之爲袞은 所以祭也요 以之爲端은 所以齊也요 以之爲冠은 以爲首服也라 黑經白緯曰纖이니 纖也, 縞也는 皆去凶卽吉之所服也라

徐州의 토질은 비록 붉으나 오색의 흙이 또한 사이에 있으므로 貢物로 바치도록 한 것이다. 《周書》〈作雒〉에 이르기를 "諸侯가 周나라에서 命을

雒 : 낙수 락　壝 : 토담 유　驪 : 검을 리　苴 : 쌀 저　蚌 : 조개 방　濠 : 해자 호

받아야 大社를 國中에 세우는데, 그 담을 동쪽은 靑土, 남쪽은 赤土, 서쪽은 白土, 북쪽은 驪土(黑土)이며, 중앙은 黃土를 거듭 쌓는다." 하였다. 장차 諸侯를 세우게 되면 그 방면의 흙을 파서 黃土로 싸고 흰 띠로 감싸서 土封을 만든다. 그러므로 "削土를 周室에서 받았다."고 하였으니, 여기에 오색의 흙을 바친 것도 짐작컨대 또한 여기에 쓰기 위한 것인 듯하다.

羽畎은 羽山의 골짜기이다. 夏翟은 꿩은 오색을 갖췄으니, 그 깃털이 旌旄를 만드는데 합당하다. 染人의 직책에 "가을에 染夏를 한다." 하였는데, 鄭氏가 말하기를 "染夏는 오색을 물들이는 것이다." 하였다. 林氏는 말하기를 "옛날 車服과 器用에 꿩으로 장식한 것이 많으니, 다만 旌旄만이 아니다." 하였다. 曾氏는 말하기를 "산꿩 중에 오색을 갖춘 것이 羽山의 골짝에서 나온다." 하였으니, 이 산 이름을 羽라 한 것은 이 때문인가 보다.

嶧은 산 이름이다. 〈地志〉에 이르기를 "東海郡 下邳縣 서쪽에 葛嶧山이 있고, 古文에 嶧山이라 했다." 하였으니, 下邳는 지금의 淮陽軍 下邳縣이다. 陽은 산의 남쪽이다. 孤桐은 우뚝하게 자라는 오동나무이니, 그 재목이 琴瑟을 만드는데 합당하다. 《詩經》에 "오동나무가 자람이여. 저 아침해가 뜨는 곳에 있다." 하였으니, 草木이 生長함은 해를 향하는 것을 귀하게 여긴다. 泗는 물 이름이니, 魯國의 卞縣 桃墟 서북쪽 陪尾山에서 나온다. 근원에 네 물이 있으니, 네 물이 함께 인도하므로 인하여 물의 이름을 삼은 것이다. 서남쪽으로 彭城을 지나고 또 동남쪽으로 下邳를 지나 淮水로 들어가니, 卞縣은 지금의 襲慶府 泗水縣이다. 濱은 물가이다. 浮磬은 돌이 물가에 드러나서 마치 물 위에 떠있는 것과 같은 것이다. 혹자는 말하기를 "이는 옳지 않다. 泗濱은 반드시 水中만이 아니요 泗水의 부근에 떠있는 것이니, 돌이 흙 가운데에 떠 있어서 根着하지 않는 것이다."라고 한다. 지금 下邳에 石磬山이 있으니, 혹자는 옛날 경쇠를 취하던 땅이라고 한다. 曾氏는 말하기를 "石이라고 이르지 않은 것은 경쇠를 이룬 뒤에 바쳤기 때문이다." 하였다. 淮夷는 淮水의 오랑캐이다. 蠙은 조개의 별칭이다. 暨는 및이다. 진주는 服飾으로 삼고 魚物은 祭祀에 사용한다. 지금 濠州·泗州·楚州에서 모두 淮水의 白魚를 바치니, 이 또한 옛날의 遺制인가 보다. 夏翟이 羽畎에서 나오고, 孤桐이 嶧陽에서 나오고, 浮磬이 泗濱에서 나오고, 진주와 魚物이 淮夷에서 나와 각기 생산되는 지역이 있으니, 다른 곳에 있는 것이 아니므로 지역을 상세히 말하여 바치게 한 것이다.

玄은 적흑색의 폐백이니, 〈武成〉에 이르기를 "玄·黃을 광주리에 담아 바친다." 하였다. 纖과 縞는 모두 비단이니, 禮에 "또다시 期年이 되면 大祥을 지내는데 흰 縞에 삼베옷을 입으며, 한 달을 걸러 禫祭를 지내는데 禫祭를 지내고 纖을 입는다." 하였으며, 《禮記》에 "有虞氏는 縞衣로 노인을 봉양하였다." 하였으니, 纖과 縞는 모두 비단의 이름임을 알 수 있다.

曾氏가 말하였다. "玄은 붉으면서 흑색이 있는 것이니, 이것으로 袞龍袍를 만듦은 祭祀하기 위한 것이요, 玄端服을 만듦은 齊戒하기 위한 것이요, 冠을 만듦은 首服(冠을 가리킴)으로 삼는 것이다. 검은 날줄에 흰 씨줄을 纖이라 하니, 纖과 縞는 모두 凶함을 버리고 吉함으로 나갈 때 입는 것이다."

譯註 1. 周書作雒 : 여기의 周書는 汲冢의 周書인바, 원래 〈度邑篇〉에 보이는데, 옛날 책은 잘못 두 편이 합하여졌으므로 〈作雒〉이라 말한 것이다.

2. 其壝 : 《蔡傳旁通》에 "壝는 원래 疆으로 되어 있는데 잘못 쓴 것이다. 疆은 바로 壇을 가리키며 壝는 壇의 네 주위에 담장처럼 쌓은 것이다." 하였다.

3. 疊以黃土 : 沙溪의 《經書辨疑》에는 疊을 亹로 쓰고 "釁과 통한다." 하여 '틈'으로 풀이하였다.

4. 方面之土 : 東은 靑色, 南은 赤色, 西는 白色, 北은 黑色, 中央은 黃色의 흙을 가리킨다.

5. 及期而大祥 : 《蔡傳旁通》에 "及은 마땅히 又가 되어야 한다." 하였다. 禮文을 살펴보면 "期而練 … 又期而大祥"이라고 보인다.

36. 浮于淮泗하여 達于河하나니라

淮水와 泗水에 띄워 黃河에 도달한다.

許愼曰 汳水受陳留浚儀陰溝하여 至蒙爲灉水하여 東入于泗라하니 則淮泗之可以達于河者는 以灉至于泗也라 許愼又曰 泗受泲水하여 東入淮라하니 蓋泗水至大野而合泲니 然則泗之上源自泲하여 亦可以通河也라

許愼은 말하기를 "汳水는 陳留의 浚儀縣 陰溝를 받아 蒙澤에 이르러 灉

汳 : 물이름 판　灉 : 물이름 옹　泲 : 물이름 제

水가 되어서 동쪽으로 泗水에 들어간다." 하였으니, 淮水와 泗水가 黃河에 도달할 수 있는 것은 灉水가 泗水에 이르기 때문이다. 許愼은 또 말하기를 "泗水는 泲水를 받아 동쪽으로 淮水에 들어간다." 하였으니, 泗水가 大野澤에 이르러 泲水와 합하니, 그렇다면 泗水의 상류는 泲水로부터 근원하여 또한 黃河에 통할 수 있는 것이다.

37. 淮海에 惟揚州라

淮水와 바다에 揚州가 있다.

揚州之域은 北至淮하고 東南至于海라

揚州 지역은 북쪽으로는 淮水에 이르고 동남쪽으로는 바다에 이른다.

38. 彭蠡既豬하니

彭蠡가 이미 물이 모여 흐르니,

彭蠡는 地志에 在豫章郡彭澤縣東[1)]이라하니 合江西江東諸水하여 跨豫章饒州南康軍三州之地하니 所謂鄱陽湖者 是也라 詳見導水하니라

彭蠡는 〈地志〉에 "豫章郡 彭澤縣 동쪽에 있다." 하였으니, 江西와 江東의 여러 물을 합하여 豫章·饒州·南康軍의 세 州의 땅을 점거하니, 이른바 鄱陽湖라는 것이 이것이다. 導水에 자세히 보인다.

譯註 1. 彭澤縣東 : 〈地志〉를 살펴보면 '彭澤縣西'로 되어 있음을 밝혀둔다.

39. 陽鳥의 攸居로다

陽鳥(기러기)가 사는 곳이다.

彭 : 클 팽　蠡 : 달팽이 려　鄱 : 땅이름 파

陽鳥는 隨陽之鳥니 謂雁也라 今惟彭蠡洲渚之間에 千百爲群하니 記陽鳥所居는 猶夏小正[1)]에 記雁北鄉(向)也라 言澤水旣豬하여 洲渚旣平하니 而禽鳥亦得其居止하여 而遂其性也라

陽鳥는 陽地를 따르는 새이니, 기러기를 이른다. 지금 彭蠡의 모래섬과 물가 사이에 천백 마리로 떼를 지어 있으니, 陽鳥가 사는 곳을 기록한 것은 〈夏小正〉에 기러기가 북쪽으로 향한다고 기록한 것과 같다. 못물이 이미 모여 흘러서 모래섬과 물가가 이미 다스려지니, 새들 또한 거처할 곳을 얻어서 그 본성을 이루었음을 말한 것이다.

譯註 1. 夏小正 : 《大戴禮記》 篇名으로 孔子의 제자인 子夏가 전한 것이라 한다.

40. 三江이 旣入하니

三江이 이미 바다로 들어가니,

唐仲初吳都賦註에 松江下七十里에 分流하여 東北入海者를 爲婁江이요 東南流者를 爲東江이며 併松江爲三江이라하니 其地今亦名三江口라 吳越春秋에 所謂范蠡乘舟하여 出三江之口者是也라

○ 又按 蘇氏謂 岷山之江을 爲中江하고 嶓冢之江을 爲北江하고 豫章之江을 爲南江하니 卽導水所謂東爲北江하고 東爲中江者라 旣有中北二江이면 則豫章之江爲南江을 可知라 今按 此爲三江은 若可依據라 然이나 江漢會於漢陽하여 合流數百里하여 至湖口而後에 與豫章江會하고 又合流千餘里而後에 入海하니 不復可指爲三矣라 蘇氏知其說不通일새 遂有味別之說이나 禹之治水는 本爲民去害니 豈如陸羽[1)]輩辨味烹茶하여 爲口腹計耶아 亦可見其說之窮矣니 以其說易以惑人이라 故幷及之하노라 或曰 江漢之水는 揚州巨浸이어늘 何以不書오 曰 禹貢書法이 費疏鑿者는 雖小나 必記하고 無施勞者는 雖大나 亦略하니 江漢은 荊州而下安於故道하여 無

渚 : 물가 저 婁 : 끌 루 岷 : 산이름 민 嶓 : 산이름 파 浸 : 물에잠길 침

俟濬治라 故로 在不書라 況朝宗于海를 荊州에 固備言之하니 是亦可以互見矣니 此正禹貢之書法也니라

唐仲初의 〈吳都賦〉 註에 "松江의 아래 70리에서 나뉘어 흘러 동북쪽으로 바다로 들어가는 것을 婁江이라 하고, 동남쪽으로 흐르는 것을 東江이라 하며, 여기에 松江을 합하면 三江이 된다." 하였으니, 이 지역을 지금도 三江口라 이름한다. 《吳越春秋》에 이른바 "范蠡가 배를 타고 三江의 어구로 나갔다."는 것이 이것이다.

○ 또 살펴보건대, 蘇氏는 이르기를 "岷山의 江을 中江이라 하고, 嶓冢의 강을 北江이라 하고, 豫章의 강을 南江이라 하니, 이는 곧 導水에 이른바 '동쪽으로 北江이 되고, 동쪽으로 中江이 되었다.'는 것이다. 이미 中·北 두 강이 있다면 豫章의 江이 南江이 됨을 알 수 있다." 하였다. 지금 살펴보건대, 여기서 三江이라 함은 의거할 만하다. 그러나 江·漢이 漢陽에 모여서 수백 리를 合流하여 湖口에 이른 뒤에 豫章江과 합하고 또 천여 리를 合流한 뒤에 바다로 들어가니, 다시 이것을 가리켜 셋이라고 할 수 없다. 蘇氏는 그 말이 통할 수 없음을 알았기에 마침내 "맛이 다르다."는 말을 하였으나 禹가 洪水를 다스림은 본래 백성을 위하여 해로움을 제거한 것이니, 어찌 陸羽의 무리처럼 맛을 구별하고 차를 끓여서 口腹의 계책을 하였겠는가. 또한 그 말이 궁함을 볼 수 있으니, 이 말이 사람을 혹하기 쉬우므로 아울러 언급한다.

혹자는 "江水와 漢水는 揚州의 큰 못인데 어찌하여 쓰지 않았는가?" 하고 의심한다. 〈禹貢〉의 글을 쓴 법이 소통하고 뚫음에 공력을 많이 허비한 것은 비록 작은 물이라도 반드시 기록하고, 공력을 베푼 것이 없는 것은 비록 큰 물이라도 생략했으니, 江水와 漢水는 荊州 이하가 옛 길을 편안히 따라 깊이 파거나 다스릴 필요가 없었다. 그러므로 쓰지 않음에 있는 것이다. 하물며 바다로 흘러들어감을 荊州에서 진실로 자세히 말하였으니, 이 또한 서로 볼 수 있다. 이것이 바로 禹貢의 글을 쓴 법이다.

譯註 1. 陸羽 : 唐나라 사람으로 평소 차를 즐겨 마시고 《茶經》을 지어 차의 유래와 제조법, 끓이는 방법 등을 자세히 설명하였다. 이후로 中國에 차 마시는 것이 크게 유행되었다 한다.

41. 震澤이 底(지)定하도다

震澤이 안정됨에 이르렀다.

震澤은 太湖也라 周職方에 揚州藪曰具區라하고 地志에 在吳縣西南五十里라하니 今蘇州吳縣也라 曾氏曰 震은 如三川震之震이니 若今湖翻이 是也라 具區之水는 多震而難定이라 故로 謂之震澤이라 底定者는 言底於定而不震蕩也라

震澤은 太湖이다 《周禮》〈職方〉에 "揚州의 숲을 具區라 한다." 하였고, 〈地志〉에 "吳縣의 서남쪽 50리 지점에 있다." 하였으니, 지금의 蘇州 吳縣이다. 曾氏는 말하기를 "震은 三川이 震動했다는 震과 같으니, 지금 호수의 물이 뒤집히는 것이 이것이다. 具區의 물은 많이 震動하여 안정하기 어려우므로 震澤이라고 이름한 것이다." 하였다. 底定이란 안정함에 이르러 震蕩하지 않음을 말한 것이다.

42. 篠簜이 既敷하니 厥草는 惟夭며 厥木은 惟喬요 厥土는 惟塗泥로다

살대와 큰 대가 이미 퍼져 잘 자라니, 풀은 여리게 자라며 나무는 높이 자라고 흙은 진흙이다.

篠는 箭竹이요 簜은 大竹이라 郭璞曰 竹闊節曰簜이라 敷는 布也니 水去에 竹已布生也라 少長曰夭라 喬는 高也라 塗泥는 水泉濕也니 下地多水하여 其土淖라

篠는 살대이고, 簜은 큰 대이다. 郭璞은 말하기를 "대나무가 마디가 넓은 것을 簜이라 한다." 하였다. 敷는 폄이니, 홍수가 제거됨에 대가 이미 퍼져서 자라는 것이다. 여리게 자라는 것을 夭라 한다. 喬는 높음이다. 塗泥는

藪 : 수풀 수　翻 : 뒤집힐 번　篠 : 살대 소　簜 : 왕대 탕　喬 : 높을 교
璞 : 옥덩어리 박　淖 : 진흙 뇨

水泉이 있어 습한 것이니, 낮은 지역은 물이 많아 그 흙이 진흙이다.

43. 厥田은 惟下에 下요 厥賦는 下에 上이로소니 上錯이로다

田은 下에 下이고, 賦는 下에 上이니, 위로 섞어 낸다.

田은 第九等이요 賦는 第七等이로되 雜出第六等也라 言下上上錯者는 以本設賦九等하여 分爲三品하니 下上與中下는 異品이라 故變文하여 言下上上錯也라

田은 第9等이고, 賦는 第7等인데 섞어서 第6等을 내는 것이다. '下上上錯'이라고 말한 것은 본래 賦稅를 9等으로 설치하여 나누어 3品을 만들었으니, 下에 上과 中에 下는 品이 다르다. 그러므로 글을 바꾸어 下에 上인데 위로 섞어 낸다고 말한 것이다.

44. 厥貢은 惟金三品과 瑤琨篠簜과 齒革羽毛와 惟木이로다 島夷는 卉服이로소니 厥篚는 織貝요 厥包橘柚는 錫貢이로다

貢物은 금속 세 가지와 瑤와 琨과 살대와 큰 대와 상아와 가죽과 깃털과 털과 나무이다. 海島의 오랑캐는 卉服을 입으니, 광주리에 담아서 바치는 폐백은 織貝이며, 싸가지고 오는 귤과 유자는 바치라는 명령을 내리면 바친다.

三品은 金銀銅也라 瑤琨은 玉石名이니 詩曰 何以舟之오 惟玉及瑤라하니라 琨은 說文云 石之美似玉者라하니 取之可以爲禮器라 篠之材는 中於矢之笴요 簜之材는 中於樂之管이라 簜은 亦可爲符節이니 周官掌節에 有英簜이라 象有齒하고 犀兕有革하며 鳥有羽하고 獸有毛라 木은 楩梓豫章之屬이라 齒革은 可以成車甲이요 羽毛는 可以爲旌旄요 木은 可以備楝宇器械之

瑤：아름다운옥 요 琨：아름다운옥 곤 卉：풀 훼 橘：귤 귤 柚：유자 유
笴：살대 가 兕：외뿔소 시 楩：산느릅나무 경 梓：가래나무 재

用也라 島夷는 東南海島之夷라 卉는 草也니 葛越木綿之屬이라 織貝는 錦名이니 織爲貝文이니 詩曰貝錦이 是也라 今南夷木綿之精好者를 亦謂之吉貝라하니 海島之夷以卉服來貢호되 而織貝之精者를 則入篚焉이라 包는 裹也라 小曰橘이요 大曰柚라 錫者는 必待錫命而後貢이요 非歲貢之常也라 張氏曰 必錫命乃貢者는 供祭祀, 燕賓客則詔之요 口腹之欲則難於出令也라

三品은 金·銀·銅이다. 瑤와 琨은 옥돌의 이름이니,《詩經》에 "무엇을 허리에 찼는고. 玉과 瑤이다." 하였다. 琨은《說文》에 "아름다운 돌로 옥과 같은 것이다." 하였으니, 이것을 취하여 禮器를 만들 수 있다. 살대의 재목은 화살의 살을 만드는 데에 합당하고, 簜의 재목은 악기의 管을 만드는 데에 합당하다. 簜은 또한 符節을 만들 수 있으니,《周官》의 〈掌節〉에 '英簜(수저를 담아두는 그릇)'이 있다. 코끼리는 상아가 있고, 물소와 외뿔소는 가죽이 있으며, 새는 깃털이 있고, 짐승은 털이 있다. 나무는 楩나무와 梓나무와 豫章나무 등속이다. 상아와 가죽은 수레와 갑옷을 만들 수 있고, 깃털과 털은 旌旄를 만들 수 있고, 나무는 棟宇(들보와 기둥)와 器械의 쓰임에 대비할 수 있다. 島夷는 동남쪽 海島에 있는 오랑캐이다. 卉는 풀이니, 葛越(갈포와 부들로 짠 베)과 木綿 등속이다. 織貝는 비단 이름이니, 짜서 자개 무늬를 만든 것이니,《詩經》의 '貝錦'이라는 것이 이것이다. 지금 南夷의 木綿 중에 精하고 좋은 것을 또한 吉貝라 이르니, 海島의 오랑캐들이 卉服을 입고 와서 貢物을 바치되 織貝의 精한 것을 광주리에 넣어 가지고 온 것이다. 包는 싸는 것이다. 작은 것을 橘이라 하고 큰 것을 柚라 한다. 錫은 반드시 명령을 내리기를 기다린 뒤에 바치고, 해마다 바치는 일정한 것이 아니다. 張氏가 말하였다. "반드시 바치라는 명령이 내려야 비로소 바치는 것은 祭祀에 올리고 賓客을 燕享하게 되면 바치라고 명령하고, 口腹의 욕심을 위해서는 명령을 냄을 어렵게 여기는 것이다."

45. 沿于江海하여 達于淮泗하나니라

江과 바다로 물결을 따라 내려가 淮水와 泗水에 도달한다.

順流而下曰沿이라 沿江入海하여 自海而入淮泗라 不言達于河者는 因於

徐也라 禹時에 江淮未通이라 故로 沿於海러니 至吳하여 始開邗溝하고 隋人廣之하여 而江淮舟船始通也라 孟子言 排淮泗而注之江은 記者之誤也라

물결을 따라 내려감을 沿이라 한다. 江을 順流하여 바다로 들어가서 바다로부터 淮水와 泗水로 들어가는 것이다. 河에 도달한다고 말하지 않은 것은 徐州를 따랐기 때문이다. 禹王 때에는 江과 淮水가 아직 통하지 못하였으므로 바다를 따라 내려갔는데, 吳나라 때에 이르러 비로소 邗溝를 개통하고 隋나라 사람들이 이것을 넓혀서 江과 淮水의 배들이 비로소 통하게 되었다. 孟子가 "淮水와 泗水를 터놓아 江으로 주입했다."고 한 것은 기록한 자의 잘못이다.

46. 荊及衡陽에 惟荊州라

荊山과 衡山 남쪽에 荊州가 있다.

荊州之域은 北距南條荊山하고 南盡衡山之陽이라 荊衡은 各見導山하니라 唐孔氏曰 荊州以衡山之陽爲至者는 蓋南方에 惟衡山爲大하여 以衡陽言之하니 見其地不止此山이로되 而猶包其南也라

荊州 지역은 북쪽으로는 南條荊山에 이르고, 남쪽으로는 衡山의 남쪽까지 다한다. 荊山과 衡山은 각각 導山에 보인다. 唐나라 孔氏가 말하였다. "荊州에서 衡山의 남쪽까지 이른다고 한 것은 남방에서는 오직 衡山만이 커서 衡陽이라고 말한 것이니, 그 지역이 이 산에만 그치지 않았으나 오히려 그 남쪽을 싸고 있음을 나타낸 것이다."

47. 江漢이 朝宗于海하며

江水와 漢水가 바다에 朝宗하며,

江漢은 見導水하니라 春見曰朝요 夏見曰宗이니 朝宗은 諸侯見天子之名

沿 : 따를 연　邗 : 물이름 한

也라 江漢이 合流于荊하니 去海尙遠이라 然이나 水道已安하여 而無有壅塞橫決之患이라 雖未至海나 而其勢已奔趨於海하니 猶諸侯之朝宗于王也라

江·漢은 導水에 보인다. 봄에 뵙는 것을 朝라 하고 여름에 뵙는 것을 宗이라 하니, 朝宗은 諸侯가 天子를 알현하는 명칭이다. 江·漢이 荊州에서 합류하니, 바다와 거리가 아직 멀다. 그러나 물길이 이미 안정되어 막히거나 멋대로 터지는 피해가 없었다. 비록 바다에 이르지는 않았으나 그 형세가 이미 바다로 달려가니, 마치 諸侯들이 王에게 朝宗(朝會)함과 같은 것이다.

48. 九江이 孔殷하도다

九江이 매우 바르게 흐른다.

九江은 卽今之洞庭也라 水經에 言 九江在長沙下雋西北이라하고 楚地記曰 巴陵瀟湘之淵이 在九江之間이라하니 今岳州巴陵縣은 卽楚之巴陵이요 漢之下雋也라 洞庭이 正在其西北하니 則洞庭之爲九江이 審矣라 今沅水, 漸水, 元水, 辰水, 敍水, 酉水, 澧水, 資水, 湘水 皆合於洞庭하니 意以是名九江也라 孔은 甚이요 殷은 正也니 九江水道甚得其正也라
○ 按漢志에 九江은 在廬江郡之尋陽縣이라하고 尋陽記에 九江之名은 一曰烏江이요 二曰蚌江이요 三曰烏白江이요 四曰嘉靡江이요 五曰畎江이요 六曰源江이요 七曰廩江이요 八曰提江이요 九曰箘江이라하니라 今詳漢九江郡之尋陽은 乃禹貢揚州之境이어늘 而唐孔氏又以爲九江之名이 起於近代라하니 未足爲據라 且九江派別取之耶인댄 亦必首尾短長이 大略均布然後에 可目之爲九라 然이나 其一水之間에 當有一洲로되 九江之間은 沙水相間하여 乃爲十有七道하니 而今尋陽之地는 將無所容이라 況沙洲出沒하여 其勢不常하니 果可以爲地理之定名乎아 設使派別爲九라도 則當曰九江旣道요 不應曰孔殷이며 於導江에 當曰播九江이요 不應曰過九江이니

殷:바를 은 雋:살찔 전 沅:물이름 원 澧:물이름 례 蚌:조개 방
廩:창고 름 箘:살대감 균

反復參攷컨대 則九江은 非潯陽이 明甚이니 本朝胡氏以洞庭爲九江者得之라 曾氏亦謂 導江曰 過九江하여 至于東陵이라하니 東陵은 今之巴陵이니 今巴陵之上은 卽洞庭也라 因九水所合하여 遂名九江이라 故로 下文導水曰 過九江이라 經之例에 大水合小水를 謂之過라하니 則洞庭之爲九江이 益以明矣라

九江은 곧 지금의 洞庭湖이다. 《水經》에는 "九江은 長沙의 下雋 서북쪽에 있다." 하였고, 《楚地記》에는 "巴陵의 瀟湘의 못이 九江의 사이에 있다." 하였으니, 지금의 岳州 巴陵縣은 곧 楚나라의 巴陵이고, 漢나라의 下雋이다. 洞庭湖가 바로 그 서북쪽에 있으니, 洞庭湖가 九江이 됨은 분명하다. 지금 沅水· 漸水·元水·辰水·敍水·酉水·澧水·資水·湘水가 모두 洞庭湖에서 합류하니, 짐작컨대 이 때문에 九江이라 이름한 듯하다. 孔은 심함이요 殷은 바름이니, 九江의 물길이 심히 그 바름을 얻은 것이다.
○ 살펴보건대, 《漢書》〈地理志〉에 "九江은 廬江郡의 潯陽縣에 있다." 하였고, 《潯陽記》에 "九江의 이름은 첫째는 烏江, 둘째는 蚌江, 셋째는 烏白江, 넷째는 嘉靡江, 다섯째는 畎江, 여섯째는 源江, 일곱째는 廩江, 여덟째는 提江, 아홉째는 箘江이다." 하였다. 이제 살펴보건대, 漢나라 九江郡의 潯陽은 바로 〈禹貢〉의 揚州 지역인데, 唐나라 孔氏는 또 "九江의 명칭이 近代에 시작되었다." 하니, 족히 근거할 수 없다. 또 九江이 강의 갈래가 나누어진 것을 취했다면 또한 반드시 首尾와 長短이 대략 균등하게 분포된 뒤에야 지목하여 아홉이라 할 수 있는 것이다. 그러나 한 물 사이에는 마땅히 한 모래섬이 있을 터인데, 九江의 사이는 모래와 물이 서로 번갈아서 마침내 17개의 길이 되었으니, 지금 潯陽 지역에서는 장차 용납할 곳이 없다. 더구나 모래섬이 출몰하여 그 형세가 일정하지 않으니, 과연 地理의 일정한 명칭으로 삼을 수 있겠는가. 설사 물의 갈래가 나뉘어진 것이 아홉이라 하더라도 마땅히 九江이 이미 물길을 따랐다고 말할 것이요 심히 바르다고 말할 수가 없으며, 導江에 마땅히 九江으로 나뉘었다고 말할 것이요 九江을 지나갔다고 말할 수가 없으니, 반복하여 참고해 보면 九江은 潯陽이 아님이 매우 분명하니, 本朝의 胡氏가 洞庭湖를 九江이라고 한 것이 맞다. 曾氏 또한 이르기를 "導江에 '九江을 지나서 東陵에 이른다.' 하였으니, 東陵은 지금의 巴陵이니, 현재 巴陵의 위가 곧 洞庭湖이다." 하였다. 아홉 물이 합함으로 인하여 마침내 九江이라 이름하였므로 下文의 導水에 '九江을 지난

다.'고 말한 것이다. 經文의 例에 "큰 물이 작은 물과 합함을 過라 한다." 하였으니, 洞庭湖가 九江이 됨이 더욱 분명하다.

49. 沱潛이 旣道하니

沱와 潛이 이미 물길을 따르니,

爾雅曰 水自江出爲沱요 自漢出爲潛이라하니 凡水之出於江漢者皆有此名이니 此則荊州江漢之出者也라 今按 南郡枝江縣에 有沱水라 然이나 其流入江이요 而非出於江也라 華容縣에 有夏水하니 首出于江하고 尾入于沔하니 亦謂之沱라 若潛水則未有見也니라

《爾雅》에 "물이 江에서 갈라져 나온 것을 沱라 하고 漢에서 갈라져 나온 것을 潛이라 한다." 하였으니, 물이 江·漢에서 나온 것은 모두 이 명칭이 있는 것이니, 이는 荊州의 江·漢에서 나온 것이다. 지금 살펴보건대, 南郡 枝江縣에 沱水가 있으나 그 흐름이 江으로 들어가고 江에서 나온 것이 아니다. 華容縣에 夏水가 있으니, 머리는 江에서 나오고 꼬리는 沔으로 들어가는데 또한 이것을 沱라고 한다. 潛水로 말하면 보이는 것이 없다.

50. 雲土요 夢作乂하도다

雲澤에서 흙이 나오고 夢澤이 다스려졌다.

雲夢은 澤名이라 周官職方에 荊州其澤藪曰雲夢이니 方八九百里요 跨江南北이라하니 華容枝江江夏安陸이 皆其地也라 左傳楚子濟江入于雲中이라하고 又楚子以鄭伯으로 田于江南之夢이라하니 合而言之則爲一이요 別而言之則二澤[1]也라 雲土者는 雲之地는 土見而已요 夢作乂者는 夢之地已可耕治也라 蓋雲夢之澤은 地勢有高卑라 故로 水落에 有先後요 人工에 有早晩也라

沱 : 물이름 타 沔 : 물이름 면

雲·夢은 못 이름이다. 《周官》 〈職方〉에 "荊州의 澤藪를 雲夢이라 하는데 사방 8~9백 리이고 강남과 강북을 점거했다." 하였으니, 華容·枝江·江夏·安陸이 다 이 지역이다. 《左傳》에 "楚子가 江을 건너 雲澤 가운데로 들어갔다." 하였고, 또 "楚子가 鄭伯을 데리고 江南의 夢澤에서 사냥했다." 하였으니, 합하여 말하면 하나이고 나누어 말하면 두 못인 것이다. 雲土는 雲澤 지역은 흙만 보일 뿐이고 夢作乂는 夢澤 지역은 이미 밭갈고 다스릴 수 있는 것이다. 雲懌과 夢澤은 지형에 높고 낮음이 있으므로 물이 떨어짐에 先後가 있고, 人工에 早晩이 있는 것이다.

譯註 1. 別而言之則二澤 : 《蔡傳旁通》에 "江의 남쪽에 있는 것을 夢, 江의 북쪽에 있는 것을 雲이라 한다." 하였다.

51. 厥土는 惟塗泥니 厥田은 惟下에 中이요 厥賦는 上에 下로다

土質은 진흙이니, 田은 下에 中이고, 賦는 上에 下이다.

荊州之土는 與揚州同이라 故로 田比揚에 只加一等이로되 而賦爲第三等者는 地闊而人工修也일새라

荊州지역은 揚州와 같다. 그러므로 田은 揚州에 비하여 다만 1등급을 더 하였는데, 賦가 第3等인 것은 지역이 넓고 人工이 닦여졌기 때문이다.

52. 厥貢은 羽毛齒革과 惟金三品과 杶榦栝柏과 礪砥砮丹이로다 惟箘簵楛는 三邦이 厎(지)貢厥名하나니라 包匭菁茅며 厥篚는 玄纁璣組로소니 九江이 納錫大龜로다

貢物은 깃과 털과 상아와 가죽, 금속의 세 종류와 참죽나무 줄기와 전나무와 잣나무, 거친 숫돌과 고운 숫돌과 화살촉과 丹砂이다. 箘簵

闊 : 넓을 활 杶 : 참죽나무 춘 栝 : 전나무 괄 砥 : 숫돌 지 砮 : 돌살촉 노
簵 : 화살대 로 楛 : 싸리나무 호 匭 : 궤 궤 菁 : 세모진대 정 纁 : 붉을 훈

와 싸리나무 화살은 세 고을에서 유명한 것을 바친다. 싸서 궤에 넣는 것은 菁茅이며, 광주리에 담아서 바치는 폐백은 玄纁과 璣와 끈이니, 九江에서는 큰 거북을 얻으면 바친다.

荊之貢은 與揚州로 大抵多同이라 然이나 荊先言羽毛者는 漢孔氏所謂善者爲先也라 按職方氏에 揚州는 其利金錫이요 荊州는 其利丹銀齒革이라하니 則荊揚所產이 不無優劣矣라 杶栝柏은 三木名也니 杶木은 似樗而可爲弓幹이요 栝木은 柏葉松身이라 礪砥는 皆磨石이니 砥는 以細密爲名이요 礪는 以麤糲爲稱이라 砮者는 中矢鏃之用이니 肅愼氏貢石砮者 是也라 丹은 丹砂也라 箘簵는 竹名이요 楛는 木名이니 皆可以爲矢라 董安于之治晉陽也에 公宮之垣을 皆以荻蒿苫楚廧之하니 其高丈餘라 趙襄子發而試之에 其堅則箘簵不能過也라하니 則箘簵는 蓋竹之堅者니 其材中矢之笴라 楛는 肅愼氏貢楛矢者是也라 三邦은 未詳其地라 底는 致也니 致貢箘簵楛之有名者也라 匭는 匣也라 菁茅는 有刺而三脊이니 所以供祭祀縮酒之用이니 旣包而又匣之는 所以示敬也라 齊桓公이 責楚貢包茅不入하여 王祭不供하여 無以縮酒하고 又管子云 江淮之間에 一茅而三脊을 名曰菁茅라하니 菁茅는 一物也라 孔氏謂 菁以爲葅者非是라 今辰州麻陽縣苞茅山에 出苞茅하니 有刺而三脊이라 纁은 周禮染人에 夏纁玄하니 纁은 絳色幣也라 璣는 珠不圓者라 組는 綬類라 大龜는 尺有二寸이니 所謂國之守龜니 非可常得이라 故로 不爲常貢이요 若偶得之면 則使之納錫於上이라 謂之納錫者는 下與上之辭니 重其事也라

荊州의 貢物은 揚州와 대체로 같은 것이 많다. 그러나 荊州에서 羽·毛를 먼저 말한 것은 漢나라 孔氏가 이른바 "좋은 것을 먼저 한다."는 것이다. 살펴보건대, 《周禮》 〈職方氏〉에 "揚州의 이로움은 금과 주석이고, 荊州의 이로움은 단사와 銀과 상아와 가죽이다." 하였으니, 荊州와 揚州에서 생산되는 것이 우열이 없지 않다. 杶·栝·柏은 세 나무의 이름이니, 杶木(참죽나무)은 가죽나무와 비슷한데 활의 근간을 만들 수 있고, 栝木(전나무)은

樗 : 개똥나무 저　糲 : 거칠 려　鏃 : 살촉 촉(족)　荻 : 갈대 적
苫 : 거적자리 점　縮 : 거를 축　葅 : 김치 저

잣나무 잎에 소나무 몸이다. 礪와 砥는 다 숫돌이니, 砥는 세밀함으로 이름하고 礪는 거침으로 칭한 것이다. 砮는 화살촉으로 쓰기에 합당한 것이니, 肅愼氏가 石砮를 바쳤다는 것이 이것이다. 丹은 丹砂이다. 箘簵는 대나무 이름이고, 楛는 나무 이름이니, 모두 화살을 만들 수 있다. "董安于가 晉陽을 다스릴 적에 公宮의 담을 모두 갈대와 쑥으로 만든 거적자리와 가시나무로 덮으니, 그 높이가 한 길이 넘었다. 趙襄子가 화살을 쏘아 시험해 보니, 그 견고함이 箘簵도 통과하지 못했다." 하였으니, 箘簵는 대의 견고한 것이니, 그 재목이 화살대에 합당한 것이다. 楛는 肅愼氏가 楛矢(싸리나무 화살)를 바쳤다는 것이 이것이다. 三邦은 그 지역이 상세하지 않다. 底는 이룸이니, 箘簵와 싸리나무 화살에 유명한 것을 바침을 이룬 것이다. 匭는 匣이다. 菁茅는 가시가 있고 등골이 셋이니, 祭祀에 술을 거를 때에 쓰는 것을 바치는 것이니, 이미 싸고 또 갑에 넣는 것은 공경함을 보이기 위한 것이다. 齊나라 桓公이 楚나라의 貢物인 包茅가 들어오지 않아 王의 祭祀에 쓰지 못하여 술을 거를 수 없다고 책하였고, 또 《管子》에 "江·淮의 사이에서 한 띠풀에 등골이 셋인 것을 菁茅라 한다." 하였으니, 菁茅는 한 물건이다. 孔氏는 "菁(순무)으로써 김치를 담근다." 하였는데, 이것은 옳지 않다. 지금 辰州의 麻陽縣 苞茅山에 苞茅가 나오는데, 가시가 있고 등골이 셋이다. 纁은 《周禮》의 〈染人〉에 "여름에는 纁玄을 물들인다." 하였으니, 纁은 붉은색의 폐백이다. 璣는 구슬이 둥글지 않은 것이다. 組는 끈의 종류이다. 大龜는 1尺 2寸이니, 이른바 나라의 守龜(큰거북)라는 것이니, 항상 얻을 수 있는 것이 아니다. 그러므로 일정한 貢物로 삼지 않고 만약 우연히 얻으면 위에 바쳐 올리게 하는 것이다. 納錫이라고 말한 것은 아랫사람이 위에 올린다는 말이니, 그 일을 중히 한 것이다.

53. 浮于江沱潛漢하여 逾于洛하여 至于南河하나니라

江과 沱水·潛水·漢水에 띄워 洛水를 넘어서 南河에 이른다.

江沱潛漢은 其水道之出入이 不可詳이로되 而大勢則自江沱而入潛漢也라 逾는 越也라 漢與洛不通이라 故로 舍舟而陸하여 以達于洛하고 自洛而至于南河也라 程氏曰 不徑浮江漢하고 兼用沱潛者는 隨其貢物所出之便하여 或由經流하고 或循枝派하여 期於便事而已라

江水·沱水·潛水·漢水는 물길의 출입을 자세히 알 수 없으나 대세는 江水·沱水로부터 潛水·漢水에 들어간다. 逾는 넘음이다. 漢水는 洛水와 통하지 않으므로 배를 놔두고 육지로 가서 洛水에 이르고, 洛水로부터 南河에 이르는 것이다. 程氏가 말하였다. "곧바로 江水·漢水에 띄우지 않고 겸하여 沱水·潛水를 쓴 것은 나오는 貢物의 편리함에 따라 혹은 經流를 따르고 혹은 枝派(支流)를 따라서 일을 편리하게 함을 기약할 뿐이다."

54. 荊河에 惟豫州라

荊山과 黃河에 豫州가 있다.

豫州之域은 西南至南條荊山하고 北距大河라

豫州 지역은 서남으로는 南條荊山에 이르고 북쪽으로는 大河(黃河)에 이른다.

55. 伊洛瀍澗이 旣入于河하며

伊水·洛水·瀍水·澗水가 이미 黃河에 들어가며,

伊水는 山海經曰 熊耳之山에 伊水出焉하니 東北至洛陽縣南하여 北入于洛이라하니라 郭璞云 熊耳는 在上洛縣南이라하니 今商州上洛縣也라 地志에言 伊水出弘農盧氏之熊耳者는 非是라 洛水는 地志云 出弘農郡上洛縣冢領山이라하고 水經에 謂之讙擧山이라하니 今商州洛南縣冢領山也요 至鞏縣하여 入河라하니 今河南府鞏縣也라 瀍水는 地志云 出河南郡穀城縣替亭北이라하니 今河南府河南縣西北에 有古穀城縣하니 其北山은 實瀍水所出也라 至偃師縣하여 入洛이라하니 今河南府偃師縣也라 澗水는 地志云 出弘農郡新安縣東하여 南入于洛이라하니 新安은 在今河南府新安澠池之間하니 今澠池縣東二十三里新安城이 是也요 城東北에 有白石山하니 卽

逾 : 넘을 유 瀍 : 물이름 전 讙 : 기쁠 환 鞏 : 굳을 공 澠 : 땅이름 면

澗水所出이라 酈道元云 世謂之廣陽山이라하니 然則澗水出今之澠池하여 至新安入洛也라 伊瀍澗水는 入于洛하고 而洛水는 入于河어늘 此言伊洛瀍澗入于河라하여 若四水不相合而各入河者는 猶漢入江, 江入海로되 而荊州에 言江漢朝宗于海로 意同하니 蓋四水竝流하여 小大相敵故也라 詳見下文하니라

伊水는《山海經》에 "熊耳山에서 伊水가 나오니, 동북으로 洛陽縣 남쪽에 이르러 북쪽으로 洛水로 들어간다." 하였으며, 郭璞은 이르기를 "熊耳는 上洛縣 남쪽에 있다." 하였으니 지금의 商州 上洛縣이다. 〈地志〉에 "伊水는 弘農郡 盧氏縣 熊耳山에서 나온다." 한 것은 잘못이다. 洛水는 〈地志〉에 "弘農郡 上洛縣 冢領山에서 나온다." 하였고,《水經》에는 "讙擧山이다." 하였으니, 지금의 商州 洛南縣 冢領山이며 "鞏縣에 이르러 河水로 들어간다." 하였으니, 지금의 河南府 鞏縣이다.

瀍水는 〈地志〉에 "河南郡 穀城縣 替亭의 북쪽에서 나온다." 하였으니, 지금의 河南府 河南縣 서북쪽에 옛 穀城縣이 있으니, 북쪽 山은 실로 瀍水가 나오는 곳이다. "偃師縣에 이르러 洛水에 들어간다." 하였으니, 지금의 河南府 偃師縣이다.

澗水는 〈地志〉에 "弘農郡 新安縣 동쪽에서 나와 남쪽으로 洛水에 들어간다." 하였으니, 新安은 지금의 河南府 新安과 澠池의 사이에 있으니, 지금의 澠池縣 동쪽 23리 지점인 新安城이 이것이다. 城 동북쪽에 白石山이 있으니, 곧 澗水가 나오는 곳이다. 酈道元은 이르기를 "세상에서 廣陽山이라 이른다." 하였으니, 그렇다면 澗水는 지금의 澠池에서 나와 新安에 이르러 洛水에 들어가는 것이다. 伊水·瀍水·澗水는 洛水에 들어가고 洛水는 黃河에 들어가는데, 여기에서 伊水·洛水·瀍水·澗水가 黃河에 들어간다고 말하여, 마치 네 물이 서로 합류하지 않고 각기 黃河에 들어가는 것처럼 말한 것은 漢水는 江에 들어가고, 江은 바다에 들어가나 荊州에서 江과 漢水가 바다에 朝宗한다고 말한 것과 뜻이 같으니, 네 물이 나란히 흘러서 크고 작음이 서로 匹敵할 만하기 때문이다. 下文에 자세히 보인다.

56. 滎波旣豬로다

滎 : 물이름 형　豬 : 방죽 저

榮水와 波水가 이미 물이 모여 흐른다.

榮波는 二水名이라 濟水는 自今孟州溫縣入河하고 潛行絶河하여 南溢爲榮하니 在今鄭州榮澤縣西五里敖倉東南하니 敖倉者는 古之敖山也라 按今濟水는 但入河하고 不復過河之南하며 榮瀆水受河水에 有石門하니 謂之榮口石門也라 鄭康成謂 榮은 今塞爲平地로되 榮陽民은 猶謂其處爲榮澤이라하니라 酈道元曰 禹塞淫水하여 於榮陽下에 引河東南하여 以通淮泗濟水하여 分河東南流러니 漢明帝使王景으로 卽榮水故瀆하여 東注浚儀하고 謂之浚儀渠라 漢志에 謂榮陽縣에 有狼蕩渠하니 首受濟者 是也라 南曰狼蕩이요 北曰浚儀니 其實은 一也라 波水는 周職方에 豫州는 其川榮雒이요 其浸波溠라하고 爾雅云 水自洛出爲波라하며 山海經曰 婁涿之山에 波水出其陰하여 北流注于穀이라하여 二說不同하니 未詳孰是라 孔氏以榮波爲一水者는 非也라

榮과 波는 두 물의 이름이다. 濟水는 지금의 孟州 溫縣에서 黃河에 들어가고 속으로 흘러 黃河를 넘어 남쪽으로 넘쳐 榮水가 되니, 지금의 鄭州 榮澤縣 서쪽 4~5리 지점인 敖倉 동남쪽에 있으니, 敖倉은 옛날의 敖山이다. 살펴보건대, 지금 濟水는 단지 黃河에 들어가고 다시는 黃河의 남쪽을 통과하지 않으며, 榮瀆水가 河水를 받는 곳에 石門이 있으니, 이곳을 榮口石門이라 이른다. 鄭康成은 이르기를 "榮水는 지금 막아서 평지가 되었는데, 榮陽의 백성들은 아직도 그곳을 榮澤이라 이른다." 하고 酈道元은 말하기를 "禹王이 평지로 범람하는 물을 막아서 榮陽 아래에서 河水를 동남쪽으로 이끌어 淮水·泗水·濟水를 통하게 하여 河水를 나눠 동남쪽으로 흐르게 하였는데, 漢나라 明帝가 王景으로 하여금 榮水의 옛 못을 동쪽으로 浚儀에 주입시키고 浚儀渠라 일렀다. 《漢書》〈地理志〉에 '榮陽縣에 狼蕩渠가 있으니, 머리(初入)에 濟水를 받는다.'는 것이 이것이다. 남쪽을 狼蕩이라 하고, 북쪽을 浚儀라 하니, 실제는 하나이다. 波水는 《周禮》〈職方〉에 '豫州는 냇물이 榮水와 雒水이고, 못이 波水와 溠水이다.' 하였고, 《爾雅》에는 '물이 洛水에서 나온 것을 波라 한다.' 하였으며, 《山海經》에 '婁涿山에 波

敖：거만할 오 溠：물이름 자 婁：끌 루 涿：칠 탁

水가 그 북쪽에서 나와 북쪽으로 흘러 穀水에 주입한다.' 하였다." 하여 두 말이 똑같지 않은데 누가 옳은지 자세하지 않다. 孔氏가 榮水와 波水를 한 물이라고 한 것은 잘못이다.

57. 導菏澤하사 被孟豬하시다

菏澤을 인도하여 孟豬에 이르게 하였다.

菏澤은 地志에 在濟陰郡定陶縣東이라하니 今興仁府濟陰縣南三里라 其地有菏山이라 故로 名其澤爲菏澤也라 蓋濟水所經이니 水經謂 南濟는 東過寃句縣[1]南하고 又東過定陶縣南하고 又東北에 菏水東出焉이 是也라 被는 及也라 孟豬는 爾雅에 作孟諸라 地志에 在梁國睢陽縣東北이라하니 今南京虞城縣西北孟諸澤이 是也라 曾氏曰 被는 覆也니 菏水衍溢일새 導其餘波하여 入于孟豬하니 不常入也라 故로 曰被라

菏澤은 〈地志〉에 "濟陰郡 定陶縣 동쪽에 있다." 하였으니, 지금의 興仁府 濟陰縣 남쪽 3리 지점이다. 이곳에 菏山이 있으므로 그 못을 이름하여 菏澤이라 한 것이다. 濟水가 경유하는 곳이니, 《水經》에 "南濟는 동쪽으로 寃句縣 남쪽을 지나고, 또 동쪽으로 定陶縣 남쪽을 지나고, 또 동북쪽에 菏水가 동쪽에서 나온다." 한 것이 이것이다. 被는 미침이다. 孟豬는 《爾雅》에 孟諸로 되어 있다. 〈地志〉에 "梁國 睢陽縣 동북쪽에 있다." 하였으니, 지금의 南京 虞城縣 서북쪽 孟諸澤이 이곳이다. 曾氏가 말하였다. "被는 덮임이니, 菏水가 넘치므로 그 남은 물줄기를 인도하여 孟豬澤에 들어가게 한 것이니, 항상 들어가지 않기 때문에 被라고 말하였다."

譯註 1. 寃句縣 : 沙溪는 "寃은 마땅히 宛이 되어야 하는바, 音은 '연'이다." 하였다.

58. 厥土는 惟壤이니 下土는 墳壚로다

菏 : 물이름 가　衍 : 넘칠 연　壚 : 검은흙 로

토질은 壤土이며 낮은 지역은 墳起하고 성글다.

土不言色者는 其色雜也라 壚는 疏也라 顔氏曰 玄而疏者를 謂之壚라 其土有高下之不同이라 故로 別言之라

흙의 색깔을 말하지 않은 것은 색이 섞여있기 때문이다. 壚는 성근 것이다. 顔氏가 말하기를 "검고 성근 것을 壚라 한다." 하였다. 土質에 高下의 차이가 있으므로 따로 말한 것이다.

59. 厥田은 惟中에 上이요 厥賦는 錯이로소니 上에 中이로다

田은 中에 上이고 賦는 섞어 내니, 上에 中이다.

田은 第四等이요 賦는 第二等이로되 雜出第一等也라

田은 第4等이고, 賦는 第2等인데 섞어서 第1等을 낸다.

60. 厥貢은 漆枲絺紵요 厥篚는 纖纊이로소니 錫貢磬錯이로다 (하놋다)

貢物은 옻과 삼베와 갈포와 모시이며 광주리에 담아서 바치는 폐백은 가는 솜이니, 경쇠를 연마하는 숫돌은 바치라는 명령이 있으면 바친다.

林氏曰 周官載師에 漆林之征이 二十(有)〔而〕五[1)]하니 周以爲征이로되 而此乃貢者는 蓋豫州在周엔 爲畿內라 故로 載師掌其征而不制貢이요 禹時엔 豫在畿外라 故로 有貢也라하니 推此義하면 則冀不言貢者를 可知라 顔師古曰 織紵以爲布及練이라 然이나 經但言貢枲與紵하니 成布與未成布를 不可詳也라 纊은 細綿也라 磬錯은 治磬之錯也니 非所常用之物이라 故로 非常貢이요 必待錫命而後納也니 與揚州橘柚로 同이라 然이나 揚州先言

絺 : 가는갈포 치 紵 : 모시 저 纊 : 솜 광 錯 : 숫돌 착

橘柚而此先言錫貢者는 橘柚言包하니 則於厥篚之文에 無嫌이라 故로 言錫貢在後요 磬錯則與厥篚之文으로 嫌於相屬이라 故로 言錫貢在先이니 蓋立言之法也라

林氏가 말하기를 "《周官》 〈載師〉에 漆林에 대한 세금은 20분에 5이니, 周나라는 세금으로 내었으나 여기서는 貢物로 삼은 것은 豫州가 周나라에 있어서는 畿內였기 때문에 載師가 세금을 관장하고 貢物을 내도록 하지 않은 것이며, 禹王 때에는 豫州가 畿外에 있었으므로 貢物을 냄이 있었던 것이다." 하였으니, 이 뜻을 미루어 보면 冀州에서 貢物을 말하지 않은 것도 알 수 있다. 顔師古는 말하기를 "모시를 짜서 삼베와 마전한 베를 만든다." 하였다. 그러나 經文에 단지 枲와 紵를 바친다고 말하였으니, 成布인지 未成布인지는 상세하지 않다. 纊은 가는 솜이다. 磬錯은 경쇠를 다스리는 숫돌이니, 항상 사용하는 물건이 아니므로 일정한 공물이 아니요, 반드시 바치라는 명령이 내리기를 기다린 뒤에 바치는 것이니, 揚州에서의 橘·柚와 같다. 그러나 揚州에서는 橘·柚를 먼저 말하였는데 여기서는 錫貢을 먼저 말한 것은 橘·柚는 싼다고 말하였으니, 厥篚의 글에 혐의가 없기 때문에 錫貢을 말한 것이 뒤에 있고, 磬錯은 厥篚의 글과 서로 연결됨을 혐의하기 때문에 錫貢을 말한 것이 앞에 있는 것이니, 이는 글을 쓰는 방법이다.

譯註 1. 二十而五 : 沙溪의 《經書辨疑》에 의거하여 바로잡았음을 밝혀둔다.

61. 浮于洛하여 達于河하나니라

洛水에 띄워 黃河에 도달한다.

豫州는 去帝都最近하여 豫之東境은 徑自入河하고 豫之西境은 則浮于洛而後에 至河也라

豫州는 帝都와 거리가 가장 가까워서 豫州의 동쪽 지역은 곧바로 黃河로 들어가고, 豫州의 서쪽 지역은 洛水에 띄운 뒤에야 黃河에 이른다.

62. 華陽黑水에 惟梁州라

華山 남쪽과 黑水에 梁州가 있다.

梁州之境은 東距華山之南하고 西據黑水라 華山은 卽太華니 見導山하고 黑水는 見導水하니라

梁州 지역은 동쪽으로는 華山의 남쪽에 이르고, 서쪽으로는 黑水를 점거하였다. 華山은 곧 太華山이니 導山에 보이고, 黑水는 導水에 보인다.

63. 岷嶓既藝하며

岷山과 嶓山에 이미 곡식을 심으며,

岷嶓는 二山名이라 岷山은 地志에 在蜀郡湔氐道西徼外라하니 在今茂州汶山縣이니 江水所出也라 鼂氏曰 蜀은 以山近江源者를 通爲岷山하니 連峯接岫하여 重疊險阻하여 不詳遠近이라 靑城天彭諸山之所環遶가 皆古之岷山이니 靑城은 乃其第一峰也라 嶓冢山은 地志云 在隴西郡氐道縣이라하니 漾水所出이요 又云在西縣이라하니 今興元府西縣三泉縣也라 蓋嶓冢一山이 跨于兩縣云이라 川原既滌하여 水去不滯하여 而無泛溢之患하니 其山이 已可種藝也라

岷과 嶓는 두 산의 이름이다. 岷山은 〈地志〉에 "蜀郡 湔氐道縣 서쪽 변방 밖에 있다." 하였으니 지금의 茂州 汶山縣에 있으니, 江水가 나오는 곳이다. 鼂氏가 말하기를 "蜀은 산이 강의 근원에 가까운 것을 통틀어 岷山이라 하니, 봉우리가 연하고 메가 이어져서 중첩되고 험하여 遠近을 상세히 알 수 없다. 靑城山과 天彭山 등 둘러싸여 있는 여러 山이 모두 옛날의 岷山이니, 靑城山은 곧 그 첫번째 봉우리이다." 하였다. 嶓冢山은 〈地志〉에 "隴西郡 氐道縣에 있다." 하였으니, 漾水가 나오는 곳이며, 또 "西縣에 있다." 하였으니, 지금의 興元府 西縣과 三泉縣이다. 嶓冢山 하나가 두 縣에 걸쳐있는 것이다. 내와 평원이 이미 깨끗이 씻겨져서 물이 흘러가고 막히

岷 : 산이름 민　嶓 : 산이름 파　湔 : 씻을 전　氐 : 오랑캐 저　徼 : 변방 요
岫 : 묏부리 수　遶 : 두를 요　隴 : 언덕 롱　漾 : 물이름 양

지 않아 범람하는 폐해가 없으니, 이들 산이 이미 곡식을 심을 수 있는 것이다.

64. 沱潛이 旣道하도다

沱水와 潛水가 이미 물길을 따른다.

此는 江漢別流之在梁州者라 沱水는 地志에 蜀郡郫縣에 江沱在東하니 西入大江[1]이라하니 郫縣은 今成都府郫縣也라 又地志云 蜀郡汶江縣에 江沱在西南하니 東入江이라하니 汶江縣은 今永康軍導江縣也라 潛水는 地志云 巴郡宕渠縣에 潛水西南入江이라하니 宕渠는 今渠州流江縣也라 酈道元謂 宕渠縣에 有大穴하여 潛水入焉하니 通罡山下하여 西南潛出하여 南入于江이라하니라 又地志에 漢中郡安陽縣에 灊谷水出西南入漢이라하니 灊은 音潛이요 安陽縣은 今洋州眞符縣也라
○ 又按 梁州는 乃江漢之原이어늘 此不志者는 岷之藝는 導江也요 嶓之藝는 導漾也며 道沱則江悉矣요 道潛則漢悉矣라 上志岷嶓하고 下志沱潛하니 江漢源流를 於是而見이라

이는 江·漢의 別流로서 梁州에 있는 것이다. 沱水는 〈地志〉에 "蜀郡 郫縣에 江沱가 동쪽에 있으니, 서쪽으로 大江에 들어간다." 하였으니, 郫縣은 지금의 成都府 郫縣이다. 또 〈地志〉에 "蜀郡 汶江縣에 江沱가 서남쪽에 있으니, 동쪽으로 江에 들어간다." 하였으니, 汶江縣은 지금의 永康軍 導江縣이다. 潛水는 〈地志〉에 "巴郡 宕渠縣에 潛水가 서남쪽으로 江에 들어간다." 하였으니, 宕渠는 지금의 渠州 流江縣이다. 酈道元은 이르기를 "宕渠縣에 큰 구멍이 있어 潛水가 그리로 들어가니, 罡山 밑을 통과하여 서남쪽으로 땅속으로 흐르다가 밖으로 나와서 남쪽으로 강에 들어간다." 하였다. 또 〈地志〉에 "漢中郡 安陽縣에 灊谷水가 서남에서 나와 漢水로 들어간다." 하였으니, 灊은 音이 潛이며, 安陽縣은 지금의 洋州 眞符縣이다.
○ 또 살펴보건대, 梁州는 바로 江·漢의 근원인데 여기에서 기록하지 않은 이유는 岷山이 곡식을 심을 수 있는 것은 江을 인도하였기 때문이고, 嶓山

郫 : 땅이름 비　宕 : 방탕할 탕　罡 : 북두성 강　灊 : 고을이름 첨(潛通)

이 곡식을 심을 수 있는 것은 漾水를 인도하였기 때문이며, 沱水가 옛 길을 따르면 江이 다하고, 潛水가 옛 길을 따르면 漢水가 다한 것이다. 위에 岷·嶓를 기록하고 아래에 沱·潛을 기록하였으니, 江·漢의 源流를 여기에서 볼 수 있다.

譯註 1. 江沱在東西入大江 : 〈地志〉에는 '江沱在西東入江'으로 되어 있다.

65. 蔡蒙에 旅平[1)]하시며

蔡山과 蒙山에 旅제사를 지내어 다스려짐을 고하며,

譯註 1. 旅平 : 沙溪는 '旅하고 平하시며'로 풀이하였음을 밝혀둔다.

蔡蒙은 二山名이라 蔡山은 輿地記에 在今雅州嚴道縣이라 蒙山은 地志에 蜀郡青衣縣이라하니 今雅州名山縣也라 酈道元謂 山이 上合下開하고 沫水逕其間하여 溷崖水脈漂疾하여 歷代爲患이러니 蜀郡太守李冰이 發卒鑿平溷崖라하니 則此二山은 在禹에 爲用功多也라 祭山曰旅니 旅平者는 治功畢而旅祭也라

蔡와 蒙은 두 산의 이름이다. 蔡山은 《輿地記》에 "지금의 雅州 嚴道縣에 있다." 하였다. 蒙山은 〈地志〉에 "蜀郡의 青衣縣에 있다." 하였으니, 지금의 雅州 名山縣이다. 酈道元은 이르기를 "산이 위는 합하고 아래는 벌어졌으며, 沫水가 그 사이를 경과하여 溷崖의 수맥이 빨라서 역대에 폐해가 되었는데, 蜀郡太守 李冰이 병력을 징발하여 溷崖를 뚫어 평평하게 하였다." 하였으니, 이 두 산은 禹王 때에 있어서도 공력을 씀이 많았던 것이다. 산에 제사함을 旅라 하니, 旅平은 洪水를 다스리는 功을 마치고 旅祭를 지낸 것이다.

66. 和夷에 底績하시다

和夷에 공적을 이루었다.

旅 : 제사 려 溷 : 흐릴 혼 漂 : 빠를 표

和夷는 地名이라 嚴道以西에 有和川하고 有夷道하니 或其地也라 又按 鼂氏曰 和夷는 二水名이라 和水는 今雅州滎經縣北和川이니 水自蠻界羅嵒州東西來하여 逕蒙山하니 所謂青衣水而入岷江者也라 夷水는 出巴郡魚腹縣하여 東南過很(佷)山縣南하고 又東過夷道縣北하여 東入于江이라 今詳二說컨대 皆未可必이로되 但經言底績者三에 覃懷原隰이 既皆地名이니 則此恐爲地名이요 或地名因水니 亦不可知也라

和夷는 지명이다. 嚴道縣 以西에 和川이 있고 夷道가 있으니, 혹 그 지역인 듯하다. 또 살펴보건대, 鼂氏가 말하기를 "和夷는 두 물 이름이다. 和水는 지금의 雅州 滎經縣 북쪽 和川이니, 물이 南蠻의 경계인 羅嵒州 동서쪽으로부터 와서 蒙山을 경유하니, 이른바 青衣水로서 岷江에 들어가는 것이다. 夷水는 巴郡 魚腹縣에서 나와 동남쪽으로 很山縣 남쪽을 지나가고, 또 동쪽으로 夷道縣 북쪽을 지나서 동쪽으로 江에 들어간다." 하였다. 이제 두 말을 살펴보면 모두 기필할 수 없으나, 단 經文에 공적을 이루었다는 것이 셋인데, 覃懷와 原隰이 이미 모두 지명이었으니 이것은 지명일 듯하며, 혹 지명이 물을 따를 수도 있으니, 또한 알 수 없다.

67. 厥土는 青黎니

토질은 푸르고 검으니

黎는 黑也라

黎는 검음이다.

68. 厥田은 惟下에 上이요 厥賦는 下에 中이로소니 三錯이로다

田은 下에 上이고 賦는 下에 中이니, 3等으로 섞어 낸다.

嵒 : 바위 암 佷 : 고을이름 항

田은 第七等이요 賦는 第八等이로되 雜出第七第九等也라 按賦雜出他等者는 或以爲歲有豊凶이라하고 或以爲戶有增減이라하니 皆非也라 意者컨대 地力有上下하여 年分不同하니 如周官에 田一易再易之類[1]라 故로 賦之等第 亦有上下年分하니 冀之正賦는 第一等이로되 而間歲第二等也요 揚之正賦는 第七等이로되 而間歲第六等也며 豫之正賦는 第二等이로되 而間歲第一等也요 梁之正賦는 第八等이로되 而間歲出第七第九等也라 當時에 必有條目詳具어늘 今不存矣요 書之所載는 特凡例也라 若謂歲之豊凶, 戶之增減이면 則九州皆然이니 何獨於冀揚豫梁四州言哉리오

田은 第7等이고 賦는 第8等인데 第7等과 第9等을 섞어 내는 것이다. 살펴보건대, 賦稅를 섞어 다른 등급을 내는 것을 혹자는 "해에 豊凶이 있기 때문이다." 라고 하고, 혹자는 "戶口에 증감이 있기 때문이다." 라고 하는데, 이는 모두 틀린 말이다. 짐작컨대 地力에 높고 낮음이 있어 年分이 똑같지 않으니, 《周官》에 토지가 一易·再易이라는 것과 같은 따위일 것이다. 그러므로 賦稅의 등급 또한 높고 낮은 年分이 있는 것이니, 冀州의 正賦는 第1等이나 間歲(隔年)로 第2等을 내며, 揚州의 正賦는 第7等이나 間歲로 第6等을 내며, 豫州의 正賦는 第2等이나 間歲로 第1等을 내며, 梁州의 正賦는 第8等이나 間歲로 第7等과 第9等을 내는 것이다. 당시에 반드시 條目이 자세히 갖춰져 있었을 터인데 이제 남아 있지 않으며, 《書經》에 기재한 것은 다만 凡例일 뿐이다. 만약 해의 豊凶과 戶口의 增減이라고 한다면 아홉 州가 다 그러할 것이니, 어찌 홀로 冀州·揚州·豫州·梁州의 네 州에서만 말했겠는가.

譯註 1. 田一易再易之類 : 밭을 1년을 묵혔다가 다시 경작하는 것을 一易, 2년을 묵혔다가 다시 경작하는 것을 再易이라 한다.

69. 厥貢은 璆鐵과 銀鏤와 砮磬과 熊羆와 狐狸와 織皮로다

貢物은 玉磬과 부드러운 쇠와 銀과 강철과 砮磬(石磬)과 곰과 큰곰과 이리와 살쾡이와 織皮(직물과 皮服)이다.

璆 : 옥소리 구　鏤 : 강철 루　砮 : 돌살촉 노　羆 : 큰곰 비　狸 : 살쾡이 리

璆는 玉磬이요 鐵은 柔鐵也라 鏤는 剛鐵이니 可以刻鏤者也라 磬은 石磬也라 言鐵而先於銀者는 鐵之利多於銀也니 後世에 蜀之卓氏程氏以鐵冶로 富擬封君하니 則梁之利尤在於鐵也라 織皮者는 梁州之地는 山林爲多하니 獸之所走라 熊羆狐狸四獸之皮는 製之면 可以爲裘요 其毳毛는 織之면 可以爲罽也라
○ 林氏曰 徐州는 貢浮磬이요 此州는 旣貢玉磬하고 又貢石磬하며 豫州는 又貢磬錯하니 以此觀之면 則知當時樂器는 磬最爲重이니 豈非以其聲角而在淸濁小大之間하여 最難得其和者哉아

璆는 玉磬이고, 鐵은 柔鐵(正鐵)이다. 鏤는 剛鐵이니, 새길 수 있는 것이다. 磬은 石磬이다. 쇠를 말하면서 은보다 먼저한 것은 쇠의 이익이 銀보다 많기 때문이다. 후세에 蜀땅의 卓氏와 程氏가 쇠를 불리는 것으로써 부유함이 封君에 비견되었으니, 梁州의 이익이 더욱 쇠에 있었던 것이다. 織皮는 梁州 지역은 산림이 많아 짐승들이 달리는 곳이니, 곰과 큰곰, 여우와 살쾡이 이 네 짐승의 가죽은 만들면 갖옷이 되고, 연한 털은 짜면 털방석이 되는 것이다.
○ 林氏가 말하였다. "徐州는 浮磬을 바치며, 이 州는 이미 玉磬을 바치고 또 石磬을 바쳤으며, 豫州는 또 磬錯을 바쳤으니, 이로써 보면 당시의 악기는 경쇠가 가장 중함을 알 수 있으니, 어찌 그 소리가 角이어서 淸濁과 小大의 중간에 있어 가장 그 和함을 얻기 어려운 때문이 아니겠는가."

70. 西傾으로 因桓是來하여 浮于潛하며 逾于沔하며 入于渭하여 亂于河하나니라

西傾山으로 桓水를 따라 와서 潛水에 떠오며, 沔水를 넘으며, 渭水로 들어가서 河水를 가로지른다.

西傾은 山名이라 地志에 在隴西郡臨洮縣西라하니 今洮州臨潭縣西南이라

毳 : 솜털 취 罽 : 모포 계 亂 : 가로지를 란

桓은 水名이니 水經曰 西傾之南에 桓水出焉이라하니라 蘇氏曰 漢은 始出爲漾이요 東南流爲沔이요 至漢中하여 東行爲漢沔이라 酈道元曰 自西傾而至葭萌하여 浮于西漢하니 西漢은 卽潛水也라 自西漢遡流而屆于晉壽界하여 阻漾枝津하고 南歷岡北하여 迤邐接漢沔하며 歷漢川하여 至于褒水하고 逾褒而暨于衙嶺之南溪하며 灌于斜川하고 屆于武功하여 而北以入于渭라 漢武帝時에 人有上書하여 欲通褒斜道及漕어늘 事下張湯問之하니 云 褒水는 通沔하고 斜水는 通渭하니 皆可以漕라 從南陽하여 上沔入褒하고 褒絶水至斜하여 間百餘里에 以車轉하여 從斜下渭하니 如此則漢中穀可致라하니라 經言沔渭而不言褒斜者는 因大以見小也라 褒斜之間에 絶水百餘里라 故로 曰逾라 然이나 於經文則當曰逾于渭어늘 今曰逾于沔은 此又未可曉也라 絶河而渡曰亂이라

西傾은 산 이름이다. 〈地志〉에 "隴西郡 臨洮縣 서쪽에 있다." 하였으니, 지금의 洮州 臨潭縣 서남쪽이다. 桓은 물 이름이니, 《水經》에 "西傾山의 남쪽에서 桓水가 나온다." 하였다. 蘇氏가 말하기를 "漢水는 처음 나오면 漾水라 하고, 동남쪽으로 흐르면 沔水라 하고, 漢中에 이르러 동쪽으로 가면 漢沔이라 한다." 하였다. 酈道元은 말하기를 "西傾山으로부터 葭萌에 이르러 西漢에 떠오니 西漢은 곧 潛水이다." 하였다. 西漢으로부터 거슬러 올라가서 晉壽의 경계에 이르러 漾枝津이 막혀있고, 남쪽으로 메 북쪽을 지나 빙 돌아서 漢沔을 접하며, 漢川을 지나 褒水에 이르고, 褒水를 넘어 衙嶺의 南溪에 이르며, 斜川에 주입하고 武功에 이르러 북쪽으로 渭水에 들어간다. 漢나라 武帝 때에 어떤 사람이 上書하여 褒水와 斜水의 물길과 漕運道를 통하고자 하므로 일을 張湯에게 내려 물으니, 이르기를 "褒水는 沔水와 통하고 斜水는 渭水와 통하니, 모두 조운할 수 있습니다. 南陽을 따라 沔水에 오르고 褒水로 들어가며, 褒水는 물이 끊겨 斜水에 이르므로 사이의 백여 리를 수레로 수송하여 斜水를 따라 渭水로 내려오니, 이와 같이 하면 漢中의 곡식을 가져올 수 있습니다." 하였다. 經文에 沔과 渭를 말하고 褒와 斜를 말하지 않은 것은 큰 것을 통하여 작은 것을 나타낸 것이다. 褒와 斜의 사이에 물이 백여 리나 끊겨 있다. 그러므로 逾라고 말하였다. 그러나 經文

洮：씻을 조　葭：갈대 가　屆：이를 계　迤：연할 이　邐：연할 리

에는 마땅히 渭水를 넘는다고 말해야 할 터인데 이제 沔水를 넘었다고 말한 것은 이 또한 알 수 없다. 河를 끊고 건넘을 亂이라 한다.

71. 黑水西河에 惟雍州라

黑水와 西河에 雍州가 있다.

雍州之域은 西據黑水하고 東距西河하니 謂之西河者는 主冀都而言也라

雍州 지역은 서쪽으로는 黑水를 점거하고 동쪽으로는 西河에 이르니, 西河라고 이른 것은 冀州를 위주하여 말한 것이다.

72. 弱水旣西하며

弱水가 이미 서쪽으로 흐르며

柳宗元曰 西海之山에 有水焉하니 散渙無力하여 不能負芥하여 投之則委靡墊沒하여 及底而後止라 故로 名曰弱이라하니라 旣西者는 導之西流也라 地志云 在張掖郡删丹縣이라하고 薛氏曰 弱水는 出吐谷渾界窮石山하여 自删丹西로 至合黎山하여 與張掖縣河合이라하니라 又按 通鑑에 魏太武擊柔然할새 至栗水하여 西行至菟園水하여 分軍收(搜)討하고 又循弱水하여 西行至涿邪山이라하니 則弱水는 在菟園水之西, 涿邪山之東矣라 北史에 載太武至菟園水하여 分軍搜討하여 東至瀚海하고 西接張掖水하고 北度燕然山이라하니 與通鑑小異라 豈瀚海張掖水 於弱水에 爲近乎아 程氏據西域傳하여 以弱水爲在條支라하여 援引甚悉이라 然이나 長安西行一萬二千二百里하고 又百餘日에 方至條支라 其去雍州如此之遠하니 禹豈應窮荒而導其流也哉아 其說이 非是니라

柳宗元이 말하기를 "西海의 산에 물이 있으니, 흩어져 힘이 없어서 지푸

曁 : 이를 기　渙 : 풀릴 환　委 : 쓰러질 위　靡 : 쓰러질 미　墊 : 빠질 점
菟 : 새삼 도　瀚 : 물이름 한

라기도 띄우지 못하여 지푸라기를 던지면 쓰러지고 가라앉아 밑바닥에 이른 뒤에 멈춘다. 그러므로 弱水라 이름하였다." 하였다. 旣西는 인도하여 서쪽으로 흐르게 한 것이다. 〈地志〉에 "張掖郡 刪丹縣에 있다." 하였고, 薛氏는 "弱水는 吐谷渾의 경계인 窮石山에서 나와 刪丹 서쪽으로부터 合黎山에 이르러 張掖縣에 있는 河水와 합류한다." 하였다. 또 살펴보건대, 《通鑑》에 "魏나라 太武帝가 柔然을 공격할 적에 栗水에 이르러 서쪽으로 가서 菟園水에 이르러 군대를 나누어 수색하고, 또 弱水를 따라 서쪽으로 가서 涿邪山에 이르렀다" 하였으니, 弱水는 菟園水의 서쪽, 涿邪山의 동쪽에 있다. 《北史》에는 "太武帝가 菟園水에 이르러 군대를 나누어 수색하여 동쪽으로 瀚海에 이르고 서쪽으로 張掖水를 접하였으며, 북쪽으로 燕然山을 건넜다."고 기재하였으니, 《通鑑》과 다소 다르다. 아마도 瀚海와 張掖水가 弱水에 가까운가 보다. 程氏는 《西域傳》을 근거해서 "弱水가 條支에 있다." 하여, 증거를 끌어댄 것이 매우 자세하다. 그러나 長安에서 서쪽으로 1만 2천 2백 리를 가야 하고, 또 백여 일이 걸려야 비로소 條支에 이른다. 雍州와 거리가 이와 같이 머니, 禹王이 어찌 먼 곳까지 그 흐름을 인도하였겠는가. 그 말이 옳지 않다.

73. 涇이 屬渭汭하며

涇水가 渭水와 汭水에 속하며

涇渭汭는 三水名이라 涇水는 地志에 出安定郡涇陽縣西라하니 今原州百泉縣岍頭山也요 東南至馮翊陽陵縣하여 入渭라하니 今永興軍高陵縣也라 渭水는 地志에 出隴西郡首陽縣西南이라하니 今渭州渭源縣鳥鼠山西北南谷山也요 東至京兆船司空縣하여 入河라하니 今華州華陰縣也라 汭水는 地志에 作芮하니 扶風汧縣弦蒲藪에 芮水出其西北하여 東入涇이라하니 今隴州汧源縣弦蒲藪에 有汭水焉이라 周職方에 雍州其川은 涇汭라하고 詩曰 汭鞫之卽이라하니 皆謂是也라 屬은 連屬也니 涇水連屬渭汭二水也라

涇과 渭와 汭는 세 물의 이름이다. 涇水는 〈地志〉에 "安定郡 涇陽縣 서

汭 : 물이름 예　岍 : 산이름 견　芮 : 물가 예　汧 : 물이름 견

쪽에서 나온다." 하였으니, 지금의 原州 百泉縣 岍頭山이며, "동남쪽으로 馮翊의 陽陵縣에 이르러 渭水로 들어간다." 하였으니, 지금의 永興軍 高陵縣이다. 渭水는 〈地志〉에 "隴西郡 首陽縣 서남쪽에서 나온다." 하였으니, 지금의 渭州 渭源縣 鳥鼠山 서북쪽 南谷山이며, "동쪽으로 京兆尹 船司空縣에 이르러 河水로 들어간다." 하였으니, 지금의 華州 華陰縣이다. 汭水는 〈地志〉에 芮로 되어 있으니, "扶風郡 汧縣 弦蒲藪에 芮水가 서북쪽에서 나와 동쪽으로 涇水로 들어간다." 하였는데, 지금의 隴州 汧源縣 弦蒲藪에 汭水가 있다. 《周禮》 〈職方〉에 "雍州의 내는 涇水와 汭水이다." 하였고, 詩에 "汭鞫에 나아가 산다." 한 것은 모두 이것을 말한 것이다. 屬은 연속함이니, 涇水가 渭水와 汭水 두 물에 연속한 것이다.

74. 漆沮既從하며

漆水와 沮水가 이미 따르며,

漆沮는 二水名이라 漆水는 寰宇記에 自耀州同官縣東北界來하여 經華原縣하여 合沮水라하니라 沮水는 地志에 出北地郡直路縣東이라하니 今坊州宜君縣西北境也라 寰宇記에 沮水는 自坊州昇平縣北子午嶺出하니 俗號子午水요 下合楡谷慈馬等川하여 遂爲沮水하며 至耀州華原縣하여 合漆水하고 至同州朝邑縣하여 東南入渭라하니라 二水相敵이라 故로 竝言之하니라 既從者는 從於渭也라 又按 地志에 謂漆水出扶風縣이라하니 鼂氏曰 此는 豳之漆也라하고 水經에 漆水는 出扶風杜陽縣이라하니 程氏曰 杜陽은 今岐山普潤縣之地라하니 亦漢漆縣之境이라 其水入渭가 在灃水之上하여 與經序渭水節次로 不合하니 非禹貢之漆水也라

漆과 沮는 두 물의 이름이다. 漆水는 《寰宇記》에 "耀州 同官縣 東北쪽 경계로부터 와서 華原縣을 경유하여 沮水와 합류한다." 하였다. 沮水는 〈地志〉에 "北地郡 直路縣 동쪽에서 나온다." 하였으니, 지금의 坊州 宜君縣 서북쪽 경계이다. 《寰宇記》에 "沮水는 坊州 昇平縣 북쪽 子午嶺에서 나오니 세속에서 子午水라 칭하고, 아래로 楡谷川·慈馬川 등과 합류하여 마침내

沮 : 물이름 저　楡 : 느릅나무 유　豳 : 땅이름 빈　灃 : 물이름 풍

沮水가 되며, 耀州 華原縣에 이르러 漆水와 합류하고, 同州 朝邑縣에 이르러 동남쪽으로 渭水에 들어간다." 하였다. 두 물이 서로 대등하므로 아울러 말한 것이다. 旣從은 渭水를 따르는 것이다.

또 살펴보건대, 〈地志〉에 "漆水가 扶風縣에서 나온다." 하였는데, 鼂氏는 "이는 豳의 漆水이다." 하였으며, 《水經》에 "漆水는 扶風郡 杜陽縣에서 나온다." 하였는데, 程氏는 "杜陽은 지금의 岐山 普潤縣 지역이다." 하였으니, 또한 漢나라 漆縣의 경내이다. 그 물이 渭水에 들어감이 灃水의 위에 있어서 經文에서 渭水를 서열한 절차와 합하지 않으니, 이는 〈禹貢〉의 漆水가 아니다.

75. 灃水攸同이로다

灃水가 함께 흐른다.

灃水는 地志에 作酆하니 出扶風鄠縣終南山하니 今永興軍鄠縣山也라 東至咸陽縣하여 入渭라 同者는 同於渭也라 渭水自鳥鼠而東에 灃水는 南注之하고 涇水는 北注之하고 漆沮는 東北注之하니 曰屬, 曰從, 曰同은 皆主渭而言也라

灃水는 〈地志〉에 酆으로 되어 있으니, 扶風郡 鄠縣 終南山에서 나오니, 지금의 永興軍 鄠縣山이다. 동쪽으로 咸陽縣에 이르러 渭水로 들어간다. 同은 渭水와 함께 흐르는 것이다. 渭水는 鳥鼠山 동쪽에 灃水는 남쪽에서 주입하고 涇水는 북쪽에서 주입하고, 漆水와 沮水는 동북쪽에서 주입하니, 屬이라 말하고 從이라 말하고 同이라 말한 것은 모두 渭水를 위주하여 말한 것이다.

76. 荊岐에 旣旅하시고 終南惇物로 至于鳥鼠하시며

荊山과 岐山에 旅제사를 지내고, 終南山과 惇物山으로부터 鳥鼠山에 이르며,

酆 : 땅이름 풍 鄠 : 땅이름 호 惇 : 도타울 돈

荊岐는 二山名이라 荊山은 卽北條之荊이라 地志에 在馮翊懷德縣南이라하니 今耀州富平縣掘陵原也라 岐山은 地志에 在扶風美陽縣西北이라하니 今鳳翔府岐山縣東北十里也라 終南, 惇物, 鳥鼠는 亦皆山名이라 終南은 地志에 古文은 以太一山爲終南山하니 在扶風武功縣이라하니 今永興軍萬年縣南五十里也라 惇物은 地志에 古文은 以垂山爲惇物하니 在扶風武功縣이라하니 今永興軍武功縣也라 鳥鼠는 地志에 在隴西郡首陽縣西南이라하니 今渭州渭源縣西也니 俗呼爲青雀山이라 擧三山而不言所治者는 蒙上旣旅之文也라

荊과 岐는 두 산의 이름이다. 荊山은 곧 北條荊山이다. 〈地志〉에 "馮翊懷德縣 남쪽에 있다." 하였으니, 지금의 耀州 富平縣 掘陵原이다. 岐山은 〈地志〉에 "扶風郡 美陽縣 서북쪽에 있다." 하였으니, 지금의 鳳翔府 岐山縣 동북쪽 10리 지점이다. 終南과 惇物과 鳥鼠는 또한 모두 산 이름이다. 終南은 〈地志〉에 "古文은 太一山을 終南山이라 하였는데 扶風郡 武功縣에 있다." 하였으니, 지금의 永興軍 萬年縣 남쪽 50리 지점이다. 惇物은 〈地志〉에 "古文은 垂山을 惇物이라 하였는데 扶風郡 武功縣에 있다." 하였으니, 지금의 永興軍 武功縣이다. 鳥鼠는 〈地志〉에 "隴西郡 首陽縣 서남쪽에 있다." 하였으니, 지금의 渭州 渭源縣 서쪽이니, 세속에서 青雀山이라 부른다. 세 산을 들고 다스린 바를 말하지 않은 것은 위에 이미 旅제사를 지냈다는 글을 받았기 때문이다.

77. 原隰에 底績하사 至于豬野하시다

平原과 隰地에 공적을 이루어 豬野澤에 이르렀다.

廣平曰原이요 下濕曰隰이니 詩曰 度其隰原이 卽指此也라 鄭氏曰 其地在豳하니 今邠州也라 豬野는 地志云 武威縣東北에 有休屠澤하니 古(今)〔文〕[1]에 以爲豬野라하니 今涼州姑臧縣也라 治水成功은 自高而下라 故로

邠 : 땅이름 빈

先言山하고 次原隰하고 次陂澤也라

넓고 평평한 곳을 原이라 하고, 下濕한 곳을 隰이라 하니,《詩經》에 이른 바 "그 隰地와 平原을 헤아린다."는 것이 곧 이를 가리킨 것이다. 鄭氏는 말하기를 "그 땅이 豳에 있다." 하였으니, 지금의 豳州이다. 豬野는 〈地志〉에 "武威縣 동북쪽에 休屠澤이 있으니, 古文에 豬野라 한다." 하였으니, 지금의 凉州 姑臧縣이다. 洪水를 다스려 성공함이 높은 곳에서부터 아래로 내려왔으므로 먼저 산을 말하고 다음에 原隰을 말하고 다음에 陂澤을 말한 것이다.

譯註 1. 古文 : 〈地志〉는 일반적으로 班固가 撰한《漢書》의 〈地理志〉를 뜻하는 바, 여기의 古文은 班固가《漢書》를 撰할 당시 인용한 옛 地理書를 가리킨 것이다.

78. 三危既宅하니 三苗丕敍하도다

三危가 이미 집을 짓고 사니, 三苗가 功이 크게 펴졌다.

三危는 卽舜竄三苗之地니 或以爲燉煌이라하니 未詳其地라 三苗之竄은 在洪水未平之前이러니 及是하여 三危已既可居하니 三苗於是大有功敍라 今按 舜竄三苗는 以其惡之尤甚者를 遷之하고 而立其次者於舊都러니 今既竄者已丕敍로되 而居於舊都者尙桀驁不服이라 蓋三苗舊都는 山川險阻하니 氣習使然이라 今湖南猺洞에 時猶竊發하여 俘而詢之하면 多爲猫姓하니 豈其遺種歟아

三危는 곧 舜이 三苗를 귀양보낸 땅이니, 혹자는 燉煌이라 하나 그 지역이 상세하지 않다. 三苗를 귀양보낸 것은 洪水를 다스리기 이전에 있었는데, 이때에 이르러 三危에 이미 거주할 수 있었으니, 三苗가 이에 功이 크게 펴짐이 있었던 것이다. 이제 살펴보건대, 舜이 三苗를 귀양보낸 것은 악함이 특히 심한 자를 귀양보내고, 그 다음인 자를 옛 도읍에 세웠었는데,

---

丕 : 클 비 燉 : 불성할 돈 桀 : 흉포할 걸 驁 : 거만할 오 猺 : 개 요
俘 : 사로잡을 부 猫 : 고양이 묘

이제 이미 귀양간 자는 功이 크게 펴졌으나 옛 도읍에 거주하는 자는 아직도 桀驁(교만)하여 복종하지 않은 것이다. 三苗의 옛 도읍은 산천이 험하고 막혔으니, 氣習이 그러한 것이다. 지금의 湖南 猺洞에 때로는 아직도 몰래 나와 도둑질하는데, 사로잡아 물어보면 대부분 猫姓이라 하니, 아마도 그 遺種인가보다.

79. 厥土는 惟黃壤이니

토질은 누런 壤土이니,

黃者는 土之正色이라 林氏曰 物得其常性者最貴하니 雍州之土는 黃壤이라 故로 其田이 非他州所及이라

黃色은 흙의 正色이다. 林氏가 말하기를 "물건은 그 떳떳한 성품을 얻은 것이 가장 귀하니, 雍州 지역은 누런 壤土이므로 그 토지가 다른 고을에 미칠 바가 아니다." 하였다.

80. 厥田은 惟上에 上이요 厥賦는 中에 下요

田은 上에 上이고, 賦는 中에 下이며,

田은 第一等이로되 而賦는 第六等者는 地狹而人功少也라

田은 第1等인데 賦는 第6等인 것은 땅이 좁고 人功이 적기 때문이다.

81. 厥貢은 惟球琳琅玕이로다

貢物은 球琳(아름다운 옥)과 琅玕이다.

球琳은 美玉也요 琅玕은 石之似珠者라 爾雅曰 西北之美者는 有昆侖虛

琳 : 아름다운옥 림　琅 : 아름다운옥돌 랑　玕 : 아름다운옥돌 간　侖 : 뭉칠 륜

之球琳琅玕이라하니라 今南海에 有青琅玕하니 珊瑚屬也라

球琳은 아름다운 玉이고, 琅玕은 옥돌로 진주와 비슷한 것이다. 《爾雅》에 "서북쪽에서 아름다운 것은 昆侖虛의 球琳과 琅玕이 있다." 하였다. 지금 南海에 青琅玕이 있으니, 珊瑚 등속이다.

82. 浮于積石하여 至于龍門西河하여 會于渭汭하나니라

積石에 띄워 龍門의 西河에 이르러 渭水와 汭水로 모인다.

積石은 地志에 在金城郡河關縣西南羌中이라하니 今鄯州龍支縣界也라 龍門山은 地志에 在馮翊夏陽縣이라하니 今河中府龍門縣也라 西河는 冀之西河也라 雍之貢道有二하니 其東北境은 則自積石至于西河요 其西南境은 則會于渭汭라 言渭汭하고 不言河者는 蒙梁州之文也라 他州貢賦도 亦當不止一道니 發此例하여 以互見耳라

○ 按 邢恕奏乞下熙河路하여 打造船五百隻하여 於黃河에 順流放下하여 至會州西小河內藏하여 放熙河路라한대 漕使李復이 奏 竊知邢恕欲用此船하여 載兵順流而下하여 去取興州하오니 契勘會州之西小河鹹水는 其闊이 不及一丈이요 深止於三尺하니 豈能藏船이리잇고 黃河過會州하여 入韋精山이면 石峽嶮窄하여 自上垂流直下에 高數十丈이니 船豈可過리잇고 至西安州之東하여 大河分爲六七道하여 散流渭之南山하되 逆流數十里하여 方再合하니 逆溜는 水淺灘磧하여 不勝舟載라 此聲若出이면 必爲夏國侮笑리이다하니 事遂寢이라 邢恕之策이 如李復之言인댄 可謂謬矣라 然이나 此言貢賦之路에도 亦曰浮于積石하여 至于龍門西河라하니 則古來此處河道가 固通舟楫矣어늘 而復之言이 乃如此는 何也오 姑錄之하여 以備參考云이라

積石은 〈地志〉에 "金城郡 河關縣 서남쪽 羌中에 있다." 하였으니, 지금의 鄯州 龍支縣의 경계이다. 龍門山은 〈地志〉에 "馮翊 夏陽縣에 있다." 하였으

珊：산호 산 瑚：산호 호 鄯：나라이름 선 漕：배로운반할 조
峽：산골 협 嶮：험할 험 窄：좁을 책 灘：여울 탄 磧：모랫벌 적

니, 지금의 河中府 龍門縣이다. 西河는 冀州의 西河이다. 雍州에 貢物을 바치는 길이 두 가지가 있으니, 동북 지역은 積石으로부터 西河에 이르고, 서남 지역은 渭水와 汭水로 모인다. 渭·汭를 말하고 河를 말하지 않은 것은 梁州의 글을 이어 받았기 때문이다. 다른 州의 貢賦도 마땅히 한 길에만 그치지 않을 것이니, 이 例를 말하여 서로 나타낸 것이다.

○ 살펴보건대, 邢恕가 주청하기를 "熙河路에 내려가서 배 5백 척을 만들어 黃河에 흐르는 물길을 따라 놓아 내려보내서 會州의 서쪽 小河 안에 이르러 숨겼다가 熙河路로 放出하소서." 하였는데, 漕使인 李復이 아뢰기를 "엎드려 생각하옵건대, 邢恕가 이 배를 사용하여 兵力을 싣고 물결을 따라 내려가서 興州를 취하고자 하오니, 살펴보건대 會州의 서쪽 小河의 짠물은 그 넓이가 한 길에 미치지 못하고, 깊이가 겨우 3척에 그치니, 어찌 배를 감춰 둘 수 있겠습니까? 黃河는 會州를 지나 韋精山에 들어가면 돌산이 험하고 좁아서 위로부터 폭포로 흘러 곧바로 내려옴에 높이가 수십 길이니, 배가 어떻게 이곳을 지나갈 수 있겠습니까? 또 西安州의 동쪽에 이르러 大河가 나뉘어 6~7개의 물길이 되어서 渭水의 南山으로 흩어져 흐르는데, 수십 리를 逆流하여야 비로소 다시 합하니, 역류하는 곳은 물이 얕고 여울에 자갈이 섞여 있어서 배로 싣고 갈 수 없습니다. 이러한 소문이 만약 새어 나가면 반드시 夏나라에게 모욕과 비웃음을 받을 것입니다." 하니, 일이 마침내 중지되었다. 邢恕의 계책이 李復의 말과 같다면 잘못되었다고 할 만하다. 그러나 여기에서 貢賦를 운반하는 길을 말한 것에도 또한 "積石에 띄워서 龍門의 西河에 이른다." 하였으니, 古來로 이 곳의 黃河 물길은 진실로 舟楫이 통한 것인데 李復의 말이 마침내 이와 같음은 어째서인가? 우선 이것을 기록하여 참고에 대비하는 바이다.

83. 織皮는 崐崙과 析支와 渠搜와 西戎이 卽敍하도다

織皮는 崐崙과 析支와 渠搜인데 이들 西戎이 펴짐에 나아갔도다.

崐崙은 卽河源所出이니 在臨羌이라 析支는 在河關西千餘里라 渠搜는 水經曰 河自朔方東轉하여 經渠搜縣故城北이라하니 蓋近朔方之地也라 三國

崐 : 뫼 곤 崙 : 뫼 륜

이 皆貢皮衣라 故로 以織皮冠之하고 皆西方戎落이라 故로 以西戎總之라 卽은 就也라 雍州水土旣平에 而餘功及於西戎이라 故로 附于末이라
○ 蘇氏曰 靑徐揚三州는 皆萊夷淮夷島夷所篚요 此三國도 亦篚織皮어늘 但古語에 有顚倒詳略爾라 其文이 當在厥貢惟球琳琅玕之下, 浮于積石之上이니 簡編脫誤라 不可不正이니라 愚謂 梁州도 亦篚織皮하니 恐蘇氏之說爲然이라

崐崘은 곧 黃河의 근원이 나오는 곳이니, 臨羌에 있다. 析支는 河關의 서쪽 천여 리 지점에 있다. 渠搜는 《水經》에 "黃河가 朔方으로부터 동쪽으로 돌아서 渠搜縣의 옛 성 북쪽을 경유한다." 하였으니, 朔方과 가까운 땅이다. 세 나라가 모두 가죽으로 만든 옷을 바쳤으므로 織皮를 앞에 놓았고, 모두 西方의 오랑캐 부락이므로 西戎으로 총괄한 것이다. 卽은 나아감이다. 雍州는 水土가 이미 다스려짐에 남은 功이 西戎에 미쳤다. 그러므로 끝에 붙인 것이다.
○ 蘇氏가 말하였다. "靑州·徐州·揚州 세 고을은 모두 萊夷와 淮夷와 島夷가 광주리에 넣어 폐백을 바치고, 이들 세 나라 또한 織皮를 광주리에 넣어 바쳤는데, 다만 옛 말에 전도되고 상략함이 있을 뿐이다. 이 글은 마땅히 '厥貢惟球琳琅玕'의 아래, '浮于積石'의 위에 있어야 하니, 簡編이 脫誤되었으니 바로잡지 않을 수 없다."
내가 생각건대, 梁州 또한 織皮를 광주리에 넣어 폐백으로 바쳤으니, 蘇氏의 말이 옳을 듯하다.

84. 導岍하사되 及岐하여 至于荊山하시며 逾于河하사 壺口, 雷首로 至于太岳하시며 底柱, 析城으로 至于王屋하시며 太行, 恒山으로 至于碣石하사 入于海하시다

岍山에 물을 인도하시되 岐山에 미쳐 荊山에 이르며, 黃河를 넘어 壺口와 雷首로부터 太岳에 이르며, 底柱와 析城으로부터 王屋에 이르며, 太行과 恒山으로부터 碣石에 이르러 바다에 들어가게 하였다.

此下는 隨山也라 岍岐荊三山은 皆雍州山이라 岍山은 地志에 扶風岍縣西

吳山이요 古文에 以爲汧山이라하니 今隴州吳山縣吳嶽山也라 周禮에 雍州山鎭曰嶽山이라하니라 又按 寰宇記에 隴州汧源에 有岍山하니 岍水所出이니 禹貢所謂岍山也라 鼂氏以爲今之隴山, 天井, 金門, 秦嶺山者는 皆古之岍也라하니라 岐荊은 見雍州하니라 壺口, 雷首, 太岳, 底柱, 析城, 王屋, 太行, 恒山은 皆冀州山이니 壺口, 太岳, 碣石은 見冀州하니라 雷首는 地志에 在河東郡蒲坂縣南이라하니 今河中府河東縣也라 底柱는 石在大河中流하니 其形如柱하니 今陝州陝縣三門山이 是也라 析城은 地志에 在河東郡濩澤縣西라하니 今澤州陽城縣也니 鼂氏曰 山峰이 四面如城이라하니라 王屋은 地志에 在河東郡垣縣東北이라하니 今絳州垣曲縣也니 鼂氏曰 山狀如屋이라하니라 太行山은 地志에 在河內郡山陽縣西北이라하니 今懷州河內也라 恒山은 地志에 在常山郡上曲陽縣西北이라하니 今定州曲陽也라 逾者는 禹自荊山而過于河也라 孔氏以爲荊山之脈이 逾河而爲壺口雷首者는 非是라 蓋禹之治水에 隨山刊木하시니 其所表識(지)諸山之名은 必其高大하여 可以辨疆域하고 廣博하여 可以奠民居라 故로 謹而書之하여 以見其施功之次第요 初非有意推其脈絡之所自來하여 若今之葬法所言[1)]也라 若必實以山脈言之면 則尤見其說之謬妄이라 蓋河北諸山은 根本脊脈이 皆自代北寰武嵐憲諸州로 乘高而來하여 其脊以西之水는 則西流以入龍門西河之上流하고 其脊以東之水는 則東流而爲桑乾幽冀하여 以入于海하며 其西一支는 爲壺口太岳하고 次一支는 包汾晉之源而南出하여 以爲析城王屋하고 而又西折하여 以爲雷首하며 又次一支는 乃爲太行하고 又次一支는 乃爲恒山이라 其間에 各隔沁潞諸川하여 不相連屬하니 豈自岍岐로 跨河而爲是諸山哉아 山之經理者已附于逐州之下하고 於此에 又條列而詳記之하니 而山之經緯를 皆可見矣라 王鄭이 有三條四列之名이나 皆爲未當이라 今據導字컨대 分之以爲南北二條하여 而江河以爲之紀요 於二之中에 又分爲二焉하니 此北條大河北境之山也라

이 아래는 산을 따라 물을 인도한 것이다. 岍山·岐山·荊山은 모두 雍州의 산이다. 岍山은 〈地志〉에 "扶風郡 岍縣 서쪽 吳山인데 古文에 汧山이라

陝：땅이름 섬 濩：클 호 絳：붉을 강 嵐：아지랑이 람 沁：물이름 심

한다." 하였으니, 지금의 隴州 吳山縣 吳嶽山이다. 《周禮》에 "雍州의 鎭山은 嶽山이다." 하였다. 또 살펴보건대, 《寰宇記》에 "隴州의 汧源에 岍山이 있으니, 岍水가 나오는 곳이니, 〈禹貢〉에 이른바 岍山이다." 하였다. 鼂氏는 이르기를 "지금의 隴山, 天井山, 金門山, 秦嶺山은 모두 옛날의 岍山이다." 하였다. 岐山과 荊山은 雍州에 보인다. 壺口·雷首·太岳·底柱·析城·王屋·太行·恒山은 모두 冀州의 山이니, 壺口·太岳·碣石은 冀州에 보인다. 雷首는 〈地志〉에 "河東郡 蒲坂縣 남쪽에 있다." 하였으니, 지금의 河中府 河東縣이다. 底柱는 돌이 大河의 중류에 있는데, 그 모습이 기둥과 같으니, 지금의 陝州 陝縣 三門山이 이것이다. 析城은 〈地志〉에 "河東郡 濩澤縣 서쪽에 있다." 하였으니, 지금의 澤州 陽城縣이니, 鼂氏가 말하기를 "山의 봉우리가 사면이 城과 같다." 하였다. 王屋은 〈地志〉에 "河東郡 垣縣 동북쪽에 있다." 하였으니, 지금의 絳州 垣曲縣이니, 鼂氏가 말하기를 "산의 모양이 지붕과 같다." 하였다. 太行山은 〈地志〉에 "河內郡 山陽縣 서북쪽에 있다." 하였으니, 지금의 懷州 河內이다. 恒山은 〈地志〉에 "常山郡 上曲陽縣 서북쪽에 있다." 하였으니, 지금의 定州 曲陽이다.

逾는 禹王이 荊山으로부터 黃河를 지나간 것이다. 孔氏는 "荊山의 산맥이 黃河를 넘어 壺口와 雷首가 되었다." 하였는데, 이는 옳지 않다. 禹王이 洪水를 다스림에 산을 따라 나무를 제거하였으니, 그 표시한 바의 여러 山의 명칭은 반드시 높고 커서 疆域을 분별하고, 넓고 커서 백성들이 안정하여 살 수 있었을 것이다. 그러므로 삼가 기록하여 施功한 次第를 나타낸 것이요, 애당초 그 맥락의 所自來를 미루어서 지금의 葬法에서 말한 바와 같이 하려는데 뜻이 있었던 것이 아니다. 만약 반드시 실제로 산맥을 가지고 말한다면 더욱 그 말이 그릇되고 망령됨을 볼 수 있다. 河北의 여러 산은 근본 산맥이 모두 代北의 寰·武·嵐·憲 등 여러 州로부터 높은 곳을 타고 와서 그 등마루 以西의 물은 서쪽으로 흘러 龍門의 西河 상류로 들어가고, 그 등마루 以東의 물은 동쪽으로 흘러 桑乾水와 幽州·冀州의 여러 물이 되어서 바다로 들어가며, 서쪽 한 가지는 壺口와 太岳이 되고, 다음 한 가지는 汾水·晉水의 근원을 싸고 남쪽으로 나와서 析城과 王屋이 되었고, 또 서쪽으로 꺾여서 雷首가 되었으며, 또 다음의 한 가지는 바로 太行이 되었고, 또 다음의 한 가지는 바로 恒山이 되었다. 그 사이에 각각 沁·潞 등 여러 냇물이 막혀 있어서 서로 연결되지 않으니, 어찌 岍山·岐山으로부터 黃河를 넘어 이 여러 산이 되었겠는가. 산을 經理(다스림)한 것은 이미 각 州의 아래에 붙였고, 여기에는 또 조목조목 나열하여 자세히 기록하였으니, 산의 經緯를 다 볼 수 있다. 王氏(王肅)와 鄭氏(鄭元)는 세 가닥을 넷으로 나열했다는 명칭이 있으나 다 온당치 못하다. 이제 導字를 살펴보면 나누어 남쪽·북쪽 두 가지로 만들어서 江河를 紀綱으로 삼았고, 둘 가운데 또 나누어서 둘로 삼은 것이니, 이는 北條로 大河의 북쪽 지역에 있는 산들이다.

譯註 1. 若今之葬法所言：葬法은 장사지내는 법으로 風水地理家의 明堂說을 가리킨 것이다.

85. 西傾, 朱圉, 鳥鼠로 至于太華하시며 熊耳, 外方, 桐柏으로 至于陪尾하시다

西傾·朱圉·鳥鼠로부터 太華에 이르며, 熊耳·外方·桐柏으로부터 陪尾에 이르게 하였다.

西傾, 朱圉, 鳥鼠, 太華는 雍州山也요 熊耳, 外方, 桐柏, 陪尾는 豫州山也라 西傾은 見梁州하니라 朱圉는 地志에 在天水郡冀縣南이라하니 今秦州大潭縣也니 俗呼爲白巖山이라 鳥鼠는 見雍州하니라 太華는 地志에 在京兆華陰縣南이라하니 今華州華陰縣二十里也라 熊耳는 在商州上洛縣이니 詳見豫州하니라 外方은 地志에 潁川郡崇高縣에 有崇高山하니 古文에 以爲外方이라하니 在今西京登封縣也라 桐柏은 地志에 在南陽郡平氏縣東南이라하니 今唐州桐柏縣也라 陪尾는 地志에 江夏郡安陸縣東北에 有橫尾山하니 古文에 以爲陪尾라하니 今安州安陸也라 西傾에 不言導者는 蒙導岍之文也라 此는 北條大河南境之山也라

西傾·朱圉·鳥鼠·太華는 雍州의 산이고, 熊耳·外方·桐柏·陪尾는 豫州의 산이다. 西傾은 梁州에 보인다. 朱圉는 〈地志〉에 "天水郡 冀縣의 남쪽에 있다." 하였으니, 지금의 秦州 大潭縣이니, 세속에서는 白巖山이라 부른다. 鳥鼠는 雍州에 보인다. 太華는 〈地志〉에 "京兆尹 華陰縣 남쪽에 있다." 하

圉：마부 어 陪：모실 배 潁：물이름 영

였으니, 지금의 華州 華陰縣 20리 지점이다. 熊耳는 商州 上洛縣에 있으니, 豫州에 상세히 보인다. 外方은 〈地志〉에 "潁川郡 崇高縣에 崇高山이 있는데, 古文에 外方이라 했다." 하였으니, 지금의 西京 登封縣에 있다. 桐柏은 〈地志〉에 "南陽郡 平氏縣 동남쪽에 있다." 하였으니 지금의 唐州 桐柏縣이다. 陪尾는 〈地志〉에 "江夏郡 安陸縣 동북쪽에 橫尾山이 있는데, 古文에 陪尾라 했다." 하였으니, 지금의 安州 安陸이다. 西傾에 導를 말하지 않은 것은 導岍의 글을 이었기 때문이다. 이는 北條로 大河의 남쪽 지역에 있는 산들이다.

86. 導嶓冢하사되 至于荊山하시며 內方으로 至于大別하시다

嶓冢山을 인도하되 荊山에 이르며, 內方山으로부터 大別山에 이르게 하였다.

嶓冢은 卽梁州之嶓也니 山形如冢이라 故로 謂之嶓冢이니 詳見梁州하니라 荊山은 南條荊山이니 地志에 在南郡臨沮縣北[1]이라하니 今襄陽府南章縣也라 內方, 大別도 亦山名이라 內方은 地志에 章山이니 古文에 以爲內方山이라 在江夏郡竟陵縣東北이라하니 今荊門軍長林縣也라 左傳에 吳與楚戰할새 楚濟漢而陳하여 自小別로 至于大別이라하니 蓋近漢之山이니 今漢陽軍漢陽縣北大別山이 是也라 地志, 水經에 云 在安豐者는 非是라 此는 南條江漢北境之山也라

嶓冢은 곧 梁州의 嶓이니, 산의 모양이 무덤과 같으므로 嶓冢이라 이르는 바, 梁州에 자세히 보인다. 荊山은 南條荊山이니, 〈地志〉에 "南郡 臨沮縣 북쪽에 있다." 하였으니, 지금의 襄陽府 南章縣이다. 內方·大別도 또한 산 이름이다. 內方은 〈地志〉에 "章山이니, 古文에 內方山이라 한다. 江夏郡 竟陵縣 동북쪽에 있다." 하였으니, 지금의 荊門軍 長林縣이다. 《左傳》에 "吳나라와 楚나라가 싸울 적에 楚나라가 漢水를 건너 진을 쳐서 小別山으로부터 大別山에 이르렀다." 하였으니, 漢水와 가까운 산이니, 지금의 漢陽軍 漢陽縣 북쪽 大別山이 이것이다. 〈地志〉와 《水經》에 "安豐에 있다."고

嶓 : 산이름 파 冢 : 클 총 沮 : 물이름 저

한 것은 옳지 않다. 이는 南條로 江·漢의 북쪽 지역에 있는 산들이다.

譯註 1. 臨沮縣北:〈地志〉에는 東北으로 되어 있다.

87. 岷山之陽으로 至于衡山하시며 過九江하사 至于敷淺原하시다

岷山의 남쪽으로부터 衡山에 이르며, 九江을 지나 敷淺原에 이르게 하였다.

岷山은 見梁州하니라 衡山은 南嶽也라 地志에 在長沙國湘南縣이라하니 今潭州衡山縣也라 九江은 見荊州하니라 敷淺原은 地志에 云 豫章郡歷陵縣南에 有博陽山[1]하니 古文에 以爲敷淺原이라하니 今江州德安縣博陽山也라 鼂氏以爲在鄱陽者는 非是라 今按 鼂氏以鄱陽에 有博陽山하고 又有歷陵山하니 爲應地志歷陵縣之名이라 然이나 鄱陽은 漢舊縣地니 不應又爲歷陵縣이라 山名偶同이니 不足據也라 江州德安이 雖爲近之나 然所謂敷淺原者는 其山甚小而卑하니 亦未見其爲在所表見者라 惟廬阜는 在大江彭蠡之交하고 最高且大하니 宜所當紀志者로되 而皆無考據하니 恐山川之名이 古今或異하여 而傳者未必得其眞也니 姑俟知者하노라 過는 經過也니 與導岍逾于河之義同이라 孔氏以爲衡山之脈이 連延而爲敷淺原者는 亦非是라 蓋岷山之脈이 其北一支는 爲衡山而盡於洞庭之西하고 其南一支는 度桂嶺하여 北經袁筠之地하여 至德安하니 所謂敷淺原者는 二支之間으로 湘水間斷이라 衡山은 在湘水西南하고 敷淺原은 在湘水東北하니 其非衡山之脈이 連延過九江而爲敷淺原者明甚이라 且其山川崗脊源流가 具在眼前이로되 而古今異說이 如此어늘 況殘山斷港으로 歷數千百年者를 尙何自取信哉아 岷山에 不言導者는 蒙導嶓冢之文也라 此는 南條江漢南境之山也라

岷山은 梁州에 보인다. 衡山은 南嶽이다. 〈地志〉에 "長沙國 湘南縣에 있

袁:이에 원 筠:대껍질 균 崗:뫼 강 脊:산등성이 척

다." 하였으니, 지금의 潭州 衡山縣이다. 九江은 荊州에 보이다. 敷淺原은 〈地志〉에 "豫章郡 歷陵縣 남쪽에 博陽山이 있으니, 古文에 敷淺原이라 한다." 하였으니, 지금의 江州 德安縣 博陽山이다. 鼂氏가 "鄱陽에 있다." 한 것은 옳지 않다. 이제 살펴보건대, 鼂氏는 鄱陽에 博陽山이 있고 또 歷陵山이 있으니, 〈地志〉의 歷陵縣이란 명칭에 응한다고 여긴 것이다. 그러나 鄱陽은 漢나라의 옛 縣 지역이니, 또 歷陵縣이 될 수 없는 것이다. 산 이름이 우연히 같은 것이니, 근거삼을 수 없다. 江州의 德安이 비록 근사하나 이른바 敷淺原이라는 것은 그 산이 매우 작고 낮으니, 또한 드러내어 나타낼 위치를 볼 수가 없다. 오직 盧阜는 大江과 彭蠡의 교차지점에 있으며, 가장 높고 또 크니, 마땅히 기록할 것이나 모두 考據가 없으니, 山川의 이름이 고금이 혹 달라서 전하는 자가 반드시 진실을 얻지 못할 듯하다. 우선 아는 자를 기다린다. 過는 經過함이니, 岍山을 인도함에 黃河를 넘어간다는 뜻과 같다. 孔氏는 "衡山의 산맥이 연하여 뻗어서 敷淺原이 되었다." 하였는데, 이 또한 옳지 않다. 岷山의 산맥이 북쪽 한 가지는 衡山이 되어 洞庭湖의 서쪽에 다하고, 남쪽 한 가지는 桂嶺을 넘어 북쪽으로 袁筠 지역을 경유하여 德安에 이르니, 이른바 敷淺原이라는 것은 두 지맥의 사이로, 湘水가 사이에 끊겨 있다. 衡山은 湘水의 서남쪽에 있고 敷淺原은 湘水의 동북쪽에 있으니, 衡山의 산맥이 연하여 뻗어 九江을 지나서 敷淺原이 된 것이 아님이 매우 분명하다. 또 그 山川의 등마루와 源流가 모두 눈앞에 나와 있는데도 古今의 異說이 이와 같으니, 하물며 작은 산, 끊긴 항구로 수천백 년을 지난 것을 오히려 어찌 믿을 수 있겠는가. 岷山에 導를 말하지 않은 것은 嶓冢을 인도한다는 글을 이었기 때문이다. 이는 南條로 江·漢의 남쪽 지역에 있는 산들이다.

譯註 1. 博陽山 : 〈地志〉에는 傅易山으로 되어 있다.

88. 導弱水하사되 至于合黎하여 餘波를 入于流沙하시다

弱水를 인도하되 合黎에 이르러 남은 물줄기를 流沙에 들어가게 하였다.

黎 : 검을 려

此下는 濬川也라 弱水는 見雍州하니라 合黎는 山名이니 隋地志에 在張掖縣西北으로 亦名羌谷이라하니라 流沙는 杜佑云 在沙州西八十里하니 其沙隨風流行이라 故로 曰流沙라하니라 水之疏導者를 已附于逐州之下하고 於此에 又派別而詳記之하니 而水之經緯를 皆可見矣라 濬川之功이 自隨山始라 故로 導水次於導山也라 又按 山水皆原於西北이라 故로 禹敍山敍水에 皆自西北而東南하여 導山則先岍岐하고 導水則先弱水也라

이 이하는 내를 깊이 판 것이다. 弱水는 雍州에 보인다. 合黎는 산 이름이니,《隋書》〈地志〉에 "張掖縣 서북에 있는데, 또한 羌谷이라 칭한다." 하였다. 流沙는 杜佑가 이르기를 "沙州 서쪽 80리 지점에 있으니, 모래가 바람을 따라 흘러 다니므로 流沙라 한다." 하였다. 물을 疏導(소통하여 인도함)함을 이미 각 州의 아래에 붙였고, 여기에 또 물줄기를 나누어 자세히 기록하였으니, 물의 經緯를 다 볼 수 있다. 내를 파는 功이 산을 따라서 시작되었으므로 물을 인도함이 산을 인도함보다 다음이 된 것이다. 또 살펴보건대, 산과 물이 모두 서북쪽에서 근원하였다. 그러므로 禹王이 산을 서술하고 물을 서술할 때에 모두 서북쪽으로부터 동남쪽에 이르러, 산을 인도함은 岍山과 岐山을 먼저하고, 물을 인도함은 弱水를 먼저한 것이다.

89. 導黑水하사되 至于三危하사 入于南海하시다

黑水를 인도하되 三危에 이르러 南海에 들어가게 하였다.

黑水는 地志에 出犍爲郡南廣縣汾關山이라하고 水經에 出張掖鷄山하여 南至燉煌하고 過三危山하여 南流入于南海라하고 唐樊綽云 西夷之水에 南流入于南海者凡四니 曰區江, 曰西珥河, 曰麗水, 曰瀰渃江이니 皆入于南海라 其曰麗水者는 卽古之黑水也니 三危山이 臨峙其上이라하니라 按梁雍二州는 西邊이 皆以黑水爲界하니 是黑水自雍之西北而直出梁之西南

犍 : 거세한소 건　樊 : 울타리 번　綽 : 넉넉할 작　瀰 : 물흐를 미
渃 : 물이름 약　峙 : 높이솟을 치

也라 中國은 山勢岡脊이 大抵皆自西北而來하니 積石西傾岷山岡脊以東之水는 旣入于河漢岷江하고 其岡脊以西之水는 卽爲黑水하여 而入于南海라 地志, 水經, 樊氏之說이 雖未詳的實이나 要是其地也라 程氏曰 樊綽이 以麗水爲黑水者는 恐其狹小하여 不足爲界라 其所稱西珥河者는 却與漢志葉楡澤으로 相貫이요 廣處可二十里니 旣足以界別二州라 其流又正趨南海하며 又漢滇池는 卽葉楡之地라 武帝初開滇嶲時에 其地에 古有黑水舊祠하니 夷人不知載籍하여 必不能附會요 而綽及道元이 皆謂此澤以楡葉所積得名이라하니 則其水之黑은 似楡葉積漬所成이라 且其地乃在蜀之正西하고 又東北距宕昌이 不遠하니 宕昌은 卽三苗種裔라 與三苗之敍于三危者로 又爲相應하니 其證驗이 莫此之明也라

黑水는 〈地志〉에 "犍爲郡 南廣縣 汾關山에서 나온다." 하였고, 《水經》에는 "張掖 鷄山에서 나와 남쪽으로 燉煌에 이르고, 三危山을 지나 남쪽으로 흘러 南海로 들어간다." 하였고, 唐나라 樊綽은 "西夷의 물에 남쪽으로 흘러 南海에 들어가는 것이 모두 넷이니, 區江·西珥河·麗水·瀰渃江이니, 모두 南海로 들어간다. 麗水라고 칭하는 것이 곧 옛날의 黑水이니, 三危山이 그 위에 높이 임해 있다." 하였다. 상고해 보건대, 梁州와 雍州 두 州는 서쪽 변경이 모두 黑水를 경계로 삼으니, 이는 黑水가 雍州의 서북쪽에서 곧바로 梁州의 서남쪽으로 나오기 때문이다. 중국은 산세의 등마루가 대체로 모두 서북쪽으로부터 왔으니, 積石·西傾·岷山 등마루 以東의 물은 이미 河水와 漢水, 岷江으로 들어가고, 등마루 以西의 물은 곧 黑水가 되어서 남해로 들어간다. 〈地志〉와 《水經》, 樊氏의 말이 비록 확실한지는 상세하지 않으나 요컨대 이들 지역이다.

程氏는 다음과 같이 말하였다. "樊綽이 麗水를 黑水라 한 것은 물이 너무 협소하여 경계가 될 수 없을 듯하다. 西珥河라고 칭한 것은 《漢志》의 葉楡澤과 서로 통하고, 넓은 곳은 20리쯤 되니, 이미 두 州를 경계하여 구별할 수 있다. 그 흐름이 또 곧바로 南海로 달려가며, 또 漢나라의 滇池는 곧 葉楡 지역이다. 武帝가 처음 滇水와 嶲水를 개설했을 때에 이 지역에 예로부터 黑水의 옛 祠堂이 있었으니, 오랑캐들은 載籍(典籍)을 몰라 반드시 附會하지 못했을 것이며, 樊綽과 酈道元은 모두 '이 못은 느릅나무 잎

滇 : 성할 전 嶲 : 높을 준 宕 : 클 탕

이 쌓여서 이름을 얻었다.' 하였으니, 그 물빛이 검은 것은 느릅나무 잎이 쌓이고 젖어서 이루어진 듯하다. 또 그 지역은 바로 蜀의 正西쪽에 있고, 또 동북쪽으로 宕昌과 거리가 멀지 않으니, 宕昌은 곧 三苗의 種裔(후예)들이 사는 곳이다. 三苗가 三危에서 功이 펴졌다는 것과 또 서로 응하니, 그 증험이 이처럼 분명할 수 없다."

90. 導河하사되 積石으로 至于龍門하며 南至于華陰하며 東至于底柱하며 又東至于孟津하며 東過洛汭하여 至于大伾하며 北過洚水하여 至于大陸하며 又北播爲九河하여 同爲逆河라 入于海하니라

河水를 인도하되 積石으로부터 龍門에 이르며, 남쪽으로 華陰에 이르며, 동쪽으로 底柱에 이르며, 또 동쪽으로 孟津에 이르며, 동쪽으로 洛汭를 지나 大伾에 이르며, 북쪽으로 洚水를 지나 大陸에 이르며, 또 북쪽으로 나뉘어 九河가 되었다가 함께 합류하여 逆河가 되어 바다에 들어가게 하였다

積石, 龍門은 見雍州하니라 華陰은 華山之北也라 底柱는 見導山하니라 孟은 地名이요 津은 渡處也니 杜預云 在河內郡河陽縣南이라하니 今孟州河陽縣也라 武王師渡孟津者卽此니 今亦名富平津이라 洛汭는 洛水交流之內니 在今河南府鞏縣之東이라 洛之入河는 實在東南이로되 河則自西而東過之라 故로 曰東過洛汭라 大伾는 孔氏曰 山再成曰伾[1]라 張揖은 以爲在成皐라하고 鄭玄은 以爲在修武武德이라 臣瓚은 以爲修武武德엔 無此山이요 成皐山은 又不再成이니 今通利軍黎陽縣臨河에 有山하니 蓋大伾也라하니라 按黎陽山은 在大河垂欲趨北之地라 故로 禹記之니 若成皐之山인댄 旣非從東折北之地요 又無險礙如龍門底柱之須疏鑿이며 西去洛汭 旣已大近하고 東距洚水大陸이 又爲絶遠하니 當以黎陽者로 爲是라 洚水는 地志에 在信都縣이라하니 今冀州信都縣枯洚渠也라 程氏曰 周時에

伾 : 산너머산 비　瓚 : 옥술잔 찬

河徙硶礫이라가 至漢에 又改向頓丘하여 東南流하니 與禹河迹으로 大相背戾라 地志에 魏郡鄴縣에 有故大河하니 在東北하여 直達于海라하니 疑卽禹之故河라 孟康以爲王莽河는 非也라 古洚瀆은 自唐貝州로 經城北하여 入南宮하고 貫穿信都하니 大抵北向而入故河於信都之北하여 爲合北過洚水之文하니 當以信都者爲是라 大陸은 見冀州하고 九河는 見兗州하니라 逆河는 意以海水逆潮而得名이라 九河旣淪于海면 則逆河는 在其下流니 固不復有矣라 河上播而爲九라가 下同而爲一하니 其分播合同은 皆水勢之自然이니 禹特順而導之耳라 今按 漢西域傳의 張騫所窮河源에 云 河有兩源하니 一出葱嶺하고 一出于闐하니 于闐은 在南山下라 其河北流하여 與葱嶺河合하여 東注蒲昌海라 蒲昌海는 一名鹽澤이니 去玉門陽關三百餘里라 其水停居하여 冬夏에 不增減하고 潛行地中하여 南出積石이라하니라 又唐長慶中에 薛元鼎이 使吐蕃할새 自隴西成紀縣西南으로 出塞二千餘里하여 得河源於莫賀延積尾하니 曰悶磨黎山이라 其山이 中高四下하니 所謂崑崙也라 東北流하여 與積石河로 相連하니 河源澄瑩하고 冬春可涉이라 下稍合流하여 色赤하고 益遠에 他水幷注하여 遂濁이라 吐蕃亦自言 崑崙은 在其國西南이라하니 二說에 恐薛氏爲是라 河自積石으로 三千里而後에 至于龍門이어늘 經에 但一書積石하고 不言方向은 荒遠하여 在所略也라 龍門而下는 因其所經이니 記其自北而南則曰南至華陰이라하고 記其自南而東則曰東至底柱라하고 又詳記其東向所經之地則曰孟津, 曰洛汭, 曰大伾라하고 又記其自東而北則曰北過洚水라하고 又詳記其北向所經之地則曰大陸, 曰九河라하고 又記其入海之處則曰逆河라 自洛汭而上은 河行於山하니 其地皆可攷어니와 自大伾而下는 垠岸高於平地라 故로 決齧流移하여 水陸變遷하니 而洚水大陸九河逆河를 皆難指實이라 然이나 上求大伾하고 下得碣石하여 因其方向하여 辨其故迹이면 則猶可考也라 其詳은 悉見上文하니라

○ 又按 李復云 同州韓城北에 有安國嶺하니 東西四十餘里요 東臨大河라 瀕河에 有禹廟한대 在山斷河出處라 禹鑿龍門에 起於唐張仁愿所築東受降城之東하여 自北而南하여 至此山盡이라 兩岸石壁峭立하고 大河盤束

硶 : 돌구멍 령　礫 : 자갈 력　騫 : 이지러질 건　葱 : 파 총　闐 : 나라이름 전
齧 : 씹을 설　愿 : 삼갈 원　峭 : 산뾰족할 초

於山峽間千數百里라가 至此하여 山開岸闊하니 豁然奔放하여 怒氣噴風하고 聲如萬雷라하니라 今按 舊說에 禹鑿龍門호되 而不詳其所以鑿이요 誦說相傳에 但謂因舊修闢하여 去其齟齬하여 以決水勢而已라 今詳此說하면 則謂受降以東으로 至於龍門은 皆是禹新開鑿이니 若果如此면 則禹未鑿時에 河之故道는 不知却在何處라 而李氏之學極博하니 不知此說又何所考也라

積石과 龍門은 雍州에 보인다. 華陰은 華山의 북쪽이다. 底柱는 導山에 보인다. 孟은 지명이고, 津은 건너가는 곳이니, 杜預가 이르기를 "河內郡 河陽縣의 남쪽에 있다." 하였으니, 지금의 孟州 河陽縣이다. 武王의 군대가 孟津을 건너갔다는 것이 곧 이곳이니, 지금은 또한 富平津이라 이름한다. 洛汭는 洛水가 교류하는 지점의 안이니, 지금의 河南府 鞏縣의 동쪽에 있다. 洛水가 河水에 들어감은 실로 동남쪽에 있으나 河水가 서쪽에서 동쪽으로 지나가기 때문에 동쪽으로 洛汭를 지난다고 한 것이다. 大伾는 孔氏가 말하기를 "산이 다시 이루어진 것을 伾라 한다." 하였다. 張揖은 "成皐에 있다." 하였고, 鄭玄은 "修武와 武德에 있다." 하였는데, 臣瓚은 이르기를 "修武와 武德에는 이 산이 없고, 成皐山은 또 다시 이루어진 것이 아니니, 지금 通利軍 黎陽縣 臨河에 산이 있는데, 이것이 大伾이다." 하였다. 살펴보건대, 黎陽山은 大河가 쏜살같이 북쪽으로 달려가고자 하는 지역에 있으므로 禹王이 기록한 것이니, 만약 成皐의 산이라면 이미 동쪽에서 와서 북쪽으로 꺾여 간 지역이 아니며, 또 龍門이나 底柱처럼 험하고 막혀서 소통하고 뚫을 필요가 없으며, 서쪽은 洛汭와 거리가 이미 너무 가깝고, 동쪽으로 洚水·大陸과 거리가 또 매우 머니, 마땅히 黎陽에 있는 것을 옳다 하겠다.

洚水는 〈地志〉에 "信都縣에 있다." 하였으니, 지금의 冀州 信都縣 枯洚渠이다. 程氏는 말하기를 "周나라 때에 河水가 砱礫으로 옮겨갔다가 漢나라 때에 이르러 또다시 頓丘를 향해 동남쪽으로 흐르니, 禹王때 河水의 자취와는 크게 어긋난다. 〈地志〉에 '魏郡 鄴縣에 옛 大河가 있으니, 동북쪽에 있어서 곧바로 바다로 통한다.' 하였으니, 의심컨대 곧 禹王의 옛 河水인 듯하다." 하였다. 孟康은 "王莽河이다." 하였는데, 이는 옳지 않다. 옛 洚瀆은 唐州·貝州로부터 城北을 경유하여 南宮으로 들어가고, 信都를 꿰뚫으

齟 : 어긋날 저　齬 : 어긋날 어

니, 대저 北向하여 信都의 북쪽에 있는 옛 河水로 들어가서 ‘북쪽으로 洚水를 지난다.’는 글과 부합하니, 마땅히 信都에 있는 것을 옳다 하겠다. 大陸은 冀州에 보이고, 九河는 兗州에 보인다. 逆河는 짐작컨대, 바닷물이 逆潮하여 얻은 이름인 듯하다. 九河가 이미 바다로 침몰했으면 逆河는 그 하류에 있었을 것이니, 진실로 다시 있을 수가 없다. 河水가 위에서 나뉘어져 아홉이 되었다가 아래에서 합하여 다시 하나가 되었으니, 그 分播하고 合同함은 모두 水勢의 자연이니, 禹王이 단지 순히 하여 인도했을 뿐이다.

이제 살펴보건대, 《漢書》 〈西域傳〉에 張騫이 끝까지 찾아간 河源에서 이르기를 “河水는 두 근원이 있으니, 하나는 蔥嶺에서 나오고 하나는 于闐에서 나온다. 于闐은 남산 아래에 있는데 이 물은 북쪽으로 흘러서 蔥嶺河와 합하여 동쪽으로 蒲昌海에 注入한다. 蒲昌海는 一名 鹽澤이니, 玉門 陽關과 거리가 3백여 리이다. 이 물은 정체하여 겨울이나 여름에 불어나거나 줄지 않고, 땅속으로 흘러 남쪽으로 積石으로 나온다.” 하였다. 또 唐나라 長慶 年間에 薛元鼎이 吐蕃에 使臣으로 갈 적에 隴西의 成紀縣 서남쪽으로부터 변방 2천여 리를 나가서 河源을 莫賀 延積尾에서 찾아내니, 悶磨黎山이라 칭한다. 이 山은 가운데가 높고 사방이 낮으니, 이른바 崑崙이다. 동북쪽으로 흘러서 積石河와 서로 연결되니 河水의 근원이 맑고 겨울과 봄에 건너갈 수 있다. 아래는 차츰 합류하여 색깔이 붉어지고 더욱 멀어짐에 다른 물이 함께 주입하여 마침내 탁해진다. 吐蕃 또한 말하기를 “崑崙은 그 나라의 서남쪽에 있다.” 하니, 두 말 중에 薛氏가 옳은 듯하다. 河水는 積石으로부터 3천여 리를 흐른 뒤에 龍門에 이르는데, 經文에 단지 한 번 積石을 쓰고 방향을 말하지 않은 것은 아득히 멀어서 생략한 것이다. 龍門 이하는 그 경유한 바를 따른 것이니, 북쪽에서 남쪽으로 간 것을 기록할 때에는 “남쪽으로 華陰에 이른다.” 하고, 남쪽에서 동쪽으로 간 것을 기록할 때에는 “동쪽으로 底柱에 이른다.” 하고, 또 동향하여 경유한 땅을 자세히 기록할 때에는 “孟津·洛汭·大伾”라 하고, 또 동쪽에서 북쪽으로 간 것을 기록할 때에는 “북쪽으로 洚水를 지나갔다.” 하고, 또 북향하여 경유한 땅을 자세히 기록할 때에는 “大陸·九河”라 하고, 또 바다로 들어간 곳을 기록할 때에는 “逆河”라 하였다. 洛汭로부터 이상은 河水가 산밑을 흘러가니 그 지역을 다 상고할 수 있으나 大伾로부터 이하는 江岸이 평지보다 높으므로 물이 터지고 유동하여 물과 육지가 변천하니, 洚水·大陸·九河·逆河를 다 실제를 가리키기 어렵다. 그러나 위로 大伾를 찾고 아래로 碣石을 찾아서 방향을 따라 옛 자취를 분변한다면 아직도 상고할 수 있다. 그 자세한 것은 上文에 자세히 보인다.

○ 또 살펴보건대, 李復이 이르기를 "同州의 韓城 북쪽에 安國嶺이 있으니, 동서가 40여 리이며, 동쪽으로 大河에 임하였다. 瀕河(황하가)에 禹王의 사당이 있는데 山이 끊기고 河水가 나오는 곳에 있다. 禹王이 龍門을 뚫을 적에 唐나라 張仁愿이 쌓은 東受降城 동쪽에서 시작하여 북에서 남으로 와서 이 산에 이르러 다하였다. 두 江岸에는 石壁이 우뚝이 서 있고, 大河가 山峽의 사이 천수백 리를 감고 흐르다가 이곳에 이르러 산이 열리고 江岸이 넓어지니, 물길이 豁然히 奔放하여 怒氣가 넘쳐 바람이 일고, 소리가 수만의 우레와 같다." 하였다. 이제 살펴보건대 옛말에 禹王이 龍門을 뚫었다고 하나 그 뚫은 이유가 상세하지 않고, 傳說에 내려오기를 단지 옛것을 인하여 닦고 열어서 막히는 것을 제거하여 水勢를 터놓았다고 할 뿐이다. 그런데 이제 이 말을 자세히 살펴보면 受降城 이동으로부터 龍門에 이르기까지는 모두 禹王이 새로 뚫어 만든 것이니, 만약 과연 이와 같다면 禹王이 뚫기 이전에 河水의 옛 길은 어느 곳에 있었는지 알 수 없다. 李氏의 학문이 지극히 해박한데, 이 말은 또 무엇을 근거하였는지 알 수 없다.

譯註 1. 山再成曰伾 : 沙溪의 《經書辨疑》에는 아래 導沇水條의 '再成曰陶'를 포함하여 再成의 뜻을 풀이하였는바, 申敬叔(申欽)은 水陸이 변천하여 다시 만들어진 것으로 보았으나 任茂叔(任叔英)은 重疊의 뜻으로 보았음을 밝히고 沙溪는 후자의 설을 따른다 하였다.

91. 嶓冢에 導漾하사 東流爲漢하며 又東爲滄浪之水하며 過三澨하여 至于大別하여 南入于江하며 東匯澤하여 爲彭蠡하며 東爲北江하여 入于海하니라

嶓冢山에 漾水를 引導하여 동쪽으로 흘러 漢水가 되며, 또 동쪽으로 滄浪의 물이 되며, 三澨를 지나 大別山에 이르러 남쪽으로 江에 들어가며, 동쪽으로 돌아 澤이 되어 彭蠡가 되며, 동쪽으로 北江이 되어 바다에 들어가게 하였다.

漾 : 물이름 양　澨 : 물이름 서　匯 : 돌 회

漾은 水名이니 水經曰 漾水는 出隴西郡氐道縣嶓冢山하여 東至武都라 常璩曰 漢水有兩源하니 此東源也니 卽禹貢所謂嶓冢導漾者요 其西源은 出隴西嶓冢山會泉하니 始源曰沔이라 逕葭萌하여 入漢이라하니 東源은 在今西縣之西하고 西源은 在今三泉縣之東也라 酈道元謂 東西兩川이 俱出嶓冢하여 而同爲漢水者是也라 水源發于嶓冢하여 爲漾하고 至武都爲漢하고 又東流爲滄浪之水라 酈道元云 武當縣北四十里漢水中에 有洲하니 曰滄浪洲요 水曰滄浪水 是也라 蓋水之經歷은 隨地得名이니 謂之爲者는 明非他水也라 三澨는 水名이니 今郢州長壽縣磨石山에 發源하여 東南流者를 名澨水라하고 至復州景陵縣界來를 又名汊水하니 疑卽三澨之一이라 然이나 據左傳漳澨薳澨하면 則爲水際하니 未可曉也라 大別은 見導山하니 入江은 在今漢陽軍漢陽縣이라 匯는 回也라 彭蠡는 見揚州하니라 北江은 未詳이라 入海는 在今通州靜海縣이라

○ 今按 彭蠡는 古今記載에 皆謂今之鄱陽이라 然이나 其澤在江之南하여 去漢水入江之處 已七百餘里요 所蓄之水則合饒信, 徽撫, 吉贛, 南安, 建昌, 臨江, 袁筠, 隆興, 南康數州之流하니 非自漢入而爲匯者라 又其入江之處는 西則廬阜요 東則湖口로 皆石山峙立하고 水道狹甚하니 不應漢水入江之後七百餘里에 乃橫截而南하여 入于鄱陽하고 又橫截而北流爲北江이라 且鄱陽은 合數州之流하여 豬而爲澤하니 泛溢壅遏이요 初無仰於江漢之匯而後成也라 不惟無所仰於江漢이라 而衆流之積이 日遏月高하니 勢亦不復容江漢之來入矣라 今湖口橫渡之處는 其北則江漢之濁流요 其南則鄱陽之淸漲이니 不見所謂漢水匯澤而爲彭蠡者라 鄱陽之水가 旣出湖口하니 則依南岸하여 與大江相持以東하니 又不見所謂橫截而爲北江者라 又以經文考之컨대 則今之彭蠡旣在大江之南하니 於經에 則宜曰南匯彭蠡요 不應曰東匯며 於導江에 則宜曰南會于匯요 不應曰北會于匯라 匯旣在南이면 於經則宜曰北爲北江이요 不應曰東爲北江이니 以今地望[1] 參校컨대 絶爲反戾라 今廬江之北에 有所謂巢湖者하니 湖大而源淺이라

璩 : 옥고리 거 郢 : 땅이름 영 汊 : 물두갈래로흐를 차 徽 : 아름다울 휘
贛 : 물이름 공, 물이름 감(灨同)

每歲四五月間에 蜀嶺雪消하여 大江泛溢之時에 水淤入湖하고 至七八月하여 大江水落이면 湖水方洩하여 隨江以東하니 爲合東匯北匯之文이라 然이나 鄱陽之湖는 方五六百里니 不應舍此而錄彼하여 記其小而遺其大也라 蓋嘗以事理情勢로 考之컨대 洪水之患이 惟河爲甚하니 意當時龍門九河等處에 事急民困하여 勢重役煩일새 禹親莅而身督之하시고 若江淮則地偏水急하여 不待疏鑿하고 固已通行일새 或分遣官屬하여 往視亦可라 況洞庭彭蠡之間은 乃三苗所居요 水澤山林이 深昧不測이라 彼方負其險阻하여 頑不卽工하니 則官屬之往者도 亦未必遽敢深入이라 是以로 但知彭蠡之爲澤이요 而不知其非漢水所匯하며 但意如巢湖江水之淤요 而不知彭蠡之源이 爲甚衆也라 以此致誤하여 謂之爲匯하고 謂之北江이니 無足怪者라 然則鄱陽之爲彭蠡信矣니라

漾은 물 이름이니, 《水經》에 "漾水는 隴西郡 氐道縣 嶓冢山에서 나와 동쪽으로 武都에 이른다." 하였다. 常璩는 말하기를 "漢水는 두 근원이 있으니, 이는 동쪽 근원이니, 곧 〈禹貢〉에 이른바 '嶓冢山에 漾水를 인도했다.'는 것이요, 서쪽 근원은 곧 隴西郡 嶓冢山 會泉에서 나오니 처음 근원을 沔水라 한다. 葭萌을 지나 漢水로 들어간다." 하였으니, 동쪽 근원은 지금 西縣의 서쪽에 있고, 서쪽 근원은 지금 三泉縣의 동쪽에 있다. 酈道元이 "동·서의 두 냇물이 모두 嶓冢山에서 나와 함께 漢水가 된다."고 한 것이 이것이다. 水源이 嶓冢山에서 發源하여 漾水가 되고, 武都에 이르러 漢水가 되고, 또 동쪽으로 흘러 滄浪의 물이 된다. 酈道元이 "武當縣 북쪽 40리 지점의 漢水 가운데에 모래섬이 있으니, 滄浪洲라 하고 물을 滄浪水라 한다." 한 것이 이것이다. 물의 經歷은 땅을 따라 이름을 얻으니, '된다'고 이른 것은 다른 물이 아님을 밝힌 것이다. 三澨는 물 이름이니, 지금의 郢州 長壽縣 磨石山에서 發源하여 동남쪽으로 흐르는 것을 澨水라 하고, 復州 景陵縣 경계에 이르러 오는 것을 또 汊水라 이름하니, 의심컨대 곧 三澨의 하나인 듯하다. 그러나 《左傳》의 漳澨와 薳澨를 상고해보면 물가가 되니, 알 수 없다. 大別山은 導山에 보이니, 江에 들어가는 곳은 지금의 漢陽軍 漢陽縣에 있다. 匯는 도는 것이다. 彭蠡는 揚州에 보인다. 北江은 상세하지

淤 : 진흙 어

않다. 바다에 들어가는 곳은 지금의 通州 靜海縣에 있다.

○ 이제 살펴 보건대, 彭蠡는 古今의 記載에 모두 지금의 鄱陽湖라 하였다. 그러나 이 호수는 江의 남쪽에 있어서 漢水가 江으로 들어가는 곳과 거리가 이미 7백여 리이며, 모인 물은 饒信·徽撫·吉贛·南安·建昌·臨江·袁筠·隆興·南康 등 여러 州의 물이 합류하니, 漢水로부터 들어와 돌아 澤이 된 것은 아니다. 또 강에 들어가는 곳은 서쪽은 廬阜이고 동쪽은 湖口로 모두 石山이 우뚝하게 서 있고 물길이 매우 좁으니, 漢水가 강으로 들어간 뒤 7백여 리를 마침내 가로질러 남쪽으로 흘러 鄱陽湖로 들어가고, 다시 가로질러 북쪽으로 흘러 北江이 될 리가 없다. 또 鄱陽湖는 여러 州의 물이 합류해서 모여 못이 되었으니, 물이 넘쳐서 막은 것이요, 애당초 江·漢이 의뢰한 뒤에 이루어진 것이 아니다. 江·漢에 의뢰할 것이 없을 뿐만이 아니라 여러 물이 모인 것이 날로 막히고 달로 높아지니, 형세가 또한 다시 江·漢이 흘러 들어옴을 용납할 수가 없다. 이제 湖口를 가로질러 건너는 곳은 북쪽으로는 江·漢의 濁流이고 남쪽으로는 鄱陽의 淸漲(맑은 물)이니, 이른바 '漢水가 돌아 澤이 되어 彭蠡가 되었다.'는 것을 볼 수 없다. 鄱陽의 물이 이미 湖口에서 나와 남쪽 江岸을 의지하여 大江과 서로 버티고 동쪽으로 흐르니, 또 이른바 '가로질러 北江이 되었다.'는 것을 볼 수 없다. 또 經文을 가지고 상고해 보면 지금의 彭蠡가 이미 大江의 남쪽에 있으니, 經文에 마땅히 남쪽으로 돌아 彭蠡가 되었다고 말할 것이요 동쪽으로 돈다고 말할 수가 없으며, 江을 인도함에 마땅히 남쪽으로 匯澤에 모인다고 말할 것이요 북쪽으로 匯澤에 모인다고 말할 수가 없는 것이다. 匯澤이 이미 남쪽에 있으면 經文에 마땅히 북쪽으로 北江이 되었다고 말할 것이요 동쪽으로 北江이 되었다고 말할 수가 없으니, 지금 地望을 가지고 서로 비교해 보면 크게 위배된다. 지금 廬江의 북쪽에 이른바 巢湖라는 것이 있는데 호수는 크나 물이 얕다. 매년 4~5월 사이에 蜀嶺의 눈이 녹아서 大江을 범람할 때에는 물이 넘쳐 호수로 들어오고, 7~8월이 되어 大江이 수위가 떨어지면 호수물이 빠져서 강을 따라 동쪽으로 흐르니, 동쪽으로 돌고 북쪽으로 돈다는 글에 부합된다. 그러나 鄱陽湖는 사방이 5~6백리이니, 이것을 버리고 저것을 기록하여, 작은 것을 기록하고 큰 것을 빠뜨렸을 리가 없다. 일찍이 事理와 情勢로써 살펴보건대 홍수의 피해는 河水가 가장 심하였으니, 짐작컨대 당시 龍門과 九河 등지에 일이 급하고 백성이 곤궁하여 형세가 중하고 부역이 번거로우므로 禹王이 친히 가서 몸소

감독하였고, 江과 淮水로 말하면 지역이 편벽되고 물이 급히 흘러서 굳이 소통시키고 뚫기를 기다리지 않고서도 진실로 이미 통행되었으므로 혹 官屬들을 나누어 보내서 가서 살펴보게 하여도 또한 가능했을 것이다. 하물며 洞庭湖와 彭蠡湖의 사이는 바로 三苗가 거주하는 곳으로 水澤과 山林이 깊고 어두워 측량할 수 없는 곳이다. 저들이 그 險阻함을 믿고서 완악하여 일에 나아가지 않았으니, 官屬으로서 간 자들도 반드시 갑자기 감히 깊이 들어가지는 못했을 것이다. 이 때문에 단지 彭蠡가 澤이 됨만 알았고, 漢水가 돌아 못이 된 것이 아님을 알지 못하였으며, 단지 巢湖에 江水가 진흙인 것처럼 생각하였고, 彭蠡의 근원이 매우 많다는 것을 알지 못했던 것이다. 이 때문에 잘못되어 돈다고 말하고 北江이라고 말한 것이니, 족히 괴이하게 여길 것이 없다. 그렇다면 鄱陽湖가 彭蠡인 것은 틀림없다.

譯註 1. 地望：그 지역의 鎭山인 望山을 가리킨 것으로 보인다.

92. 岷山에 導江하사 東別爲沱하며 又東至于澧하며 過九江하여 至于東陵하며 東迆北會하여 爲匯하며 東爲中江하여 入于海하니라

岷山에 江을 인도하여 동쪽으로 나뉘어 沱水가 되며, 또 동쪽으로 澧水에 이르며, 九江을 지나 東陵에 이르며, 동쪽으로 돌아 북쪽으로 모여 匯澤이 되며, 동쪽으로 中江이 되어 바다에 들어가게 하였다.

沱는 江之別流於梁者也라 澧는 水名이라 水經에 出武陵充縣하여 西至長沙下雋縣하여 西北入江이라하고 鄭氏云 經에 言道言會者는 水也요 言至者는 或山或澤也니 澧는 宜山澤之名이라하니라 按下文九江에 澧水旣與其一하니 則非水明矣라 九江은 見荊州하니라 東陵은 巴陵也니 今岳州巴陵縣也라 地志에 在廬江西北者는 非是라 會匯, 中江은 見上章하니라

沱는 江이 나뉘어 梁州에 흐르는 것이다. 澧는 물 이름이다. 《水經》에 “武陵의 充縣에서 나와 서쪽으로 長沙의 下雋縣에 이르러 서북쪽으로 江에

澧：물이름 례　迆：연할 이

들어간다." 하였고, 鄭氏는 "經文에 道라 말하고 會라 말한 것은 물이고, 至라 말한 것은 혹 山이나 혹 澤이니, 澧는 마땅히 山·澤의 이름일 것이다." 하였다. 살펴보건대, 下文의 九江에 澧水가 이미 그 하나에 참여되었으니, 물이 아님이 분명하다. 九江은 荊州에 보인다. 東陵은 巴陵이니, 지금의 岳州 巴陵縣이다. 《地志》에 "廬江郡 서북에 있다." 한 것은 옳지 않다. 모여서 匯澤이 되고 中江이 된 것은 上章에 보인다.

93. 導沇水하사되 東流爲濟하여 入于河하며 溢爲滎하며 東出于陶丘北하며 又東至于菏하며 又東北으로 會于汶하여 又北東으로 入于海하니라

沇水를 인도하되 동쪽으로 흘러 濟水가 되어 河水에 들어가며, 넘쳐 滎水가 되며, 동쪽으로 陶丘의 북쪽으로 나오며, 또 동쪽으로 菏澤에 이르며, 또 동북쪽으로 汶水와 모여서 다시 북동쪽으로 바다에 들어가게 하였다.

沇水는 濟水也니 發源爲沇이요 旣東爲濟라 地志云 濟水는 出河東郡垣曲縣王屋山東南이라하니 今絳州垣曲縣山也라 始發源王屋山頂崖下하니 曰沇水요 旣見而伏하여 東出於今孟州濟源縣하니 二源이라 東源은 周廻七百步로 其深不測이요 西源은 周廻六百八十五步로 其深一丈이라 合流至溫縣하니 是爲濟水니 歷虢公臺하여 西南入于河라 溢은 滿也라 復出河之南하여 溢而爲滎하니 滎은 卽滎波之滎이니 見豫州하니라 又東出於陶丘北하니 陶丘는 地名이라 再成曰陶니 在今廣濟軍西요 又東至于菏하니 菏는 卽菏澤이니 亦見豫州하니라 謂之至者는 濟陰縣에 自有菏派하니 濟流至其地爾라 汶은 北汶也니 見靑州하니라 又東北至于東平府壽張縣安民亭하여 合汶水하여 至今靑州博興縣하여 入海라 唐李賢은 謂 濟는 自鄭以東으로 貫滑曹鄆濟齊靑하여 以入于海라하고 本朝樂史는 謂 今東平濟南淄川北海界中에 有水流入海하니 謂之淸河라하니라 酈道元은 謂 濟水는 當王莽

絳 : 붉을 강　虢 : 나라이름 괵　鄆 : 땅이름 운

之世하여 川瀆枯竭이라 其後에 水流迳通하고 津渠勢改하여 尋梁脈水에 不與昔同이라하니 然則滎澤濟河雖枯나 而濟水未嘗絶流也라 程氏曰 滎水之爲濟는 本無他義라 濟之入河에 適會河滿하여 溢出南岸이니 溢出者는 非濟水요 因濟而溢이라 故로 禹還以元名命之라하니라 按 程氏言溢之一字 固爲有理라 然이나 出於河南者旣非濟水면 則禹不應以河枝流로 而冒稱爲濟니 蓋溢者는 指滎而言이요 非指河也라 且河濁而滎淸하니 則滎之水非河之溢이 明矣라 況經所書는 單立導沇條例하여 若斷若續이나 而實有源流요 或見或伏이나 而脈絡可考라 先儒皆以濟水性下勁疾이라 故로 能入河穴地하여 流注顯伏이라하니라 南豊曾氏齊州二堂記云 泰山之北은 與齊之東南諸谷之水로 西北匯于黑水之灣하고 又西北匯于柏崖之灣하여 而至于渴馬之崖하니 蓋水之來也衆이라 其北折而西也에 悍疾尤甚이라가 及至于崖下면 則泊然而止하며 而自崖以北으로 至于歷城之西하여 蓋五十里而有泉湧出하니 高或致數尺이라 其旁之人이 名之曰趵突之泉이라 齊人皆謂 嘗有棄糠於黑水之灣者러니 而見之於此라하니 蓋泉自渴馬之崖로 潛流地中이라가 而至此復出也라 其注而北은 則謂之濼水니 達于淸河하여 以入于海하니 舟之通於濟者皆於是乎達也라 齊多甘泉하여 其顯名者十數로되 而色味皆同하니 以余驗之컨대 蓋皆濼水之旁出者也라하니라 然則水之伏流地中이 固多有之어늘 奚獨於滎澤에 疑哉리오 吳興沈氏亦言 古說에 濟水는 伏流地中이라하니 今歷下凡發地皆是流水라 世謂濟水經過其下라하고 東阿亦濟所經이라 取其井水하여 煮膠면 謂之阿膠니 用攪濁水則淸하고 人服之면 下膈疏痰이라하니 蓋其水性趨下하여 淸而重故也라 濟水伏流絶河는 乃其物性之常이요 事理之著者어늘 程氏非之하니 顧弗深考耳라

沇水는 濟水이니, 발원하면 沇水라 하고, 이미 동쪽으로 흐르면 濟水라 한다. 〈地志〉에 "濟水는 河東郡 垣曲縣 王屋山 동남쪽에서 나온다." 하였으니, 지금의 絳州 垣曲縣의 산이다. 처음 王屋山 山頂의 벼랑 밑에서 發源하니 沇水라 칭하고, 나타났다가 다시 숨어서 동쪽으로 지금의 孟州 濟源縣으로 나오니 근원이 둘이다. 동쪽 근원은 周廻가 700 步로 그 깊이를 측량

泊 : 정박할 박　趵 : 차는소리 박　糠 : 겨 강　濼 : 물이름 락　煮 : 삶을 자
膠 : 아교 교　痰 : 가래 담

할 수 없으며, 서쪽 근원은 周廻가 685步로 깊이가 한 길이다. 합류하여 溫縣에 이르니 이것을 濟水라 하니, 虢公臺를 지나 서남쪽으로 河水에 들어간다. 溢은 가득차서 넘침이다. 다시 河水의 남쪽으로 나와 넘쳐서 滎水가 되니, 滎은 곧 滎波의 滎으로, 豫州에 보인다. 다시 동쪽으로 陶丘의 북쪽으로 나오니 陶丘는 地名이다. 다시 이루어진 것을 陶라 하니, 지금의 廣濟軍 서쪽에 있고, 또 동쪽으로 菏에 이르니 菏는 곧 菏澤이니, 또한 豫州에 보인다. 이른다[至]고 말한 것은 濟陰縣에 따로 菏澤의 물줄기가 있으니, 濟水의 흐름이 이 지역에 이르렀을 뿐이기 때문이다. 汶은 북쪽 汶水이니, 靑州에 보인다. 또 동북쪽으로 東平府 壽張縣 安民亭에 이르러 汶水와 합류해서 지금의 靑州 博興縣에 이르러 바다에 들어간다. 唐나라 李賢은 이르기를 "濟水는 鄭州로부터 동쪽으로 滑州·曹州·鄆州·濟州·齊州·靑州를 관통하여 바다에 들어간다." 하였고, 本朝의 樂史는 "지금의 東平·濟南·淄川·北海 지역 가운데에 물이 흘러 바다로 들어가는 것이 있으니, 이것을 淸河라 한다." 하였다. 酈道元은 이르기를 "濟水는 王莽의 때를 당하여 냇물이 枯渴되었었다. 그후 물이 흘러 물길이 통하고 나루터와 도랑이 형세가 바뀌어서 梁脊(산등마루)을 찾아보고 물길을 찾아봄에 옛날과 똑같지 않다." 하였으니, 그렇다면 滎澤과 濟河는 비록 고갈되었으나, 濟水는 일찍이 흐름이 끊이지 않은 것이다.

程氏는 말하기를 "滎水를 濟水라 한 것은 본래 딴 뜻이 없다. 濟水가 河水로 들어갈 적에 마침 河水가 가득하여 넘쳐서 南岸으로 나온 것이니, 넘쳐서 나온 것은 濟水가 아니요, 濟水로 인하여 넘쳤기 때문에 禹王이 다시 원래의 名稱으로 命名한 것이다." 하였다.

살펴보건대, 程氏가 溢 한 글자를 말한 것은 진실로 近理하다. 그러나 河水의 남쪽에서 나온 것이 이미 濟水가 아니라면 禹王이 河水의 支流를 그대로 濟水라고 칭할 리가 없으니, 넘쳤다는 것은 滎水를 가리켜 말한 것이요 河水를 가리켜 말한 것이 아니다. 또 河水는 흐린데 滎水는 맑으니, 滎水의 물은 河水가 넘친 것이 아님이 분명하다. 더구나 經文에 기록한 것은 단지 沇水를 引導하는 條例를 세워서 끊긴 듯하고 이어진 듯하나 실제는 源流가 있고, 혹 나타나고 혹 숨으나 脈絡을 상고할 수 있다. 先儒들이 모두 "濟水는 성질이 아래로 급히 내려가기 때문에 河水로 들어가 땅을 파서 흐름이 나타났다 숨었다 한다." 하였다.

南豊曾氏(曾鞏)의 〈齊州二堂記〉에 "泰山의 북쪽은 齊州의 동남쪽 여러

골짝 물과 서북쪽으로 黑水灣으로 돌아 나오고, 또 서북쪽으로 柏崖灣으로 돌아 나와 渴馬의 벼랑에 이르니, 물이 오는 것이 많다. 북쪽으로 꺾여 서쪽으로 감에 빠름이 더욱 심하다가 벼랑 밑에 이르면 잔잔히 멈추며, 벼랑으로부터 북쪽으로는 歷城의 서쪽에 이르러 50리 지점에 솟아 나오는 샘물이 있으니, 높이가 혹 몇 尺에 이른다. 이 부근의 사람들은 趵突泉이라 칭한다. 齊州 사람들이 모두 이르기를 '일찍이 黑水灣에 겨를 버린 자가 있었는데 여기에서 발견했다.' 하니, 샘물이 渴馬의 벼랑으로부터 땅속으로 숨어 흐르다가 이에 이르러 다시 나온 것이다. 그 주입하는 곳의 以北은 濼水라 이르니, 淸河에 도달하여 바다에 들어가니, 濟水로 통하는 배는 모두 이곳에 도달한다. 齊州에는 단 샘물이 많아 이름이 드러난 것이 십수 개인데 색과 맛이 모두 같으니, 내가 징험해 보건대 모두 濼水의 곁에서 나온 것이다." 하였다.

그렇다면 물이 땅속으로 숨어 흐르는 것이 진실로 많이 있는데, 유독 滎澤에만 의심할 것이 있겠는가. 吳興沈氏 또한 말하기를 "옛말에 濟水는 땅속으로 숨어 흐른다 하였으니, 지금의 歷下에 모든 땅에서 나오는 것은 모두 이 흐르는 물이다. 세상에서는 이르기를 '濟水가 그 밑을 지나간다.' 하며, 東阿 또한 濟水가 경유하는 곳인데 우물물을 취하여 달여 진하게 되면 이것을 阿膠라 이르니, 이것을 사용하여 흐린 물을 저으면 물이 맑아지고, 사람이 이것을 먹으면 가슴이 막힌 것을 내리고 痰을 소통시키니, 물의 성질이 아래로 달려가서 맑고 무겁기 때문이다." 하였다. 濟水가 숨어 흘러 河水를 건너감은 바로 그 物性의 떳떳함이요 事理에 드러난 것인데, 程氏가 이를 비난하였으니, 다만 깊이 상고하지 않았을 뿐이다.

94. 導淮하사되 自桐柏하여 東會于泗沂하여 東入于海하니라

淮水를 引導하되 桐柏山으로부터 동쪽으로 泗水·沂水에 모여 동쪽으로 바다에 들어가게 하였다.

水經云 淮水는 出南陽平氏縣胎簪山이라하니 禹只自桐柏導之耳라 桐柏은 見導山/하고 泗沂는 見徐州하니라 沂入于泗하고 泗入于淮하니 此言會者는

胎 : 태 태　簪 : 비녀 잠

以二水相敵故也라 入海는 在今淮浦라

《水經》에 "淮水는 南陽 平氏縣 胎簪山에서 나온다." 하였으니, 禹王이 단지 桐柏山으로부터 引導했을 뿐이다. 桐柏山은 導山에 보이고 泗水와 沂水는 徐州에 보인다. 沂水는 泗水에 들어가고, 泗水는 淮水에 들어가니, 여기에 모인다고 말한 것은 두 물이 서로 필적할 만하기 때문이다. 바다에 들어가는 곳은 지금의 淮浦에 있다.

95. 導渭하사되 自鳥鼠同穴하여 東會于灃하며 又東會于涇하며 又東過漆沮하여 入于河하니라

渭水를 인도하되 鳥鼠山과 同穴山으로부터 동쪽으로 灃水에 모이며, 또 동쪽으로 涇水에 모이며, 또 동쪽으로 漆·沮를 지나 河水에 들어가게 하였다.

同穴은 山名이라 地志云 鳥鼠山者는 同穴之枝山也라하니라 餘는 竝見雍州하니라 孔氏曰 鳥鼠共爲雌雄하여 同穴而處라하니 其說怪誕不經하니 不足信也라 酈道元云 渭水는 出南谷山하니 在鳥鼠山西北이라하니 禹只自鳥鼠同穴로 導之耳라

同穴은 산 이름이다. 〈地志〉에 "鳥鼠山은 同穴山의 枝山이다." 하였다. 나머지는 모두 雍州에 보인다. 孔氏가 말하기를 "새와 쥐가 함께 암놈과 수놈이 되어서 한 구멍에 처한다." 하였으니, 그 말이 괴이하고 허탄하여 바르지 못하니, 믿을 것이 못된다. 酈道元은 "渭水는 南谷山에서 나오니, 鳥鼠山의 서북쪽에 있다." 하였으니, 禹王이 단지 鳥鼠山과 同穴山으로부터 引導했을 뿐이다.

96. 導洛하사되 自熊耳하여 東北으로 會于澗瀍하며 又東會于伊하며 又東北으로 入于河하니라

洛水를 引導하되 熊耳山으로부터 동북쪽으로 澗水와 瀍水에 모이며, 또 동쪽으로 伊水에 모이며, 또 동북쪽으로 河水에 들어가게 하

였다.

熊耳는 盧氏之熊耳也라 餘는 竝見豫州하니라 洛水는 出冢嶺山하니 禹只自熊耳導之耳라

○ 按經에 言嶓冢導漾하고 岷山導江者는 漾之源出於嶓하고 江之源出於岷이라 故로 先言山而後言水也요 言導河積石하고 導淮自桐柏하고 導渭自鳥鼠同穴하고 導洛自熊耳는 皆非出於其山이요 特自其山以導之耳라 故로 先言水而後言山也라 河不言自者는 河源多伏流하니 積石은 其見處라 故로 言積石而不言自也요 沇水에 不言山者는 沇水伏流하여 其出非一이라 故로 不誌其源也요 弱水黑水에 不言山者는 九州之外라 蓋略之也라 小水合大水를 謂之入이요 大水合小水를 謂之過요 二水勢均相入을 謂之會니 天下之水莫大於河라 故로 於河에 不言會하니 此는 禹貢立言之法也라

熊耳는 盧氏縣의 熊耳山이다. 나머지는 모두 豫州에 보인다. 洛水는 冢嶺山에서 나오니, 禹王이 단지 熊耳山으로부터 인도했을 뿐이다.

○ 상고해보건대, 經文에서 嶓冢山에 漾水를 인도하고 岷山에 江을 인도한다고 말한 것은 漾水의 근원이 嶓山에서 나오고 江의 근원이 岷山에서 나오기 때문이다. 그러므로 먼저 山을 말하고 뒤에 물을 말한 것이다. 河水를 인도하되 積石山으로부터 하고, 淮水를 인도하되 桐柏山으로부터 하고 渭水를 인도하되 鳥鼠山과 同穴山으로부터 하고, 洛水를 인도하되 熊耳山으로부터 했다고 말한 것은 모두 그 산에서 나온 것이 아니고, 단지 그 산으로부터 인도했을 뿐이다. 그러므로 먼저 물을 말하고 뒤에 산을 말한 것이다. 河水에 自(어느 곳으로부터 오는 것)를 말하지 않은 것은 河水의 근원은 숨어 흐르는 것이 많으니, 積石山은 바로 나타난 곳이므로 積石山이라고 말하고 自를 말하지 않은 것이며, 沇水에 산을 말하지 않은 것은 沇水는 숨어 흘러서 나오는 곳이 한 곳이 아니므로 그 근원을 기록하지 않은 것이며, 弱水와 黑水에 산을 말하지 않은 것은 九州의 밖이라서 생략한 것이다. 작은 물이 큰물과 합류함을 入이라 하고, 큰물이 작은 물과 합류함을 過라 하고, 두 물이 형세가 대등하여 서로 들어감을 會라 하니, 天下의 물이 河水보다 큰 것이 없기 때문에 河水에는 會라고 말하지 않았다. 이는 〈禹貢〉에 글을 쓴 법이다.

97. 九州攸同하니 四隩旣宅하도다 九山에 刊旅하며 九川에 滌源하며 九澤이 旣陂하니 四海會同이로다

九州가 함께 하니 四海의 물가가 이미 집을 지어 살 수 있게 되었다. 九州의 산에 깎아 旅祭祀를 지내며, 九州의 내에 근원을 깊이 파며, 九州의 못이 이미 제방이 있으니 四海의 물이 모여 함께 흐른다.

隩는 隈也니 李氏曰 涯內近水爲隩라 陂는 障也라 會同은 與灉沮會同으로 同義라 四海之隩에 水涯之地 已可奠居요 九州之山이 槎木通道하여 已可祭告요 九州之川이 濬滌泉源하여 而無壅遏이요 九州之澤이 已有陂障하여 而無決潰요 四海之水가 無不會同하여 而各有所歸하니 此는 蓋總結上文하여 言九州四海水土 無不平治也라

隩는 물가이니, 李氏가 말하기를 "물가의 안에 물과 가까운 곳을 隩라 한다." 하였다. 陂는 제방이다. 會同은 灉水·沮水의 會同과 뜻이 같다. 四海의 물가에 물가의 땅이 이미 정하여 살 수 있고, 九州의 산이 나무를 베어 길을 통하여 이미 祭祀해서 告由하였고, 九州의 냇물이 물의 근원을 깊이 파서 막힘이 없고, 九州의 못이 이미 제방이 있어서 터짐이 없고, 四海의 물이 모여서 함께 하지 않음이 없어서 각기 돌아가는 바가 있으니, 이는 上文을 모두 맺어서 九州와 四海의 水土가 平治되지 않음이 없음을 말한 것이다.

98. 六府孔修하여 庶土交正이어늘 底(지)愼財賦하사되 咸則(칙)三壤하사 成賦中邦하시다

六府가 크게 닦여져서 여러 땅이 서로 바르게 되자, 財賦를 신중히 하되 모두 上·中·下 세 土壤을 品節(분별)하여 中國에 賦稅를 이루었다.

隩 : 물가언덕 오 陂 : 방죽 피 隈 : 물굽이 외 槎 : 뗏목 사 孔 : 클 공

孔은 大也니 水火金木土穀이 皆大修治也라 土者는 財之自生이니 謂之庶土면 則非特穀土也라 庶土有等하니 當以肥瘠高下名物로 交相正焉하여 以任土事라 底는 致也니 因庶土所出之財하여 而致謹其財賦之入이니 如周大司徒以土宜之法으로 辨十有二土之名物하여 以任土事之類라 咸은 皆也요 則은 品節之也라 九州穀土를 又皆品節之以上中下三等이니 如周大司徒辨十有二壤之名物하여 以(致)〔敎〕稼穡之類라 中邦은 中國也니 蓋土賦는 或及於四夷호되 而田賦則止於中國而已라 故曰 成賦中邦이라

孔은 큼이니, 水·火·金·木·土·穀이 다 크게 修治된 것이다. 土는 財物이 말미암아 나오는 곳이니, 여러 땅이라고 일렀으면 단지 穀食이 나오는 땅만이 아니다. 여러 땅에 등급이 있으니, 마땅히 비옥하고 척박함과 높고 낮은 名物로 서로 바르게 하여 土事(土地의 일)를 맡겨야 한다. 底는 이름이니, 여러 땅에서 나오는 재물을 인하여 財賦의 수입을 삼가는 것이니, 《周禮》에 大司徒가 土質에 마땅한 法으로 열두 토양의 名物(토양의 명칭과 생산되는 물건)을 분변하여 土事를 맡기는 따위와 같은 것이다. 咸은 다이고, 則은 品節함이다. 九州의 곡식이 나오는 토지를 또 모두 上·中·下 세 등급으로 품절하니, 《周禮》에 大司徒가 열두 토양의 名物을 분변하여 稼穡을 가르치는 따위와 같은 것이다. 中邦은 中國이니, 토지에 대한 賦稅는 혹 사방 오랑캐에 미치나 田畓에 대한 賦稅는 中國에만 그친다. 그러므로 "中國에 賦稅를 이룬다." 한 것이다.

99. 錫土姓하시다

土地와 姓을 내려주었다.

錫土姓者는 言錫之土하여 以立國하고 錫之姓하여 以立宗이니 左傳所謂天子建德하여 因生以賜姓하고 胙之土而命之氏者也라

土地와 姓을 준다는 것은 土地를 주어서 나라를 세우고, 姓을 주어서 宗

錫：줄 석　胙：갚을 조

을 세우게 함을 말한 것이니, 《左傳》에 이른바 "天子가 德을 세워서 태어남으로 인하여 姓을 주고 土地를 주어 氏를 命한다."는 것이다.

100. 祗台(이)德先하신대 不距朕行하니라

나의 德을 공경하여 率先하니, 나의 행함을 어기지 않았다.

台는 我요 距는 違也라 禹平水土하고 定土賦하고 建諸侯하여 治已定하고 功已成矣니 當此之時하여 惟敬德以先天下하면 則天下自不能違越我之所行也라

台는 나이고, 距는 어김이다. 禹王이 水土를 다스리고 土賦를 정하고, 諸侯를 세워서 다스림이 이미 안정되고 功이 이미 이루어졌다. 이 때를 당하여 오직 德을 공경하여 天下에 率先하면 天下가 저절로 나의 행하는 바를 어기지 않을 것이다.

101. 五百里는 甸服이니 百里는 賦納總하고 二百里는 納銍하고 三百里는 納秸服하고 四百里는 粟하고 五百里는 米니라

5백 리는 甸服이니, 백 리는 賦稅를 總(모두)을 바치고, 2백 리는 낫으로 벤 것을 바치고, 3백 리는 秸을 바치고, 수송하는 일을 겸하며 4백 리는 곡식을 바치고, 5백 리는 쌀을 바친다.

甸服은 畿內之地也라 甸은 田이요 服은 事也니 以皆田賦之事라 故로 謂之甸服이라 五百里者는 王城之外에 四面이 皆五百里也라 禾本全曰總이요 刈禾曰銍이니 半藁也요 半藁去皮曰秸이라 謂之服者는 三百里內는 去王城爲近이니 非惟納總銍秸이라 而又使之服輸將之事也라 獨於秸言之者는 總前二者而言也라 粟은 穀也라 內百里爲最近이라 故로 幷禾本總賦之요 外百里次之니 只刈禾半藁納也요 外百里又次之니 去藁麤皮納也요

台 : 나 이　甸 : 다스릴 전　銍 : 벨 질　秸 : 짚 갈　刈 : 벨 예　藁 : 짚 고

外百里爲遠하니 去其穗而納穀이요 外百里爲尤遠하니 去其穀而納米라 蓋量其地之遠近하여 而爲納賦之輕重精麤也라 此는 分甸服五百里而爲五等者也라

甸服은 畿內의 땅이다. 甸은 밭이고 服은 일이니, 모두 田賦의 일이기 때문에 甸服이라고 이른 것이다. 5백 리는 王城의 밖에 四面이 모두 5백 리인 것이다. 벼의 뿌리까지 온전한 것을 總이라 하고, 벼를 벤 것을 銍이라 하니 반 짚(볏짚의 반을 벗긴 것)이고, 반 짚에 거죽을 벗긴 것을 秸이라 한다. 服이라고 한 것은 3백 리 이내는 王城과 거리가 가까우니, 단지 總·銍·秸을 바칠 뿐만 아니라 또 수송하는 일을 하게 한 것이다. 유독 秸에만 말한 것은 앞의 두 가지를 총괄하여 말한 것이다. 粟은 곡식이다. 안의 백 리는 가장 가까우므로 벼 뿌리까지 아울러 모두 바치고, 밖의 백 리는 그 다음이니 다만 벼를 베어 반 짚만 바치고, 밖의 백 리는 또 그 다음이니, 짚의 거친 거죽을 버리고 바치며, 밖의 백 리는 머니 이 이삭을 버리고 곡식만 바치며, 밖의 백 리는 더욱 머니 곡식(왕겨)을 버리고 쌀만 바친다. 그 지역의 遠近을 헤아려서 田賦를 바침에 輕重과 정하고 거친 것을 정하였다. 이는 甸服의 5백 리를 나누어 다섯 등급을 만든 것이다.

102. 五百里는 侯服이니 百里는 采요 二百里는 男邦이요 三百里는 諸侯니라

5백 리는 侯服이니, 백 리는 采邑이고, 2백 리는 男邦이고, 3백 리는 諸侯이다.

侯服者는 侯國之服이니 甸服外에 四面이 又各五百里也라 采者는 卿大夫邑地라 男邦은 男爵이니 小國也요 諸侯는 諸侯之爵이니 大國, 次國也라 先小國而後大國者는 大可以禦外侮요 小得以安內附也라 此는 分侯服五百里而爲三等也라

侯服은 侯國의 일이니, 甸服 밖에 사면이 또 각기 5백 리씩이다. 采는 卿

麤 : 거칠 추　穗 : 이삭 수

大夫의 邑地이다. 男邦은 男爵이니 작은 나라이고, 諸侯는 諸侯의 爵邑이니, 大國과 그 다음 나라이다. 小國을 먼저하고 大國을 뒤에 한 것은 큰 나라는 外敵의 침입을 막을 수 있고, 작은 나라는 와서 歸附함을 편안히 할 수 있기 때문이다. 이는 侯服 5백 리를 나누어 세 등급을 만든 것이다.

103. 五百里는 綏服이니 三百里는 揆文教하고 二百里는 奮武衛하나니라

5백 리는 綏服이니, 3백 리는 文教를 헤아리고, 2백 리는 武衛를 떨친다.

綏는 安也니 謂之綏者는 漸遠王畿而取撫安之義라 侯服外에 四面이 又各五百里也라 揆는 度也라 綏服은 內取王城千里하고 外取荒服千里하여 介於內外之間이라 故로 以內三百里로 揆文教하고 外二百里로 奮武衛하여 文以治內하고 武以治外하니 聖人所以嚴華夏之辨者如此라 此는 分綏服五百里而爲二等也라

綏는 편안함이니, 綏라고 이른 것은 王畿에서 점점 멀어지므로 어루만져 편안히 하는 뜻을 취한 것이다. 侯服의 밖에 四面이 또 각기 5백 리씩이다. 揆는 헤아림이다. 綏服은 안으로는 王城과 千里 밖에 있고, 밖으로는 荒服과 千里 안에 있어서 內外의 사이에 끼어 있다. 그러므로 안의 3백 리는 文教를 헤아리고, 밖의 2백 리는 武衛를 떨쳐서, 文으로 안을 다스리고 武로 밖을 다스린 것이니, 聖人이 華夏의 구분을 엄격히 한 것이 이와 같다. 이는 綏服 5백 리를 나누어 두 등급을 만든 것이다.

104. 五百里는 要服이니 三百里는 夷요 二百里는 蔡(살)이니라

5백 리는 要服이니, 3백 리는 오랑캐이고, 2백 리는 蔡(유배지)이다.

綏 : 편안할 수　揆 : 헤아릴 규　奮 : 뽐낼 분　蔡 : 귀양갈 살

要服은 去王畿已遠하여 皆夷狄之地니 其文法이 略於中國이라 謂之要者는 取要約之義니 特羈縻之而已[1]라 綏服外에 四面이 又各五百里也라 蔡은 放也니 左傳云 蔡蔡叔이 是也니 流放罪人於此也라 此는 分要服五百里而爲二等也라

要服은 王畿와의 거리가 이미 멀어서 모두 夷狄의 땅이니, 文書와 法令이 中國보다 소략하다. 要라고 말한 것은 요약의 뜻을 취한 것이니, 다만 羈縻할 뿐이다. 綏服의 밖에 四面이 또 각기 5백 리씩이다. 蔡은 放(유배)이니,《左傳》에 "蔡叔을 유배했다."는 것이 이것이니, 죄인을 이곳에 流放하는 것이다. 이는 要服의 5백 리를 나누어 두 등급을 만든 것이다.

譯註 1. 特羈縻之而已：羈縻는 天子國의 統治나 指示를 직접 받지 않고, 단지 매여 있기만 한 것을 이른다.

105. 五百里는 荒服이니 三百里는 蠻이요 二百里는 流니라

5백 리는 荒服이니, 3백 리는 蠻이고, 2백 리는 유배지이다.

荒服은 去王畿益遠하여 而經略之者 視要服에 爲尤略也라 以其荒野라 故로 謂之荒服이라 要服外에 四面이 又各五百里也라 流는 流放罪人之地니 蔡與流皆所以處罪人이나 而罪有輕重이라 故로 地有遠近之別也라 此는 分荒服五百里而爲二等也라

○ 今按 每服五百里니 五服則二千五百里요 南北東西相距五千里라 故로 益稷篇에 言弼成五服호되 至于五千이라 然이나 堯都冀州하니 冀之北境은 并雲中涿易이라도 亦恐無二千五百里며 藉使有之라도 亦皆沙漠不毛之地요 而東南財賦所出은 則反棄於要荒이니 以地勢考之컨대 殊未可曉라 但意古今土地盛衰不同하니 當舜之時에 冀北之地 未必荒落如後世耳라 亦猶閩浙之間이 舊爲蠻夷淵藪러니 而今富庶繁衍하여 遂爲上國하니 土地興廢는 不可以一時概也라 周制에 九畿曰侯甸男采衛蠻夷鎭藩이요 每畿

羈：맬 기　縻：얽을 미　藉：빌릴 자　閩：오랑캐 민　浙：물이름 절

亦五百里며 而王畿는 又不在其中하니 併之則一方五千里라 四方相距爲萬里니 蓋倍禹服之數也라 漢地志에 亦言東西九千里요 南北一萬三千里라하니 先儒皆疑禹服之狹而周漢地廣이라 或以周服里數는 皆以方言이라하고 或以古今尺有長短이라하고 或以禹直方計어늘 而後世以人迹屈曲取之라하니 要之컨대 皆非的論이라 蓋禹聲教所及則地盡四海나 而其疆理則止以五服爲制하고 至荒服之外하여는 又別爲區畫이니 如所謂咸建五長이 是已라 若周漢則盡其地之所至而疆畫之也니라

荒服은 王畿와의 거리가 더욱 멀어서 經略한 것이 要服에 비하여 더욱 소략하다. 荒野이기 때문에 荒服이라 이른 것이다. 要服의 밖에 四面이 또 각기 5백 리씩이다. 流는 罪人을 流放하는 땅이니, 蔡(살)과 流가 모두 罪人을 거처하게 하는 곳이나 罪에 輕重이 있으므로 땅에 遠近의 구별이 있는 것이다. 이는 荒服 5백 리를 나누어 두 등급을 만든 것이다.
○ 지금 살펴보건대, 服마다 5백 리이니, 五服이면 2천 5백 리이며, 남북과 동서의 相去가 5천 리이다. 그러므로 〈益稷〉에 말하기를 "五服을 도와 이루되 5천 리에 이르렀다"고 한 것이다. 그러나 帝堯는 冀州에 도읍하였으니, 冀州의 북쪽 경계는 雲中과 涿州·易州를 합하더라도 2천 5백 리가 될 수 없을 듯하며, 가령 있더라도 모두 사막의 불모지이고, 동남쪽에 財賦가 나오는 곳은 오히려 要服과 荒服으로 버려지니, 지형으로 고찰하건대 자못 알 수가 없다. 다만 짐작컨대 古今의 토지는 盛衰가 똑같지 않으니, 帝舜의 때를 당하여 冀州 以北의 땅이 반드시 荒落함이 後世와 같지는 않았을 것이다. 이는 또한 閩·浙의 사이가 옛날에는 蠻夷의 淵藪였었는데 지금에는 富庶하고 번성하여 마침내 上國이 된 것과 같으니, 토지의 興廢는 한 때로 개괄할 수가 없다.

周나라 제도에 九畿는 侯·甸·男·采·衛·蠻·夷·鎭·藩이며, 畿마다 또한 5백 리이고, 王畿는 또 이 안에 들어 있지 않으니, 이것을 합하면 한 方이 5천 리이다. 四方의 相去는 萬里가 되니, 禹服의 수에 배가 된다. 《漢書》〈地志〉에 또한 "東西가 9천 리이고, 南北이 1만 3천 리이다." 하였으니, 先儒들은 모두 禹服은 좁고 周나라와 漢나라는 땅이 넓었을 것이라고 의심한다. 혹자는 "周服의 里數는 모두 方으로 말하였다." 하고, 혹자는 "古今의 자가 長短의 차이가 있다." 하고, 혹자는 "禹王 때는 直方(일직선)으로 계산하였는데 후세에는 사람 발자국의 屈曲으로 취했다." 하니, 요컨대

모두 정확한 의논이 아니다. 禹王의 聲教가 미친 것은 지역이 四海에 다하였으나 疆理한 것은 다만 五服으로 제한하였고, 荒服의 밖에 이르러서는 또 따로 區畫을 한 것이니, 이른바 "다섯 長을 모두 세웠다."는 것이 이것이다. 周나라와 漢나라로 말하면 그 땅의 경계까지 다하여 疆畫한 것이다.

106. 東漸于海하며 西被于流沙하며 朔南에 暨하여 聲教訖于四海어늘 禹錫玄圭하사 告厥成功하시다

동쪽으로 바다에 무젖고, 서쪽으로 流沙에 입혀지며, 북쪽과 남쪽에 이르러 聲教가 四海에 다 미치자, 禹王이 검은 圭를 올려 成功을 아뢰었다.

漸은 漬요 被는 覆(부)요 暨는 及也라 地有遠近이라 故로 言有淺深也라 聲은 謂風聲이요 教는 謂教化라 林氏曰 振擧於此而遠者聞焉이라 故로 謂之聲이요 軌範於此而遠者效焉이라 故로 謂之教라 上言五服之制하고 此言聲教所及하니 蓋法制有限이요 而教化無窮也라 錫은 與師錫之錫同하니 水土既平에 禹以玄圭爲贄하여 而告成功于舜也라 水色黑이라 故로 圭以玄云이라

漸은 무젖음이요 被는 덮임이요, 暨는 미침이다. 지역이 遠近의 차이가 있기 때문에 말이 깊고 얕음이 있는 것이다. 聲은 風聲을 이르고, 教는 教化를 이른다. 林氏가 말하기를 "여기에서 떨쳐 듦에 멀리 있는 자가 듣기 때문에 聲이라 이르고, 여기에서 法이 됨에 멀리 있는 자가 본받기 때문에 教라 이른다." 하였다. 위에서는 五服의 제도를 말하고 여기서는 聲教가 미치는 바를 말하였으니, 法制는 한계가 있으나 教化는 무궁한 것이다. 錫은 師錫(여럿이 올림)의 錫과 같으니, 水土가 이미 다스려짐에 禹王이 검은 圭를 폐백으로 삼아 성공을 帝舜에게 고한 것이다. 물빛이 검으므로 圭를 검은색으로 한 것이다.

暨 : 미칠 기　訖 : 다할 흘　漬 : 젖을 지　贄 : 폐백 지

甘誓

甘은 地名이니 有扈氏國之南郊也니 在扶風鄠縣하니라 誓는 與禹征苗之誓同義하니 言其討叛伐罪之意하고 嚴其坐作進退之節이니 所以一衆志而起其怠也라 誓師于甘이라 故로 以甘誓名篇하니라 書有六體[1]하니 誓其一也라 今文古文皆有하니라

○ 按 有扈는 夏同姓之國이라 史記曰 啓立에 有扈不服이어늘 遂滅之라하니 唐孔氏因謂 堯舜은 受禪이어늘 啓獨繼父라 以是不服이라하니 亦臆度之耳라 左傳昭公元年에 趙孟曰 虞有三苗하고 夏有觀扈하고 商有姺邳하고 周有徐奄이라하니 則有扈亦三苗徐奄之類也니라

甘은 地名이니, 有扈氏 나라의 남쪽 郊外이니, 扶風郡 鄠縣에 있다. 誓는 禹王이 三苗를 정벌할 때에 맹세한 것과 뜻이 같으니, 배반하는 자를 토벌하고 죄있는 자를 정벌하는 뜻을 말하고, 앉고 일어나며 나아가고 물러가는 절도를 엄격히 한 것이니, 여러 사람의 마음을 통일시켜 나태한 마음을 흥기시킨 것이다. 군사들에게 甘땅에서 맹세했으므로 甘誓로 篇을 이름한 것이다. 《書經》은 여섯 體가 있으니, 誓는 그 중에 하나이다. 今文과 古文에 모두 있다.

○ 살펴보건대, 有扈는 夏나라와 同姓의 나라이다. 《史記》에 "啓가 서자 有扈가 복종하지 않으므로 마침내 멸망시켰다." 하였으니, 唐나라 孔氏는 인하여 이르기를 "堯·舜은 禪讓을 받았는데, 啓는 홀로 아버지를 이어 즉위하였다. 이 때문에 복종하지 않은 것이다." 하였으니, 또한 억측일 뿐이다. 《左傳》의 昭公 元年에 趙孟이 말하기를 "虞나라는 三苗가 있었고, 夏나라는 觀·扈가 있었고, 商나라는 姺·邳가 있었고, 周나라는 徐·奄이 있었다." 하였으니, 그렇다면 有扈 또한 三苗와 徐·奄의 무리일 것이다.

譯註 1. 書有六體 : 《書經》의 여섯 가지 文體로 典·謨·訓·誥·誓·命을 이른다.

鄠 : 땅이름 호 姺 : 나라이름 신 邳 : 땅이름 비

1. 大戰于甘하실새 乃召六卿하시다

甘땅에서 크게 싸울 적에 마침내 六卿을 부르셨다.

六卿은 六鄕之卿[1]也라 按周禮에 鄕大夫는 每鄕에 卿一人이니 六鄕六卿이라 平居無事면 則各掌其鄕之政教禁令하여 而屬於大司徒하고 有事出征이면 則各率其鄕之一萬二千五百人하여 而屬於大司馬하니 所謂軍將皆卿者是也니 意夏制亦如此라 古者에 四方有變이면 專責之方伯하고 方伯이 不能討然後에 天子親征之하니 天子之兵은 有征無戰이라 今啓旣親率六軍以出하고 而又書大戰于甘이라하니 則有扈之怙强稔惡하여 敢與天子抗衡이니 豈特孟子所謂六師移之[2]者리오 書曰大戰은 蓋所以深著有扈不臣之罪하여 而爲天下後世諸侯之戒也니라

六卿은 六鄕의 卿이다. 《周禮》를 살펴보면 鄕大夫는 鄕마다 卿이 한 사람이니, 六鄕이면 六卿이다. 평소에 일이 없으면 각기 그 鄕의 政教와 禁令을 管掌하여 大司徒에 소속되고, 일이 있어 出征하게 되면 각기 그 鄕의 1만 2천 5백 명을 거느려서 大司馬에 소속되니, 이른바 "軍將이 모두 卿이다."라는 것이 이것이니, 짐작컨대 夏나라 제도도 또한 이와 같을 듯하다. 옛날에 사방에 변란이 있으면 오로지 方伯에게 책임지우고 方伯이 토벌하지 못한 뒤에야 天子가 친히 정벌하였으니, 天子의 군대는 정벌만 있고 싸움은 없다. 그런데 지금 啓가 이미 친히 六軍을 거느려 출정하였고, 또 甘땅에서 크게 싸웠다고 썼으니, 有扈가 강함을 믿고 악한 짓을 자행하여 감히 天子와 抗衡(항거)한 것이니, 어찌 다만 《孟子》에 이른바 "六師로 바꾼다."는 것일 뿐이겠는가. '크게 싸웠다'고 쓴 것은 有扈가 신하노릇하지 않은 罪를 깊이 드러내어 天下와 후세의 諸侯들에게 경계를 삼은 것이다.

譯註 1. 六鄕之卿:《司馬法》을 보면 天子國은 도성에서 1백리쯤 떨어진 곳을 郊라 하는데 여기에 六鄕이 있고 2백 리가 되는 곳을 州라 하는데 여기에 六遂가 있다. 鄕과 州에는 각각 1만 2천 5백 家戶가

怙:믿을 호　稔:곡식익을 임　衡:저울대 형

있는데 鄕은 卿 한 사람이 맡아 다스리고 遂는 中大夫 한 사람이 다스리며, 家戶마다 병사 한 사람씩을 내어 六鄕은 正軍이 되고 六遂는 副軍이 된다. 그리하여 天子國은 六軍, 큰 제후국은 三軍, 그 다음의 제후국은 二軍을 보유한다.

2. 六師移之 : 六軍을 동원하여 제후왕을 갈아치우는 것으로 《孟子》〈告子下〉에 "一不朝則貶其爵 再不朝則削其地 三不朝則六師移之"라고 보인다.

2. 王曰 嗟六事之人아 予誓告汝하노라

王이 말씀하였다. "아! 六事의 사람들아. 내 맹세하여 너희들에게 고하노라.

重其事라 故로 嗟歎而告之라 六事者는 非但六卿이요 有事於六軍者 皆是也라

그 일을 소중히 여겼기 때문에 嗟歎하여 고한 것이다. 六事는 단지 六卿만이 아니요, 六軍에 일이 있는 자는 모두이다.

3. 有扈氏威侮五行하며 怠棄三正[1]할새 天用勦(剿)絶其命하시나니 今予는 惟恭行天之罰이니라

有扈氏가 五行을 威侮하며 三正을 태만히 하여 버리기에 하늘이 그 命을 끊으시니, 이제 나는 하늘의 벌을 공손히 행할 것이다.

譯註 1. 三正 : 子月·丑月·寅月을 正月로 함을 이른다. 北斗七星의 자루가 초저녁에 正北方인 子方을 가리키는 달을 子月이라 하고, 丑方을 가리키는 달을 丑月이라 하고, 寅方을 가리키는 달을 寅月이라 하는바, 周나라는 子月을, 殷나라는 丑月을, 夏나라는 寅月을 正月로 삼았다. 현재 우리가 사용하는 음력은 夏나라의 正月을 따른 것으

勦 : 죽일 초

로 子月은 11월, 丑月은 12월에 각각 해당한다.

威는 暴殄之也요 侮는 輕忽之也라 鯀汨五行而殛死하니 況於威侮之者乎아 三正은 子丑寅之正也니 夏正은 建寅하니라 怠棄者는 不用正朔也라 有扈氏暴殄天物하고 輕忽不敬하며 廢棄正朔하고 虐下背上하여 獲罪于天일새 天用剿絶其命하시나니 今我伐之는 惟敬行天之罰而已라 今按此章컨대 則三正迭建이 其來久矣라 舜協時月正日도 亦所以一正朔也니 子丑之建이 唐虞之前에 當已有之니라

威는 暴殄(함부로 버림)함이요 侮는 輕忽히 하는 것이다. 鯀이 五行을 어지럽히다가 귀양가 죽었으니, 하물며 五行을 威侮하는 자임에랴. 三正은 子·丑·寅의 正月이니, 夏正은 建寅月(北斗星 자루가 寅方을 가리키는 달)로 하였다. 怠棄는 正朔을 쓰지 않는 것이다. 有扈氏가 하늘이 낸 물건을 함부로 버리고 輕忽히 하여 공경하지 않으며, 正朔을 폐기하고 아랫사람들을 학대하고 윗사람을 배반하여 하늘에 죄를 얻었으므로 하늘이 그 命을 끊으시니, 이제 내가 정벌함은 오직 하늘의 벌을 공경히 행할 뿐이다. 이제 이 章을 살펴보건대, 三正을 차례로 세운 것은 그 유래가 오래이다. 帝舜이 四時와 月을 맞추고 날짜를 바로잡은 것도 또한 正朔을 통일한 것이니, 子月과 丑月을 正月로 삼은 것이 唐·虞 이전에 마땅히 있었을 것이다.

4. 左不攻于左하면 汝不恭命이며 右不攻于右하면 汝不恭命이며 御非其馬之正이면 汝不恭命이니라

左가 左를 다스리지 않으면 네가 명령을 공손히 받드는 것이 아니며, 右가 右를 다스리지 않으면 네가 명령을 공손히 받드는 것이 아니며, 御(마부)가 말을 바르게 몰지 않으면 네가 명령을 공손히 받드는 것이 아니다.

左는 車左요 右는 車右也라 攻은 治也라 古者에 車戰之法은 甲士三人에

殄 : 끊을 진　汨 : 어지럽힐 골　殛 : 귀양갈 극　迭 : 번갈아 질

一居左하여 以主射하고 一居右하여 以主擊刺하고 御者居中하여 以主馬之馳驅也라 左傳宣公十二年에 楚許伯이 御樂伯하고 攝叔爲右하여 以致晉師할새 樂伯曰 吾聞致師者는 左射以菆라하니 是車左主射也요 攝叔曰 吾聞致師者는 右入壘하여 折馘執俘而還이라하니 是車右主擊刺也라 御非其馬之正은 猶王良所謂詭遇[1]也라 蓋左右不治其事와 與御非其馬之正은 皆足以致敗라 故로 各指其人하여 以責其事하여 而欲各盡其職而不敢忽也니라

左는 수레의 왼쪽이고, 右는 수레의 오른쪽이다. 攻은 다스림이다. 옛날에 수레로 싸우는 법은 甲士가 세 사람인데 한 사람은 왼쪽에 있으면서 활쏘기를 주관하고, 한 사람은 오른쪽에 있으면서 적을 치고 찌르는 것을 주관하며, 말 모는 자는 중앙에 있으면서 말의 馳驅를 주관한다. 《左傳》 宣公 12年에 楚나라 許伯이 樂伯을 위하여 말을 몰고 攝叔이 오른쪽이 되어서 晉나라 군대에게 挑戰할 적에, 樂伯이 말하기를 "내 들으니 적에게 도전할 때에는 왼쪽에 있는 자가 활을 쏜다." 하였으니, 이는 수레의 왼쪽에 있는 자가 활쏘기를 주관하는 것이며, 攝叔이 말하기를 "내 들으니 적에게 도전할 때에는 수레의 오른쪽에 있는 자가 堡壘로 들어가서 적의 귀를 베고 포로를 잡아 돌아온다." 하였으니, 이는 수레의 오른쪽에 있는 자가 치고 찌름을 주관하는 것이다. 御가 말을 바르게 몰지 않는다는 것은 王良의 이른바 詭遇와 같은 것이다. 左右가 그 일을 다스리지 않음과 마부가 말을 바르게 몰지 않음은 모두 실패를 부를 수 있다. 그러므로 각기 그 사람을 지적하여 그 일을 책해서 각기 직책을 다하여 감히 소홀히 하지 않게 하고자 한 것이다.

譯註 1. 王良所謂詭遇 : 王良은 春秋時代 말을 잘 몬 자이며 詭遇는 비정상적으로 수레를 몰아 射手가 짐승을 잡게 하는 것이다. 옛날에는 말을 모는 御者와 활을 쏘는 射手가 한 組가 되어 사냥을 하여 御者는 규칙에 맞게 수레를 몰고 射手는 그 수레 위에서 활을 쏘아 짐승을 잡는 바, 詭遇는 御者가 규칙을 지키지 않고 射手가 사냥하기 편리한대로 맞추어 주는 것으로, 《孟子》 〈滕文公下〉에 보인다.

菆 : 좋은화살 추　壘 : 토성 루　馘 : 왼쪽귀벨 괵　俘 : 사로잡을 부　詭 : 속일 궤

5. 用命은 賞于祖하고 不用命은 戮于社하되 予則孥戮汝하리라

命을 따르는 자는 先祖의 祠堂에서 상을 내리고, 命을 따르지 않는 자는 社稷에서 죽이되 내 너의 처자식까지 죽이리라."

戮은 殺也라 禮曰 天子巡狩에 以遷廟主行이라하고 左傳에 軍行에 祓社釁鼓라하니 然則天子親征에 必載其遷廟之主와 與其社主以行은 以示賞戮之不敢專也라 祖는 左니 陽也라 故賞于祖요 社는 右니 陰也라 故戮于社라 孥는 子也니 孥戮은 與上戮字同義라 言若不用命이면 不但戮及汝身이라 將倂汝妻子而戮之라 戰은 危事也니 不重其法이면 則無以整肅其衆而使赴功也라 或曰 戮은 辱也니 孥戮은 猶秋官司厲에 孥(奴)男子以爲罪隷之孥라 古人은 以辱爲戮하니 謂戮辱之하여 以爲孥耳라 古者에 罰弗及嗣하니 孥戮之刑은 非三代之所宜有也라하니 按 此說이 固爲有理라 然以上句考之컨대 不應一戮而二義라 蓋罰弗及嗣者는 常刑也요 予則孥戮者는 非常刑也니 常刑則愛克厥威요 非常刑則威克厥愛라 盤庚遷都에 尙有劓殄滅之無遺育之語하니 則啓之誓師 豈爲過哉리오

戮은 죽임이다. 禮에 "天子가 巡狩할 때에는 遞遷한 祠堂의 神主를 모시고 간다." 하였고, 《左傳》에 "군대가 出行할 때에는 社에서 祓祭祀를 지내고 북에 피를 바른다." 하였으니, 그렇다면 天子가 親征할 때에는 반드시 체천한 祠堂의 神主와 社의 神主를 싣고 가는 것은, 상주고 죽이는 것을 감히 독단할 수 없음을 보인 것이다. 祖廟는 왼쪽에 있으니 陽이므로 先祖의 祠堂에서 상을 주고, 社는 오른쪽에 있으니 陰이므로 社에서 죽이는 것이다.

孥는 妻子이니, 孥戮은 위의 戮字와 뜻이 같다. "만약 명령을 따르지 않으면 단지 죽음이 네 몸에 미칠 뿐만 아니라 장차 너의 처자까지 아울러 죽일 것이다."라고 말한 것이다. 싸움은 위태로운 일이니, 그 법을 엄중히 하지 않으면 무리를 정돈하고 엄숙히 하여 功에 나아가게 할 수 없다. 혹

戮 : 죽일 륙 孥 : 처자식 노 祓 : 제액할 불 釁 : 틈바를 흔 劓 : 코벨 의

자는 이르기를 "戮은 辱을 주는 것이니, 孥戮은 〈秋官〉의 司厲에 남자를 종으로 삼아 罪隸로 삼는다는 孥와 같은 것이다. 옛사람은 辱을 戮이라 하였으니, 辱을 주어서 노예로 삼음을 이른다. 옛날에 벌이 자식에게 미치지 않았으니, 처자까지 죽이는 형벌은 三代에 마땅히 있을 것이 아니다."라고 한다. 살펴보건대, 이 말이 진실로 이치가 있으나 上句로 살펴보면 하나의 戮字에 두 뜻이 있을 수 없다. 벌이 자식에게 미치지 않는 것은 평상시의 형벌이고, 내 너의 처자까지 죽인다는 것은 평상시의 형벌이 아니다. 평상시의 형벌은 사랑이 위엄을 이기고, 평상시의 형벌이 아닌 것은 위엄이 사랑을 이긴다. 盤庚이 遷都할 때에도 오히려 "코를 베고 殄滅(죽임)하여 남겨두어 기르지 않겠다."는 말이 있으니, 啓가 군사들에게 맹세한 것이 어찌 지나치겠는가.

五子之歌

五子는 太康之弟也요 歌는 與帝舜作歌之歌로 同義하니 今文無, 古文有하니라

五子는 太康의 아우이고, 歌는 帝舜이 노래를 지었다는 歌와 뜻이 같으니, 今文에는 없고 古文에는 있다.

1. 太康尸位하여 以逸豫로 滅厥德한대 黎民이 咸貳커늘 乃盤遊無度하여 畋于有洛之表하여 十旬을 弗反하니라

太康이 지위만 차지하여 逸豫(편안함과 즐거움)로 德을 滅하자 黎民들이 모두 배반하였는데, 마침내 놂에 즐기기를 無度(한없이 함)히하여 洛水의 밖으로 사냥가서 十旬(100일)이 되어도 돌아오지 않았다.

太康은 啓之子라 尸는 如祭祀之尸니 謂居其位而不爲其事니 如古人所

尸 : 시동 시 豫 : 즐거울 예 貳 : 배반할 이

謂尸祿尸官者也라 豫는 樂也라 夏諺曰 吾王不遊면 吾何以休며 吾王不豫면 吾何以助리오 一遊一豫 爲諸侯度라하니 夏之先王이 非不遊豫나 蓋有其節하니 皆所以爲民이요 非若太康以逸豫而滅其德也라 民咸貳心호되 而太康이 猶不知悔하고 乃安於遊畋之無度하여 言其遠則至于洛水之南하고 言其久則十旬而弗反하니 是則太康이 自棄其國矣라

太康은 啓의 아들이다. 尸는 祭祀의 尸童과 같으니, 지위에 있기만 하고 일을 하지 않음을 이르니, 옛사람의 이른바 '尸祿·尸官'과 같은 것이다. 豫는 즐김이다. 夏나라 속담에 "우리 王이 유람하지 않으면 우리들이 어떻게 쉬며, 우리 王이 즐기지 않으면 우리들이 어떻게 도움을 받겠는가. 한 번 유람하고 한 번 즐기는 것이 諸侯들의 법도가 된다." 하였으니, 夏나라의 先王들이 유람하고 즐기지 않은 것은 아니나 모두 절도가 있었으니, 모두 백성을 위한 것이었고, 太康처럼 逸豫로써 그 德을 滅한 것이 아니다. 백성들이 모두 배반하는 마음을 품었으나 太康은 오히려 뉘우칠 줄을 알지 못하고 마침내 놀고 사냥하기를 한없이 함에 편안하여, 그 먼 것을 말하면 洛水의 남쪽까지 이르고, 그 오램을 말하면 十旬이 되어도 돌아오지 않았으니, 이는 太康이 스스로 자기 나라를 버린 것이다.

2. 有窮后羿 因民弗忍하여 距于河하니라

有窮의 임금인 羿가 백성들이 참아내지 못함으로 인하여 河水에서 막았다.

窮은 國名이요 羿는 窮國君之名也라 或曰 羿는 善射者之名이라 賈逵說文에 羿는 帝嚳射官이라 故로 其後善射者를 皆謂之羿하니 有窮之君亦善射라 故로 以羿目之也라하니라 羿因民不堪命하여 距太康于河北하여 使不得返하고 遂廢之하니라

窮은 나라 이름이고, 羿는 窮나라 君主의 이름이다. 혹자는 이르기를 "羿는 활쏘기를 잘하는 자의 이름이다. 賈逵의 말과 《說文》에 '羿는 帝嚳의 활쏘는

畋 : 사냥할 전　羿 : 이름 예　距 : 막을 거　逵 : 길거리 규　嚳 : 임금이름 곡

官員이었으므로 그 뒤에 활쏘기를 잘하는 자를 모두 羿라 했다.' 하였으니, 有窮의 君主 또한 활쏘기를 잘하였기 때문에 羿라고 지목했다."라고 한다. 羿는 백성들이 명령을 견뎌내지 못함으로 인하여, 太康을 河北에서 막아 돌아오지 못하게 하고 마침내 廢位하였다.

3. 厥弟五人이 御其母以從하여 徯于洛之汭하더니 五子咸怨하여 述大禹之戒하여 以作歌하니라

그의 아우 다섯 사람이 어머니를 모시고 따라가서 洛水의 물가에서 기다렸는데, 다섯 사람이 모두 원망하고 大禹의 警戒를 기술하여 노래를 지었다.

御는 侍也라 怨은 如孟子所謂小弁(반)之怨親親也라 小弁之詩는 父子之怨이요 五子之歌는 兄弟之怨이니 親之過大而不怨이면 是愈疎也라 五子知宗廟社稷危亡之不可救하고 母子兄弟離散之不可保하여 憂愁鬱悒하고 慷慨感厲하여 情不自已라 發爲詩歌하여 推其亡國敗家之由 皆原於荒棄皇祖之訓하니 雖其五章之間에 非盡述皇祖之戒나 然其先後終始 互相發明이라 史臣이 以其作歌之意로 序於五章之首하니 後世序詩者 每篇에 皆有小序[1]하여 以言其作詩之義하니 其原이 蓋出諸此하니라

御는 모심이다. 怨은 孟子의 이른바 "小弁의 원망은 친한 사람을 친애했다."는 것과 같다. 小弁의 詩는 父子間의 원망이요, 五子의 노래는 兄弟間의 원망이니, 친척의 과실이 큰데도 원망하지 않으면 이는 더욱 소원해지는 것이다. 다섯 사람은 宗廟와 社稷이 위태롭고 멸망하여 구원할 수 없음과 母子와 兄弟가 離散하여 보존할 수 없음을 알고는 근심하고 답답하며 강개하고 感厲하여 정이 스스로 그만 둘 수 없었다. 그러므로 나타내어 詩歌를 지어서 나라를 멸망시키고 집안을 망치는 이유가 모두 皇祖의 교훈을 荒棄(폐지)함에서 근원했다고 규명하였으니, 비록 다섯 章 사이에 皇祖의 경계를 다 기술한 것은 아니나, 그 先後와 終始가 서로 발명이 된다. 史臣

徯 : 기다릴 혜　弁 : 새날 반　悒 : 답답할 읍　慷 : 슬플 강　慨 : 슬플 개

이 노래를 지은 뜻을 다섯 장의 머리에 서술하였으니, 후세에 詩를 서술하는 자가 편마다 모두 小序를 두어 詩를 지은 뜻을 말하니, 그 근원이 여기에서 나온 것이다.

譯註 1. 後世序詩者 每篇皆有小序 : 小序는 《詩經》의 각 편에 詩를 짓게 된 동기 등을 설명한 것을 가리킨다.

4. 其一曰 皇祖有訓하시니 民可近이언정 不可下니라 民惟邦本이니 本固라사 邦寧하나니라

그 첫번째는 다음과 같다. "皇祖께서 교훈을 남기시니, '백성은 가까이 할지언정 얕잡아보아서는(버려서는) 안된다. 백성은 나라의 근본이니, 근본이 견고하여야 나라가 튼튼하다.' 하셨다.

此는 禹之訓也라 皇은 大也라 君之與民은 以勢而言하면 則尊卑之分이 如霄壤之不侔로되 以情而言하면 則相須以安이 猶身體之相資以生也라 故로 勢疎則離하고 情親則合하나니 以其親故로 謂之近이요 以其疎故로 謂之下니 言其可親而不可疎之也라 且民者는 國之本이니 本固而後에 國安하나니 本旣不固면 則雖强如秦, 富如隋라도 終亦滅亡而已矣라 其一, 其二는 或長幼之序어나 或作歌之序니 不可知也라

이는 禹王의 교훈이다. 皇은 큼이다. 君主와 백성은 形勢로 말하면 尊卑의 구분이 하늘과 땅처럼 비견할 수 없으나, 情으로 말하면 서로 필요로 하여 편안함이 身體가 서로 자뢰하여 사는 것과 같다. 그러므로 형세가 소원하면 離叛하고 情이 친하면 합하니, 친하기 때문에 가까이 한다고 말하고 소원하기 때문에 얕잡아 본다고 이른 것이니, 친할 수는 있으나 소원해서는 안됨을 말한 것이다. 또 백성은 나라의 근본이니, 근본이 견고한 뒤에야 나라가 편안하니, 근본이 이미 견고하지 않으면 비록 강함이 秦나라와 같고 부유함이 隋나라와 같더라도 끝내 또한 멸망할 뿐이다. 其一과 其二는 혹 長幼의 순서이거나 혹 노래를 지은 순서일 것이니, 알 수가 없다.

霄 : 하늘 소 侔 : 짝할 모

5. 予視天下한대 愚夫愚婦 一能勝予라하나니 一人이 三失이어니 怨豈在明이리오 不見(현)에 是圖니라 予臨兆民호되 凜乎若朽索(삭)之馭六馬하노니 爲人上者는 奈何不敬고

내가 天下를 보건대 미련한 지아비와 부인들도 한 사람이 능히 우리를 이긴다 하니, 한 사람이 세 가지 잘못을 하였으니, 원망이 어찌 밝은 데에 있겠는가. 나타나지 않았을 때에 도모하여야 한다. 내 兆民들을 대하되 무섭기가 썩은 새끼줄로 여섯 말을 어거하는 것과 같으니, 백성의 윗사람이 된 자가 어찌하여 공경하지 않는가."

予는 五子自稱也라 君失人心이면 則爲獨夫니 獨夫則愚夫愚婦一能勝我矣라 三失者는 言所失衆也라 民心怨背 豈待其彰著而後知之리오 當於事幾未形之時而圖之也라 朽는 腐也라 朽索은 易絶하고 六馬는 易驚이라 朽索은 固非可以馭馬也니 以喩其危懼可畏之甚이니 爲人上者 奈何而不敬乎아 前旣引禹之訓言하고 此則以己之不足恃, 民之可畏者로 申結其義也라

予는 五子가 自稱한 것이다. 君主가 인심을 잃으면 獨夫가 되니, 獨夫가 되면 미련한 지아비와 부인들이 한 사람이 능히 우리를 이기는 것이다. 三失은 잘못한 것이 많음을 말한 것이다. 민심이 원망하고 배반함을 어찌 그 드러나기를 기다린 뒤에 알겠는가. 마땅히 事幾가 드러나지 않았을 때에 도모하여야 한다. 朽는 썩음이다. 썩은 새끼줄은 끊어지기 쉽고, 여섯 말은 놀라기 쉽다. 썩은 새끼줄은 진실로 말을 어거할 수 있는 것이 아니니, 危懼하여 두려워할 만함이 심함을 비유한 것이니, 백성의 윗사람이 된 자가 어찌하여 공경하지 않는가. 앞에는 이미 禹王의 敎訓을 인용하였고, 여기서는 자기를 믿을 수 없음과 백성은 두려워할 만하다는 것으로써 거듭 그 뜻을 맺은 것이다.

凜 : 차가울 름 索 : 노끈 삭 馭 : 어거할 어

6. 其二曰 訓에 有之하시니 內作色荒이어나 外作禽荒이어나 甘酒嗜音이어나 峻宇彫牆이어나 有一於此하면 未或不亡이니라

그 두번째는 다음과 같다. "敎訓에 있으니, 안으로 色荒을 하거나 밖으로 禽荒을 하거나 술을 달게 여기고 음악을 좋아하거나 집을 높이 짓고 담장을 조각하거나 하여 이 중에 한 가지가 있으면 혹 망하지 않는 이가 없다."

此亦禹之訓也라 色荒은 惑嬖寵也요 禽荒은 耽遊畋也니 荒者는 迷亂之謂라 甘, 嗜는 皆無厭也라 峻은 高大也요 宇는 棟宇也요 彫는 繪飾也라 言六者에 有其一이면 皆足以致滅亡也라 禹之訓이 昭明如此어늘 而太康이 獨不念之乎아 此章은 首尾意義已明이라 故로 不復申結之也라

이 또한 禹王의 교훈이다. 色荒은 寵愛하는 여자에게 혹함이요, 禽荒은 遊畋을 탐함이니, 荒은 迷亂함을 이른다. 甘과 嗜는 모두 滿足함이 없는 것이다. 峻은 높고 큼이요, 宇는 棟宇요, 彫는 그리고 꾸미는 것이다. 여섯 가지 중에 한 가지가 있으면 모두 滅亡을 이룰 수 있음을 말한 것이다. 禹王의 교훈이 이처럼 밝고 분명한데 太康은 홀로 생각하지 않는가. 이 章은 처음과 끝의 意義가 이미 분명하므로 다시 거듭 맺지 않았다.

7. 其三曰 惟彼陶唐으로 有此冀方하시니 今失厥道하여 亂其紀綱하여 乃底(지)滅亡이로다

그 세번째는 다음과 같다. "저 陶唐으로부터 이 冀方(冀州 지방)을 소유하셨는데, 이제 그 道를 잃어 紀綱을 문란하게 해서 끝내 멸망함에 이르렀다."

堯初爲唐侯라가 後爲天子하여 都陶라 故로 曰陶唐이라 堯授舜하고 舜授禹에 皆都冀州하니 言冀方者는 擧中以包外也라 大者爲綱이요 小者爲紀라

彫 : 아로새길 조 嬖 : 사랑할 폐 繪 : 그릴 회

底는 致也라 堯舜禹相授一道하여 以有天下어시늘 今太康이 失其道而紊亂其紀綱하여 以致滅亡也라
○ 又按 左氏所引惟彼陶唐之下에 有帥彼天常一語하고 厥道는 作其行하고 乃底滅亡은 作乃滅而亡하니라

堯가 처음에 唐侯가 되었다가 뒤에 天子가 되어 陶에 도읍하였으므로 陶唐이라 칭한다. 堯는 舜에게 전수하고 舜은 禹에게 전수하였는데 모두 冀州에 도읍하였으니, 冀方이라 말한 것은 중앙을 들어 밖을 포괄한 것이다. 큰 것을 綱이라 하고, 작은 것을 紀라 한다. 底는 이름이다. 堯·舜·禹가 서로 한 道를 전수하여 天下를 소유하였는데, 이제 太康이 그 道를 잃어 紀綱을 문란하게 해서 멸망함에 이른 것이다.
○ 또 살펴보건대, 左氏에 인용된 것은 '惟彼陶唐'의 아래에 '帥彼天常〔저 하늘의 떳떳함을 따른다〕'이라는 한 말이 있고, '厥道'는 '其行'으로 되어 있고, '乃底滅亡'은 '乃滅而亡'으로 되어 있다.

8. 其四曰 明明我祖는 萬邦之君이시니 有典有則(칙)하여 貽厥子孫이라 關石和鈞이 王府에 則有하니 荒墜厥緖하여 覆宗絶祀로다

그 네번째는 다음과 같다. "밝고 밝은 우리 先祖는 萬邦의 君主이시니, 典이 있고 則이 있어 자손들에게 남겨주셨다. 통하는 石과 和平하는 鈞이 王府에 있는데, 그 전통을 폐하고 실추시켜 宗族을 전복시키고 後祀를 끊는구나."

明明은 明而又明也라 我祖는 禹也라 典은 猶周之六典이요 則은 猶周之八則[1]이니 所以治天下之典章法度也라 貽는 遺라 關은 通이요 和는 平也라 百二十斤爲石이요 三十斤爲鈞이니 鈞與石은 五權[2]之最重者也라 關通은 以見彼此通同하여 無折閱[3]之意요 和平은 以見人情兩平하여 無乖爭之意라 言禹以明明之德으로 君臨天下하시니 典則法度所以貽後世者如此요 至

貽 : 줄 이　關 : 통할 관　鈞 : 서른근 균　乖 : 어그러질 괴

於鈞石之設所以一天下之輕重而立民信者하여도 王府亦有之하니 其爲子孫後世慮 可謂詳且遠矣어늘 奈何太康이 荒墜其緖하여 覆其宗而絶其祀乎아

○ 又按法度之制는 始於權하니 權與物鈞而生衡하고 衡運生規하고 規圓生矩하고 矩方生繩하고 繩直生準하니 是權衡者는 又法度之所自出也라 故로 以鈞石言之하니라

明明은 밝고 또 밝음이다. 我祖는 禹王이다. 典은 周나라의 六典과 같고, 則은 周나라의 八則과 같으니, 天下를 다스리는 典章과 法度이다. 貽는 남겨줌이다. 關은 통함이요, 和는 평함이다. 120근을 石이라 하고, 30근을 鈞이라 하니, 鈞과 石은 五權 중에 가장 중한 것이다. 關通은 彼此가 통하고 같아서 折閱의 뜻이 없음을 나타낸 것이며, 和平은 인정이 두 사람 모두 平하여 어그러지고 다투는 뜻이 없음을 나타낸 것이다. 禹王은 밝고 밝은 德으로 天下에 君臨하시니, 典則과 法度를 후세에 물려준 것이 이와 같으며, 鈞石을 설치하여 天下의 輕重을 통일하고 백성들에게 信을 세운 것도 또한 王府에 있으니, 그 자손과 후세를 위한 염려가 상세하고 또 원대하다고 이를 만한데, 어찌하여 太康은 그 전통을 황폐하고 실추시켜 宗族을 전복시키고 後祀를 끊는가.

○ 또 살펴보건대, 法度의 제도는 저울에서 시작되었으니, 저울이 물건과 균등하여 저울대가 생기고, 저울대가 돌아 規를 낳고, 規의 둥근 것이 矩를 낳고, 矩의 네모진 것이 繩을 낳고, 繩의 곧은 것이 準을 낳으니, 이 權·衡은 또 法度가 말미암아 나오는 것이다. 그러므로 鈞·石으로써 말한 것이다.

譯註 1. 猶周之六典 … 周之八則 : 六典은 나라를 다스리는 여섯 가지 떳떳한 법으로 治典(吏典)·敎典(戶典)·禮典·政典(兵典)·刑典·事典(工典)이며, 八則은 公卿들의 食邑과 王子들의 封地를 다스리는 여덟 가지 법으로 祭祀·法則·廢置·祿位·賦貢·禮俗·刑賞·田役(田獵과 役使)인바, 《周禮》 〈天官〉에 자세히 보인다.

2. 五權 : 저울의 다섯 가지 단위로 銖·兩·斤·鈞·石을 가리키는바, 銖는 기장알 1백 개의 무게이며, 24銖를 1兩이라 하고, 16兩을 1

規 : 그림쇠 규 矩 : 곡척 구 繩 : 먹줄 승

斤, 30斤을 1鈞, 4鈞을 1石이라 한다.

3. 折閱 : 折은 손해보는 것이고 閱은 물건을 파는 것으로 곧 물건을 팔아 손해봄을 이르는바, 《荀子》〈修身〉에 "良賈不爲折閱不市"라고 보인다.

9. 其五曰 嗚呼曷歸오 予懷之悲여 萬姓이 仇予하나니 予將疇依요 鬱陶乎라 予心이여 顏厚有忸怩호라 弗愼厥德이어니 雖悔인들 可追아

그 다섯번째는 다음과 같다. "아! 어디로 돌아갈까. 내 마음의 서글픔이여! 萬姓이 나를 원수로 여기니 내 장차 누구를 의지하겠는가. 슬프다. 내 심정이여! 얼굴(낯가죽)이 두꺼워 부끄러운 마음이 있노라. 그 德을 삼가지 않았으니, 후회한들 따를 수 있겠는가."

曷은 何也라 嗚呼曷歸는 歎息無地之可歸也요 予將疇依는 彷徨無人之可依也니 爲君至此면 亦可哀矣라 仇予之予는 指太康也라 指太康而謂之予者는 不忍斥言이니 忠厚之至也라 鬱陶는 哀思也라 顏厚는 愧之見(현)於色也요 忸怩는 愧之發於心也라 可追는 言不可追也라

曷은 어찌이다. '嗚呼曷歸'는 돌아갈 만한 곳이 없음을 탄식한 것이요, '予將疇依'는 방황하여 의지할 만한 사람이 없는 것이니, 君主가 이 지경에 이르면 또한 가련하다. 仇予의 予는 太康을 가리킨다. 太康을 가리키면서 나라고 말한 것은 차마 指斥하여 말할 수가 없어서이니, 忠厚함이 지극하다. 鬱陶는 슬픈 생각이다. 顏厚는 부끄러움이 얼굴빛에 나타나는 것이며, 忸怩는 부끄러움이 마음에 나오는 것이다. 可追는 따를 수 없음을 말한 것이다.

疇 : 누구 주　鬱 : 답답할 울　陶 : 근심할 도　忸 : 부끄러울 뉵
怩 : 부끄러울 니　愧 : 부끄러울 괴

胤 征

胤은 國名이라 孟子曰 征者는 上伐下也라하시니 此以征名이나 實卽誓也라 仲康이 丁有夏中衰之運하여 羿執國政하니 社稷安危 在其掌握이어늘 而仲康이 能命胤侯하여 以掌六師한대 胤侯能承仲康하여 以討有罪하니 是雖未能行羿不道之誅하고 明羲和黨惡之罪나 然當國命中絶之際하여 而能擧師伐罪하니 猶爲禮樂征伐之自天子出也라 夫子所以錄其書者 以是歟인저 今文無, 古文有하니라

○ 或曰 蘇氏以爲羲和는 貳於羿, 忠於夏者라 故로 羿假仲康之命하여 命胤侯征之라하니 今按 篇首에 言 仲康이 肇位四海하사 胤侯를 命掌六師라하고 又曰 胤侯承王命徂征이라하니 詳其文意컨대 蓋史臣이 善仲康能命將遣師하고 胤侯能承命致討요 未見貶仲康不能制命而罪胤侯之爲專征也라 若果爲簒羿之書인댄 則亂臣賊子所爲를 孔子亦取之爲後世法乎아

胤은 國名이다. 孟子가 말씀하기를 "征은 윗사람이 아랫사람을 치는 것이다." 하였으니, 이 篇은 征이라고 이름하였으나 실제는 誓이다. 仲康은 夏나라가 중간에 쇠하는 運을 만나 羿가 國政을 잡으니, 社稷의 安危가 그의 손아귀에 있었는데, 仲康이 胤侯에게 명하여 六師를 관장하게 하자 胤侯가 仲康의 명령을 받들어서 죄 있는 자를 토벌하였으니, 이는 비록 無道한 羿에게 誅伐을 행하고 羲和가 惡에 편당한 죄를 밝히지는 못하였으나 國命이 중간에 끊기는 즈음을 당하여, 군사를 동원해서 죄있는 자를 정벌하였으니, 오히려 禮樂과 征伐이 天子로부터 나옴이 된다. 夫子가 이 글을 기록한 것은 이 때문일 것이다. 今文에는 없고 古文에는 있다.

○ 혹자가 말하기를 "蘇氏가 '羲和는 羿를 배반하고 夏나라에 충성한 자였다. 그러므로 羿가 仲康의 命을 빌어서 胤侯를 명하여 정벌했다.' 하였다." 한다. 이제 살펴보건대, 편 머리에 "仲康이 四海에 처음 즉위하여 胤侯를 命해 六師를 관장하게 했다." 하였고, 또 이르기를 "胤侯가 王命을 받들어 가서 정벌했다." 하였으니, 이 글의 뜻을 살펴보면 史臣이 仲康이 將帥를 命하여 군대를 파견하고, 胤侯가 王命을 받들어 토벌한 것을 좋게 여긴 것

胤 : 맏아들 윤　簒 : 빼앗을 찬

이요, 仲康이 명령을 통제하지 못함을 폄하하고 胤侯가 제멋대로 정벌함을 죄준 것을 발견할 수가 없다. 만약 과연 찬탈한 羿의 글이라면 亂臣賊子가 한 말을 孔子가 또한 취하여 後世의 法으로 삼았겠는가.

1. 惟仲康이 肇位四海하사 胤侯를 命掌六師러시니 羲和廢厥職하고 酒荒于厥邑한대 胤后承王命하여 徂征하니라

仲康이 四海에 처음 즉위하시어 胤侯를 명하여 六師를 맡게 하였는데 羲和가 직책을 폐하고 술로 그 고을에서 荒亂하였다. 이에 胤后가 王命을 받들어 가서 정벌하였다.

仲康은 太康之弟라 胤侯는 胤國之侯라 命掌六師는 命爲大司馬也라 仲康始卽位에 卽命胤侯하여 以掌六師하고 次年[1]에 方有征羲和之命하니 必本始而言者는 蓋史臣善仲康肇位之時에 已能收其兵權이라 故로 羲和之征이 猶能自天子出也라 林氏曰 羿廢太康而立仲康이나 然其簒也는 乃在相之世라 仲康은 不爲羿所簒이요 至其子相然後에 見簒하니 是則仲康이 猶有以制之也라 羿之立仲康也는 方將執其禮樂征伐之權하여 以號令天下러니 而仲康卽位之始에 卽能命胤侯하여 掌六師하여 以收其兵權하니 如漢文帝入自代邸하여 卽皇帝位하고 夜拜宋昌爲衛將軍하여 鎭撫南北軍[2]之類라 羲和之罪 雖曰沈亂于酒나 然黨惡於羿하여 同惡相濟라 故로 胤侯承王命往征之하여 以翦羿羽翼이라 故로 終仲康之世토록 羿不得以逞하니 使仲康이 盡失其權이면 則羿之簒夏 豈待相而後敢耶아 羲氏和氏는 夏合爲一官이라 曰胤后者는 諸侯入爲王朝公卿이니 如禹稷伯夷謂之后也라

仲康은 太康의 아우이고, 胤侯는 胤國의 제후이다. 命하여 六師를 맡게 했다는 것은 명하여 大司馬를 삼은 것이다. 仲康이 처음 즉위함에 즉시 胤侯를 명하여 六師를 관장하게 하고, 다음 해에 비로소 羲和를 정벌하라는

肇 : 비로소 조 徂 : 갈 조 邸 : 집 저 逞 : 쾌할 령

命을 내렸으니, 굳이 시작을 근본하여 말한 것은 史臣이 仲康이 처음 즉위한 때에 이미 兵權을 거두었기 때문에 羲和를 정벌한 것이 오히려 天子로부터 나옴을 훌륭하게 여긴 것이다.

林氏가 말하였다. "羿가 太康을 폐위하고 仲康을 세웠으나 簒奪한 것은 바로 相의 세대에 있었다. 仲康은 羿에게 簒奪을 당하지 않고 아들 相에 이른 뒤에야 簒奪을 당했으니, 이는 仲康이 오히려 그를 제재함이 있었던 것이다. 羿가 仲康을 세운 것은 바야흐로 장차 禮樂과 征伐의 권력을 잡아서 天下에 호령하려 해서였는데, 仲康이 즉위한 초기에 즉시 胤侯를 명하여 六師를 관장하게 하여 兵權을 거뒀으니, 漢나라 文帝가 代邸로부터 들어와서 皇帝의 위에 오르고 밤에 宋昌을 衛將軍에 除授하여 南北軍을 鎭撫한 것과 같은 類이다. 羲和의 죄는 비록 술에 빠져 혼란하다고 하였으나 羿에게 黨惡이 되어 같은 惡끼리 서로 구제하였다. 그러므로 胤侯가 王命을 받들고 가서 정벌하여 羿의 羽翼을 자른 것이다. 그러므로 仲康의 세대를 마치도록 羿가 욕심을 부리지 못한 것이니, 가령 仲康이 권력을 모두 잃었다면 羿가 夏나라를 簒奪함을 어찌 相을 기다린 뒤에 감행하였겠는가." 羲氏와 和氏를 夏나라는 합하여 한 官으로 삼았다. 胤后라고 말한 것은 諸侯로서 들어와 王朝의 公卿이 된 것이니, 禹와 稷과 伯夷를 后라고 이른 것과 같다.

譯註 1. 次年 : 즉위한 다음해로 卽位元年을 가리킨다. 옛날 帝王들은 즉위한 첫해에는 前王의 年號(年度)를 그대로 사용하고 다음해에 비로소 改元하여 卽位元年으로 삼았기 때문에 말한 것이다.

2. 漢文帝 … 鎭撫南北軍 : 代邸는 代王의 邸宅으로 당시 제후들은 각기 도성인 長安에 저택을 소유하고 있었다. 南北軍은 南軍과 北軍으로 당시 궁궐호위부대를 南軍, 도성의 경비를 맡은 부대를 北軍이라 하였는바, 도성의 남쪽에 있다 하여 南軍, 도성의 북쪽에 있다 하여 北軍이라 칭한 것이다. 漢高祖(劉邦)의 妃인 呂后가 帝位에 올랐다가 죽자, 政局이 크게 불안하였다. 이에 代王에 봉해져 있던 高祖의 아들 劉恒이 황제로 추대되어 즉위하니, 이가 곧 文帝이다. 文帝는 代邸로 들어온 즉시 心腹인 宋昌을 衛將軍으로 임명하여 군권을 장악하였다.

2. 告于衆曰 嗟予有衆아 聖有謨訓하시니 明徵定保니라 先王이 克謹天戒어시든 臣人이 克有常憲하여 百官이 修輔할새 厥后惟明明이시니라

軍士들에게 고하기를 "아! 나의 軍士들아. 聖人께서 謨訓을 두셨으니, 밝게 징험이 있어 나라를 안정시키고 보존하였다. 先王이 하늘의 경계를 삼가시거든 臣下들이 떳떳한 법을 두어 百官이 닦고 輔弼하였기에 그 임금이 밝고 밝았던 것이다.

徵은 驗이요 保는 安也라 聖人訓謨가 明有徵驗하여 可以定安邦國也니 下文은 卽謨訓之語라 天戒는 日蝕之類라 謹者는 恐懼修省하여 以消變異也라 常憲者는 奉法修職하여 以供乃事也라 君能謹天戒於上이어든 臣能有常憲於下하여 百官之衆이 各修其職하여 以輔其君이라 故로 君이 內無失德하고 外無失政이니 此其所以爲明明后也라 又按 日食者는 君弱臣强之象이니 后羿專政之戒也라 羲和는 掌日月之官이어늘 黨羿而不言하니 是可赦乎아

徵은 징험이요, 保는 편안함이다. 聖人의 訓謨가 밝게 징험이 있어서 나라를 안정시킬 수 있었으니, 下文은 곧 謨訓의 말이다. 하늘의 경계는 日蝕 따위이다. 謹은 恐懼하고 修省하여 변괴를 사라지게 하는 것이다. 떳떳한 法이란 法을 받들고 직책을 닦아서 일을 하는 것이다. 君主가 위에서 하늘의 경계를 삼가면 臣下가 아래에서 떳떳한 법을 두어서 百官의 무리가 각기 직책을 닦아 그 君主를 보필한다. 이 때문에 君主가 안으로는 失德이 없고 밖으로는 失政이 없는 것이니, 이것이 밝고 밝은 后가 되는 이유이다. 또 살펴보건대, 日食은 君主가 약하고 臣下가 강한 상이니, 后羿가 정권을 전단함에 대한 경계이다. 羲和는 日月을 관장한 관원인데 羿의 무리가 되어서 말하지 않았으니, 이를 용서할 수 있겠는가.

3. 每歲孟春에 遒人이 以木鐸으로 徇于路하되 官師[1)]相規하

蝕 : 먹을 식　遒 : 굳셀 주　鐸 : 목탁 탁　徇 : 순행할 순　規 : 타이를 규

며 工執藝事하여 以諫하라 其或不恭하면 邦有常刑하니라

每年 孟春에 遒人이 木鐸을 가지고 도로를 순행하며 말하기를 '官師가 서로 바로잡고, 百工들이 技藝의 일을 잡아서 간하라. 혹시라도 공손히 하지 않으면 나라에 떳떳한 法이 있다.' 하였다.

譯註 1. 官師 : 官과 師는 모두 벼슬아치의 명칭인바, 師는 師傅와는 無關함을 밝혀둔다.

遒人은 宣令之官이라 木鐸은 金口木舌이니 施政教時에 振以警衆也라 周禮小宰之職에 正歲에 帥治官之屬[1]하여 徇以木鐸曰 不用法者는 國有常刑이라하니 亦此意也라 官은 以職言이요 師는 以道言이라 規는 正也니 相規云者는 胥教誨也라 工은 百工也라 百工技藝之事에 至理存焉하니 理無往而不在라 故로 言無微而可略也라 孟子曰 責難於君을 謂之恭이라하시니 官師百工이 不能規諫이면 是謂不恭이니 不恭之罪도 猶有常刑이어든 而況於畔官離次하여 俶擾天紀者乎아

遒人은 명령을 宣布하는 관원이다. 木鐸은 입은 쇠이고 혀는 나무로 되어 있으니, 政教를 베풀 때에 흔들어서 사람들을 경계하는 것이다. 《周禮》의 小宰의 직책에 正歲에 治官(일을 다스리는 관원)의 무리를 거느리고 목탁을 가지고 도로를 순행하면서 말하기를 "法을 따르지 않는 자는 나라에 떳떳한 법이 있다." 하였으니, 또한 이러한 뜻이다. 官은 직책으로 말하였고, 師는 道로 말하였다. 規는 바로잡음이니, 서로 바로잡는다는 것은 서로 教誨함이다. 工은 百工이다. 百工의 技藝의 일에 지극한 이치가 있으니, 이치는 가는 곳마다 있지 않은 데가 없다. 그러므로 하찮다고 하여 생략할 수 없음을 말한 것이다. 孟子가 말씀하기를 "君主에게 어려운 일로 책함을 공손하다고 이른다." 하였다. 官師와 百工들이 바로잡고 간하지 못하면 이것을 不恭이라 이르니, 不恭의 죄도 오히려 떳떳한 刑罰이 있는데, 하물며 官職을 어지럽히고 처한 바의 位次를 버려서 비로소 天紀를 어지럽히는 자에 있어서랴.

俶 : 비로소 숙

譯註 1. 帥治官之屬：治官은 일을 다스리는 관원으로《周禮》〈天官〉의 관리를 가리키는바, 天官은 朝鮮朝 吏曹에 해당한다.

4. 惟時羲和 顚覆厥德이요 沈亂于酒하여 畔官離次하여 俶擾天紀하여 遐棄厥司하여 乃季秋月朔에 辰이 弗集于房[1]이어늘 瞽奏鼓하며 嗇夫馳하며 庶人走어늘 羲和尸厥官하여 罔聞知하여 昏迷于天象하여 以干先王之誅하니 政典曰 先時者도 殺無赦하며 不及時者도 殺無赦라하니라

羲和가 德을 전복하고 술에 沈亂하여 官職을 어지럽히고 처한 바의 位次를 버려서 〈이에 이르러〉 비로소 天紀를 어지럽혀 맡은 일을 멀리 버려서 季秋의 月朔에 별이 房宿에 화하지 않았다. 그리하여 樂師가 북을 울리고 嗇夫가 달리며 庶人들이 분주한데도 羲和는 그 官職을 지키기만 하여 듣고 앎이 없어 天象에 혼미해서 先王의 誅罰을 범하였으니, 政典에 이르기를 '때보다 먼저하는 자도 죽여 용서하지 말며, 때에 미치지 못하는 자도 죽여 용서하지 말라.' 하였다.

譯註 1. 季秋月朔 辰弗集于房：季秋는 음력 9월이고 月朔은 초하루이며 辰은 해와 달이 교차하여 만나는 방위이고 房은 二十八宿의 하나로 大火인 卯에 해당한다. 9월 초하루는 해와 달이 大火인 卯方(正東)에서 만나야 하는데 서로 和하지 못하여 달이 해를 가리워서 日食이 일어났음을 말한 것이다.

次는 位也니 官은 以職言이요 次는 以位言이라 畔官은 則亂其所治之職이요 離次는 則舍其所居之位라 俶은 始요 擾는 亂也라 天紀는 則洪範所謂歲月日星辰曆數 是也라 蓋自堯舜命羲和하여 曆象日月星辰之後로 爲羲和者 世守其職하여 未嘗紊亂이러니 至是하여 始亂其天紀焉이라 遐는 遠也니 遠棄其所司之事也라 辰은 日月會次之名이요 房은 所次之宿(수)也라 集은

擾：어지럽힐 요　遐：멀 하　瞽：소경 고　嗇：인색할 색

漢書에 作輯하니 集輯通用이라 言日月會次 不相和輯하여 而掩蝕於房宿也라 按 唐志에 日蝕이 在仲康卽位之五年이라 瞽는 樂官이니 以其無目而審於音也라 奏는 進也라 古者에 日蝕則伐鼓用幣以救之하니 春秋傳曰 惟正陽之月[1]則然이요 餘則否라하니 今季秋而行此禮는 夏禮與周異也라 嗇夫는 小臣也니 漢有上林嗇夫라 庶人은 庶人之在官者라 周禮에 庭氏救日之弓矢[2]라하니 嗇夫, 庶人은 蓋供救日之百役者라 曰馳, 曰走者는 以見日蝕之變에 天子恐懼于上하고 嗇夫庶人이 奔走于下하여 以助救日이 如此其急이어늘 羲和爲曆象之官하여 尸居其位하여 若無聞知하니 則其昏迷天象하여 以干先王之誅하니 豈特不恭之刑而已哉아 政典은 先王政治之典籍也라 先時, 後時는 皆違制失時하니 當誅而不赦者也라 今日蝕之變이 如此어늘 而羲和罔聞知하니 是固干先王後時之誅矣니라

次는 位次이니, 官은 직책으로 말하였고 次는 位次로 말한 것이다. 畔官은 다스리는 바의 직책을 어지럽히는 것이요, 離次는 처한 바의 位次를 버리는 것이다. 俶은 비로소요, 擾는 어지럽힘이다. 天紀는 〈洪範〉의 이른바 '歲·月·日·星辰·曆數'가 이것이다. 堯·舜이 羲和를 命하여 日·月과 星辰을 曆象으로 기록한 뒤로부터 羲和가 된 자는 대대로 이 직책을 지켜서 일찍이 紊亂하지 않았는데, 이때에 이르러 비로소 天紀를 어지럽힌 것이다. 遐는 멂이니, 맡은 바의 일을 멀리 버린 것이다. 辰은 해와 달이 모이는 位次의 이름이고, 房은 모이는 位次의 별이다. 集은 《漢書》에 輯으로 되어 있으니, 集과 輯은 통용된다. 日·月이 모이는 位次가 서로 和輯하지 못하여, 房宿에 가리워 먹힘을 말한 것이다. 살펴보건대 《唐志》에 "日蝕이 仲康이 즉위한 후 5년에 있었다." 하였다. 瞽는 樂官이니, 눈이 없어서 음악을 잘 살피기 때문이다. 奏는 올림이다. 옛날에 日蝕이 있으면 북을 치고 폐백을 올려 구제하였으니, 《春秋傳》에 이르기를 "오직 正陽(四月)의 달이면 이렇게 하고, 나머지는 그렇지 않다." 하였으니, 지금은 季秋인데 이 禮를 행한 것은 夏나라 禮는 周나라와 다르기 때문이다. 嗇夫는 낮은 신하이니, 漢나라는 上林에 嗇夫가 있었다. 庶人은 서인으로서 官職에 있는 자이다. 《周禮》에 "庭氏는 日蝕을 구제하는 弓矢를 마련한다." 하였으니, 嗇夫와 庶人은 日蝕을 구원하는 여러 가지 일을 맡은 자이다. 馳라 하고 走라 한 것은 日蝕의 변고에 天子는 위에서 恐懼하고 嗇夫와 庶人들은 아래에서 분주하

여, 日蝕을 구제함을 돕기를 이와 같이 급히 함을 나타낸 것이다. 그런데도 羲和는 曆象의 관원이 되어서 지위를 지키기만 하여 마치 듣고 앎이 없는 듯하니, 天象에 혼미하여 先王의 誅罰을 범한 것이다. 어찌 다만 不恭함에 대한 형벌일 뿐이겠는가. 政典은 先王의 정치를 적은 典籍이다. 때보다 먼저하고 때보다 뒤에 함은 모두 제도를 어겨 때를 잃었으니, 마땅히 베고 용서하지 말아야 할 자이다. 이제 日蝕의 변고가 이와 같은데도 羲和는 듣고 앎이 없으니, 이는 진실로 先王의 때보다 뒤에 한 誅罰을 범한 것이다.

譯註 1. 正陽之月 : 음력 4월을 가리킨다. 12개 월을 《周易》의 12卦에 맞추면 4월은 乾卦에 해당하는데, 乾卦는 여섯 爻가 모두 陽爻이므로 '正陽의 달'이라 한 것이다.

2. 救日之弓矢 : 日食에는 太陰인 달을 향해 활을 쏘고 月食에는 太陽인 해를 향해 활을 쏘았는바, 옛날사람들은 日食은 달의 기운이 너무 왕성하고, 月食은 해의 기운이 너무 왕성하기 때문에 생겨나는 변고라고 여겨 이러한 행위를 하였던 것이다.

5. 今予以爾有衆으로 奉將天罰하노니 爾衆士는 同力王室하여 尙弼予하여 欽承天子威命하라

이제 나는 너희 군사들을 데리고 天罰을 받들어 행하니, 너희 여러 軍士들은 王室에 힘을 함께 하여 부디 나를 도와 天子의 威命을 공경히 받들라.

將은 行也라 我以爾衆士로 奉行天罰하노니 爾其同力王室하여 庶幾輔我하여 以敬承天子之威命也라 蓋天子는 討而不伐하고 諸侯는 伐而不討하나니 仲康之命胤侯는 得天子討罪之權이요 胤侯之征羲和는 得諸侯敵愾之義라 其辭直하고 其義明하니 非若五覇摟諸侯以伐諸侯에 其辭曲하고 其義迂也라

將은 행함이다. 내 너희 여러 군사들을 거느리고 天罰을 받들어 행하니,

愾 : 성낼 개　摟 : 끌 루　迂 : 굽을 우

너희들은 王室에 힘을 함께 하여 부디 나를 도와 天子의 威命을 공경히 받들라고 한 것이다. 天子는 聲討하기만 하고 征伐하지 않고, 諸侯는 征伐하기만 하고 聲討하지 않으니, 仲康이 胤侯를 명한 것은 天子가 罪를 성토하는 권한을 얻은 것이고, 胤侯가 羲和를 정벌한 것은 諸侯가 적개하는 뜻을 얻은 것이다. 말(명분)이 곧고 義가 분명하니, 五覇가 諸侯를 유인하여 諸侯를 정벌할 때에 말이 곧지 못하고 義가 우회한 것과는 같지 않다.

6. 火炎崑岡하면 玉石이 俱焚하나니 天吏逸德은 烈于猛火하니 殲厥渠魁하고 脅從은 罔治하여 舊染汚俗을 咸與惟新호리라

불이 崑岡을 태우면 옥과 돌이 모두 불탄다. 天吏로서 지나친 德은 맹렬한 불보다 더하니, 큰 괴수를 죽이고 威脅에 따른 자들은 다스리지 말아서 옛날에 물든 나쁜 풍습을 모두 함께 새롭게 하겠다.

崑은 出玉山名이요 岡은 山脊也라 逸은 過요 渠는 大也라 言火炎崑岡하면 不辨玉石之美惡而焚之하나니 苟爲天吏而有過逸之德하여 不擇人之善惡而戮之면 其害有甚於猛火不辨玉石也라 今我는 但誅首惡之魁而已요 脅從之黨則罔治之하여 舊染汚習之人을 亦皆赦而新之하니 其誅惡宥善이 是猶王者之師也라 今按 胤征에 始稱羲和之罪호되 止以其畔官離次俶擾天紀하고 至是에 有脅從舊染之語하니 則知羲和之罪 當不止於廢時亂日이요 是必聚不逞之人하여 崇飮私邑하여 以爲亂黨하여 助羿爲惡者也라 胤侯徂征에 隱其叛逆而不言者는 蓋正名其罪하면 則必鋤根除源이로되 而仲康之勢 有未足以制后羿者라 故로 止責其曠職之罪나 而實誅其不臣之心也라

崑은 玉이 나오는 산 이름이고, 岡은 산의 등마루이다. 逸은 지나침이요, 渠는 큼이다. 불이 崑岡을 태우면 玉·石의 좋고 나쁨을 구분하지 않고 태우니, 만약 天吏가 되어 지나친 德이 있어서 사람의 善惡을 가리지 않고

殲 : 죽일 섬 渠 : 클 거 魁 : 괴수 괴 脅 : 위협할 협 逞 : 쾌할 령
鋤 : 제거할 서 曠 : 비울 광

죽이면 그 폐해가 맹렬한 불이 玉·石을 구분하지 않는 것보다 심하다. 지금 나는 단지 첫번째로 惡을 주도한 괴수를 벨 뿐이요, 위협에 따른 무리는 다스리지 말아서 옛날에 나쁜 풍습에 물든 사람을 또한 모두 용서하여 새롭게 한다 하였으니, 惡을 주벌하고 善을 용서함은 이는 오히려 王의 군대인 것이다. 이제 살펴보건대 胤后가 征伐할 적에 처음 羲和의 죄를 칭하면서 다만 "관직을 어지럽히고 처한 바의 位次를 버려 비로소 天紀를 어지럽혔다."고 말하였고, 이에 이르러는 "위협에 따랐다." "옛날에 물들었다."는 말이 있으니, 羲和의 죄가 마땅히 때를 폐하고 날을 어지럽히는데 그치지 않고, 반드시 不逞(불량)한 사람들을 모아 사사로운 고을에서 술을 마심을 숭상하여 亂黨을 만들어 羿를 도와 惡을 한 자임을 알 수 있다. 胤侯가 가서 정벌할 때에 이들의 叛逆을 숨기고 말하지 않은 것은 아마도 그 죄를 바로 이름하면 반드시 뿌리를 뽑고 근원을 제거해야 할 터인데, 仲康의 형세가 족히 后羿를 제재할 수 없었다. 그러므로 다만 직무를 유기한 죄만 책하였으나 실제는 신하노릇하지 않는 마음을 주벌한 것이다.

7. 嗚呼라 威克厥愛하면 允濟요 愛克厥威하면 允罔功이니 其爾衆士는 懋戒哉어다

아! 威嚴이 사랑을 이기면 진실로 성공할 것이요, 사랑이 威嚴을 이기면 진실로 功이 없을 것이니, 너희 여러 군사들은 힘써 경계할지어다."

威者는 嚴明之謂요 愛者는 姑息之謂라 記曰 軍旅主威라하니 蓋軍法은 不可以不嚴이니 嚴明勝이면 則信其事之必濟요 姑息勝이면 則信其功之無成이라 誓師之末에 而復嗟歎하여 以是深警之하니 欲其勉力戒懼而用命也라

威는 엄하고 분명함을 이르고, 愛는 姑息을 이른다. 《禮記》에 "軍旅는 威嚴을 위주한다." 하였으니, 軍法은 엄하지 않을 수 없다. 엄하고 분명함이 우세하면 진실로 일이 반드시 이루어지고, 姑息이 우세하면 진실로 功이 이루어지지 못한다. 군사들에게 맹세하는 끝에 다시 嗟歎하여 이 말로써 깊이 경계하였으니, 힘써서 경계하고 두려워하여 명령을 따르게 하고자 한 것이다.

書經集傳 卷四

商 書

契始封商이러니 湯因以爲有天下之號하니 書凡十七篇이라

契을 처음 商나라에 封하였는데 湯王이 인하여 天下를 소유한 칭호로 삼았으니, 商書는 모두 17篇이다.

湯 誓

湯은 號也니 或曰諡라 湯은 名履요 姓子氏라 夏桀이 暴虐이어늘 湯往征之하실새 亳衆이 憚於征役이라 故로 湯諭以弔伐之意하시니 蓋師興之時而誓于亳都者也라 今文古文皆有하니라

湯은 號이니, 혹은 諡號라 한다. 湯은 이름이 履이고 姓은 子氏이다. 夏나라의 桀王이 포학하므로 湯王이 가서 정벌하려 하였는데, 亳邑의 무리들이 征役을 꺼려하였다. 그러므로 湯王이 백성을 위문하고 罪가 있는 자를 정벌하려는 뜻을 曉諭하였으니, 군대를 일으킬 때에 亳都에서 맹세한 것이다. 今文과 古文에 모두 있다.

1. 王曰 格하라 爾衆庶아 悉聽朕言하라 非台(이)小子 敢行稱亂이라 有夏多罪어늘 天命殛之하시나니라

亳 : 땅이름 박 台 : 나 이 殛 : 죽일 극

王이 다음과 같이 말씀하였다. "이리 오라. 너희 무리들아! 모두 짐의 말을 들어라. 나 小子가 감히 군대를 동원하여 난리를 일으키려는 것이 아니라, 有夏가 죄가 많으므로 하늘이 명하여 정벌하게 하시는 것이다.

王曰者는 史臣追述之稱也라 格은 至요 台는 我요 稱은 擧也라 以人事言之하면 則臣伐君이니 可謂亂矣나 以天命言之하면 則所謂天吏니 非稱亂也라

王曰이라 한 것은 史臣이 追後에 서술한 칭호이다. 格은 이름이요, 台는 나요, 稱은 듦이다. 사람의 일로써 말하면 臣下가 君主를 정벌하는 것이니 亂이라고 이를 만하나, 天命으로 말하면 이른바 天吏(하늘의 관리)라는 것이니, 군대를 동원하여 난리를 일으키려는 것이 아니다.

2. 今爾有衆이 汝曰 我后不恤我衆하여 舍我穡事하고 而割正夏라하나니 予惟聞汝衆言이나 夏氏有罪어늘 予畏上帝라 不敢不正이니라

지금 너희 무리들은 말하기를 '우리 임금이 우리들을 구휼하지 않아서 우리의 수확하는 일을 버려두고 夏나라를 끊어 바로잡으려 한다.'라고 한다. 나는 너희들의 衆論을 들었으나 夏나라가 罪가 있으므로 나는 上帝를 두려워하여 감히 바로잡지 않을 수 없다.

穡은 刈穫也라 割은 斷也라 亳邑之民이 安於湯之德政하여 桀之虐焰이 所不及이라 故로 不知夏氏之罪하고 而憚伐桀之勞하여 反謂 湯이 不恤亳邑之衆하여 舍我刈穫之事하고 而斷正有夏라하니 湯言 我亦聞汝衆論如此나 然夏桀暴虐하여 天命殛之하시니 我畏上帝라 不敢不往正其罪也라하시니라

穡은 베어 수확함이다. 割은 끊음이다. 亳邑의 백성들은 湯王의 德政에

穡 : 거둘 색 刈 : 벨 예 焰 : 불꽃 염

편안하여 桀王의 포악한 기염이 미치지 않았으므로 夏나라의 죄를 알지 못하고, 桀王을 정벌하는 수고로움을 꺼려하여 도리어 이르기를 "湯王이 우리(亳邑의 무리)들을 구휼하지 않아서 우리의 수확하는 일을 버려두고 夏나라를 정벌하려 한다." 하니, 湯王이 말씀하시기를 "나 또한 너희들의 衆論이 이와 같음을 들었으나 夏나라 桀王이 포학하여 하늘이 명하여 정벌하게 하시니, 나는 上帝를 두려워하므로 감히 가서 그 죄를 바로잡지 않을 수 없다." 한 것이다.

3. 今汝其曰호되 夏罪는 其如台라하나니 夏王이 率遏衆力[1]하며 率割夏邑한대 有衆이 率怠弗協하여 曰 時日은 曷喪고 予及汝로 皆亡이라하나니 夏德이 若茲라 今朕이 必往호리라

지금 너희들은 말하기를 '夏나라의 죄가 우리를 어쩌겠는가.'라고 한다. 夏나라 王은 백성들의 힘을 모두 막으며 夏나라의 읍을 해친다. 이에 무리들이 모두 태만하고 화합하지 아니하여 말하기를 '이 해는 어느 때나 없어질까? 내 너와 함께 모두 망했으면 한다.' 하니, 夏나라의 德이 이와 같으므로 이제 짐이 반드시 가서 정벌할 것이다.

譯註 1. 率遏衆力 : 率을 諺解에는 '率하야'로 풀이하였으나 退溪의《三經釋義》를 따라 '모두'로 해석하였다.

遏은 絶也요 割은 劓割夏邑之割이라 時는 是也라 湯이 又擧商衆言 桀雖暴虐이나 其如我何하고 湯又應之曰 夏王이 率爲重役하여 以窮民力하고 嚴刑하여 以殘民生하니 民厭夏德하여 亦率皆怠於奉上하고 不和於國하여 疾視其君하여 指日而曰 是日은 何時而亡乎아 若亡則吾寧與之俱亡이라하니 蓋苦桀之虐하여 而欲其亡之甚也라 桀之惡德이 如此하니 今我之所以必往也라 桀嘗自言 吾有天下는 如天之有日하니 日亡이라야 吾乃亡耳라 故로 民因以日目之하니라

率 : 모두 솔　劓 : 코벨 의

遏은 끊음이요, 割은 劓割夏邑의 割이다. 時는 이것이다. 湯王은 또 商나라 무리들의 말에 "桀王이 비록 포학하나 우리를 어쩌겠는가."라고 하는 것을 듣고, 다시 이에 응하여 말씀하기를 "夏나라 王이 솔선하여 부역을 무겁게 하여 백성들의 힘을 궁하게 하고 형벌을 엄하게 하여 민생을 해치니, 백성들이 夏나라의 德을 싫어하여 또한 모두 윗사람을 받듦에 태만하고 나라에 和合하지 아니하여 그 君主를 질시해서 해를 가리키며 말하기를 "이 해는 어느 때나 없어질까? 만일 없어진다면 내 차라리 너와 함께 모두 망하겠다." 하니, 桀王의 虐政에 시달려서 그 망하기를 바람이 심한 것이다. 桀王의 惡德이 이와 같으니, 이제 내가 반드시 가서 정벌해야 하는 것이다." 하였다. 桀王이 일찍이 스스로 말하기를 "내가 天下를 소유함은 하늘에 해가 있는 것과 같으니, 해가 없어져야 내가 비로소 망한다." 하였다. 그러므로 백성들이 인하여 해를 가지고 그를 지목한 것이다.

4. 爾尙輔予一人하여 致天之罰하라 予其大賚汝하리라 爾無不信하라 朕不食言하리라 爾不從誓言하면 予則孥戮汝하여 罔有攸赦하리라

너희들은 부디 나 한 사람을 도와서 하늘의 벌을 이루도록 하라. 내가 너희들에게 크게 상을 내리겠다. 너희들은 不信하지 말라. 朕은 食言하지 않으리라. 너희들이 맹세하는 말을 따르지 않는다면 나는 너희들을 처자식까지 죽여서 용서하지 않겠다."

賚는 與也라 食言은 言已出而反呑之也라 禹之征苗에 止曰 爾尙一乃心力이라야 其克有勳이러시니 至啓則曰 用命은 賞于祖하고 不用命은 戮于社호되 予則孥戮汝하리라하고 此又益以朕不食言, 罔有攸赦하니 亦可以觀世變矣라

賚는 줌이다. 食言은 말을 이미 내고 도로 삼키는 것이다. 禹王이 三苗를 정벌할 때에는 다만 "너희들은 부디 너희들의 마음과 힘을 함께 하여야 능

賚 : 줄 뢰　孥 : 처자 노　赦 : 용서할 사

히 功이 있을 것이다." 하였는데, 啓에 이르러서는 "명령을 잘 따르는 자는 祖廟에서 상을 주고, 명령을 따르지 않는 자는 社에서 죽이되 내 너희들을 처자식까지 죽이겠다." 하였고, 여기서는 또 "짐은 食言하지 않으리라." "용서하지 않겠다."는 말을 더하였으니, 또한 세상이 변함을 볼 수 있다.

仲虺之誥

仲虺는 臣名으로 奚仲之後니 爲湯左相하니라 誥는 告也라 周禮에 士師以五戒[1]로 先後刑罰하니 一曰誓니 用之於軍旅요 二曰誥니 用之於會同이라하니 以喩衆也라 此但告湯이로되 而亦謂之誥者는 唐孔氏謂仲虺亦必對衆而言이니 蓋非特釋湯之慙이요 而且以曉其臣民衆庶也라하니라 古文有, 今文無하니라

仲虺는 臣下의 이름으로 奚仲의 후예이니, 湯의 左相이 되었었다. 誥는 고함이다.《周禮》에 "士師가 다섯 가지 경계로써 형벌을 도왔으니, 첫번째는 誓이니 軍旅에서 사용하고, 두번째는 誥이니 會同에서 사용한다." 하였으니, 무리들을 깨우친 것이다. 이는 단지 湯王에게 아뢴 것인데 또한 誥라고 이른 것은 唐나라 孔氏가 이르기를 "仲虺가 또한 반드시 무리들을 상대하여 말한 것이니, 단지 湯王의 부끄러움을 풀어줄 뿐만이 아니요, 또 그 臣民과 衆庶들을 깨우친 것이다." 하였다. 古文에는 있고 今文에는 없다.

譯註 1. 五戒 : 다섯 가지 경계인 誓·誥·禁·糾·憲을 가리키는바, 禁은 田獵과 役使에 사용하고, 糾는 國中에, 憲은 都鄙에 사용한다.《周禮》〈秋官 士師〉에 "以五戒先後刑罰 一曰誓 用之于軍旅 二曰誥 用之于會同 三曰禁 用之于田役 四曰糾 用諸國中 五曰憲 用諸都鄙"라고 보인다.

1. 成湯이 放桀于南巢하시고 惟有慙德[1]하사 曰 予恐來世

虺 : 이무기 훼 誥 : 아뢸 고 慙 : 부끄러울 참

以台爲口實하노라

成湯이 桀王을 南巢에 幽閉시키고 부끄러워하는 德(마음)이 있어 말씀하기를 "나는 後世에 나를 口實로 삼을까 두려워한다." 하였다.

譯註 1. 惟有慙德 : 《集傳》에는 "德이 옛날의 聖王만 못한 것을 부끄러워하는 것"으로 풀이하였으나 《三經釋義》에는 "慙한 德을 두사"로 풀이하였는바, 德은 마음으로 보는 것이 타당할 듯하다.

武功成이라 故로 曰成湯이라 南巢는 地名이라 廬江六縣에 有居巢城하니 桀奔于此어늘 因以放之也라 湯之伐桀은 雖順天應人이나 然承堯舜禹授受之後하여 於心에 終有所不安이라 故로 愧其德之不古若而又恐天下後世藉以爲口實也라
○ 陳氏曰 堯舜以天下讓에 後世好名之士 猶有不知而慕之者하니 湯武征伐而得天下에 後世嗜利之人이 安得不以爲口實哉아 此湯之所以恐也歟신저

武功이 이루어졌으므로 成湯이라 한 것이다. 南巢는 地名이다. 廬江 六縣에 居巢城이 있으니, 桀王이 이곳으로 달아나자, 인하여 이곳에 유폐시킨 것이다. 湯王이 桀王을 정벌한 것은 비록 하늘의 뜻에 순종하고 사람의 마음에 응한 것이나 堯·舜·禹가 주고받은 뒤를 이어서 마음에 끝내 불안한 바가 있었다. 그러므로 그 德이 옛날과 같지 못함을 부끄러워하였고, 또 天下와 後世에 빌려서 口實로 삼을까 두려워한 것이다.
○ 陳氏가 말하였다. "堯·舜이 天下를 양보함에 후세에 명예를 좋아하는 선비들이 오히려 알지 못하고 사모한 자가 있었으니, 湯·武가 정벌하여 天下를 얻음에 후세에 이익을 좋아하는 사람들이 어찌 口實로 삼지 않겠는가. 이것이 湯王이 두려워하신 이유일 것이다."

2. 仲虺乃作誥曰 嗚呼라 惟天이 生民有欲하니 無主면 乃亂일새 惟天이 生聰明하심은(하샨든) 時乂시니 有夏昏德하여 民墜塗炭이어늘 天乃錫王勇智하사 表正萬邦하사 纘禹舊服하시

니 **茲率厥典**하여 **奉若天命**이니이다

仲虺는 마침내 다음과 같은 誥를 지었다. “아! 하늘이 내신 백성들이 욕심이 있으니, 君主가 없으면 마침내 혼란하므로 하늘이 총명한 사람을 내심은 爭亂을 다스리려고 하신 것입니다. 有夏가 德에 어두워서 백성들이 塗炭에 빠지거늘 하늘이 마침내 王에게 용맹과 지혜를 내려주시어 萬邦을 表正하여 禹王이 옛날 행하셨던 것을 잇게 하시니, 이는 그 떳떳함을 따라서 天命을 받들어 순히 하셔야 할 것입니다.

仲虺恐湯憂愧不已하여 乃作誥하여 以解釋其意하니라 歎息言 民生에 有耳目口鼻愛惡之欲하니 無主則爭且亂矣라 天生聰明은 所以爲之主하여 而治其爭亂者也라 墜는 陷也라 塗는 泥요 炭은 火也라 桀爲民主而反行昏亂하여 陷民於塗炭하니 旣失其所以爲主矣라 然民不可以無主也라 故로 天錫湯以勇智之德하시니 勇足以有爲하고 智足以有謀하니 非勇智면 則不能成天下之大業也라 表正者는 表正於此而影直於彼也라 天錫湯以勇智者는 所以使其表正萬邦하여 而繼禹舊所服行也라 此但率循其典常하여 以奉順乎天而已니 天者는 典常之理所自出이요 而典常者는 禹之所服行者也라 湯은 革夏而纘舊服하시고 武는 革商而政由舊하시니 孔子所謂百世可知者 正以是也니라 林氏曰 齊宣王이 問孟子曰 湯放桀하시고 武王伐紂라하니 有諸잇가 孟子曰 賊仁者를 謂之賊이요 賊義者를 謂之殘이요 殘賊之人을 謂之一夫니 聞誅一夫紂矣요 未聞弑君也라하시니 夫立之君者는 懼民之殘賊而無以主之니 爲之主而自殘賊焉이면 則君之實이 喪矣니 非一夫而何오 孟子之言은 則仲虺之意也니라

仲虺는 湯王의 근심과 부끄러움이 그치지 않음을 걱정하여 마침내 誥를 지어서 그 뜻을 풀어준 것이다. 탄식하고 말하기를 “백성들이 태어남에 耳·目·口·鼻와 좋아하고 미워하는 욕망이 있으니, 君主가 없으면 다투고 또 어지럽게 된다. 하늘이 총명한 사람을 낸 것은 그를 君主로 삼아 그 爭

塗：진흙 도 纘：이을 찬 泥：진흙 니 賊：해칠 적 殘：해칠 잔

亂을 다스리려 한 것이다." 하였다. 墜는 빠짐이다. 塗는 진흙이고, 炭은 불이다. 桀이 백성의 君主가 되어 도리어 혼란함을 행해서 백성들을 도탄에 빠뜨리니, 이미 君主가 된 所以를 잃은 것이다. 그러나 백성들은 君主가 없을 수 없으므로 하늘이 湯王에게 용맹과 지혜의 德을 내리셨으니, 용맹은 일을 함이 있고 지혜는 도모함이 있으니, 용맹과 지혜가 아니면 天下의 大業을 이루지 못한다. 表正은 儀表가 여기에 바로잡혀 있으면 그림자가 저기에 곧게 나타나는 것이다. 하늘이 湯王에게 용맹과 지혜를 내려주신 것은 萬邦을 表正하여 禹王이 옛날 행하셨던 것을 잇게 한 것이다. 이는 단지 그 떳떳함을 따라서 하늘을 받들어 순히 할 뿐이니, 하늘은 典常의 이치가 말미암아 나오는 곳이요, 典常은 禹王이 행하신 것이다. 湯王은 夏나라를 개혁하였으나 옛날에 행했던 것을 이었고, 武王은 商나라를 개혁하였으나 政事는 옛것을 따랐으니, 孔子의 이른바 '百世가 지나도 알 수 있다.'는 것은 바로 이 때문이다.

林氏가 말하였다. "齊나라 宣王이 孟子에게 묻기를 '湯王이 桀을 유폐하고 武王이 紂를 정벌했다고 하는데, 그런 일이 있습니까?' 하니, 孟子는 '仁을 해치는 자를 賊이라 이르고 義를 해치는 자를 殘이라 이르며 殘賊한 사람을 一夫라 이르니, 一夫인 紂를 정벌했다는 말은 들었고 君主를 시해했다는 말은 듣지 못하였습니다.'라고 대답하였다. 君主를 세우는 이유는 백성들이 殘賊한데도 주장하여 다스리는 자가 없을까 두려워해서이니, 君主가 되어서 스스로 殘賊한다면 君主의 실제를 喪失한 것이다. 一夫가 아니고 무엇이겠는가. 孟子의 말씀은 바로 仲虺의 뜻인 것이다."

3. 夏王이 有罪하여 矯誣上天하여 以布命于下한대 帝用不臧하사 式商受命하사 用爽厥師하시니이다

夏王이 죄가 있어 하늘을 사칭하고 假託하여 아래에 명령을 펴니, 上帝께서 좋지 않게 여기시어 商나라로써 天命을 받아 그 무리를 밝히게 하셨습니다.

矯 : 속일 교 臧 : 착할 장 爽 : 밝을 상

矯는 與矯制之矯同이라 誣는 罔이요 臧은 善이요 式은 用이요 爽은 明이요 師는 衆也라 天은 以形體言이요 帝는 以主宰言이라 桀知民心不從하고 矯詐誣罔하여 託天以惑其衆하니 天用不善其所爲하여 用使有商受命하여 用使昭明其衆庶也라

○ 王氏曰 夏有昏德則衆從而昏하고 商有明德則衆從而明하니라

○ 吳氏曰 用爽厥師는 續下文簡賢附勢에 意不相貫하니 疑有脫誤라

矯는 '矯制(制命을 사칭함)'의 矯와 같다. 誣는 속임이요, 臧은 좋음이요, 式은 씀이요, 爽은 밝음이요, 師는 무리이다. 天은 형체로 말하고, 帝는 主宰로 말한 것이다. 桀王은 民心이 따르지 않음을 알고는 속이고 거짓말하되 하늘을 가탁하여 무리를 혹하게 하였으니, 하늘이 그 소행을 善하게 여기지 아니하여 商나라로 하여금 天命을 받아서 하여금 그 무리를 밝히게 한 것이다.

○ 王氏가 말하였다. "夏나라가 어두운 德이 있으면 백성들이 따라서 어두워졌고, 商나라가 밝은 德이 있으면 백성들이 따라서 밝아졌다."

○ 吳氏가 말하였다. "用爽厥師는 아랫글의 簡賢附勢와 연결함에 뜻이 서로 관통하지 않으니, 의심컨대 脫誤가 있는 듯하다."

4. 簡賢附勢 寔繁有徒하여 肇我邦이 于有夏에 若苗之有莠하며 若粟之有秕하여 小大戰戰하여 罔不懼于非辜어늘사 矧予之德이 言足聽聞이온여

賢者를 소홀히 하고 세력에 붙는 자들이 실로 무리들이 많아서 처음 우리 나라가 有夏에게 있어 마치 苗에 피가 있고, 곡식에 쭉정이가 있는 것과 같아서 작고 큰 자들이 두려워하여 죄가 아닌 것에 두려워하지 않는 이가 없었습니다. 더구나 우리 湯王의 德이 말하면 사람들의 들음에 흡족함에 있어서이겠습니까.

罔 : 속일 망　寔 : 진실로 식　肇 : 비로소 조　莠 : 가라지 유

秕 : 쭉정이 비　矧 : 하물며 신

簡은 略이요 繁은 多요 肇는 始也라 戰戰은 恐懼貌라 言簡賢附勢之人이 同惡相濟하여 寔多徒衆하여 肇我邦이 於有夏에 爲桀所惡하여 欲見翦除가 如苗之有莠하고 如粟之有秕하여 鋤治簸揚하여 有必不相容之勢라 商衆이 小大震恐하여 無不懼陷于非罪어든 況湯之德이 言則足人之聽聞하여 尤桀所忌疾者乎아 以苗粟喩桀하고 以莠秕喩湯은 特言其不容於桀而迹之危如此라 史記에 言 桀이 囚湯於夏臺라하니 湯之危 屢矣니 無道而惡有道는 勢之必至也라

簡은 소략함이요, 繁은 많음이요, 肇는 처음이다. 戰戰은 恐懼하는 모양이다. 말하기를 "賢者를 소홀히 하고 세력에 붙는 자들이 惡을 함께 하여 서로 이루어서 실로 무리가 많아 처음 우리 나라가 有夏에게 있어서 桀王에게 미움을 받아 翦除를 가하고자 함이 苗에 피가 있는 것과 같고 곡식에 쭉정이가 있는 것과 같아 뽑아서 다스리고 까불러서 날려보내어 반드시 서로 용납하지 못하는 형세가 있었다. 그리하여 商나라 무리중에 작고 큰 자들이 두려워하여 죄가 아닌 것에 빠질까 두려워하지 않는 이가 없었으니, 하물며 湯王의 德이 말하면 사람들의 들음에 흡족하여 더욱 桀王이 시기하고 미워하는 바에 있어서이겠는가." 하였다. 苗와 곡식으로 桀王을 비유하고 피와 쭉정이로 湯王을 비유한 것은 단지 桀王에게 용납되지 못하여 자취의 위태로움이 이와 같음을 말했을 뿐이다. 《史記》에 "桀王이 湯王을 夏臺라는 獄에 가두었다." 하였으니, 湯王의 위태로움이 여러번이었으니, 無道하면서 有道한 자를 미워함은 형세가 반드시 이르게 되는 것이다.

5. 惟王은 不邇聲色하시며 不殖貨利하시며 德懋懋官하시며 功懋懋賞하시며 用人惟己하시며 改過不吝하사 克寬克仁하사 彰信兆民하시니이다

王께서는 음악과 女色을 가까이 하지 않고 財貨와 利益을 증식하지 않으시며, 德이 많은 자에게는 관직을 성대하게 내리고 功이 많은 자에게는 상을 성대하게 내리시며, 사람을 등용하되 자신으로 생각하고,

---

簸 : 까부를 파 邇 : 가까울 이 懋 : 성할 무

허물을 고치되 인색하게 하지 않으시어 능히 너그럽고 능히 인자하여 드러내서 兆民들에게 믿음을 받으셨습니다.

邇는 近이요 殖은 聚也라 不近聲色, 不聚貨利는 若未足以盡湯之德이라 然이나 此本原之地니 非純乎天德而無一毫人欲之私者면 不能也라 本原澄澈然後에 用人處己에 而莫不各得其當이라 懋는 茂也니 繁多之意니 與時乃功懋哉之義同[1]이라 言人之懋於德者는 則懋之以官하고 人之懋於功者는 則懋之以賞하며 用人惟己하여 而人之有善者無不容하고 改過不吝하여 而己之不善者無不改하여 不忌能於人하고 不吝過於己하여 合併爲公하고 私意不立하니 非聖人이면 其孰能之리오 湯之用人處己者如此라 而於臨民之際에 是以로 能寬能仁하니 謂之能者는 寬而不失於縱이요 仁而不失於柔라 易曰 寬以居之하고 仁以行之는 君德也라하니 君德昭著하여 而孚信於天下矣라 湯之德이 足人聽聞者如此하니라

邇는 가까움이요, 殖은 모음이다. 음악과 여색을 가까이 하지 않고 재화와 이익을 증식하지 않은 것은 湯王의 德을 다 표현할 수 없을 것 같다. 그러나 이는 本原의 자리이니, 天德에 순수하여 一毫라도 人欲의 私가 없는 자가 아니면 능할 수 없는 것이다. 本原이 맑고 깨끗한 뒤에야 사람을 등용하고 자기 몸을 처함에 각각 그 마땅함을 얻지 않음이 없는 것이다. 懋는 성함이니, 繁多의 뜻이니, '時乃功懋哉'의 뜻과 같다. 사람 중에 德을 힘쓰는 자에게는 관직으로 성대히 하고 사람중에 功을 힘쓰는 자에게는 상으로 성대히 하며, 사람을 등용할 때에는 자신으로 생각하여 사람 중에 善行이 있는 자는 용납하지 않음이 없고 허물을 고침에 인색하지 아니하여 자기의 不善을 고치지 않음이 없어서, 남의 재능을 시기하지 않고 자기의 허물을 고침에 인색하지 아니하여, 합병하여 公正하게 하고 私意를 세우지 않으니, 성인이 아니면 그 누가 이에 능하겠는가. 湯王이 사람을 등용하고 자기 몸을 처함이 이와 같았다. 그리하여 백성을 대하는 즈음에 이 때문에 능히 너그럽고 능히 仁하였으니, 能이라고 이른 것은 너그럽되 방종함에 잃지 않고, 仁하되 柔弱함에 잃지 않는 것이다. 《周易》에 "너그러움으로써

澄 : 맑을 징　澈 : 맑을 철　吝 : 아낄 린

거하고, 仁으로써 행함은 君主의 德이다." 하였으니, 君主의 德이 밝게 드러나서 天下에 믿어지는 것이다. 湯王의 德이 사람들의 들음에 흡족함이 이와 같았다.

譯註 1. 懋茂也 … 與時乃功懋哉之義同 : '時乃功懋哉'는 위의 〈大禹謨〉에 보이는바, 여기의 懋는 '힘쓴다'는 뜻으로 서로 부합하지 않는다. 沙溪 金長生은 《集傳》의 이러한 오류를 지적하고 德懋懋官과 功懋懋賞을 《集傳》에 懋之以官, 懋之以功으로 설명한 것 역시 懋其官, 懋其賞으로 해석하는 것만 못하다고 하였다. 그리하여 退溪의 '官으로 懋하며' 한 풀이를 따르지 않았음을 밝혀둔다.

6. 乃葛伯이 仇餉이어늘 初征自葛하사 東征에 西夷怨하며 南征에 北狄怨하여 曰 奚獨後予오하며 攸徂之民은 室家相慶하여 曰 徯予后하더소니 后來하시니 其蘇라하니 民之戴商이 厥惟舊哉니이다

葛伯이 밥을 먹이는 자를 원수로 삼자, 처음 정벌하기를 葛나라로부터 하시어 동쪽을 정벌하면 서쪽 오랑캐가 원망하고, 남쪽을 정벌하면 북쪽 오랑캐가 원망하여 이르기를 '어찌하여 홀로 우리 나라를 뒤에 정벌하는가.' 하였으며, 가는 곳의 백성들은 室家가 서로 慶賀하여 이르기를 '우리 임금님을 기다렸는데 우리 임금께서 오시니 소생할 것이다.' 하였으니, 백성들이 商나라를 떠받든 지가 오래되었습니다.

葛은 國名이요 伯은 爵也라 餉은 饋也니 仇餉은 與餉者爲仇也라 葛伯이 不祀어늘 湯이 使問之한대 曰 無以供粢盛이로이다 湯이 使亳衆으로 往耕이어시늘 老弱이 饋餉이러니 葛伯이 殺其童子한대 湯이 遂征之하시니 湯征이 自葛始也라 奚는 何요 徯는 待也라 蘇는 復生也라 西夷, 北狄은 言遠者如此則近者可知也라 湯師之未加者는 則怨望其來하여 曰 何獨後予오하고 其所往伐者는 則妻孥相慶曰 待我后久矣로니 后來하시니 我其復生乎인저

餉 : 먹일 향 徂 : 갈 조 徯 : 기다릴 혜 戴 : 일 대 饋 : 먹일 궤 粢 : 기장 자

하니 他國之民이 皆以湯爲我君하여 而望其來者如此라 天下之愛戴歸往於商者 非一日矣니 商業之興은 蓋不在於鳴條之役也라

○ 呂氏曰 夏商之際에 君臣易位하니 天下之大變이나 然觀其征伐之時에 唐虞都兪揖遜[1]氣象이 依然若存하니 蓋堯舜禹湯이 以道相傳하여 世雖降而道不降也니라

葛은 나라 이름이요, 伯은 작위이다. 餉은 밥을 먹임이니, 仇餉은 밥을 먹이는 자를 원수로 여김을 이른다. 葛伯이 제사하지 않으므로 湯王이 사람을 시켜 물으니, 대답하기를 "粢盛에 바칠 것이 없어서입니다." 하였다. 湯王이 亳邑의 백성들로 하여금 가서 밭을 갈아주게 하였는데 노약자들이 밥을 내오자 葛伯이 그 童子를 죽이고 빼앗았다. 이에 湯王이 마침내 정벌하였으니, 湯王의 정벌이 葛나라로부터 비롯된 것이다. 奚는 어찌이고 徯는 기다림이다. 蘇는 다시 사는 것이다. 西夷와 北狄은 멀리 있는 자들이 이와 같으면 가까이 있는 자들은 알 수 있음을 말한 것이다. 湯王의 군대가 정벌을 가하지 않은 곳은 오기를 원망하고 바라면서 말하기를 "어찌 홀로 우리 나라를 뒤에 정벌하는가." 하였으며, 가서 정벌하는 곳은 처자들이 서로 경하하여 말하기를 "우리 임금님을 기다린 지가 오래되었는데 우리 임금께서 오시니 우리들은 다시 살 것이다." 하였으니, 他國의 백성들이 모두 湯王을 우리 君主라고 하여 오기를 바램이 이와 같았다. 天下가 商나라를 사랑하고 떠받들며 歸依한 것이 하루이틀이 아니니, 商나라의 基業이 일어남은 鳴條의 戰役에 있었던 것은 아니다.

○ 呂氏가 말하였다. "夏·商이 교체될 즈음에 君臣간이 자리를 바꾸니, 天下의 큰 변고이다. 그러나 보건대 정벌할 때에 唐虞의 都兪하고 揖遜하는 기상이 의연히 그대로 남아 있는 듯하니, 堯·舜·禹·湯이 道로써 서로 전수하여, 세대는 비록 아래로 내려왔으나 道는 내려가지 않은 것이다."

譯註 1. 都兪揖遜 : 都는 찬미하는 말이고 兪는 상대방의 말을 수긍하고 인정하는 말로 위의 虞書에 자주 보이는바, 都兪는 君臣間이 자유롭게 의견을 교환함을 뜻하며, 揖遜은 揖하고 겸손함을 이른다.

7. 佑賢輔德하시며 顯忠遂良하시며 兼弱攻昧하시며 取亂侮亡하사 推(퇴)亡固存하시사 邦乃其昌하리이다

諸侯 중에 賢者를 돕고 德이 있는 자를 도우시며, 충성스러운 자를 드러내고 어진 자를 이루어 주시며, 약한 자를 겸병하고 어두운 자를 공격하시며, 어지러운 자를 취하고 망하는 자를 傷하게 하시어, 망하는 것을 밀어내고 보존하는 것을 튼튼히 하셔야 나라가 번창할 것입니다.

前은 旣釋湯之慙이요 此下는 因以勸勉之也라 諸侯之賢德者를 佑之輔之하고 忠良者를 顯之遂之는 所以善善也라 侮는 說文曰 傷也라 諸侯之弱者를 兼之하고 昧者를 攻之하며 亂者를 取之하고 亡者를 傷之는 所以惡惡也라 言善則由大以及小하고 言惡則由小以及大라 推亡者는 兼攻取侮也요 固存者는 佑輔顯遂也니 推彼之所以亡하고 固我之所以存이라야 邦國이 乃其昌矣리라

앞에서는 이미 湯王의 부끄러움을 풀어드렸고, 이 아래는 인하여 권면한 것이다. 諸侯 중에 어질고 德이 있는 자를 돕고 보조하며, 忠良한 자를 드러내고 이루어줌은 善한 자를 좋게 여기는 것이다. 侮는 《說文》에 "상함이다." 하였다. 諸侯 중에 약한 자를 겸병하고 어두운 자를 공격하며 어지러운 자를 취하고 망하는 자를 상하게 함은 惡한 자를 미워하는 것이다. 善을 말할 때에는 큼으로부터 작음에 이르고, 惡을 말할 때에는 작음으로부터 큼에 이르렀다. 망하는 것을 밀어낸다는 것은 兼·攻·取·侮이며, 보존하는 것을 튼튼하게 한다는 것은 佑·輔·顯·遂이다. 저들이 망하는 것을 밀어내고 우리가 보존하는 것을 튼튼히 하여야 나라가 번창할 것이다.

8. 德日新하면 萬邦이 惟懷하고 志自滿하면 九族이 乃離하리니 王은 懋昭大德하사 建中于民하소서 以義制事하시며 以禮制心하시사 垂裕後昆하리이다 予聞하니 曰 能自得師者는 王이요 謂人莫己若者는 亡이라 好問則裕하고 自用則小라하니이다

德이 날로 새로워지면 萬邦이 그리워하고, 마음이 자만하면 九族이 마침내 離反할 것이니, 王께서는 힘써 大德을 밝히시어 백성들에게

中道를 세우소서. 義로 일을 制裁하고 禮로 마음을 制裁하셔야 후손들에게 넉넉함을 드리울 것입니다. 제가 듣자오니, '능히 스스로 스승을 얻는 자는 王者가 되고, 남들이 자기만 못하다고 말하는 자는 망한다. 묻기를 좋아하면 여유가 있고, 스스로 지혜를 쓰면 작아진다.' 하였습니다.

德日新者는 日新其德而不自已也요 志自滿者는 反是라 湯之盤銘曰 苟日新이어든 日日新하고 又日新이라하니 其廣日新之義歟인저 德日新이면 則萬邦雖廣이나 而無不懷요 志自滿이면 則九族雖親이나 而亦離라 萬邦은 擧遠以見近也요 九族은 擧親以見疎也라 王其勉明大德하여 立中道於天下라 中者는 天下之所同有也나 然非君建之면 則民不能以自中이요 而禮義者는 所以建中者也라 義者는 心之裁制요 禮者는 理之節文이니 以義制事면 則事得其宜요 以禮制心이면 則心得其正이니 內外合德하여 而中道立矣라 如此면 非特有以建中於民이라 而垂諸後世者 亦綽乎有餘裕矣리라 然是道也는 必學焉而後至라 故로 又擧古人之言하여 以爲隆師好問則德尊而業廣이요 自賢自用者는 反是라 謂之自得師者는 眞知己之不足, 人之有餘하여 委心聽順하여 而無拂逆之謂也라 孟子曰 湯之於伊尹에 學焉而後臣之라 故로 不勞而王이라하시니 其湯之所以自得者歟인저 仲虺言懷諸侯之道하고 推而至於修德檢身하며 又推而至於能自得師하니 夫自天子로 至於庶人히 未有舍師而能成者하니 雖生知之聖이라도 亦必有師焉이라 後世之不如古는 非特世道之降이라 抑亦師道之不明也니라 仲虺之論이 遡流而源하여 要其極而歸諸能自得師之一語하니 其可爲帝王之大法也歟인저

德이 날로 새로워진다는 것은 날로 그 德을 새롭게 하여 스스로 그치지 않는 것이요, 마음이 자만하다는 것은 이와 반대이다. 湯王이 대야에 새긴 글에 "만일 어느날 새롭거든 나날이 새롭고 또 날로 새롭게 하라." 하였으니, 이는 日新의 뜻을 넓힌 것이다. 德이 날로 새로워지면 萬邦이 비록 넓으나 그리워하지 않는 이가 없고, 마음이 자만하면 九族이 비록 친하나 또

綽 : 너그러울 작　拂 : 어길 불　遡 : 거스를 소

한 離叛한다. 萬邦은 맒을 들어 가까움을 나타낸 것이요, 九族은 친함을 들어 소원함을 나타낸 것이다.

王은 힘써 大德을 밝혀 中道를 天下에 세워야 하니, 中은 天下가 똑같이 가지고 있는 것이나 君主가 세워주지 않으면 백성들이 스스로 맞게 하지 못하며, 禮義는 中을 세우는 것이다. 義는 마음의 制裁요 禮는 이치의 節文이니, 義로 일을 制裁하면 일이 그 마땅함을 얻고 禮로 마음을 制裁하면 마음이 그 바름을 얻게 되니, 內外가 德을 합하여 中道가 확립된다. 이와 같이 하면 다만 백성에게 중도를 세움이 있을 뿐만 아니라, 후세에 드리움이 또한 넉넉하여 여유가 있을 것이다. 그러나 이 道는 반드시 배운 뒤에 이른다. 그러므로 또 옛사람의 말을 들어 이르기를 "스승을 높이고 묻기를 좋아하면 德이 높아지고 業이 넓어지며, 스스로 어질다고 여기고 스스로 지혜를 쓰는 자는 이와 반대이다." 라고 한 것이다. 스스로 스승을 얻었다는 것은 자신의 부족함과 남의 넉넉함을 참으로 알아서 마음을 맡겨 듣고 순종하여 어기고 거슬림이 없음을 이른다. 孟子는 말씀하기를 "湯王이 伊尹에게 배운 뒤에 臣下로 삼았기 때문에 수고롭지 않고도 王者가 되었다." 하였으니, 이것이 湯王이 스스로 스승을 얻은 것일 것이다.

仲虺는 제후들을 회유하는 道를 말하고, 미루어 德을 닦고 몸을 검속함에 이르렀으며, 또 미루어 스스로 스승을 얻음에 이르렀으니, 天子로부터 庶人에 이르기까지 스승을 버리고 성공하는 자는 있지 않으니, 비록 生而知之의 聖人이라도 또한 반드시 스승이 있어야 한다. 후세가 옛날만 못한 것은 단지 世道가 낮아져서일 뿐만 아니라, 또한 師道가 밝지 못하기 때문이다. 仲虺의 의논은 흐름을 거슬러 근원에 이르러서 그 極을 요약하여 스스로 스승을 얻는다는 한 말에 돌렸으니, 帝王의 大法이 될 만하다 할 것이다.

9. 嗚呼라 愼厥終인댄 惟其始니 殖有禮하며 覆昏暴하사 欽崇天道하시사 永保天命하시리이다

아! 그 終을 삼가려면 시작을 잘해야 하니, 禮가 있는 자를 封해주며 어둡고 포악한 자를 전복시켜, 天道를 공경하고 높이셔야 天命을 영원히 보존할 것입니다."

上文에 旣勸勉之하고 於是에 歎息言 謹其終之道는 惟於其始圖之라하니 始之不謹而能謹終者는 未之有也라 伊尹이 亦言謹終于始라하니 事雖不同이나 而理則一也라 欽崇者는 敬畏尊奉之意라 有禮者를 封殖之하고 昏暴者를 覆亡之는 天之道也니 欽崇乎天道면 則永保其天命矣리라 按仲虺之誥컨대 其大意有三하니 先言天立君之意와 桀逆天命而天之命湯者를 不可辭하고 次言湯德足以得民하여 而民之歸湯者 非一日하고 末言爲君艱難之道와 人心離合之機와 天道福善禍淫之可畏하여 以明今之受夏 非以利己라 乃有無窮之恤하여 以深慰湯而釋其慙하니 仲虺之忠愛 可謂至矣라 然湯之所慙은 恐來世以爲口實者어늘 仲虺終不敢謂無也하니 君臣之分이 其可畏如此哉인저

上文에서는 이미 勸勉하였고, 여기서는 탄식하고 말하기를 "終을 삼가는 道는 오직 시작에 도모하여야 한다." 하니, 시작을 삼가지 않고서 終을 삼가는 자는 있지 않다. 伊尹 역시 "終을 시작에 삼가라." 하였으니, 일은 비록 똑같지 않으나 이치는 하나이다. 欽崇은 공경하고 높여 받드는 뜻이다. 禮가 있는 자를 봉해 주고 어둡고 포악한 자를 전복시켜 망하게 함은 하늘의 道이니, 하늘의 道를 공경하고 높이면 天命을 길이 보전할 것이다.

〈仲虺之誥〉를 살펴보면 세 가지 大意가 있으니, 먼저는 하늘이 군주를 세운 뜻과 桀王이 天命을 거슬려 하늘이 湯王에게 명한 것을 사양할 수 없음을 말하였고, 다음은 湯王의 德이 족히 백성을 얻어서 백성들이 湯王에게 돌아온 것이 하루이틀이 아님을 말하였고, 맨끝에는 군주 노릇하기가 어려운 道와 人心이 離合하는 기틀과 天道가 善한 자에게 福을 주고 惡한 자에게 禍를 줌이 두려울 만함을 말하여, 지금에 夏나라를 받은 것이 자기를 이롭게 함이 아니요 마침내 무궁한 근심이 있음을 밝혀, 湯王을 깊이 위로하고 그 부끄러움을 풀어드린 것이니, 仲虺의 충성과 사랑이 지극하다고 이를 만하다. 그러나 湯王이 부끄러워한 것은 後世에서 구실로 삼을까 두려워한 것인데, 仲虺는 끝내 감히 없다고 말하지 않았으니, 君臣의 직분이 두려워할 만함이 이와 같다.

湯 誥

湯伐夏歸亳하시니 諸侯率職來朝어늘 湯作誥하사 以與天下更始하시니 今文無, 古文有하니라

湯王이 夏나라를 정벌하고 亳邑으로 돌아오니, 諸侯들이 직책을 받들어 來朝하였다. 湯王이 誥를 지어 천하와 더불어 更始(새 출발을 함)하였으니, 今文에는 없고 古文에는 있다.

1. 王이 歸自克夏하사 至于亳하사 誕告萬方하시다

王이 夏나라를 이기고 돌아와 亳邑에 이르시어 크게 萬方에 고하였다.

誕은 大也라 亳은 湯所都니 在宋州穀熟縣이라

誕은 큼이다. 亳은 湯王이 도읍한 곳이니, 宋州의 穀熟縣에 있다.

2. 王曰 嗟爾萬方有衆아 明聽予一人誥하라 惟皇上帝降衷于下民하사 若有恒性하니 克綏厥猷[1]는(라사) 惟后니라

王이 다음과 같이 말씀하였다. "아! 너희 萬方의 무리들아. 나 한 사람의 가르침을 분명히 들어라. 훌륭하신 上帝가 下民들에게 衷을 내려주어 순히 하여 떳떳한 性을 소유하였으니, 능히 그 道에 편안하게 하는 이는 군주인 것이다.

譯註 1. 克綏厥猷는 : 諺解에는 吐를 '라사'로 달았으나 退溪의 《三經釋義》를 따라 修訂하였다.

誕 : 클 탄 猷 : 도 유

皇은 大요 衷은 中이요 若은 順也라 天之降命에 而具仁義禮智信之理하여 無所偏倚하니 所謂衷也요 人之稟命에 而得仁義禮智信之理하여 與心俱生하니 所謂性也라 猷는 道也니 由其理之自然하여 而有仁義禮智信之行하니 所謂道也라 以降衷而言하면 則無有偏倚하니 順其自然하여 固有常性矣어니와 以稟受而言하면 則不無淸濁純雜之異라 故로 必待君師之職而後에 能使之安於其道也라 故로 曰 克綏厥猷惟后라하니라 夫天生民有欲은 以情言也요 上帝降衷于下民은 以性言也라 仲虺는 卽情以言人之欲하고 成湯은 原性以明人之善하시니 聖賢之論이 互相發明이라 然其意則皆言君道之係於天下者 如此之重也니라

皇은 위대함이요, 衷은 中이요, 若은 순함이다. 하늘이 命을 내릴 적에 仁·義·禮·智·信의 이치를 갖추어 편벽되거나 치우친 바가 없으니 이른바 衷이며, 사람이 命을 받을 적에 仁·義·禮·智·信의 이치를 얻어 마음과 함께 나오니 이른바 性이다. 猷는 道이니, 이치의 자연을 따라 仁·義·禮·智·信의 행실이 있으니 이른바 道이다. 衷을 내려준 입장에서 말하면 편벽되거나 치우친 바가 없으니, 자연을 순히 하여 본래 떳떳한 性을 보유하고 있으나 稟受한 입장에서 말하면 淸과 濁, 純과 雜의 다름이 없지 못하다. 그러므로 반드시 君主와 스승의 직책이 있은 뒤에야 道에 편안하게 할 수가 있다. 그러므로 그 道에 편안하게 하여야 君主라고 말한 것이다. 하늘이 내신 백성들이 욕망이 있음은 情으로 말한 것이요, 上帝가 下民에게 衷을 내려줌은 性으로 말한 것이다. 仲虺는 情에 나아가 사람의 욕망을 말하였고, 成湯은 性에 근원하여 사람의 善을 밝혔으니, 聖賢의 의논이 서로 발명된다. 그러나 그 뜻은 모두 君主의 道가 天下에 관계됨이 이와 같이 중함을 말한 것이다.

3. 夏王이 滅德作威하여 以敷虐于爾萬方百姓한대 爾萬方百姓이 罹其凶害하여 弗忍荼毒하여 並告無辜于上下神祇하니 天道는 福善禍淫이라 降災于夏하사 以彰厥罪하시니라

罹 : 걸릴 리 荼 : 씀바귀 도

夏나라 王이 德을 멸하고 위엄을 부려 너희 萬方의 백성들에게 사나움을 펴니, 너희 萬方의 백성들이 그 凶害에 걸려서 荼毒을 참지 못하여 모두 죄가 없음을 上下의 神祇에게 하소연하였다. 하늘의 道는 善한 자에게 福을 내리고 음탕한 자에게 禍를 내린다. 그리하여 夏나라에 災殃을 내려 그 罪를 드러내신 것이다.

言桀이 無有仁愛하고 但爲殺戮하여 天下被其凶害 如荼之苦하고 如螫之毒하여 不可堪忍일새 稱寃於天地鬼神하여 以冀其拯己라 屈原曰 人窮則反本이라 故로 勞苦倦極이면 未嘗不呼天也[1]라하니라 天之道는 善者福之하고 淫者禍之하나니 桀旣淫虐이라 故로 天降災하여 以明其罪라 意當時必有災異之事하니 如周語所謂伊洛竭而夏亡之類라

桀은 仁愛함이 없고 단지 殺戮을 하여 天下가 그 凶害를 입음이 마치 씀바귀의 쓴 것과 같고 독충의 독과 같아서 견디고 참을 수가 없었다. 그러므로 天地의 鬼神에게 원통함을 말하여 자기를 구원해 주기를 바란 것이다. 屈原이 말하기를 "사람이 궁해지면 근본으로 돌아간다. 그러므로 사람이 수고롭고 괴로우며 피곤함이 지극하면 일찍이 하늘을 부르지 않음이 없는 것이다." 하였다. 하늘의 道는 善한 자에게 福을 내리고 음탕한 자에게 禍를 내리니, 桀王이 이미 음탕하고 사나우므로 하늘이 재앙을 내려서 그 죄를 밝힌 것이다. 짐작컨대 당시에 반드시 災異의 일이 있었을 것이니, 〈周語〉에 이른바 '伊水와 洛水가 고갈됨에 夏나라가 망했다.'는 따위와 같은 것이다.

譯註 1. 屈原曰 … 未嘗不呼天也 : 이 내용은 屈原이 말한 것이 아니고 《史記》〈屈原傳〉에 보이는 司馬遷의 말임을 밝혀둔다.

4. 肆台小子 將天命明威하여 不敢赦일새 敢用玄牡하여 敢昭告于上天神后하여 請罪有夏하고 聿求元聖하여 與之戮力하여 以與爾有衆으로 請命호라

螫 : 쏠 석 拯 : 구원할 증 肆 : 그러므로 사 牡 : 수컷 무 聿 : 드디어 률

이러므로 나 小子는 하늘이 命하신 밝은 위엄을 받들어 감히 용서할 수가 없기에 검은 犧牲을 써서 上天과 神后에게 밝게 아뢰어 有夏에게 罪를 내릴 것을 청하고 마침내 元聖을 찾아서 그와 더불어 힘을 다해서 너희 무리들과 함께 命을 청하였노라.

肆는 故也라 故我小子 奉將天命明威하여 不敢赦桀之罪也라 玄牡는 夏尙黑하니 未變其禮也라 神后는 后土也라 聿은 遂也라 元聖은 伊尹也라

肆는 故이다. 그러므로 나 小子가 하늘이 명하신 밝은 위엄을 받들어서 감히 桀王의 죄를 용서하지 못하는 것이다. 玄牡는 夏나라는 검은 색을 숭상하였으니, 아직 그 禮를 바꾸지 않은 것이다. 神后는 后土이다. 聿은 드디어이다. 元聖은 伊尹이다.

5. 上天이 孚佑下民이라 罪人이 黜伏하니 天命弗僭이 賁若草木이라 兆民이 允殖하니라

上天이 진실로 下民들을 돕기에 죄인이 쫓겨나 굴복하니, 天命은 어긋나지 아니하여 찬란함이 草木과 같다. 그리하여 만백성들이 진실로 生殖되는 것이다.

孚允은 皆信也라 僭은 差也라 賁는 文之著也라 殖은 生也라 上天이 信佑下民이라 故로 夏桀이 竄亡而屈服하니 天命無所僭差가 燦然若草木之敷榮하여 兆民이 信乎其生殖矣라

孚와 允은 모두 진실로이다. 僭은 어그러짐이다. 賁는 文采가 드러남이다. 殖은 낳음이다. 上天이 진실로 下民들을 돕는다. 그러므로 夏桀이 도망하여 굴복하니, 天命이 어긋남이 없는 것이 草木이 찬란하게 잎이 피고 꽃이 피는 것과 같아서 兆民들이 진실로 생식되는 것이다.

孚 : 진실로 부　僭 : 어그러질 참　賁 : 문채날 비

6. 俾予一人으로 輯寧爾邦家하시니 茲朕이 未知獲戾于上下하여 慄慄危懼하여 若將隕于深淵하노라

나 한 사람으로 하여금 너희 국가를 화하고 편안하게 하시니, 이에 朕은 上下에 죄를 얻을까 알지 못하여 慄慄하며 위태롭게 여기고 두려워하여 장차 깊은 못에 빠질 것처럼 여기노라.

輯은 和요 戾는 罪요 隕은 墜也라 天使我輯寧爾邦家하니 其付予之重을 恐不足以當之요 未知己得罪於天地與否하여 驚恐憂畏하여 若將墜於深淵하니 蓋責愈重則憂愈大也라

輯은 화합이요 戾는 죄요 隕은 떨어짐이다. 하늘이 나로 하여금 너희 국가를 화하고 편안하게 하시니, 그 맡겨 주신 중함을 감당하지 못할까 두려우며, 나는 천지에게 죄를 얻을지의 여부를 알지 못하여 놀라고 두려워하며 근심하고 조심하여 장차 깊은 못에 빠질 것처럼 여기니, 책임이 무거울수록 근심이 커지는 것이다.

7. 凡我造邦은 無從匪彛하며 無卽慆淫하여 各守爾典하여 以承天休하라

무릇 우리 새로 출발하는 나라들은 法이 아닌 것을 따르지 말며, 태만하고 음탕함에 나아가지 말아서 각각 너희의 떳떳함을 지켜 하늘의 아름다운 명령을 받들도록 하라.

夏命已黜에 湯命惟新하니 侯邦雖舊나 悉與更始라 故로 曰造邦이라 彛는 法이요 卽은 就요 慆는 慢也라 匪彛는 指法度言이요 慆淫은 指逸樂言이라 典은 常也니 各守其典常之道하여 以承天之休命也라

夏나라 命이 이미 축출됨에 湯王의 命이 새로워지니, 諸侯의 나라가 비

戾 : 죄 려　隕 : 떨어질 운　慆 : 거만할 도　黜 : 내칠 출

록 오래되었으나 모두 다시 새롭게 시작하였다. 그러므로 造邦이라고 말한 것이다. 彝는 法이요, 卽은 나아감이요, 慆는 태만함이다. 匪彝는 法度를 가리켜 말한 것이요, 慆淫은 逸樂을 가리켜 말한 것이다. 典은 떳떳함이니, 각기 그 典常의 道를 지켜 하늘의 아름다운 命을 받드는 것이다.

8. 爾有善이면 朕弗敢蔽요 罪當朕躬이면 弗敢自赦니 惟簡이 在上帝之心하니라 其爾萬方의 有罪는 在予一人이요 予一人의 有罪는 無以爾萬方이니라

너희가 善함이 있으면 내 감히 가리지 않을 것이요, 罪가 나의 몸에 당하면 감히 스스로 용서하지 않을 것이니, 簡閱함이 上帝의 마음에 달려 있다. 너희 萬方이 죄가 있음은 책임이 나 한 사람에게 있고, 나 한 사람이 죄가 있음은 너희 萬方 때문이 아니다.

簡은 閱也라 人有善이면 不敢以不達이요 己有罪면 不敢以自恕하니 簡閱을 一聽於天이라 然이나 天以天下로 付之我하니 則民之有罪는 實君所爲요 君之有罪는 非民所致라 非特聖人이 厚於責己而薄於責人이라 是乃理之所在니 君道當然也니라

簡은 簡閱함이다. 사람이 善行이 있으면 감히 현달하게 하지 않을 수 없고, 내 몸에 죄가 있으면 감히 스스로 용서할 수 없으니, 簡閱함에 한결같이 하늘을 따르는 것이다. 그러나 하늘이 天下를 나에게 맡겨 주었으니, 백성들이 죄가 있음은 실로 君主의 所行이요, 君主가 죄가 있음은 백성들의 所致가 아니다. 이는 단지 聖人이 자기를 책함에 후하고 남을 책함에 박하게 할 뿐만 아니라, 이는 바로 이치가 있는 곳이니, 君主의 도리에 당연한 것이다.

9. 嗚呼라 尙克時忱이라사 乃亦有終하리라

忱 : 성실할 침

아! 부디 이에 誠實하게 하여야 마침내 또한 終이 있을 것이다."

忱은 信也라 歎息言 庶幾能於是而忱信焉이라야 乃亦有終也라 吳氏曰 此는 兼人己而言이니라

忱은 성실함이다. 탄식하고 말하기를 "거의 능히 이에 성실하여야 또한 終이 있다."고 한 것이다. 吳氏가 말하였다. "이는 남과 자기를 겸하여 말씀한 것이다."

伊 訓

訓은 導也라 太甲嗣位에 伊尹이 作書訓導之어늘 史錄爲篇하니 今文無, 古文有하니라

訓은 인도함이다. 太甲이 지위를 잇자 伊尹이 글을 지어 훈도하였는데 史官이 기록하여 篇을 만들었으니, 今文에는 없고 古文에는 있다.

1. 惟元祀十有二月乙丑에 伊尹이 祠于先王할새 奉嗣王하여 祗見厥祖어늘 侯甸群后咸在하며 百官이 總己하여 以聽冢宰어늘 伊尹이 乃明言烈祖之成德하여 以訓于王하니라

元祀(元年) 12월 乙丑日에 伊尹이 先王에게 祭祀할 적에 嗣王을 받들어 공경히 할아버지를 뵈었는데, 이때 侯服과 甸服의 여러 諸侯들이 모두 있었으며 百官들이 자기의 직책을 총괄하여 冢宰에게서 명령을 들었다. 이에 伊尹이 烈祖(成湯)가 이룩하신 德을 분명히 말하여 王에게 다음과 같이 훈계하였다.

嗣 : 이을 사 冢 : 클 총

夏曰歲요 商曰祀요 周曰年이니 一也라 元祀者는 太甲卽位之元年이라 十二月者는 商以建丑爲正이라 故로 以十二月爲正也라 乙丑은 日也니 不繫以朔者는 非朔日也[1]라 三代雖正朔不同이나 然皆以寅月起數하니 蓋朝覲會同頒曆授時는 則以正朔行事하고 至於紀月之數하여는 則皆以寅爲首也라 伊는 姓이요 尹은 字也니 伊尹의 名은 摯라 祠者는 告祭於廟也라 先王은 湯也라 冢은 長也라 禮에 有冢子冢婦之名하고 周人亦謂之冢宰하니 古者에 王宅憂어든 祠祭則冢宰攝而告廟하고 又攝而臨群臣이라 太甲이 服仲壬之喪일새 伊尹이 祠于先王에 奉太甲하여 以卽位改元之事로 祗見厥祖하니 則攝而告廟也요 侯服甸服之群后咸在하고 百官이 總己之職하여 以聽冢宰하니 則攝而臨群臣也라 烈은 功也니 商頌曰 衎我烈祖라하니라 太甲이 卽位改元하니 伊尹이 於祠告先王之際에 明言湯之成德하여 以訓太甲하니 此는 史官敍事之始辭也라 或曰 孔氏言湯崩踰月에 太甲卽位라하니 則十二月者는 湯崩之年建子之月也니 豈改正朔而不改月數乎아 曰此는 孔氏惑於序書之文也라 太甲이 繼仲壬之後하여 服仲壬之喪이어늘 而孔氏曰 湯崩에 奠殯而告라하니 固已誤矣요 至於改正朔而不改月數하여는 則於經史에 尤可攷라 周建子矣로되 而詩言四月維夏, 六月徂暑라하니 則寅月起數를 周未嘗改也요 秦建亥矣로되 而史記에 始皇三十一年十二月에 更名臘曰嘉平이라하니 夫臘은 必建丑月也라 秦以亥正이면 則臘爲三月이어늘 云十二月者는 則寅月起數를 秦未嘗改也라 至三十七年하여 書十月癸丑에 始皇出遊하고 十一月에 行至雲夢이라하고 繼書七月丙寅에 始皇崩하여 九月에 葬酈山이라하니 先書十月十一月하고 而繼書七月九月者는 知其以十月爲正朔이나 而寅月起數를 未嘗改也라 且秦史制書에 謂改年始하여 朝賀를 皆自十月朔이라하니 夫秦은 繼周者也니 若改月數면 則周之十月은 爲建酉月矣니 安在其爲建亥乎아 漢初에 史氏所書는 舊例也라 漢仍秦正이로되 亦書曰 元年冬十月이라하니 則正朔改而月數不改 亦已明矣라 且經曰 元祀十有二月乙丑이라하니 則以十二月로 爲正朔而改元이 何疑乎아 惟其以正朔行事也라 故로 後乎此者復政厥辟도 亦以十二月朔에 奉嗣王하여 歸于亳하니 蓋祠告復政이 皆重事也라 故로 皆以正朔行之

摯：도타울 지　衎：즐길 간　殯：빈소 빈　臘：섣달제향 랍　酈：땅이름 력

라 孔氏不得其說하고 而意湯崩踰月에 太甲卽位하여 奠殯而告라하니 是는 以崩年改元矣라 蘇氏曰 崩年改元은 亂世事也니 不容在伊尹而有之니 不可以不辨이라하니라 又按 孔氏以爲湯崩이라하여늘 吳氏曰 殯有朝夕之奠하니 何爲而致祠며 主喪者는 不離於殯側이니 何待於祗見이리오하니 蓋太甲之爲嗣王은 嗣仲壬而王也라 太甲은 太丁之子니 仲壬은 其叔父也라 嗣叔父而王이로되 而爲之服三年之喪은 爲之後者爲之子也일새라 太甲이 旣卽位於仲壬之柩前하고 方居憂於仲壬之殯側일새 伊尹이 乃至商之祖廟하여 徧祀商之先王하고 而以立太甲告之라 不言太甲祀而言伊尹은 喪三年엔 不祭也라 奉太甲하여 徧見商之先王이로되 而獨言祗見厥祖者는 雖徧見先王이나 而尤致意於湯也니 亦猶周公金縢之冊에 雖徧告三王이나 而獨眷眷於文王也라 湯旣已祔于廟하니 則是此書 初不廢外丙仲壬之事나 但此書本爲伊尹稱湯以訓太甲이라 故로 不及外丙仲壬之事爾라 餘見書序하니라

夏나라는 歲라 하고 商나라는 祀라 하고 周나라는 年이라 하였으니, 똑같다. 元祀는 太甲이 즉위한 元年이다. 12월은 商나라는 建丑月을 正月로 삼았으므로 12월을 正月로 삼은 것이다. 乙丑은 日辰이니, 초하루를 붙이지 않은 것은 초하루가 아니기 때문이다. 三代가 비록 正朔이 똑같지 않으나 모두 寅月로 數를 일으켰으니, 朝覲하고 會同하며 冊曆을 반포하여 농사철을 나누어주는 것은 正朔으로 행사하였고, 달의 數를 기록함에 이르러서는 모두 寅月을 첫번째로 삼은 것이다. 伊는 姓이고 尹은 字이니, 伊尹의 이름은 摯이다. 祠는 祠堂에서 告由하고 祭祀하는 것이다. 先王은 湯王이다. 冢은 우두머리이다. 禮에 冢子·冢婦의 명칭이 있고, 周나라 사람 또한 冢宰라 일렀으니, 옛날에 王이 宅憂(喪中에 있음)하면 祠堂에서 祭祀지낼 경우 冢宰가 대신하여 祠堂에 告由하고, 또 대신하여 群臣에게 臨하였다. 太甲이 仲壬의 喪을 입고 있었으므로 伊尹이 先王에게 祭祀할 적에 太甲을 받들어 卽位하고 改元한 일을 가지고 공경히 할아버지를 뵈온 것이니 이는 대신하여 祠堂에 고한 것이며, 侯服과 甸服의 여러 諸侯들이 모두 있었고 百官이 자기의 직책을 모두 총괄하여 冢宰에게 명령을 들었으니 이는 대신하여 群

徧 : 두루 변(편)　縢 : 봉함할 등　眷 : 돌아볼 권　祔 : 부제사 부

臣에게 임한 것이다. 烈은 功이니,《詩經》〈商頌〉에 "우리 烈祖를 즐겁게 한다." 하였다. 太甲이 즉위하고 元年을 고치자, 伊尹이 先王에게 祭祀하고 告由할 적에 湯王이 이룩하신 德을 분명히 말하여 太甲에게 훈계하였으니, 이는 史官이 일을 서술한 처음 말이다.

혹자는 말하기를 "孔氏가 말하기를 '湯王이 昇遐한 지 한 달이 넘음에 太甲이 즉위했다.' 하였으니, 그렇다면 12월은 湯王이 昇遐한 해의 建子月이니, 어찌 正朔은 고치고 月數는 고치지 않았겠는가?" 라고 말한다. 그러나 이것은 孔氏가《書經》의 序에 미혹된 것이다. 太甲이 仲壬의 뒤를 이어 仲壬의 喪을 입고 있었는데, 孔氏가 "湯王이 昇遐함에 殯所에 奠을 올리고 告由했다."고 말했으니, 진실로 이미 잘못되었으며, 正朔은 고치고 月數는 고치지 않음에 이르러서는 經文과 史策에서 더욱 상고할 수 있다. 周나라는 建子月을 正月로 하였으나《詩經》에 "4월에 여름이 되고, 6월에 더위가 물러간다."고 말하였으니, 寅月로 數를 일으킴을 周나라가 일찍이 고치지 않은 것이며, 秦나라는 建亥月을 正月로 삼았으나《史記》에 "始皇 31년 12월에 臘月의 이름을 고쳐 嘉平이라 했다." 하였으니, 臘月은 반드시 建丑月로 한다. 秦나라가 亥月을 正月로 삼았으면 臘月은 3월이 되어야 하는데, 12월이라고 말한 것은 寅月로 數를 일으킴을 秦나라가 일찍이 고치지 않은 것이다. 37년에 이르러 "10월 癸丑日에 始皇이 나가 유람하였고, 11월에 여행하여 雲夢에 이르렀다."고 썼고, 뒤이어 "7월 丙寅日에 始皇이 別世하여 9월에 酈山에 장사지냈다."고 썼으니, 먼저 10월·11월을 쓰고, 뒤이어 7월·9월을 쓴 것은 10월을 正朔으로 삼았으나 寅月로 數를 일으킴을 일찍이 고치지 않았음을 알 수 있다. 또 秦나라 史官이 책을 만들 적에 "새해의 시작을 고쳐서 朝會하고 賀禮함을 모두 10월 초하루부터 했다." 하였으니, 秦나라는 周나라를 뒤이었으니, 만약 月數를 고쳤다면 周나라의 10월은 建酉月이 되는 것이니, 어찌 建亥月이 될 수 있겠는가. 漢나라 초기에 史官이 쓴 것은 옛날 例를 그대로 따른 것이었다. 漢나라는 秦나라의 正月을 그대로 따랐으나 또한 "元年 冬 10월이다." 하였으니, 正朔은 고쳤으나 月數는 고치지 않은 것이 또한 너무 분명하다. 또 經文에 이르기를 "元祀 12월 乙丑日이다." 하였으니, 商나라 12월을 正朔으로 삼아 元年을 고쳤음을 어찌 의심할 것이 있겠는가. 오직 正朔으로 행사했기 때문에 이보다 뒤에 政權을 君主에게 돌려줄 때에도 또한 12월 초하루에 嗣王을 받들어 亳邑으로 돌아왔던 것이니, 祠堂에 告由함과 政權을 君主에게 돌려줌이 다 중요한 일이므로 모두 正朔으로 행한 것이다. 孔氏는 그 말을 알지 못하고 생각하기를 "湯王이 昇遐한 지 한 달이 넘음에 太甲이 卽位하여 殯所에 奠을 올리고 告由했다." 하였으니, 이는 昇遐한 해에 改元한 것이 된다. 蘇氏는 말하기를 "昇遐한 해에 改元함은 亂世의 일이니, 伊尹의 세대에 이러한 일이 있을 수 없으니, 분변하지 않을 수 없다." 하였다.

또 살펴보건대 孔氏가 "湯王이 昇遐하였다." 하였는데, 吳氏가 말하기를 "殯所에는 朝夕의 奠이 있으니 어찌하여 祠堂에 제사하며, 喪主는 殯所의 곁을 떠나지 않으니 어찌 공경히 뵐 필요가 있겠는가." 하였으니, 太甲이 嗣王이 된 것은 仲壬을 이어 王이 된 것이다. 太甲은 太丁의 아들이니, 仲壬은 그의 叔父이다. 叔父를 뒤이어 王이 되었으나 그를 위해 3年喪의 服을 입은 것은 후계자가 된 자는 자식이 되기 때문이다. 太甲이 이미 仲壬의 靈柩 앞에서 卽位하고 仲壬의 殯所 곁에서 居憂하고 있기에 伊尹이 마침내 商나라의 祖廟에 이르러 商나라의 先王에게 두루 祭祀하고, 太甲을 세운 일을 告由한 것이다. 太甲이 제사했다고 말하지 않고 伊尹이 했다고 말한 것은 3年喪 안에는 제사하지 않기 때문이다. 太甲을 받들어 商나라의 先王들을 두루 뵈었는데 유독 할아버지를 공경히 뵈었다고 말한 것은, 비록 先王들을 두루 뵈었으나 더욱 湯王에게 뜻을 지극히 한 것이니, 이는 또한 周公의 金縢 책에 비록 세 王에게 두루 告由하였으나 유독 文王에게 眷眷한 것과 같다. 湯王이 이미 祠堂에 祔廟되었으니, 그렇다면 이 글은 애당초 外丙과 仲壬의 일을 폐하지 않았으나, 다만 이 글은 본래 伊尹이 湯王의 成德을 말하여 太甲을 훈계하려 한 것이다. 그러므로 外丙과 仲壬의 일을 언급하지 않은 것이다. 나머지는 書序에 보인다.

譯註 1. 乙丑日也 … 非朔日也：沙溪는 아래 〈武成〉에 '惟一月壬辰旁死魄越翼日癸巳'라 한 것을 들어 壬辰日이 朔인데도 朔이라 말하지 않고 旁死魄이라 하였음을 상기하고, 史官의 기록에 상세하고 간략함이 있을 뿐 큰 意義가 있는 것이 아니라고 하였다.

2. 曰 嗚呼라 古有夏先后 方懋厥德하실새 罔有天災하며 山川鬼神이 亦莫不寧하며 暨鳥獸魚鼈이 咸若하더니 于其

暨：및 기 鼈：자라 별

子孫이 **弗率**한대 **皇天**이 **降災**하사 **假手于我有命**하시니 **造攻**은 **自鳴條**어늘 **朕哉自亳**하시니이다

"아! 옛날 有夏의 先后(先王)들이 그 德을 힘쓰셨기에 天災가 없었으며, 山川의 鬼神들이 또한 편안하지 않음이 없었으며, 鳥獸와 魚鼈들이 모두 순하였는데, 그 자손들이 法度를 따르지 않자 皇天이 災殃을 내리시어 天命을 소유한 우리 湯王에게 손을 빌리시니, 攻擊을 시작함은 鳴條로부터 하였는데 우리(湯王)가 德을 닦은 것은 亳邑으로부터 시작하였습니다.

詩曰 殷監不遠하여 在夏后之世라하니 商之所宜監者 莫近於夏라 故로 首以夏事告之也라 率은 循也요 假는 借也라 有命은 有天命者니 謂湯也라 桀이 不率循先王之道라 故로 天降災하사 借手于我成湯以誅之라 夏之先后 方其懋德엔 則天之眷命이 如此러니 及其子孫弗率하여는 而覆亡之禍 又如此하니 太甲이 不知率循成湯之德이면 則夏桀覆亡之禍 亦可監矣라 哉는 始也라 鳴條는 夏所宅也요 亳은 湯所宅也니 言造可攻之釁者는 由桀積惡於鳴條요 而湯德之修는 則始於亳都也라

《詩經》에 "殷나라의 거울(귀감)이 멀리 있지 않아 夏后의 세대에 있다." 하였으니, 商나라가 마땅히 거울로 삼을 것은 夏나라보다 가까운 것이 없다. 그러므로 첫번째로 夏나라 일로 고한 것이다. 率은 따름이요, 假는 빌림이다. 有命은 天命을 소유한 자이니, 湯王을 이른다. 桀이 先王의 道를 따르지 않으므로 하늘이 재앙을 내려서 우리 成湯의 손을 빌려 誅伐한 것이다. 夏나라의 先后들이 德을 힘쓸 때에는 하늘이 돌아보고 명령함이 이와 같더니, 子孫들이 따르지 않음에 이르러서는 覆亡의 화가 또 이와 같으니, 太甲이 成湯의 道를 따를 줄 모르면 夏桀의 覆亡한 화를 또한 거울로 삼을 수 있는 것이다. 哉는 비로소이다. 鳴條는 夏나라가 거주하던 곳이요, 亳邑은 湯王이 거주하던 곳이니, 공격할 수 있는 단서를 만든 것은 桀이 鳴條에서 惡을 쌓음에서 말미암고, 湯王이 德을 닦은 것은 亳邑에서 시작하였음을 말한 것이다.

3. 惟我商王이 布昭聖武하사 代虐以寬하신대 兆民이 允懷하니이다

우리 商王이 聖武를 펴서 드러내시어 사나움을 대신하시되 너그러움으로 하시니, 兆民들이 믿고 그리워하였습니다.

布昭는 敷著也라 聖武는 猶易所謂神武而不殺者라 湯之德威 敷著于天下하여 代桀之虐以吾之寬이라 故로 天下之民이 信而懷之也라

布昭는 펴서 드러냄이다. 聖武는 《周易》에 이른바 '神武하여 죽이지 않는다.'는 말과 같은 것이다. 湯王의 德과 威嚴이 天下에 펴져 드러나서 桀王의 사나움을 대신하되 우리의 너그러움으로써 하였다. 그러므로 天下의 백성들이 믿고 그리워한 것이다.

4. 今王이 嗣厥德인댄 罔不在初하니 立愛惟親하시며 立敬惟長하사 始于家邦하사 終于四海하소서

이제 王께서 그 德을 이으려 하신다면 卽位하는 초기에 있지 않음이 없으니, 사랑을 세우되 어버이로부터 하시며 공경을 세우되 어른으로부터 하시어, 집과 나라에서 시작하여 四海에서 마치소서.

初는 卽位之初니 言始不可以不謹也라 謹始之道는 孝悌而已니 孝悌者는 人心之所同이니 非必人人敎詔之라 立은 植(치)也니 立愛敬於此에 而形愛敬於彼하니 親吾親하여 以及人之親하고 長吾長하여 以及人之長하여 始于家하여 達于國하고 終而措之天下矣라 孔子曰 立愛를 自親始는 敎民睦也요 立敬을 自長始는 敎民順也라하시니라

初는 卽位한 초기이니, 처음을 삼가지 않으면 안됨을 말한 것이다. 처음을 삼가는 道는 孝悌뿐인데, 孝悌는 人心에 똑같은 바이니, 반드시 사람마다 가르칠 것이 없다. 立은 세움이다. 사랑과 공경을 여기에 세움에 사랑과 공경이 저기에 나타나니, 내 어버이를 친애하여 남의 어버이에게 미치고, 내 어른을 공경하여 남의 어른에 미쳐서, 집에서 시작하여 나라에 이르며

끝내는 天下에 두는 것이다. 孔子가 말씀하기를 "사랑을 세움을 어버이로부터 시작함은 백성들에게 화목을 가르치는 것이요, 공경을 세움을 어른으로부터 시작함은 백성들에게 순종함을 가르치는 것이다." 하였다.

5. 嗚呼라 先王이 肇修人紀하사 從諫弗咈하시며 先民을 時若하시며 居上克明하시며 爲下克忠하시며 與人不求備하시며 檢身若不及하사 以至于有萬邦하시니 茲惟艱哉니이다

아! 先王께서 처음으로 人紀(인륜)를 닦으시어 諫言을 따라 어기지 않고 先民에게 이에 순종하시며, 위에 居해서는 능히 밝게 하시고 아래가 되어서는 능히 충성하시며, 사람을 허여하되 完備하기를 요구하지 않고 몸을 검속하되 미치지 못할 듯이 하시어 萬邦을 소유함에 이르렀으니, 이것이 어려운 것입니다.

人紀는 三綱五常이니 孝敬之實也라 上文에 欲太甲立其愛敬이라 故로 此言成湯之所修人紀者하니 如下文所云也라 綱常之理 未嘗泯沒이로되 桀廢棄之러니 而湯始修復之也라 咈은 逆也라 先民은 猶前輩舊德也라 從諫不逆, 先民是順은 非誠於樂善者면 不能也라 居上克明은 言能盡臨下之道요 爲下克忠은 言能盡事上之心이라

○ 呂氏曰 湯之克忠이 最爲難看이라 湯放桀하여 以臣易君하니 豈可爲忠이리오 不知湯之心이 最忠者也라 天命未去하고 人心未離에 事桀之心이 曷嘗斯須替哉리오 與人之善하여 不求其備하고 檢身之誠이 有若不及하니 其處上下人己之間이 又如此라 是以로 德日以盛하고 業日以廣하여 天命歸之하고 人心戴之하여 由七十里而至于有萬邦也니 積累之勤이 茲亦難矣라 伊尹이 前既言夏失天下之易하고 此又言湯得天下之難하니 太甲이 可不思所以繼之哉아

人紀는 三綱과 五常이니 효도하고 공경하는 실제이다. 上文에 太甲이 사

肇 : 비로소 조　咈 : 어길 불　艱 : 어려울 간　替 : 쇠할 체

랑과 공경을 세우고자 하였다. 그러므로 여기서는 成湯이 人紀를 닦은 것을 말하였으니, 下文에 말한 바와 같다. 綱常의 이치가 일찍이 없어지지 않았으나 桀王이 廢棄하였는데 湯王이 비로소 닦아 회복한 것이다. 咈은 거스름이다. 先民은 前輩, 舊德과 같다. 諫言을 따라 거스르지 않고 先民에게 순종하는 것은 善을 즐거워함에 진실한 자가 아니면 능하지 못하다. 위에 거해서는 능히 밝게 했다는 것은 아래에 임하는 道를 다함을 말한 것이요, 아래가 되어서는 능히 충성했다는 것은 윗사람을 섬기는 마음을 다함을 말한 것이다.

○ 呂氏가 말하였다. "湯王이 능히 충성함은 가장 보기가 어렵다. 湯王이 桀王을 추방하여 臣下로서 君主를 갈아치웠으니, 어찌 忠誠이라 할 수 있겠는가. 그러나 이는 湯王의 마음이 가장 충성스러움을 알지 못하는 것이다. 天命이 떠나지 않고 民心이 離叛하지 않았을 때에 桀王을 섬기는 마음이 어찌 일찍이 斯須(잠시)라도 쇠하였겠는가. 남의 善을 허여하여 완비하기를 구하지 않고 자신을 검속하는 정성이 미치지 못할 듯이 여김이 있었으니, 上下와 人己의 사이에 처함이 또 이와 같았다. 이 때문에 德이 날로 성해지고 業이 날로 넓어져서 天命이 돌아오고 人心이 추대하여 70리로 말미암아 萬邦을 소유함에 이르렀으니, 積累의 수고로움이 이 또한 어려운 것이다. 伊尹이 앞에서는 夏나라가 天下를 잃음이 쉬웠음을 말하였고, 여기서는 또 湯王이 天下를 얻음이 어려웠음을 말하였으니, 太甲이 이것을 계승할 것을 생각하지 않을 수 있겠는가."

6. 敷求哲人하사 俾輔于爾後嗣하시니이다

哲人을 널리 구하시어 당신의 後嗣들을 돕게 하셔야 할 것입니다.

敷는 廣也니 廣求賢哲하여 使輔爾後嗣也라

敷는 넓음이니, 賢哲을 널리 구하여 당신의 後嗣들을 돕게 하여야 한다는 것이다.

7. 制官刑하사 儆于有位하사 曰 敢有恒舞于宮하며 酣歌于室하면 時謂巫風이며 敢有殉于貨色하며 恒于遊畋하면 時謂

淫風이며 敢有侮聖言하며 逆忠直하며 遠耆德하며 比頑童하면 時謂亂風이니 惟茲三風十愆[1]에 卿士有一于身하면 家必喪하고 邦君이 有一于身하면 國必亡하나니 臣下不匡하면 其刑이 墨이라하사 具訓于蒙士하시니이다

官府의 형벌을 만드시어 지위에 있는 자들을 경계하기를 '감히 宮中에서 항상 춤을 추고 집에서 취하여 노래함이 있으면 이것을 巫風이라 이르며, 감히 財貨와 女色에 빠지고 遊覽과 사냥을 항상함이 있으면 이것을 淫風이라 이르며, 감히 聖人의 말씀을 업신여기고 忠直한 말을 거스르며 나이 많고 德이 있는 이를 멀리하고 頑童을 가까이 함이 있으면 이것을 亂風이라 이르니, 이 三風과 열 가지 잘못 중에 卿士가 몸에 한 가지가 있으면 집이 반드시 망하고, 나라의 君主가 몸에 한 가지가 있으면 나라가 반드시 망하니, 臣下가 이것을 바로잡지 않으면 그 刑罰이 墨刑이다' 하여 蒙士(어린 선비)일 적에 자세히 가르치셔야 할 것입니다.

譯註 1. 三風十愆：十愆은 열 가지의 잘못으로 巫風의 恒舞와 酣歌, 淫風의 貨·色·遊·畋과 亂風의 侮聖言·逆忠直·遠耆德·比頑童을 가리킨다.

官刑은 官府之刑也라 巫風者는 常歌常舞하여 若巫覡然也라 淫은 過也니 過而無度也라 比는 昵也라 倒置悖理曰亂이니 好人之所惡하고 惡人之所好也라 風은 風化也라 三風은 愆之綱也요 十愆은 風之目也라 卿士諸侯十有其一이면 已喪其家하고 亡其國矣라 墨은 墨刑也니 臣下而不能匡正其君이면 則以墨刑加之라 具는 詳悉也라 童蒙始學之士를 則詳悉以是訓之니 欲其人官而知所以正諫也라 異時에 太甲이 欲敗度하고 縱敗禮하니 伊尹先見其微라 故로 拳拳及此하니라 劉侍講曰 墨은 卽叔向所謂夏書昏墨賊殺[1]이 皐陶之刑이니 貪以敗官爲墨이니라

儆：경계할 경　酣：술취할 감　畋：사냥할 전　耆：늙을 기　愆：허물 건
覡：남자무당 격　昵：친할 닐　拳：생각할 권

官刑은 官府의 刑罰이다. 巫風은 항상 노래하고 항상 춤추어 巫覡(무당)과 같은 것이다. 淫은 과함이니, 과하여 한도가 없는 것이다. 比는 친함이다. 倒置되고 이치를 어김을 亂이라 하니, 사람들이 싫어하는 바를 좋아하고 사람들이 좋아하는 바를 싫어하는 것이다. 風은 風化이다. 三風은 愆의 綱領이고 十愆은 風의 條目이다. 卿士와 諸侯가 열 가지 중에 한 가지가 있으면 이미 집을 망하고 나라를 망한다. 墨은 墨刑이니, 臣下로서 그 君主를 바로잡지 않으면 墨刑을 가하는 것이다. 具는 상세히 다하는 것이다. 童蒙의 처음 배우는 선비들을 이로써 자세히 가르치니, 이는 官廳에 들어와서 바르게 간할 줄을 알게 하고자 해서이다. 후에 太甲이 욕심으로 法度를 무너뜨리고 방종으로 禮를 무너뜨렸으니, 伊尹이 미리 그 기미를 보았으므로 간곡하게 이것을 언급한 것이다. 劉侍講이 말하였다. "墨은 곧 叔向의 이른바 夏書에 '昏과 墨과 賊은 죽이는 것이 皐陶의 형벌이다.' 라는 것이니, 탐욕하여 官을 무너뜨림을 墨이라 한다."

譯註 1. 叔向 … 昏墨賊殺 : 《左傳》〈昭公十四年條〉에 보이는바, 악한 사람이 남의 선행을 약탈하여 자신의 덕으로 삼는 것을 昏이라 하고 탐욕을 부려 官을 무너뜨림을 墨이라 하고 사람을 죽이기를 꺼리지 않는 것을 賊이라 하는바, 이 세 가지 罪는 모두 死刑에 해당함을 말한 것이다. 그러나 經文의 墨은 墨刑으로 이와는 맞지 않는바 《集傳》에 잘못 인용한 듯하다.

8. 嗚呼라 嗣王은 祗厥身하사 念哉하소서 聖謨洋洋하여 嘉言이 孔彰하시니 惟上帝는 不常하사 作善이어든 降之百祥하시고 作不善이어든 降之百殃하시나니 爾惟德이어든 罔小[1]어다 萬邦의 惟慶이니이다 爾惟不德이어든 罔大어다 墜厥宗하리이다

아! 嗣王은 그 몸을 공경하여 이를 깊이 생각하소서. 聖人의 法이 洋洋하여 아름다운 말씀이 매우 드러나시니, 上帝는 일정하지 않으시어 善行을 하면 온갖 祥瑞를 내리고 不善을 하면 온갖 災殃을 내려 주십니다. 당신은 德에 있어서는 작다고 여기지 마소서. 萬邦의 慶事입니다. 당신은 德이 아닌 것에 있어서는 크다고 여기지 마소서. 그

宗社를 失墜하실 것입니다."

譯註 1. 罔小 : 沙溪는 "朱子는 '하찮게 여겨서는 안된다'고 해석하여 蔡註(集傳)와 다르다." 하였다.

歎息言 太甲은 當以三風十愆之訓으로 敬之於身하여 念而勿忘也라 謨는 謂其謀요 言은 謂其訓이라 洋은 大요 孔은 甚也니 言其謀訓大明하여 不可忽也라 不常者는 去就無定也니 爲善則降之百祥하고 爲惡則降之百殃하여 各以類應也라 勿以小善而不爲니 萬邦之慶이 積於小요 勿以小惡而爲之니 厥宗之墜 不在大하니 蓋善必積而後成이요 惡雖小而可懼라 此는 總結上文하고 而又以天命人事禍福으로 申戒之也라

탄식하고 말하기를 "太甲은 마땅히 三風과 十愆의 교훈으로 몸을 공경하여 생각하고 잊지 말라." 한 것이다. 謨는 꾀를 이르고, 言은 가르침을 이른다. 洋은 큼이요, 孔은 심함이니, 그 謨訓이 크게 밝아서 소홀히 할 수 없음을 말한 것이다. 不常은 거취가 일정함이 없는 것이니, 善을 하면 온갖 祥瑞를 내리고 惡을 하면 온갖 災殃을 내려 주어서 각기 類에 따라 응하는 것이다. 작은 善이라고 하여 하지 않지 말아야 하니 萬邦의 慶事가 작은 데서 쌓이며, 작은 惡이라고 하여 하지 말아야 하니 宗社가 실추됨이 큰 것에 있지 않으니, 善은 반드시 쌓은 뒤에 이루어지고 惡은 비록 작더라도 두려워할 만하다. 이는 윗글을 總結하고 또 天命과 人事의 禍福을 가지고 거듭 경계한 것이다.

太甲 上

商史錄伊尹告戒節次와 及太甲往復之辭라 故로 三篇이 相屬成文하고 其間에 或附史臣之語하여 以貫篇意하니 若史家紀傳之所載也라 唐孔氏曰 伊訓, 肆命, 徂后와 太甲, 咸有一德이 皆是告戒太甲이로되 不可皆名伊訓이라 故로 隨事立稱也라 林氏曰 此篇亦訓體라 今文無, 古文有하니라

商나라 史官이 伊尹이 告戒한 節次와 太甲이 갔다가 돌아온 내용을 기록

하였다. 그러므로 세 篇이 서로 이어져 글을 이루고, 그 사이에 혹 史臣의 말을 附錄하여 篇의 뜻을 관통하게 하였으니, 歷史家가 紀傳體에 기재한 것과 같다. 唐나라 孔氏가 말하기를 "伊訓·肆命·徂后·太甲·咸有一德은 모두 太甲에게 告戒한 것인데, 다 伊訓이라고 이름할 수 없으므로 일을 따라 명칭을 세운 것이다." 하였다. 林氏가 말하기를 "이 篇 또한 訓體이다." 하였다. 今文에는 없고, 古文에는 있다.

1. 惟嗣王이 不惠于阿衡하신대

嗣王이 阿衡에게 순하지 못하였다.

惠는 順也라 阿는 倚요 衡은 平也라 阿衡은 商之官名이니 言天下之所倚平也니 亦曰保衡이라 或曰 伊尹之號라 史氏錄伊尹之書할새 先此以發之라

惠는 순함이다. 阿는 의지함이요, 衡은 균평함이다. 阿衡은 商나라의 관직 이름이니, 天下가 의지하여 균평하게 됨을 말한 것이니, 또한 保衡이라고도 한다. 혹자는 伊尹의 號라고도 한다. 史氏가 伊尹의 글을 기록할 적에 이것을 먼저 말한 것이다.

2. 伊尹이 作書曰 先王이 顧諟天之明命하사 以承上下神祇하시며 社稷宗廟를 罔不祗肅하신대 天監厥德하사 用集大命하사 撫綏萬方이어시늘 惟尹이 躬克左右厥辟하여 宅師하니 肆嗣王이 丕承基緒하시니이다

伊尹이 다음과 같은 글을 지었다. "先王이 이 하늘의 밝은 命을 돌아보사 上下의 神祇를 받드시며, 社稷과 宗廟를 공경하고 엄숙히 하지 않음이 없으시니, 하늘이 그 德을 살펴보시고 大命을 모아 萬邦을 어루만지고 편안하게 하셨습니다. 이에 제가 몸소 능히 君主를 좌우

諟 : 이 시 辟 : 임금 벽

에서 보필하여 여러 무리들을 편안히 살게 하니, 이러므로 嗣王께서 基緖를 크게 계승하게 되신 것입니다.

顧는 常目在之也라 諟는 古是字라 明命者는 上天顯然之理而命之我者니 在天에 爲明命이요 在人에 爲明德이라 伊尹言 成湯常目이 在是天之明命하여 以奉天地神祇하시며 社稷宗廟를 無不敬肅이라 故로 天視其德하여 用集大命하여 以有天下하여 撫安萬邦이어늘 我又身能左右成湯하여 以居民衆이라 故로 嗣王이 得以大承其基業也라

顧는 항상 눈이 거기에 있는 것이다. 諟는 是字의 古字이다. 明命은 하늘의 드러난 이치를 나에게 명한 것이니, 하늘에 있으면 明命이라 하고, 사람에게 있으면 明德이라 한다. 伊尹이 말하기를 "成湯이 항상 눈이 이 하늘의 明命에 있어서 天地의 神祇를 받드시며, 社稷과 宗廟를 恭敬하고 엄숙히 받들지 않음이 없었다. 그러므로 하늘이 그 德을 살펴보아 大命을 모아 天下를 소유하게 하여 萬邦을 어루만지고 편안하게 했으며, 나도 몸소 成湯을 佐佑하여 백성들을 편안히 살게 하였다. 그러므로 嗣王이 그 基業을 크게 계승하게 되었다."고 한 것이다.

3. 惟尹이 躬先見于西邑夏하니 自周有終한대 相亦惟終이러니 其後嗣王이 罔克有終한대 相亦罔終하니 嗣王은 戒哉하사 祗爾의 厥辟하소서 辟不辟이면 忝厥祖하리이다

제가 몸소 전에 西邑의 夏나라를 보니, 〈夏나라의 先王이〉 스스로 周(忠信)하여 終이 있자 輔相하는 자 역시 終이 있었는데, 그후에 嗣王이 終이 있지 못하자 輔相하는 자 역시 終이 없었으니, 嗣王께서는 이를 경계하사 당신의 君主 노릇함을 공경하소서. 君主가 君主노릇을 하지 못하면 先祖에게 욕이 될 것입니다."

夏都安邑하니 在亳之西라 故로 曰西邑夏라 周는 忠信也니 國語曰 忠信

忝 : 욕될 첨

爲周라하니라

○ 施氏曰 作僞하면 心勞日拙하니 則缺露而不周요 忠信則無僞라 故로 能周而無缺이라 夏之先王이 以忠信有終이라 故로 其輔相者亦能有終이러니 其後에 夏桀이 不能有終이라 故로 其輔相者亦不能有終하니 嗣王은 其以夏桀爲戒哉하여 當敬爾所以爲君之道니 君而不君이면 則忝辱成湯矣라 太甲之意는 必謂伊尹이 足以任天下之重하니 我雖縱欲이라도 未必遽至危亡이라 故로 伊尹이 以相亦罔終之言으로 深折其私而破其所恃也니라

夏나라는 安邑에 도읍하였으니, 亳邑의 서쪽에 있으므로 西邑의 夏나라라고 말한 것이다. 周는 忠信이니, 《國語》에 "忠信을 周라 한다." 하였다.
○ 施氏가 말하였다. "거짓을 행하면 마음이 수고롭고 날로 졸렬해지니 결함이 탄로나서 두루하지 못하고, 忠信을 행하면 거짓이 없으므로 두루하여 결함이 없는 것이다." 夏나라의 先王이 忠信으로써 終이 있었으므로 輔相하는 자 역시 終이 있었는데, 그후 夏桀이 終이 있지 못하므로 輔相하는 자 역시 終이 있지 못하였으니, 嗣王은 夏桀을 경계로 삼아서 마땅히 당신이 君主가 된 道를 공경하여야 할 것이니, 君主가 君主노릇을 하지 못하면 成湯에게 욕이 될 것이다. 太甲의 뜻은 반드시 생각하기를 '伊尹이 충분히 天下의 重任을 맡을 만하니, 내가 비록 욕심에 방종하더라도 반드시 갑자기 危亡에 이르지는 않을 것이다.'라고 여겼을 것이다. 그러므로 伊尹이 輔相 또한 終이 없다는 말로써 그의 사사로움을 깊이 꺾고, 그 믿는 점을 깨뜨린 것이다.

4. 王이 惟庸하사 罔念聞하신대

王이 심상하게 여겨 생각하고 듣지 않았다.

庸은 常也라 太甲이 惟若尋常於伊尹之言하여 無所念聽하니 此는 史氏之言이라

庸은 범상함이다. 太甲은 伊尹의 말을 尋常한 것처럼 여겨 생각하고 듣는 바가 없었던 것이니, 이는 史官의 말이다.

5. 伊尹이 乃言曰 先王이 昧爽에 丕顯하사 坐以待旦하시며 旁求俊彦하사 啓迪後人하시니 無越厥命하사 以自覆하소서

伊尹이 마침내 다음과 같이 말하였다. "先王께서는 昧爽에 크게 德을 밝히시어 앉아서 아침을 기다리시며, 준걸스런 사람과 훌륭한 선비들을 사방으로 구하여 後人들을 啓迪(啓導)하셨으니, 그 命을 무너뜨려 스스로 전복하지 마소서.

昧는 晦요 爽은 明也니 昧爽云者는 欲明未明之時也라 丕는 大也라 顯亦明也라 先王이 於昧爽之時에 洗濯澡雪하여 大明其德하여 坐以待旦而行之也라 旁求者는 求之非一方也라 彦은 美士也라 言湯이 孜孜爲善하여 不遑寧處如此요 而又旁求俊彦之士하여 以開導子孫하시니 太甲이 毋顚越其命하여 以自取覆亡也라

昧는 어둠이요 爽은 밝음이니, 昧爽은 날이 밝으려고 하나 아직 밝지 않았을 때이다. 丕는 큼이다. 顯 또한 밝음이다. 先王이 昧爽에 몸을 깨끗이 씻고서 그 德을 크게 밝혀 앉아서 아침을 기다려 행한 것이다. 旁求는 구하기를 한쪽 방면에서만 하지 않는 것이다. 彦은 아름다운 선비이다. 湯王은 부지런히 善行을 하여 편안히 거처할 겨를이 없음이 이와 같았고, 또 俊彦의 선비를 사방으로 구하여 자손들을 啓導하였으니, 太甲은 그 命을 顚越하여 스스로 覆亡을 취하지 말라고 말한 것이다.

6. 愼乃儉德하사 惟懷永圖하소서

儉約의 德을 삼가하여 영구한 도모를 생각하소서.

太甲이 欲敗度, 縱敗禮하니 蓋奢侈失之而無長遠之慮者라 伊尹言 當謹其儉約之德하여 惟懷永久之謀니 以約失之者鮮矣라 此는 太甲受病之處라 故로 伊尹이 特言之하니라

爽 : 밝을 상 彦 : 선비 언 迪 : 인도할 적 澡 : 씻을 조 孜 : 부지런할 자

太甲은 욕심으로 法度를 무너뜨리고 放縱으로 禮를 무너뜨리니, 사치함에 잘못되어서 長遠한 생각이 없는 자이다. 伊尹이 말하기를 "마땅히 검약의 德을 삼가하여 오직 영구한 도모를 생각하라." 하였으니, 검약함으로 잘못되는 자는 적다. 이는 太甲이 부족한 부분이므로 伊尹이 특별히 말한 것이다.

7. 若虞機張이어든 往省括于度則釋[1]이니 欽厥止하사 率乃祖攸行하시면 惟朕이 以懌며 萬世에 有辭하시리이다

虞人이 쇠뇌에 機牙를 얹어 놓았거든 가서 화살끝이 法度에 맞는가를 살피고 활을 발사함과 같이 할 것이니, 그 그침을 공경하여 당신의 先祖가 행하신 바를 따르시면 저도 기쁠 것이며, 萬世에 훌륭한 명예가 있을 것입니다."

譯註 1. 往省括于度則釋 : 括은 화살 끝에 ∧모양으로 갈라져 있어 활줄을 대는 부분이다.

虞는 虞人也라 機는 弩牙也요 括은 矢括也라 度는 法度니 射者之所準望者也라 釋은 發也라 言若虞人之射에 弩機既張이어든 必往察其括之合於法度하고 然後發之면 則發無不中矣라 欽者는 肅恭收斂이라 止는 見虞書[1]하니라 率은 循也라 欽厥止者는 所以立本이요 率乃祖者는 所以致用이니 所謂省括于度則釋也라 王能如是면 則動無過擧하여 近可以慰悅尹心이요 遠可以有譽於後世矣라 安汝止者는 聖君之事니 生而知者也요 欽厥止者는 賢君之事니 學而知者也라

虞는 虞人이다. 機는 쇠뇌의 機牙이고, 括은 화살끝이다. 度는 法度이니, 활쏘는 자가 기준하여 바라보는 것이다. 釋은 발사함이다. 虞人이 활을 쏠 적에 쇠뇌에 機牙를 이미 얹어 놓았으면 반드시 가서 화살촉이 법도에 맞는가를 관찰하고, 그런 뒤에 發射하면 發射함에 맞지 않음이 없는 것과 같음을 말한 것이다. 欽은 肅恭하고 收斂하는 것이다. 止는 〈虞書〉에 보인다.

括 : 살촉끝 괄　釋 : 놓을 석　懌 : 기쁠 역　弩 : 쇠뇌 노

率은 따름이다. 그 그침을 공경함은 근본을 세우는 것이고, 네 先祖를 따름은 用을 지극히 하는 것이니, 이른바 '화살촉이 법도에 맞는가를 살펴보고 활을 쏘라'는 것이다. 王이 이와 같이 하면 행동함에 지나친 擧動이 없어서 가까이는 伊尹의 마음을 위안하고 기쁘게 할 것이요, 멀리는 後世에 명예가 있을 것이다. 安汝止는 聖君의 일이니 生而知之한 자이고, 欽厥止는 賢君의 일이니 學而知之한 자이다.

譯註 1. 止見虞書 : 위의 〈益稷〉의 '安汝止'를 가리킨 것이다. 《集傳》에 "止는 마음에 그치는(머무는) 것이다." 하였는바, '安汝止'는 군주의 마음이 편안히 至善에 머물어 억지로 힘쓰지 않고 安而行之함을 이른다.

8. 王이 未克變하신대

王이 능히 바꾸지 못하였다.

不能變其舊習也라 此亦史氏之言이라

그 옛 습관을 바꾸지 못한 것이다. 이 또한 史官의 말이다.

9. 伊尹曰 茲乃不義는 習與性成이로소니 予는 弗狎于弗順이라하고(케호리니) 營于桐宮하여 密邇先王其訓하여 無俾世迷케하니라(케호리라)

伊尹이 말하기를 "이 의롭지 못함은 習慣이 天性과 더불어 이루어졌기 때문이니, 나는 의리에 순종하지 않는 사람과 가까이 있지 않겠다." 하고 桐땅에 宮闕을 경영해서 先王을 가까이하여 이로써 가르쳐서 평생토록 혼미함이 없게 하였다.

狎은 習也라 弗順者는 不順義理之人也라 桐은 成湯墓陵之地라 伊尹이 指太甲所爲乃不義之事는 習惡而性成者也라 我不可使其狎習不順義理之人이라하고 於是에 營宮于桐하여 使親近成湯之墓하여 朝夕哀思하여 興

起其善하여 以是訓之하여 無使終身迷惑而不悟也라

狎은 익힘이다. 弗順은 의리에 순종하지 않는 사람이다. 桐은 成湯의 陵墓가 있는 곳이다. 伊尹은 太甲이 하는 바를 가리켜 "이 의롭지 못한 일은 惡을 익혀서 天性으로 이루어진 것이다. 나는 의리에 순종하지 않는 사람과는 가까이 하고 익히지 않겠다." 하고, 이에 궁궐을 桐땅에 경영하여 太甲으로 하여금 成湯의 陵墓에서 가까워 아침저녁으로 슬피 생각해서 善한 마음을 흥하게 하여 이로써 가르쳐서 終身토록 미혹되어 깨닫지 못함이 없게 한 것이다.

10. 王이 徂桐宮居憂하사 克終允德[1)]하시다

王이 桐宮에 가서 居憂(執喪)하여 능히 마침내 德을 진실하게 하였다.

譯註 1. 克終允德 : 退溪는 "1. '能히 允德으로 終하시다' 2. '允德을 終하시다' 3. '允德에 終하시다' 4. '能히 마침내 德을 允하시다'의 네 가지 해석을 열거하고 맨끝의 해석을 혹자는 잘못된 것이라고 말하나 이것이 가장 올바른 뜻이다." 하였으므로 이를 따랐다. 그러나 뒤의 克終厥德과 允德協于下와는 서로 연결되지 못함을 밝혀둔다.

徂는 往也라 允은 信也라 有諸己之謂信이니 實有其德於身也라 凡人之不善은 必有從臾[1)](諛)以導其爲非者하나니 太甲桐宮之居에 伊尹이 旣使其密邇先王陵墓하여 興發其善心하고 又絶其比昵之黨하여 而革其汚染하니 此其所以克終允德也라 次篇에 伊尹이 言嗣王克終厥德이라하고 又曰 允德協于下라 故로 史氏言克終允德하여 結此篇하여 以發次篇之義하니라

徂는 감이다. 允은 진실함이다. 자기 몸에 소유함을 信이라 이르니, 그 德을 자기 몸에 진실로 소유하는 것이다. 사람이 不善함은 반드시 따르고 아첨하여 非行을 하도록 인도하는 자가 있어서이니, 太甲이 桐宮에 거처할 때에 伊尹이 이미 先王의 陵墓에 가깝게 해서 善한 마음을 興發하게 하고, 또 친하고 가까운 무리들을 끊어서 그 오염된 것을 고치게 하였으니, 이 때문에 능히 마침내 德을 진실하게 한 것이다. 다음 篇에 伊尹이 말하기를

"嗣王이 능히 德을 마쳤다."고 하였고, 또 "진실한 德이 아래에 화합하였다."고 말하였다. 그러므로 史官이 능히 마침내 德을 진실하게 하였다고 말하여 이 篇을 맺어서 다음 篇의 뜻을 발한 것이다.

譯註 1. 從臾 : 沙溪는 書序를 인용하여 "慫慂(종용)으로 읽고 권하는 뜻이다." 하였다.

太甲 中

1. 惟三祀十有二月朔에 伊尹이 以冕服으로 奉嗣王하여 歸于亳하다

3年 12月 초하루에 伊尹이 冕服으로 嗣王을 받들어 亳邑으로 돌아왔다.

太甲終喪明年之正朔也라 冕은 冠也라 唐孔氏曰 周禮에 天子六冕[1]에 備物盡文은 惟袞冕耳니 此蓋袞冕之服이라하니 義或然也라 奉은 迎也라 喪旣除에 以袞冕吉服으로 奉迎以歸也라

太甲이 喪을 마친 明年의 正朔이다. 冕은 冠이다. 唐나라 孔氏가 말하기를 "《周禮》에 天子는 여섯 冕冠이 있는데 물건을 구비하고 文采를 다한 것은 오직 袞冕이니, 이것은 袞冕의 옷이다." 하니, 의리에 혹 그럴 듯하다. 奉은 맞이함이다. 喪을 이미 벗음에 袞冕의 吉服으로 맞이해 받들어서 돌아온 것이다.

譯註 1. 天子六冕 : 六冕은 여섯 종류의 冕服으로 大裘冕·袞冕·鷩冕·毳冕·希冕·玄冕을 이른다.

2. 作書曰 民非后면 罔克胥匡以生이며 后非民이면 罔以辟四方하리니 皇天이 眷佑有商하사 俾嗣王으로 克終厥德하시

니 **實萬世無疆之休**삿다

伊尹이 다음과 같은 글을 지었다. "백성은 君主가 아니면 서로 바로잡아 살 수가 없으며, 君主는 백성이 아니면 사방에 君主노릇 할 수가 없으니, 皇天이 우리 商나라를 돌아보고 도우시어 嗣王으로 하여금 능히 그 德을 마치게 하였으니, 이는 실로 萬世에 無疆(無窮)한 아름다움이십니다."

民非君이면 則不能相正以生이요 君非民이면 則誰與爲君者리오 言民固不可無君이요 而君尤不可失民也라 太甲改過之初에 伊尹이 首發此義하니 其喜懼之意深矣라 夫太甲不義 有若性成이러니 一朝에 飜然改悟하니 是豈人力所至리오 蓋天命眷商하여 陰誘其衷이라 故로 嗣王이 能終其德也라 向也에 湯緖幾墜러니 今其自是有永하니 豈不爲萬世無疆之休乎아

백성은 君主가 아니면 서로 바로잡아 살 수가 없고, 君主는 백성이 아니면 누구와 더불어 君主노릇을 하겠는가. 백성은 진실로 君主가 없을 수 없고 君主는 더더욱 백성을 잃어서는 안됨을 말한 것이다. 太甲이 허물을 고친 초기에 伊尹이 첫번째로 이 뜻을 말하였으니, 기뻐하고 두려워한 뜻이 깊다. 太甲의 不義는 마치 天性으로 이루어진 듯하였는데 하루아침에 飜然히 고쳐 깨달았으니, 이 어찌 人力으로 이른 바이겠는가. 天命이 商나라를 돌아보아 속으로 그 마음을 유인하였으므로 嗣王이 그 德을 마치게 된 것이다. 지난날에는 湯王의 전통이 거의 실추될 뻔하였는데, 이제 앞으로는 영원함이 있게 되었으니, 어찌 萬世에 無疆한 아름다움이 되지 않겠는가.

3. 王이 **拜手稽首曰 予小子**는 **不明于德**하여 **自底不類**하여 **欲敗度**하며 **縱敗禮**하여 **以速戾于厥躬**하니 **天作孼**은 **猶可違**어니와 **自作孼**은 **不可逭**이니 **旣往**에 **背師保之訓**하여 **弗克于厥初**하나 **尙賴匡救之德**하여 **圖惟厥終**하노이다

飜 : 뒤집을 번　孼 : 재앙 얼　逭 : 도망할 환　匡 : 바로잡을 광

王이 拜手稽首하고 말씀하기를 "나 小子는 德에 밝지 못하여 스스로 不類(不肖)함에 이르러 욕심으로 法度를 무너뜨리고 放縱으로 禮를 무너뜨려 이 몸에 죄를 불렀으니, 하늘이 지은 재앙은 오히려 피할 수 있으나 스스로 지은 재앙은 도망할 수가 없습니다. 旣往에 師保의 가르침을 저버려 그 처음에는 잘하지 못했으나 행여 바로잡아 주는 德을 힘입어 그 終을 잘 마칠 것을 도모하고 생각합니다." 하였다.

拜手는 首至手也요 稽首는 首至地也라 太甲致敬於師保에 其禮如此라 不類는 猶不肖也라 多欲則興作而亂法度하고 縱肆則放蕩而隳禮儀라 度는 就事言之也요 禮는 就身言之也라 速은 召之急也라 戾는 罪요 孽은 災요 逭은 逃也라 旣往은 已往也라 已往에 旣不信伊尹之言하여 不能謹之於始나 庶幾〔賴〕正救之力[1]하여 以圖惟其終也라 當太甲不惠阿衡之時하여는 伊尹之言에 惟恐太甲不聽이러니 及太甲改過之後하여는 太甲之心에 惟恐伊尹不言하니 夫太甲은 固困而知之者라 然이나 昔之迷러니 今之復하고 昔之晦러니 今之明하여 如日月昏蝕이 一復其舊에 而光采炫耀하여 萬景俱新하니 湯武는 不可及已어니와 豈居成王之下乎아

拜手는 머리가 손에 이름이요, 稽首는 머리가 땅에 이르는 것이다. 太甲이 師保에게 공경을 다할 적에 그 禮가 이와 같았다. 不類는 不肖와 같다. 욕심이 많으면 興作하여 法度를 어지럽히고, 縱肆(放肆)하면 放蕩하여 禮儀를 무너뜨린다. 度는 일로 말한 것이요, 禮는 몸으로 말한 것이다. 速은 부르기를 급히 하는 것이다. 戾는 죄이며, 孽은 재앙이며, 逭은 도망하는 것이다. 旣往은 已往이다. 이왕에 이미 伊尹의 말을 믿지 아니하여 처음에는 삼가지 못하였으나 행여 바로잡아 주는 힘으로 終을 잘 마칠 것을 도모한다는 것이다. 太甲이 阿衡의 말에 순종하지 않을 때에는 伊尹의 말에 행여 太甲이 들어주지 않을까 두려워하였는데, 太甲이 改過한 뒤에 이르러서는 太甲의 마음에 행여 伊尹이 말해주지 않을까 두려워하였으니, 太甲은 진실로 困窮하여 안 자이다. 그러나 옛날에는 혼미했는데 지금에는 돌아왔고, 옛날에는 어두웠는데 지금에는 밝아져서 해와 달이 어둡고 먹혔다가

隳 : 무너질 휴　蝕 : 먹을 식　炫 : 빛날 현　耀 : 빛날 요

한번 옛 모습을 회복함에 광채가 빛나서 만 가지 경치가 모두 새로워지는 것과 같으니, 湯武에는 미칠 수 없겠으나 어찌 成王의 아래에 있겠는가.

譯註 1. 庶幾〔賴〕正救之力 : 沙溪의 "庶幾 아래에 賴字가 빠진 듯하다."는 說을 따라 보충하였다.

4. 伊尹이 拜手稽首曰 修厥身하며 允德이 協于下는 惟明后니이다

伊尹이 拜手稽首하여 다음과 같이 말하였다. "몸을 닦으며 진실한 德이 아래에 화합함은 현명한 君主입니다.

伊尹이 致敬以復太甲也라 修身則無敗度敗禮之事하고 允德則有誠身誠意之實하니 德誠于上하여 協和于下는 惟明后然也라

伊尹이 공경을 다하여 太甲에게 답한 것이다. 몸을 닦으면 法度를 무너뜨리고 禮를 무너뜨리는 일이 없으며, 德에 진실하면 몸을 성실히 하고 뜻을 성실히 하는 실제가 있으니, 德이 위에 진실하여 아래에 화합함은 현명한 君主만이 그러한 것이다.

5. 先王이 子惠困窮하신대 民服厥命하여 罔有不悅하여 並其有邦한 厥隣이 乃曰 徯我后하노소니 后來하시면 無罰아

先王이 곤궁한 자들을 자식처럼 사랑하였으니, 백성들은 그 命에 복종하여 기뻐하지 않는 이가 없어 함께 나라를 소유했던 이웃나라의 백성들이 마침내 말하기를 '우리 임금님을 기다리노니 우리 임금님이 오시면 罰이 없겠는가.' 하였습니다.

此는 言湯德所以協下者라 困窮之民을 若己子而惠愛之하니 惠之若子면 則心之愛者誠矣니 未有誠而不動者也라 故로 民服其命하여 無有不得其懽心이라 當時諸侯 並湯而有國者 其隣國之民이 乃以湯爲我君하여 曰

待我君하노니 我君來하시면 其無罰乎아하니 言除其邪虐이라 湯之得民心也如此하니 卽仲虺后來其蘇之事라

이는 湯王의 德이 아래에 화합함을 말한 것이다. 곤궁한 백성을 자식처럼 사랑하였으니, 사랑하기를 자식처럼 하면 마음에 사랑함이 정성스러운 것이니, 정성스럽고서 감동시키지 못하는 경우는 있지 않다. 그러므로 백성들이 그 명령에 복종하여 환심을 얻지 못함이 없었다. 당시에 諸侯로서 湯王과 함께 나라를 소유했던 자의 이웃나라 백성들이 마침내 湯王을 우리 임금님이라 하여 말하기를 "우리 임금님을 기다리노니 우리 임금님이 오시면 罰이 없겠는가." 라고 말하였으니, 이는 사악하고 포악함을 제거함을 말한 것이다. 湯王이 民心을 얻음이 이와 같았으니, 이는 곧 〈仲虺之誥〉에 '우리 임금님께서 오시니 소생할 것이다."는 일이다.

6. 王懋乃德하사 視乃烈祖하사 無時豫怠하소서

王은 당신의 德을 힘쓰시어 당신의 烈祖를 살펴보아 한시도 편안하고 태만하지 마소서.

湯之盤銘曰 苟日新이어든 日日新하고 又日新이라하니 湯之所以懋其德者如此하니 太甲이 亦當勉於其德하여 視烈祖之所爲하여 不可頃刻而逸豫怠惰也라

湯王의 盤銘에 "만일 어느날 새로워졌거든 나날이 새롭고, 또 날로 새롭게 하라." 하였으니, 湯王이 德을 힘쓴 것이 이와 같았다. 太甲 또한 마땅히 德을 힘써서 烈祖의 하신 바를 살펴보아 頃刻이라도 逸豫하고 怠惰하지 말아야 할 것이다.

7. 奉先思孝하시며 接下思恭하시며 視遠惟明하시며 聽德惟聰하시면 朕承王之休하여 無斁하리이다

盤 : 세수대야 반　斁 : 싫을 역

先祖를 받들 때에는 孝誠을 생각하시고 아랫사람을 대할 때에는 공손함을 생각하시며, 보기를 멀리하되 밝게 볼 것을 생각하시고, 듣기를 德스러운 말로 하되 귀밝게 들을 것을 생각하시면 저는 王의 아름다움을 받들어서 싫어함이 없을 것입니다."

思孝則不敢違其祖요 思恭則不敢忽其臣이라 惟亦思也라 思明則所視者遠하여 而不蔽於淺近이요 思聰則所聽者德하여 而不惑於憸邪니 此는 懋德之所從事者라 太甲能是면 則我承王之美하여 而無所厭斁也라

孝誠을 생각하면 감히 先祖를 어기지 못하고, 공손함을 생각하면 감히 臣下를 소홀히 하지 못한다. 惟 또한 생각함이다. 밝게 볼 것을 생각하면 보는 것이 멀어서 淺近함에 가리워지지 않고, 귀밝게 들을 것을 생각하면 듣는 것이 德스러운 말이어서 간사함에 혹하지 않을 것이니, 이는 德을 힘씀에 종사하는 것이다. 太甲이 이에 능하면 나는 王의 아름다움을 받들어서 싫어하는 바가 없을 것이다.

太甲 下

1. 伊尹이 申誥于王曰 嗚呼라 惟天은 無親하사 克敬을 惟親하시며 民罔常懷하여 懷于有仁하며 鬼神은 無常享하여 享于克誠하나니 天位艱哉니이다

伊尹이 다시 王에게 다음과 같이 고하였다. "아! 하늘은 친히 하는 사람이 없어 능히 공경하는 자를 친하시며, 백성들은 항상 그리워하는 사람이 없어 仁이 있는 이를 그리워하며, 鬼神은 항상 흠향함이 없어 능히 정성스러운 자에게 흠향하니, 天位(天子의 지위)가 어렵습니다.

申誥는 重誥也라 天之所親과 民之所懷와 鬼神之所享이 皆不常也라 惟

克敬, 有仁, 克誠而後에 天親之하고 民懷之하고 鬼神享之也라 曰敬, 曰仁, 曰誠者는 各因所主而言이라 天謂之敬者는 天者는 理之所在니 動靜語默에 不可有一毫之慢이요 民謂之仁者는 民非元后면 何戴리오 鰥寡孤獨이 皆人君所當恤이요 鬼神謂之誠者는 不誠無物이니 誠立於此而後神格於彼라 三者所當盡이 如此하니 人君이 居天之位하여 其可易而爲之哉아 分而言之하면 則三이요 合而言之하면 一德而已라 太甲이 遷善未幾에 而伊尹이 以是告之하니 其才固有大過人者歟인저

申誥는 거듭 고하는 것이다. 하늘의 친한 바와 백성의 그리워하는 바와 鬼神의 흠향하는 바가 모두 일정하지 않다. 오직 능히 공경하고, 仁이 있고, 능히 정성스러운 뒤에야 하늘이 친하고 백성이 그리워하고 鬼神이 흠향하는 것이다. 敬·仁·誠은 각기 주장하는 바를 따라 말한 것이다. 하늘에 敬이라 한 것은 하늘은 이치가 있는 곳이니, 動靜과 語默에 조금도 태만함이 없는 것이요, 백성에 仁이라 한 것은 백성은 元后가 아니면 누구를 떠받들겠는가. 鰥寡孤獨은 모두 人君이 마땅히 구휼해야 할 자들이다. 鬼神에 誠이라 한 것은 정성스럽지 못하면 事物이 없으니, 정성이 여기에 선 뒤에 神이 저기에 이르는 것이다. 세 가지를 마땅히 극진히 하여야 함이 이와 같으니, 人君이 天子의 지위에 거하여 쉽게 할 수 있겠는가. 나누어 말하면 세 가지이고, 합하여 말하면 一德일 뿐이다. 太甲이 改過遷善한 지 얼마 되지 않아 伊尹이 이 말을 고하였으니, 그 재질이 진실로 보통사람보다 크게 뛰어남이 있을 것이다.

2. 德이면 惟治하고 否德이면 亂이라 與治로 同道하면 罔不興하고 與亂으로 同事하면 罔不亡하나니 終始에 愼厥與는 惟明明后니이다

德이 있으면 다스려지고 德이 없으면 어지러워집니다. 다스린 자와 더불어 도를 함께 하면 흥하지 않음이 없고, 어지러운 자와 더불어 일을 함께 하면 망하지 않음이 없으니, 始終 그 더불음을 삼가는 것은 오직 밝음을 밝히는 君主입니다.

德者는 合敬仁誠之稱也라 有是德則治하고 無是德則亂이니 治는 固古人有行之者矣요 亂亦古人有行之者也라 與古之治者로 同道하면 則無不興하고 與古之亂者로 同事하면 則無不亡이라 治而謂之道者는 蓋治因時制宜하여 或損或益하여 事未必同이나 而道則同也요 亂而謂之事者는 亡國喪家가 不過貨色遊畋作威殺戮等事하니 事同이면 道無不同也라 治亂之分이 顧所與如何耳니 始而與治면 固可以興이나 終而與亂이면 則亡亦至矣니 謹其所與하여 終始如一은 惟明明之君이 爲然也라 上篇은 言惟明后하고 此篇은 言惟明明后하니 蓋明其所已明하여 而進乎前者矣라

德은 敬·仁·誠을 합한 명칭이다. 이 德이 있으면 다스려지고 이 德이 없으면 어지러워지니, 다스림은 진실로 古人 중에 행한 자가 있고, 혼란함 또한 古人 중에 행한 자가 있다. 옛날의 다스린 자와 더불어 도를 함께 하면 흥하지 않음이 없고, 옛날의 혼란한 자와 더불어 일을 함께 하면 망하지 않음이 없다. 다스림에 道라고 한 것은 다스림은 때에 따라 마땅하게 하여 혹 덜기도 하고 혹 더하기도 하여 일이 반드시 같지는 않으나 道는 같기 때문이요, 혼란함에 일이라고 한 것은 나라를 망하고 집안을 잃는 것이 財貨와 女色, 遊覽과 사냥, 위엄을 일으키고 殺戮하는 등의 일에 불과하니, 일이 같으면 道도 같지 않음이 없기 때문이다. 治亂의 구분이 다만 더부는 바의 여하에 달려 있으니, 처음에 다스리는 자와 더불면 진실로 흥할 수 있으나 종말에 혼란한 자와 더불면 망함이 또한 이르니, 그 더부는 바를 삼가서 始終如一하게 함은 오직 밝음을 밝히는 君主가 그러한 것이다. 上篇에는 惟明后라고 말하고, 이 편에서는 惟明明后라고 말하였으니, 이미 밝은 것을 밝혀서 前者보다 더 나아가는 것이다.

3. 先王이 惟時로 懋敬厥德하사 克配上帝하시니 今王이 嗣有令緖하시니 尙監玆哉인저

先王이 때로 힘써 德을 공경하여 능히 上帝에 짝하셨으니, 今王께서 훌륭한 전통을 이어 소유하셨으니, 부디 이것을 살펴보셔야 할 것입니다.

敬은 卽克敬惟親之敬이니 擧其一하여 以包其二也라 成湯이 勉敬其德하여 德與天合이라 故로 克配上帝하시니 今王이 嗣有令緒하니 庶幾其監視此也라

敬은 곧 克敬惟親의 敬이니, 그 하나를 들어 두 가지(仁·誠)를 포함한 것이다. 成湯이 德을 힘써 공경하여 그 德이 하늘과 합하였으므로 능히 上帝에 짝하셨으니, 今王이 훌륭한 전통을 이어 소유하셨으니, 행여 이것을 살펴보아야 할 것이다.

4. 若升高必自下하며 若陟遐必自邇하니이다

높은 곳에 오름은 반드시 아래로부터 시작함과 같으며, 먼 곳에 오름은 반드시 가까운 곳에서 시작함과 같습니다.

此는 告以進德之序也라 中庸論君子之道에 亦謂譬如行遠必自邇하고 譬如登高必自卑라하니 進德修業之喩 未有如此之切者라 呂氏曰 自此는 乃伊尹畫一以告太甲[1]也라

이는 德에 나아가는 순서를 고한 것이다. 《中庸》에 君子의 도를 논할 때에도 또한 '비유하면 먼 곳을 갈 때에는 반드시 가까운 곳으로부터 시작하는 것과 같고, 높은 곳에 오를 때에는 반드시 낮은 곳으로부터 시작하는 것과 같다'고 하였으니, 德에 나아가고 業을 닦는 비유가 이와 같이 간절한 것이 있지 않다.

呂氏가 말하였다. "여기부터는 바로 伊尹이 하나를 그어서 太甲에게 고한 것이다."

譯註 1. 伊尹畫一以告太甲 : 畫一을 總結, 또는 綜合의 뜻으로 보기도 하나 확실하지 않다.

5. 無輕民事하사 惟難하시며 無安厥位하사 惟危하소서

백성의 일을 輕忽히 여기지 마시어 어렵게 여길 것을 생각하시며, 지위를 편안히 여기지 마시어 위태롭게 여길 것을 생각하소서.

無는 毋通이라 毋輕民事而思其難하고 毋安君位而思其危라

無는 毋와 통한다. 백성의 일을 輕忽히 여기지 말아서 그 어려움을 생각하고, 君主의 지위를 편안히 여기지 말아서 그 위태로움을 생각하여야 한다.

6. 愼終于始하소서

終末을 삼가되 始初에 하소서.

人情이 孰不欲善終者리오마는 特安於縱欲하여 以爲今日엔 姑若是하고 而他日엔 固改之也라 然始而不善而能善其終者寡矣라 桐宮之事는 往已어니와 今其卽政臨民하니 亦事之一初也라

人情이 누구인들 잘 마치고자 하지 않겠는가마는 다만 욕심을 따름에 편안하여 생각하기를 '今日에 우선 이와 같이 하고 後日에 진실로 고치겠다'고 한다. 그러나 始初에 잘하지 못하고서 終末을 잘하는 자는 적다. 桐宮의 일은 이미 지나갔거니와 지금은 政事에 나아가 백성을 임하니, 이것은 또한 일의 한 시초인 것이다.

7. 有言이 逆于汝心이어든 必求諸道하시며 有言이 遜于汝志어든 必求諸非道하소서

말이 당신의 마음에 거슬리거든 반드시 道에서 찾으시며, 말이 당신의 뜻에 공손하거든 반드시 도가 아닌 것에서 찾으소서.

鯁直之言은 人所難受요 巽順之言은 人所易從이라 於其所難受者엔 必求諸道요 不可遽以逆于心而拒之며 於其所易從者엔 必求諸非道요 不可遽以遜于志而聽之라 以上五事[1)]는 蓋欲太甲이 矯乎情之偏也라

鯁 : 가시셀 경　巽 : 공손할 손　矯 : 바로잡을 교

정직한 말은 사람들이 받아들이기 어렵고, 공손한 말은 사람들이 따르기 쉬우니, 받아들이기 어려운 말에는 반드시 道에서 찾을 것이요, 대번에 마음에 거슬린다 하여 거절하지 말며, 따르기 쉬운 말에는 반드시 道가 아닌 것에서 찾을 것이요, 대번에 뜻에 공손하다 하여 듣지 말아야 한다. 이상의 다섯 가지 일은 太甲으로 하여금 情의 편벽됨을 바로잡게 하고자 한 것이다.

譯註 1. 五事 : 위의 無輕民事·無安厥位·愼終于始·必求諸道·必求諸非道의 다섯 가지를 가리킨 것이다.

8. 嗚呼라 弗慮면 胡獲이며 弗爲면 胡成이리오 一人이 元良하면 萬邦이 以貞하리이다

아! 생각하지 않으면 어찌 얻으며 행하지 않으면 어찌 이루겠습니까. 한 사람(君主)이 크게 善하면 萬邦이 바르게 될 것입니다.

胡는 何也라 弗慮何得은 欲其謹思之也요 弗爲何成은 欲其篤行之也라 元은 大요 良은 善이요 貞은 正也라 一人者는 萬邦之儀表니 一人元良이면 則萬邦以正矣리라

胡는 어찌이다. 弗慮何得은 삼가 생각하게 하고자 한 것이요, 弗爲何成은 독실히 행하게 하고자 한 것이다. 元은 큼이요, 良은 善이요, 貞은 바름이다. 一人은 萬邦의 儀表이니, 一人이 크게 善하면 萬邦이 바르게 되는 것이다.

9. 君罔以辯言으로 亂舊政하며 臣罔以寵利로 居成功이라사 邦其永孚于休하리이다

君主는 말 잘하는 말로 옛 政事를 어지럽히지 말며, 臣下는 寵利로 성공에 거하지 말아야 나라가 길이 아름다움에 진실할 것입니다."

弗思弗爲하여 安於縱弛면 先王之法이 廢矣요 能思能爲하여 作其聰明이면 先王之法이 亂矣니 亂之爲害 甚於廢也라 成功은 非寵利之所可居者니

至是에 太甲이 德已進일새 伊尹이 有退休之志矣니 此는 咸有一德之所以繼作也라 君臣이 各盡其道면 邦國이 永信其休美也라
○ 吳氏曰 上篇에 稱嗣王不惠于阿衡이라하니 必其言이 有與伊尹背違者니 辯言亂政은 或太甲所失이 在此라 罔以寵利居成功이라하니 己之所自處者已素定矣라 下語旣非泛論이면 則上語必有爲而發也니라

생각하지 않고 행하지 아니하여 방종하고 해이함에 편안하면 先王의 法이 폐해지고, 능히 생각하고 능히 행하여 총명을 일으키면 先王의 法이 어지럽혀지니, 어지럽히는 폐해가 폐함보다 심하다. 成功은 寵利로 거할 바가 아니니, 이때에 이르러 太甲의 德이 이미 진전되었기에 伊尹이 물러가 쉬려는 뜻이 있었으니, 이는 〈咸有一德〉을 뒤이어 짓게 된 이유이다. 君臣이 각각 도리를 다한다면 나라가 길이 아름다움에 진실할 것이다.
○ 吳氏가 말하였다. "上篇에 嗣王이 阿衡에게 순하지 못하였다고 말하였으니, 반드시 그의 말이 伊尹과 위배됨이 있었을 것이니, 말 잘하는 말로 政事를 어지럽힘은 혹 太甲의 잘못이 여기에 있는 듯하다. '寵利로 成功에 거하지 말아야 한다.' 하였으니, 자신의 자처한 바가 이미 본래 정해진 것이니, 아랫말이 이미 泛然한 말이 아니라면 윗말은 반드시 이유가 있어서 말한 것일 것이다."

咸有一德

伊尹이 致仕而去할새 恐太甲德不純一及任用非人이라 故로 作此篇하니 亦訓體也라 史氏取其篇中咸有一德四字하여 以爲篇目하니 今文無, 古文有하니라

伊尹이 致仕하고 떠날 적에 太甲의 德이 純一하지 못하고 나쁜 사람을 등용할까 두려워하였다. 그러므로 이 篇을 지었으니, 또한 訓體이다. 史臣이 篇 가운데에 '咸有一德'이라는 네 글자를 취하여 篇目으로 삼았으니, 今文에는 없고 古文에는 있다.

1. 伊尹이 旣復政厥辟하고 將告歸할새 乃陳戒于德하니라

伊尹이 이미 君主에게 정사(政權)를 되돌려주고 장차 고하여 돌아가려 할 적에 마침내 德으로 陳戒(경계하는 말씀을 올림)하였다.

伊尹이 已還政太甲하고 將告老而歸私邑할새 以一德으로 陳戒其君하니 此史氏本序라

伊尹이 이미 太甲에게 정사를 되돌려주고 장차 告老하여 私邑으로 돌아가려 할 적에 一德을 가지고 君主에게 陳戒하였으니, 이는 史官의 本序이다.

2. 曰 嗚呼라 天難諶은 命靡常이니 常厥德하면 保厥位하고 厥德이 靡常하면 九有以亡하리이다

다음과 같이 말하였다. "아! 하늘을 믿기 어려움은 天命이 떳떳하지 않기 때문이니, 德을 떳떳이 하면 그 지위를 보존하고 德이 떳떳하지 않으면 九州가 망할 것입니다.

諶은 信也라 天之難信은 以其命之不常也라 然天命雖不常이나 而常於有德者하니 君德有常이면 則天命亦常하여 而保厥位矣요 君德不常이면 則天命亦不常하여 而九有以亡矣라 九有는 九州也라

諶은 믿음이다. 하늘을 믿기 어려움은 天命이 떳떳하지 않기 때문이다. 그러나 天命이 비록 떳떳하지 않으나 德이 있는 자에게는 떳떳하니, 君主의 德이 떳떳함이 있으면 天命 또한 떳떳하여 그 지위를 보존하고, 君主의 德이 떳떳하지 않으면 天命 또한 떳떳하지 아니하여 九有가 망한다. 九有는 九州이다.

3. 夏王이 弗克庸德하여 慢神虐民한대 皇天이 弗保하시고

諶 : 믿을 심　靡 : 없을 미

監于萬方하사 **啓迪有命**하사 **眷求一德**하사 **俾作神主**어시늘 **惟尹**이 **躬曁湯**으로 **咸有一德**하여 **克享天心**하여 **受天明命**하여 **以有九有之師**하여 **爰革夏正**하소이다

夏나라 王이 德을 떳떳이 하지 못하여 神을 소홀히 하고 백성들에게 포악히 하자, 皇天이 보호하지 않으시고 萬方을 살펴보아 天命이 있는 이를 啓迪하여 一德을 돌아보고 찾으시어 百神의 주인이 되게 하였습니다. 저는 몸소 湯王과 더불어 모두 一德을 소유하여 능히 天心에 합당하여 하늘의 明命을 받아서 九州의 무리를 소유하여 이에 夏나라의 正朔을 바꿨습니다.

上文에 言天命無常하여 惟有德則可常하고 於是에 引桀之所以失天命과 湯之所以得天命者하여 證之하니라 一德은 純一之德이니 不雜不息之義니 卽上文所謂常德也라 神主는 百神之主라 享은 當也라 湯之君臣이 皆有一德이라 故로 能上當天心하여 受天明命而有天下하니라 於是에 改夏建寅之正하여 而爲建丑正也라

上文에서는 天命이 떳떳함이 없어 오직 德이 있는 이에게 떳떳함을 말하였고, 여기서는 桀王이 天命을 잃은 이유와 湯王이 天命을 얻은 이유를 인용하여 증명하였다. 一德은 純一한 德이니 잡되지 않고 쉬지 않는 뜻이니, 곧 上文에 이른바 '떳떳한 德'이다. 神主는 百神의 주인이다. 享은 마땅함이다. 湯王의 君臣이 모두 一德을 소유하였다. 그러므로 위로 天心에 합당하여 하늘의 明命을 받아서 天下를 소유하였다. 이에 夏나라의 建寅의 正朔을 바꿔 建丑의 正朔으로 만든 것이다.

4. 非天이 **私我有商**이라 **惟天**이 **佑于一德**이며 **非商**이 **求于下民**이라 **惟民**이 **歸于一德**이니이다

하늘이 우리 商나라를 사사로이 도와준 것이 아니라 하늘이 一德을 도와준 것이며, 商나라가 下民들에게 요구한 것이 아니라 백성들이

一德에 돌아온 것입니다.

上言一德故로 得天得民이요 此言天佑民歸가 皆以一德之故니 蓋反復言之라

위에서는 一德이 있으므로 天心을 얻고 民心을 얻은 것을 말하였고, 여기서는 하늘이 돕고 백성들이 돌아온 것이 모두 一德의 연고임을 말하였으니, 반복하여 말한 것이다.

5. 德惟一이면 動罔不吉하고 德二三이면 動罔不凶하리니 惟吉凶이 不僭在人은 惟天이 降災祥이 在德이니이다

德이 한결같으면 動함에 吉하지 않음이 없고, 德이 한결같지 않으면 動함에 흉하지 않음이 없을 것이니, 吉凶이 어그러지지 않아 사람에게 달려 있음은 하늘이 災殃과 祥瑞를 내림이 德의 如何에 달려 있기 때문입니다.

二三則雜矣라 德之純則無往而不吉이요 德之雜則無往而不凶이라 僭은 差也라 惟吉凶이 不差在人者는 惟天之降災祥이 在德故也라

二三이면 잡된 것이다. 德이 純一하면 가는 곳마다 吉하지 않음이 없고, 德이 잡되면 가는 곳마다 凶하지 않음이 없다. 僭은 어그러짐이다. 吉凶이 어그러지지 않아 사람에게 달려 있음은 하늘이 災殃과 祥瑞를 내림이 德에 달려 있기 때문이다.

6. 今嗣王이 新服厥命이신댄 惟新厥德이니 終始惟一이 時乃日新이니이다

이제 嗣王이 새로 天命을 받으시려면 德을 새롭게 하셔야 할 것이니, 始終 한결같이 함이 이것이 바로 날로 새로워지는 것입니다.

太甲이 新服天子之命하니 德亦當新이라 然新德之要는 在於有常而已니 終始有常하여 而無間斷이 是乃所以日新也라

太甲이 새로 天子의 命을 받았으니, 德 또한 마땅히 새로워져야 한다. 그러나 德이 새로워지는 요점은 떳떳함이 있음에 달려 있을 뿐이니, 始終 떳떳함이 있어서 간단이 없음이 이것이 바로 날로 새로워지는 것이다.

7. 任官호되 惟賢材하시며 左右를 惟其人하소서 臣은 爲上爲德하고 爲下爲民하나니 其難其愼하시며 惟和惟一하소서

官職을 맡기되 賢者와 才能이 있는 자로 하시며, 左右를 오직 훌륭한 사람을 등용하소서. 臣下는 위를 위해서는 德을 위하고 아래를 위해서는 백성을 위해야 하니, 어렵게 여기고 신중히 하시며 조화롭고 한결같게 하소서.

賢者는 有德之稱이요 材者는 能也라 左右者는 輔弼大臣이니 非賢材之稱可盡이라 故로 曰惟其人이라 夫人臣之職이 爲上爲德은 左右厥辟也요 爲下爲民은 所以宅師也라 不曰君而曰德者는 兼君道而言也라 臣職所係其重如此하니 是必其難其愼이라 難者는 難於任用이요 愼者는 愼於聽察이니 所以防小人也라 惟和惟一은 和者는 可否相濟[1]요 一者는 終始如一이니 所以任君子也라

賢은 德이 있는 이의 칭호이며, 材는 능함이다. 左右는 輔弼하는 大臣이니, 賢材의 칭호로 다 일컬을 수 있는 것이 아니다. 그러므로 '惟其人'이라고 말한 것이다. 人臣의 직책이 위를 위해서는 德을 위한다 함은 그 君主를 보필함이요, 아래를 위해서는 백성을 위한다 함은 무리(백성)들을 편안히 살게 하는 것이다. 君이라 말하지 않고 德이라 말한 것은 君道를 겸하여 말한 것이다. 臣下의 직책의 관계된 바가 그 중함이 이와 같으니, 반드시 어렵게 여기고 삼가야 할 것이다. 難은 任用을 어렵게 여기는 것이요, 愼은 듣고 살핌을 신중히 하는 것이니, 小人을 방지하는 것이다. 惟和惟一은 和는 可와 否로 서로 이루어 주는 것이요, 一은 始終如一함이니, 君子를 任用하는 것이다.

譯註 1. 和者可否相濟 : 어떤 사안을 두고 서로 可타 否타 논쟁하여 事理의 옳고 그름을 따져서 조화롭게 처리함을 이른다.

8. 德無常師하여 主善이 爲師며 善無常主하여 協于克一이니이다

德은 떳떳한 法이 없어 善을 주장함이 法이 되며, 善은 떳떳한 주장이 없어 능히 한결같음에 합합니다.

上文에 言用人하고 因推取人爲善之要하니라 無常者는 不可執一之謂라 師는 法이요 協은 合也라 德者는 善之總稱이요 善者는 德之實行이며 一者는 其本原統會者也라 德兼衆善하니 不主於善이면 則無以得一本萬殊之理요 善原於一하니 不協于一이면 則無以達萬殊一本之妙라 謂之克一者는 能一之謂也니 博而求之於不一之善하고 約而會之於至一之理라 此聖學始終條理之序니 與夫子所謂一貫者로 幾矣라 太甲이 至是而得與聞焉하니 亦異乎常人之改過者歟인저 張氏曰 虞書精一數語[1]之外에 惟此爲精密이니라

上文에 人才를 登用함을 말하고, 인하여 사람을 취하여 善을 하는 요점을 미루었다. 無常은 하나를 잡을 수 없음을 이른다. 師는 法이요, 協은 합함이다. 德은 善의 총칭이고, 善은 德의 실제 행실이며, 一은 그 本原이 統會한 것이다. 德은 여러 善을 겸하였으니, 善을 주장하지 않으면 一本萬殊의 이치를 얻을 수 없고, 善은 一에 근원하였으니, 一에 합하지 않으면 萬殊一本의 妙理를 통달할 수 없다. 克一이라고 말한 것은 능히 한결같음을 이르니, 널리 하여 하나가 아닌 善에 구하고, 요약하여 지극히 한결같은 이치에 맞추는 것이다. 이는 聖學이 條理를 시작하고 마치는 차례이니, 夫子의 이른바 '一貫'과 거의 같을 것이다. 太甲이 이에 이르러 참여하여 이것을 들었으니, 또한 보통사람이 허물을 고친 것과는 다를 것이다.

張氏(張栻)가 말하였다. "虞書의 '精一' 몇마디 말 이외에는 오직 이 말이 정밀하다."

譯註 1. 虞書精一數語 : 위 〈大禹謨〉의 "人心惟危 道心惟微 惟精惟一 允執

厥中"을 가리킨 것이다.

9. 俾萬姓으로 咸曰 大哉라 王言이여케하시며 又曰 一哉라 王心이여케하사 克綏先王之祿하사 永底(지)烝民之生하소서

만백성으로 하여금 모두 말하기를 '위대하다. 王의 말씀이여!' 라고 하게 하시며, 또 말하기를 '한결같다. 王의 마음이여!' 라고 하게 하시어 능히 先王의 祿을 편안히 하여 烝民의 삶을 길이 이루게 하소서.

人君이 惟其心之一故로 其發諸言也大하고 萬姓이 見其言之大故로 能知其心之一이니 感應之理 自然而然이니 以見人心之不可欺而誠之不可掩也라 祿者는 先王所守之天祿也라 烝은 衆也라 天祿安, 民生厚는 一德之效驗也라

人君이 그 마음이 한결같으므로 말에 나옴이 위대하고, 만백성들이 君主의 말이 위대함을 보았으므로 그 마음이 한결같음을 아는 것이다. 感應의 이치가 자연히 그렇게 되는 것이니, 人心을 속일 수 없고 성실함을 掩蔽할 수 없음을 나타낸 것이다. 祿은 先王이 지켜온 바의 天祿이다. 烝은 많음이다. 天祿이 편안하고 民生이 후해짐은 一德의 효험이다.

10. 嗚呼라 七世之廟에 可以觀德이며 萬夫之長에 可以觀政이니이다

아! 7世의 祠堂에서 德을 관찰할 수 있으며, 萬夫의 우두머리에게서 정사를 관찰할 수 있습니다.

天子七廟이니 三昭三穆에 與太祖之廟로 七이라 七廟는 親盡則遷이니 必有德之主는 則不祧毁라 故曰七世之廟에 可以觀德이라 天子는 居萬民之上하니 必政敎有以深服乎人而後에 萬民悅服이라 故曰萬夫之長에 可以

烝 : 무리 증 祧 : 체천할 조

觀政이라 伊尹이 歎息言 德政修否 見於後世하고 服乎當時하여 有不可掩者如此라

天子는 일곱 사당이니, 세 昭와 세 穆에 太祖의 祠堂을 합하여 일곱이다. 일곱 祠堂은 親이 다하면 옮기니, 반드시 德이 있는 君主는 祧毁(遞遷하고 다시 단장함)하지 않으므로 7世의 祠堂에서 德을 관찰할 수 있다고 말한 것이다. 天子는 萬民의 위에 거하니, 반드시 政敎가 사람들을 깊이 感服함이 있은 뒤에야 萬民들이 기뻐하여 복종한다. 그러므로 萬夫의 우두머리에게서 정사를 관찰할 수 있다고 말한 것이다. 伊尹이 탄식하고 말하기를 "德政이 닦이고 닦이지 못함이 後世에 나타나고 當時에 感服하여 가리울 수 없음이 이와 같다."고 한 것이다.

11. 后非民이면 罔使며 民非后면 罔事니 無自廣以狹人하소서 匹夫匹婦 不獲自盡하면 民主罔與成厥功하리이다

君主는 백성이 아니면 부릴 사람이 없으며, 백성은 君主가 아니면 섬길 사람이 없으니, 스스로 크다 하여 남을 좁게 여기지 마소서. 匹夫·匹婦가 스스로 다함을 얻지 못하면 백성의 君主는 더불어 功을 이루지 못할 것입니다."

罔使, 罔事는 卽上篇의 民非后면 罔克胥匡以生이요 后非民이면 罔以辟四方之意라 申言君民之相須者如此하여 欲太甲不敢忽也라 無는 毋同이라 伊尹이 又言 君民之使事 雖有貴賤不同이나 至於取人爲善하여는 則初無貴賤之間이라 蓋天以一理로 賦之於人하여 散爲萬善하니 人君이 合天下之萬善而後에 理之一者可全也라 苟自大而狹人하여 匹夫匹婦 有一不得自盡於上이면 則一善不備하여 而民主亦無與成厥功矣라 伊尹이 於篇終에 致其警戒之意요 而言外之旨則又推廣其所謂一者如此하니 蓋道體之純全이요 聖功之極致也라 嘗因是言之컨대 以爲精粹無雜者一也요 終始無間者一也요 該括萬善者一也[1]니 一者는 通古今, 達上下하니 萬化之原이요 萬事之幹이라 語其理則無二요 語其運則無息이요 語其體則幷包而無所遺也라 咸有一德之書에 而三者之義悉備하니 前乎伏羲堯舜禹湯과 後

乎文武周公孔子 同一揆也니라

罔使·罔事는 곧 上篇에 '백성은 君主가 아니면 서로 바로잡아 살 수가 없으며, 君主는 백성이 아니면 사방에 君主노릇을 할 수 없다'는 뜻이다. 君主와 백성이 서로 필요함이 이와 같음을 거듭 말하여 太甲이 감히 소홀히 하지 않기를 바란 것이다. 無는 毋와 같다. 伊尹이 또 말하기를 "君主와 백성이 부리고 섬김은 비록 貴賤의 같지 않음이 있으나 사람을 취하여 善을 함에 있어서는 애당초 貴賤의 간격이 없다. 하늘이 한 이치를 인간에게 부여하여 흩어져 만 가지 善이 되었으니, 人君이 天下의 만 가지 善을 합한 뒤에야 한 이치를 온전히 할 수 있는 것이다. 만일 스스로 크다 하여 남을 좁게 여겨서 匹夫·匹婦가 한 사람이라도 스스로 윗사람에게 다하지 못함이 있으면 한 善이 구비되지 못하여 백성의 君主가 또한 그 功을 이룰 수 없을 것이다." 하였다.

伊尹이 篇의 끝에 경계하는 뜻을 지극히 하였고, 말 밖의 뜻은 또 이른바 一이란 것을 미루어 넓힘이 이와 같았으니, 이는 道體의 純全함이요 聖功의 極致이다. 일찍이 이로 인하여 말하건대 精粹하여 잡됨이 없는 것이 一이고, 始終 間斷함이 없는 것이 一이고, 萬善을 포괄하는 것이 一이다. 一은 古今을 통하고 上下를 통하니, 온갖 造化의 근원이요 만 가지 일의 根幹이다. 그 이치를 말하면 두 가지가 없고, 運行을 말하면 쉼이 없고, 體를 말하면 모두 포괄하여 빠뜨림이 없다. 〈咸有一德〉의 글에 세 가지의 뜻이 다 구비되었으니, 以前의 伏羲·堯·舜·禹·湯과 뒤의 文·武·周公·孔子가 똑같이 한 법인 것이다.

譯註 1. 精粹無雜者 … 一也：精粹無雜은 咸有一德의 一을 가리킨 것이고 終始無間은 終始惟一의 一을 가리킨 것이고 該括萬善은 協于克一의 一을 가리킨 것이다.

書經集傳 卷五

盤庚 上

盤庚은 陽甲之弟라 自祖乙로 都耿이러니 圮於河水어늘 盤庚이 欲遷于殷한대 而大家世族이 安土重遷하여 胥動浮言하고 小民은 雖蕩析離居하나 亦惑於利害하여 不適有居하니 盤庚이 喩以遷都之利와 不遷之害라 上中二篇은 未遷時言이요 下篇은 旣遷後言이라 王氏曰 上篇은 告群臣이요 中篇은 告庶民이요 下篇은 告百官族姓이라 左傳에 謂盤庚之誥라하니 實誥體也라 三篇은 今文古文皆有로되 但今文은 三篇이 合爲一하니라

盤庚은 陽甲의 아우이다. 祖乙 때로부터 耿에 도읍하였는데 河水에 무너졌으므로 盤庚이 殷으로 遷都하고자 하였으나, 大家와 世族들은 살던 땅을 편안히 여기고 遷都하는 것을 어렵게 여겨 서로 浮言(근거없는 말)으로 煽動하고, 小民들은 비록 蕩析離居(서로 분산되어 흩어져 삶)하였으나 또한 利害에 현혹되어 새 거주지로 가려 하지 않으니, 盤庚이 遷都의 이로움과 遷都하지 않는 해로움을 말하였다. 上·中 두 篇은 遷都하지 않았을 때의 말이고, 下篇은 이미 遷都한 뒤의 말이다. 王氏가 말하였다. "上篇은 群臣에게 告한 것이고, 中篇은 庶民에게 告한 것이고, 下篇은 百官과 族姓에게 告한 것이다."《左傳》에 '盤庚之誥'라 하였으니, 실로 誥體이다.

세 篇은 今文과 古文에 다 있는데 다만 今文은 세 篇이 합하여 하나가 되었다.

1. 盤庚이 遷于殷할새 民不適有居어늘 率籲衆慼하사 出矢

耿：빛날 경　圮：무너질 비　率：모두 솔　籲：부를 유　慼：근심할 척
矢：맹세할 시

言하시다

盤庚이 殷으로 遷都하려 할 적에 백성들이 새 거주지로 가려하지 않자, 여러 근심하는 사람들을 불러서 맹세하는 말을 내었다.

殷은 在河南偃師라 適은 往이라 籲는 呼요 矢는 誓也라 史臣言 盤庚이 欲遷于殷한대 民不肯往適有居어늘 盤庚이 率呼衆憂之人하여 出誓言以喩之하니 如下文所云也라

○ 周氏曰 商人稱殷은 自盤庚始라 自此以前은 惟稱商이러니 自盤庚遷都之後로 於是에 殷商兼稱하고 或只稱殷也하니라

殷은 河南의 偃師에 있다. 適은 감이다. 籲는 부름이요, 矢는 맹세함이다. 史臣이 말하기를 "盤庚이 殷에 遷都하고자 하였는데 백성들이 새 거주지로 가려 하지 않으므로 盤庚이 여러 근심하는 사람들을 모두 불러서 맹세하는 말을 내어 曉諭하였다." 하였으니, 下文에 말하려는 바와 같다.

○ 周氏가 말하였다. "商나라 사람들을 殷이라고 칭한 것은 盤庚으로부터 시작되었다. 이 이전에는 오직 商이라고만 칭하였는데, 盤庚이 遷都한 뒤로 이에 殷과 商을 겸칭하였고, 혹은 단지 殷이라고만 칭하기도 하였다."

2. 曰 我王이 來하사 旣爰宅于玆하심은 重我民이라 無盡劉어신마는 不能胥匡以生일새 卜稽하니 曰其如台라하나다

"우리 先王께서 오시어 여기에 집터(도읍터)를 정하신 것은 우리 백성들을 중히 여기신 것이요, 다 죽이려고 하신 것이 아니었건마는 서로 바로잡아(구원하여) 살지 못하기에 占에 상고해 보니, '그 우리에게 어쩌겠는가.' 하였다.

曰은 盤庚之言也라 劉는 殺也라 盤庚言 我先王祖乙이 來都于耿은 固重我民之生이요 非欲盡致之死也나 民適不幸하여 蕩析離居하여 不能相救以

偃 : 누울 언　稽 : 상고할 계　台 : 나 이

生일새 稽之於卜하니 亦曰此地無若我何라하니 言耿不可居하니 決當遷也라

曰은 盤庚의 말이다. 劉는 죽임이다. 盤庚이 말하기를 "우리 先王인 祖乙이 耿땅에 와서 都邑함은 진실로 우리 백성들의 삶을 중히 여긴 것이요 다 죽음에 이르게 하려고 했던 것이 아니었건마는 백성들이 마침 불행하여 蕩析離居하여 서로 바로잡아 살지 못하기에 占에 상고해 보니, 또한 이르기를 '이 땅은 우리에게 어쩔 수 없다.'고 하였다." 하였으니, 耿땅은 살 수가 없으니 결단코 遷都해야 함을 말한 것이다.

3. 先王이 有服이어시든 恪謹天命하사되 茲猶不常寧하사 不常厥邑이 于今五邦이시니 今不承于古하면 罔知天之斷命이온 矧曰其克從先王之烈아

先王께서 일이 있으시면 天命을 삼가시되 오히려 항상 편안하지 않으시어 그 도읍을 한 곳에 일정하게 하지 않으신 것이 지금 다섯 고을이니, 이제 옛날을 계승하지 않으면 하늘이 命을 끊을지도 모르는데 하물며 능히 先王의 功烈을 따른다고 말하겠는가.

服은 事也라 先王이 有事어든 恪謹天命하여 不敢違越하사되 先王이 猶不敢常安하여 不常其邑하여 于今五遷厥邦矣라 今不承先王而遷하면 且不知上天之斷絶我命이어든 況謂其能從先王之大烈乎아 詳此言則先王遷徙에도 亦必有稽卜之事로되 仲丁, 河亶甲篇逸하여 不可考矣라 五邦은 漢孔氏謂 湯遷亳하고 仲丁遷囂하고 河亶甲居相하고 祖乙居耿하니 幷盤庚遷殷하여 爲五邦이라 然以下文今不承于古文勢로 考之하면 則盤庚之前에 當自有五遷이라 史記에 言祖乙遷邢이라하니 或祖乙兩遷也인저

服은 일이다. 先王은 遷都할 일이 있으면 天命을 삼가 감히 어기지 못하시되 先王이 오히려 항상 편안하지 못하여 그 都邑을 일정하게 하지 않아 지금 다섯 번 그 도읍을 옮겼다. 이제 先王을 계승하여 遷都하지 않으면

恪 : 삼갈 각 矧 : 하물며 신 囂 : 시끄러울 효 亶 : 진실로 단

장차 上天이 우리의 命을 끊을지도 모르는데 하물며 先王의 큰 功烈을 따른다고 이르겠는가. 이 말을 살펴보면 先王이 遷都할 때에도 또한 반드시 占에 상고한 일이 있었을 터인데, 〈仲丁篇〉과 〈河亶甲篇〉이 散逸되어 상고할 수가 없다. 五邦은 漢나라 孔氏는 이르기를 "湯은 亳에 遷都하고, 仲丁은 囂에 遷都하고, 河亶甲은 相에 居하고, 祖乙은 耿에 居하였으니, 盤庚이 殷에 遷都한 것까지 아울러 五邦이 된다." 하였다. 그러나 下文에 "이제 옛날을 계승하지 않는다."는 文勢로 살펴본다면 盤庚 이전에 따로 다섯 번 遷都가 있었을 것이다. 《史記》에 "祖乙이 邢에 천도했다." 하였으니, 혹 祖乙이 두 번 遷都하였나 보다.

4. 若顚木之有由蘖이라 天其永我命于茲新邑하사 紹復先王之大業하사 底(지)綏四方이시니라

쓰러진 나무에 싹이 나는 것과 같으니, 하늘이 우리 命을 이 새 도읍에서 영원하게 하시어 先王의 大業을 계승하고 회복하여 四方을 편안하게 하셨다."

顚은 仆也라 由는 古文作㽕하니 木生條也라 顚木은 譬耿이요 由蘖은 譬殷也니 言今自耿遷殷이 若已仆之木而復生也라 天其將永我國家之命於殷하여 以繼復先王之大業하여 而致安四方乎인저

顚은 쓰러짐이다. 由는 古文에 㽕로 되어 있으니, 나무에 가지가 나는 것이다. 쓰러진 나무는 耿을 비유하고 由蘖은 殷을 비유하였으니, 지금 耿에서 殷으로 遷都함은 이미 쓰러진 나무에 다시 가지가 나는 것과 같음을 말한 것이다. 하늘이 장차 우리 국가의 命을 殷에 영구히 하여 先王의 대업을 계승하고 회복해서 사방을 편안하게 하실 것이다.

5. 盤庚이 斅于民하사되 由乃在位하사 以常舊服으로 正法度하사 曰無或敢伏小人之攸箴하라하사 王이 命衆하신대 悉至于

蘖 : 움싹 얼　㽕 : 나무에싹날 유　仆 : 넘어질 부　斅 : 가르칠 효　箴 : 경계할 잠

庭하니라

盤庚이 백성들을 가르치시되 지위에 있는 자로부터 하여 옛부터 떳떳이 있어 온 일로 법도를 바로잡아 말씀하기를 "감히 혹시라도 小人들의 경계하는 말을 숨기지 말라." 하시어, 王이 여러 사람들에게 命하시자 모두 뜰에 이르렀다.

斅는 敎요 服은 事요 箴은 規也라 耿地潟鹵墊隘而有沃饒之利라 故로 小民은 苦於蕩析離居로되 而巨室則總于貨寶하니 惟不利於小民而利於巨室이라 故로 巨室不悅하여 而胥動浮言하고 小民은 眩於利害하여 亦相與咨怨이라 間有能審利害之實而欲遷者면 則又往往爲在位者之所排擊阻難하여 不能自達於上하니 盤庚이 知其然이라 故로 其敎民에 必自在位始요 而其所以敎在位者는 亦非作爲一切之法[1]以整齊之라 惟擧先王舊常遷都之事하여 以正其法度而已라 然所以正法度者는 亦非有他焉이요 惟曰 使在位之臣으로 無或敢伏小人之所箴規焉耳니 蓋小民이 患潟鹵墊隘하여 有欲遷而以言箴規其上者면 汝毋得遏絶而使不得自達也라 衆者는 臣民咸在也라 史氏將述下文盤庚之訓語라 故로 先發此하니라

斅는 가르침이요, 服은 일이요, 箴은 경계함이다. 耿땅은 갯벌이어서 빠지고 막혔으나 肥沃한 이로움이 있었다. 그러므로 小民들은 蕩析離居함을 괴로워하였으나 巨室들은 재화와 보물을 모았으니, 오직 小民들에게만 이롭지 않고 巨室들에게는 이로웠다. 그러므로 巨室들이 遷都하는 것을 좋아하지 않아 서로 浮言으로 선동하였고, 小民들은 利害에 현혹되어 또한 서로 원망하였다. 간혹 이해의 실제를 살펴서 遷都하고자 하는 자가 있으면 또 왕왕 지위에 있는 자에게 배척과 저지를 당하여 스스로 위에 도달되지 못하니, 盤庚은 이러한 사실을 알았다. 그러므로 백성을 가르칠 적에 반드시 지위에 있는 자로부터 시작하였고, 지위에 있는 자를 가르치는 방법은 또한 일체로 하는 일률적인 法을 만들어 整齊한 것이 아니라 오직 先王이 옛부터 떳떳이 遷都했던 일을 들어서 그 法度를 바로잡았을 뿐이다. 그러

潟 : 짠흙 석　鹵 : 염전 로　墊 : 빠질 점　眩 : 어지러울 현　阻 : 험할 조

나 법도를 바로잡음은 또한 다른 방법이 있는 것이 아니요, 오직 지위에 있는 臣下들로 하여금 감히 혹시라도 小人들이 경계하는 말을 숨기지 말게 하였을 뿐이니, 小民들이 갯벌이 빠지고 막힘을 근심하여 遷都하고자 해서 말로써 윗사람을 箴規하고자 하는 자가 있으면 너희들은 이것을 막아서 스스로 도달되지 못하게 하지 말라고 한 것이다. 衆은 臣下와 백성들이 모두 있는 것이다. 史臣이 장차 下文에 盤庚의 훈계하는 말을 서술하려 하였으므로 먼저 이것을 말한 것이다.

譯註 1. 一切之法 : 형편이나 상황을 생각하지 않고 칼로 물건을 자르듯이 整齊만을 위주하여 융통성이 없는 法을 이른다.

6. 王若曰 格汝衆아 予告汝訓하노니 汝猷黜乃心하여 無傲從康하라

王이 다음과 같이 말씀하였다. "이리 오라. 너희들아. 내 너희들에게 訓戒를 고하노니, 너희들은 너희들의 私心을 버릴 것을 꾀하여 오만히 하고 편안함을 따르지 말도록 하라.

若曰者는 非盡當時之言이요 大意若此也라 汝猷黜乃心者는 謀去汝之私心也라 無는 與毋同하니 毋得傲上之命하고 從己之安이라 蓋傲上則不肯遷이요 從康則不能遷이니 二者는 所當黜之私心也라 此雖盤庚對衆之辭나 實爲群臣而發이니 以斅民이 由在位故也라

若曰은 다 당시에 한 말이 아니요, 大意가 이와 같은 것이다. '너희들은 너희들의 마음을 버릴 것을 꾀하라'는 것은 너희들의 私心을 버리도록 꾀하라는 것이다. 無는 毋와 같으니, 上(군주)의 명령을 오만히 하고 자신의 편안함을 따르지 말라고 한 것이다. 上에게 오만히 하면 遷都하려 하지 않고 편안함을 따르면 遷都할 수 없으니, 이 두 가지는 마땅히 버려야 할 私心이다. 이는 비록 盤庚이 여러 사람을 상대로 한 말이나 실제는 群臣을 위하여 한 말이니, 백성을 가르치되 지위에 있는 자로부터 하였기 때문이다.

7. 古我先王이 亦惟圖任舊人하사 共政하시니 王이 播告之

修커시든 **不匿厥指**일새(한들로) **王用丕欽**하시며 **罔有逸言**일새(한들로) **民用丕變**하더니 **今汝聒聒**하여 **起信**이 **險膚**하니 **予不知乃所訟**이로다

옛날 우리 先王이 또한 옛사람(世臣舊家)을 도모하여 맡겨서 政事를 함께하셨으니, 王이 닦아야 할 일을 펴 말씀하시면 〈신하들이〉 그 뜻을 숨기지 않으므로 王이 크게 공경하였으며, 잘못된 말이 없으므로 백성들이 크게 변했는데, 이제 너희들은 시끄럽게 떠들어 백성들에게 信을 일으킴이 험하고 얕으니, 나는 너희들이 다투는 바를 알지 못하겠다.

逸은 過也라 盤庚言 先王이 亦惟謀任舊人하여 共政하시니 王이 播告之修어시든 則奉承于內하여 而能不隱匿其指意라 故로 王用大敬之하시며 宣化于外에도 又無過言以惑衆聽이라 故로 民用大變이러니 今爾는 在內則伏小人之攸箴하고 在外則不和吉을 言于百姓하여 譊譊多言하여 凡起信於民者皆險陂膚淺之說이니 我不曉汝所言이 果何謂也라 詳此所謂舊人者는 世臣舊家之人이요 非謂老成人也라 蓋沮遷都者는 皆世臣舊家之人이니 下文人惟求舊一章에 可見이니라

逸은 잘못이다. 盤庚이 말씀하기를 "先王이 또한 옛사람을 도모하여 맡겨서 정사를 함께하셨으니, 王이 닦아야 할 일을 펴 말씀하시거든 〈신하들이〉 안에서 받들어 그 뜻을 숨기지 않았으므로 王이 크게 공경하였으며, 밖에 敎化를 베풀 때에도 잘못된 말로 사람들의 들음을 현혹함이 없었으므로 백성들이 크게 변하였는데, 지금 너희들은 안에서는 小人(小民)들의 경계하는 말을 숨기고, 밖에서는 和하고 吉하지 않은 것을 백성들에게 말해서 시끄럽게 말을 많이 하여 무릇 백성들에게 信을 일으킴이 모두 險陂하고 膚淺한 말이니, 나는 너희들이 말하는 바가 과연 무엇을 이르는 것인지 깨닫지 못하겠다." 한 것이다. 여기에 이른바 舊人이란 것을 살펴보면 世臣·舊家의 사람이요, 老成한 사람을 이른 것이 아니다. 遷都를 저지하는

聒 : 시끄러울 괄　膚 : 얕을 부　譊 : 시끄러울 요　陂 : 치우칠 피　沮 : 막을 저

자들은 모두 世臣·舊家의 사람이니, 下文의 "사람은 옛 사람을 구해야 한다."는 한 章에서 이것을 볼 수 있다.

8. 非予自荒茲德이라 惟汝含德하여 不惕予一人하나니 予若觀火언마는 予亦拙謀라 作乃逸이니라

내가 스스로 이 德을 황폐하게 하는 것이 아니라, 너희들이 德을 감추어 나 한 사람을 두려워하지 않으니, 내가 불을 보듯이 분명하게 알건마는 나도 꾀가 졸렬하여 너희들의 잘못을 이룬 것이다.

荒은 廢也요 逸은 過失也라 盤庚言 非我輕易遷徙하여 自荒廢此德이요 惟汝不宣布德意하여 不畏懼於我라 我視汝情이 明若觀火언마는 我亦拙謀라 不能制命하여 而成汝過失也라

荒은 황폐함이요, 逸은 잘못이다. 盤庚이 말씀하기를 "내가 가볍게 遷徙하여 스스로 이 德을 황폐하게 함이 아니요, 오직 너희들이 德의 뜻을 선포하지 않아 나를 두려워하지 않는다. 내가 너희들의 정을 봄이 불을 보듯이 분명하지만 나도 꾀가 졸렬하여 命을 制裁(專擅)하지 못하여 너희들의 과실을 이룬 것이다."고 하였다.

9. 若網이 在綱이라사 有條而不紊하며 若農이 服田力穡이라사 乃亦有秋니라

마치 그물이 벼리가 있어야 條理가 있어 문란하지 않음과 같으며, 농부가 田畝에서 일하여 농사를 힘써야 가을에 수확이 있는 것과 같다.

紊은 亂也라 綱擧則目張은 喩下從上, 小從大니 申前無傲之戒요 勤於田畝則有秋成之望은 喩今雖遷徙勞苦나 而有永建乃家之利니 申前從康之戒라

惕 : 두려울 척　紊 : 어지러울 문

紊은 문란함이다. 벼릿줄이 들리면 그물눈이 펴짐은 아랫사람이 윗사람을 따르고 작은 사람이 큰 사람을 따름을 비유한 것이니 앞의 오만히 하지 말라는 경계를 거듭한 것이며, 田畝에 부지런하면 가을에 수확할 희망이 있음은 지금 비록 遷徙하여 수고로우나 길이 네 집을 세우는 이로움이 있음을 비유한 것이니 앞의 편안함을 따른다는 경계를 거듭한 것이다.

10. 汝克黜乃心하여 施實德于民호되 至于婚友오사 丕乃敢大言汝有積德이라하라

너희들은 능히 너희들의 私心을 버려 실제 德을 백성들에게 베풀되 姻戚과 친구들에게까지 이르고서야 너는 비로소 감히 크게 말하기를 '내가 積德이 있다.'고 하라.

蘇氏曰 商之世家大族으로 造言以害遷者 欲以苟悅小民爲德也라 故로 告之曰 是何德之有오 汝曷不去汝私心하고 施實德于民與汝婚姻僚友乎아 勞而有功이 此實德也니 汝能勞而有功이어든 則汝乃敢大言曰我有積德이라하라 曰積德云者는 亦指世家大族而言이니 申前汝猷黜乃心之戒라

蘇氏가 말하였다. "商나라의 世家·大族으로 말을 만들어내어 遷都를 저지하는 자들은 구차히 小民들을 기쁘게 함을 德으로 삼으려 하였다. 그러므로 이들에게 고하기를 '이 무슨 德됨이 있겠는가. 너희들은 어찌 너희들의 사심을 버리고 실제 德을 백성과 너희들의 姻戚과 僚友들에게 베풀지 않는가. 수고로워 功이 있는 것이 이것이 실제 德이니, 너희들이 능히 수고로워 功이 있거든 너희들은 비로소 크게 말하기를 「내가 積德이 있다.」고 하라.'한 것이다." 積德이라고 말한 것은 또한 世家·大族을 가리켜 말한 것이니, 앞의 너희들은 너희들의 私心을 버릴 것을 꾀하라는 경계를 거듭한 것이다.

11. 乃不畏戎毒于遠邇하나니 惰農이 自安하여 不昏作勞하여 不服田畝하면 越其罔有黍稷하리라

너희들이 멀고 가까운 곳에 큰 해독을 끼침을 두려워하지 않으니, 게으른 농부가 스스로 편안하여 힘써 수고로운 일을 하지 않아 田畝에서 일하지 않으면 黍稷이 없게 될 것이다.

戎은 大요 昬은 强也라 汝不畏沈溺大害於遠近하여 而憚勞不遷하니 如怠惰之農이 不强力爲勞苦之事하여 不事田畝하니 安有黍稷之可望乎아 此章은 再以農喩하여 申言從康之害하니라

戎은 큼이요, 昬은 힘씀이다. 너희들이 멀고 가까운 곳에 큰 해독을 끼쳐 빠뜨림을 두려워하지 않아 수고로움을 꺼리고 遷都하지 않으니, 이는 마치 게으른 농부가 힘써 수고로운 일을 하지 않아 田畝에서 일하지 않는 것과 같으니, 어찌 黍稷을 바랄 수 있겠는가. 이 章은 다시 농사로 비유하여 편안함을 따르는 해를 거듭 말하였다.

12. 汝不和吉을 言于百姓[1)]하나니 惟汝自生毒이로다 乃敗禍姦宄로 以自災于厥身하여 乃旣先惡于民이요 乃奉其恫하여서 汝悔身인들 何及이리오 相時憸民한대 猶胥顧于箴言이라도(하거든) 其發에 有逸口니 矧予制乃短長之命이온여 汝는 曷弗告朕하고 而胥動以浮言하여 恐沈于衆고 若火之燎于原하여 不可嚮邇나 其猶可撲滅이니 則惟爾衆이 自作弗靖이라 非予有咎니라

너희들이 和함과 吉함을 백성들에게 말하지 않으니, 너희들이 스스로 해독을 끼치는 것이다. 敗하고 禍하며 姦·宄함으로 스스로 자기 몸에 재앙을 끼쳐서 너희들이 이미 백성들에게 앞장서서 惡을 저지르고 마침내 고통을 받고서야 너희들이 자신을 뉘우친들 어찌 미치겠는가. 이 小民들을 보건대 오히려 서로 경계하는 말을 돌아보더라도 말

昬 : 힘쓸 민　憚 : 꺼릴 탄　恫 : 아플 통　憸 : 간사할 험, 아첨할 섬
燎 : 태울 료　嚮 : 향할 향　撲 : 칠 박　靖 : 고요할 정

함에 잘못된 말이 있을까 두렵거든 하물며 내가 너희들의 짧고 긴 목숨을 制裁함에 있어서랴. 너희들은 어찌 나에게 고하지 않고, 서로 浮言으로 煽動하여 사람들을 恐動시키고 빠지게 하는가. 마치 불이 平原에 타올라 향하여 가까이 할 수 없으나 오히려 박멸할 수 있음과 같으니, 너희들이 스스로 안정하지 않음을 만드는 것이요, 내가 잘못이 있는 것이 아니다.

譯註 1. 汝不和吉 言于百姓 : 諺解에는 "和하고 吉함을 백성들에게 말하지 않는다."고 해석하였으나 退溪의 《三經釋義》를 따라 수정하였다.

吉은 好也라 先惡은 爲惡之先也라 奉은 承이요 恫은 痛이요 相은 視也라 憸民은 小民也라 逸口는 過言也라 逸口도 尙可畏어든 況我制爾生殺之命하니 可不畏乎아 恐은 謂恐動之以禍患이요 沈은 謂沈陷之於罪惡이라 不可嚮邇나 其猶可撲滅者는 言其勢焰雖盛이나 而殄滅之不難也라 靖은 安이요 咎는 過也니 則惟爾衆이 自爲不安이요 非我有過也라 此章은 反復辯論하여 申言傲上之害하니라

吉은 좋음이다. 先惡은 惡의 先導가 되는 것이다. 奉은 받듦이요, 恫은 고통이요, 相은 봄이다. 憸民은 小民이다. 逸口는 잘못된 말이다. 잘못된 말도 오히려 두려워할 만한데 하물며 내가 너희들을 살리고 죽이는 命을 쥐고 있으니, 두려워하지 않을 수 있겠는가. 恐은 禍患으로 恐動함을 이르고, 沈은 罪惡에 빠뜨림을 이른다. 향하여 가까이할 수 없으나 오히려 박멸할 수 있다는 것은 그 形勢와 氣焰이 비록 盛하나 끊어서 박멸함이 어렵지 않음을 말한 것이다. 靖은 편안함이요, 咎는 허물이니, 너희들이 스스로 不安을 만드는 것이요, 내가 허물이 있는 것이 아니다. 이 章은 반복하여 변론해서 군주에게 오만히 하는 害를 거듭 말하였다.

13. 遲任이 有言曰 人惟求舊요 器非求舊라 惟新이라하도다

遲任이 말하기를 '사람은 옛사람을 구하고, 그릇은 옛것을 구할 것이 아니라 새 그릇을 쓰라.' 하였다.

遲任은 古之賢人이라 蘇氏曰 人舊則習하고 器舊則弊하니 當常使舊人하고 用新器也라 今按盤庚所引하면 其意在人惟求舊一句하니 而所謂求舊者는 非謂老人이요 但謂求人於世臣舊家云耳라 詳下文意하면 可見이니 若以舊人爲老人이면 又何侮老成人之有리오

遲任은 옛날의 賢人이다. 蘇氏가 말하기를 "사람은 오래되면 익숙하고 그릇은 오래되면 망가지니, 마땅히 항상 옛사람을 부리고 새 그릇을 사용하여야 한다." 하였다.

이제 盤庚이 인용한 바를 살펴보면 그 뜻이 '사람은 옛사람을 구해야 한다'는 한 글귀에 있으니, 이른바 '옛사람을 구한다'는 것은 노인을 말한 것이 아니요, 단지 사람을 世臣과 舊家에서 구하여야 함을 이른 것이다. 下文의 뜻을 살펴보면 알 수 있으니, 만약 舊人을 老人이라고 한다면 또 어찌 老成한 사람을 업신여긴다는 말이 뒤에 나올 수 있겠는가.

14. 古我先王이 暨乃祖乃父로 胥及逸勤하시니 予敢動用非罰가 世選爾勞하나니 予不掩爾善하리라 茲予大享于先王할새 爾祖其從與享之하여 作福作災하나니 予亦不敢動用非德호리라

옛날에 우리 先王께서 너희들의 祖·父와 더불어 서로 편안함과 수고로움을 함께하셨으니, 내 감히 잘못된 刑罰을 動하여 쓰겠는가. 대대로 너희들의 공로를 뽑아 기록하고 있으니, 나는 너희들의 善함을 掩蔽하지 않을 것이다. 내가 先王에게 크게 祭享할 적에 너희들의 先祖도 따라서 함께 配享하여 福을 만들고 災殃을 만드니, 나는 또한 감히 德이 아닌 것을 動하여 쓰지 않을 것이다.

胥는 相也라 敢은 不敢也라 非罰은 非所當罰也라 世는 非一世也라 勞는 勞于王家也라 掩은 蔽也라 言先王及乃祖乃父로 相與同其勞逸하시니 我

暨：더불 기 掩：가릴 엄 享：제향 향

豈敢動用非罰하여 以加汝乎아 世簡爾勞하니 不蔽爾善하리라 玆我大享于先王할새 爾祖도 亦以功而配食於廟라 先王이 與爾祖父로 臨之在上하시고 質之在旁하사 作福作災가 皆簡在先王與爾祖父之心하니 我亦豈敢動用非德以加汝乎아

胥는 서로이다. 敢은 감히 하지 못하는 것이다. 非罰은 마땅히 형벌하여야 할 것이 아닌 것이다. 世는 한 代가 아니다. 勞는 王家에 수고로움이다. 掩은 가리움이다. 先王이 너희들의 祖·父와 더불어 서로 수고로움과 편안함을 함께하셨으니, 내 어찌 감히 잘못된 刑罰을 動하여 써서 너희들에게 가하겠는가. 대대로 너희들의 功勞를 뽑아 기록하고 있으니, 너희들의 善을 엄폐하지 않을 것이다. 내 先王에게 크게 祭享할 적에 너희들의 先祖 또한 공로로써 祠堂에서 配食한다. 先王이 너희들의 祖·父와 함께 臨하여 위에 계시고 質正함에 곁에 계셔서 福을 만들고 災殃을 만듦에 모두 簡閱함이 先王과 너희들의 祖·父의 마음에 달려 있으니, 내가 또한 어찌 감히 德이 아닌 것을 動하여 써서 너희들에게 가하겠는가.

15. 予告汝于難하노니 若射之有志하니 汝無侮老成人하며 無弱孤有幼하고 各長于厥居하여 勉出乃力하여 聽予一人之作猷하라

내 너희들에게 어려움을 말하노니, 활쏘는 자가 〈과녁을 맞춤에〉 뜻이 있는 것과 같으니, 너희들은 老成한 사람을 업신여기지 말고 외로운 어린이들을 하찮게 여기지 말며, 각각 그 거처를 장구히 하여 힘써 너희들의 힘을 내어서 나 한 사람이 만든 꾀를 따르도록 하라.

難은 言謀遷徙之難也라 蓋遷都는 固非易事요 而又當時臣民이 傲上從康하여 不肯遷徙라 然我志決遷이 若射者之必於中하여 有不容但已者라 弱은 少之也라 意當時老成孤幼 皆有言當遷者라 故로 戒其老成者不可侮요 孤幼者不可少之也라 爾臣은 各謀長遠其居하여 勉出汝力하여 以聽

旁：곁 방 猷：꾀 유

我一人遷徙之謀也라

難은 遷徙를 도모함이 어려움을 말한 것이다. 遷都는 진실로 쉬운 일이 아니요, 또 당시의 臣民들이 군주에게 오만히 하고 편안함을 따라 遷徙하려 하지 않았다. 그러나 내 뜻이 결단코 遷都하려 함은 마치 활쏘는 자가 과녁을 맞춤을 기필하는 것과 같아 단지 그대로 중지할 수 없는 것이 있다. 弱은 하찮게 여김이다. 짐작컨대 당시에 老成한 사람과 외로운 어린이는 모두 "마땅히 遷都해야 한다."고 말하는 자가 있었던 듯하다. 그러므로 老成한 자를 업신여기지 말고 외로운 어린이를 소홀히 하지 말라고 경계한 것이다. 너희 臣下들은 각기 그 거처를 長遠히 할 것을 도모하여 힘써 너희들의 힘을 내어서 나 한 사람의 遷徙하는 꾀를 따라야 할 것이다.

16. 無有遠邇히 用罪는 伐厥死하고 用德은 彰厥善호리니 邦之臧은 惟汝衆이요 邦之不臧은 惟予一人이 有佚罰이니라

멀고 가까움에 관계없이 罪惡을 행하는 자는 그 죽임으로 罰을 주고, 德을 따르는 자는 善을 표창할 것이니, 나라가 잘됨은 너희들 때문이며, 나라가 잘못됨은 나 한 사람이 벌을 잘못 시행하기 때문이다.

用罪는 猶言爲惡이요 用德은 猶言爲善也라 伐은 猶誅也라 言無有遠近親疎히 凡伐死彰善을 惟視汝爲惡爲善如何爾라 邦之善은 惟汝衆用德之故요 邦之不善은 惟我一人이 失罰其所當罰也라

用罪는 爲惡이란 말과 같고, 用德은 爲善이란 말과 같다. 伐은 誅와 같다. 遠近과 親疎에 관계없이 모두 죽임으로 벌을 주고 善을 표창함에 있어서는 오직 너희들이 惡을 하는가 善을 하는가를 볼 뿐이다. 나라가 잘됨은 너희들이 德을 행하기 때문이요, 나라가 잘못됨은 나 한 사람이 마땅히 벌줘야 할 사람을 벌주지 않기 때문이다.

17. 凡爾衆은 其惟致告하여 自今으로 至于後日히 各恭爾

臧 : 착할 장　佚 : 방탕할 일

事하여 齊乃位하며 度乃口하라 罰及爾身하면 弗可悔리라

무릇 너희들은 서로 告하여 경계해서 지금으로부터 後日에 이르기까지 각기 너희들이 할 일을 공손히 수행하여, 너희들의 자리를 정돈하며 너희들의 말을 法度에 맞게 하라. 罰이 너희들의 몸에 미치면 뉘우칠 수 없을 것이다."

致告者는 使各相告戒也라 自今以往으로 各敬汝事하여 整齊汝位하고 法度汝言하라 不然이면 罰及汝身하여 不可悔也리라

致告는 각기 서로 告하여 경계하게 하는 것이다. 지금으로부터 이후로는 각기 너희들의 일을 공경하여 너희들의 자리를 整齊하고 너희들의 말을 法度에 맞게 하라. 그렇지 않으면 벌이 너희들의 몸에 미쳐서 뉘우칠 수 없을 것이다.

盤庚 中

1. 盤庚이 作하사 惟涉河하여 以民遷할새 乃話民之弗率하사 誕告用亶이어시늘 其有衆이 咸造하여 勿褻在王庭이러니 盤庚이 乃登進厥民하시다

盤庚이 일어나 黃河를 건너 〈遷都하여〉 백성들을 옮길 적에 마침내 따르지 않는 백성들에게 말씀하여 크게 告하기를 정성으로 하였다. 이에 무리들이 모두 나와서 褻慢하지 말자고 하며 王庭에 있었는데, 盤庚이 곧 그 백성들을 올라와 나오게 하였다.

作은 起而將遷之辭라 殷在河南이라 故로 涉河라 誕은 大요 亶은 誠也라 咸造는 皆至也라 勿褻은 戒其毋得褻慢也니 此는 史氏之言이라 蘇氏曰

亶 : 진실로 단 造 : 이를 조 褻 : 설만할 설

民之弗率을 不以政令齊之하고 而以話言曉之하니 盤庚之仁也라

作은 일어나 장차 옮기는 말이다. 殷이 黃河의 남쪽에 있으므로 黃河를 건넌 것이다. 誕은 큼이요, 亶은 精誠이다. 咸과 造는 모두 이름이다. 勿褻은 褻慢하지 말자고 경계한 것이니, 이는 史臣의 말이다. 蘇氏가 말하였다. "백성들이 따르지 않는 것을 政令으로 整齊하지 않고 말로 깨닫게 하였으니, 이는 盤庚의 仁이다."

2. 曰 明聽朕言하여 無荒失朕命하라

다음과 같이 말씀하였다. "분명히 내 말을 들어서 나의 命을 폐하거나 잃지 말도록 하라.

荒은 廢也라

荒은 폐함이다.

3. 嗚呼라 古我前后 罔不惟民之承하신대 保后胥慼일새(혼들로) 鮮以不浮于天時하니라

아! 옛날에 우리 前后(先王)들이 백성을 공경하지 않음이 없으시자, 君主를 보존하여 서로 걱정하였기에 天時의 어려움을 이겨내지 못함이 적었다.

承은 敬也라 蘇氏曰 古謂過爲浮하니 浮之言은 勝也라 后旣無不惟民之敬이라 故로 民亦保后하여 相與憂其憂하여 雖有天時之災나 鮮不以人力勝之也라 林氏曰 憂民之憂者는 民亦憂其憂하나니 罔不惟民之承은 憂民之憂也요 保后胥慼은 民亦憂其憂也라

承은 공경함이다. 蘇氏가 말하였다. "옛날에는 過를 浮라 하였으니, 浮란 말은 이겨냄이다. 임금이 이미 백성들을 공경하지 않음이 없으므로 백성들 또한 임금을 보존하여 서로 그 걱정을 걱정해서 비록 天時의 災殃이 있으

나 人力으로 이겨내지 못함이 적었던 것이다."

林氏가 말하였다. "백성들의 걱정을 걱정하는 君主는 백성들 또한 君主의 걱정을 걱정하니, 백성을 공경하지 않음이 없음은 백성의 걱정을 걱정함이요, 임금을 보존하여 서로 걱정함은 백성들 또한 그 걱정을 걱정하는 것이다."

4. 殷降大虐이어늘 先王이 不懷하사 厥攸作은 視民利하사 用遷이시니 汝는 曷弗念我古后之聞고 承汝俾汝는 惟喜康共이니 非汝有咎라 比于罰이니라

殷나라에 큰 해로움이 내리거늘 先王들이 편안히 여기지 않으시어 興作함은 백성들의 이로움을 살펴보아 遷都하신 것이니, 너희들은 어찌 내가 들은바 古后의 일을 생각하게 하지 않는가. 너희들을 공경하고 너희들을 시키는 것은 편안함을 함께 함을 기뻐해서이니, 너희들에게 잘못이 있어서 형벌에 미치게 하려는 것이 아니다.

先王이 以天降大虐으로 不敢安居하니 其所興作은 視民利當遷而已니 爾民은 何不念我以所聞先王之事아 凡我所以敬汝使汝者는 惟喜與汝同安爾니 非爲汝有罪하여 比于罰而謫遷汝也라

先王은 하늘이 큰 해로움을 내리므로 편안히 거처하지 못하였으니, 그 興作한 것은 백성들의 이로움을 살펴보아 마땅히 遷都하여야 했을 뿐이었으니, 너희 백성들은 어찌하여 내가 들은바 先王의 일을 생각하지 않는가. 무릇 내가 너희들을 공경하고 너희들을 시키는 까닭은 오직 너희들과 편안함을 함께 함을 기뻐해서이니, 너희들이 죄가 있어 형벌에 미치게 해서 너희들을 귀양보내려는 것이 아니다.

5. 予若籲懷茲新邑은 亦惟汝故니 以丕從厥志니라

比 : 미칠 비　謫 : 귀양갈 적　籲 : 부를 유　丕 : 클 비

내 이와 같이 불러서 새 도읍에 오라 함은 또한 너희 백성들 때문이니, 너희들의 뜻을 크게 따르려 해서이다.

我所以招呼懷來于此新邑者는 亦惟以爾民이 蕩析離居之故니 欲承汝俾汝康共하여 以大從爾志也라 或曰 盤庚遷都에 民咨胥怨이어늘 而此以爲丕從厥志는 何也오 蘇氏曰 古之所謂從衆者는 非從其口之所不樂이요 而從其心之所不言而同然者니 夫趨利而避害하고 捨危而就安은 民心同然也라 殷亳之遷은 實斯民所利로되 特其一時에 爲浮言搖動하여 怨咨不樂이니 使其卽安危利害之實而反求其心이면 則固其所大欲者矣니라

내가 불러서 이 새 도읍에 오라 하는 까닭은 또한 너희 백성들이 蕩析離居하는 연고 때문이니, 너희들을 공경하고 너희들을 부려서 편안함을 함께 하여 너희들의 뜻을 크게 따르고자 해서이다.

혹자는 이르기를 "盤庚이 遷都함에 백성들이 원망하고 서로 비방하였는데, 여기에 그 뜻을 크게 따른다고 말함은 어째서입니까?" 하였다. 이에 蘇氏는 다음과 같이 대답하였다. "옛날에 이른바 '여러 사람을 따른다'는 것은 그 입에 좋아하지 않는 바를 따르는 것이 아니요, 그 마음에 말하지 않으면서 똑같이 그렇게 생각함을 따르는 것이니, 이익을 따르고 해를 피하며, 위태로움을 버리고 편안함으로 나아가는 것은 民心에 똑같은 것이다. 殷亳으로 옮기는 것은 실로 이 백성들에게 이로운 것인데, 다만 一時的인 浮言에 동요되어 원망하고 즐거워하지 않는 것이니, 가령 安危와 利害의 실제에 나아가 그 마음을 돌이켜 찾아 본다면 진실로 크게 원하는 바인 것이다."

6. 今予將試以汝遷하여 安定厥邦이어늘 汝不憂朕心之攸困이요 乃咸大不宣乃心하여 欽念以忱하여 動予一人하나니 爾惟自鞠自苦로다 若乘舟하니 汝弗濟하면 臭厥載하리라 爾忱이 不屬하니 惟胥以沈이로다 不其或稽어니 自怒인들 曷瘳리오

鞠 : 곤궁할 국 瘳 : 나을 추

이제 나는 장차 너희들 때문에 천도하여 이 나라를 안정시키려 하는데, 너희들은 내 마음의 곤궁한 바를 걱정하지 않고 모두 크게 너희들의 마음을 펴서 공경하여 생각하되 정성으로써 하여 나 한 사람을 감동시키지 않으니, 이는 너희들 스스로 곤궁하고 너희들 스스로 괴롭게 하는 것이다. 마치 배를 타는 것과 같으니, 너희들이 제 때에 건너가지 않으면 실로 물건을 부패시키고 말 것이다. 너희들의 정성이 이어지지 않으니, 서로 침몰할 뿐이다. 혹시라도 상고하지 않으니, 스스로 노여워한들 어찌 고통을 덜겠는가.

上文엔 言先王惟民之承에 而民亦保后胥慼하고 今我亦惟汝故로 安定厥邦이어늘 而汝乃不憂我心之所困하고 乃皆不宣布腹心하여 欽念以誠하여 感動於我하니 爾徒爲此紛紛하여 自取窮苦라 譬乘舟컨대 不以時濟면 必敗壞其所資라 今汝從上之誠이 間斷不屬하니 安能有濟리오 惟相與以及沈溺而已라 詩曰 其何能淑이리오 載胥及溺이라하니 正此意也라 利害若此어늘 爾民而罔或稽察焉하니 是雖怨疾忿怒나 何損於困苦乎아

上文에서는 先王이 백성을 공경함에 백성들 또한 임금을 보존하여 서로 걱정함을 말하였고, 이제 나도 너희들 때문에 이 나라를 안정시키려 하는데, 너희들은 마침내 내 마음의 곤궁한 바를 걱정하지 않고 모두 속에 있는 마음을 펴서 공경하여 생각하기를 정성으로써 하여 나를 감동시키지 않으니, 너희들은 다만 이처럼 분분하여 스스로 곤궁함과 괴로움을 취할 뿐이다. 배를 타는 것에 비유하면 제때에 건너가지 않으면 반드시 그 싣고 있는 物資를 부패시키고 마는 것과 같다. 이제 너희들의 윗사람을 따르는 정성이 間斷하여 연결되지 않으니, 어찌 능히 구제함이 있겠는가. 오직 서로 더불어 沈溺에 미칠 뿐이다. 《詩經》에 "그 어찌 善하겠는가. 서로 더불어 빠질 뿐이다." 하였으니, 바로 이 뜻이다. 利害가 이와 같은데도 너희 백성들이 혹시라도 詳考하고 살핌이 없으니, 이 비록 원망하고 미워하며 분노하나 어찌 困苦함을 덜겠는가.

7. 汝不謀長하여 以思乃災하나니 汝誕勸憂로다 今其有今이나 罔後하리니 汝何生이 在上이리오

너희들은 長久한 계책을 도모하여 너희들의 재앙을 생각하지 않으니, 이는 너희들이 크게 憂患으로 勸勉하는 것이다. 지금은 비록 今日이 있으나 後日이 없을 것이니, 너희들이 무슨 삶이 하늘에 있겠는가.

汝不爲長久之謀하여 以思其不遷之災하니 是는 汝大以憂而自勸也라 孟子曰 安其危而利其災하여 樂其所以亡이라하시니 勸憂之謂也라 有今은 猶言有今日也요 罔後는 猶言無後日也라 上은 天也라 今其有今罔後는 是天斷棄汝命이니 汝有何生理於天乎아 下文에 言迓續乃命于天이라하니 蓋相首尾之辭라

너희들은 長久한 계책을 하여 옮기지 않는데 따른 재앙을 생각하지 않으니, 이는 너희들이 크게 우환으로 스스로 권면하는 것이다. 孟子가 말씀하기를 "위태로움을 편안하게 여기고 재앙을 이롭게 여겨서 그 망하게 되는 所以를 즐긴다." 하였으니, 우환으로 권면함을 이른 것이다. 有今은 今日이 있다는 말과 같고, 罔後는 後日이 없다는 말과 같다. 上은 하늘이다. '지금은 今日이 있으나 後日이 없다'는 것은 이는 하늘이 너희들의 命을 끊어버리는 것이니, 너희들이 무슨 살 이치가 하늘에 있겠는가. 下文에는 "나는 너희들의 命을 하늘에서 맞이하여 이어주려 한다."고 말했으니, 서로 머리와 꼬리가 되는 말이다.

8. 今予命汝하노니 一하여 無起穢以自臭하라 恐人이 倚乃身하여 迂乃心하노라

이제 나는 너희들에게 命하노니, 한결같이 하여 더러움을 일으켜 스스로 부패하지 말도록 하라. 사람들이 너희들의 몸에 기대어 너희들의 마음을 굽게(邪曲)할까 두렵다.

爾民은 當一心以聽上이요 無起穢惡以自臭敗하라 恐浮言之人이 倚汝之身하여 迂汝之心하여 使汝邪僻而無中正之見也라

迓 : 맞이할 아　迂 : 굽을 우

너희 백성들은 마땅히 한 마음으로 윗사람을 따를 것이요 더러움과 惡함을 일으켜 스스로 냄새나고 부패하지 말도록 하라. 浮言하는 사람들이 너희들의 몸에 기대어 너희들의 마음을 굽게 해서 너희들로 하여금 邪僻하여 中正한 所見이 없게 할까 두렵다.

9. 予迓續乃命于天하노니 予豈汝威리오 用奉畜(휵)汝衆이니라

나는 너희들의 命을 하늘에서 맞이하여 이어주려 하노니, 내가 어찌 너희들을 위협하겠는가. 너희들을 받들어 기르려고 하는 것이다.

我之所以遷都者는 正以迎續汝命于天이니 予豈以威脅汝哉리오 用以奉養汝衆而已니라

내가 遷都하는 까닭은 바로 너희들의 命을 하늘에서 맞이하여 이어주고자 해서이니, 내 어찌 너희들을 위협하겠는가. 너희들을 봉양하려 할 뿐이다.

10. 予念我先神后之勞爾先하노니 予丕克羞爾는 用懷爾然이니라

나는 우리 先神后(先王)께서 너희들의 先祖를 수고롭게 하였음을 생각하노니, 내가 크게 너희들을 길러줌은 너희들을 생각하기 때문이다.

神后는 先王也라 羞는 養也니 卽上文畜養之意라 言我思念我先神后之勞爾先人하니 我大克羞養爾者는 用懷念爾故也라

神后는 先王이다. 羞는 기름이니, 곧 上文의 畜養의 뜻이다. "나는 우리 先后께서 너희 先人들을 수고롭게 하였음을 思念하노니, 내가 크게 너희들을 길러줌은 너희들을 생각하기 때문이다."라고 말한 것이다.

11. 失于政하여 陳于茲하면 高后丕乃崇降罪疾하사 曰 曷

畜 : 기를 휵

虐朕民고하시리라

政事를 잘못하여 遷都하지 않고 이곳에 오래 있으면 高后(湯王)께서는 나에게 크게 罪疾을 많이 내리시며 말씀하기를 '어찌하여 나의 백성들을 포악히 하는가?'라고 하실 것이다.

陳은 久요 崇은 大也라 耿圮而不遷하여 以病我民이면 是는 失政而久于此也라 高后는 湯也라 湯必大降罪疾於我하사 曰何爲而虐害我民고하시리니 蓋人君이 不能爲民圖安이면 是亦虐之也라

陳은 오램이요, 崇은 큼이다. 耿땅이 무너지는데도 遷都하지 않아 우리 백성들을 해롭게 하면 이는 政事를 잘못하여 이곳에 오래 있는 것이다. 高后는 湯王이다. 湯王은 반드시 크게 罪疾을 내 몸에 내리며 말씀하시기를 "어찌하여 나의 백성들을 포악히 하고 해치는가?"라고 할 것이니, 人君이 백성을 위하여 편안함을 도모하지 못하면 이 또한 포악히 하는 것이다.

12. 汝萬民이 乃不生生하여 暨予一人猷로 同心하면 先后丕降與汝罪疾하사 曰 曷不暨朕幼孫으로 有比오하시리니 故有爽德이라 自上으로 其罰汝하시리니 汝罔能迪하리라

너희 萬民들이 生生(生業에 종사하며 즐겁게 살아감)하지 못하여 나 한 사람의 계책과 마음을 함께하지 않으면 先后께서는 너희들에게 罪疾을 많이 내리시며 말씀하기를 '어찌하여 짐의 어린 손자와 더불어 친하지 않는가?'라고 하실 것이니, 그러므로 爽德(失德)이 있어 위로부터 너희들에게 벌을 내리실 것이니, 너희들은 면할 수가 없을 것이다.

樂生興事하면 則其生也厚하니 是謂生生이라 先后는 泛言商之先王也요 幼孫은 盤庚自稱之辭라 比는 同事也라 爽은 失也라 言汝民이 不能樂生興事하여 與我同心以遷이면 我先后大降罪疾於汝하사 曰 汝何不與朕幼小之孫으로 同遷乎아하시리니 故로 汝有失德하여 自上其罰汝하리니 汝無道

以自免也리라

生業을 즐거워하고 일을 일으키면 生業이 후해질 것이니, 이것을 生生이라 이른다. 先后는 商나라의 先王을 泛然히 말한 것이요, 幼孫은 盤庚이 自稱한 말이다. 比는 일을 함께하는 것이다. 爽은 잃음(잘못)이다. 너희 백성들이 生業을 즐거워하고 일을 일으켜서 나와 더불어 마음을 함께하여 遷都하지 않으면 우리 先后께서는 너희들에게 罪疾을 크게 내리시며 말씀하기를 "너희들은 어찌 朕의 幼小한 손자와 더불어 함께 遷都하지 않는가?"라고 하실 것이다. 그러므로 너희들에게 失德이 있어 위로부터 너희들에게 벌을 내리실 것이니, 너희들은 스스로 면할 방법이 없을 것이다.

13. 古我先后 既勞乃祖乃父라 汝共作我畜民이니 汝有戕이 則在乃心하면 我先后綏乃祖乃父하여시든 乃祖乃父乃斷棄汝하여 不救乃死하리라

옛날 우리 先后께서 이미 너희들의 祖·父를 수고롭게 하셨다. 그리하여 너희가 함께 나의 기르는 백성이 되었으니, 너희가 해롭게 함이 너희 마음속에 있으면, 우리 先后께서 너희들의 祖·父를 회유하여 오게 하실 것이니, 그러면 너희들의 祖·父는 마침내 너희들을 끊고 버려서 너희들의 죽음을 구제하지 않을 것이다.

既勞乃祖乃父者는 申言勞爾先也요 汝共作我畜民者는 汝皆爲我所畜之民也라 戕은 害也라 綏는 懷來之意라 謂汝有戕害 在汝之心하면 我先后固已知之하사 懷來汝祖汝父어시든 汝祖汝父도 亦斷棄汝하여 不救汝死也라

이미 너희들의 祖·父를 수고롭게 했다는 것은 너희들의 先祖를 수고롭게 함을 거듭 말한 것이다. 너희들이 함께 나의 기르는 백성이 되었다는 것은 너희들이 모두 나의 기르는 바의 백성이 되었다는 것이다. 戕은 해침이다. 綏는 회유하여 오게 하는 뜻이다. 너희들은 戕害하려는 생각이 너희

戕 : 해칠 장 綏 : 편안할 수

마음속에 있으면, 우리 先后께서는 진실로 이것을 이미 아시고는 너희들의 祖·父를 회유하여 오게 하실 것이니, 그러면 너희들의 祖·父도 또한 너희들을 끊고 버려서 너희들의 죽음을 구제하지 않을 것이다.

14. 茲予有亂政同位 具乃貝玉하면 乃祖乃父 丕乃告我高后하여 曰 作丕刑于朕孫이라하여 迪高后하여 丕乃崇降弗祥하리라

나의 政事를 다스려 지위를 함께한 자들이 貨貝와 玉을 모으면 너희들의 祖·父가 크게 우리 高后에게 아뢰어 '나의 손자에게 큰 형벌을 내리소서.'라고 말하여, 高后를 引導하여 크게 祥瑞롭지 못함을 많이 내릴 것이다.

亂은 治也요 具는 多取而兼有之謂라 言若我治政之臣으로 所與共天位者不以民生爲念하고 而務富貝玉者면 其祖父亦告我成湯하여 作丕刑于其子孫이라하여 啓成湯하여 丕乃崇降弗祥而不赦也라 此章을 先儒皆以爲責臣之辭라 然詳其文勢하면 曰茲予有亂政同位라하니 則亦對民庶責臣之辭요 非直爲群臣言也라 按上四章에 言君有罪, 民有罪, 臣有罪면 我高后與爾民臣祖父로 一以義斷之하여 無所赦也라 王氏曰 先王設教에 因俗之善而導之하고 反俗之惡而禁之하나니 方盤庚時에 商俗衰하여 士大夫棄義卽利라 故로 盤庚이 以具貝玉爲戒하니 此는 反其俗之惡而禁之者也요 自成周以上으로 莫不事死如事生하고 事亡如事存이라 故로 其俗이 皆嚴鬼神하니 以經考之컨대 商俗爲甚이라 故로 盤庚이 特稱先后與臣民之祖父崇降罪疾爲告하니 此는 因其俗之善而導之者也니라

亂은 다스림이요, 具는 많이 취하고 겸하여 둠을 이른다. 만약 나의 政事를 다스리는 臣下로서 天位를 함께한 자중에 民生을 생각하지 않고 貨貝와 玉을 많이 모으기를 힘쓰는 자가 있으면 그 祖·父 또한 우리 成湯에게 아뢰어 "자손에게 큰 刑罰을 내리소서." 라고 말하여 成湯을 啓導하여 크게 祥瑞롭지 못함을 많이 내려 용서하지 않을 것이다.

이 章을 先儒들은 모두 臣下를 책한 말이라 하였다. 그러나 文勢를 살펴

보면 '나의 政事를 다스려 지위를 함께한 자'라고 하였으니, 또한 백성들을 대하여 臣下를 책한 말이요, 단지 群臣만을 위하여 말한 것은 아니다. 살펴보건대 위의 네 章은 君主가 죄가 있고 백성이 죄가 있고 臣下가 죄가 있으면 우리 高后가 너희 臣民의 祖·父와 함께 한결같이 의리로써 결단하여 용서하는 바가 없을 것임을 말하였다.

王氏가 말하였다. "先王이 가르침을 베풀 적에 風俗의 좋은 것을 인하여 인도하고, 풍속의 나쁜 것을 뒤집어 금하였다. 盤庚 당시에 商나라 풍속이 쇠하여 士大夫들이 義를 버리고 利益에 나아갔으므로 盤庚이 貝玉을 많이 소유함을 경계하였으니, 이는 그 풍속의 나쁜 것을 뒤집어 금한 것이다. 그리고 成周 이전에는 죽은 사람을 섬기기를 산 사람을 섬기는 것처럼 하고, 없어진 사람을 섬기기를 생존한 이를 섬기는 것처럼 하지 않는 이가 없었다. 그러므로 그 풍속이 모두 귀신을 두려워하였으니, 經傳을 가지고 살펴보면 商나라 풍속이 특히 심하였다. 그러므로 盤庚은 특별히 先后와 臣民의 祖·父가 罪疾을 많이 내린다고 말하여 고하였으니, 이는 그 풍속의 좋은 것을 인하여 인도한 것이다."

15. 嗚呼라 今予告汝不易하노니 永敬大恤하여 無胥絶遠하여 汝分猷念以相從하여 各設中于乃心하라

아! 이제 나는 너희들에게 遷都함이 쉽지 않음을 고하노니, 큰 근심을 길이 공경하여 서로 끊고 멀리하지 말아서 너희들의 계책과 생각을 나누어 서로 더불어 각각 너희들의 마음에 中을 베풀도록 하라.

告汝不易는 卽上篇告汝于難之意라 大恤은 大憂也라 今我告汝以遷都之難하노니 汝當永敬我之所大憂念者라 君民一心然後에 可以有濟니 苟相絶遠而誠不屬이면 則殆矣라 分猷者는 分君之所圖而共圖之요 分念者는 分君之所念而共念之라 相從은 相與也라 中者는 極至之理니 各以極至之理로 存于心이면 則知遷徙之議 爲不可易하여 而不爲浮言橫議之所動搖也리라

너희들에게 쉽지 않음을 고한다는 것은 곧 上篇의 너희들에게 어려움을 고한다는 뜻이다. 大恤은 큰 근심이다. 이제 나는 너희들에게 遷都하는 어

려움을 고하노니, 너희들은 마땅히 내가 크게 근심하고 생각하는 것을 길이 공경하여야 할 것이다. 君主와 백성이 한 마음이 된 뒤에야 구제함이 있을 수 있으니, 만일 서로 끊고 멀리하여 정성이 연결되지 않으면 위태로울 것이다. 分猷는 君主의 도모하는 바를 나누어 함께 도모하는 것이요, 分念은 君主의 생각하는 바를 나누어 함께 생각한다는 것이다. 相從은 서로 더부는 것이다. 中은 지극한 이치이니, 각각 지극한 이치를 마음속에 두면 遷徙하는 논의가 變易할 수 없는 것임을 알아서 浮言과 横議(멋대로 지껄이는 의논)에 동요되지 않을 것이다.

16. 乃有不吉不迪이 顚越不恭과 暫遇姦宄어든 我乃劓殄滅之無遺育하여 無俾易種于玆新邑하리라

不吉(不善)하고 不迪(不道)한 사람들이 顚越하여 공손하지 않음과 잠시 만남에 姦宄한 짓을 하는 자가 있으면 나는 이들을 코베고 殄滅(죽임)하여 남겨두어 기르지 않아서 種子를 이 새 도읍에 옮겨놓지 못하게 할 것이다.

乃有不善不道之人이 顚隕踰越하여 不恭上命者와 及暫時所遇에 爲姦爲宄하여 劫掠行道者어든 我小則加以劓하고 大則殄滅之하여 無有遺育하여 毋使移其種于此新邑也라 遷徙에 道路艱關하니 恐姦人乘隙生變이라 故嚴明號令하여 以告勅之라

不善하고 不道한 사람들로서 顚隕하고 踰越하여 君主의 명령에 공손하지 않은 자와 잠시 만남에 姦宄한 짓을 하여 길가는 자들을 겁탈하고 약탈하는 자가 있으면 내가 작게는 코베는 刑罰을 가하고 크게는 殄滅하여 남겨두어 기르지 않아서 그 種子를 이 새 도읍에 옮겨놓게 하지 않을 것이다. 遷徙에는 道路가 어려우니, 간사한 사람들이 틈을 타서 변란을 일으킬까 두렵다. 그러므로 號令을 엄히 하고 분명히 하여 고한 것이다.

顚 : 엎어질 전　宄 : 바깥도적 궤　劓 : 코벨 의　殄 : 죽일 진　隕 : 떨어질 운
踰 : 넘을 유　劫 : 위협할 겁

17. 往哉生生하라 今予는 將試以汝遷하여 永建乃家니라

가서 生業에 종사하도록 하라. 이제 나는 장차 너희들을 옮겨서 너희들의 집을 영원히 세워줄 것이다."

往哉는 往新邑也라 方遷徙之時에 人懷舊土之念而未見新居之樂이라 故로 再以生生勉之하여 振起其怠惰而作其趨事也라 試는 用也라 今我將用汝遷하여 永立乃家하여 爲子孫無窮之業也라

往哉는 새 도읍에 가는 것이다. 遷徙할 때에 사람들이 옛날에 살던 땅이 생각남을 그리워하고 새 거주지의 즐거움을 보지 못한다. 그러므로 다시 生生이란 말로 권면하여, 그 게으름을 떨치고 일어나서 일에 나가도록 진작시킨 것이다. 試는 써이다. 이제 나는 장차 써 너희들을 옮겨서 너희들의 집을 영원히 세워주어 자손들의 무궁한 業으로 삼고자 한다.

盤庚 下

1. 盤庚이 既遷하사 奠厥攸居하시고 乃正厥位하사 綏爰有衆하시다

盤庚이 이미 遷都하여 거주할 곳을 정하고는 君臣과 上下의 지위를 바로잡아 여러 무리들을 편안하게 하였다.

盤庚이 既遷新邑하여 定其所居하고 正君臣上下之位하여 慰勞臣民遷徙之勞하여 以安有衆之情也라 此는 史氏之言이라

盤庚이 이미 새 도읍으로 遷都하여 거주할 곳을 정하고는 君臣과 上下의 지위를 바로잡아 臣民들의 遷徙하는 수고로움을 위로하여 여러 무리들의 情을 편안하게 한 것이다. 이는 史官의 말이다.

2. 曰 無戲怠하여 懋建大命하라

다음과 같이 말씀하였다. "희롱하고 태만하지 말아 힘써 큰 命을 세우도록 하라.

曰은 盤庚之言也라 大命은 非常之命也라 遷國之初에 臣民上下 正當勤勞盡瘁하여 趨事赴功하여 以爲國家無窮之計라 故로 盤庚이 以無戲怠戒之하고 以建大命勉之하니라

曰은 盤庚의 말이다. 大命은 非常한 命이다. 國都를 옮기는 初期에는 臣民과 上下가 바로 勤勞하여 수고로움을 다해서 일에 달려가고 功에 나아가서 國家의 무궁한 계책을 세워야 한다. 그러므로 盤庚이 "희롱하고 태만히 하지 말라."는 말로 경계하고, 큰 命을 세우라고 권면한 것이다.

3. 今予其敷心腹腎腸하여 歷告爾百姓于朕志하니 罔罪爾衆이니 爾無共怒하여 協比讒言予一人하라

이제 나는 심장과 배와 신장과 창자에 있는 말을 펴서 너희 백성들에게 나의 뜻을 다 고하노니, 너희들을 죄주지 않을 것이니, 너희들은 함께 怒하여 協比(합하여 따름)해서 나 한 사람을 비방하지 말라.

歷은 盡也라 百姓은 畿內民庶니 百官族姓도 亦在其中이라

歷은 다이다. 百姓은 畿內의 民庶이니, 百官과 族姓들도 또한 이 가운데에 들어 있다.

4. 古我先王이 將多于前功하리라 適于山하사 用降我凶德하사 嘉績于朕邦하시니라

옛날 우리 先王께서는 '장차 前人의 功보다 많게 하리라' 하시어

瘁 : 수고로울 췌　腎 : 신장 신　讒 : 참소할 참

山으로 가서 우리의 흉한 德을 낮추어 우리 나라에 아름다운 功績이 있게 하셨다.

古我先王은 湯也라 適于山은 往于亳也라 契始居亳이러니 其後屢遷하니 成湯이 欲多于前人之功이라 故로 復往居亳이라 按立政三亳을 鄭氏曰 東成皐, 南轘轅, 西降谷이라하니 以亳依山이라 故로 曰適于山也라 降은 下也라 依山이면 地高水下하여 而無河圮之患이라 故로 曰用下我凶德이라 嘉績은 美功也라

옛날 우리 先王은 湯王이다. 산에 갔다는 것은 亳邑에 간 것이다. 契이 처음 亳邑에 거하였는데 그후 여러번 遷都하니, 成湯은 前人의 功보다 많게 하고자 하였다. 그러므로 다시 亳邑에 가서 거한 것이다. 살펴보건대 〈立政〉에 三亳을 鄭氏는 "동쪽은 成皐이고 남쪽은 轘轅이고 서쪽은 降谷이다." 하였으니, 亳邑이 山을 의지하였기 때문에 山에 갔다고 말한 것이다. 降은 낮춤이다. 山에 의지하면 땅이 높고 물이 낮아서 河水에 무너지는 폐해가 없다. 그러므로 우리의 凶德을 낮추었다고 말한 것이다. 嘉績은 아름다운 功이다.

5. 今我民이 用蕩析離居하여 罔有定極이어늘 爾謂朕호되 曷震動萬民하여 以遷고하나다

지금 우리 백성들이 蕩析離居하여 정하여 머물 곳이 없는데 너희들은 朕에게 이르기를 '어찌하여 萬民을 진동하여 옮기는가' 하는구나.

今耿이 爲河水圮壞하여 沈溺墊隘하니 民用蕩析離居하여 無有定止하여 將陷於凶德而莫之救어늘 爾謂我호되 何故로 震動萬民以遷也오

이제 耿땅이 河水에 침식되어 무너져서 沈溺하고 빠지니, 백성들이 蕩析離居하여 정하여 머물 곳이 없어서 장차 凶德에 빠져 구제할 수가 없는데도 너희들은 나에게 이르기를 "무슨 연고로 萬民을 진동하여 옮기는가."라

屢 : 여러 루 轘 : 수레 환 轅 : 수레 원 墊 : 빠질 점

고 한다.

6. 肆上帝 將復我高祖之德하사 亂越我家어시늘 朕及篤敬으로 恭承民命하여 用永地于新邑호라

이러므로 上帝께서 장차 우리 高后의 德을 회복하여 다스림이 우리 국가에 미치게 하시니, 朕은 독실하고 공경하는 臣下들과 더불어 공손히 백성의 命을 받들어 이 새 都邑에 영원한 터전을 만들었노라.

乃上天이 將復我成湯之德而治及我國家하시니 我與一二篤敬之臣으로 敬承民命하여 用長居于此新邑也라

上天이 장차 우리 成湯의 德을 회복하여 다스림이 우리 국가에 미치게 하시니, 나는 한두 명의 篤敬하는 臣下들과 더불어 공경히 백성의 命을 받들어서 이 새 도읍에 長久히 거주하게 한 것이다.

7. 肆予沖人이 非廢厥謀라 弔(적)由靈이며 各非敢違卜이라 用宏玆賁이니라

그러므로 나 沖人은 너희들의 계책을 폐하려는 것이 아니라 善한 것을 씀에 이르게 하고자 해서이며, 너희들도 각기 占을 어기려는 것이 아니라 이 큰 사업을 크게 하고자 해서였다.

沖은 童이요 弔은 至요 由는 用이요 靈은 善也라 宏賁은 皆大也라 言我非廢爾衆謀라 乃至用爾衆謀之善者니 指當時臣民에 有審利害之實하여 以爲當遷者言也라 爾衆이 亦非敢固違我卜이라 亦惟欲宏大此大業爾이니 言爾衆亦非有他意也라 蓋盤庚이 於旣遷之後에 申彼此之情하여 釋疑懼之意하며 明吾前日之用謀하고 略彼旣往之傲惰하여 委曲忠厚之意가 藹然於言辭之表라 大事以定하고 大業以興하여 成湯之澤이 於是而益永하니

弔 : 이를 적 宏 : 클 굉 賁 : 클 분 藹 : 성할 애

盤庚이 其賢矣哉인저

沖은 어림이요, 弔은 이름이요, 由는 씀이요, 靈은 善이다. 宏과 賁은 모두 큼이다. 내가 너희들의 여러 계책을 폐하려는 것이 아니라 마침내 너희들의 여러 계책중에 善한 것을 씀에 이르게 하려고 해서이니, 이는 당시 臣民 중에 利害의 실제를 살펴서 "마땅히 옮겨야 한다."고 말한 자를 가리켜 말한 것이다. 너희들 또한 감히 굳이 내 占을 어기려는 것이 아니라 또한 이 큰 사업을 크게 하고자 해서였을 뿐이니, 너희들 또한 딴 뜻이 있어서가 아님을 말한 것이다. 盤庚은 이미 遷都한 뒤에 피차의 情을 펴서 疑懼하는 뜻을 풀고, 자신이 지난날 계책을 씀을 밝히고 저들의 旣往의 오만함과 게으름을 생략하여, 委曲하고 忠厚한 뜻이 言辭의 밖에 성하게 드러난것이다. 大事가 결정되고 大業이 일어나서 成湯의 恩澤이 이에 더욱 영구하게 되었으니, 盤庚이 그 어질구나.

8. 嗚呼라 方伯師長百執事之人은 尙皆隱哉어다

아! 方伯과 師長과 百執事의 사람들은 부디 모두 隱痛하는 마음을 간직할지어다.

隱은 痛也라 盤庚이 復歎息言 爾諸侯公卿百執事之人은 庶幾皆有所隱痛於心哉어다

隱은 隱痛함이다. 盤庚이 다시 탄식하고 말씀하기를 "너희 諸侯와 公卿과 百執事의 사람들은 부디 모두 마음에 隱痛하는 바가 있어야 할 것이다."라고 하였다.

9. 予其懋簡相爾는 念敬我衆이니라

내가 힘써 좋은 지역을 簡擇하여 너희들을 引導함은 나의 백성들을 생각하고 공경하기 때문이다.

相은 爾雅曰 導也라 我懋勉簡擇導汝는 以念敬我之民衆也라

相은《爾雅》에 "引導함이다." 하였다. 내가 힘써 간택하여 너희들을 引導함은 나의 民衆들을 생각하고 공경하기 때문이다.

10. 朕은 不肩好貨하고 敢恭生生하여 鞠人謀人之保居를 敍欽하노라

朕은 財貨를 좋아하는 이에게 맡기지 않고, 공경함에 용감하여 生業에 종사해서 사람을 길러주고 사람들의 거처를 보존함을 도모하는 자를 敍用하고 공경하노라.

肩은 任이요 敢은 勇也라 鞠人謀人은 未詳이라 或曰 鞠은 養也라 我不任好賄之人하고 惟勇於敬民하여 以其生生爲念하여 使鞠人謀人之保居者를 吾則敍而用之하고 欽而禮之也라

肩은 맡김이요, 敢은 용감함이다. 鞠人·謀人은 未詳이다. 혹자는 말하기를 "鞠은 기름이다."라고 한다. 나는 財物을 좋아하는 사람을 임용하지 않고, 오직 백성을 공경함에 용감하여 生業에 종사함을 생각해서 사람을 길러주고 사람의 거처를 보존함을 도모하는 자를 내 차례하여 등용하고 공경하여 禮遇할 것이다.

11. 今我旣羞告爾于朕志하니 若否를 罔有弗欽하라

이제 내가 이미 나아가 朕의 뜻을 너희들에게 告하였으니, 내 뜻과 같이하고 같이하지 않음을 공경하지 않음이 없도록 하라.

羞는 進也라 若者는 如我之意니 卽敢恭生生之謂요 否者는 非我之意니 卽不肩好貨之謂라 二者를 爾當深念하여 無有不敬我所言也라

羞는 나아감이다. 若은 나의 뜻과 같이함이니 곧 공경함에 용감하여 생업에 종사함을 이르고, 否는 나의 뜻이 아님이니 곧 재물 좋아하는 이에게

賄 : 재물 회　羞 : 나아갈 수

맡기지 않음을 이른다. 이 두 가지를 너희들은 마땅히 깊이 생각해서 내가 말한 바를 공경하지 않음이 없어야 할 것이다.

12. 無總于貨寶하고 生生으로 自庸하라

貨寶를 모으려 하지 말고, 生業에 종사함을 자신의 功으로 삼으라.

無는 毋同이요 總은 聚也라 庸은 民功也라 此則直戒其所不可爲하고 勉其所當爲也라

無는 毋와 같고, 總은 모음이다. 庸은 백성의 功이다. 이는 곧바로 하지 말아야 할 것을 경계하고, 마땅히 해야 할 것을 권면한 것이다.

13. 式敷民德하여 永肩一心하라

백성들을 위하는 德을 공경히 펴서 영원히 한 마음에 맡기도록 하라."

式은 敬也라 敬布爲民之德하여 永任一心이니 欲其久而不替也라 盤庚이 篇終에 戒勉之意가 一節이 嚴於一節하고 而終以無窮期之하니 盤庚이 其賢矣哉인저 蘇氏曰 民不悅而猶爲之는 先王이 未之有也라 祖乙이 圮於耿하니 盤庚이 不得不遷이라 然使先王處之면 則動民而民不懼하고 勞民而民不怨이어늘 盤庚이 德之衰也하여 其所以信於民者未至라 故로 紛紛如此라 然民怨誹逆命이로되 而盤庚이 終不怒하고 引咎自責하여 益開衆言하고 反復告諭하여 以口舌로 代斧鉞하여 忠厚之至하니 此는 殷之所以不亡而復興也라 後之君子 厲民以自用者 皆以盤庚藉口하니 予不可以不論이로라

式은 공경함이다. 공경히 백성들을 위하는 德을 펴서 영원히 한 마음에 맡겨야 할 것이니, 오래되도록 쇠하지 않고자 한 것이다. 〈盤庚〉은 편의 마지막에 경계하고 勸勉한 뜻이 한 節이 한 節보다 엄하고, 마침내는 무궁함

誹 : 비방할 비 鉞 : 도끼 월 厲 : 엄할 려 藉 : 빌릴 자

으로써 기약하였으니, 盤庚은 어질다고 할 것이다.

蘇氏가 말하였다. "백성들이 기뻐하지 않는데도 오히려 함은 先王은 일찍이 이런 일이 없었다. 祖乙이 耿땅에서 무너지니, 盤庚이 遷都하지 않을 수 없었다. 그러나 가령 先王이 이 경우에 처했다면 백성을 움직여도 백성들이 두려워하지 않고, 백성들을 수고롭게 하여도 백성들이 원망하지 않았을 터인데, 盤庚은 德이 쇠하여 백성들에게 신임을 받음이 지극하지 못하였다. 그러므로 분분함이 이와 같았다. 그러나 백성들이 원망하고 비방하며 명령을 거역하였으나 盤庚은 끝내 노여워하지 않고 허물을 이끌어 自責하여 사람들의 말을 더욱 열어주고 반복하여 告諭해서 입과 혀로써 斧鉞을 대신하여 忠厚함이 지극하니, 이는 殷나라가 망하지 않고 다시 흥하게 된 이유이다. 後世의 君子(정치가)로서 백성을 해롭게 하여 자신의 지혜를 쓰는 자들이 모두 盤庚을 口實로 삼으니, 내 이것을 論辯하지 않을 수 없노라."

說命 上

說命은 記高宗命傅說之言이니 命之曰以下 是也라 猶蔡仲之命, 微子之命이니 後世命官制詞 其原이 蓋出於此라 上篇은 記得說命相之辭하고 中篇은 記說爲相進戒之辭하고 下篇은 記說論學之辭하니 總謂之命者는 高宗命說이 實三篇之綱領이라 故로 總稱之라 今文無, 古文有하니라

說命은 高宗이 傅說에게 命한 말을 기록한 것이니, '命之曰' 이하가 이것이다. 〈蔡仲之命〉·〈微子之命〉과 같으니, 후세에 官職을 命하면서 말을 지은 것은 그 근원이 모두 여기에서 나왔다. 上篇은 傅說을 얻어 정승을 명한 말을 기록하였고, 中篇은 傅說이 정승이 되어 進戒한 말을 기록하였고, 下篇은 傅說이 학문을 논한 말을 기록하였으니, 이것을 모두 命이라고 이른 것은 高宗이 傅說에게 命한 것이 실로 세 편의 綱領이 되기 때문이다. 그러므로 모두 說命이라고 칭한 것이다. 今文에는 없고 古文에는 있다.

1. 王이 宅憂亮陰(암)三祀하사 旣免喪하시고 其惟弗言이어시늘

群臣이 咸諫于王曰 嗚呼라 知之曰明哲이니 明哲이 實作則하나니 天子惟君萬邦이어시든 百官이 承式하여 王言을 惟作命하나니 不言하시면 臣下罔攸稟令하리이다

王이 亮陰(廬幕)에서 宅憂(執喪)하기를 3년 동안 하여 이미 喪을 벗고도 말씀하지 않으니, 群臣들이 모두 王에게 諫하였다. "아! 아는 사람을 明哲이라 하니, 明哲이 실로 法이 됩니다. 天子가 萬邦에 君主가 되시거든 百官이 法을 받들어서 王의 말씀을 명령으로 삼나니, 王께서 말씀하지 않으시면 臣下들이 명령을 받을 곳이 없습니다."

亮은 亦作諒이요 陰은 古作闇이라 按喪服四制에 高宗諒陰三年이라하여늘 鄭氏註云 諒은 古作梁하니 楣謂之梁이요 闇은 讀如鶉鵪之鵪이니 闇은 謂廬也니 卽倚廬之廬라하고 儀禮에 翦屛柱楣[1]라하여늘 鄭氏謂柱楣는 所謂梁闇이 是也라하니 宅憂亮陰은 言宅憂於梁闇也라 先儒는 以亮陰으로 爲信默不言이라하니 則於諒陰三年不言에 爲語復(複)而不可解矣라 君薨이어든 百官總己하여 聽於冢宰하니 居憂亮陰不言은 禮之常也라 高宗이 喪父小乙이러니 惟旣免喪而猶弗言하니 群臣이 以其過於禮也라 故로 咸諫之라 歎息言 有先知之德者를 謂之明哲이니 明哲이 實爲法於天下라 今天子君臨萬邦이어시든 百官이 皆奉承法令하여 王言則爲命하니 不言則臣下無所稟令矣라

亮은 또한 '諒'으로도 쓰고, 陰은 古文에는 '闇'으로 되어 있다. 살펴보건대 〈喪服〉의 네 制度에 "高宗諒陰三年"이라 하였는데, 鄭氏의 註에 "諒은 古文에는 梁으로 되어 있으니 문설주를 梁이라 하며, 闇은 鶉鵪의 鵪과 같이 읽으니 闇은 廬幕을 이르는 바, 곧 倚廬의 廬幕이다." 하였으며, 《儀禮》에 "翦屛柱楣한다." 하였는데, 鄭氏는 이르기를 "柱楣는 이른바 梁闇이 이것이다." 하였으니, 宅憂亮陰은 梁闇에서 執喪한 것이다. 先儒(孔安國을 가리킴)는 亮陰을 "신실하고 침묵하여 말하지 않는 것이다." 하였는데, 諒陰에서 3년동안 말하지 않았다는 것과 말이 중복되어 이해할 수 없다. 임금

闇 : 어두울 암　鵪 : 메추라기 암　廬 : 집 려　翦 : 자를 전　楣 : 문설주 미

이 죽으면 百官들이 자신의 직책을 총괄하여 冢宰에게 명령을 들으니, 亮陰에서 執喪하면서 말하지 않는 것은 떳떳한 禮이다. 高宗이 아버지 小乙의 喪을 당하였는데 이미 喪을 벗고도 말하지 않으니, 群臣들이 禮에 과하다고 생각하였으므로 모두 諫한 것이다. 탄식하여 말하기를 "先知의 德이 있는 자를 明哲이라 이르니, 明哲이 실로 천하에 法이 됩니다. 이제 天子가 萬邦에 君臨하시면 百官들이 모두 法令을 받들어서 王의 말씀으로 명령을 삼나니, 말씀하지 않으시면 臣下들이 명령을 받을 곳이 없습니다." 하였다.

譯註 1. 翦屛柱楣 : 屛은 여막에 풀로 만든 가리개이고 柱楣는 기둥과 문설주이다. 초상에는 여막에 창문을 북향으로 내고 가리개를 만들되 끝을 단정하게 자르지 않으며 기둥과 문설주를 세우지 않았다가 3개월이 지나 장례하고 虞祭를 지낸 뒤에는 가리개의 끝을 자르고 기둥과 문설주를 세우는바, 《蔡傳旁通》에 자세히 보인다.

2. 王庸作書以誥曰 以台로 正于四方이실새 台恐德弗類하여 玆故로 弗言하여 恭默思道하더니 夢에 帝賚予良弼하시니 其代予言이리라

王이 글을 지어 誥하였다. "나로써 四方을 바로잡게 하시기에 나는 德이 先人과 같지 못할까 두려워 이 때문에 말하지 않고 공손하고 침묵하여 道를 생각하였는데, 꿈에 上帝께서 나에게 어진 보필을 내려주셨으니, 그가 나의 말을 대신할 것이다."

庸은 用也니 高宗이 用作書하여 告喩群臣以不言之意라 言以我表正四方하시니 任大責重하여 恐德不類于前人이라 故로 不敢輕易發言하고 而恭敬淵默하여 以思治道러니 夢에 帝與我賢輔하시니 其將代我言矣라 蓋高宗恭默思道之心이 純一不二하여 與天無間이라 故로 夢寐之間에 帝賚良弼하니 其念慮所孚, 精神所格이요 非偶然而得者也라

庸은 써이니, 高宗이 글을 지어 群臣들에게 말하지 않는 뜻을 고유하였

賚 : 줄 뢰 孚 : 정성 부

다. 왕이 "나로써 四方을 表正하게 하시니, 임무가 크고 책임이 무거워서 德이 前人과 같지 못할까 두려워하였다. 그러므로 감히 함부로 말을 내지 않고 공경하고 淵默하여 治道를 생각하였는데 꿈에 上帝께서 나에게 어진 보필을 주셨으니, 그가 장차 나의 말을 대신할 것이다."라고 한 것이다. 高宗이 공경하고 침묵하여 道를 생각하는 마음이 純一하고 잡되지 않아서 하늘과 간격이 없었다. 그러므로 夢寐의 사이에 上帝께서 어진 보필을 준 것이니, 생각이 정성스럽고 精神이 이른 것이요, 우연히 얻은 것이 아니다.

3. 乃審厥象하사 俾以形으로 旁求于天下하시니 說이 築傅巖之野하더니 惟肖하더라

이에 그 象을 자세히 살펴 그 形象으로 天下에 널리 구하였는데, 傅說이 傅巖의 들에서 거주하였는 바, 그 모습이 똑같았다.

審은 詳也니 詳所夢之人하여 繪其形象하여 旁求于天下라 旁求者는 求之非一方也라 築은 居也니 今言所居에도 猶謂之卜築이라 傅巖은 在虞虢之間이라 肖는 似也니 與所夢之形相似라

審은 자세히 살핌이니, 꿈속에 본 사람을 자세히 살펴 그 形象을 그려서 천하에 널리 구한 것이다. 旁求는 구하기를 한 방소에만 한 것이 아니다. 築은 居住하는 것이니, 지금에도 거주하는 곳을 말할 때에 오히려 卜築이라고 한다. 傅巖은 虞와 虢의 사이에 있었다. 肖는 같음이니, 꿈꾼 바의 모양과 서로 같은 것이다.

4. 爰立作相하사 王이 置諸其左右하시다

이에 세워 정승을 삼아서 王이 그 左右에 두셨다.

於是에 立以爲相이라 按史記컨대 高宗得說하여 與之語하니 果聖人이어늘

旁 : 넓을 방 肖 : 닮을 초 虢 : 나라이름 괵

乃擧以爲相이라하니 書不言은 省文也니 未接語而遽命相은 亦無此理라 置諸左右는 蓋以冢宰兼師保也라 荀卿曰 學莫便乎近其人이라하니 置諸左右者는 近其人以學也라 史臣이 將記高宗命說之辭일새 先敍事始如此라

이에 세워 정승을 삼았다. 《史記》를 살펴보면 "高宗이 傅說을 얻어 더불어 말해 보니 과연 聖人이었으므로 마침내 등용하여 정승을 삼았다." 하였으니, 《書經》에 이것을 말하지 않은 것은 글을 생략한 것이다. 접하여 말해보지 않고 대번에 정승을 임명함은 또한 이러할 이치가 없다. 左右에 둔다는 것은 冢宰로서 師保를 겸하게 한 것인 듯하다. 荀卿이 말하기를 "배움은 그 사람을 가까이하는 것보다 편리함이 없다." 하였으니, 左右에 둔 것은 그 사람을 가까이하여 배운 것이다. 史臣이 장차 高宗이 傅說을 命하는 말을 기록하려 하였으므로 먼저 일의 始初를 서술하기를 이와 같이 한 것이다.

5. 命之曰 朝夕에 納誨하여 以輔台德하라

王이 다음과 같이 命하였다. "아침저녁으로 가르침을 바쳐 나의 德을 도우라.

此下는 命說之辭라 朝夕納誨者는 無時不進善言也라 孟子曰 人不足與適(謫)也며 政不足與間也라 惟大人이아 爲能格君心之非라하시니 高宗이 旣相說하여 處之以師傅之職하고 而又命之朝夕納誨하여 以輔台德하니 可謂知所本矣라 呂氏曰 高宗이 見道明이라 故로 知頃刻不可無賢人之言이니라

이 以下는 傅說에게 명한 말이다. 朝夕으로 가르침을 바치라는 것은 善言을 올리지 않을 때가 없는 것이다. 孟子는 말씀하기를 "人才의 登用을 이루 다 꾸짖을 수 없고, 政事의 잘못을 이루 다 흠잡을 수 없다. 오직 大人이라야 君主의 마음의 나쁜 것을 바로잡을 수 있다." 하였으니, 高宗이 이미 傅說을 정승으로 삼아 師傅의 직책에 처하게 하고, 또 아침저녁으로 가르침을 바쳐 자신의 德을 도우라고 명했으니, 根本을 알았다고 이를 만하다.

呂氏가 말하였다. "高宗은 道를 봄이 밝았기 때문에 頃刻이라도 賢人의

말이 없어서는 안됨을 안 것이다."

6. 若金이어든 用汝하여 作礪[1])하며 若濟巨川이어든 用汝하여 作舟楫하며 若歲大旱이어든 用汝하여 作霖雨하리라

만약 金이라면 너를 사용하여 숫돌을 삼으며, 만약 큰 내를 건넌다면 너를 사용하여 배와 노를 삼으며, 만약 해가 大旱(큰 가뭄)이 든다면 너를 사용하여 장마비를 삼을 것이다.

譯註 1. 若金用汝作礪 : 諺解에는 "金 갈거든 너를 써 礪를 作하며"로 해석하였고, 退溪는 "金이어든 汝를 써 礪를 作홈과 같으며"로 해석하였으며, 下句의 '若濟巨川'과 '若歲大旱'도 이와 같음을 밝혀둔다.

三日雨爲霖이라 高宗이 託物以喩望說納誨之切하니 三語雖若一意나 然一節이 深一節也라

3일 동안 비가 내림을 霖이라 한다. 高宗이 물건에 가탁하여 傅說이 가르침을 바치기를 바람이 간절함을 비유하였으니, 세 말이 비록 한 뜻인 듯하나 한 節이 한 節보다 깊다.

7. 啓乃心하여 沃朕心하라

네 마음을 열어 내 마음에 대도록 하라.

啓는 開也요 沃은 灌漑也라 啓乃心者는 開其心而無隱이요 沃朕心者는 漑我心而厭飫也라

啓는 엶이요, 沃은 灌漑함이다. 네 마음을 열라는 것은 마음을 열어 숨김이 없는 것이요, 내 마음에 대라는 것은 내 마음에 대어서 厭飫(흡족)하게 하는 것이다.

礪 : 숫돌 려　楫 : 노 집　霖 : 장마 림　沃 : 물댈 옥　漑 : 물댈 개　飫 : 배부를 어

8. 若藥이 弗瞑眩하면 厥疾이 弗瘳[1]하며 若跣이 弗視地하면 厥足이 用傷하리라

만약 藥이 독하여 瞑眩하지 않으면 病이 낫지 않으며, 만약 발이 땅을 살피지 않으면 발이 상할 것이다.

譯註 1. 若藥 … 弗瘳 : 諺解에는 "藥이 瞑眩치 아니하면 그 疾이 瘳치 아니홈 같으며"로 해석하였고 退溪 역시 위의 '若金用汝作礪'의 경우와 같이 해석하였음을 밝혀둔다.

方言[1]曰 飮藥而毒을 海岱之間에 謂之瞑眩이라하니라 瘳는 愈也라 弗瞑眩은 喩臣之言이 不苦口也요 弗視地는 喩我之行이 無所見也라

《方言》에 "藥을 마셔 독이 있는 것을 海岱의 사이에서는 瞑眩이라 한다." 하였다. 瘳는 나음이다. 瞑眩하지 않음은 臣下의 말이 입에 쓰지 않음을 비유한 것이며, 땅을 살피지 않음은 나의 행실이 본 바가 없음을 비유한 것이다.

譯註 1. 方言 : 前漢 때의 學者인 揚雄이 지은 책으로 각 지방의 方言을 수록하였는바, 정식 명칭은 《揚子方言》이다.

9. 惟暨乃僚로 罔不同心하여 以匡乃辟하여 俾率先王하여 迪我高后하여 以康兆民하라

네 官屬들과 더불어 마음을 함께하지 않음이 없어 네 君主를 바로잡아 先王의 道를 따라 우리 高后의 자취를 밟아서 兆民을 편안하게 하라.

匡은 正이요 率은 循也라 先王은 商先哲王也라 說旣作相하여 總百官하니

瞑 : 어지러울 명　眩 : 어지러울 현　瘳 : 나을 추　跣 : 맨발 선　岱 : 뫼 대

則卿士而下 皆其僚屬이라 高宗이 欲傅說이 曁其僚屬으로 同心正救하여 使循先王之道하여 蹈成湯之迹하여 以安天下之民也라

匡은 바로잡음이요, 率은 따름이다. 先王은 商나라의 先哲王이다. 傅說이 이미 정승이 되어서 百官을 總括하니, 卿士 이하가 모두 그 官屬이다. 高宗은 傅說이 僚屬들과 마음을 함께하여 군주를 바로잡아 先王의 도를 따라 成湯의 자취를 밟아서 천하의 백성을 편안히 하기를 바란 것이다.

10. 嗚呼라 欽予時命하여 其惟有終하라

아! 나의 이 명령을 공경하여 有終을 생각하라."

敬我是命하여 其思有終也니 是命은 上文所命者라

나의 이 명령을 공경하여 有終을 생각하라는 것이니, 이 命은 上文에 명령한 것이다.

11. 說이 復于王曰 惟木從繩則正하고 后從諫則聖하나니 后克聖이시면 臣不命其承이온 疇敢不祗若王之休命하리잇고

傅說이 王에게 대답하였다. "나무는 먹줄을 따르면 바르고, 임금은 諫言을 따르면 聖스러워지니, 임금께서 성스러우시면 君主가 명령하지 않아도 臣下들이 받들거늘 누가 감히 王의 아름다운 명령에 공경히 순종하지 않겠습니까."

答欽予時命之語라 木從繩은 喩后從諫이니 明諫之決不可不受也라 然高宗은 當求受言於己요 不必責進言於臣이라 君果從諫이면 臣雖不命이라도 猶且承之온 況命之如此하시니 誰敢不敬順其美命乎아

"나의 이 명령을 공경하라."는 말에 대답한 것이다. 나무가 먹줄을 따름

繩 : 먹줄 승　疇 : 누구 주　祗 : 공경할 지

은 君主가 諫言을 따름을 비유한 것이니, 諫言을 결코 받아들이지 않으면 안됨을 밝힌 것이다. 그러나 高宗은 마땅히 자신에게 말을 받아들이기를 구할 것이요, 굳이 臣下에게 進言하기를 책할 것이 없다. 君主가 과연 諫言을 따르면 臣下들은 비록 君主가 명령하지 않더라도 오히려 받드는데 하물며 명령하기를 이와 같이 하니, 누가 감히 아름다운 命令을 공경히 순종하지 않겠는가.

說命 中

1. 惟說이 命으로 總百官하니라

傅說이 高宗의 명령으로 百官을 총괄하였다.

說이 受命總百官하니 冢宰之職也라

傅說이 命令을 받아 百官을 총괄하니, 冢宰의 직책이다.

2. 乃進于王曰 嗚呼라 明王이 奉若天道하사 建邦設都하여 樹后王君公하시고 承以大夫師長하심은 不惟逸豫라 惟以亂民이니이다

傅說이 마침내 王에게 進言하였다. "아! 明王들이 天道를 받들어 순히 하여 나라를 세우고 都邑을 설치해서 后王와 君公을 세우고 大夫와 師·長으로 받들게 함은 君主가 逸豫(편안하고 즐거움)하게 하려는 것이 아니라 오직 백성을 다스리고자 해서입니다.

后王은 天子也요 君公은 諸侯也라 治亂曰亂이라 明王이 奉順天道하여 建邦設都하여 立天子諸侯하고 承以大夫師長하여 制爲君臣上下之禮하여 以尊臨卑하고 以下奉上하니 非爲一人逸豫之計而已也라 惟欲以治民焉耳니라

后王은 天子요, 君公은 諸侯이다. 亂을 다스림을 亂이라 한다. 明王이 天道를 받들어 순히 하여 나라를 세우고 都邑을 설치해서 天子와 諸侯를 세우고 大夫와 師·長으로 받들게 하여 君臣과 上下의 禮를 제정해서 높은 사람으로서 낮은 사람에게 임하고, 아랫사람으로서 윗사람을 받들게 하였으니, 이는 君主 한 사람의 逸豫를 위한 계책일 뿐만 아니라 오직 백성을 다스리고자 해서이다.

3. 惟天이 聰明하시니 惟聖이 時憲하시면 惟臣이 欽若하며 惟民이 從乂하리이다

하늘이 총명하시니, 聖上께서 이를 본받으시면 臣下들이 공경히 순종하며, 백성들도 따라서 다스려질 것입니다.

天之聰明이 無所不聞하고 無所不見은 無他라 公而已矣라 人君이 法天之聰明하여 一出於公이면 則臣敬順하고 而民亦從治矣리라

하늘의 聰明이 듣지 않는 것이 없고 보지 않는 것이 없는 것은 다름이 아니라 공평함일 뿐이니, 人君이 하늘의 聰明을 본받아 한결같이 公에서 나오면 臣下들이 공경히 순종하고, 백성들 또한 따라서 잘 다스려질 것이다.

4. 惟口는 起羞하며 惟甲冑는 起戎하나니이다 惟衣裳을 在笥하시며 惟干戈를 省厥躬하사 王惟戒茲하사 允茲克明하시면 乃罔不休하리이다

말은 부끄러움을 일으키고 甲冑는 전쟁을 일으킵니다. 衣裳을 상자에 잘 보관해 두시며, 干戈를 몸에 살피시어 王께서 이를 경계하여, 이것을 믿어 능히 밝게 하시면 아름답지 않음이 없을 것입니다.

言語는 所以文身也나 輕出則有起羞之患하고 甲冑는 所以衛身也나 輕動

若 : 순할 약 冑 : 투구 주 戎 : 싸움 융 笥 : 상자 사

則有起戎之憂라 二者는 所以爲己니 當慮其患於人也라 衣裳은 所以命有德이니 必謹於在笥者는 戒其有所輕予요 干戈는 所以討有罪니 必嚴於省躬者는 戒其有所輕動이라 二者는 所以加人이니 當審其用於己也라 王惟戒此四者하여 信此而能明焉이면 則政治無不休美矣리라

言語는 몸을 文飾하는 것이나 함부로 내면 부끄러움을 일으킬 근심이 있고, 甲胄는 몸을 호위하는 것이나 가볍게 동하면 전쟁을 일으킬 우려가 있다. 두 가지는 자신을 위하는 것이니, 마땅히 남에게 폐해를 끼침을 염려해야 한다. 衣裳은 德이 있는 이에게 명하는 것이니, 반드시 상자에 둠을 삼가는 것은 가볍게 주는 바가 있음을 경계한 것이며, 干戈는 죄가 있는 자를 토벌하는 것이니, 반드시 몸을 살핌에 엄격히 하는 것은 가볍게 동하는 바가 있음을 경계한 것이다. 이 두 가지는 남에게 가하는 것이니, 마땅히 자신에게 씀을 살펴야 한다. 王이 이 네 가지를 경계하여, 이것을 믿어 능히 밝게 하면 政治가 아름답지 않음이 없을 것이다.

5. 惟治亂이 在庶官하니 官不及私昵하사 惟其能하시며 爵罔及惡德하사 惟其賢하소서

나라가 다스려지고 혼란함은 여러 관원들에게 달려 있으니, 관직을 사사로이 가까운 자에게 미치지 않게 하여 능한 자로 하시며, 爵位가 惡德에게 미치지 않게 하여 賢者로 하소서.

庶官은 治亂之原也니 庶官이 得其人則治하고 不得其人則亂이라 王制曰 論定而後官之하고 任官而後爵之라하니 六卿百執事는 所謂官也요 公卿大夫士는 所謂爵也라 官以任事라 故曰能이요 爵以命德이라 故曰賢이라 惟賢惟能은 所以治也요 私昵惡德은 所以亂也라

○ 按古者에 公侯伯子男은 爵之於侯國하고 公卿大夫士는 爵之於朝廷이어늘 此言庶官하니 則爵爲公卿大夫士也라

○ 吳氏曰 惡德은 猶凶德也라 人君은 當用吉士니 凶德之人은 雖有過人之才나 爵亦不可及이니라

여러 官員은 나라가 다스려지고 혼란해지는 근원이니, 여러 官員이 훌륭한 인물을 얻으면 다스려지고, 훌륭한 사람을 얻지 못하면 어지러워진다. 〈王制〉에 "議論하여 결정한 뒤에 벼슬을 시키고, 벼슬을 맡긴 뒤에 爵位를 준다." 하였으니, 六卿과 百執事는 이른바 官이요, 公·卿·大夫·士는 이른바 爵이다. 官職은 일을 맡기기 때문에 能이라 하고, 爵位는 德이 있는 자에게 命하기 때문에 賢이라 하였다. 賢者와 能한 자를 임용함은 나라가 다스려지는 이유이고, 사사로이 가까운 자와 惡德인 자를 임용함은 나라가 어지러워지는 이유이다.

○ 살펴보건대 옛날에 公·侯·伯·子·男은 諸侯國에 대한 爵位이고 公·卿·大夫·士는 朝廷에 대한 爵位인데, 여기에 庶官이라고 말했으니, 이 爵은 公·卿·大夫·士인 것이다.

○ 吳氏가 말하였다. "惡德은 凶德과 같다. 人君은 마땅히 길한 선비를 써야 하니, 凶德의 사람은 비록 남보다 뛰어난 재주가 있더라도 爵位가 미쳐서는 안된다."

6. 慮善以動[1)]하사되 動惟厥時하소서

생각을 善하게 하여 動하시되 動함을 때에 맞게 하소서.

譯註 1. 慮善以動：諺解에는 "慮가 善커든 써 動하사대"로 되어 있으나 退溪의 說을 따라 수정하였다.

善은 當乎理也요 時는 時措之宜也라 慮는 固欲其當乎理나 然動非其時면 猶無益也니 聖人이 酬酢斯世에 亦其時而已니라

善은 이치에 합당함이요, 時는 때로 조처함에 마땅한 것이다. 생각은 진실로 이치에 합당하게 하려고 하나 動함을 제때에 하지 않으면 오히려 無益하니, 聖人이 이 세상을 酬酌함도 또한 때에 맞게 할 뿐이다.

7. 有其善하면 喪厥善하고 矜其能하면 喪厥功하리이다

措：둘 조 酬：술권할 수 酢：술권할 작

善을 두었노라고 생각하면 그 善을 상실하고, 자신의 재능을 자랑하면 그 功을 상실할 것입니다.

自有其善이면 則己不加勉而德虧矣요 自矜其能이면 則人不效力而功隳矣라

스스로 善을 두었다고 여기면 자신이 더 힘쓰지 않아 德이 이지러지고, 스스로 재능을 자랑하면 사람들이 자신의 힘을 다하지 않아 功이 훼손된다.

8. 惟事事 乃其有備니 有備라사 無患하리이다

일에 從事함이 바로 對備가 있는 것이니, 對備가 있어야 근심이 없을 것입니다.

惟事其事라야 乃其有備니 有備故로 無患也라 張氏曰 修車馬하고 備器械하여 事乎兵事하면 則兵有其備라 故로 外侮不能爲之憂요 簡稼器하고 修稼政하여 事乎農事하면 則農有其備라 故로 水旱이 不能爲之害하니 所謂事事有備無患者 如此니라

일에 종사하여야 대비가 있으니, 대비가 있으므로 근심이 없는 것이다. 張氏가 말하였다. "수레와 말을 수리하고 器械(장비)를 마련하여 兵事에 종사하면 兵(國防)에 대비가 있으므로 外侮(外侵)가 근심이 되지 않으며, 농기구를 살펴보고 農政을 닦아 농사에 종사하면 農에 대비가 있으므로 홍수와 가뭄이 피해가 되지 않으니, 이른바 일에 종사하여 대비가 있어야 근심이 없다는 것은 이와 같은 것이다."

9. 無啓寵納侮하시며 無恥過作非하소서

총애함을 열어놓아 업신여김을 받아들이지 말며, 허물을 부끄러워하여 잘못을 저지르지 마소서.

虧 : 이지러질 휴 隳 : 무너질 휴

毋開寵幸而納人之侮하고 毋恥過誤而遂己之非라 過誤는 出於偶然이요 作非는 出於有意니라

寵幸을 열어놓아 남의 업신여김을 받아들이지 말고, 過誤를 부끄러워하여 자신의 잘못을 이루지 말아야 한다. 過誤는 偶然에서 나오고, 作非는 有意에서 나오는 것이다.

10. 惟厥攸居라사 政事惟醇하리이다

그 살 곳을 편안히 여기게 하여야 政事가 순수해질 것입니다.

居는 止而安之義니 安於義理之所止也라 義理出於勉强이면 則猶二也요 義理安於自然이면 則一矣니 一故로 政事醇而不雜也라

居는 그쳐서 편안히 여기는 뜻이니, 의리에 그칠 바를 편안히 여기는 것이다. 의리가 억지로 힘씀에서 나오면 오히려 둘(따로)이며, 의리가 自然에서 나오는 것을 편안히 여기면 하나이니, 하나이기 때문에 政事가 순수하여 잡되지 않은 것이다.

11. 黷于祭祀 時謂弗欽이니 禮煩則亂이라 事神則難하니이다

祭祀에 설만함(함부로 함)을 이것을 일러 공경하지 않는다 하니, 禮는 번거로우면 혼란하여 神을 섬기기 어렵습니다."

祭不欲黷이니 黷則不敬이요 禮不欲煩이니 煩則擾亂이니 皆非所以交鬼神之道也라 商俗이 尙鬼하니 高宗이 或未能脫於流俗하여 事神之禮 必有過焉이라 祖己戒其祀無豊昵하니 傅說이 蓋因其失而正之也라

祭祀는 설만하게 하려고 하지 않아야 하니 설만하면 不敬해지고, 禮는

醇 : 순전할 순 黷 : 더럽힐 독 昵 : 아비사당 녜

번거롭게 하려고 하지 않아야 하니 번거로우면 요란해지니, 이 두 가지는 모두 귀신을 사귀는 도리가 아니다. 商나라 풍속은 鬼神을 숭상하니, 高宗이 혹 流俗에서 벗어나지 못하여 神을 섬기는 禮가 반드시 과함이 있었을 것이다. 祖己가 "祭祀를 가까운 사당에만 풍성하게 하지 말라."고 경계하였으니, 傅說이 그 잘못을 인하여 바로잡은 것이다.

12. 王曰 旨哉라 說아 乃言이 惟服이로다 乃不良于言이런들 予罔聞于行이랏다

王이 말씀하였다. "아름답다! 傅說아. 너의 말은 행할 수 있겠다. 네가 좋은 말을 하지 않았더라면 내가 듣고서 행하지 못하였을 것이다."

旨는 美也라 古人은 於飮食之美者에 必以旨言之하니 蓋有味其言也라 服은 行也라 高宗이 贊美說之所言하여 謂可服行하니 使汝不善於言이런들 則我無所聞而行之也라 蘇氏曰 說之言은 譬如藥石하니 雖散而不一이나 然一言一藥하여 皆足以治天下之公患이니 所謂古之立言者라

旨는 아름다움이다. 古人은 飮食의 아름다운 것에 대해 반드시 맛이 있다고 말하였으니, 그 말에 맛이 있는 것이다. 服은 행함이다. 高宗은 傅說이 말한 바를 찬미하여 "행할 수 있으니, 가령 네가 좋은 말을 하지 않았더라면 내가 듣고서 행하지 못하였을 것이다." 라고 한 것이다.

蘇氏가 말하였다. "傅說의 말은 비유하면 藥石과 같으니, 비록 흩어져서 한결같지 않으나 한 마디 말이 한 가지 藥이 되어 모두 천하의 公的인 병통을 다스릴 수 있으니, 이른바 옛날에 훌륭한 말을 세운 자일 것이다."

13. 說이 拜稽首曰 非知之艱이라 行之惟艱하니 王忱不艱[1]하시면 允協于先王成德하시리니 惟說이 不言하면 有厥咎하리이다

傅說이 절하고 머리를 조아리며 말하였다. "아는 것이 어려운 것이

艱 : 어려울 간 忱 : 정성 침

아니라 행하는 것이 어려우니, 王이 정성으로 믿어 어렵게 여기지 않으시면 진실로 先王이 이룩하신 德에 합하실 것이니, 제가 말씀드리지 않는다면 허물이 있을 것입니다."

譯註 1. 王忱不艱 : 退溪는 " '王忱하시면 不艱이라'고 吐를 달고 '王이 믿으시면 행하기가 어렵지 않다'로 고쳐야 한다." 하였으나 《集傳》을 위주하여 諺解를 그대로 따랐음을 밝혀둔다.

高宗이 方味說之所言한대 而說이 以爲得於耳者非難이요 行於身者爲難이니 王忱信之하여 亦不爲難이면 信可合成湯之成德하시리니 說이 於是而猶有所不言이면 則有其罪矣라 上篇에 言后克聖臣不命其承은 所以廣其從諫之量而將告以爲治之要也요 此篇에 言允協先王成德 惟說不言有厥咎는 所以責其躬行之實하여 將進其爲學之說也니 皆引而不發之義니라

高宗이 막 傅說이 말한 것을 음미하자, 傅說이 이르기를 "귀에 얻어 들음은 어려운 것이 아니요 몸에 행함이 어려우니, 王이 진심으로 믿어 또한 어렵게 여기지 않으시면 진실로 成湯이 이룩하신 德에 합할 것입니다. 이러한데도 제가 오히려 말씀드리지 않음이 있으면 그 죄가 있을 것입니다." 라고 한 것이다. 上篇에 '君主가 성스러우면 臣下는 명령하지 않아도 받든다.'고 말한 것은 諫言을 따르는 도량을 넓혀서 장차 정치하는 要體를 告하려고 한 것이며, 이 편에 '진실로 先王이 이룩하신 德에 합하실 것이니, 제가 말씀드리지 않는다면 그 허물이 있다.'고 말한 것은 躬行의 實際를 責하여 장차 學問하는 말을 올리려고 한 것이니, 모두 활을 당기기만 하고 發射하지 않은 뜻이다.

說命 下

1. 王曰 來汝說아 台小子 舊學于甘盤하더니 旣乃遯于荒野하며 入宅于河하며 自河徂亳하여 曁厥終하여 罔顯호라

王이 말씀하였다. "이리 오라. 傅說아! 나 小子는 옛날에 甘盤에게

배웠는데 이윽고 荒野로 물러갔으며, 河水가에 들어가 살며, 河水에서 亳으로 가서 마침에 이르도록 학문이 드러나지 못하였노라.

甘盤은 臣名이니 君奭에 言在武丁時則有若甘盤이라하니라 遯은 退也라 高宗言 我小子舊學於甘盤이러니 已而요 退于荒野하고 後又入居于河하고 自河徂亳하여 遷徙不常이라하여 歷敍其廢學之因하고 而歎其學이 終無所顯明也라 無逸에 言高宗舊勞于外하여 爰曁小人이라하니 與此相應이라 國語에 亦謂武丁入于河하고 自河徂亳이라하고 唐孔氏曰 高宗爲王子時에 其父小乙이 欲其知民之艱苦라 故로 使居民間也라하니라 蘇氏謂甘盤遯于荒野는 以台小子語脈으로 推之컨대 非是라

甘盤은 臣下의 이름이니, 〈君奭〉에 "武丁 때에 있어서는 甘盤과 같은 이가 있었다." 하였다. 遯은 물러감이다. 高宗이 말씀하기를 "나 小子는 옛날에 甘盤에게 배웠는데 이윽고 荒野에 물러갔고, 뒤에 또 河水에 들어가 살며, 河水로부터 亳으로 가서 옮겨다니고 일정하게 살지 않았다." 하여 학문을 폐한 원인을 일일이 서술하고 그리하여 학문이 끝내 드러나 밝음이 없음을 한탄한 것이다. 〈無逸〉에 "高宗이 옛날에 밖에서 수고로워 小人들과 함께했다." 하였으니, 이와 서로 응한다. 《國語》에도 또한 "武丁이 河水에 들어갔고 河水에서 亳으로 갔다." 하였으며, 唐나라 孔氏는 "高宗이 王子였을 때에 그의 아버지인 小乙이 民間의 고통과 어려움을 알게 하려고 하였으므로 民間에 살게 했다." 하였다. 蘇氏(蘇軾)가 "甘盤이 荒野에 은둔했다."고 말한 것은 나 小子란 語脈으로 미루어 보면 옳지 않다.

2. 爾惟訓于朕志하여 若作酒醴[1)]어든 爾惟麴糱이며 若作和羹이어든 爾惟鹽梅라 爾交修予하여 罔予棄하라 予惟克邁乃訓하리라

너는 朕의 뜻을 가르쳐서 만약 술과 단술을 만들거든 네가 누룩과 엿기름이 되며, 만약 간을 맞춘 국을 만들거든 네가 소금과 매실이

醴 : 단술 례　糱 : 누룩 얼　羹 : 국 갱　鹽 : 소금 염

되어야 한다. 너는 여러 가지로 나를 닦아서 나를 버리지 말라. 내가 능히 너의 가르침을 행할 것이다."

譯註 1. 若作酒醴 : 이 역시 諺解에는 "酒醴를 作홈 갈거든"으로 해석하였으나 위의 '若金用汝作礪' 등의 경우와 마찬가지로 '若'을 모두 '만약'으로 풀이하였음을 밝혀둔다.

心之所之를 謂之志라 邁는 行也라 范氏曰 酒非麴糵이면 不成이요 羹非鹽梅면 不和며 人君이 雖有美質이나 必得賢人輔導라야 乃能成德이라 作酒者는 麴多則太苦하고 糵多則太甘하니 麴糵得中然後成酒하며 作羹者는 鹽過則鹹하고 梅過則酸하니 鹽梅得中然後成羹이라 臣之於君에 當以柔濟剛하고 可濟否하여 左右規正하여 以成其德이라 故로 曰 爾交修予하여 爾無我棄하라 我能行爾之言也라하니라 孔氏曰 交者는 非一之義라

마음이 가는 것을 志라 한다. 邁는 행함이다. 范氏가 말하였다. "술은 누룩과 엿기름이 아니면 이루어지지 못하고, 국은 소금과 매실이 아니면 和(간을 맞춤)하지 못하며, 임금이 비록 아름다운 자질이 있다 하더라도 반드시 賢人이 輔導해줌을 얻어야 德을 이룰 수 있다. 술을 만드는 자는 누룩이 많으면 너무 쓰고 엿기름이 많으면 너무 다니, 누룩과 엿기름이 알맞은 뒤에야 술이 이루어지며, 국을 만드는 자는 소금이 지나치면 너무 짜고 매실이 지나치면 너무 시니, 소금과 매실이 알맞은 뒤에야 국이 이루어진다. 臣下는 君主에 대해 항상 柔함으로써 剛함을 구제하고, 可함으로써 否를 구제하여 左右에서 돕고 바로잡아 그 德을 이루어야 한다. 그러므로 '너는 여러 가지로 나를 닦아서 나를 버리지 말라. 내 능히 너의 말을 행하겠다.'고 말한 것이다." 孔氏가 말하였다. "交는 하나가 아닌 뜻이다."

3. 說曰 王아 人을 求多聞은 時惟建事니 學于古訓이라사 乃有獲하리니 事不師古하고 以克永世는 匪說의 攸聞이로소이다

傅說이 말하였다. "王이여! 사람을 聞見이 많은 자를 구함은 이 일을 세우기 위해서입니다. 옛 가르침을 배워야 얻음이 있을 것이니, 일을 옛것을 본받지 않고서 능히 장구하게 하는 것은 제가 들은 바가

아닙니다.

求多聞者는 資之人이요 學古訓者는 反之己라 古訓者는 古先聖王之訓으로 載修身治天下之道하니 二典三謨[1]之類 是也라 說이 稱王而告之曰 人求多聞者는 是惟立事라 然必學古訓하여 深識義理然後有得이니 不師古訓하고 而能長治久安者는 非說所聞이라하니 甚言無此理也니라
○ 林氏曰 傅說稱王而告之는 與禹稱舜曰帝光天之下로 文勢正同하니라

들음이 많은 자를 구하는 것은 남에게 자뢰함이요, 옛 가르침을 배우는 것은 자신에게 돌이키는 것이다. 옛 교훈이란 옛날 先聖王의 교훈으로 몸을 닦고 천하를 다스리는 방도를 기재한 것이니, 二典과 三謨의 따위가 이것이다. 傅說이 王을 일컫고 告하기를 "사람을 聞見이 많은 자를 구하는 것은 이 일을 세우기 위해서입니다. 그러나 반드시 옛 가르침을 배워서 의리를 깊이 안 뒤에야 얻음이 있을 것이니, 옛 가르침을 본받지 않고 능히 장구하게 治安하는 것은 제가 들은 바가 아닙니다."라고 하였으니, 이러한 이치가 없음을 심히 말한 것이다.
○ 林氏가 말하였다. "傅說이 王을 일컫고 告한 것은 禹王이 舜을 일컫고 '皇帝여. 하늘의 아래에 빛난다.'고 말한 것과 文勢가 똑같다."

譯註 1. 二典三謨 : 위의 〈堯典〉·〈舜典〉과 〈大禹謨〉·〈皐陶謨〉·〈益稷〉을 가리킨 것이다.

4. 惟學은 遜志니 務時敏하면 厥修乃來하리니 允懷于茲하면 道積于厥躬하리이다

배움은 뜻을 겸손하게 해야 하니, 힘써서 때로 민첩하게 하면 그 닦여짐이 올 것이니, 독실히 믿어 이것을 생각하면 도가 그 몸에 쌓일 것입니다.

遜은 謙抑也요 務는 專力也라 時敏者는 無時而不敏也라 遜其志하여 如有所不能하고 敏於學하여 如有所不及하여 虛以受人하고 勤以勵己면 則其

所修 如泉始達하여 源源乎其來矣리라 玆는 此也니 篤信而深念乎此하면 則道積於身하여 不可以一二計矣라 夫修之來하고 來之積하여 其學之得於己者如此니라

遜은 겸손함이요, 務는 힘을 온전히 쓰는 것이다. 時敏은 어느 때고 민첩하지 않음이 없는 것이다. 그 뜻을 겸손히 하여 마치 능하지 못한 바가 있는 듯이 하고, 학문에 민첩하여 미치지 못하는 바가 있는 듯이 하여, 겸허히 남에게 받아들이고 부지런히 자기를 힘쓰면 그 닦여지는 바가 마치 샘물이 처음 나오듯이 하여 源源히 올 것이다. 玆는 이것이니, 독실히 믿어 이것을 깊이 생각하면 道가 몸에 쌓여서 한두 가지로 계산할 수 없을 것이다. 닦여짐이 오고 옴이 쌓여서 학문이 자기 몸에 얻어짐이 이와 같은 것이다.

5. 惟斅는 學半이니 念終始를 典于學하면 厥德修를 罔覺하리이다

가르침은 배움의 반이니, 생각의 終과 始를 학문에 주장하면 그 德이 닦여짐을 자신도 깨닫지 못할 것입니다.

斅는 敎也니 言敎人이 居學之半이라 蓋道積厥躬者는 體之立이요 斅學于人者는 用之行이니 兼體用, 合內外而後에 聖學을 可全也라 始之自學도 學也요 終之敎人도 亦學也니 一念終始 常在於學하여 無少間斷이면 則德之所修 有不知其然而然者矣리라 或曰 受敎亦曰斅니 斅於爲學之道에 半之니 半須自得이라하니 此說이 極爲新巧나 但古人論學에 語皆平正的實하니 此章句數非一이라 不應中間一語獨爾巧險이니 此蓋後世釋敎機權而誤以論聖賢之學也니라

斅는 가르침이니, 사람을 가르침은 배움의 반을 차지함을 말한 것이다. 道가 몸에 쌓임은 體가 서는 것이요, 배운 것을 남에게 가르침은 用이 행해지는 것이니, 體·用을 겸하고 內·外를 합한 뒤에 聖學을 온전히 할 수

斅 : 가르칠 효 典 : 주장할 전

있다. 처음에 스스로 배우는 것도 學이요 종말에 남을 가르침도 또한 學이니, 한 생각의 終과 始가 항상 學에 있어 조금도 間斷함이 없으면 德의 닦여짐이 그런 줄을 알지 못하는 사이에 그러함이 있을 것이다. 혹자는 말하기를 "가르침을 받음을 또한 斅라 하니, 배움은 학문하는 道에 있어서 반이니, 〈그 나머지〉 반은 모름지기 스스로 터득해야 한다."라고 한다. 이 말이 지극히 새롭고 공교로우나 다만 옛사람이 학문을 논함에 말이 모두 平正하고 的實하니, 이 章의 句數가 하나둘이 아닌데 중간의 한 마디 말이 이처럼 공교롭고 험할 수는 없다. 이는 아마도 釋敎의 機權(기지와 권모술수)을 가지고 잘못 聖賢의 학문을 논한 듯하다.

6. 監于先王成憲하사 其永無愆하소서

先王이 이루어 놓은 法을 보시어 길이 잘못이 없게 하소서.

憲은 法이요 愆은 過也라 言德雖造於罔覺이나 而法必監于先王이니 先王成法者는 子孫之所當守者也라 孟子言遵先王之法而過者 未之有也라하시니 亦此意니라

憲은 法이요, 愆은 잘못이다. 德은 비록 자신도 깨닫지 못하는 사이에 나아가나 法은 반드시 先王을 보아야 하니, 先王이 이루어 놓은 法은 자손들이 마땅히 지켜야 할 바임을 말한 것이다. 孟子는 "先王의 法을 따르고서 잘못되는 자는 있지 않다." 하였으니, 또한 이러한 뜻이다.

7. 惟說이 式克欽承하여 旁招俊乂하여 列于庶位호리이다

제가 공경히 받들어서 俊乂들을 널리 불러 여러 지위에 나열하게 하겠습니다."

式은 用也라 言高宗之德이 苟至於無愆이면 則說이 用能敬承其意하여 廣求俊乂하여 列于衆職이라 蓋進賢이 雖大臣之責이나 然高宗之德이 未至면 則雖欲進賢이나 有不可得者라

式은 써이다. 高宗의 德이 만일 잘못이 없음에 이르면 傅說이 공경히 그 뜻을 받들어서 俊乂들을 널리 구하여 여러 직책에 나열할 것이라고 말한 것이다. 賢者를 登用함이 비록 大臣의 責務이나 高宗의 德이 지극하지 않으면 비록 賢者를 등용하려고 하더라도 될 수 없는 것이다.

8. 王曰 嗚呼라 說아 四海之內 咸仰朕德은 時乃風이니라

王이 말씀하였다. "아! 傅說아. 四海의 안이 모두 朕의 德을 우러러봄은 이는 너의 風敎 때문이다.

風은 敎也라 天下皆仰我德은 是汝之敎也라

風은 가르침이다. 天下가 모두 나의 德을 우러러봄은 이는 모두 너의 가르침 때문이다.

9. 股肱이라사 惟人이며 良臣이라사 惟聖이니라

팔다리가 있어야 사람이며, 어진 臣下가 있어야 君主가 聖스러워진다.

手足備而成人이요 良臣輔而君聖이라 高宗이 初以舟楫霖雨爲喩하고 繼以麴糵鹽梅爲喩하고 至此엔 又以股肱惟人爲喩하니 其所造益深에 所望益切矣로다

手足이 갖추어져야 사람을 이루고, 어진 臣下가 보필하여야 君主가 聖스러워진다. 高宗이 처음에는 배와 노, 장마비로 비유하였고, 이어서 누룩과 엿기름, 소금과 매실로 비유하였으며, 이에 이르러서는 또 팔다리가 있어야 사람이 됨으로 비유하였으니, 나아간 바가 더욱 깊어짐에 기대한 바가 더욱 간절하다.

10. 昔先正保衡이 作我先王하여 乃曰 予弗克俾厥后로 惟堯舜이면 其心愧恥 若撻于市하며 一夫不獲이어든 則曰

時予之辜라하여 佑我烈祖하여 格于皇天하니 爾尙明保予하여 罔俾阿衡으로 專美有商하라

옛날 先正인 保衡(伊尹)이 우리 先王을 진작하여 이르기를 '내 君主로 하여금 堯舜 같은 君主가 되게 하지 못하면 마음에 부끄러워하여 시장에서 종아리를 맞는 듯이 여겼으며, 한 지아비라도 제 살곳을 얻지 못하면 이는 나의 잘못이다.'라고 하여, 나의 烈祖를 도와서 功이 皇天에 이르렀으니, 너는 부디 나를 밝게 保佐하여 阿衡으로 하여금 商나라에 아름다움을 독차지하게 하지 말라.

先正은 先世長官之臣이라 保는 安也니 保衡은 猶阿衡이라 作은 興起也라 撻于市는 恥之甚也라 不獲은 不得其所也라 高宗이 擧伊尹之言하여 謂其自任如此라 故로 能輔我成湯하여 功格于皇天하니 爾庶幾明以輔我하여 無使伊尹으로 專美於我商家也라 傅說은 以成湯望高宗이라 故로 曰協于先王成德하고 監于先王成憲이라하고 高宗은 以伊尹望傅說이라 故로 曰罔俾阿衡으로 專美有商이라하니라

先正은 先世 長官의 臣下이다. 保는 편안함이니, 保衡은 阿衡과 같다. 作은 興起함이다. 시장에서 종아리를 맞는다는 것은 부끄러움이 심한 것이다. 不獲은 그 살곳을 얻지 못하는 것이다. 高宗이 伊尹의 말을 들어 "스스로 책임짐이 이와 같았기 때문에 능히 우리 成湯을 보좌하여 功이 皇天에 이르렀으니, 너는 부디 밝게 나를 보필하여 伊尹으로 하여금 우리 商나라에 아름다움을 독차지하게 하지 말라."고 한 것이다. 傅說은 成湯으로 高宗을 기대했으므로 "先王이 이루어 놓은 德에 합하라." 하고, "先王의 이루어 놓은 법을 보라." 하였으며, 高宗은 伊尹으로 傅說을 기대했으므로 "阿衡으로 하여금 商나라에 아름다움을 독차지게 하지 말라." 한 것이다.

11. 惟后는 非賢이면 不乂하고 惟賢은 非后면 不食하나니 其爾克紹乃辟于先王하여 永綏民하라 說이 拜稽首曰 敢對揚

紹 : 이을 소 辟 : 임금 벽

天子之休命호리이다

임금은 賢者가 아니면 다스리지 못하고, 賢者는 임금이 아니면 먹지 못하니, 너는 네 君主를 先王에게 이어서 백성들을 길이 편안하게 하라." 傅說이 절하고 머리를 조아리며 "감히 天子의 아름다운 命을 對揚하겠습니다." 하였다.

君非賢臣이면 不與共治요 賢非其君이면 不與共食이니 言君臣相遇之難이如此라 克者는 責望必能之辭요 敢者는 自信無慊之辭라 對者는 對以己요揚者는 揚於衆이라 休命은 上文高宗所命也라 至是에 高宗은 以成湯自期하고 傅說은 以伊尹自任하여 君臣相勉勵如此하니 異時에 高宗이 爲商令王하고 傅說이 爲商賢佐하여 果無愧於成湯伊尹也 宜哉인저

君主는 賢臣이 아니면 함께 다스리지 못하고, 賢者는 君主가 아니면 함께 祿을 먹지 못하니, 君臣이 서로 만나기가 어려움이 이와 같음을 말한 것이다. 克은 반드시 능하기를 책망하는 말이요, 敢은 자신하여 부족함이 없는 말이다. 對는 자기로써 상대함이요, 揚은 여러 사람에게 드날림이다. 休命은 上文에 高宗이 명한 것이다. 이에 이르러 高宗은 成湯으로 스스로 期約하고 傅說은 伊尹으로 스스로 自任하여, 君臣이 서로 勉勵함이 이와 같았으니, 後日에 高宗은 商나라의 훌륭한 王이 되고 傅說은 商나라의 어진 保佐가 되어서 과연 成湯과 伊尹에게 부끄러움이 없었던 것은 당연하다 하겠다.

高宗肜日

高宗肜祭에 有雊雉之異어늘 祖己訓王한대 史氏以爲篇하니 亦訓體也라 不言訓者는 以旣有高宗之訓이라 故로 只以篇首四字爲題하니라 今文古文皆有하니라

休 : 아름다울 휴　慊 : 부족할 겸　肜 : 제사 융　雊 : 새울음 구

高宗이 肜祭하던 날에 꿩이 우는 異變이 있었으므로 祖己가 王을 訓戒하였는데, 史官이 이것을 篇으로 만들었으니, 또한 訓體이다. 訓이라고 말하지 않은 것은 이미 高宗의 訓이 있기 때문에 다만 篇 머리의 네 글자로 題目을 삼은 것이다. 今文과 古文에 모두 있다.

1. 高宗肜日에 越有雊雉어늘

高宗이 肜祭하던 날에 꿩이 우는 異變이 있었다.

肜은 祭明日又祭之名이니 殷曰肜이요 周曰繹이라 雊는 鳴也니 於肜日에 有雊雉之異라 蓋祭禰廟也니 序言湯廟者는 非是라

肜은 祭祀지낸 다음날에 다시 지내는 祭祀의 이름이니, 殷나라는 肜이라 하였고 周나라는 繹이라 하였다. 雊는 울음이니, 肜祭하던 날에 꿩이 우는 이변이 있었다. 이는 아버지 祠堂에 제사한 것이니, 序에 湯廟의 祠堂이라고 말한 것은 잘못이다.

2. 祖己曰 惟先格王이오사 正厥事하리라

祖己가 말하기를 "먼저 王을 바로잡고서 이 일을 바로잡겠다." 하였다.

格은 正也니 猶格其非心之格이라 詳下文컨대 高宗이 祀豊于昵(녜)라하니 昵者는 禰廟也니 豊於昵는 失禮之正이라 故로 有雊雉之異하니 祖己自言當先格王之非心然後에 正其所失之事라하니라 惟天監民以下는 格王之言이요 王司敬民以下는 正事之言也라

格은 바로잡음이니, 나쁜 마음을 바로잡는다는 格과 같다. 下文을 자세히 살펴보면 '高宗이 祭祀를 가까운 祠堂에만 풍성하게 한다.' 하였으니, 가까

繹 : 이을 역　禰 : 아비사당 녜　昵 : 아비사당 녜

운 禰堂이란 아버지의 禰堂이니 가까운 禰堂에만 풍성하게 하는 것은 올바른 禮를 잃은 것이다. 그러므로 꿩이 우는 異變이 있었으니, 祖己가 스스로 말하기를 "마땅히 먼저 王의 나쁜 마음을 바로잡은 뒤에 이 잘못된 일을 바로잡겠다."고 한 것이다. '惟天監民' 이하는 王을 바로잡는 말이고, '王司敬民' 이하는 일을 바로잡는 말이다.

3. 乃訓于王曰 惟天이 監下民하사되 典厥義니 降年이 有永有不永은 非天夭民이라 民中絶命이니이다

祖己가 王에게 다음과 같이 訓戒하였다. "하늘이 下民들을 굽어보되 그 義를 주장하니, 年數를 내려줌이 길기도 하고 길지 않기도 함은 하늘이 백성을 요절하게 한 것이 아니라 백성들이 天命을 중간에 끊기 때문입니다.

典은 主也라 義者는 理之當然이니 行而宜之之謂라 言天監視下民하사 其禍福予奪을 惟主義如何爾라 降年이 有永有不永者는 義則永하고 不義則不永이니 非天夭折其民이요 民自以非義而中絶其命也라 意高宗之祀에 必有祈年請命之事리니 如漢武帝五時祀[1]之類라 祖己言 永年之道는 不在禱祠요 在於所行義與不義而已니 禱祠는 非永年之道也라하니라 言民而不言君者는 不敢斥也라

典은 주장함이다. 義는 도리의 당연함이니, 행함에 마땅하게 함을 이른다. 하늘이 下民들을 굽어보시어 禍와 福과 주고 빼앗음을 오직 義의 如何를 주장할 뿐임을 말한 것이다. 年數를 내려줌이 길기도 하고 길지 않기도 하다는 것은 의로우면 길고 의롭지 않으면 길지 않은 것이니, 하늘이 백성을 夭折하게 한 것이 아니라, 백성들이 스스로 義롭지 않아서 그 命을 중간에 끊는 것이다. 짐작하건대 高宗이 祭祀함에 반드시 긴 年數를 기원하고 命을 請하는 일이 있었을 것이니, 漢나라 武帝가 五時에 祭祀한 것과 같은 종류일 것이다. 祖己가 말하기를 "年數를 길게 하는 方道는 祈禱하고

時 : 제터 치 祠 : 제사 사

祭祀함에 있지 않고, 행하는 바가 의로우냐 의롭지 않으냐에 달려 있을 뿐이니, 祈禱하고 祭祀함은 年數를 길게 하는 방도가 아니다."라고 한 것이다. 백성을 말하고 君主를 말하지 않은 것은 감히 指斥할 수 없어서이다.

譯註 1. 五時祀：東西南北의 四方과 中央의 다섯 神에게 제사하는 것으로 秦나라에서 만든 密畤(東方青帝)·上畤(中央黃帝)·下畤(南方炎帝)·畦畤(西方白帝)와 漢나라에서 추가로 만든 北畤(北方黑帝)를 합한 것이다.

4. 民有不若德하며 不聽罪할새 天既孚命으로 正厥德이어시늘 乃曰其如台아

백성들이 德에 순종하지 않고 罪에 굴복하지 않기에 하늘이 이미 孚命으로 德을 바로잡으시는데 마침내 '〈妖孼이〉 나에게 어쩌겠는가' 라고 말할 수 있겠습니까.

不若德은 不順於德이요 不聽罪는 不服其罪니 謂不改過也라 孚命者는 以妖孼로 爲符信而譴告之也라 言民이 不順德하고 不服罪일새 天既以妖孼로 爲符信而譴告之하시니 欲其恐懼修省以正德이어늘 民乃曰 孼祥이 其如我何오하면 則天必誅絕之矣라 祖己意謂高宗은 當因雊雉以自省이요 不可謂適然而自恕라 夫數(삭)祭豐昵하여 徼福於神은 不若德也요 瀆於祭祀를 傳說이 嘗以進戒어늘 意或吝改는 不聽罪也라 雊雉之異는 是天既孚命으로 正厥德矣니 其可謂妖孼이 其如我何耶아

不若德은 德에 순종하지 않음이요, 不聽罪는 罪에 굴복하지 않는 것이니, 허물을 고치지 않음을 이른다. 孚命은 妖孼로 符信을 삼아 견책하여 고하는 것이다. 백성들이 德에 순종하지 않고 죄에 굴복하지 않기에 하늘이 이미 妖孼로 부신을 삼아 견책하여 고하시니, 이는 두려워하고 修省하여 德을 바로잡게 하고자 한 것이다. 그런데 백성들이 마침내 말하기를 "災殃과 祥瑞가 나에게 어쩌겠는가."라고 한다면 하늘이 반드시 베어서 끊을 것입

孚：정성 부　孼：재앙 얼　譴：꾸짖을 견　徼：구할 요　瀆：번독할 독

을 말한 것이다. 祖己는 高宗이 마땅히 꿩이 우는 이변으로 인하여 스스로 반성할 것이요, 때마침 그러하다 하여 스스로 용서해서는 안된다고 여겼다. 자주 제사하고 가까운 사당에만 풍성하게 하여 神에게 福을 구함은 德에 순종하지 않는 것이요, 祭祀에 설만함을 傅說이 일찍이 進戒하였는데, 뜻에 혹 고치기를 인색하게 함은 罪에 굴복하지 않는 것이다. 꿩이 우는 異變은 이는 하늘이 이미 孚命으로 德을 바로잡은 것이니, "妖孽이 나를 어쩌겠느냐." 라고 말할 수 있겠는가.

5. 嗚呼라 王司敬民하시니 罔非天胤이시니 典祀를 無豐于昵하소서

아! 王은 백성을 공경함을 맡으셨으니, 하늘의 아들 아님이 없으니 祭祀를 주관함에 가까운 祠堂에만 풍성하게 하지 마소서."

司는 主요 胤은 嗣也라 王之職은 主於敬民而已니 徼福於神은 非王之事也라 況祖宗이 莫非天之嗣니 主祀에 其可獨豐於昵廟乎아

司는 주장함이요, 胤은 아들이다. 王의 직책은 백성을 공경함을 주장할 뿐이니, 神에게 福을 구함은 王이 할 일이 아니다. 더구나 祖宗은 하늘의 아들 아님이 없으니, 祭祀를 주관함에 어찌 유독 가까운 祠堂에만 풍성하게 할 수 있겠는가.

西伯戡黎

西伯은 文王也니 名昌이요 姓姬氏라 戡은 勝也라 黎는 國名이니 在上黨壺關之地하니라 按史記컨대 文王이 脫羑里之囚하여 獻洛西之地하니 紂賜弓矢鈇鉞하여 使得專征伐하고 爲西伯하니라 文王이 旣受命에 黎爲不道한대 於是에 擧兵하여 伐而勝之하시니 祖伊知周德日盛하여 旣已戡黎어늘 紂惡

戡 : 이길 감 黎 : 검을 려 壺 : 병 호 羑 : 인도할 유

不悛하니 勢必及殷이라 故로 恐懼하여 奔告于王하여 庶幾王之改之也라 史錄其言하여 以爲此篇하니 誥體也라 今文古文皆有하니라
○ 或曰 西伯은 武王也라 史記에 嘗載紂使膠鬲觀兵한대 膠鬲이 問之曰 西伯이 曷爲而來[1]오하니 則武王이 亦繼文王하여 爲西伯矣라

西伯은 文王이니, 이름은 昌이고 姓은 姬氏이다. 戡은 이김이다. 黎는 나라 이름이니, 上黨 壺關의 땅에 있었다. 《史記》를 살펴보면 "文王이 羑里의 갇힘에서 풀려나 洛西의 땅을 바치니, 紂가 弓矢와 鈇鉞을 下賜하여 마음대로 정벌할 수 있게 하고 西伯을 삼았다." 하였다. 文王이 이미 王命을 받음에 黎가 不道한 짓을 하므로 이에 군사를 들어 征伐하여 이기니, 祖伊는 周나라의 德이 날로 성하여 이미 黎나라를 이겼는데 紂王이 惡을 고치지 않으니, 형세가 반드시 殷나라에 미칠 줄을 알았다. 그러므로 恐懼하여 王에게 달려가 아뢰어 王이 고치기를 바란 것이다. 史官이 그 말을 기록하여 이 篇을 만들었으니, 誥體이다. 今文과 古文에 모두 있다.
○ 혹자는 말하기를 "西伯은 武王이다. 《史記》에 일찍이 '紂王이 膠鬲으로 하여금 周나라 군대를 관찰하게 하니, 膠鬲이 「西伯이 어찌하여 왔는가?」 하고 물었다.'라고 기재하였다. 그렇다면 武王 또한 文王을 이어서 西伯이 된 것이다." 하였다.

譯註 1. 史記嘗載 … 曷爲而來 : 《蔡傳旁通》에 "이 내용은 《史記》에 보이지 않고 아래 〈武成〉의 疏에 인용한 《帝王世紀》의 말이다." 하였다.

1. 西伯이 旣戡黎어늘 祖伊恐하여 奔告于王하니라

西伯이 黎나라를 이기자, 祖伊가 두려워하여 王에게 달려가 아뢰었다.

下文에 無及戡黎之事어늘 史氏特標此篇首하여 以見祖伊告王之因也라 祖는 姓이요 伊는 名이니 祖己後也라 奔告는 自其邑으로 奔走來告紂也라

下文에는 黎나라를 이긴 일을 언급한 것이 없는데, 史官이 특별히 이것

悛 : 고칠 전 膠 : 아교풀 교 鬲 : 땅이름 격

을 篇 머리에 標題하여 祖伊가 王에게 아뢴 연유를 나타낸 것이다. 祖는 姓이고 伊는 이름이니, 祖己의 후손이다. 奔告는 자기 邑으로부터 달려와서 紂王에게 고한 것이다.

2. 曰 天子아 天旣訖我殷命이라 格人元龜 罔敢知吉이로소니 非先王이 不相我後人이라 惟王이 淫戲하여 用自絶이니이다

"天子여! 하늘이 이미 우리 殷나라의 命을 끊었습니다. 그리하여 훌륭한 사람과 큰 거북이 감히 吉함을 알지 못하니, 先王이 우리 後人을 돕지 않아서가 아니라, 王이 음탕하고 희롱하여 스스로 天命을 끊었기 때문입니다.

祖伊將言天訖殷命이라 故로 特呼天子하여 以感動之하니라 訖은 絶也라 格人은 猶言至人也니 格人元龜는 皆能先知吉凶者라 言天旣已絶我殷命하여 格人元龜 皆無敢知其吉者라하니 甚言凶禍之必至也라 非先王在天之靈이 不佑我後人이요 我後人이 淫戲하여 用自絶於天耳라

祖伊가 장차 하늘이 殷나라의 命을 끊으려 함을 말하려 하였으므로 특별히 天子를 불러서 감동하게 한 것이다. 訖은 끊음이다. 格人은 至人(훌륭한 사람)이란 말과 같으니, 格人과 元龜는 다 吉凶을 먼저 아는 것들이다. '하늘이 이미 우리 殷나라의 命을 끊어 格人과 元龜가 모두 감히 그 吉함을 아는 자가 없다.' 하였으니, 凶禍가 반드시 이를 것임을 심하게 말한 것이다. 하늘에 있는 先王의 영혼이 우리 後人을 돕지 않아서가 아니요, 우리 後人들이 음탕하고 희롱하여 스스로 하늘의 命을 끊었을 뿐이다.

3. 故天이 棄我하사 不有康食하며 不虞天性하며 不迪率典하나이다

그러므로 하늘이 우리를 버리시어 편안히 먹음을 두지 않게 하며

訖 : 끊을 흘 相 : 도울 상

天性을 헤아리지 않게 하며 따라야 할 법을 따르지 않게 합니다.

康은 安이요 虞는 度(탁)也라 典은 常法也라 紂自絶於天이라 故로 天棄殷하여 不有康食하여 饑饉荐臻也요 不虞天性하여 民失常心也요 不迪率典하여 廢壞常法也라

康은 편안함이요, 虞는 헤아림이요, 典은 떳떳한 법이다. 紂王이 스스로 하늘의 命을 끊었으므로 하늘이 殷나라를 버려, 편안히 먹음을 두지 않게 하여 饑饉이 거듭 이르고 天性을 헤아리지 않게 하여 백성이 떳떳한 마음을 잃고, 따라야 할 법을 따르지 않게 하여 떳떳한 법을 廢壞한 것이다.

4. 今我民이 罔弗欲喪曰 天은 曷不降威하며 大命은 不摯(至)오 今王은 其如台라하나이다

지금 우리 백성들은 나라가 亡하기를 바라지 않는 이가 없어서 말하기를 '하늘은 어찌 위엄을 내리지 않으며, 大命을 받을 자는 어찌 오지 않는가. 이제 王은 우리에게 어쩌겠는가.' 라고 합니다."

大命은 非常之命이라 摯는 至也니 史記云 大命이 胡不至오하니라 民苦紂虐하여 無不欲殷之亡하여 曰 天은 何不降威於殷하며 而受大命者는 何不至乎아 今王은 其無如我何라하니 言紂不復能君長我也라 上章은 言天棄殷하고 此章은 言民棄殷하니 祖伊之言이 可謂痛切明著矣로다

大命은 非常한 命이다. 摯는 이름이니, 《史記》에 "大命이 어찌 이르지 않는가." 하였다. 백성들이 紂王의 虐政에 시달려 殷나라가 망하기를 바라지 않는 이가 없어서 말하기를 "하늘은 어찌하여 殷나라에 위엄을 내리지 않으며, 大命을 받을 자는 어찌하여 오지 않는가. 이제 王은 우리들에게 어쩔 수가 없다." 하였으니, 紂王이 다시 우리에게 君長이 될 수 없음을 말한 것이다. 上章은 하늘이 殷나라를 버림을 말하였고, 이 章은 백성들이 殷나라를 버림을 말하였으니, 祖伊의 말은 痛切하고 明著하다고 이를 만하다.

饉 : 주릴 근 荐 : 거듭 천 臻 : 이를 진

5. 王曰 嗚呼라 我生은 不有命이 在天가

王이 말하기를 "아! 나의 태어남(삶)은 命이 하늘에 달려 있지 않은가." 하였다.

紂歎息謂 民雖欲亡我나 我之生은 獨不有命在天乎아하니라

紂가 탄식하고 이르기를 "백성들이 비록 나를 망하게 하려고 하나 나의 태어남은 홀로 命이 하늘에 있지 않는가." 하였다.

6. 祖伊反曰 嗚呼라 乃罪多參在上이어늘 乃能責命于天가

祖伊가 돌아와 말하였다. "아! 너의 죄가 많아서 나열되어 上天에 있는데 하늘에게 命을 책할 수 있겠는가.

紂旣無改過之意하니 祖伊退而言曰 爾罪衆多하여 參列在上이어늘 乃能責其命於天耶아하니라 呂氏曰 責命於天은 惟與天同德者라야 方可니라

紂王이 이미 허물을 고칠 뜻이 없으니, 祖伊가 물러나와 말하기를 "너의 죄가 많아서 하늘에 參列되어 있는데 하늘에게 命을 책할 수 있겠는가." 하였다. 呂氏가 말하였다. "하늘에 命을 책함은 오직 하늘과 德이 같은 자만이 가능하다."

7. 殷之卽喪이로소니 指乃功한대 不無戮于爾邦이로다

殷나라가 곧 滅亡할 것이니, 네가 한 일을 지적하건대 죽임이 너의 나라에 없지 않을 것이다."

功은 事也라 言殷卽喪亡矣니 指汝所爲之事컨대 其能免戮於商邦乎아 蘇

參 : 나열할 삼 戮 : 죽일 륙

氏曰 祖伊之諫이 盡言不諱하여 漢唐中主의 所不能容者라 紂雖不改나 而終不怒하여 祖伊得全하니 則後世人主 有不如紂者多矣니라 愚讀是篇 而知周德之至也로라 祖伊以西伯戡黎 不利於殷이라 故로 奔告於紂하니 意必及西伯戡黎不利於殷之語로되 而入以告后하고 出以語人에 未嘗有一毫及周者하니 是知周家初無利天下之心이라 其戡黎也는 義之所當伐也니 使紂遷善改過면 則周將終守臣節矣리라 祖伊는 殷之賢臣也라 知周之興이 必不利於殷하고 又知殷之亡이 初無與於周라 故로 因戡黎告紂에 反覆乎天命民情之可畏하고 而略無及周者하니 文武公天下之心을 於是可見이니라

功은 일이다. “殷나라가 곧 喪亡할 것이니, 네가 행한 바의 일을 지적하건대 商나라에 죽임을 면할 수 있겠는가.”라고 한 것이다.

蘇氏가 말하였다. “祖伊의 諫言이 다 말하고 숨기지 않아서 漢·唐의 보통 君主는 수용할 수 없는 것이었다. 紂王이 비록 고치지는 않았으나 끝내 怒하지 않아서 祖伊가 온전하였으니, 後世의 人主는 紂王만도 못한 자가 많은 것이다.”

나는 이 편을 읽고서 周나라의 德이 지극함을 알았다. 祖伊는 西伯이 黎나라를 이긴 것이 殷나라에게 불리하다고 생각하였으므로 달려가 紂王에게 고하였으니, 생각건대 반드시 西伯이 黎나라를 이긴 것이 殷나라에 불리하다는 말을 언급했을 듯한데도 들어가 君主에게 고하고 나와서 사람들에게 말할 적에 털끝만큼도 周나라를 언급함이 없으니, 이에 周나라가 애당초 천하를 탐하려는 마음이 없었음을 알 수 있다. 黎나라를 이긴 것은 의리에 마땅히 정벌하여야 했기 때문이니, 가령 紂가 改過遷善을 하였더라면 周나라는 장차 끝내 臣下의 절개를 지켰을 것이다. 祖伊는 殷나라의 賢臣이었다. 周나라의 흥함이 殷나라에게 불리함을 알았고, 또 殷나라의 멸망이 애당초 周나라에 관여됨이 없음을 알았다. 그러므로 黎나라를 이김으로 인하여 紂王에게 고할 때에 天命과 人情의 두려울 만함을 반복하여 말하고, 조금도 周나라를 언급함이 없었던 것이니, 文王·武王이 天下를 공정하게 한 마음을 여기에서 볼 수 있다.

微子

微는 國名이요 子는 爵也라 微子는 名啓니 帝乙長子요 紂之庶母兄也라 微子痛殷之將亡하여 謀於箕子比干이어늘 史錄其問答之語하니 亦誥體也라 以篇首에 有微子二字일새 因以名篇하니라 今文古文皆有하니라

微는 國名이고 子는 爵位이다. 微子는 이름이 啓이니, 帝乙의 長子이며 紂의 庶母兄이다. 微子가 殷나라가 장차 망하려 함을 애통하게 여겨 箕子와 比干에게 상의하였는데, 史官이 그 問答한 말을 기록하였으니, 또한 誥體이다. 篇 머리에 微子라는 두 글자가 있기에 인하여 篇名으로 삼은 것이다. 今文과 古文에 모두 있다.

1. 微子若曰 父師少師아 殷其弗或亂正四方이로소니 我祖底(지)遂陳于上이어시늘 我用沈酗于酒하여 用亂敗厥德于下하나다

微子가 다음과 같이 말씀하였다. "父師여! 少師여! 殷나라가 혹여 四方을 다스려 바로잡지 못할 듯하니, 우리 先祖께서 功을 이룩하여 위에 진열해 계신데, 우리는 술에 빠져 주정하여 그 德을 아래에서 어지럽히고 무너뜨립니다.

父師는 太師三公이니 箕子也요 少師는 孤卿이니 比干也라 弗或者는 不能或如此也라 亂은 治也니 言紂無道하여 無望其能治正天下也라 底는 致요 陳은 列也라 我祖成湯이 致功하여 陳列於上이어늘 而子孫이 沈酗于酒하여 敗亂其德於下라 沈酗를 言我而不言紂者는 過則歸己하여 猶不忍斥言之也라

父師는 太師로 三公이니 箕子이며, 少師는 孤卿이니 比干이다. 弗或은 혹

酗 : 주정할 후

여 이와 같지 못할 듯한 것이다. 亂은 다스림이니, 紂王이 無道하여 天下를 다스리고 바로잡기를 바랄 수 없음을 말한 것이다. 底는 이룸이요, 陳은 나열함이다. 우리 先祖인 成湯이 功을 이룩하여 위(옛날)에 진열해 계신데 자손들이 술에 빠져 주정하여 그 德을 아래(지금)에서 무너뜨리고 어지럽힌 것이다. 술에 빠져 주정함을 우리라고 말하고 紂王이라고 말하지 않은 것은 허물을 자신에게 돌려서 오히려 차마 指斥하여 말하지 못한 것이다.

2. 殷이 罔不小大히 好草竊姦宄어늘 卿士師師非度하여 凡有辜罪 乃罔恒獲한대 小民이 方興하여 相爲敵讐하나니 今殷其淪喪이 若涉大水에 其無津涯하니 殷遂喪이 越至于今이러니라

殷나라는 작은 사람이나 큰 사람 가릴 것 없이 草竊(풀속에서 도둑질하는 좀도둑)과 姦宄를 좋아하는데 卿士들은 법도가 아닌 것을 서로 본받아 무릇 죄가 있는 자들이 떳떳이 죄를 받지 않으니, 小民들이 막 일어나 서로 대적하여 원수가 되고 있습니다. 지금 殷나라가 빠져 망함이 큰물을 건넘에 나루터와 물가가 없는 것과 같으니, 殷나라가 마침내 망함이 지금에 이르게 되었습니다."

殷之人民이 無小無大히 皆好草竊姦宄어늘 上而卿士도 亦皆相師非法하여 上下容隱하여 凡有冒法之人이 無有得其罪者한대 小民이 無所畏懼하여 强凌弱하고 衆暴寡하여 方起讐怨하여 爭鬪侵奪하여 綱紀蕩然하니 淪喪之形이 茫無畔岸이라 若涉大水에 無有津涯하니 殷之喪亡이 乃至於今日乎아 微子上陳祖烈하고 下述喪亂하여 哀怨痛切하여 言有盡而意無窮이라 數千載之下에도 猶使人傷感悲憤하니 後世人主觀此면 亦可深監矣니라

殷나라의 人民들은 작은 사람이나 큰 사람 가릴 것 없이 모두 草竊과 姦宄를 좋아하는데, 위에서 卿士들 또한 모두 서로 法 아닌 것을 본받아서 上下가 容忍하고 숨겨주어 무릇 法을 범한 사람들이 그 罪를 받는 자가 없

淪 : 빠질 륜　津 : 나루 진　涯 : 물가 애　茫 : 아득할 망

었다. 이에 小民들이 두려워하는 바가 없어 강한 자는 약한 자를 능멸하고 많은 자는 적은 자를 포학히 하여, 일어나 怨讐로 여기고 怨望해서 爭鬪하고 侵奪하여 紀綱이 蕩然하니, 淪喪할 형상이 아득하여 언덕(끝)이 없었다. 이는 마치 큰물을 건너감에 나루터와 물가가 없는 것과 같으니, 殷나라의 喪亡이 마침내 今日에 이르렀단 말인가. 微子가 위로 先祖의 功烈을 진술하고 아래로 喪亂을 기술하여, 哀怨하고 痛切하여 말은 다함이 있으나 뜻은 無窮하다. 수천년 뒤에도 오히려 사람들로 하여금 感傷하고 悲憤하게 하니, 後世의 人主가 이것을 본다면 또한 깊이 거울로 삼을 수 있을 것이다.

3. 曰 父師少師아 我其發出狂할새 吾家耄 遜于荒이어늘 今爾無指告予顚隮하나니 若之何其오

다시 말하였다. "父師여! 少師여! 우리가 미친 짓을 發出하기에 우리 국가의 노성한 사람들이 荒野로 도망하는데, 이제 당신들은 이것을 지시하여 나에게 넘어지고 떨어짐을 말해줌이 없으니, 어찌하여야 합니까?"

曰者는 微子更端之辭也라 何其는 語辭라 言紂發出顚狂하여 暴虐無道할새 我家老成之人이 皆逃遁于荒野하니 危亡之勢如此라 今爾無所指示告我以顚隕隮墜之事하니 將若之何哉오 蓋微子憂危之甚에 特更端以問救亂之策이라 言我而不言紂者는 亦上章我用沈酗之義라

曰은 微子가 단서를 바꾼 말이다. 何其는 어조사이다. "紂王이 顚狂을 發出하여 暴虐하고 無道하기에 우리 국가의 老成한 사람들이 모두 荒野로 도망하니, 危亡의 형세가 이와 같다. 그런데 이제 당신들은 이것을 지시하여 나에게 넘어지고 떨어지는 일을 알려줌이 없으니, 장차 어찌하여야 합니까?"라고 말한 것이다. 微子가 근심하고 위태롭게 여김이 심하기 때문에 특별히 단서를 바꾸어 亂을 구제할 계책을 물은 것이다. 우리라고 말하고 紂王이라고 말하지 않은 것은 또한 上章의 '우리는 술에 빠져 주정한다'는

耄 : 늙을 모 隕 : 떨어질 운 墜 : 떨어질 타

뜻이다.

4. 父師若曰 王子아 天毒降災하사 荒殷邦이어시늘 方興하여 沈酗于酒하나다

父師가 다음과 같이 말씀하였다. "王子여! 하늘이 독하게 재앙을 내려 殷나라를 황폐하게 하시는데, 막 일어나서 술에 빠져 주정하는구나.

此下는 箕子之答也라 王子는 微子也라 自紂言之하면 則紂無道라 故로 天降災요 自天下言之하면 則紂之無道는 亦天之數라 箕子歸之天者는 以見其忠厚敬君之意니 與小旻詩에 言旻天疾威敷于下土로 意同이라 方興者는 言其方興而未艾也라 此는 答微子沈酗于酒之語而有甚之之意하니 下同이라

이 이하는 箕子의 답이다. 王子는 微子이다. 紂王의 입장에서 말하면 紂王이 無道하기 때문에 하늘이 災殃을 내린 것이며, 天下의 입장에서 말하면 紂王의 無道함은 또한 하늘의 運數이다. 箕子가 이것을 하늘에 돌린 것은 忠厚하고 君主를 공경하는 뜻을 나타낸 것이니, 〈小旻〉의 詩에 '旻天(君主)의 포악함이 下土에 펴진다.'는 것과 뜻이 같다. 方興은 막 일어나고 다하지 않음을 말한 것이다. 이는 微子의 '술에 빠져 주정한다'는 말에 답한 것인데 그보다 더 심한 뜻이 있으니, 아래도 이와 같다.

5. 乃罔畏畏하여 咈其耇長舊有位人하나다

두려워할 것을 두려워하지 않아 耇長으로서 옛부터 지위에 있던 사람들을 어기는구나.

乃罔畏畏者는 不畏其所當畏也라 孔子曰 君子有三畏하니 畏天命하며 畏

旻 : 하늘 민 艾 : 다할 애 咈 : 어길 불 耇 : 늙을 구

大人하며 畏聖人之言이라하시니라 咈은 逆也라 耇長은 老成之人也라 紂惟不畏其所當畏라 故로 老成舊有位者를 紂皆咈逆而棄逐之하니 卽武王所謂播棄黎老者라 此는 答微子發狂耄遜之語니 以上文特發問端이라 故로 此先答之하니라

두려워할 것을 두려워하지 않는다는 것은 마땅히 두려워하여야 할 것을 두려워하지 않는 것이다. 孔子가 말씀하기를 "君子가 세 가지 두려워함이 있으니, 天命을 두려워하고 大人을 두려워하고 聖人의 말씀을 두려워한다." 하였다. 咈은 어김이다. 耇長은 老成한 사람이다. 紂王은 마땅히 두려워하여야 할 것을 두려워하지 않았다. 그러므로 老成한 사람으로서 옛부터 지위에 있던 자들을 紂王이 모두 어겨 축출하였으니, 이는 곧 武王의 이른바 '머리가 검으면서 노란 노인을 버렸다.'는 것이다. 이는 微子의 '미친 짓을 發出하기에 노성한 사람들이 도망한다.'는 말에 답한 것이니, 上文에 특별히 묻는 단서를 발하였으므로 이것을 먼저 답한 것이다.

6. 今殷民이 乃攘竊神祇之犧牷牲이어늘 用以容하여 將食無災하나다

지금 殷나라 백성들이 神祇에게 올린 犧牷의 짐승을 빼앗고 훔쳐가는데도 容忍해주어 가져다 먹어도 재앙이 없구나.

色純曰犧요 體完曰牷이요 牛羊豕曰牲[1]이라 犧牷牲은 祭祀天地之物이니 禮之最重者어늘 猶爲商民攘竊而去로되 有司用相容隱하여 將而食之라도 且無災禍하니 豈特草竊姦宄而已哉아 此는 答微子草竊姦宄之語라

색깔이 순수함을 犧라 하고, 몸이 완전함을 牷이라 하고, 소와 양과 돼지를 牲이라 한다. 犧牷한 牲은 天地에 祭祀하는 물건이니, 禮에 가장 중한 것인데도 오히려 商나라 백성들이 빼앗고 훔쳐갔으나 有司가 서로 용인하고 숨겨주어서 가져다 먹어도 재앙과 화가 없었으니, 어찌 다만 草竊과 姦宄일 뿐이겠는가. 이는 微子의 '草竊姦宄'의 말에 답한 것이다.

黎 : 검을 려　攘 : 빼앗을 양　牷 : 희생 전

譯註 1. 色純曰犧 … 牛羊豕曰牲 : 옛날 제사에 純色의 犧牲을 몸을 해체하지 않고 통째로 사용하였는바, 색깔은 왕조에 따라 각기 달라 殷나라는 白色을, 周나라는 赤色을 사용하였으며, 牛·羊·豕를 총칭하여 牲이라 하고 牛 하나만을 쓰는 것을 特, 羊·豕 두 가지만을 쓰는 것을 少牢, 세 가지를 모두 쓰는 것을 太牢라 하였다.

7. 降監殷民하니 用乂讐斂이로소니 召敵讐不怠하여 罪合于一하니 多瘠이라도 罔詔로다

殷나라 백성을 내려다보니, 다스리는 것이 원수처럼 거두고 있다. 敵讐를 부르기를 게을리 하지 않아 罪가 모여 하나가 되었으니, 굶주려 죽는 이가 많은데도 하소연할 곳이 없도다.

讐斂은 若仇敵掊斂之也라 不怠는 力行而不息也라 詔는 告也라 下視殷民하니 凡上所用以治之者 無非讐斂之事라 夫上以讐而斂下면 則下必爲敵以讐上이니 下之敵讐는 實上之讐斂以召之어늘 而紂方且召敵讐不怠하여 君臣上下 同惡相濟하여 合而爲一이라 故로 民多飢殍而無所告也라 此는 答微子小民相爲敵讐之語라

讐斂은 仇敵처럼 거두는 것이다. 게을리 하지 않는다는 것은 힘써 행하고 쉬지 않는 것이다. 詔는 하소연함이다. 殷나라 백성을 내려다보니 무릇 위에서 다스리는 것이 원수처럼 거두는 일 아님이 없다. 윗사람이 원수처럼 아랫사람에게 거두면 아랫사람은 반드시 대적하여 윗사람을 원수로 여기니, 아랫사람이 대적하여 원수로 여김은 실로 윗사람이 원수처럼 거두어 자초한 것이다. 그런데도 紂王은 바야흐로 敵讐를 부르기를 게을리 하지 않아 君臣과 上下가 惡을 함께하여 서로 이루어서 합하여 하나가 되었다. 그러므로 백성들이 굶주려 죽는 이가 많은데도 하소연할 곳이 없는 것이다. 이는 微子의 '小民들이 서로 대적하여 원수가 된다.'는 말에 답한 것이다.

瘠 : 파리할 척　詔 : 고할 조　掊 : 거둘 부　殍 : 굶어죽을 표

8. 商이 今其有災하리니 我는 興受其敗호리라 商其淪喪이라도 我罔爲臣僕호리라 詔王子出迪하노니 我舊云이 刻子랏다 王子弗出하면 我乃顚隮하리라

商나라가 이제 재난이 있을 것이니, 나는 일어나 그 禍敗를 받겠다. 商나라가 망하더라도 나는 남의 臣下와 종이 되지 않을 것이다. 王子에게 떠나가는 것이 도리임을 고하노니, 내가 옛날에 말한 것이 그대를 해쳤구나. 王子가 떠나가지 않으면 우리 〈宗祀〉는 顚覆되고 失墜될 것이다.

商今其有災하리니 我出當其禍敗라 商若淪喪이라도 我斷無臣僕他人之理라 詔는 告也니 告微子以去爲道라 蓋商祀는 不可無人이니 微子去則可以存商祀也라 刻은 害也라 箕子舊以微子長且賢이라하여 勸帝乙立之러니 帝乙不從하고 卒立紂하니 紂必忌之라 是는 我前日所言이 適以害子니 子若不去면 則禍必不免하여 我商家宗祀 始隕墜而無所托矣라 箕子自言 其義는 決不可去요 而微子之義는 決不可不去也라 此는 答微子淪喪顚隮之語라

商나라가 이제 재난이 있을 것이니, 나는 떠나가서 그 禍敗를 당하겠다. 商나라가 만약 망하더라도 나는 결단코 타인에게 臣下와 종이 될 이치가 없다. 詔는 고함이니, 微子에게 떠나는 것이 道理임을 告한 것이다. 商나라의 祭祀는 받들 사람이 없어서는 안되니, 微子가 떠나면 商나라의 宗祀를 보존할 수 있다. 刻은 해침이다. 箕子가 옛날에 "微子가 나이가 많고 또 어질다." 하여 帝乙에게 微子를 세울 것을 권하였는데, 帝乙이 이를 따르지 않고 끝내 紂王을 세웠으니, 紂王은 반드시 微子를 시기할 것이다. 이는 내가 지난날에 말한 것이 다만 그대를 해쳤을 뿐이니, 그대가 만약 떠나가지 않으면 禍를 반드시 면치 못하여 우리 商나라의 宗祀가 비로소 실추되어 의탁할 곳이 없게 될 것이다. 箕子가 스스로 말씀하기를 "자신은 의리가 결코 떠날 수 없고, 微子는 의리가 결코 떠나지 않을 수 없다."고 한 것이다. 이는 微子의 '淪喪顚隮'의 말에 답한 것이다.

9. 自靖하여 人自獻于先王이니 我는 不顧行遯호리라

스스로 〈義理에〉 편안하여 사람마다 스스로 先王에게 뜻을 바칠 것이니, 나는 떠나가 은둔함을 돌아보지 않겠다."

上文에 旣答微子所言하고 至此則告以彼此去就之義라 靖은 安也라 各安其義之所當盡하여 以自達其志於先王하여 使無愧於神明而已니 如我則不復顧行遯也라 按此篇컨대 微子謀於箕子比干이어늘 箕子答如上文이로되 而比干이 獨無所言者는 得非比干이 安於義之當死而無復言歟아 孔子曰 殷有三仁焉이라하시니 三人之行이 雖不同이나 而皆出乎天理之正하여 各得其心之所安이라 故로 孔子皆許之以仁하시니 而所謂自靖者卽此也니라
○ 又按左傳에 楚克許하니 許男이 面縛銜璧하고 衰絰輿櫬하여 以見楚子어늘 楚子問諸逢伯한대 逢伯曰 昔武王克商에 微子啓如是어늘 武王이 親釋其縛하고 受其璧而祓之하며 焚其櫬하고 禮而命之라하니 然則微子適周는 乃在克商之後하니 而此所謂去者는 特去其位而逃遯於外耳라 論微子之去者는 當詳於是니라

上文에는 이미 微子가 말한 바에 답하였고, 이에 이르러서는 彼此間에 去就의 뜻을 고하였다. 靖은 편안함이다. 각기 의리에 마땅히 다해야 할 바에 편안하여 스스로 그 뜻을 先王에게 陳達하여 神明에게 부끄러움이 없게 할 뿐이니, 나로 말하면 다시는 떠나가 은둔함을 돌아보지 않겠다. 이 篇을 살펴보면 微子가 箕子와 比干에게 상의하였는데 箕子는 답하기를 上文과 같이 하였으나 比干이 홀로 말한 바가 없는 것은 比干은 의리에 마땅히 죽어야 함을 편안히 여겨 다시 말함이 없었나보다. 孔子가 말씀하기를 "殷나라에 세 仁者가 있었다." 하였다. 세 사람의 행실이 비록 똑같지 않으나 다 天理의 바름에서 나와 각각 그 마음에 편안한 바를 얻었으므로 孔子께서 모두 仁을 許與하신 것이니, 이른바 '스스로 편안히 한다'는 것이 곧 이것이다.
○ 또 《左傳》을 살펴보면 楚나라가 許나라를 이기니, 許男이 얼굴을 포박

靖 : 편안할 정 銜 : 머금을 함 絰 : 수질 질 櫬 : 관 츤(친) 祓 : 제액할 불

하고 입에 구슬을 물고는 衰絰(상복)을 입고 棺을 수레에 싣고서 楚子를 뵈었다. 楚子가 〈이것을 보고〉 逢伯에게 물으니, 逢伯이 말하기를 "옛날에 武王이 商나라를 이겼을 적에 微子 啓가 이와 같이 하였는데, 武王이 친히 포박을 풀어주고 그 구슬을 받고는 흉한 것을 제거하였으며, 棺을 불태우고 禮遇하여 命했습니다." 하였으니, 그렇다면 微子가 周나라로 간 것은 商나라를 이긴 뒤에 있었던 것이니, 여기에서 '떠나간다'고 말한 것은 다만 그 지위를 버리고 밖으로 도피한 것일 뿐이다. 微子의 떠남을 논하는 자들은 마땅히 이것을 자세히 살펴야 한다.

書傳圖

唐虞夏商周譜系圖

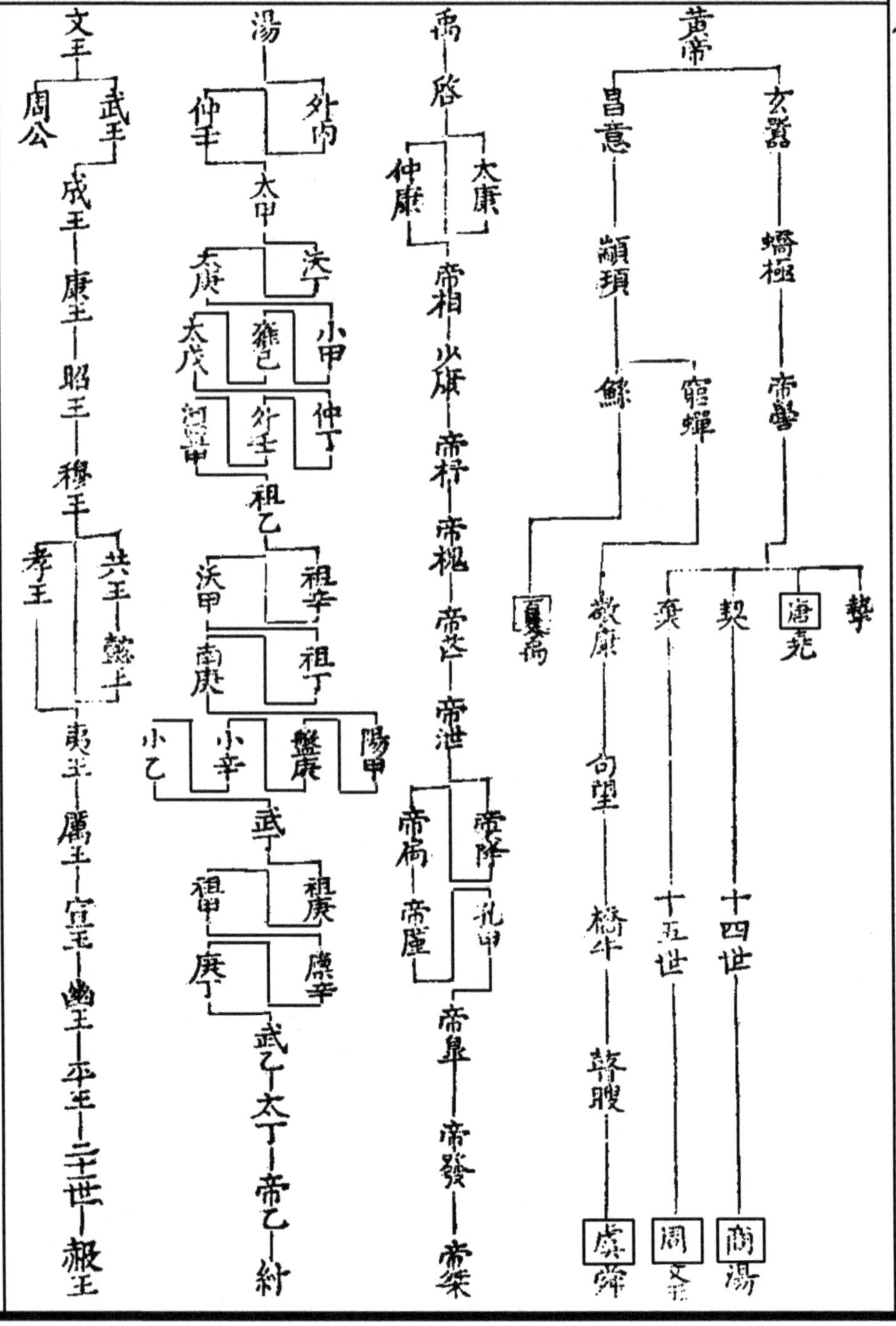

曆象授時圖

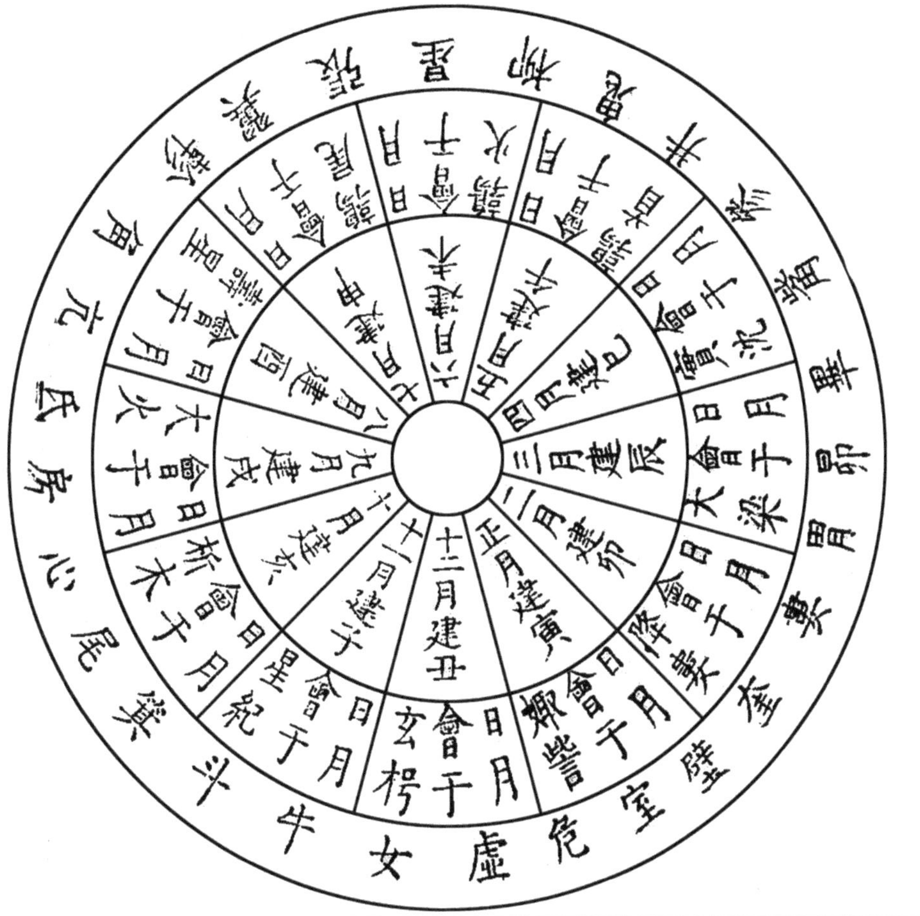

日行一度月行十三度十九分度之七星者四方之中星也角亢氐房心尾箕凡七十五度斗牛女虛危室壁凡九十八度四分度之一奎婁胃昴畢觜參凡八十度井鬼柳星張翼軫凡百一十二度共爲三百六十五度四分度之一辰則日月所會也正月會亥辰爲娵訾二月會戌辰爲降婁三月會酉辰爲大梁四月會申辰爲實沈五月會未辰爲鶉首六月會午辰爲鶉火七月會巳辰爲鶉尾八月會辰辰爲壽星九月會卯辰爲大火十月會寅辰爲析木十一月會丑辰爲星紀十二月會子辰爲玄枵

四仲中星圖

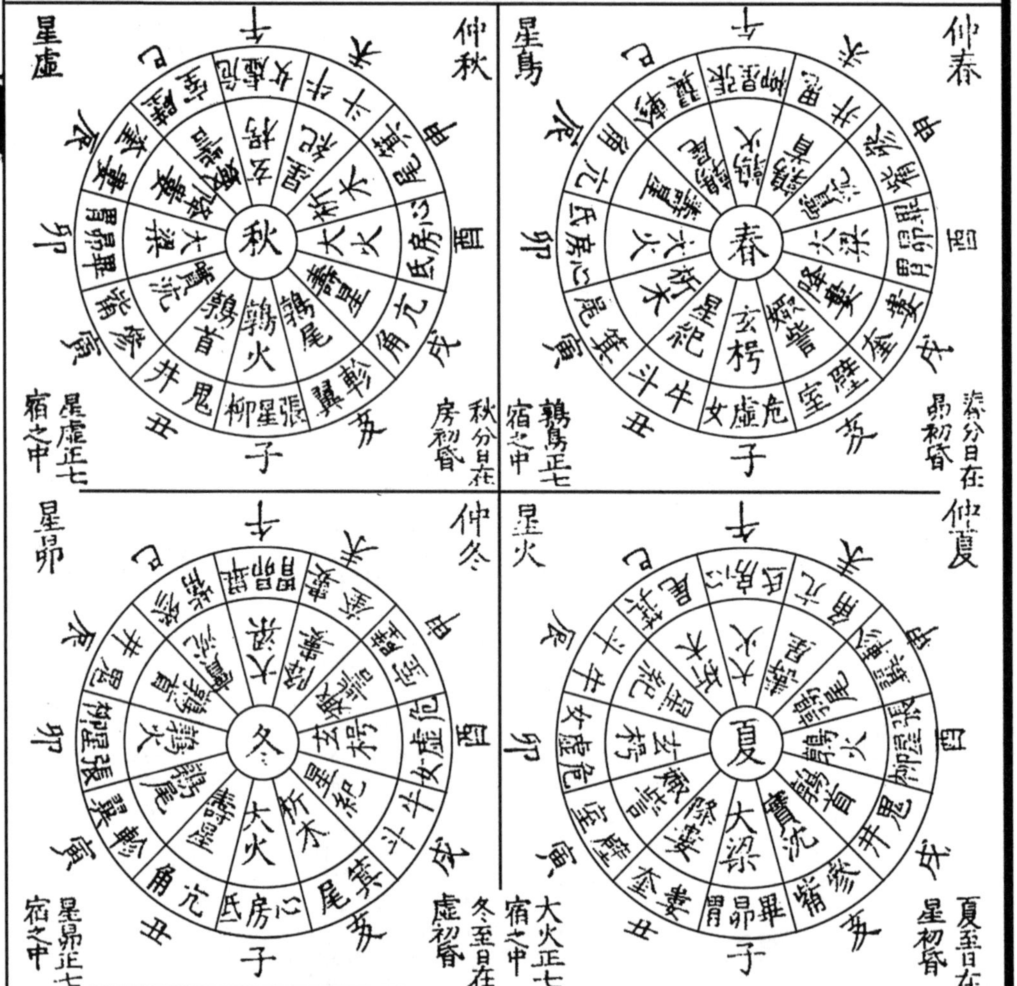

鄭氏云二十八宿環列於四方隨天而西轉東方七宿自角至箕共爲蒼龍以次舍而言則房心爲大火之中南方七宿自井至軫是爲鶉鳥以形而言則有朱鳥之象虛者北方七宿之中星也昴者西方七宿之中星也星本不移附天而移天傾西北極居天之中二十八宿半隱半見各以其時所以必於南方而考之仲春之月星火在東星鳥在南星昴在西星虛在北至仲夏則鳥轉而西火轉而南虛轉而東昴轉而北仲秋則火轉而西虛轉而南昴轉而東鳥轉而北至仲冬則虛轉而西昴轉而南鳥轉而東火轉而北來歲仲春復轉而南矣循環無窮此堯典考中星以正四時甚簡而明異乎呂令之星每月本也然聖人南面視四星之中豈徒然哉凡以授民時秩民事而已

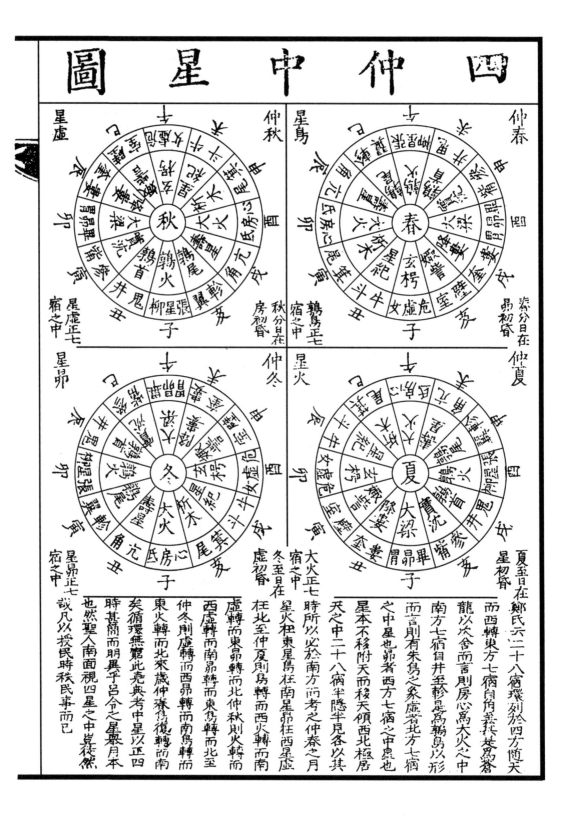

日永日短圖

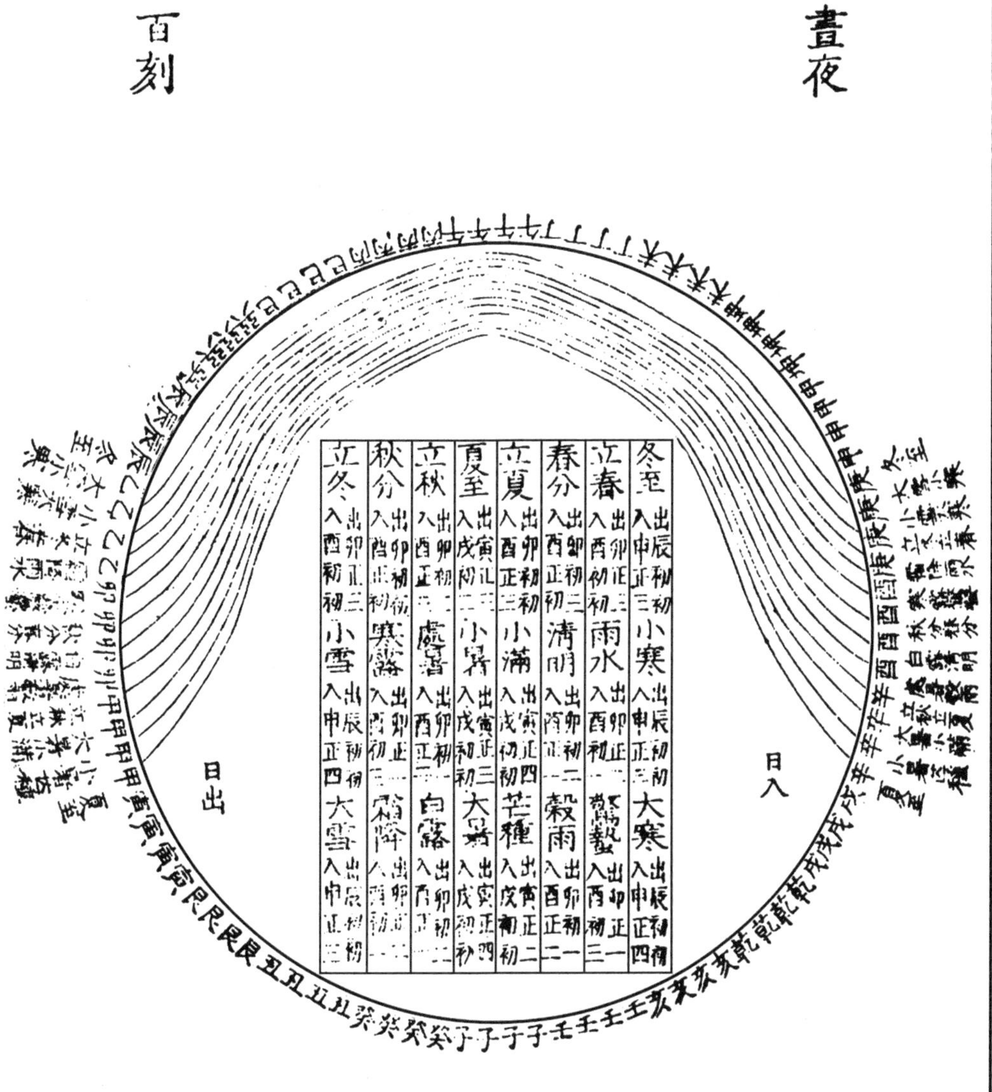

夏至晝六十刻爲日永後漸損至秋分晝五十刻爲晝夜停又漸損至冬至晝四十刻爲日短後漸增至春分晝五十刻亦爲晝夜停後漸增復至夏至也

閏月定時成歲圖

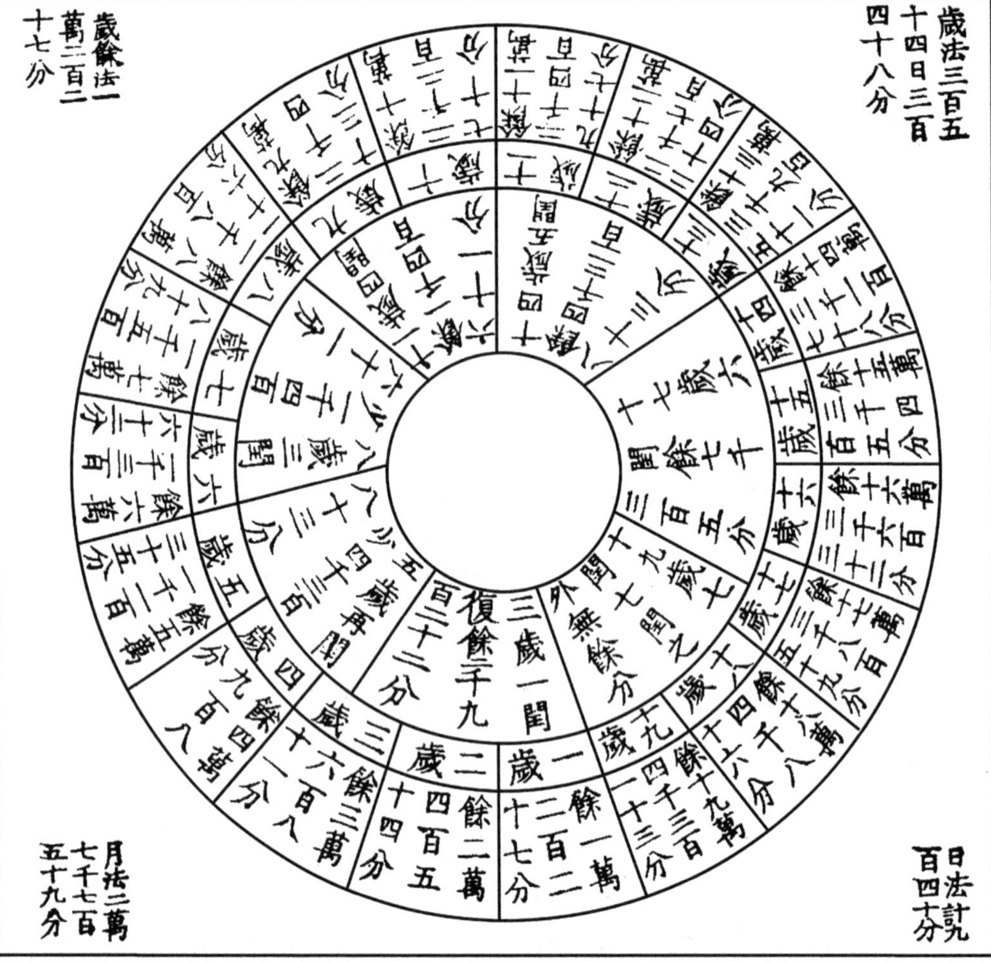

按律曆諸書與周髀皆云日行一度月行十三度十九分度之七周天三百六十五度四分度之一故日一周天爲歲歲十二月而無整數故以閏月定四時三歲一閏五歲再閏及十九年而餘一百九十日一萬五千七百十三分以日法除之共得二百六日六百七十三分爲七閏之數是謂一章然必以十九歲而無餘分者蓋天數終於九地數終於十十九者天地二終之數積八十一章則其盈虛之餘盡而復始推此以定四時歲功其有不成乎詳見蔡傳

七政之圖

(日)

日行一度循二十八舍歲行三百六十五度四分度之一而爲一周天行西陸謂之春行南陸謂之夏行東陸謂之秋行北陸謂之冬

(月)

月行十三度十九分度之七二十七日有奇行一周天二十九日九百四十分日之四百九十九而與日會其行有九道

漢天文志曰木仁也火禮也土信也金義也水智也金星與日同南北之行爲贏與日分南北之次爲縮出早爲月食出晚爲天妖主兵象也木星所在國不可伐而可以伐人超舍爲贏退舍爲縮出入不當其次必有天妖水星出早爲日食出晚爲彗四時不出則天下大饑出於房間主地動也火行一舍二舍爲不祥東行疾則兵聚于東方西行疾則兵聚于西方塡星失次而上一舍三舍則爲大水失次而下二舍有后慼五緯之變其詳見於漢晉志

五辰之圖

孔氏曰五行之時即四時也言撫順五行之時則衆功皆成禮運曰播五行於四時蓋四時者氣也五行者象也四時各分九十一日八十分之二十五爲一時之正而五行則以木配春以火配夏以金配秋以水配冬而土則分王於四時每季一十八日有奇胡氏周父曰五行在地爲物在天爲時順其時而撫之故仲冬斬陽木仲夏斬陰木所以撫木辰季春出火季秋納火所以撫火辰司空相阪隰以撫土辰秋爲徒杠春達溝渠以撫水辰又春德在木布德施惠順木辰也餘做此

璿璣玉衡圖

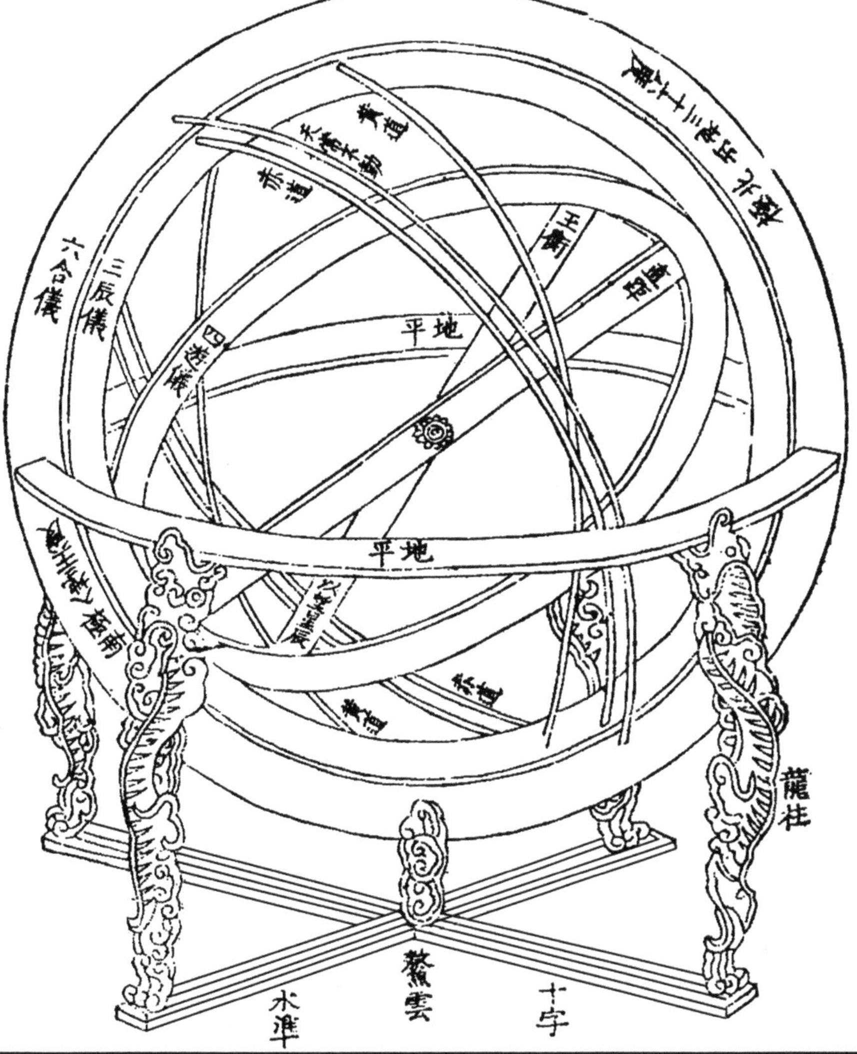

地平單環徑八尺闊五寸厚一寸半天經雙環徑八尺闊五寸厚八分兩環合一寸六分天緯單環徑七尺八寸一分闊九分厚五分三辰雙環徑七尺四寸八分闊一寸八分厚七分兩環合一寸四分黃赤二道單環徑七尺二寸一分闊九分厚六分四遊雙環徑六尺二寸八分闊一寸八分厚八分半兩環合一寸七分直距銅板二長各如四遊環內徑闊一寸六分厚八分玉衡長如直距方一寸六分兩端方掩方一寸七分中間圓孔徑七分半地平之下縈以龍柱四各高七尺七寸植於水準上其臺爲十字或爲方井中鑿水道相通行水以激機輪

明魄朔望圖

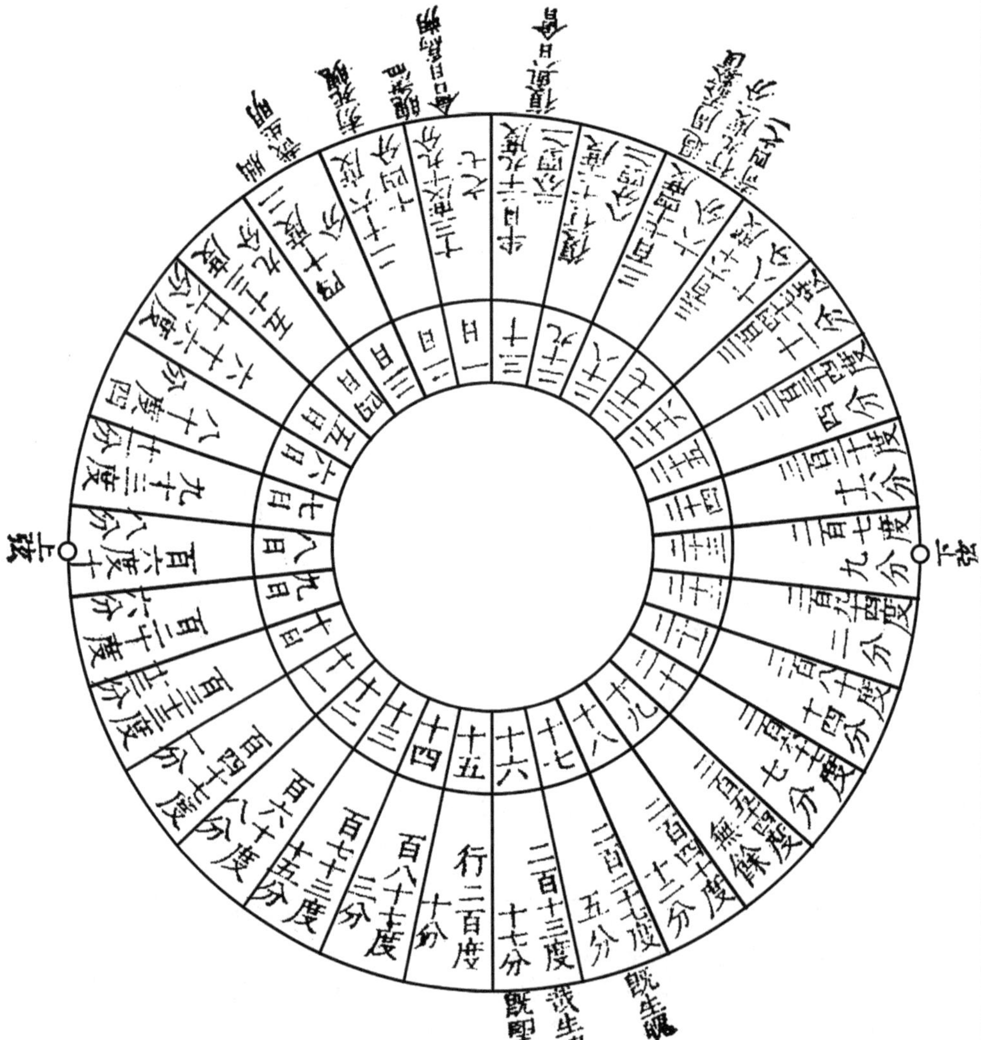

武成 旁死魄 哉生明 旣生魄

康誥 哉生魄

召誥 旣望 丙午朏

顧命 哉生魄

畢命 庚午朏

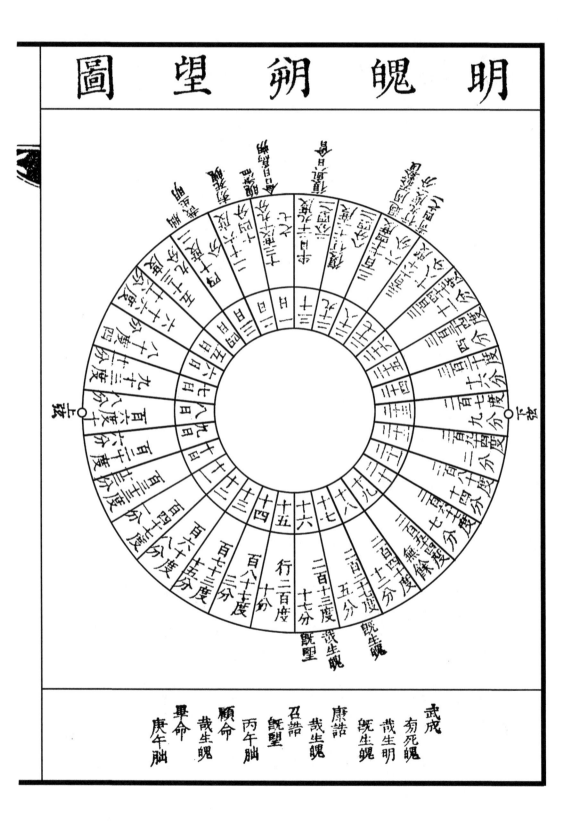

日月冬夏九道圖

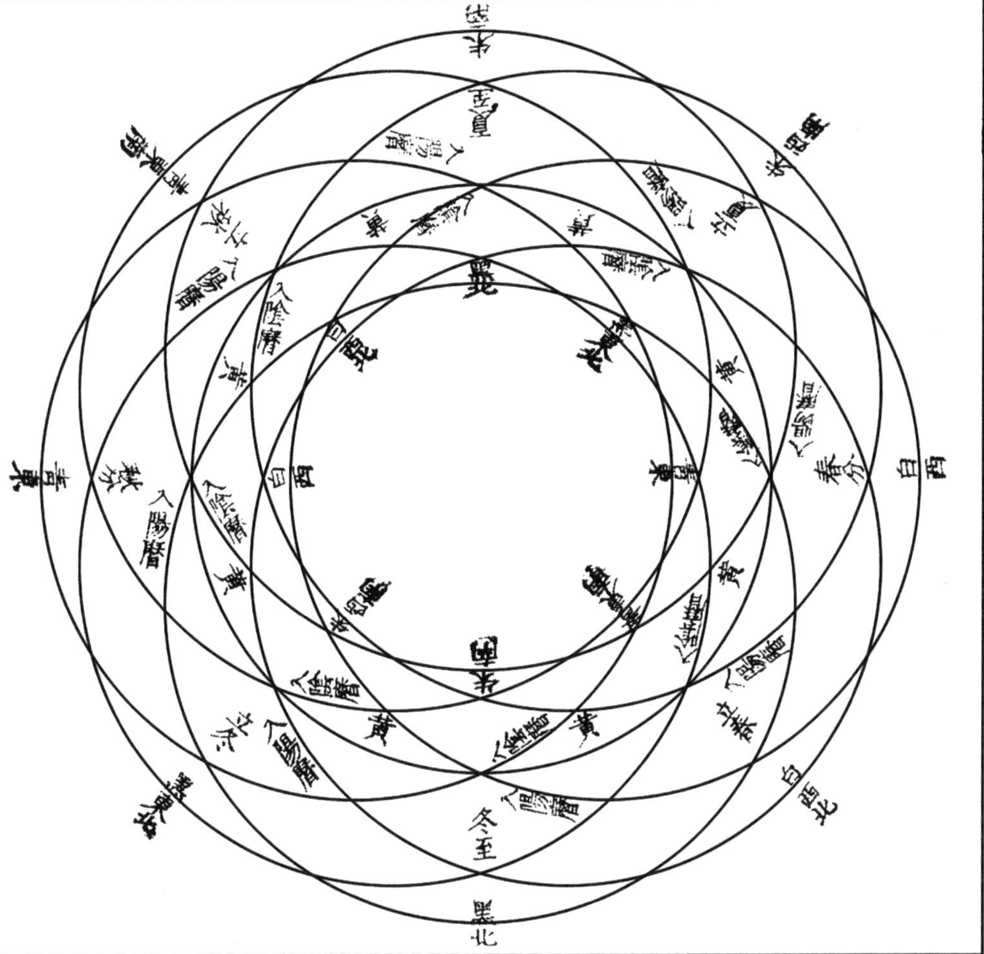

日有中道月有九行說見洪範本傳今以陽曆陰曆之說推之凡月行所交以黃道內爲陰曆外爲陽曆冬入陰曆夏入陽曆月行青道冬至夏至後青道半交在春分之宿當黃道東立冬立夏後青道半交在立春之宿當黃道東南至所衝之宿亦如之冬入陽曆夏入陰曆月行白道冬至夏至後白道半交在秋分之宿當黃道西立冬立夏後白道半交在立秋之宿當黃道西北至所衝之宿亦如之春入陽曆秋入陰曆月行朱道春分秋分後朱道半交在夏至之宿當黃道南立春立秋後朱道半交在立夏之宿當黃道西南至所衝之宿亦如之春入陰曆秋入陽曆月行黑道春分秋分後黑道半交在冬至之宿當黃道北立春立秋後黑道半交在立冬之宿當黃道東北至所衝之宿亦如之四序離爲八節至陰陽之所交皆與黃道相會故月行有九道所謂日月之行則有冬有夏也

五聲八音圖

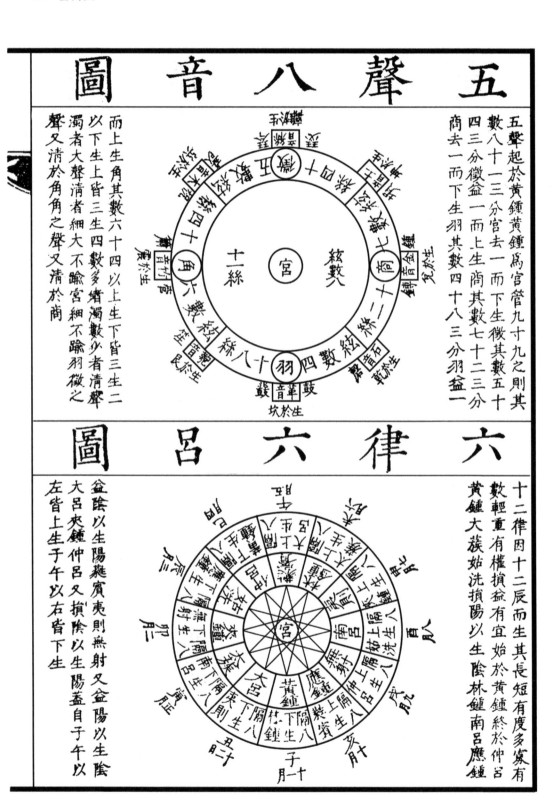

五聲起於黃鍾黃鍾爲宮管九寸九之則其數八十一三分宮去一而下生徵其數五十四三分徵益一而上生商其數七十二三分商去一而下生羽其數四十八三分羽益一

而上生角其數六十四以上生下皆三生二以下生上皆三生四數多者濁數少者清聲濁者大聲清者細大不踰宮細不踰羽徵之聲又清於角角之聲又清於商

六律六呂圖

十二律因十二辰而生其長短有度多寡有數輕重有權損益有宜始於黃鍾終於仲呂黃鍾大蔟姑洗損陽以生陰林鍾南呂應鍾

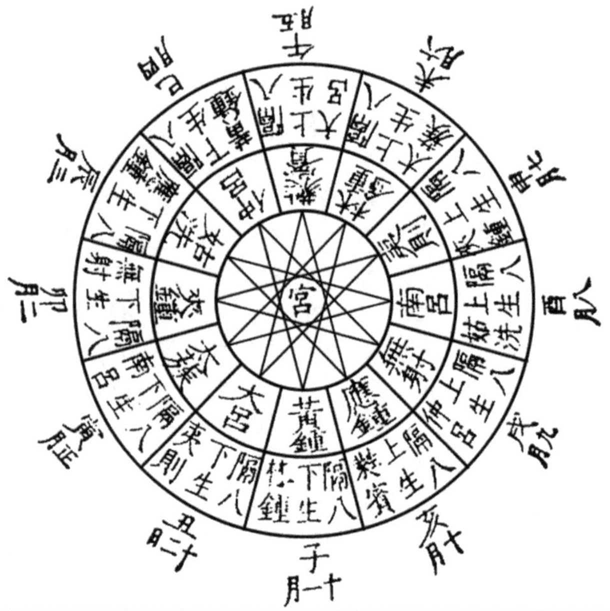

益陰以生陽蕤賓夷則無射又益陽以生陰大呂夾鍾仲呂又損陰以生陽蓋自子午以左皆上生子午以右皆下生

河圖洛書圖

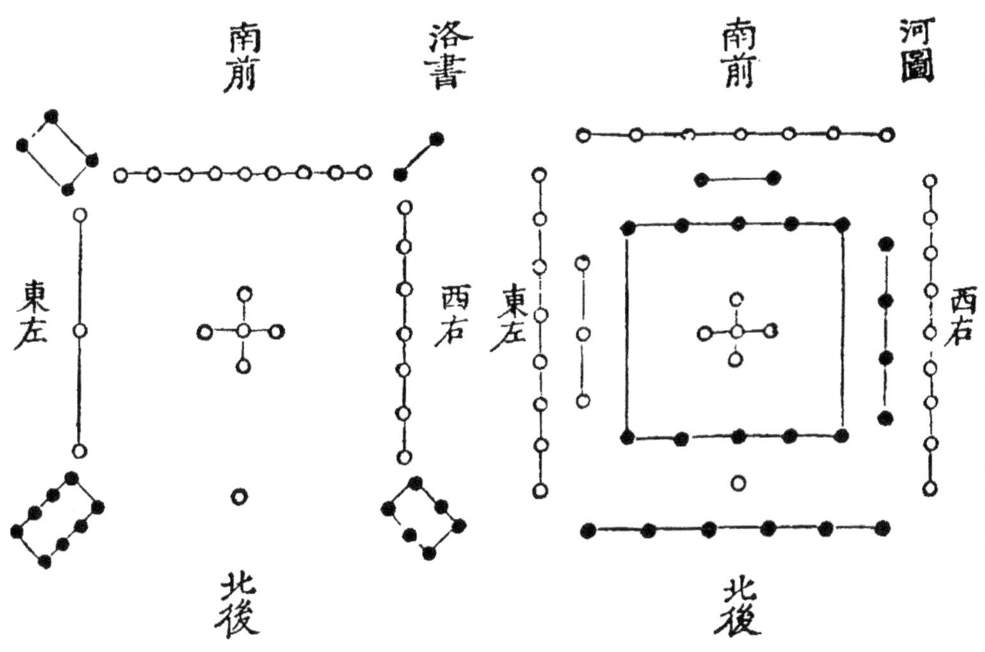

孔安國云河圖者伏羲氏王天下龍馬出河遂則其文以畫八卦洛書者禹治水時神龜負文而列於背有數至九禹遂因而第之以成九類劉歆云虙犧氏繼天而王受河圖而畫之八卦是也禹治洪水賜洛書法而陳之九疇是也河圖洛書相爲經緯八卦九章相爲表裏關子明云河圖之文七前六後八左九右洛書之文九前一後三左七右四前左二前右八後左六後右邵子曰圓者星也星紀之數其肇於此乎方者土也畫州井地之法其放於此乎蓋圓者河圖之數方者洛書之文故羲文因之而造易禹箕敘之而作範也

九疇本洛書數圖

一合九而爲十二合八而爲十三合七而爲十四合六而爲十此洛書以虛數相合而爲四十者也若九疇則以實數相合而爲五十矣

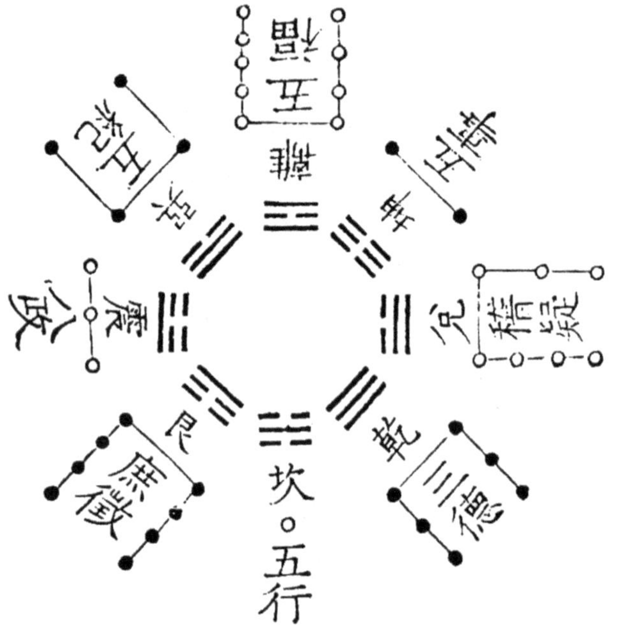

九疇相乘得數圖

五行五事相乘爲二十五

庶徵不與五相乘故不言五

五福五紀相乘爲二十五

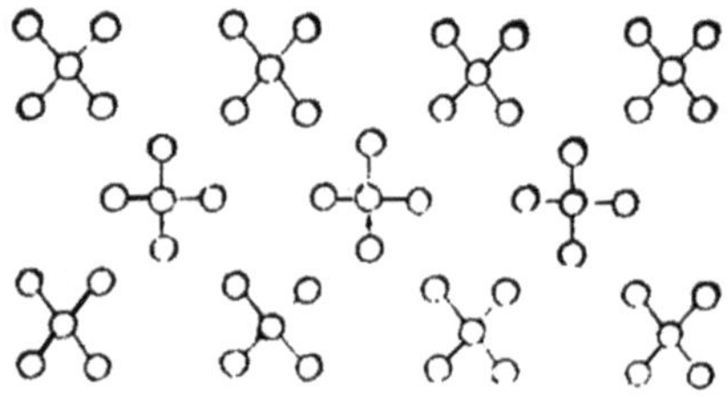

右五疇相乘象天圓而有變

三德相乘爲九

六極自相乘爲三十六

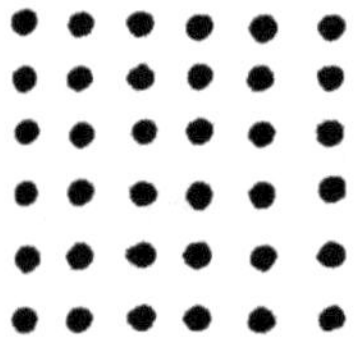

稽疑七相乘爲四十九

八政相乘爲六十四

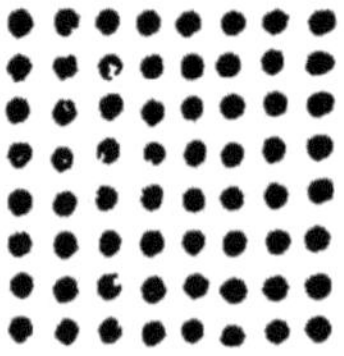

右四疇相乘象地方而無變

洪範九疇圖

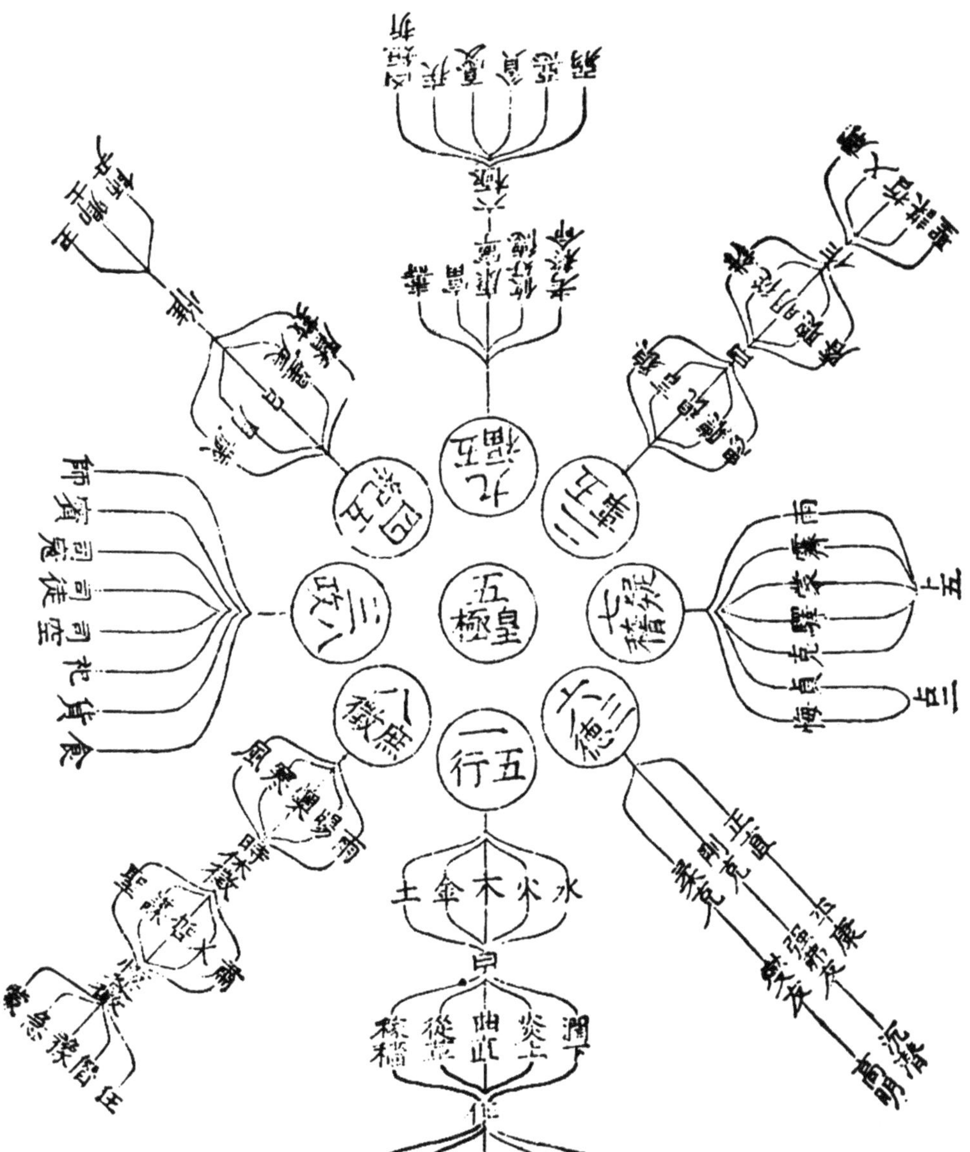
一五行
二五事
三八政
四五紀
五皇極
六三德
七稽疑
八庶徵
九五福六極
水 火 木 金 土
鹹 苦 酸 辛 甘
食 貨 祀 司空 司徒 司寇 賓 師

皇極居次五圖

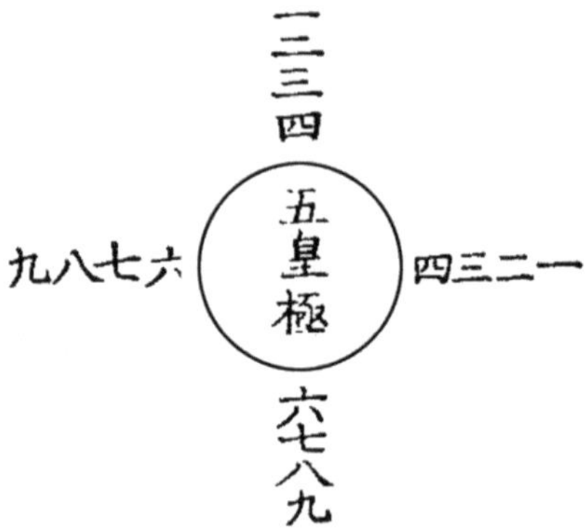

九疇虛五用十圖

皇極虛五無數也九疇外有六極用十也

九疇合八疇數圖

合爲十者二合爲十五者亦二總而爲大衍之數五十

大衍洪範本數圖

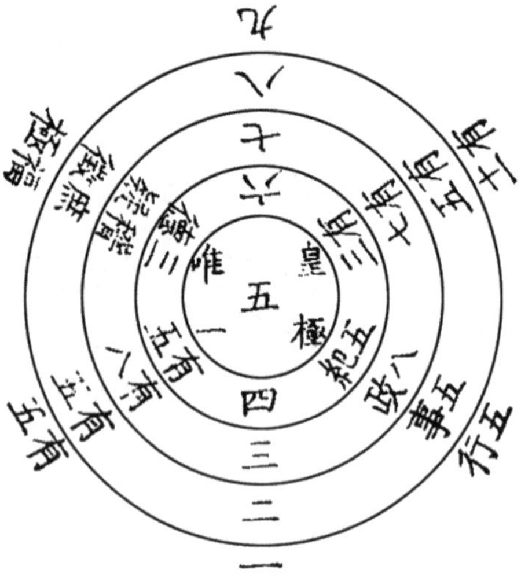

大衍之數五十者一與九爲十二與八爲十三與七爲十四與六爲十五與五爲十共五十也其用四十有九者一用五行其數五二用五事其數五三用八政其數八四用五紀其數五五用皇極其數一六用三德其數三七用稽疑其數七八用庶徵其數五九用五福六極其數共十有一積籌至五十也不曰一而曰極大衍所虛之太極也

律度量衡圖

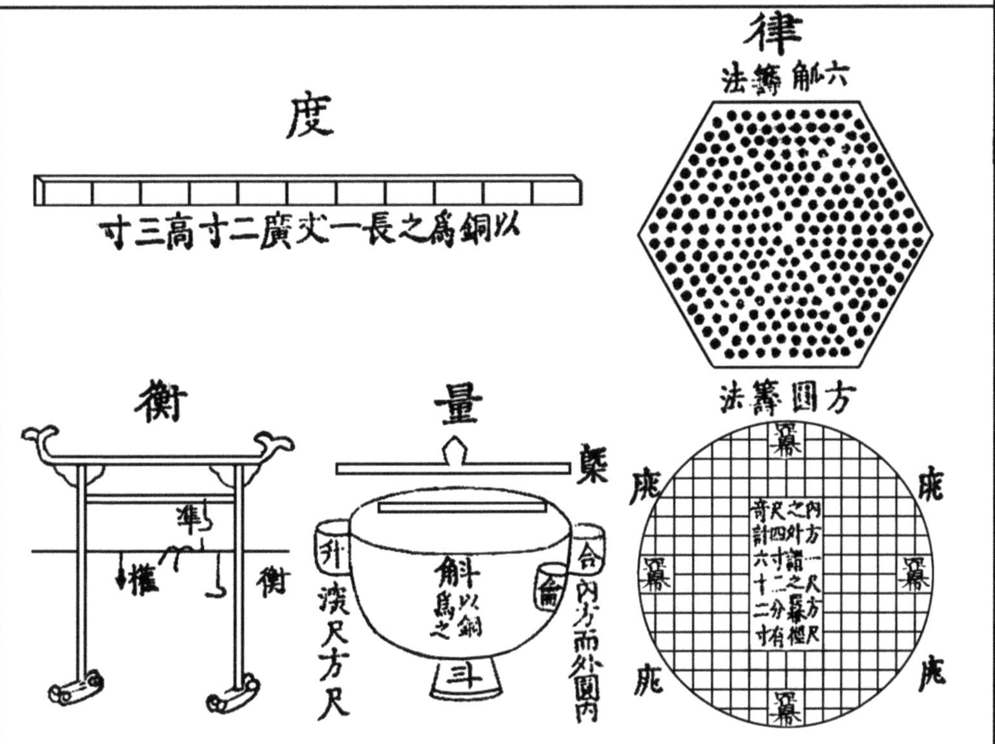

漢志云虞之律度量衡所以齊遠近立民信也數者一十百千萬也筭法用竹徑十分長六寸二百七十一枚而成六觚爲一握所以爲筭法之用也以之度圓取方則積一分而爲一寸積一寸而爲一尺方其尺而計之有百寸方尺之外謂之冪而不足於四角之庣也是以制爲之度則度長短者不失毫釐量多少者不失圭撮權輕重者不失黍絫是爲三平之法也

度始於黃鍾之長以秬黍中者一黍之廣度之九十分黃鍾之長一爲一分十分爲寸十寸爲尺十尺爲丈十丈爲引而五度審矣量於黃鍾之龠其容秬黍中者千二百實龠中以井水準其槩十龠爲合十合爲升十升爲斗十斗爲斛斛之爲制上爲斛下爲斗左耳爲升右耳爲合龠附于右合之下

衡起於黃鍾之重一龠之黍重十二銖積二十四銖而爲一兩十六兩爲斤而有三百八十四銖三十斤而爲鈞一月之數也萬有一千五百二十銖所以當萬物之數四鈞爲石重百二十斤象十二月也

諸侯玉帛圖

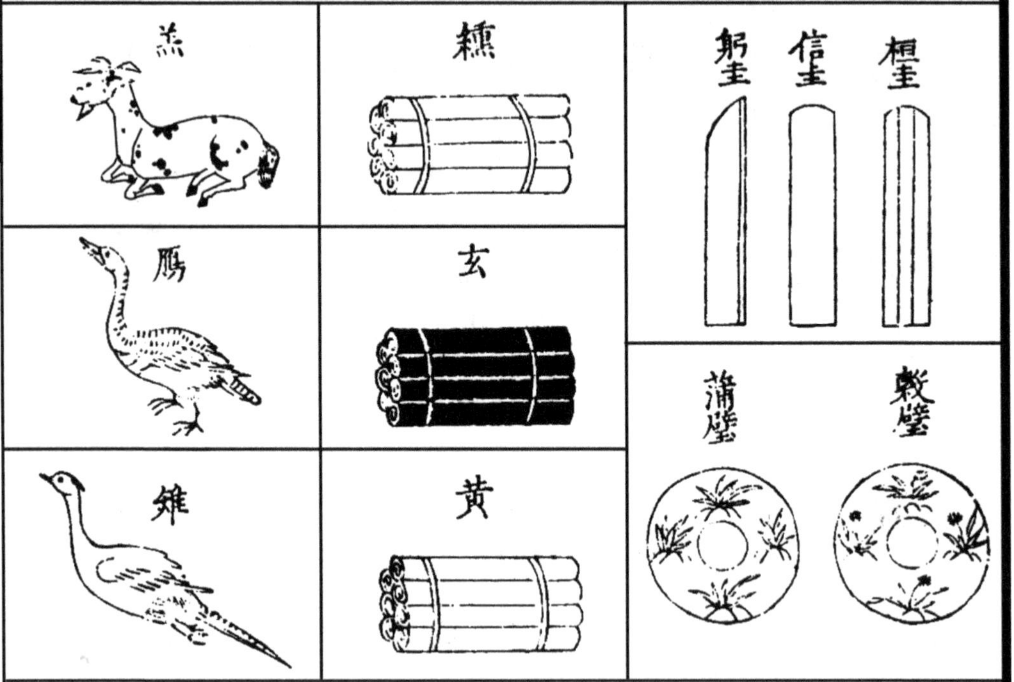

按禮公桓圭九寸侯信圭伯躬圭各七寸子穀璧男蒲璧各五寸後鄭云雙植之謂桓陳祥道謂強立不撓以安上爲任也信伸也註作身與躬同皆象人形有瑑飾陸佃云信圭直躬圭屈取誠直之義爲人形誤矣穀有養人之義蒲有安人之義子男之璧象之雜記云公圭博三寸厚半寸剡上左右各寸半其下方璧註云肉倍於好其形圜其中虛言其質曰玉言其符合曰瑞言其象而爲用曰器子男不用圭者言未成國也三帛孔安國謂諸侯世子執纁公之孤執玄附庸之君執黃陳祥道云雉無經見肰天子巡狩卿大夫士皆贄見於方岳之下則附庸之亦有贄孔氏之說蓋有所受之也古者制幣其長丈八尺其束十端或素或玄纁其色不同羔取其羣而不黨鴈取其候時而行雉取其守介不犯卿大夫士贄似之傳曰男贄大者玉帛小者禽鳥此大小所以異等云

十二章服圖

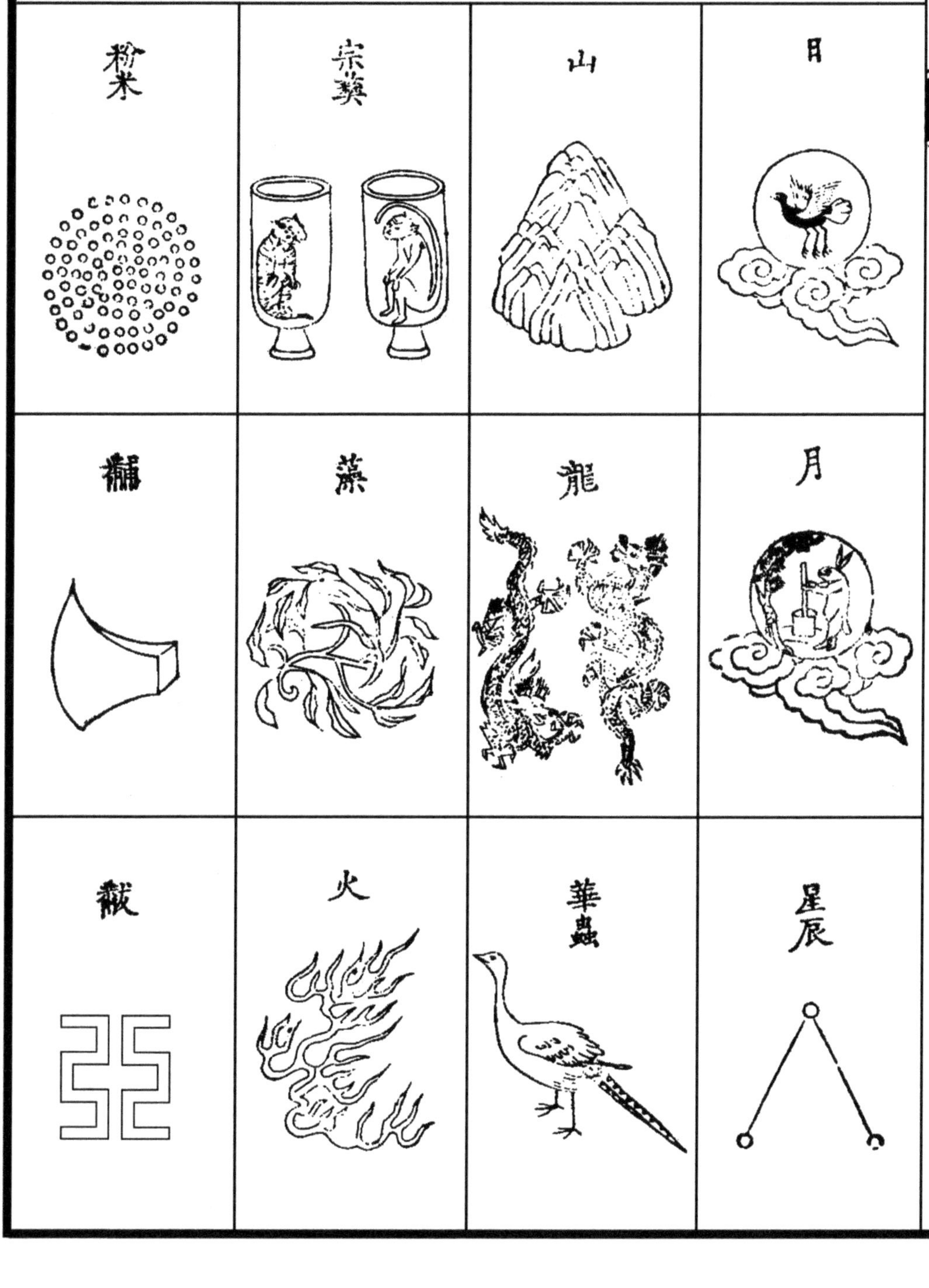

禮器諸圖

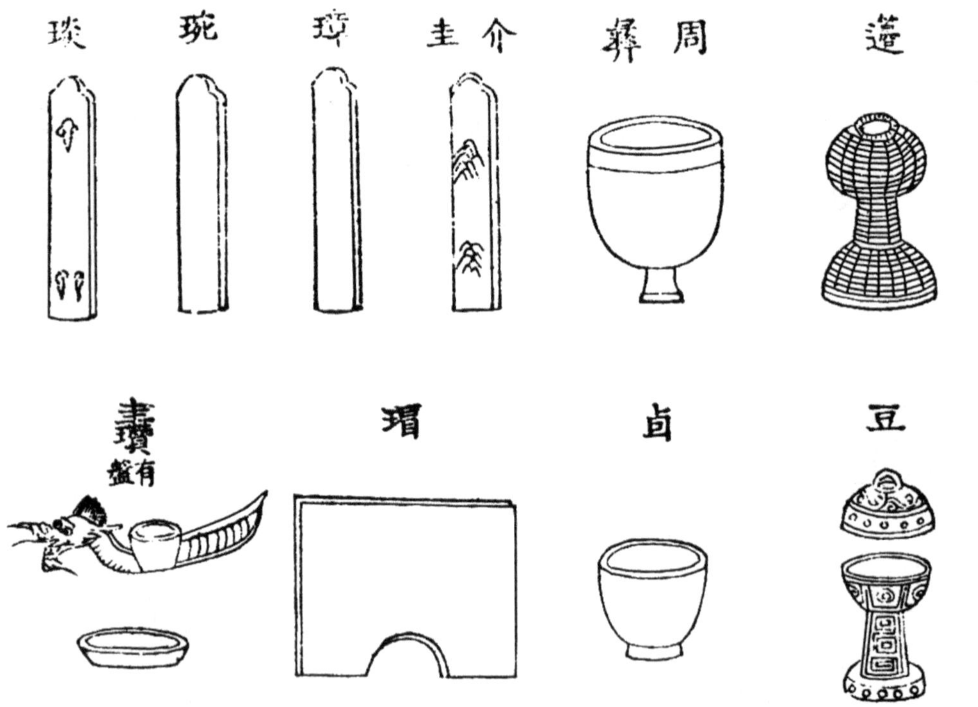

籩三禮圖云以竹爲之口有縢緣形制如豆受四升盛棗栗桃梅菱芡脯脩膴鮑糗餌之屬

豆三禮圖云豆高尺二寸漆赤中大夫以上畫赤雲氣諸侯飾以象天子加玉飾皆謂飾口足也又鄭註周禮及禮記云豆以木爲之受四升口圓徑尺二寸有蓋盛昌本脾析豚拍之齊醢醓兔雁之醢韭菁芹筍之菹麋臡之屬鄭註鄉射記云豆宜濡物籩宜乾物故也

彝書序曰班宗彝疏謂周禮有司尊彝之官鄭云彝亦尊也鬱鬯曰彝彝法也言爲尊之法正

卣中尊也尊者三品上曰彝中曰卣下曰罍三禮圖卣諸家說何象之屬受五斗今案獻象二尊皆有畫飾惟此卣不詳何飾但圖其形耳

介圭傳曰大圭也孔氏云考工記玉人云鎮圭尺有二寸天子守之鎮圭圭之大者介訓大者故知是彼鎮圭非三尺大圭

璋禮書云半圭曰璋

瑁方四寸邪刻之以冒諸侯之珪璧以齊瑞信也

琬琰周禮典瑞琬圭以治德琰圭以易行考工記琬琰皆九寸鄭玄云大琬大琰皆度尺二寸

圭瓚玉人云祼圭尺有二寸有瓚以祀廟鄭氏云祼謂以圭瓚酌鬱鬯以獻尸也瓚如盤大五升口徑八寸深二寸詩箋以圭爲柄黃金爲勺青金爲外朱中央凡圭博三寸典瑞註云漢禮瓚下有盤聶崇義云宜用黃金青金爲外朱中央宜深一寸足徑八寸高二寸

樂器諸圖上

琴

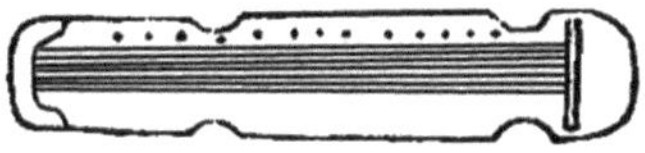

瑟

笙

簫

管

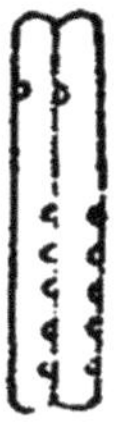

柷

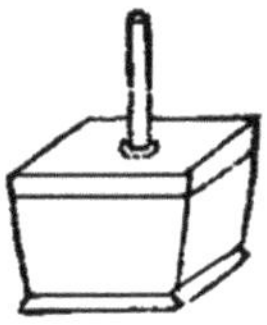

敔

球

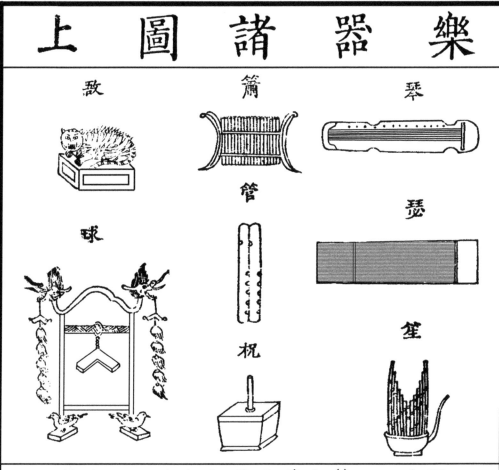

琴瑟皆絲屬琴長三尺六寸六分象三百六十有六日五絃象五行後加文武二絃雅瑟長八尺一寸廣一尺其常用者十九絃頌瑟長七尺二寸廣尺八寸二十五絃盡用之

笙以管列匏中施簧於管端大者十九簧小者十三簧

簫編小竹爲之參差象鳳翼大者編二十三管長尺四寸小者十六管長尺二寸

管六孔如篴倂兩而吹之長一尺圍一寸

柷狀如漆桶方二尺四寸深一尺八寸中有椎柄連底撞之令左右擊所以起樂者也圉狀如伏虎背上有二十七鉏鋙刻以木長尺擽之所以止樂者也

球玉磬也考工記磬氏爲磬倨句一矩有半其博爲一股爲二鼓爲三三分其股博去一以爲鼓博三分其鼓博以其一爲之厚

樂器諸圖下

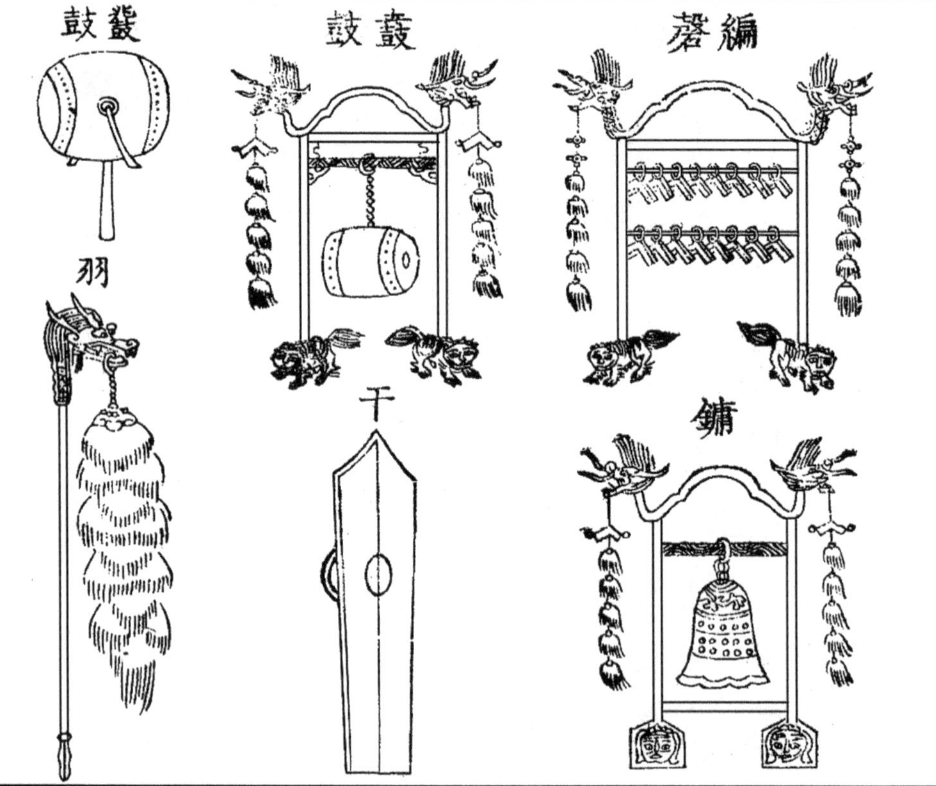

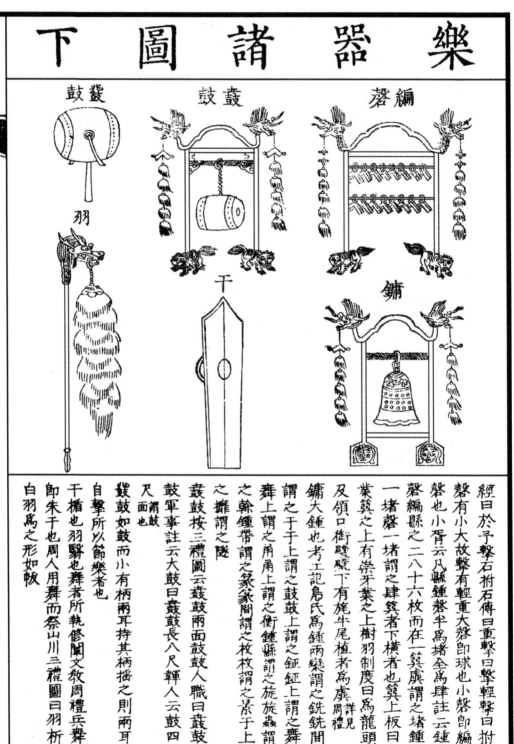

經曰於予擊石拊石傳曰重擊曰擊輕擊曰拊磬有小大故擊有輕重大磬卽球也小磬卽編磬也小胥云凡縣鍾磬半爲堵全爲肆註云鍾磬編縣之二八十六枚而在一簴謂之堵鍾一堵磬一堵謂之肆簨者下橫者也簨上板曰業簨之上有崇牙業之上樹羽制度曰爲龍頭、及頷口銜璧璧下有旄牛尾植者爲虡詳見周禮

鏞大鍾也考工記鳧氏爲鍾兩欒謂之銑銑間謂之于于上謂之鼓鼓上謂之鉦鉦上謂之舞舞上謂之甬甬上謂之衡鍾縣謂之旋旋蟲謂之幹鍾帶謂之篆篆間謂之枚枚謂之景于上之攠謂之隧

鼖鼓按三禮圖云鼖鼓兩面鼓人職曰鼖鼓鼓軍事註云大鼓曰鼖鼓長八尺韗人云鼓四尺兩面鼓也

鼗鼓如鼓而小有柄兩耳持其柄搖之則兩耳自擊所以節樂者也

干楯也羽翳也舞者所執修闊文教周禮兵舞卽朱干也周人用舞而祭山川三禮圖曰羽析白羽爲之形如帗

服飾器用諸圖

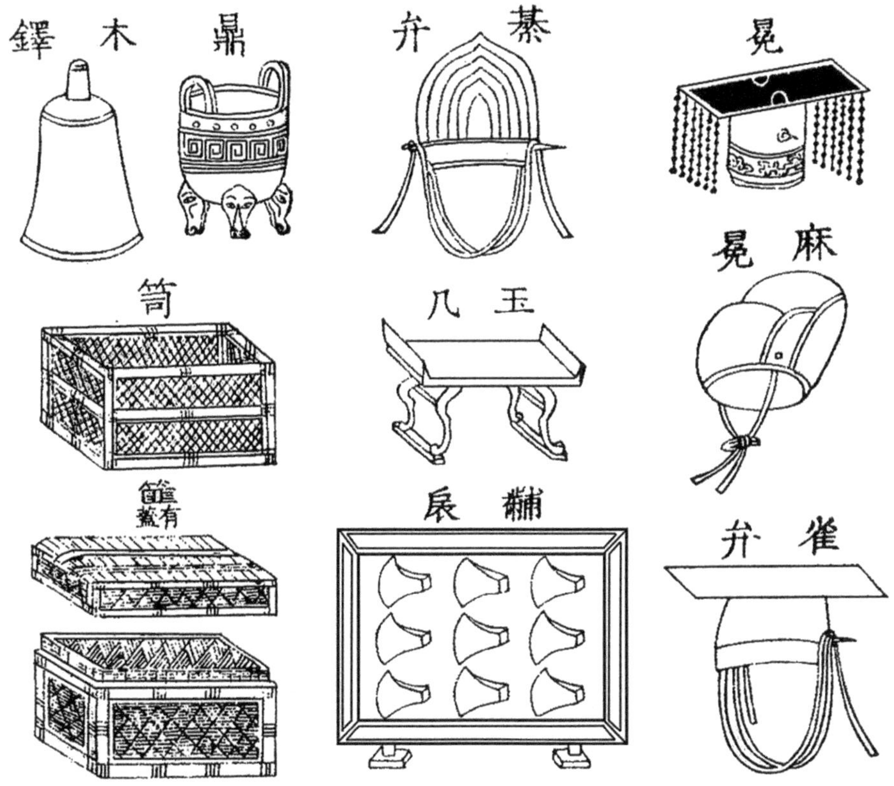

冕漢制度云冕制皆長尺六寸廣八寸前圓後方其旒皆以五采絲繩貫五采玉每旒各十二垂於冕禮有六冕裘冕無旒衮冕十二旒鷩冕九旒毳冕七旒絺冕五旒玄冕三旒

麻冕按三禮圖以漆布爲殼緇縰其上前廣四寸高五寸後廣四寸高三寸

雀弁唐孔氏云雀弁也鄭云冕之次也其色赤而微黑如爵頭然用三十升布爲之亦長尺六寸廣八寸前圓後方無旒而前後平

綦弁孔傳綦文鹿子皮弁士冠禮註云皮弁以白鹿皮爲之

玉几阮氏圖几長五尺高尺二寸廣二尺兩端赤中央黑漆馬融以爲長三尺按司几筵掌五几左右玉雕彤漆素詳五几之名是無兩端赤中央黑漆矣蓋取彤漆類而緣之也

黼扆司几筵凡大朝覲大饗射凡封國命諸侯王位設黼依鄭註斧謂之黼其繡白黑文以絳帛爲質依其制如屛風賈疏云諸文多作斧字若據采色而言即繢人職白與黑謂之黼若據繡於物上即爲金斧之文近刃白近銎[illegible]黑則曰斧取金斧斷割之義屛風之名出於漢世故引爲況舊圖云從廣八尺畫斧無柄設而不用之義

鼎古之鼎不一按禮圖有牛鼎羊鼎豕鼎然雉雊之日未審在何鼎也惟牛鼎最大可受一斛今姑繪之以見其狀云

木鐸周禮小宰曰正歲帥治官之屬而觀治象之法徇以木鐸註木鐸木舌也賈疏云鐸皆以金爲之以木爲舌則曰木鐸以金爲舌則曰金鐸

笥說文飯及衣之器曲禮註云圓曰簞方曰笥

篚按三禮舊圖云篚以竹爲之長三尺廣一尺深六寸足高三寸如今小車笭

兵器諸圖

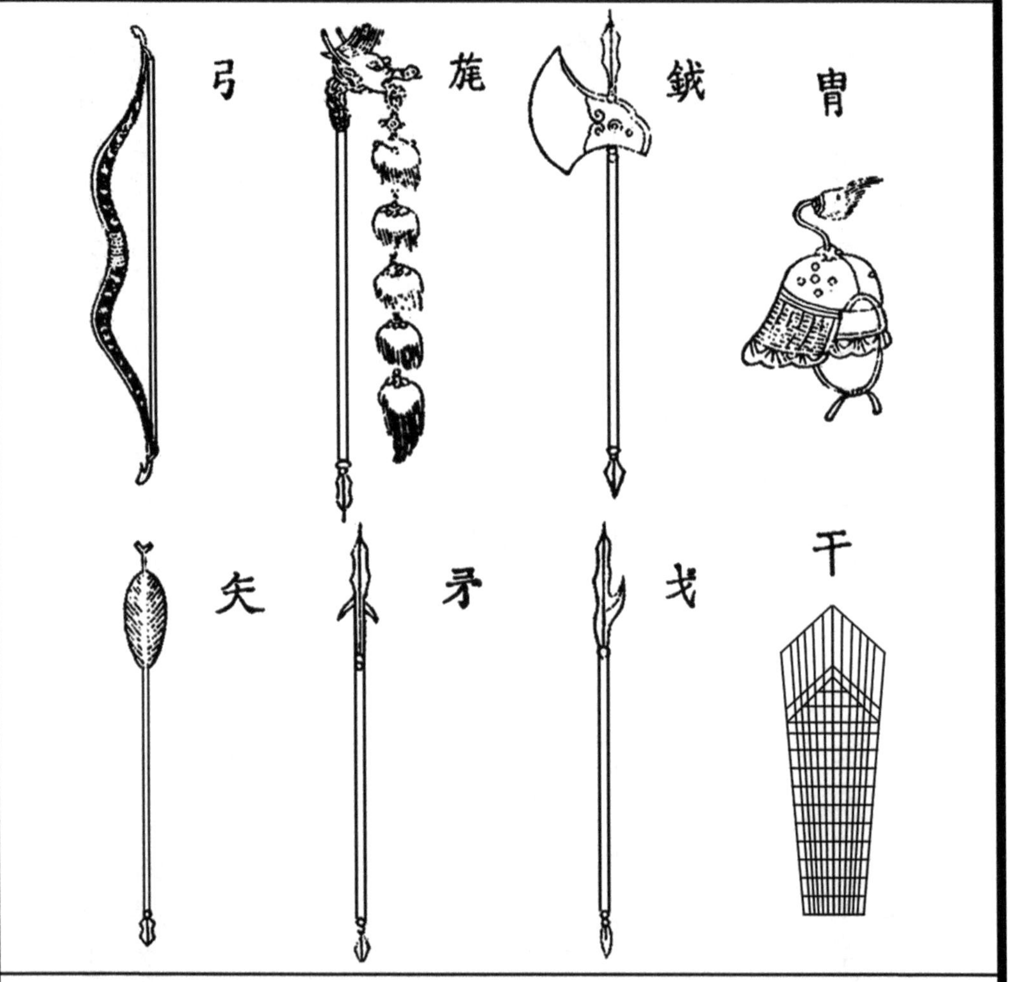

胄說文曰兜鍪也兜鍪首鎧也經典皆言甲胄秦世以來始有鎧兜鍪之文古之甲用皮秦漢以來用鐵

干楯也方言曰自關而東或謂之楯或謂之干關西謂之楯是干楯爲一也

戈廣二寸內四寸胡六寸援八寸柲六尺有六寸內謂胡以內接柲者胡謂矛之旁出者曲猶牛胡而援謂直刃也柲謂柄也戈之用主於胡胡過於直則倨但可以剝胡過於曲則句但可以鉤人惟得其中制往無不利

鉞經曰左杖黃鉞傳云鉞斧也以黃金爲飾

旄經曰右秉白旄以麾傳云旄軍中指麾白則見遠

矛說文曰戈矛酋矛也建於兵車長二丈

弓長六尺六寸謂之上制六尺三寸謂之中制六尺謂之下制取幹角以膠漆筋絲爲之周禮司弓矢掌六弓其名王弧夾庾唐大

矢藁長三尺殺其前一尺令趣鏃羽六寸夾其栝以設其羽分其羽以設其刃

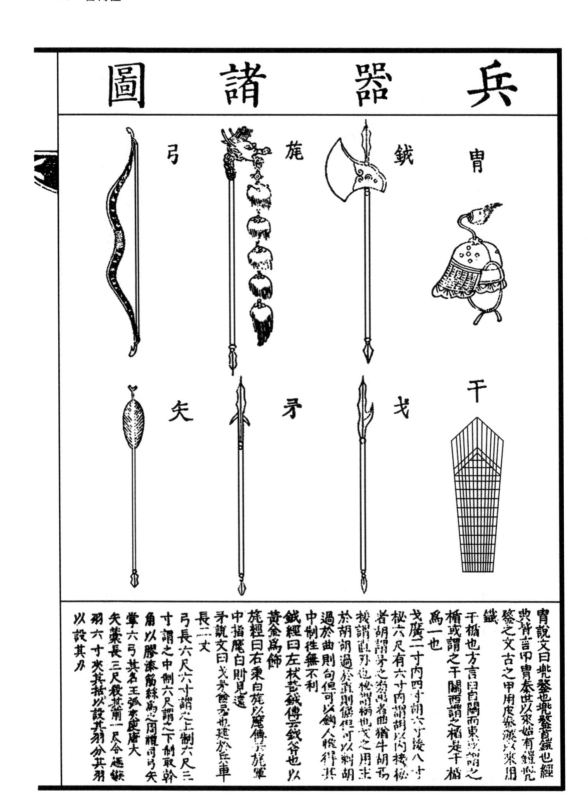

濬畎澮距川圖

壹成之田耜廣五寸二耜爲耦一耦之伐廣尺深尺謂之畎田首倍之廣二尺

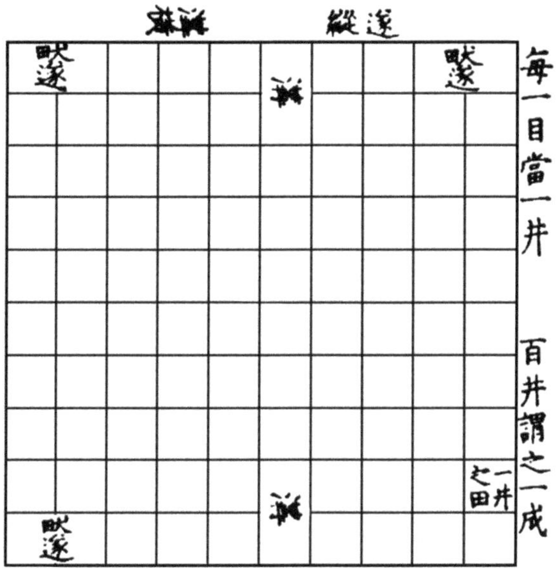

深二尺謂之遂九夫爲井井廣四尺深四尺謂之溝九遂入一溝九溝入一洫

一同之田方十里爲成成間廣八尺深八尺曰洫方百里爲同同間廣二

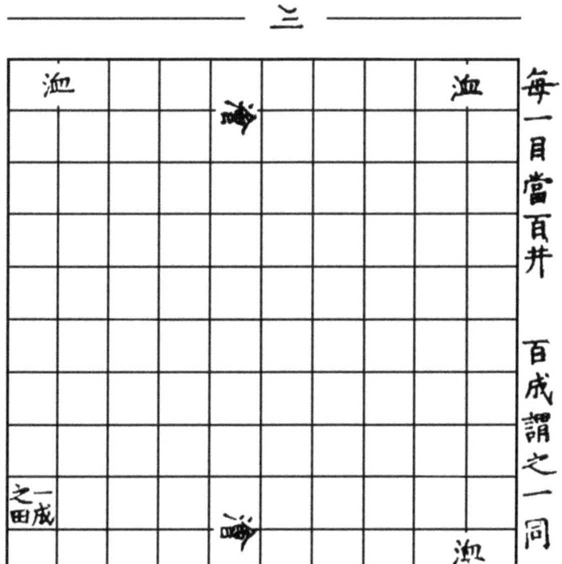

尋深二仞曰澮九澮共八大川一同之田其遂九千溝九百洫九十澮九

車制

大輅

書傳云大輅玉輅也綴輅金輅也先輅木輅也次輅象輅革輅也天子五輅飾既制同今圖玉輅之制兼太常之旂以循祭祀所乘其他金象革木之輅可類推之矣

太常按巾車王乘玉輅建太常十有二斿以祀又觀禮註云王建太常縿首畫日月其下及斿交畫升龍降龍縿皆正幅用絳帛爲質斿則屬焉又用弧張縿之幅又畫

之圖

枉矢於縿之上故輈人云弧旌枉矢象也凡旌旗之上皆注旄與羽於竿首故夏采註云綏以旄牛尾爲之綴於幢上其杠長九仞其斿曳地又左傳云三辰旂旗昭其明也據杜鄭二註皆以三辰爲日月星蓋太常之上又畫星也阮氏梁正等圖旂首爲金龍頭按唐志云金龍頭銜結綬及鈴綏則古注旄及羽於竿首之遺制也

禹弼五服圖

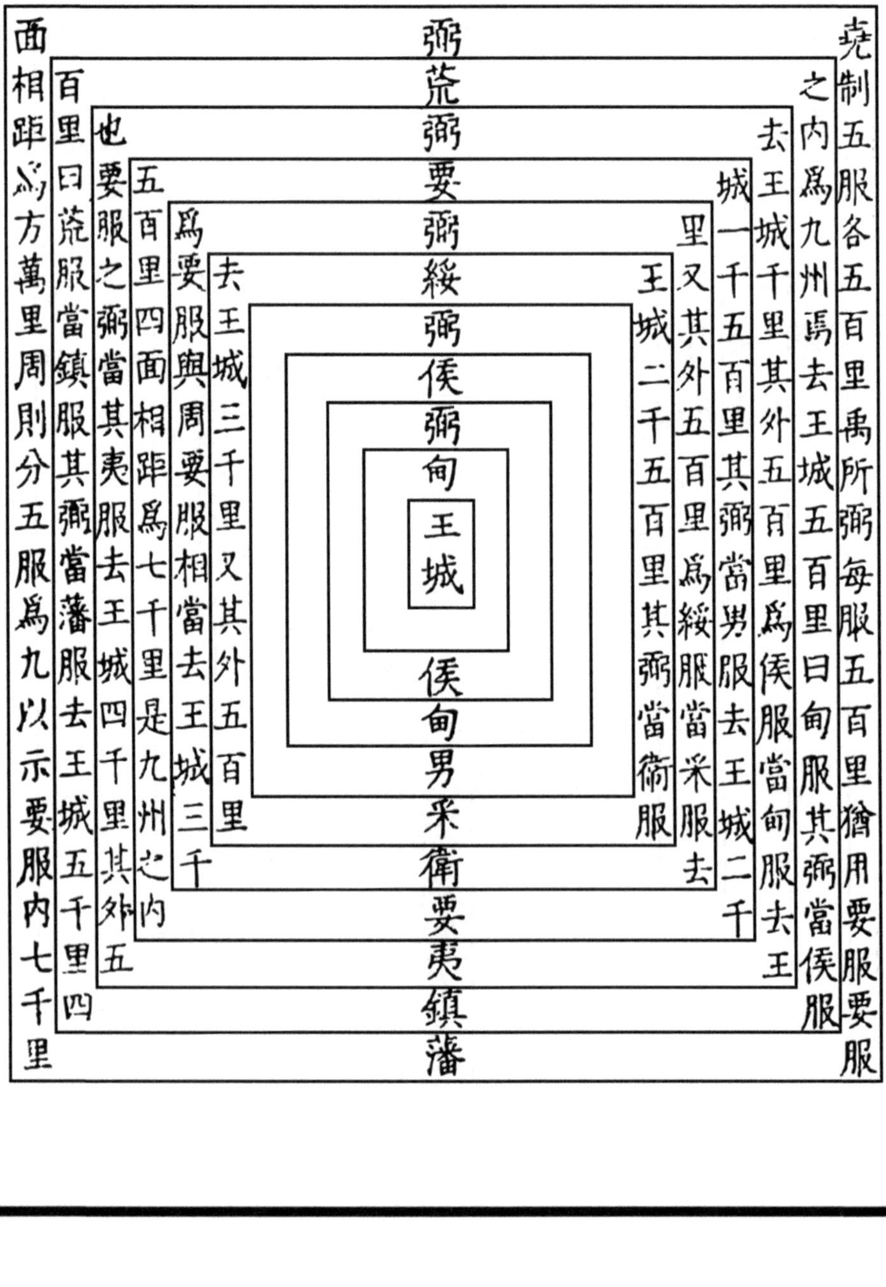
堯制五服各五百里禹所弼每服五百里猶用要服要服
之內爲九州焉去王城五百里曰甸服其弼當侯服
去王城千里其外五百里爲侯服當甸服去王
城一千五百里其弼當男服去王城二千
里又其外五百里爲綏服當采服去
王城二千五百里其弼當衛服
弼荒弼要弼綏弼侯弼甸
王城
侯甸男采衛要夷鎮藩
去王城三千里又其外五百里
爲要服與周要服相當去王城三千
五百里四面相距爲七千里是九州之內
也要服之弼當其夷服去王城四千里其外五
百里曰荒服當鎮服其弼當藩服去王城五千里四
面相距以方萬里周則分五服爲九以示要服內七千里

堯制五服圖

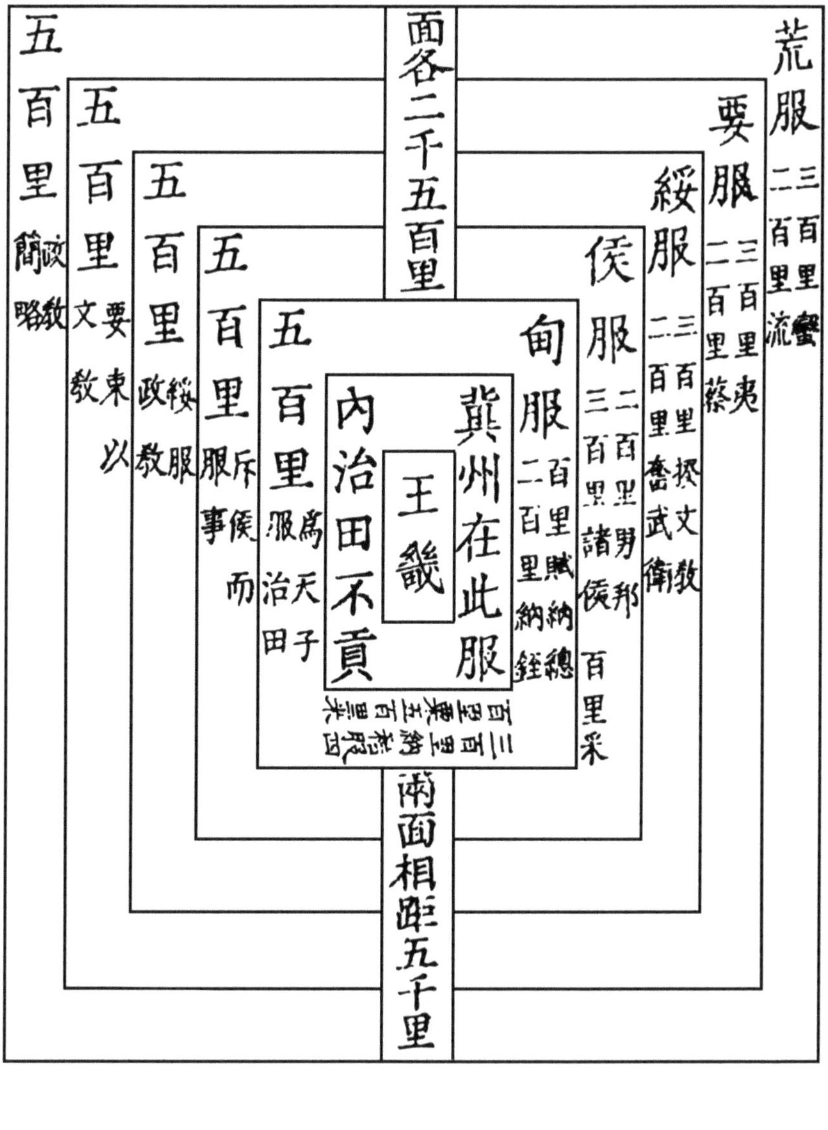

隨山濬

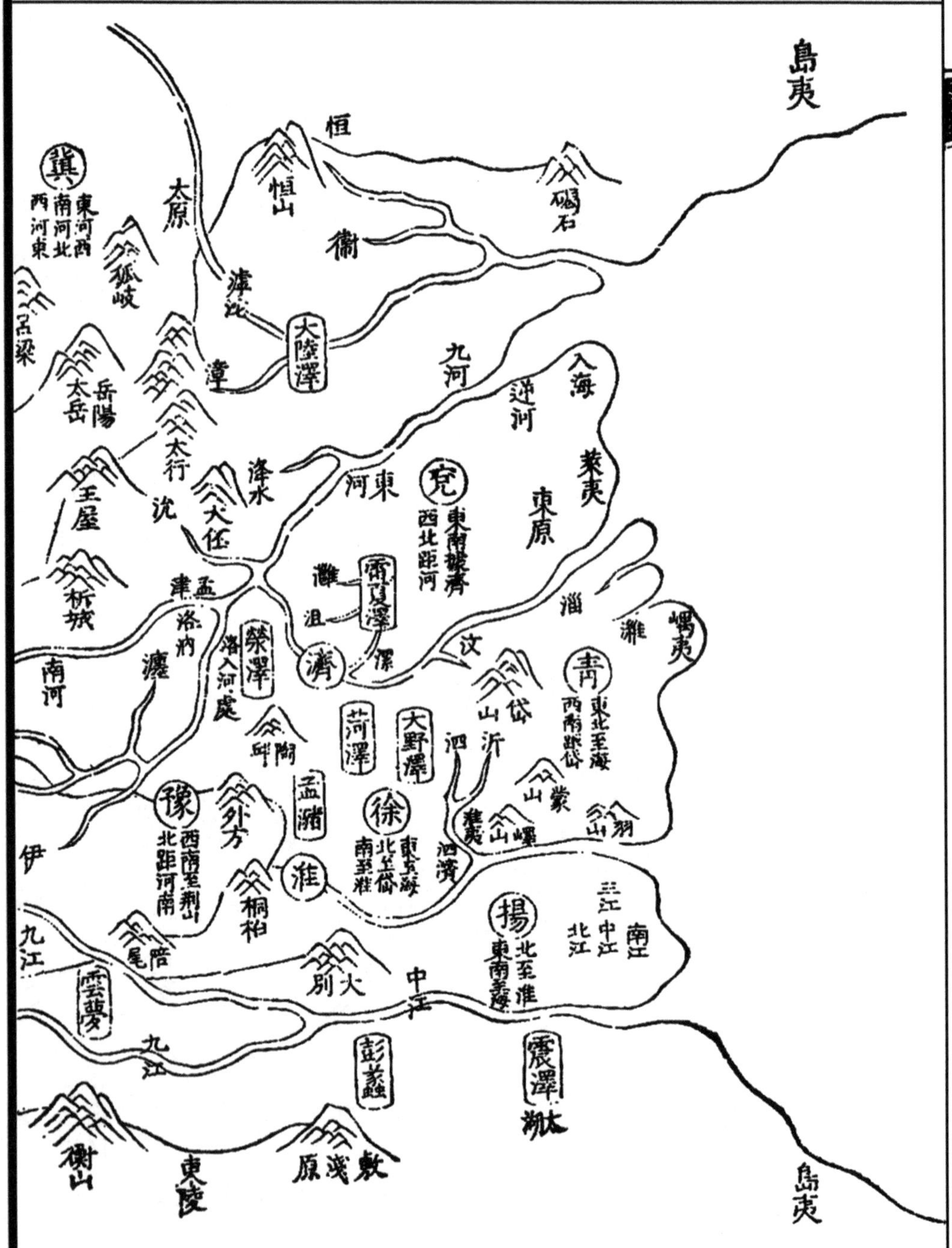
島夷
恒
恒山
碣石
冀
東河西
南河北
西河東
太原
狐岐
呂梁
衛
漳
大陸澤
九河
入海
逆河
岳陽
太岳
太行
王屋
大伾
降水
河東
兗
東南據濟
西北距河
萊夷
東原
沇
孟津
析城
洛汭
雷夏澤
灉
沮
滎澤
濟
淄
濰
嵎夷
汶
南河
瀍
洛入河處
菏澤
大野澤
青
東北至海
西南距岱
岱
沂
泗
豫
西南至荊山
北距河南
外方
孟豬
徐
東至海
北至岱
南至淮
蒙山
羽山
淮夷
嶧
泗濱
淮
桐柏
伊
三江
中江
北江
南江
揚
北至淮
東南至海
九江
陪尾
大別
中江
雲夢
九江
彭蠡
震澤
太湖
衡山
東陵
敷淺原
島夷

川之圖

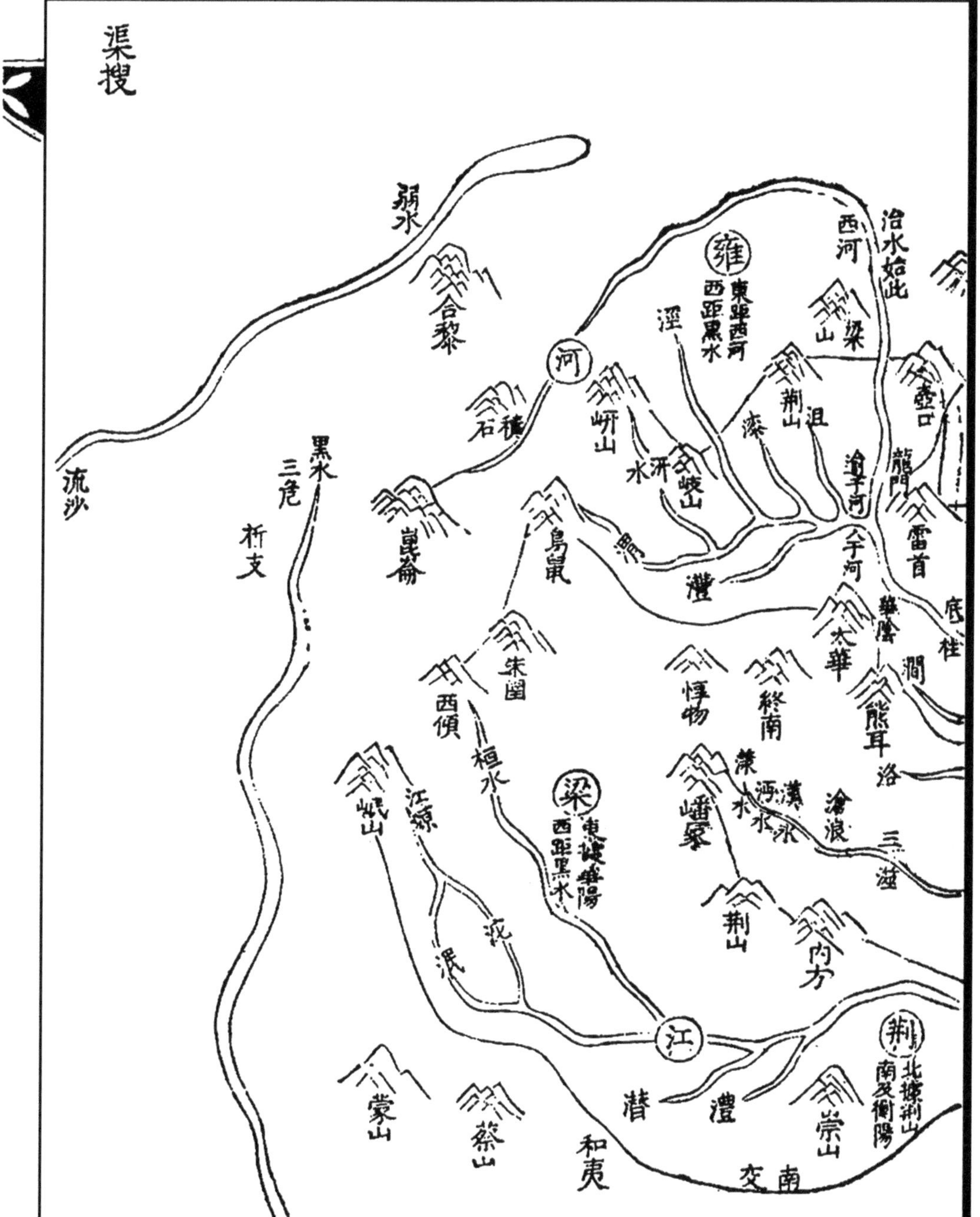
渠搜
弱水
合黎
流沙
河
雍
東距西河
西距黑水
西河
治水始此
梁山
涇
荊山
沮
漆
岍山
岐山
汧水
黑水
三危
析支
崑崙
鳥鼠
灃
壺口
龍門
雷首
底柱
太華
華陰
朱圉
西傾
惇物
終南
熊耳
洛
澗
桓水
梁
東據華陽
西距黑水
江源
岷山
嶓冢
漾水
沔水
漢水
滄浪
三澨
沱
荊山
內方
江
荊
北據荊山
南及衡陽
潛
澧
蒙山
蔡山
和夷
崇山
南交

任土作貢圖

兗 田中下 賦貞 土黑墳 貢漆絲 篚織文	冀 賦上上錯 田中中 土白壤	雍 田上上 賦中下 土黃壤 貢球琳琅玕
青 田上下 賦中上 土白墳 貢鹽絺海物絲 枲鈆松怪石 篚檿絲	豫 田中上 賦錯上中 土壤 下土墳壚 貢漆枲絺紵 篚纖纊 錫貢磬錯	梁 田下上 賦下中三錯 土青黎 貢璆鐵銀鏤砮 磬熊羆狐狸 織皮
徐 田上中 賦中中 土赤埴墳 土五色夏翟 貢孤桐浮磬蠙 珠魚 篚玄纖縞	揚 田下下 賦下上上錯 土塗泥 金三品瑤琨 貢篠簜齒革羽 毛木 篚織貝 包橘柚	荊 田下中 賦上下 土塗泥 羽毛齒革金杶 貢榦栝柏礪砥砮 丹箘簵楛包匭 菁茅納錫大龜 篚玄纁璣組

合沙鄭氏曰召公曰明王慎德四夷咸賓無有遠邇畢獻方物惟服食器用予觀禹貢九州之貢篚雖非四夷之獻而亦以服食器用爲要而冀州獨不言貢篚者蓋畿甸之內賦其總銍秸粟米也總銍秸粟米者倉廩之儲也糇糧之濟也是食爲土貢之要也兗州之貢蠶絲豫州之貢絺紵其地則密邇於畿甸焉是衣服之用亦爲土貢之要也自服食之外則器用次之器用之外則不過寶王玩好而已不足爲國家慮也帝王之建都必擇衣食之地所謂之京師京大也師衆也言天子之居旣衆且大非衣食之豐不可以爲國也若夫大輅南金犀革象齒珠貝之類非服食器用之物責其土産也皆遠於畿甸而或貢於要荒之服焉苟帝王以爲貢篚之要國家所急則堯舜之都遷於荊揚久矣其肯以冀爲都區區禦大河之患圖一日之安耶及周之衰荊揚陷于吳楚貢金不入而天王求之於魯蓋以魯通於吳也是豈聖人制貢之初意哉

商七廟圖

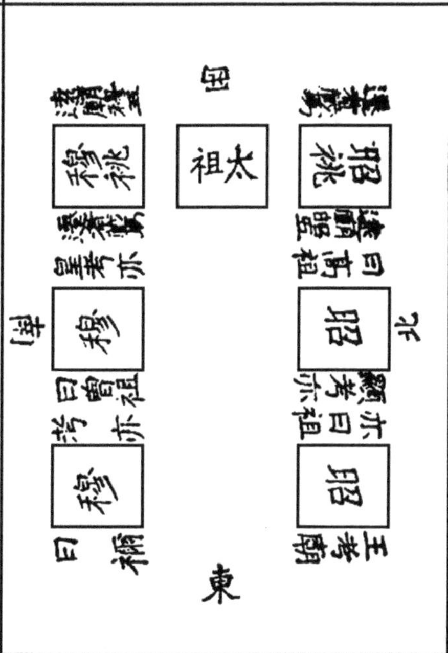

周營洛邑圖

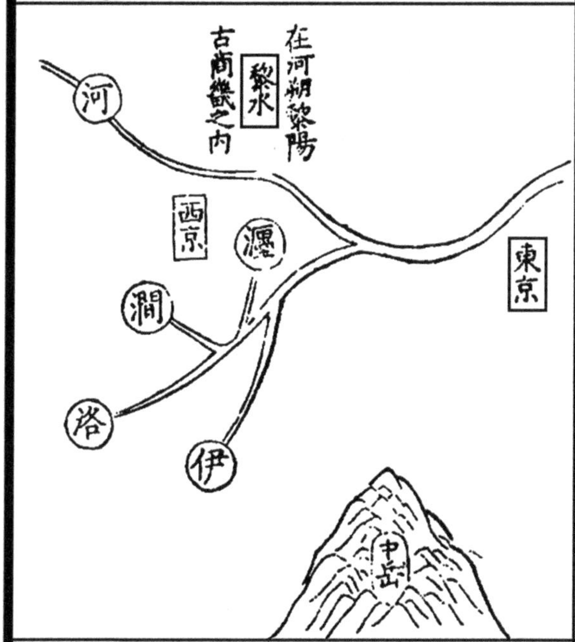

商遷都圖

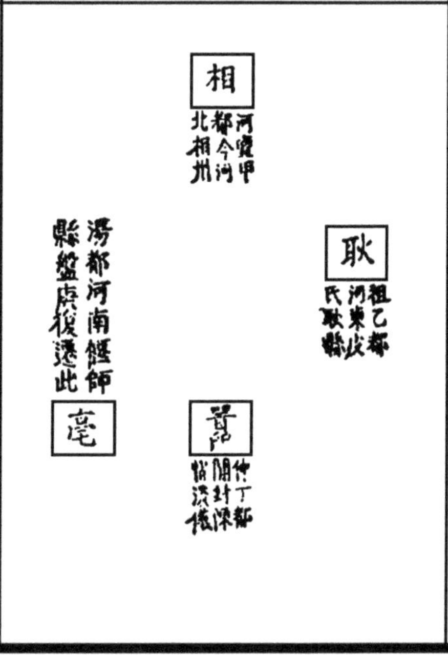

召誥土中圖

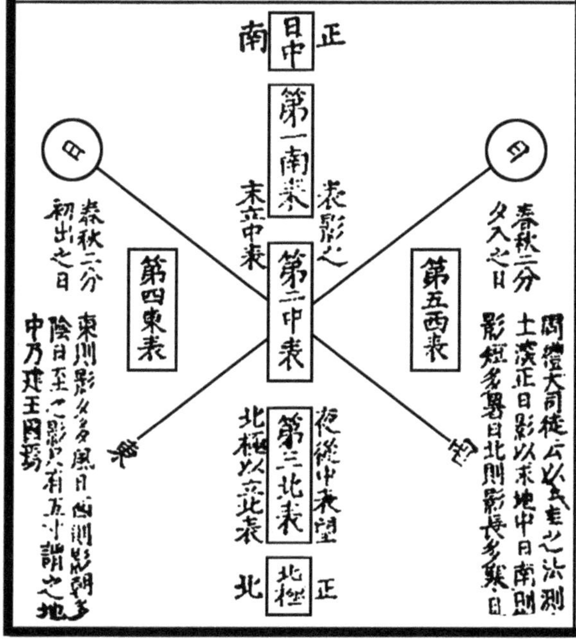

書經 小序

《書經》에는 옛부터 序文이 전해 오는바、孔壁에서 여러 古書와 함께 나온 것이라고 한다。이 序文은 각 편이 씌여지게 된 연유를 간략하게 설명한 것이다。孔穎達은 《詩經》의 小序처럼 각 편의 앞 머리에 序文을 나누어 놓았다 하여 이 역시 小序라고 칭하였다。그런데 이 序文에 의하면 《書經》은 백 편의 글이 있는 것으로 기록되어 있다。《漢書》〈藝文志〉 등에는 孔子가 편찬한 《書經》에는 백 편의 글이 있었는데、나머지는 없어지고 지금의 五十八편만이 남았다고 하였다。그리하여 孔子가 지은 것으로 알려져 왔으나 〈湯征〉과 〈太甲〉의 序文을 보면 모두 孟子의 설을 따르고 있으므로、戰國時代 중기 이후로 보는 견해가 지배적이다。蔡沈 역시 孔子가 지은 것이 아님을 여러번 밝힌바 있다。이제 五十八편의 序文을 아래에 소개하며、《書經》 백 편의 異同表를 함께 뒤에 붙여 참고하게 하는 바이다。

【堯典】

昔在帝堯 聰明文思하사 光宅天下러시니 將遜于位하여 讓于虞舜하여 作堯典하니라

옛날 帝堯가 聰明하고 文思하여 빛나게 천하를 안정시켰는데 장차 지위를 물려주어 虞舜에게 讓位하려 하면서 〈堯典〉을 지었다。

【舜典】

虞舜側微러시니 堯聞之聰明하고 將使嗣位하여 歷試諸難할새 作舜典하니라

虞舜이 미천하였는데 帝堯는 그가 총명하다는 말을 듣고 장차 지위를 잇게 하려 하면서 여러 어려움을 차례로 시험하였다。 그리하여 〈舜典〉을 지었다。

【大禹謨】

皐陶矢厥謨하고 禹成厥功이어늘 帝舜申之하사 作大禹、皐陶謨、益稷하니라

皐陶가 좋은 말씀을 아뢰고 禹임금이 공을 이루자 帝舜이 이를 거듭하여 〈大禹謨〉와 〈皐陶謨〉와 〈益稷〉을 지었다。

【禹貢】

禹別九州하여 隨山濬川하고 任土作貢하니라

禹임금은 九州를 구별하여 산을 따라 냇물을 깊이 파고 토질에 맞추어 貢物을 내게 하였다。

【甘誓】

啓與有扈로 戰于甘之野할새 作甘誓하니라

啓가 有扈와 甘땅의 들에서 싸울 적에 〈甘誓〉를 지었다。

【五子之歌】

太康失邦이어늘 昆弟五人이 須于洛汭하더니 作五子之歌하니라

太康이 나라를 잃자、 형제 다섯 사람이 洛水가에서 기다리면서 〈五子之歌〉를 지었다。

【胤征】

羲和湎淫하여 廢時亂日이어늘 胤往征之할새 作胤征하니라

羲和가 술에 빠져 때를 폐하고 날짜를 어지럽히자、 胤侯가 가서 정벌하면서 〈胤征〉을 지었다。

【湯誓】

伊尹이 相湯伐桀할새 升自陑(이)하여 遂與桀戰于鳴條之野할새 作湯誓하니라

伊尹이 湯王을 도와 桀王을 정벌할 적에 湯王은 陑땅의 길로부터 올라와 마침내 桀王과 鳴條의 들에서 싸웠다。이때 〈湯誓〉를 지었다。

【仲虺之誥】

湯歸自夏하사 至于大坰하시니 仲虺作誥하니라

湯王이 夏나라로부터 돌아와 大坰에 이르니、仲虺가 誥를 지었다。

【湯誥】

湯既黜夏命하고 復歸于亳하사 作湯誥하니라

湯王이 이미 夏나라의 命을 내치고 다시 亳땅으로 돌아와 〈湯誥〉를 지었다。

【伊訓】

成湯既沒하시니 太甲元年에 伊尹이 作伊訓、肆命、徂后하니라

成湯이 별세하자、太甲 元年에 伊尹이 〈伊訓〉과 〈肆命〉과 〈徂后〉를 지었다。

【太甲】

太甲既立하여 不明이어늘 伊尹이 放諸桐이러니 三年에 復歸于亳하여 思庸이어늘 伊尹이 作太甲三篇하니라

太甲이 즉위하여 밝지 못하자、伊尹이 桐땅에 추방하였는데、三년만에 다시 亳邑으로 돌아와 道를 생각하므로 伊尹이 〈太甲〉三篇을 지었다。

【咸有一德】

伊尹이 作咸有一德하니라

伊尹이 〈咸有一德〉을 지었다。

【盤庚】

盤庚五遷하고 將治亳殷하니 民咨胥怨이어늘 作盤庚三篇하니라

盤庚이 다섯번 遷都하고 장차 亳殷에 還都하려 하자、백성들이 서로 원망하므로 〈盤庚〉三篇을 지었다。

【說命】

高宗이 夢得說하고 使百工營求諸野하여 得諸傅巖하고 作說命三篇하니라

高宗이 꿈에 傅說을 얻고는 百工들로 하여금 들에서 경영하여 찾게 하였는데 傅巖에서 얻었다。그리하여 〈說命〉三篇을 지었다。

【高宗肜日】

高宗이 祭成湯할새 有飛雉 升鼎耳而雊어늘 祖己訓諸王하여 作高宗肜日、高宗之訓하니라

高宗이 成湯에게 제사할 적에 꿩이 날아와 솥귀로부터 올라와 울므로 祖己가 王을 훈계하여 〈高宗肜日〉과 〈高宗之訓〉을 지었다。

【西伯戡黎】

殷始咎周러니 周人乘黎어늘 祖伊恐하여 奔告于受하여 作西伯戡黎하니라

殷나라가 처음 周나라를 미워하였는데 周나라 사람이 黎나라를 이기자、祖伊가 두려워하여 달려가 受에게 고하였다。그리하여 〈西伯戡黎〉를 지었다。

【微子】

殷既錯天命이어늘 微子作誥父師少師하니라

殷나라가 天命을 어지럽히자, 微子가 誥를 지어 父師와 少師에게 말하였다。

【泰誓】

惟十有一年에 武王伐殷이러시니 一月戊午에 師渡孟津하여 作泰誓三篇하니라

十一년에 武王이 殷나라를 정벌하였는데, 一월 戊午日에 군사가 孟津을 건너가자 〈泰誓〉 三篇을 지었다。

【牧誓】

武王이 戎車三百兩과 虎賁三百人으로 與受戰于牧野할새 作牧誓하니라

武王이 戎車 三百 량과 虎賁 三百 명으로 受와 牧野에서 싸우면서 〈牧誓〉를 지었다。

【武成】

武王이 伐殷할새 往伐歸獸하고 識其政事하여 作武成하니라

武王이 殷나라를 정벌할 적에 가서 정벌하고 마소를 돌려보낸 다음 좋은 政事를 기록하여 〈武成〉을 지었다。

【洪範】

武王勝殷하시고 殺受立武庚하고 以箕子歸하여 作洪範하니라

武王이 殷나라를 이긴 뒤에 受를 죽이고 武庚을 세우고 箕子를 데리고 돌아와 〈洪範〉을 지었다。

【旅獒】

西旅獻獒어늘 太保作旅獒하니라

西旅에서 큰 개를 바치자、太保가 〈旅獒〉를 지었다。

【金縢】

武王有疾이어시늘 周公이 作金縢하니라

武王이 병환이 있으므로 周公이 〈金縢〉을 지었다。

【大誥】

武王崩한대 三監及淮夷叛이어늘 周公이 相成王하여 將黜殷할새 作大誥하니라

武王이 승하하자、三監이 淮夷와 더불어 반란하였으므로 周公이 成王을 도와 장차 殷나라를 내치려 하면서 〈大誥〉를 지었다。

【微子之命】

成王이 既黜殷命하여 殺武庚하고 命微子啓하여 代殷後할새 作微子之命하니라

成王이 이미 殷나라 命을 내쳐 武庚을 죽이고는 微子啓를 명하여 殷나라 뒤를 대신하게 하면서 〈微子之命〉을 지었다。

【康誥】

成王이 既伐管叔蔡叔하고 以殷餘民으로 封康叔할새 作康誥、酒誥、梓材하니라

成王이 管叔과 蔡叔을 정벌하고 殷나라의 남은 백성들을 康叔에게 봉하면서 〈康誥〉와 〈酒誥〉·〈梓材〉를 지었다。

【召誥】

成王在豊이러니 欲宅洛邑하여 使召公先相宅하여 作召誥하니라

成王이 豊에 있으면서 洛邑에 거하고자 하여 周公으로 하여금 먼저 집터를 보게 하였다。그리하여 〈召誥〉를 지었다。

【洛誥】

召公既相宅이어늘 周公往하여 經營成周하고 使來告卜하여 作洛誥하니라

召公이 이미 집터를 보자、周公이 가서 成周를 경영하고 사람을 보내와 점괘를 아뢰어 〈洛誥〉를 지었다。

【多士】

成周既成에 遷殷頑民할새 周公以王命誥하여 作多士하니라

成周가 이미 이루어지자、殷나라의 頑民을 옮길 적에 周公이 왕명으로써 고하여 〈多士〉를 지었다。

【無逸】

周公이 作無逸하니라

周公이 〈無逸〉을 지었다。

【君奭】

召公爲保러니 周公爲師하여 相成王爲左右한대 召公不說이어늘 周公이 作君奭하니라

召公이 太保가 되었는데 周公이 太師가 되어 成王을 도와 左右가 되자、召公이 기뻐하지 않으므로 周公이 〈君奭〉을 지었다。

【蔡仲之命】

蔡叔이 既沒이어늘 王命蔡仲하여 踐諸侯位하여 作蔡仲之命하니라

蔡叔이 죽자、王이 蔡仲을 명하여 諸侯의 지위에 오르게 하면서 〈蔡仲之命〉을 지었다。

【多方】

成王이 歸自奄하여 在宗周하여 誥庶邦하여 作多方하니라

成王이 奄나라로부터 돌아와 宗周에 있으면서 여러 나라를 가르쳐 〈多方〉을 지었다。

【立政】

周公이 作立政하니라

周公이 〈立政〉을 지었다。

【周官】

成王이 既黜殷命하고 滅淮夷하고 還歸在豊하여 作周官하니라

成王이 殷나라 命을 내치고 淮夷를 멸한 다음 豊땅으로 돌아와 〈周官〉을 지었다。

【君陳】

周公이 既沒에 命君陳하여 分正東郊成周하여 作君陳하니라

周公이 별세하자、君陳을 명하여 東郊인 成周를 나누어 다스리게 하면서 〈君陳〉을 지었다。

【顧命】

成王將崩에 命召公畢公하여 率諸侯하여 相康王할새 作顧命하니라

成王이 장차 승하하려 할 적에 召公과 畢公을 명하여 제후들을 거느리고 康王을 돕게 하였다。그리하여 〈顧命〉을 지었다。

【康王之誥】

康王이 旣尸天子하고 遂誥諸侯하여 作康王之誥하니라

康王이 이미 天子의 지위에 오르고 제후들을 가르쳐 〈康王之誥〉를 지었다。

【畢命】

康王이 命作冊畢하여 分居里하고 成周郊하여 作畢命하니라

康王이 冊을 지어 畢公을 명해서 거주하는 마을을 분별하고 成周의 郊를 이루게 하여 〈畢命〉을 지었다。

【君牙】

穆王이 命君牙하여 爲周大司徒할새 作君牙하니라

穆王이 君牙를 명하여 周나라의 大司徒를 삼으면서 〈君牙〉를 지었다。

【冏命】

穆王이 命伯冏하여 爲周太僕正할새 作冏命하니라

穆王이 伯冏을 명하여 周나라의 太僕正을 삼으면서 〈冏命〉을 지었다。

【呂刑】

呂命하고 穆王訓夏贖刑하여 作呂刑하니라

呂后를 명하여 司寇를 삼고 穆王이 夏나라의 贖刑을 가르쳐 〈呂刑〉을 지었다。

【文侯之命】

平王이 錫晉文侯秬鬯圭瓚하고 作文侯之命하니라

平王이 晉文侯에게 검은 기장으로 빚은 鬱鬯酒와 圭瓚을 하사하고 〈文侯之命〉을 지었다。

【費誓】

魯侯伯禽이 宅曲阜한대 徐夷並興하여 東郊不開어늘 作費誓하니라

魯侯인 伯禽이 曲阜에 거하자 徐夷가 함께 일어나 동쪽 교외가 열리지 않으므로 〈費誓〉를 지었다。

【秦誓】

秦穆公이 伐鄭이러니 晉襄公이 帥師敗諸崤어늘 還歸하여 作秦誓하니라

秦穆公이 鄭나라를 정벌하자、晉襄公이 군대를 거느려 崤山에서 패퇴시켰다。穆公이 돌아와 〈秦誓〉를 지었다。

尚書百篇異同表

	先秦	西漢	漢	東漢	東晋	清
	尚書百篇	今文二十九篇	孔壁古文十六(二十四)篇	鄭玄古文三十四篇	偽古文五十八篇	江聲尚書集注音疏二十九篇
1	堯典	伏生本有		鄭玄本有	偽古文本有	江本有
2	舜典		孔壁古文有		偽古文本從堯典析出	
3	汩作		孔壁古文有			
4	九共(一)		孔壁古文有			
5	九共(二)		孔壁古文有			
6	九共(三)		孔壁古文有			
7	九共(四)		孔壁古文有			
8	九共(五)		孔壁古文有			
9	九共(六)		孔壁古文有			
10	九共(七)		孔壁古文有			
11	九共(八)		孔壁古文有			
12	九共(九)		孔壁古文有			
13	槀飫					
14	大禹謨		孔壁古文有		偽古文本有(偽造)	
15	皐陶謨	伏生本有		鄭玄本有	偽古文本有	江本有
16	益稷		孔壁古文有		偽古文本從皐陶謨析出	

	先秦	西漢	漢	東漢	東晉	清
	尚書百篇	今文二十九篇	孔壁古文十六(二十四)篇	鄭玄古文三十四篇	僞古文五十八篇	江聲尚書集注音疏二十九篇
17	禹貢	伏生本有		鄭玄本有	僞古文本有	江本有
18	甘誓	伏生本有		鄭玄本有	僞古文本有	江本有
19	五子之歌		孔壁古文有		僞古文本有(僞造)	
20	胤征		孔壁古文有		僞古文本有(僞造)	
21	帝告					
22	釐沃					
23	湯征					
24	汝鳩					
25	汝方					
26	湯誓	伏生本有		鄭玄本有		江本有
27	夏社					
28	疑至					
29	臣扈					
30	典宝		孔壁古文有			
31	仲虺之誥				僞古文本有(僞造)	
32	湯誥		孔壁古文有		僞古文本有(僞造)	
33	明居					
34	伊訓		孔壁古文有		僞古文本有(僞造)	
35	肆命		孔壁古文有			
36	徂后					

37	太甲上				偽古文本有(偽造)	
38	太甲中				偽古文本有(偽造)	
39	太甲下				偽古文本有(偽造)	
40	咸有一徳		孔壁古文有		偽古文本有(偽造)	
41	沃丁					
42	咸乂(一)					
43	咸乂(二)					
44	咸乂(三)					
45	咸乂(四)					
46	伊陟					
47	原命		孔壁古文有			
48	仲丁					
49	河亶甲					
50	祖乙					
51	盤庚上			鄭玄本有	偽古文本有	
52	盤庚中	伏生本有合為一篇		鄭玄本有	偽古文本有	江本有合為一篇
53	盤庚下			鄭玄本有	偽古文本有	
54	説命上				偽古文本有(偽造)	
55	説命中				偽古文本有(偽造)	
56	説命下				偽古文本有(偽造)	
57	高宗肜日	伏生本有		鄭玄本有	偽古文本有	江本有
58	高宗之訓					
59	西伯戡黎	伏生本有		鄭玄本有	偽古文本有	江本有
60	微子	伏生本有		鄭玄本有	偽古文本有	江本有

	先秦 尚書百篇	西漢 今文二十九篇	漢 孔壁古文十六(二十四)篇	東漢 鄭玄古文三十四篇	東晋 僞古文五十八篇	清 江聲尚書集注音疏二十九篇
61	泰誓上	歐陽大小夏侯本有合為一篇		鄭玄本有	僞古文本有(僞造)	
62	泰誓中			鄭玄本有	僞古文本有(僞造)	
63	泰誓下			鄭玄本有	僞古文本有(僞造)	
64	牧誓	伏生本有		鄭玄本有	僞古文本有	江本有
65	武成		孔壁古文有		僞古文本有(僞造)	
66	洪範	伏生本有		鄭玄本有	僞古文本有	江本有
67	分器					
68	旅獒		孔壁古文有		僞古文本有(僞造)	
69	旅巢命					
70	金縢	伏生本有		鄭玄本有	僞古文本有	江本有
71	大誥	伏生本有		鄭玄本有	僞古文本有	江本有
72	微子之命				僞古文本有(僞造)	
73	歸禾					
74	嘉禾					
75	康誥	伏生本有		鄭玄本有	僞古文本有	江本有
76	酒誥	伏生本有		鄭玄本有	僞古文本有	江本有
77	梓材	伏生本有		鄭玄本有	僞古文本有	江本有
78	召誥	伏生本有		鄭玄本有	僞古文本有	江本有
79	洛誥	伏生本有		鄭玄本有	僞古文本有	江本有
80	多士	伏生本有		鄭玄本有	僞古文本有	江本有

	附百篇書序	附書序二十九篇	附書序百篇	附書序百篇	書序在各篇之首或附在後共百篇	附書序百篇
81	無逸	伏生本有		鄭玄本有	僞古文本有	江本有
82	君奭	伏生本有		鄭玄本有	僞古文本有	江本有
83	蔡仲之命				僞古文本有(僞造)	
84	成王政					
85	将薄姑					
86	多方	伏生本有		鄭玄本有	僞古文本有	江本有
87	立政	伏生本有		鄭玄本有	僞古文本有	江本有
88	周官				僞古文本有(僞造)	
89	賄肅愼之命					
90	亳姑					
91	君陳				僞古文本有(僞造)	
92	顧命	伏生本有 } 歐陽大小夏侯合為一篇		鄭玄本有	僞古文本有	江本有
93	康王之誥	伏生本有 }		鄭玄本有	僞古文本有	江本有
94	畢命				僞古文本有(僞造)	
95	君牙				僞古文本有(僞造)	
96	冏命		孔壁古文有		僞古文本有(僞造)	
97	呂刑	伏生本有		鄭玄本有	僞古文本有	江本有
98	文侯之命	伏生本有		鄭玄本有	僞古文本有	江本有
99	費誓	伏生本有(在呂刑前)		鄭玄本有(在呂刑前)	僞古文本有	江本有
100	秦誓	伏生本有		鄭玄本有	僞古文本有	江本有

東洋古典國譯叢書 6

懸吐完譯 書經集傳 上　　　　정가 33,000원

1998년 03월 02일 초판 발행
2021년 11월 30일 초판 32쇄

譯　註　成百曉
編　輯
發行人　朴洪植

發行處　社團法人 傳統文化研究會

서울시 종로구 삼일대로 428 낙원빌딩 411호
전화 : (02)762-8401　전송 : (02)747-0083
전자우편 : juntong@juntong.or.kr
홈페이지 : juntong.or.kr
사이버書堂 : cyberseodang.or.kr
온라인서점 : book.cyberseodang.or.kr
등록 : 1989. 7. 3.　제1-936호

인쇄처 : 한국법령정보주식회사(02-462-3860)
총　판 : 한국출판협동조합(070-7119-1750)

ISBN 978-89-85395-38-0 04140
978-89-85395-48-3(세트)

전통문화연구회 도서목록

新編 基礎漢文教材·漢文讀解捷徑

新編 四字小學·推句	고전교육연구실 編譯	11,000원
新編 啓蒙篇·童蒙先習	고전교육연구실 編譯	11,000원
新編 明心寶鑑	李祉坤·元周用 譯註	15,000원
新編 擊蒙要訣	咸賢贊 譯註	12,000원
新編 註解千字文	李忠九 譯註	13,000원
新編 原文으로 읽는 故事成語	元周用 編譯	15,000원
新編 唐音註解選	權卿相 譯註	22,000원
漢文독해 기본패턴	고전교육연구실 著	15,000원
四書독해첩경	고전교육연구실 著	20,000원
한문독해첩경 文學篇	朴相水 李和春 李祉坤 元周用 著	15,000원
한문독해첩경 史學篇	朴相水 李和春 李祉坤 元周用 著	15,000원
한문독해첩경 哲學篇	朴相水 李和春 李祉坤 元周用 著	15,000원

東洋古典國譯叢書

大學·中庸集註 -개정증보판	成百曉 譯註	10,000원
論語集註 -개정증보판	成百曉 譯註	27,000원
孟子集註 -개정증보판	成百曉 譯註	30,000원
詩經集傳 上·下	成百曉 譯註	各 35,000원
書經集傳 上·下	成百曉 譯註	各 35,000원
周易傳義 上·下	成百曉 譯註	各 40,000원
小學集註	成百曉 譯註	30,000원
古文眞寶 後集	成百曉 譯註	32,000원

五書五經讀本

論語集註 上·下	鄭太鉉 譯註	各 25,000원
孟子集註 上·下	田炳秀·金東柱 譯註	各 30,000원
大學·中庸集註	李光虎·田炳秀 譯註	15,000원
小學集註 上·下	李忠九 外 譯註	各 25,000원
詩經集傳 上·中·下	朴小東 譯註	各 30,000원
書經集傳 上·中·下	金東柱 譯註	各 30,000원
周易傳義 元·亨·利·貞	崔英辰 外 譯註	各 30,000원
詳說古文眞寶大全後集 上·下	李相夏 外 譯註	各 32,000원
春秋左氏傳 上·中·下	許鎬九 外 譯註	各 36,000원~38,000원
禮記 上·中·下	成百曉 外 譯註	各 30,000원

東洋古典譯註叢書

〈經部〉

十三經注疏		
周易正義 1~4	成百曉·申相厚 譯註	各 30,000원~40,000원
尙書正義 1~7	金東柱 譯註	各 25,000원~36,000원
毛詩正義 1~8	朴小東 外 譯註	各 32,000원~37,000원
禮記正義 1~3, 中庸·大學	李光虎 外 譯註	各 20,000원~30,000원
論語注疏 1~3	鄭太鉉·李聖敏 譯註	各 25,000원~40,000원
孟子注疏 1~4	崔彩基·梁基正 譯註	各 29,000원~30,000원
孝經注疏	鄭太鉉·姜珉廷 譯註	35,000원
周禮注疏 1~4	金容天·朴禮慶 譯註	各 27,000원~34,000원
春秋左傳正義 1~2	許鎬九 外 譯註	各 27,000원~32,000원
春秋公羊傳注疏 1	宋基采 外 譯註	37,000원
春秋左氏傳 1~8	鄭太鉉 譯註	各 18,000원~35,000원
禮記集說大全 1~6	辛承云 外 譯註	各 25,000원~40,000원
東萊博議 1~5	鄭太鉉·金炳愛 譯註	各 25,000원~35,000원
韓詩外傳 1~2	許敬震 外 譯註	各 29,000원~33,000원
說文解字注 1~5	李忠九 外 譯註	各 32,000원~38,000원

〈史部〉

思政殿訓義 資治通鑑綱目 1~23	辛承云 外 譯註	各 18,000원~35,000원
通鑑節要 1~9	成百曉 譯註	各 18,000원~40,000원
唐陸宣公奏議 1~2	沈慶昊·金愚政 譯註	各 35,000원~45,000원
貞觀政要集論 1~4	李忠九 外 譯註	各 25,000원~32,000원
列女傳補注 1~2	崔秉準·孔勤植 譯註	各 30,000원~38,000원
歷代君鑑 1~4	洪起殷·全百燦 譯註	各 32,000원~35,000원

〈子部〉

孔子家語 1~2	許敬震 外 譯註	各 35,000원/36,000원
管子 1~4	李錫明·金帝蘭 譯註	各 30,000원~32,000원
近思錄集解 1~3	成百曉 譯註	各 25,000원/35,000원
老子道德經注	金是天 譯註	30,000원
大學衍義 1~5	辛承云 外 譯註	各 26,000원~30,000원
墨子閒詁 1~6	李相夏 外 譯註	各 32,000원~38,000원
說苑 1~2	許鎬九 譯註	各 25,000원
世說新語補 1~5	金鎭玉 外 譯註	各 29,000원~40,000원
荀子集解 1~7	宋基采 譯註	各 25,000원~38,000원
心經附註	成百曉 譯註	35,000원
顏氏家訓 1~2	鄭在書·盧暻熙 譯註	各 22,000원/25,000원
揚子法言 1	朴勝珠 譯註	24,000원
列子鬳齋口義	崔秉準·孔勤植·權憲俊 共譯	34,000원
二程全書 1~6	崔錫起·姜導顯 譯註	各 30,000원~38,000원
莊子 1~4	安炳周·田好根 共譯	各 25,000원~30,000원
政經·牧民心鑑	洪起殷·全百燦 譯註	27,000원
韓非子集解 1~5	許鎬九 外 譯註	各 32,000원~38,000원
武經七書直解		
孫武子直解·吳子直解	成百曉·李蘭洙 譯註	35,000원
六韜直解·三略直解	成百曉·李鍾德 譯註	26,000원
尉繚子直解·李衛公問對直解	成百曉·李蘭洙 譯註	26,000원
司馬法直解	成百曉·李蘭洙 譯註	26,000원

〈集部〉

古文眞寶 前集	成百曉 譯註	30,000원
唐詩三百首 1~3	宋載卲 外 譯註	各 25,000원~36,000원
唐宋八大家文抄 韓愈 1~3	鄭太鉉 譯註	各 22,000원/28,000원
〃 歐陽脩 1~7	李相夏 譯註	各 25,000원~35,000원
〃 王安石 1~2	申用浩·許鎬九 共譯	各 20,000원/25,000원
〃 蘇洵	李章佑 外 譯註	25,000원
〃 蘇軾 1~5	成百曉 譯註	各 22,000원
〃 蘇轍 1~3	金東柱 譯註	各 20,000원~22,000원
〃 曾鞏	宋基采 譯註	25,000원
〃 柳宗元 1~2	宋基采 譯註	各 22,000원
明淸八大家文鈔 1 歸有光·方苞	李相夏 外 譯註	35,000원
〃 2 劉大櫆·姚鼐	李相夏 外 譯註	35,000원
〃 3 梅曾亮·曾國藩	李相夏 外 譯註	38,000원
〃 4 張裕釗·吳汝綸	李相夏 外 譯註	근간

東洋古典新譯

당시선	송재소·최경렬·김영죽 편역	22,000원
손자병법	성백효 역주	14,000원
장자	안병주·전호근·김형석 역주	13,000원
고문진보 후집	신용호 번역	28,000원
노자도덕경	김시천 역주	15,000원
고문진보 전집 上·下	신용호 번역	각 22,000원
신식 비문척독	박상수 번역	25,000원
안씨가훈	김창진 번역	근간

동양문화총서

동양사상 해설과 원전	정규훈 外 저	22,000원
화합의 길 《중용》 읽기	금장태 저	20,000원
호설과 시장	신용호 저	20,000원
어느 노학자의 젊은 시절 -《고문진보》 選譯	심재기 저	22,000원

문화문고

경전으로 본 세계종교 그리스도교	이정배 편저	10,000원
〃 도교	이강수 편역	10,000원
〃 천도교	윤석산·홍성엽 편저	10,000원
〃 힌두교	길희성 편역	10,000원
〃 유교	이기동 편저	10,000원
〃 불교	김용표 편저	10,000원
〃 이슬람	김영경 편역	10,000원
논어·대학·중용 / 맹자	조수익·박승주 공역	각 10,000원
소학	박승주·조수익 공역	10,000원
십구사략 1~2	정광호 저	각 12,000원
무경칠서 손자병법·오자병법	성백효 역	10,000원
〃 육도·삼략	성백효 역	10,000원
〃 사마법·울료자·이위공문대	성백효 역	10,000원
당시선	송재소·최경렬·김영죽 편역	10,000원
한문문법	이상진 저	10,000원
한자한문전통교재	조수익·이성민 공역	10,000원
士小節 선비 집안의 작은 예절	이동희 편역	12,000원
儒學이란 무엇인가	이동희 저	10,000원
동아시아의 유교와 전통문화	이동희 저	13,000원
현대인, 동양고전에서 길을 찾다	이동희 저	10,000원
100자에 담긴 한자문화 이야기	김경수 저	12,000원
우리 설화 1~2	김동주 편역	각 10,000원
대한민국 국무총리	이재원 저	10,000원
백운거사 이규보의 문학인생	신용호 저	14,000원